MBTI로 나를 치유하는 시간
Time To Heal Myself With MBTI

MBTI로 나를 치유하는 시간
Time To Heal Myself With MBTI

김주수 지음

프로방스

MBTI를 이해하는 새로운 시각과
독법을 제시한다

1

　저는 평소 MBTI에 대해 전혀 관심이 없었습니다. 저는 심리 상담을 하는 사람이지만, 심리분석에 대한 나름의 방법과 체득이 있었으므로 MBTI의 필요성을 굳이 느끼지 못했습니다. 잘 알지도 못한 채, 그냥 막연히 요즘 인기 있는 심리 테스트 정도가 아닐까 생각했습니다. 그런데 지인들이 제게 자꾸 'MBTI 유형이 뭐냐'고 묻는 분들이 많았습니다. 매번 모른다고 답하기도 그렇고, '도대체 MBTI가 무엇이길래 사람들이 이렇게 관심을 가지는 것일까?' 하는 의문이 들었습니다. 그래서 MBTI 검사를 받아보았는데 제 유형은 ENFJ로 나왔습니다.

　검사결과를 살펴보니, 마치 나를 잘 아는 사람이 이야기한 것처럼 상당히 나의 성격이나 특성을 정확히 짚어내고 있었습니다. 심지어 직업상 제가 했거나 하는 일까지 정확히 맞았습니다. 검사결과를 보고서 저는 '이게 뭔가 있구나. 예사로운 게 아니구나' 하고 직감했습니다. 그래서 관련 책을 다 뒤져서 제 성격 유형인 ENFJ에 대해 샅샅이, 소상히 알아보게 되었습니다.

　그 결과 저 자신도 제대로 인지하지 못했던 저의 특성을 알게 되었고, 막연히 자각하고 있던 것을 또렷하게 자각할 수 있게 되면서, 내게 성격상 '바뀌지 않는 고유한 존재 방식이 있음'을 이해하게 되었습니다. 무엇보다 나의 성격적 단점들을 통찰하게 되면서 저 자신에 대한 이해가 더 깊어졌고, 내가 왜 그렇게 반응하고 행동했는지도 명확히 이해/자각하게 되었습니다. 이것은 제게 공감과 위로(위안)와 이해의 장을 열어주었고, 일정한 치유 효과를 느끼게 해주었습니다.1)

> 자신의 고유한 특성을 존중할 줄 알게 되면
> 사람은 '행복감'과 '유능감'을 느끼기 시작한다.
> -고영재

저는 심리치유를 하는 상담가로서 오랜 시간 심리분석을 잘하기 위해 각종 이론을 섭렵하면서, 또 스스로의 분석 노하우를 만들기까지 실로 각고의 노력을 들였습니다. 그 결과 지금은 내담자의 증상만 들어도, 무의식에 어떤 신념패턴이 있는지, 어떤 마이너스 생각 회로가 작동하는지 상담을 하기도 전에 거의 즉각적으로 분석이 되는 수준에 이르렀습니다. 치유와 상담 차원에서 '심리분석을 하는 핵심 목적'은 증상의 '원인'을 찾는 데 있습니다. 정확한 원인을 찾아내야 그것을 풀어낼 수 있기에, 이는 치유에 있어 가장 중요한 첫 번째 과제라 할 수 있습니다. 일정한 내공이 만들어진 이후엔 저의 심리분석이 틀린 적이 거의 없었고, 부족함 또

---

1) "ENFJ 유형은 우리나라에서 찾아보기 힘든 유형이다. 특히 남자 ENFJ 유형은 희귀하다. (…) ENFJ 유형의 넓고 깊은 애정표현에 익숙하지 않은 사람들은 이들이 가식을 부리는 건 아닌지 의심하곤 한다. 그리고 이들의 애정표현에 온몸이 오그라드는 체험을 하기도 한다. ENFJ 유형은 항상 진심을 보여주는 편이고, 자신에 대해 사람들이 보이는 이런 반응을 보면서 상처를 입는 경우가 꽤 많다. 어린 시절부터 자기 자신의 애정을 마음껏 표현했는데, 세상으로부터 차가운 시선을 받게 되면 주눅이 드는 것도 당연하다."(김소나, 『나의 MBTI가 궁금하단 마리몽』에서) 저는 이런 내용이 있을 줄 상상조차 못 해봤습니다.

한 느끼지 못했기에 저는 '심리분석에 관한 공부'가 더 이상 그다지 필요치 않다고 느꼈습니다.

248자신의 심리 패턴과 행동 방식을 비춰볼 수 있는 좋은 거울이 될 수 있다고 믿습니다. 저는 MBTI의 치유 효과를 처음 느꼈을 때부터, 이것을 다른 분들과도 나누고 싶다는 생각이 들었습니다. 다른 분들께도 제가 느꼈던 것처럼 MBTI가 주는 통찰과 그 치유 효과를 함께 나누고 싶었습니다. 이것이 심리상담가인 제가 MBTI를 공부하고 연구한 이유이고, 그 첫 번째 결과물로써 이 책을 쓴 이유이기도 합니다.

2

저는 MBTI에 대해 전문적인 교육을 받은 사람이 아니었기에, 독학으로 MBTI의 여러 유형들을 깊이 이해하고 통찰하기가 결코 쉽지 않았습니다. 제 성격 유형인 ENFJ는 저 자신의 이야기이기에 쉽게 이해도 되었고, 세부 특징들을 빠르게 파악할 수 있었습니다. 하지만 다른 성격 유형의 경우는 제가 아는 인물들을 총동원해서 분석하고 이해하려 했지만, 성격 유형이 16가지나 되기 때문에 그 차이를 쉽게 파악하기가 쉽지 않았습니다. 그런데 이러한 어려움이 점차 쉬워지게 된 것은 저만의 'MBTI 독법'을 찾게 된 이후부터였습니다.

저는 MBTI를 공부하는 과정에서 MBTI가 주역의 괘처럼 음양 상대성의 구조를 지니고 있다는 사실을 발견했습니다. 이는 MBTI의 바탕 이론이 된 '칼 융의 성격 유형론'이 주역의 영향을 받은 것과도 무관하지 않습니다. 외향(E)이 양의 속성이라면 내향(I)은 음의 속성이며, 감각(S)이 양의 속성이라면 직관(N)은 음의 속성입니다. 사고(T)가 양의 속성이라면 감정(F)은 음의 속성이며, 판단(J)이 양의 속성이라면 인식(P)은 음의 속성입니다. 이 때문에 양의 속성을 많이 지닌 사람은 남성성이 더 강화되고, 음의 속성을 많이 지닌 사람은 여성성이 더 강화되는 현상을 보입니다.

　예를 들어 양의 속성으로만 이루어진 ESTJ와 음의 속성으로만 이루어진 INFP는 남성적이냐 여성적이냐의 차원에서 극과 극에 놓이게 됩니다. ESTJ는 남성성의 최고치고 INFP는 여성성의 최고치입니다. ESTJ와 ENTJ는 둘 다 남성성이 강한 성격 유형이지만 ESTJ가 조금 더 남성적 성향이 강할 가능성이 높습니다. INFP와 ISFP는 둘 다 여성성이 강한 성격 유형이지만 INFP가 조금 더 여성적 성향이 강할 가능성이 높습니다. 이처럼 이 간단한 공식만 알아도 성격 유형의 특성을 훨씬 쉽게 파악할 수 있게 됩니다.

　그런 점에서 이 책은 MBTI를 이해하는 새로운 시각과 독법을 제시한다고 생각합니다. 이러한 관점은 성격 유형에도 음양 상대성이라는 자연의 법칙과 원리가 깊이 스며 있음을 알게 합니다. 인간의 16가지 성격 유형도 자연법칙의 일부이며 전체 시스템 속에서 각기 유기적 작용을 하는 가치 있는 존재태(存在態)임을 깨닫게 됩니다.

> 서로를 이해하는 방식으로 MBTI를 추천하고 싶다. 서로 대극의 구도로 유형을 구분한 MBTI는 타인의 다름을 이해하는데 최적화되어 있다. 그래서 대중들에게 더 쉽게 와 닿았을지 모른다.
> -조수연, 『출근이 두렵다면, MBTI』에서

　이러한 관점에서 볼 때, MBTI의 16가지 성격 유형은 음과 양이라는 자연의 이치 속에서 서로 균형과 조화를 이루고 있다는 점을 깨닫게 됩니다. 성격 유형은 서로 대립하고 갈등하는 것이 아니라, 서로의 부족한 부분을 보완하고 조화롭게 작용하도록 설계된 하나의 완전한 시스템이라고 할 수 있습니다. 남성성과 여성성이 서로의 상호 보완적 작용을 통해 균형을 이루듯, 성격 유형 역시 서로의 차이를 통해 삶의 다양성을 일깨우며 '나다움'과 '너다움'의 가치를 실현케 합니다.

결국, 성격 유형의 이해는 단순히 개인의 성향이나 기질을 파악하는 것을 넘어서, 인간이 자연의 일부로서 음양의 조화와 균형 속에서 살아가고 있음을 깨닫게 하는 과정이라 할 수 있습니다. 이 책은 MBTI를 통해 인간의 성격을 이해하는 새로운 시각을 제시하며, 이를 통해 독자가 자신의 성격뿐만 아니라 타인의 성격을 더 깊이 이해하고 받아들일 수 있도록 돕습니다. 나아가 성격 유형의 음양적 특성을 통해 인간관계에서의 갈등을 해소하고 조화를 이루는 길을 모색하게 합니다. 이를 통해 독자는 자신의 고유한 성격을 긍정적으로 받아들이고, 타인의 성격을 존중하며, 궁극적으로는 자신과 타인 모두가 저마다의 가치를 발견하고 실현할 수 있도록 이끄는 안내지도 하나를 얻게 될 것입니다.

3

이 책에선 치유를 위해 16가지 성격 유형을 다음의 아홉 가지 주제로 살펴봅니다.

1. 각 성격 유형의 주요 특징
2. 상처나 스트레스를 많이 받으면 어떤 심리증상이 생길 가능성이 높은가?
3. 어떤 방어기제를 쓸 가능성이 높은가?
4. 심리적 취약점과 이를 극복할 수 있는 대처방법은 무엇인가?
5. 자신의 잠재력을 극대화하고, 건강하고 행복한 삶을 위해서 실천해야 할 10가지 행동 지침
6. 필요한 플러스 생각(치유 확언) 10가지
7. 좋은 관계를 위한 지혜

8. 치유와 성장을 위한 영적 메시지(명상 조언) 5가지

1은 각 성격 유형의 기본적인 특징을 살펴보는 것입니다. 자신의 성격 유형이 무엇이며, 어떤 특징이 있는지를 알게 하는 부분입니다. 성격 유형을 이해하는 가장 기본적인 내용이지만 성격 유형을 이해하는 근본적인 토대가 되는 부분이기도 합니다.

성격 유형마다 주요 기능과 기질이 다르므로, 상처와 스트레스가 발생하는 원인이나 방식이 조금씩 다를 수 있습니다. 2는 상처와 스트레스를 많이 받았을 때 어떤 심리증상이나 심리 기제가 발생하는지를 다룬 부분입니다. 심리증상이나 심리 기제는 성격 유형의 역기능이 발생한 상태라 할 수 있습니다. 건강한 사람과 우울증에 걸린 사람의 심리 상태가 같지 않듯이, 같은 성격 유형이라 할지라도 건강한 상태인 경우와 심리증상이 발생한 경우는 심리 상태나 심리작용이 같지 않을 것입니다. 그러므로 심리적으로 건강한 상태일 때는 이런 심리 기제가 잘 나타나지 않을 수 있습니다.

3은 방어기제에 대한 것입니다. 방어기제(defense mechanism)는 인간이 불안, 갈등, 스트레스 같은 심리적 위협으로부터 자신을 보호하기 위해 무의식적으로 사용하는 심리적 전략을 말합니다. 방어기제는 프로이트의 정신분석학 쪽에서 나온 이론으로, 자아(ego)가 외부의 스트레스나 내면의 갈등에서 오는 고통이나 불안감을 줄이기 위해 작동합니다. 방어기제는 대부분 무의식 차원에서 이루어지는데, 이 또한 역기능적인 면이 많으므로 이러한 심리적 패턴을 자각하는 것은 자기 이해뿐 아니라 심리치유에 많은 도움이 됩니다.

4는 심리적 취약점에 초점을 두고 이를 극복할 수 있는 대처방법을 다룬 부분입니다. 심리적 취약점은 성격상의 약점으로 작용합니다. 이러한 부분을 충분히 자

각/인지하고 이에 대한 대처방안을 숙지하고 있을 때 이러한 역기능은 최소화될 수 있을 것입니다.

5는 자신의 잠재력을 극대화하고, 건강하고 행복한 삶을 위해서 실천해야 할 10가지 행동 지침을 이야기한 부분입니다. 4가 마이너스 기능을 극복하는 방법이라면 5는 플러스 기능을 극대화하는 데 초점이 맞춰져 있습니다. 4는 단점은 줄이는데, 5는 장점을 늘리는 데 초점이 맞춰져 있습니다.

6은 필요한 플러스 생각 혹은 치유 확언을 다룬 부분입니다. 치유와 성장에 도움이 되고, 생각의 지침이 될 수 있는 좋은 생각을 소개했습니다. 어떤 생각을 해야 도움이 되는지를 알면, 마이너스 사고를 줄이고 플러스 사고를 늘리는 데 도움이 될 것입니다. 이 생각들은 치유 확언과 같으므로 편안한 배경음악과 함께 열 개의 문장을 각 5회 정도 반복해서 녹음해서 듣는 것도 한 방법이 될 것입니다.

7은 좋은 관계를 만들기 위한 지혜 혹은 지침을 다룬 부분입니다. 성격 유형마다 관계를 맺는 방식이 다르고, 잘 맞는 성격 유형과 잘 맞지 않는 성격 유형이 다르게 존재합니다. 그래서 좋은 관계를 위한 지침이나 지혜를 알고 있으면, 서로를 이해하는 데 도움이 될 뿐 아니라 갈등과 역기능을 줄이고 좋은 관계를 맺는 데 도움이 될 것입니다.

8은 치유와 성장을 위한 영적 메시지 혹은 명상 조언을 담은 부분입니다. 치유의 최종 도달점은 영적 성장에 있을 것입니다. 그래서 마치 내면의 조건 없는 사랑(신성)이 내게 따뜻한 말을 전하듯이, 영적 성장의 측면에서 명상적 의미와 영적 메시지를 담았습니다. 명상하듯, 이 내용들을 음미하고 숙고한다면 치유와 성장에 분명 도움이 될 것입니다.

'선천적 심리 선호 경향'은 당신을 제한하기 위한 개념이 아니라,

가능성을 열어주기 위한 개념이다.

-고영재

    이처럼 이 책은 시종일관 심리치유의 맥락에서 MBTI를 다루고 있습니다. 이는 새로운 영역을 탐구하는 일이기도 하고, MBTI의 활용도를 새로운 영역으로 확장하는 일이기도 할 것입니다. 이는 매우 의미 있는 일일 것이나, 오류나 시행착오도 있을 수 있는 일입니다. 따라서 저는 이 책의 내용 대부분을 AI에게 물어서 검증과 확인의 절차를 거쳤습니다. 그런 점에서 이 책은 저와 AI가 함께 썼다고 할 수 있을 것입니다.

    제 내담자들께 물어보면 대부분 잘 맞는다는 평을 들을 수 있었습니다. 더 많은 사람들에게 확인을 해보면 더 많은 이해와 통찰과 정확성을 얻을 수 있으리라 생각합니다. 제가 MBTI를 좀 더 일찍 알았더라면 제게 상담받은 모든 내담자의 성격 유형을 통해 더 많은 검증과 통찰을 얻을 수 있었을 텐데, 하는 아쉬움이 듭니다. 하지만 이 시작을 바탕으로 저는 더 폭넓고 깊이 있는 탐구를 해보려 합니다.

    그런 점에서 이 책의 주체와 같은 관련 연구나 탐구가 향후 더 많이 일어났으면 하는 바람을 가져봅니다. 혹여나 이 책에 부족함이나 오류가 있다면 그것은 전부 저의 몫일 것이니, 모든 질책과 조언을 참고해서 한 걸음 한 걸음 더 깊이 있는 배움으로 나아가고자 합니다. 아무쪼록 이 책이 독자들께 자신의 성격 유형을 이해하고, 그것을 바탕으로 치유와 성장으로 나아가는 데 좋은 디딤돌이 될 수 있기를, 내면의 거울이 될 수 있기를 바랍니다.

2025년 11월
취루재에서 **김주수** 드림

CONTENTS 차례

Prologue
MBTI를 이해하는 새로운 시각과 독법을 제시한다 __ 04

제1부
MBTI의 구조와 기능

01 MBTI는 무엇이며 언제 어떻게 만들어졌는가? ·· 16
02 MBTI의 16가지 유형은 어떻게 만들어지는가? ··· 21
03 성격 유형에 따라 대상 인식과 삶의 방식이 다를 수밖에 없는 이유 ············ 69
04 주역과 MBTI의 동일한 원리 ·· 82
05 치유를 위한 명상법 ·· 111

제2부
MBTI 16가지 성격 유형

01	ISTJ 세심한 관리자형, 소금형	118
02	ISFJ 보호자형, 수호자형	139
03	INFJ 선지자형, 고독한 이상주의자	161
04	INTJ 전략가형, 혁신가형	184
05	ISTP 장인형, 분석가형	207
06	ISFP 예술가형, 모험가형	229
07	INFP 중재자형, 이상주의자형	251
08	INTP 사색가형, 논리적 사고형	274
09	ESTP 현장지휘관형, 실행의 모험가형	279
10	ESFP 연예인형, 외향적 활동가형	320
11	ENFP 영감의 선도가형, 재기발랄형	343
12	ENTP 발명가형, 토론가형	366
13	ESTJ 행정가형, 관리자형	389
14	ESFJ 친선형, 사교형	411
15	ENFJ 언변능숙형, 선도자형	433
16	ENTJ 대담한 지휘관형	455

Epilogue
MBTI를 이해하는 새로운 시각과 독법을 제시한다 __ 478

CHAPTER
01

제1부

MBTI의 구조와 기능

MBTI는 무엇이며 언제 어떻게 만들어졌는가?

MBTI는 이사벨 마이어스(Isabel Myers)와 그녀의 어머니인 캐서린 브릭스(Catherine Briggs)에 의해 개발되었습니다. MBTI는 'Myers-Briggs Type Indicator'의 약자로, 사람들의 성격을 16가지 유형으로 분류하는 심리 검사 도구입니다. 개발자 두 사람의 이름 앞 글자를 따서 MBTI라고 명명한 것입니다.

이 검사는 칼 융의 심리학 이론을 기반으로 하여 사람들의 성격 차이를 이해하고, 각자의 성격 특성을 명확히 구분하려는 목적에서 개발되었습니다. 두 사람은 칼 융의 심리 유형론을 바탕으로, 사람들의 성격을 보다 쉽게 구분할 수 있도록 이 검사를 체계화했습니다. MBTI는 1940년대 중반에 시작되어, 제2차 세계대전 동안엔 군인들의 직업 적성을 평가하는 도구로 사용되었고, 이후 여러 분야에서 널리 쓰이게 되었습니다.

MBTI는 '내향(I)과 외향(E)', '감각(S)과 직관(N)', '사고(T)와 감정(F)', '판단(J)과 인식(P)'이라는 네 가지 성향(변별점)을 기준으로 성격을 구분하며, 이를 통해 각 사람의 성격 특성을 보다 잘 이해하고, 직업 적성, 대인관계에서의 차이를 파악하는 데 도움을 주는 성격 유형 이론입니다.

MBTI는 사람들의 성격을 16가지 유형으로 분류하는 심리 검사 도구로, 개인의 성격을 이해하고, 직업 적성, 대인관계 등에서의 차이를 파악하는 데 유용하게 사용됩니다. MBTI는 칼 융의 심리 유형론을 대중들이 더 쉽게 이해할 수 있도록 진화된 모델로, 사람들의 심리적 차이를 분류하고 이를 실용적인 방식으로 활용하기 위한 목적으로 만들어졌습니다. MBTI는 이사벨 마이어스와 캐서린 브릭스에 의해 처음 만들어졌지만, 시간이 지나면서 점점 더 다양한 모습으로 진화하고 있습니다.

MBTI는 처음 개발된 이후 다양한 심리학자들과 연구자들에 의해 지속적으로 발전해왔습니다. 특히, 1960년대에 MBTI는 대중화되었고, 그 후 심리학적 연구와 실용적인 검증을 통해 점점 더 많은 사람들에 의해 사용되고 있습니다. MBTI의 주요 발전 과정 중 하나는 성격 유형이 단지 개인의 성향을 설명하는 데 그치지 않고, 직업 상담, 팀워크, 리더십 개발 등 실용적인 분야에서도 사용되기 시작했다는 점입니다. 또한, 다양한 MBTI 관련 연구와 임상적용을 통해 그 정확성이나 유효성을 평가하고 개선하려는 시도는 지금도 계속 진행되고 있습니다.

현재 MBTI는 세계적으로 매우 인기 있는 성격 유형 검사로 자리잡고 있으며, 직장 내 조직, 교육 분야, 개인 상담 등에서 널리 사용되고 있습니다. MBTI의 주요 목적은 사람들이 자신의 성격 특성을 이해하고, 이를 바탕으로 자기 인식과 상호작용을 개선하며, 다양한 상황에서 효과적으로 행동할 수 있도록 돕는 것입니다. 이처럼 MBTI는 그 자체로 심리학적 이론이라기보다는 성격을 구분하고 이해하는 도구로 인식, 활용되고 있습니다. 연구와 응용이 지속되면서, 성격 유형에 대한 이해가 더 깊어지고 있고, 그 활용 범위도 더 확장되고 있는 상황입니다.

이처럼, MBTI는 이사벨 마이어스와 캐서린 브릭스의 초기 이론을 바탕으로 꾸준히 발전해왔으며, 현재 전 세계의 많은 사람들이 자신과 다른 사람의 성격을 이해하고, 상호작용을 개선하는 데 유용한 도구로 사용하고 있습니다.

칼 융의 심리 유형론과 MBTI는 어떻게 다른가?

칼 융(Carl Jung)은 주역에 심취했었기에 그의 심리학은 주역의 영향을 많이 받았습니다. 칼 융의 심리학이 주역(周易)의 영향을 많이 받았다는 것은 그가 심리학 이론을 개발할 때 주역의 원리와 철학적 개념을 깊이 고찰하고 이를 응용했음을 의미합니다. 융은 인간의 내면세계와 심리적 구조를 이해하는 데 있어 주역의 원리, 특히 음양(陰陽)의 프렉탈 구조와 상대성과 상호성, 변화의 원리를 적극 수용하고 활용했습니다. 그의 성격 유형 이론 역시 주역의 영향을 받아 사람의 성격을 대극적 범주로 구분하고, 이들 간의 상호작용과 균형을 중요하게 여겼습니다.

융의 심리학에서 중요한 개념 중 하나는 아키타입 입니다. 아키타입은 인간의 무의식 속에 존재하는 원형적인 이미지나 성격 특성으로, 인간 경험의 보편적인 패턴을 나타냅니다. 주역에서도 각 괘가 상징하는 자연 현상과 인간의 삶의 원리를 아키타입적으로 해석할 수 있습니다. 예를 들어, 건괘(乾)는 창조적이고 활동적인 아키타입을, 곤괘(坤)는 수용적이고 안정적인 아키타입을 상징합니다. 예컨대 그림으로 만들어진 '주역 타로'가 이런 모습을 잘 보여주고 있습니다. 이런 아키타입은 융의 여러 이론에서 말하는 '상징/패턴'의 심리 구조와 깊은 연관이 있습니다.

주역은 음과 양의 상호작용을 통해 변화와 균형을 설명하는 고대 동양의 철학입니다. 주역에서 모든 것은 두 가지 상반된 힘이 결합하여 변화하고 균형을 이룬다고 보며, 이는 자연과 인간의 모든 현상에 적용됩니다. 융은 이와 유사하게, 인간의 정신세계도 서로 대립하는 두 가지 성향(예: 외향과 내향, 감각과 직관)이 상호작용하면서 형성된다고 보았습니다.

주역에서의 중요한 개념은 변화입니다. 모든 것은 끊임없이 변화하며, 이 변화의 흐름 속에서 균형을 찾는 것이 중요합니다. 융도 개인화 과정(Individuation

Process)이라는 개념을 통해, 개인이 내면의 다양한 부분들을 통합하고 자기 자신을 완성해 가는 과정을 설명합니다. 이는 주역에서 말하는 변화와 균형의 원리와 매우 유사합니다. 개인화 과정은 의식과 무의식, 음과 양과 같은 상반되는 성향들이 조화롭게 결합하여 이루어지며, 이는 주역에서 음양의 상호작용을 통한 변화를 상징하는 것과 맥을 같이 합니다.

이처럼 칼 융의 성격 유형 이론은 주역의 원리에서 깊은 영향을 받았으며, 주역의 음양의 원리와 변화의 철학을 바탕으로 사람들의 성격을 이해하고 균형을 맞추는 방식을 제시합니다. 융은 인간 내면의 대립적인 성향들이 상호작용하며 성장하고, 변화하는 과정을 통해 자기완성을 이룬다고 보았는데, 이는 주역에서 음과 양이 상호작용하며 변화하는 과정과 동일한 개념입니다. 융의 심리학과 주역의 철학은 둘 다 음양 상보성을 통해 인간 존재의 깊은 이해와 균형을 추구하는 데 중요한 통찰을 제공합니다.

칼 융의 성격 유형 이론과 MBTI는 모두 성격을 분류하는 시스템이지만, 그 접근 방식과 목적에서 중요한 차이점이 있습니다. 융의 이론이 인간 심리의 심층적인 이해를 목표로 한 반면, MBTI는 보다 실용적이고 개인의 성격 유형을 일상적인 상황에 맞게 구분하려는 데 초점을 두고 있습니다.

칼 융의 성격 유형 이론은 심리학적 발전을 위해 내향성과 외향성, 사고와 감정, 직관과 감각 등을 기준으로 사람들의 성격을 분석하고 이를 통해 심리적 유형을 구분합니다. 융은 이를 통해 인간의 내면적인 동기와 갈등을 이해하고자 했습니다. 또한, 그는 이러한 성격 유형들이 상호작용하는 방식에 중점을 두었으며, 사람들이 내면의 균형을 찾도록 돕기 위한 철학적 접근을 했습니다.

MBTI는 융의 이론을 바탕으로 더 구체적이고 일상적인 상황에서 성격 특성을 쉽게 구분하기 위해 개발되었습니다. 이를 통해 사람들이 자신의 성격 유형을 파악하고, 직장이나 학교, 인간관계에서 어떻게 상호작용할지 이해하도록 돕기 위해 만들어졌습니다. MBTI는 융의 이론을 16가지 성격 유형으로 확장하고, 각 유형의 특징을 명확하게 구분하려는 실용적인 목적을 가지고 있습니다.

칼 융은 성격을 '내향성/외향성, 사고/감정, 직관/감각, 판단/인식'으로 나누었으며, 비중의 우선순위에 따라 각 특성이 사람의 심리적 기능을 어떻게 형성하는지에 대해 탐구했습니다. 융은 이 모든 유형들이 사람의 무의식적 성향에 따라 어떻게 나타나는지를 강조하며, 이들이 상호작용하는 방식에 초점을 맞췄습니다.

MBTI는 이러한 융의 이론을 4개의 지표로 더 구체화하여, 각 사람의 성격을 '외향/내향', '감각/직관', '사고/감정', '판단/인식'의 네 가지 차원에서 구분하고, 이를 선택적으로 조합하여 16개의 유형으로 나누었습니다. MBTI는 각 성격 유형의 특징을 명확하게 제시하며, 사람들이 자신의 성격을 알기 쉽게 구분할 수 있도록 도와줍니다.

칼 융의 성격 유형 이론은 개인의 내면을 깊이 탐구하고, 인간의 심리적 갈등과 성장의 과정을 설명하려는 의도를 가지고 있었습니다. 융은 성격을 분석하는 데 있어 단순히 유형을 나누는 것을 넘어, 개인의 무의식, 꿈, 상징 등을 통해 성격의 깊은 본질을 이해하고자 했습니다. 반면 MBTI는 사람들이 자기 인식과 상호작용을 보다 쉽게 이해할 수 있도록 설계된 도구입니다. 그 목적은 심리학적 이론을 실용적인 형태로 변환하여, 개인과 팀의 관계를 개선하고 다양한 영역에 걸쳐 효율성을 높이는 데 중점을 둡니다.

결론적으로, 칼 융의 성격 유형 이론은 더 깊고 철학적인 심리학적 접근을 제시한 반면, MBTI는 융의 이론을 바탕으로 더욱 실용적이고 대중적인 방식으로 사람들의 성격을 이해하고 활용하는 데 초점을 맞춘 시스템이라 할 수 있습니다.

MBTI의 16가지 유형은 어떻게 만들어지는가?

MBTI 성격 유형은 총 16가지입니다. 이 16가지 유형은 네 가지 선호지표의 이분법적 선택 조합으로 만들어집니다.

①외향(Extraversion, E) vs. 내향(Introversion, I):
에너지를 어디서 얻는지에 따라 구분됩니다. 외향적인 사람은 외부 세계에서 에너지를 얻고, 내향적인 사람은 내적인 세계에서 에너지를 얻습니다.

②감각(Sensing, S) vs. 직관(Intuition, N):
정보를 어떻게 처리하고 받아들이는지에 따라 구분됩니다. 감각형은 구체적이고 현실적인 정보를 선호하는 반면, 직관형은 추상적이고 미래 지향적인 정보를 선호합니다.

③사고(Thinking, T) vs. 감정(Feeling, F):
결정을 내릴 때 어떤 기준을 사용하는지에 따라 구분됩니다. 사고형은 논리적

이고 객관적인 기준을 사용하며, 감정형은 사람들의 감정과 관계를 고려하여 결정을 내립니다.

④판단(Judging, J) vs. 인식(Perceiving, P):
생활을 어떻게 조직하고 계획하는지에 따라 구분됩니다. 판단형은 계획적이고 구조적인 생활을 선호하며, 인식형은 유연하고 즉흥적인 접근을 선호합니다.

이 네 가지 차원의 성격 기능의 선택적 조합으로 16개의 성격 유형이 만들어집니다. 각 성격 유형은 4개의 글자로 표현되며, 이렇게 만들어진 16가지 성격 유형은 ENFJ와 ISTP와 같이 각기 정반대 유형이라는 짝을 가지게 됩니다.

외향성과 내향성은 어떻게 다른가?

외향성과 내향성은 사람이 에너지를 어디에서 얻는지에 따라 구분되는 성격 특성입니다. 이 두 가지는 사람들이 세상과 상호작용하는 방식에서 큰 차이를 보입니다.

외향성을 가진 사람은 다른 사람들과의 상호작용에서 에너지를 얻습니다. 즉, 외향적인 사람은 많은 사람들과 대화를 나누거나 활동적인 환경에 있을 때 활력을 느끼고, 사회적 상황에서 에너지를 충전합니다. 이들은 보통 '사람들과 어울리는 것'을 좋아하고, 새로운 사람들을 만나는 것에 대해서도 긍정적인 반응을 보입니다. 외향적인 사람들은 자주 외부 활동에 참여하거나 팀과 함께 일하는 것에서 만족을 느끼며, 사람들과의 교류가 그들의 에너지원이 됩니다.

반면, 내향성을 가진 사람은 혼자 있는 시간을 통해 에너지를 회복합니다. 내향적인 사람은 많은 사람들과의 상호작용이 피로감을 줄 수 있으며, 조용한 환경이나 혼자 있는 시간을 더 선호합니다. 이들은 대체로 내적인 세계에서 자신을 돌아보고, 깊이 생각하는 경향이 있습니다. 내향적인 사람들은 대규모 모임보다는 소수의 사람과 깊은 대화를 나누는 것을 더 선호하며, 자주 혼자 있는 시간이나 독서, 취미 활동 등을 통해 에너지를 충전합니다.

외향적인 사람은 활발하고 활동적인 성향을 가지며, 많은 사람들과 어울리는 상황에서 잘 지내고 에너지를 얻습니다. 반면, 내향적인 사람은 조용하고 사적인 공간에서 편안함을 느끼며, 혼자 있거나 적은 사람들과 교류할 때 더 많은 에너지를 회복합니다. 이 차이는 사람들이 세상과 어떻게 상호작용하는지, 어떤 환경에서 더 잘 활동하고 에너지를 얻는지에 대한 중요한 차이를 만들어냅니다.

외향형과 내향형을 판별하게 하는 10가지 질문

외향성과 내향성을 명확히 판별할 수 있는 핵심 질문들은 개인의 에너지 방향, 사회적 상호작용 방식, 스트레스 반응, 정보 처리 방식 등을 구체적으로 파악할 수 있어야 합니다. 외향형(Extraversion)과 내향형(Introversion)의 핵심 차이는 에너지가 외부에서 충전되는지, 내부에서 충전되는지에 있습니다. 따라서 다음과 같은 질문들이 외향성과 내향성을 구분하는 데 도움이 됩니다.

1. 사람들과 함께 시간을 보낸 뒤 기분이 더 충전되는가, 아니면 혼자만의 시간이 필요해지는가?
▶ 외향형은 사회적 상호작용에서 에너지를 얻고, 내향형은 혼자만의 시간에서 에너지를 얻습니다.

2. 새로운 사람을 만났을 때 먼저 다가가서 대화를 시작하는 편인가, 아니면 상대가

먼저 말을 걸어올 때까지 기다리는 편인가?

▶ 외향형은 주도적으로 관계를 형성하려 하고, 내향형은 자연스럽게 관계가 형성되기를 기다립니다.

3. 자기의 생각이나 감정을 다른 사람에게 쉽게 표현하는 편인가, 아니면 마음속에 간직하고 잘 드러내지 않는 편인가?

▶ 외향형은 자신의 감정을 즉각적으로 드러내는 경향이 있고, 내향형은 감정을 내면에서 깊이 처리한 뒤 표현합니다.

4. 스트레스를 받을 때 사람들과 어울리며 기분 전환을 하는가, 아니면 혼자만의 시간을 통해 마음을 정리하고 회복하는가?

▶ 외향형은 외부 활동을 통해 스트레스를 해소하고, 내향형은 내면의 성찰을 통해 마음을 가다듬습니다.

5. 새로운 상황에서 낯선 사람들과 빠르게 어울리는 편인가, 아니면 먼저 상황을 파악한 뒤 조심스럽게 접근하는 편인가?

▶ 외향형은 빠르게 적응하고 활동적으로 관계를 맺으며, 내향형은 신중하게 상황을 파악한 뒤 천천히 다가갑니다.

6. 혼자 있을 때 지루함을 느끼는가, 아니면 혼자만의 시간이 즐겁고 평온한가?

▶ 외향형은 혼자 있는 시간이 오래되면 답답함을 느끼고, 내향형은 혼자 있는 시간에서 안정감을 느낍니다.

7. 파티나 모임에서 많은 사람들과 두루두루 이야기하는 편인가, 아니면 소수의 사람과 깊이 있는 대화를 나누는 편인가?

▶ 외향형은 폭넓은 대화를 선호하고, 내향형은 깊이 있는 소수의 대화를 선호합니다.

8. 결정을 내릴 때 즉각적으로 반응하고 행동하는 편인가, 아니면 시간을 두고 신중하

게 생각한 뒤에 행동하는 편인가?

▶ 외향형은 직관적으로 빠르게 결정하고, 내향형은 여러 각도를 신중하게 검토한 뒤 결정합니다.

9. 일상에서 갑작스러운 변화나 예상치 못한 상황에 금방 적응하는 편인가, 아니면 일정한 패턴이나 익숙한 환경을 선호하는가?

▶ 외향형은 변화에 빠르게 적응하는 반면, 내향형은 익숙하고 안정된 환경을 선호합니다.

10. 자기의 생각을 말로 표현할 때 편한가, 아니면 글이나 마음속에서 정리한 뒤에 말로 옮기는 편인가?

▶ 외향형은 생각을 하면서 동시에 말로 표현하는 데 익숙하고, 내향형은 먼저 머릿속에서 생각을 정리한 뒤에 표현합니다.

이 질문들은 외향성과 내향성의 기본 성향을 구체적으로 구분해내는 데 도움이 됩니다. 외향형은 주로 외부 자극에서 에너지를 얻고 사람들과의 상호작용을 통해 활력을 느끼지만, 내향형은 조용하고 차분한 환경에서 에너지를 얻고 내면의 성찰을 통해 안정감을 찾는 경향이 있습니다. 따라서 이런 질문에 대한 반응을 통해 자신의 성향이 외향인지 내향인지를 보다 명확하게 이해할 수 있습니다.

외향형과 내향형의 변별점

외향형(Extraversion)과 내향형(Introversion)의 가장 큰 차이는 에너지가 어디에서 오는가에 있습니다. 외향형은 외부 자극과 사회적 상호작용에서 에너지를 얻지만, 내향형은 혼자만의 시간과 내면의 성찰에서 에너지를 얻습니다. 따라서 사람들이 에너지를 얻는 방식, 대인관계에서의 행동, 스트레스 해소 방식 등을 관찰하면 외향형과 내향형의 차이를 명확히 구별할 수 있습니다. 구체적인 상황별 예시를 통해 외향형과 내향형의 차이를 살펴보겠습니다.

1. 사람들과 함께 시간을 보낸 뒤의 반응

· 외향형(E): 사람들과 시간을 보내면 기분이 좋아지고 에너지가 충전됩니다. 예를 들어, 친구들과 저녁을 먹고 난 뒤에 "너무 즐거웠어! 다음에 또 만나자!"라고 하며 오히려 더 활력이 넘치는 모습을 보입니다. 외향형은 대화와 교류에서 에너지를 얻기 때문에 사람이 많을수록 더 활기를 느낍니다.

· 내향형(I): 사람들과 시간을 보낸 뒤에는 혼자만의 시간이 필요합니다. 예를 들어, 친구들과 모임 후 "오늘은 재미있긴 했지만, 이제 좀 쉬어야겠어."라며 혼자만의 시간으로 회복하려 합니다. 내향형은 사회적 활동 후에 에너지가 소진되므로 혼자만의 시간을 통해 에너지를 충전합니다.

2. 새로운 사람을 만났을 때의 반응

· 외향형(E): 먼저 다가가서 대화를 시작하고 적극적으로 인사를 나눕니다. 예를 들어, 새로운 직장에서 "안녕하세요! 어디서 오셨어요?"라고 먼저 인사하고 자연스럽게 대화를 이끌어 갑니다. 외향형은 처음 보는 사람에게 쉽게 다가가며 관계 형성을 주도합니다.

· 내향형(I): 상대가 먼저 말을 걸어올 때까지 기다리며 관찰합니다. 예를 들어, 새로운 직장에서 누군가가 말을 걸어올 때까지 조용히 주변 분위기를 살핍니다. 내향형은 자연스럽게 관계가 형성되기를 기다리며 신중하게 접근합니다.

3. 자기의 생각이나 감정을 표현할 때의 차이

· 외향형(E): 자기의 생각이나 감정을 즉각적으로 표현합니다. 예를 들어, 기쁜 일이 생기면 "와! 정말 기쁘다! 대박이야!"라고 즉각적으로 반응하고 주변 사람들과 나눕니다. 외향형은 감정을 즉시 표현하고 타인과 공유함으로써 더 큰 만족을 느낍니다.

· 내향형(I): 자기의 생각이나 감정을 마음속에 간직합니다. 예를 들어, 기쁜 일이 생기면 미소를 지으며 속으로 "정말 기쁘다."라고 생각하지만, 겉으로는 차분하게 반응합니다. 내향형은 감정을 내면에서 깊이 처리한 뒤에 조심스럽게 표현합니다.

4. 스트레스받을 때의 대처 방식

· 외향형(E): 사람들과 어울리거나 외부 활동을 통해 기분 전환합니다. 예를 들어, 스트레스를 받으면 친구들에게 연락해 "우리 만나서 이야기 좀 하자."라며 외부 활동을 통해 기분을 풀려고 합니다. 외향형은 외부 자극과 교류를 통해 기운을 되찾습니다.

· 내향형(I): 혼자만의 시간을 통해 마음을 정리하고 회복합니다. 예를 들어, 스트레스를 받으면 "혼자 산책을 하면서 생각을 정리해야겠어."라며 조용한 환경에서 회복합니다. 내향형은 내면의 성찰과 혼자만의 시간을 통해 마음의 안정을 찾습니다.

5. 새로운 상황에서의 적응 방식

· 외향형(E): 낯선 상황에서도 빠르게 적응하고 사람들과 쉽게 어울립니다. 예를 들어, 새로운 직장에 들어가자마자 동료들과 농담을 나누며 금세 친해집니다.

외향형은 새로운 환경에서도 자신감 있게 행동하고 관계를 빠르게 형성합니다.
· 내향형(I): 낯선 상황에서 조용히 상황을 파악하고 신중하게 접근합니다. 예를 들어, 새로운 직장에서 처음에는 조용히 분위기를 살피며 적응한 뒤 천천히 관계를 형성합니다. 내향형은 신중하게 관찰한 뒤 천천히 적응합니다.

6. 혼자 있을 때의 반응
· 외향형(E): 혼자 오래 있으면 지루함이나 외로움을 느낍니다. 예를 들어, 주말에 혼자 집에 있을 때 "심심해! 누구랑 좀 만나야겠어."라며 외부 활동을 원합니다. 외향형은 외부 자극이 부족하면 답답함을 느낍니다.
· 내향형(I): 혼자 있는 시간이 즐겁고 평온합니다. 예를 들어, 주말에 혼자 책을 읽으며 "이렇게 조용하니 너무 좋다."라며 만족스러워합니다. 내향형은 혼자만의 시간에서 안정감을 느낍니다.

7. 파티에서의 행동
· 외향형(E): 많은 사람들과 두루두루 대화를 나누며 활발하게 어울립니다. 예를 들어, 파티에서 여러 그룹을 오가며 다양한 사람들과 이야기합니다. 외향형은 넓고 다양한 관계를 형성합니다.
· 내향형(I): 소수의 사람과 깊이 있는 대화를 나눕니다. 예를 들어, 파티에서 한두 명과 깊이 있는 대화를 나누며 차분하게 어울립니다. 내향형은 깊이 있는 소통을 선호합니다.

8. 결정 내릴 때의 차이
· 외향형(E): 빠르게 결정하고 행동으로 옮깁니다. 예를 들어, "이게 나을 것 같

아. 그냥 바로 하자!"라며 즉각 결정합니다. 외향형은 직관적으로 빠르게 행동합니다.

· 내향형(I): 시간을 두고 신중하게 결정합니다. 예를 들어, "좀 더 생각해보고 결정하자."라며 차분히 숙고합니다. 내향형은 신중하고 조심스럽게 행동합니다.

9. 일상에서의 변화에 대한 반응

· 외향형(E): 갑작스러운 변화에 금방 적응하고 적극적으로 대처합니다. 예를 들어, 일정이 갑자기 바뀌면 "괜찮아! 바로 대처하면 돼."라며 유연하게 대응합니다. 외향형은 변화에 빠르게 적응합니다.

· 내향형(I): 변화보다는 익숙한 환경을 선호합니다. 예를 들어, "일정이 바뀌었다고? 미리 알았으면 좋았을 텐데."라며 변화에 대해 부담을 느낍니다. 내향형은 익숙하고 안정된 환경을 선호합니다.

10. 자기의 생각을 표현할 때의 차이

· 외향형(E): 생각을 하면서 동시에 말로 표현합니다. 예를 들어, "이런 생각이 떠올랐어! 어떻게 생각해?"라고 즉각적으로 표현합니다. 외향형은 생각하면서 바로 표현합니다.

· 내향형(I): 생각을 정리한 후에 말로 표현합니다. 예를 들어, "좀 더 생각해 본 뒤에 말할게."라고 신중하게 반응합니다. 내향형은 생각을 정리한 뒤에 표현합니다.

외향형은 외부 자극과 사회적 상호작용에서 에너지를 얻고, 내향형은 내면의 성찰과 혼자만의 시간에서 에너지를 얻습니다. 따라서 상대의 대화 방식, 행동 반응, 에너지 회복 방법 등을 통해 성향을 명확히 구별할 수 있습니다.

감각형과 직관형은 어떻게 다른가?

감각형과 직관형은 사람들이 정보를 처리하고 세상을 어떻게 인식하는지에 따라 구분되는 성격의 차이입니다. 이 두 가지는 각각 세상을 바라보는 방식에서 큰 차이를 보입니다.

감각형은 주로 현실적이고 구체적인 정보를 선호합니다. 감각형 사람들은 현재 일어나고 있는 사실이나 구체적인 데이터를 중시하며, 경험을 통해 직접 얻은 정보에 큰 가치를 둡니다. 이들은 실용적이고 실제적인 세부 사항에 집중하는 경향이 있습니다. 예를 들어, 감각형은 문제를 해결할 때도 실용적인 방법을 찾고, 이미 검증된 방식이나 현실적으로 가능한 선택을 선호합니다. 이들은 일상에서 작은 세부 사항이나 경험에 기초해 결정을 내리고, 대체로 직접 보고 경험한 것에 의존하는 성향이 있습니다.

반면에 직관형은 큰 그림을 보고 미래나 가능성에 대해 더 많은 관심을 기울입니다. 직관형 사람들은 사실보다는 아이디어나 개념, 가능성에 중점을 두고 생각합니다. 이들은 직관적인 통찰력을 바탕으로 세상을 바라보며, 현실에서 쉽게 눈에 띄지 않는 패턴이나 연결고리를 발견하는 데 능숙합니다. 직관형은 문제를 해결할 때 기존의 방식에 얽매이지 않고 새로운 가능성이나 혁신적인 방법을 모색하는 경향이 있습니다. 이들은 추상적인 개념이나 이론을 통해 상황을 이해하려 하며, 미래에 대한 비전을 중요하게 생각합니다.

따라서, 감각형은 구체적이고 실질적인 정보에 집중하는 반면, 직관형은 추상적이고 미래 지향적인 가능성에 더 관심을 둡니다. 감각형은 '지금 여기'에 집중하여 실용적인 해결책을 찾는 데 강점을 보이며, 직관형은 '미래의 가능성'을 보고 창의적이고 혁신적인 방식으로 문제를 해결하려는 경향을 보입니다. 이 두 가지 성향은 세상을 인식하고 정보를 처리하는 방식에서 근본적으로 다른 접근을 취합니다.

감각형과 직관형을 구분케 하는 10가지 질문

감각형(Sensing)과 직관형(Intuition)은 정보를 받아들이고 처리하는 방식에서 명확한 차이를 보입니다. 감각형은 구체적이고 현실적인 정보를 중시하며, 직관형은 추상적이고 가능성을 탐구하는 경향이 있습니다. 따라서 감각형(S)과 직관형(N)을 명확히 판별할 수 있는 질문은 개인이 정보를 어떤 방식으로 인식하고, 어떤 관점을 더 편하게 느끼는지를 구체적으로 파악할 수 있어야 합니다. 다음은 감각형과 직관형을 구분하는 데 도움이 되는 핵심 질문 10가지입니다.

1. 새로운 개념을 배울 때 구체적인 예시나 실제 경험이 도움이 되는가, 아니면 개념의 원리와 전체적인 흐름을 이해하는 것이 도움이 되는가?
▶ 감각형은 구체적인 예시나 실질적인 경험에서 학습하고, 직관형은 원리와 개념을 파악해 전체적인 흐름을 이해합니다.

2. 일상에서 세부 사항과 구체적인 사실에 주목하는 편인가, 아니면 큰 그림과 전반적인 흐름에 주목하는 편인가?
▶ 감각형은 세부 사항과 현실적인 정보를 중시하고, 직관형은 큰 그림과 패턴을 중시합니다.

3. 기억할 때 구체적인 상황과 세부 사항을 잘 기억하는가, 아니면 사건의 흐름이나 전체적인 느낌을 더 잘 기억하는가?
▶ 감각형은 구체적인 디테일을 잘 기억하고, 직관형은 전체적인 분위기와 의미를 잘 기억합니다.

4. 문제를 해결할 때 과거의 경험과 검증된 방법을 따르는 편인가, 아니면 새로운 방법이나 창의적인 접근을 시도하는 편인가?

▶ 감각형은 검증된 방법과 기존의 방식을 따르고, 직관형은 창의적이고 새로운 방법을 탐색합니다.

5. 대화를 할 때 구체적이고 현실적인 주제(날씨, 일상, 최근 사건 등)를 선호하는가, 아니면 미래의 가능성이나 추상적인 주제(철학, 이상, 의미 등)를 선호하는가?

▶ 감각형은 현실적이고 실질적인 대화를 선호하고, 직관형은 추상적이고 미래 지향적인 대화를 선호합니다.

6. 새로운 프로젝트를 시작할 때 구체적인 계획과 단계별 실행이 중요한가, 아니면 목표와 방향성만 설정되면 유연하게 진행하는 것이 중요한가?

▶ 감각형은 구체적이고 체계적인 계획을 선호하고, 직관형은 큰 틀에서 유연하게 접근합니다.

7. 사물을 볼 때 세부적인 요소(색상, 질감, 형태 등)를 주의 깊게 관찰하는가, 아니면 전체적인 분위기나 패턴을 먼저 파악하는가?

▶ 감각형은 사물의 구체적인 디테일에 주목하고, 직관형은 전체적인 의미와 패턴을 파악합니다.

8. 상황에서 발생한 문제를 해결할 때 현실적으로 가능한 방법을 찾으려 하는가, 아니면 창의적이고 독창적인 아이디어를 떠올리는가?

▶ 감각형은 현실적이고 실용적인 해결책을 찾고, 직관형은 창의적이고 색다른 방법을 탐색합니다.

9. 미래를 생각할 때 현재 상황을 기반으로 가능한 결과를 예측하는가, 아니면 다양한 가능성과 잠재력을 상상하는가?

▶ 감각형은 현재의 정보를 바탕으로 현실적으로 예측하고, 직관형은 미래의 다

양한 가능성을 상상합니다.

  10. 정보를 받아들일 때 정확한 사실과 데이터를 중시하는가, 아니면 직감이나 영감에 따라 해석하는가?

  ▶ 감각형은 구체적인 사실과 데이터를 중시하고, 직관형은 직감과 의미를 중시합니다.

  이 질문들은 감각형과 직관형의 차이를 명확하게 드러내며, 감각형은 현실적이고 구체적인 정보에 집중하는 반면, 직관형은 미래 가능성과 패턴을 탐색하며 의미를 찾으려는 경향이 있습니다. 따라서 이러한 질문에 대한 답변을 통해 자신의 성향이 감각형인지 직관형인지 보다 정확하게 이해할 수 있습니다.

감각형과 직관형의 변별점

  감각형(Sensing)과 직관형(Intuition)의 가장 큰 차이는 정보를 받아들이는 방식에 있습니다. 감각형은 구체적이고 현실적인 정보를 중시하며, 직관형은 가능성과 미래의 의미를 중시합니다. 감각형은 현재의 사실과 경험에 기반하여 판단하고, 직관형은 패턴과 미래의 잠재성을 통해 판단합니다. 따라서 일상에서 정보를 어떻게 받아들이고 처리하는지를 관찰하면 감각형과 직관형의 성향을 명확히 구별할 수 있습니다. 구체적인 상황별 예시를 통해 감각형과 직관형의 차이를 상세하게 살펴보겠습니다.

1. 여행을 준비할 때의 반응

  · **감각형(S)**: 여행 준비 과정에서 세부 일정, 예산, 교통편 등을 구체적으로 계획합니다. 예를 들어, "비행기 시간은 몇 시고, 숙소 체크인은 몇 시야? 날씨가 어떻

게 될지 미리 확인하고 짐을 챙겨야겠어."라고 말하며 정확한 시간, 장소, 비용 등 현실적이고 구체적인 정보를 바탕으로 철저하게 준비합니다.

· 직관형(N): 여행의 전반적인 분위기나 경험에 초점을 맞추고, 세부 사항은 유연하게 대응합니다. 예를 들어, "이번 여행에서는 색다른 경험을 해보고 싶어. 현지에서 기분 따라 움직이는 것도 재미있지 않을까?"라고 말하며 구체적인 계획보다 전체적인 흐름과 경험에 집중하며, 즉흥적인 변화를 받아들입니다.

2. 새로운 기술을 배울 때의 반응

· 감각형(S): 매뉴얼이나 사용법을 단계별로 정확히 따르며 배우려고 합니다. 예를 들어, "먼저 설명서를 읽고 하나씩 순서대로 따라 해볼게."라고 말하며 구체적인 절차와 정확한 방법에 집중하며, 실습을 통해 익히려 합니다.

· 직관형(N): 전체적인 개념을 먼저 파악하고 자신의 방식대로 응용하려 합니다. 예를 들어, "이게 어떤 원리인지 먼저 이해하고 나만의 방식으로 써보자."라고 말하며 디테일보다는 전체적인 개념과 원리를 파악하고 창의적으로 접근합니다.

3. 직장에서 문제 해결 방식의 차이

· 감각형(S): 현재의 문제 상황을 구체적으로 파악하고 현실적인 해결책을 찾으려 합니다. 예를 들어, "문제의 원인이 무엇인지 정확히 파악하고, 이전에 비슷한 사례가 있었는지 확인해 보자."라고 말하며 과거의 경험과 구체적인 데이터에 기반해 문제를 해결합니다.

· 직관형(N): 문제의 근본 원인을 찾고 장기적인 관점에서 해결책을 모색합니다. 예를 들어, "이 문제는 단기적인 현상이 아닐 수 있어. 근본적인 원인을 찾아서 다시는 이런 일이 반복되지 않게 하자."라고 말하며 현재의 문제를 넘어 장기

적인 패턴과 미래의 가능성을 고려합니다.

4. 친구의 고민 상담 방식
· 감각형(S): 친구의 현재 상황을 구체적으로 파악하고 실용적인 조언을 제공합니다. 예들 들어, "지금 상황이 이렇다면 우선 이렇게 행동해 봐. 다음에 어떻게 할지도 계획을 세워 보자."라고 말하며 현실적인 상황과 구체적인 해결책을 제시합니다.

· 직관형(N): 친구의 고민에서 숨은 의미를 찾으려 하며, 장기적인 관점에서 조언합니다. 예를 들어, "이 일이 네가 앞으로 성장하는 데 어떤 의미가 있을까? 장기적으로 어떤 기회가 될 수 있을지도 생각해보자."라고 말하며 현재 상황보다 미래의 가능성과 의미를 중시합니다.

5. 일상에서의 관찰 방식
· 감각형(S): 주변에서 보이는 구체적인 사물이나 상황을 세밀하게 관찰합니다. 예를 들어, "오늘 거리의 나무에 새싹이 돋았더라. 봄이 왔다는 게 실감 나더라."라고 말하며 구체적인 디테일과 현실적인 정보를 중심으로 관찰합니다.

· 직관형(N): 사물의 구체적인 디테일보다 그 의미나 상징성을 파악합니다. 예를 들어, "거리의 새싹이 돋는 걸 보니 나도 새롭게 시작해야겠다는 생각이 들어."라고 말하며 구체적인 사실보다 그 사실에서 도출되는 의미와 상징에 주목합니다.

6. 영화나 책을 볼 때의 반응
· 감각형(S): 구체적인 줄거리와 등장인물의 행동에 집중합니다. 예를 들어, "이 장면에서 주인공이 왜 그렇게 행동했는지 잘 이해가 돼. 다음 장면에서 어떻게 될지 궁금해."라고 말하며 구체적인 사건의 흐름에 집중합니다.

· 직관형(N): 영화나 책의 상징성과 숨은 의미에 집중합니다. 예를 들어, "이 장면에서 주인공이 보여준 행동은 삶의 의미를 상징하는 것 같아. 전체적인 메시지가 뭘까?"라고 말하며 사건의 흐름보다 숨은 의미와 상징성을 해석합니다.

7. 일정을 계획할 때의 반응

· 감각형(S): 구체적인 일정과 시간 계획을 세우며 실용적인 접근을 합니다. 예를 들어, "9시에 출발해서 10시에 도착하고, 점심은 12시에 먹으면 되겠다."라고 말하며 시간과 구체적인 일정에 집중하며 현실적으로 계획합니다.

· 직관형(N): 전체적인 흐름을 고려하며 융통성 있게 일정 계획을 세웁니다. 예를 들어, "대략 오전에 도착해서 점심을 먹고, 그 이후에는 상황 봐서 움직이면 되겠네."라고 말하며 세부적인 일정보다 전체적인 흐름을 중시하고 즉흥적인 변화를 허용합니다.

8. 새로운 아이디어를 떠올릴 때의 반응

· 감각형(S): 현실적으로 실현 가능한 아이디어를 우선합니다. 예를 들어, "현재 예산과 자원을 고려했을 때 이 정도 선에서 시도하는 게 좋겠어."라고 말하며 현실적인 제약을 고려하며 실현 가능한 아이디어를 선호합니다.

· 직관형(N): 현실적인 제약보다 창의적이고 혁신적인 아이디어를 선호합니다. 예를 들어, "예산이 부족하긴 하지만 완전히 새로운 접근 방식을 시도해보면 어떨까?"라고 말하며 실현 가능성보다 독창성과 혁신에 초점을 맞춥니다.

9. 일에서의 성과 평가 방식

· 감각형(S): 구체적인 결과와 성과 수치를 기반으로 평가합니다. 예를 들어,

"이번 프로젝트에서 매출이 20% 증가했으니 성공이야."라고 말하며 구체적인 수치와 결과에 초점을 둡니다.

· **직관형(N)**: 성과에서 얻은 의미와 변화 가능성에 초점을 둡니다. 예를 들어, "매출이 올랐지만, 이 과정에서 얻은 교훈이 다음 단계에서 더 중요할 거야."라고 말하며 성과의 의미와 장기적인 변화 가능성에 집중합니다.

10. 스트레스를 받을 때의 대처 방식

· **감각형(S)**: 구체적인 행동으로 스트레스를 해소합니다. 예를 들어, "산책을 하거나 운동을 하면 기분이 나아질 거야."라고 말하며 현재 상태를 바꾸기 위한 구체적인 행동을 취합니다.

· **직관형(N)**: 문제의 근본 원인을 찾고 해결책을 모색합니다. 예를 들어, "이 스트레스가 어디서 오는 걸까? 내가 무언가를 바꿔야 할지도 몰라."라고 말하며 문제의 원인을 파악하고 장기적인 해결책을 찾으려 합니다.

감각형은 구체적인 현실과 현재의 사실에 집중하며, 직관형은 가능성과 의미, 미래의 변화에 집중합니다. 따라서 구체적인 사실을 중시하는지 또는 미래의 의미와 가능성을 중시하는지를 통해 성향을 쉽게 구분할 수 있습니다.

사고형과 감정형은 어떻게 다른가?

사고형과 감정형은 사람들이 결정을 내릴 때 어떤 기준을 중요하게 여기는지에 따라 구분되는 성격의 차이입니다. 이 두 가지 성향은 사람들의 판단 방식에서 큰 차이를 보입니다.

사고형은 결정을 내릴 때 주로 논리적이고 객관적인 분석을 중요하게 여깁니다. 사고형 사람들은 상황을 평가할 때 감정보다 사실과 논리를 우선시하며, 객관적인 데이터를 기반으로 결정을 내립니다. 이들은 감정에 휘둘리지 않고, 문제를 해결하는 데 있어 효율적이고 합리적인 방법을 찾으려 합니다. 예를 들어, 사고형은 갈등 상황에서 감정보다는 문제를 해결할 수 있는 구체적인 방법을 찾으려 하며, 다른 사람의 감정을 고려하기보다는 사실과 데이터를 중시합니다. 이들은 일을 처리할 때도 정확한 계획을 세우고, 그 계획에 따라 행동하는 경향이 있습니다.

반면, 감정형은 결정을 내릴 때 사람들과의 관계나 감정을 중요하게 생각합니다. 감정형 사람들은 다른 사람의 감정과 가치관을 고려하여 결정을 내리며, 자신의 결정을 다른 사람에게 미치는 영향을 신중하게 생각합니다. 이들은 논리적인 분석보다는 사람들이 어떻게 느낄지, 어떤 영향을 받을지를 먼저 고려합니다. 예를 들어, 감정형은 갈등 상황에서 상대방의 감정을 중요하게 여기며, 문제를 해결할 때 사람들 간의 화합이나 감정적 만족을 더 중시합니다. 감정형은 자신의 감정뿐만 아니라, 타인의 감정을 존중하고 배려하는 성향이 강합니다.

결론적으로, 사고형은 논리와 객관적 기준을 바탕으로 결정을 내리며, 감정형은 사람들과의 관계나 감정적 측면을 더 중요하게 여깁니다. 사고형은 일이나 문제 해결에 있어 효율성과 객관성을 중시하는 반면, 감정형은 사람들의 감정이나 조화를 고려해 결정을 내리는 경향이 있습니다. 이 두 성향은 결정을 내리는 기준에서 서로 다르며, 그로 인해 다양한 상황에서 각기 다른 방식으로 반응하게 됩니다.

사고형과 감정형을 구분케 하는 10가지 질문

사고형(Thinking)과 감정형(Feeling)은 결정을 내리고 문제를 해결하는 방식에서 뚜렷한 차이를 보입니다. 사고형은 논리와 객관적인 사실을 바탕으로 결정을 내리며, 감정형은 타인의 감정과 조화, 인간관계를 고려해 결정을 내리는 경향이 있습니다. 따라서 사고형(T)과 감정형(F)을 명확히 판별할 수 있는 질문은 개인이 어떤 기준으로 결정을 내리고, 무엇을 우선시하는지를 구체적으로 파악할 수 있어야 합니다. 다음은 사고형과 감정형을 구분하는 데 도움이 되는 핵심 질문 10가지입니다.

1. 결정을 내릴 때 논리적 근거와 사실을 우선시하는가, 아니면 타인의 감정과 관계의 조화를 우선시하는가?

▶ 사고형은 논리적 근거와 객관성을 중시하고, 감정형은 관계의 조화와 감정을 중시합니다.

2. 논쟁이 발생했을 때 옳고 그름을 명확히 따지려 하는가, 아니면 상대방의 감정을 고려해 상황을 부드럽게 해결하려 하는가?

▶ 사고형은 객관적 기준으로 옳고 그름을 따지고, 감정형은 갈등의 완화와 감정적인 조화를 추구합니다.

3. 다른 사람의 행동이 잘못되었다고 생각될 때 이를 직접 지적하는 편인가, 아니면 상대의 기분을 고려해 부드럽게 돌려 말하는 편인가?

▶ 사고형은 직접적이고 명확하게 문제를 지적하고, 감정형은 상대의 감정을 고려해 부드럽게 표현합니다.

4. 팀에서 의사결정을 할 때 효율성과 논리적인 결과를 중시하는가, 아니면 팀원들의 만족도와 관계의 조화를 중시하는가?

▶ 사고형은 효율성과 논리를 우선시하고, 감정형은 관계의 화합과 만족도를 우선시합니다.

5. 도덕적 딜레마에서 원칙과 규범에 따라 결정하는가, 아니면 상황과 상대의 입장을

고려해 유연하게 접근하는가?

▶ 사고형은 원칙과 규범에 따라 결정하고, 감정형은 상황과 관계의 특수성을 고려해 결정합니다.

6. 문제를 해결할 때 무엇이 옳은지, 무엇이 효율적인지에 집중하는가, 아니면 사람들의 감정과 관계를 어떻게 유지할지에 집중하는가?

▶ 사고형은 해결책의 논리성과 효율성을 중시하고, 감정형은 관계의 조화와 감정적 안정감을 중시합니다.

7. 비판을 받았을 때 내용의 타당성을 따져보는가, 아니면 비판의 방식이나 감정적인 요소에 더 신경 쓰는가?

▶ 사고형은 비판의 논리성과 타당성에 집중하는 반면, 감정형은 비판의 방식과 감정적인 영향에 민감합니다.

8. 의사소통에서 명확하고 직설적인 표현을 선호하는가, 아니면 상대의 기분을 고려해 완곡하고 부드럽게 표현하는가?

▶ 사고형은 명확하고 직접적인 표현을 선호하고, 감정형은 상대의 기분을 배려한 부드러운 표현을 선호합니다.

9. 결정의 기준이 객관적인 사실과 원칙에 기반하는가, 아니면 사람들의 반응과 관계의 안정성에 기반하는가?

▶ 사고형은 객관적인 사실과 원칙을 우선시하고, 감정형은 사람들의 감정과 관계를 우선시합니다.

10. 의사결정 후 결과가 논리적으로 맞으면 만족하는가, 아니면 모두가 만족하고 화합된 분위기가 조성될 때 만족하는가?

▶ 사고형은 논리적으로 정확한 결과에 만족하고, 감정형은 관계의 조화와 모두의 만족에 만족합니다.

이 질문들은 사고형과 감정형의 핵심 성향을 명확히 드러내며, 사고형은 논리와 객관성을 우선시하고, 감정형은 관계의 화합과 정서적 안정감을 중시하는 경향이 있습니다. 따라서 이러한 질문에 대한 답변을 통해 자신의 성향이 사고형인지 감정형인지 보다 정확하게 이해할 수 있습니다.

사고형과 감정형의 변별점

사고형(Thinking)과 감정형(Feeling)은 결정을 내리는 방식에서 명확한 차이를 보입니다. 사고형은 주로 논리와 객관적인 근거에 따라 판단하며, 감정형은 인간관계와 감정을 중요하게 여기며 결정합니다. 따라서 어떤 상황에서 어떻게 결정을 내리고 반응하는지를 관찰하면 사고형과 감정형의 성향을 쉽게 구별할 수 있습니다. 아래에서는 구체적인 상황별 예시를 통해 사고형과 감정형의 차이를 상세하게 살펴보겠습니다.

1. 직장 내 갈등 상황에서의 반응

- 사고형(T): 문제의 원인과 해결책을 분석하고 논리적으로 접근합니다. 예를 들어, "왜 문제가 발생했는지 원인을 찾아야 해. 각자 역할을 점검하고 개선할 방안을 찾아보자."라고 말하며 감정을 배제하고 문제의 본질에 초점을 맞추며, 해결책을 찾는 데 집중합니다.
- 감정형(F): 갈등으로 인한 사람들의 감정을 먼저 고려하고 공감합니다. 예를 들어, "지금 분위기가 너무 안 좋네. 서로 감정이 상한 것 같은데 먼저 마음을 풀어야 하지 않을까?"라고 말하며 문제 해결보다 팀원들의 감정 상태와 분위기 개선을 먼저 고려합니다.

2. 친구가 고민을 털어놓을 때의 반응

· 사고형(T): 친구의 고민을 객관적으로 분석하고 해결책을 제시합니다. 예를 들어, "그러니까 문제의 핵심은 네가 그 일을 너무 감정적으로 받아들였다는 거야. 상황을 객관적으로 보자." 문제의 원인을 파악하고 논리적인 조언을 제공합니다.

· 감정형(F): 친구의 감정에 공감하고 위로하며 정서적으로 지지합니다. 예를 들어, "그런 일이 있었구나… 정말 힘들었겠다. 네 마음이 얼마나 아팠을지 이해돼." 라고 말하며 해결책을 제시하기보다 친구의 감정을 공감하고 위로합니다.

3. 팀 프로젝트에서 의견 충돌이 발생했을 때의 반응

· 사고형(T): 합리적인 근거를 통해 최적의 해결책을 찾으려 합니다. 예를 들어, "이건 분명히 데이터에서 차이가 나기 때문이야. 수치를 다시 검토하고 어떤 방향이 더 효율적인지 확인해 보자." 감정적인 요소를 배제하고 논리적으로 접근하며, 효율성과 성과를 중시합니다.

· 감정형(F): 팀원들의 감정을 고려하고 조화를 중시합니다. 예를 들어, "모두가 납득할 수 있는 방안을 찾는 게 중요해. 서로의 의견을 잘 조율해서 모두가 만족할 수 있는 결정을 내려보자." 합리적인 결과보다 팀원들이 만족하고 조화롭게 합의하는 과정을 중시합니다.

4. 이직 제안을 받았을 때의 결정 방식

· 사고형(T): 연봉, 복지, 근무 환경 등 객관적인 조건을 분석해 결정을 내립니다. 예를 들어, "연봉이 지금보다 20% 높고, 출퇴근 거리도 짧아지니까 이직하는 게 합리적이야."라고 말하며 감정보다 논리적인 이점을 고려해 결정합니다.

· 감정형(F): 일의 의미, 팀 분위기, 직장 내 인간관계 등을 우선 고려합니다. 예

를 들어, "새로운 직장은 연봉이 높긴 한데, 지금 팀 분위기가 너무 좋아서 떠나기가 망설여져."라고 말하며 논리적인 조건보다 정서적 안정감과 인간관계를 우선시합니다.

5. 실수로 인해 비난을 받았을 때의 반응

- 사고형(T): 비난이 타당한지 분석하고 문제 해결에 집중합니다. 예를 들어, "내가 실수한 건 맞지만, 정확히 어떤 부분에서 문제가 있었는지 먼저 따져봐야 해."라고 말하며 감정을 배제하고 원인과 해결책을 찾는 데 집중합니다.
- 감정형(F): 비난에 대한 감정적인 영향을 더 크게 느끼며 상처받습니다. 예를 들어, "내가 너무 부족했던 것 같아. 사람들이 나를 싫어하게 될까 봐 걱정돼."라고 말하며 문제 해결보다 타인의 반응과 관계 변화에 더 신경 씁니다.

6. 중요한 결정을 내릴 때의 기준

- 사고형(T): 객관적인 자료와 논리적인 근거를 기반으로 결정을 내립니다. 예를 들어, "이 선택이 장기적으로 더 이익이 되고 안정적인 방향이야. 감정보다는 데이터를 믿어야 해."라고 말하며 이성적이고 합리적인 판단을 중시합니다.
- 감정형(F): 자신의 감정이나 타인의 감정을 고려해 결정을 내립니다. 예를 들어, "이 결정이 모두에게 좋은 영향을 줄 수 있을까? 누군가에게 상처가 되지는 않을까?"라고 말하며 논리보다 사람의 감정을 중시합니다.

7. 친구와의 다툼에서의 반응

- 사고형(T): 다툼의 원인을 논리적으로 분석하고 문제 해결에 초점을 맞춥니다. 예를 들어, "왜 싸웠는지 정확히 짚어 보고, 서로의 입장을 정리해 보자."라고 말

하며 논리적인 접근으로 문제를 해결하려 합니다.

· 감정형(F): 다툼에서 상처받은 감정을 먼저 돌보려 합니다. 예를 들어, "네가 속상했을 거 알아. 나도 마음이 많이 아팠어."라고 말하며 문제 해결보다 감정적 화해와 관계 회복을 먼저 시도합니다.

8. 새로운 도전에 대한 반응

· 사고형(T): 도전의 성공 가능성과 리스크를 분석합니다. 예를 들어, "이 도전을 통해 얻을 수 있는 이점과 위험 요소를 정확히 파악해 보자."라고 말하며 이성적이고 합리적인 근거를 통해 결정합니다.

· 감정형(F): 도전이 자신이나 타인에게 미치는 정서적 영향을 고려합니다. 예를 들어, "이 도전을 통해 내가 더 행복해질 수 있을까?"라고 말하며 정서적 만족감과 의미를 중시합니다.

9. 문제 상황에서의 의사소통 방식

· 사고형(T): 직설적이고 솔직하게 문제를 지적합니다. 예를 들어, "이 부분이 잘못됐어. 다음엔 이런 방식으로 수정하면 돼."라고 말하며 감정보다 정확한 피드백을 제공합니다.

· 감정형(F): 상대방의 감정을 배려하면서 피드백을 전달합니다. 예를 들어, "잘하고 있어. 그런데 이 부분은 조금 수정하면 더 좋아질 거야."라고 말하며 상대방의 기분을 고려하며 부드럽게 피드백을 제공합니다.

10. 일상에서의 우선순위

· 사고형(T): 효율성과 성과를 우선시합니다. 예를 들어, "이 일이 더 중요하니까

다른 일은 뒤로 미루자."라고 말하며 효율성과 합리성에 초점을 맞춥니다.
  · 감정형(F): 관계와 감정을 우선시합니다. 예를 들어, "이 일도 중요하지만, 먼저 모두가 만족할 수 있는 방향을 찾자."라고 말하며, 관계성을 중요시여깁니다.

사고형과 감정형의 가장 큰 차이는 논리와 객관성 vs 감정과 관계에 있습니다. 사고형은 문제 해결과 성과를 중시하고, 감정형은 조화와 관계를 중시합니다. 따라서 일상에서의 결정 방식, 갈등 해결 태도, 인간관계에서의 반응 등을 통해 상대가 사고형인지 감정형인지 명확히 구분할 수 있습니다.

판단형과 인식형은 어떻게 다른가?

판단형과 인식형은 사람들이 세상과 상호작용하는 방식, 특히 일을 처리하고 계획하는 방식에서 차이를 보이는 성격의 두 가지 특성입니다. 이 두 성향은 생활에서 어떻게 접근하고 결정을 내리는지에 대한 중요한 차이를 만듭니다.

판단형은 계획적이고 체계적인 방식으로 일을 처리하는 사람들입니다. 판단형 사람들은 상황을 미리 정리하고, 계획을 세워 일을 처리하는 것을 선호합니다. 이들은 일을 시작하기 전에 어떤 방식으로 진행될지에 대해 명확한 계획을 세우고, 그 계획을 따르는 것을 중요하게 생각합니다. 또한, 판단형은 결정을 내리는 것을 빨리 마무리하려는 경향이 있어서, 불확실한 상황에서 기다리거나 미루는 것보다는 가능한 한 빨리 결론을 내리려 합니다. 그래서 일정이나 목표를 정해두고 그것을 따라가며, 일을 끝내기 전에 모든 것이 완료되는 상태를 중요하게 여깁니다. 계획을 세워 미리 준비하는 것에서 안정감을 느끼며, 예측 가능한 환경에서 더 편안해합니다.

반면에 인식형은 유연하고 즉흥적인 방식으로 일을 처리하는 사람들입니다. 인식형 사람들은 계획을 세우기보다는 상황에 맞게 자연스럽게 흐르는 대로 일을 처리하는 것을 선호합니다. 이들은 변화하는 환경이나 예상치 못한 상황에 잘 적응하며, 즉흥적이고 개방적인 태도를 유지하는 경향이 있습니다. 인식형은 일할 때 미리 정해진 계획보다는 그때그때의 상황에 따라 결정을 내리고, 상황에 맞춰 유동적으로 행동하는 것을 중요하게 생각합니다. 그래서 종종 마지막 순간까지 결정을 내리지 않고, 다양한 가능성을 열어두며 상황을 지켜보는 경우가 많습니다. 그들은 일정을 엄격하게 따르기보다는 자유롭게 변동하는 환경을 선호하며, 유연성을 중시합니다.

결론적으로, 판단형은 일관성 있고 체계적인 접근을 통해 계획을 세우고 목표를 달성하려는 성향이 강하고, 인식형은 계획보다는 상황에 맞춰 유동적이고 자유롭게 반응하는 성향이 강합니다. 판단형은 예측 가능한 환경에서 잘 적응하며, 일을 미리 끝내려고 하지만, 인식형은 변화하는 상황에 잘 적응하고 유연하게 대응하며, 계획에 얽매이지 않는 경향이 있습니다. 이 두 성향은 사람들의 삶의 방식과 일을 처리하는 접근 방식에서 서로 다른 특징을 보입니다.

판단형과 인식형을 구분케 하는 10가지 질문

판단형(Judging)과 인식형(Perceiving)은 삶을 조직하고 구조화하는 방식에서 명확한 차이를 보입니다. 판단형은 계획적이고 체계적으로 삶을 정리하고 결정을 내리는 경향이 있으며, 인식형은 유연하고 즉흥적으로 상황에 적응하며 가능성을 열어두는 경향이 있습니다. 따라서 판단형(J)과 인식형(P)을 명확히 판별할 수 있는 질문은 개인이 어떤 방식으로 일상과 계획을 관리하고, 변화에 어떻게 반응하는지를 구체적으로 파악할 수 있어야 합니다. 다음은 판단형과 인식형을 구분하는 데 도움이 되는 핵심 질문 10가지입니다.

1. 계획을 세울 때 구체적인 일정과 마감 기한을 정하고 따르는 것을 선호하는가, 아니면 상황에 따라 유연하게 조정하는 것을 선호하는가?
▶ 판단형은 명확한 일정과 마감을 설정하고 따르며, 인식형은 상황에 따라 유연하게 대처합니다.

2. 여행을 준비할 때 사전에 세부 일정을 철저히 계획하는가, 아니면 현장에서 즉흥적으로 계획을 세우는가?
▶ 판단형은 사전에 구체적인 계획을 세우고, 인식형은 현장에서 즉흥적으로 움직입니다.

3. 마감 기한이 다가올 때 미리 준비하고 여유롭게 끝내는 편인가, 아니면 마지막 순간까지 유연하게 대처하는가?
▶ 판단형은 미리 준비하고 기한 전에 마무리하고, 인식형은 기한 직전까지 유연하게 진행합니다.

4. 결정을 내릴 때 신속하게 결정을 확정하고 실행하는 편인가, 아니면 다양한 가능성을 열어두고 마지막까지 결정을 미루는 편인가?
▶ 판단형은 신속하게 결정을 내리고 실행하며, 인식형은 선택지를 열어두고 결정을 유보합니다.

5. 일정이 변경되거나 계획이 틀어질 때 불안함을 느끼는가, 아니면 변화에 유연하게 적응하고 상황에 맞게 대처하는가?
▶ 판단형은 일정의 변경에 불안을 느끼고, 인식형은 변화에 유연하게 적응합니다.

6. 일을 진행할 때 체계적이고 단계별로 처리하는 것을 선호하는가, 아니면 자유롭게

진행하면서 상황에 따라 조정하는 것을 선호하는가?

▶ 판단형은 체계적으로 단계별로 진행하고, 인식형은 자유롭고 유동적으로 처리합니다.

7. 완벽하게 준비된 상태에서 일을 시작하는 편인가, 아니면 일단 시작하고 필요에 따라 조정하는 편인가?

▶ 판단형은 준비가 완료된 상태에서 시작하고, 인식형은 일단 시작한 뒤 조정합니다.

8. 일상에서 규칙적인 루틴과 정해진 패턴을 선호하는가, 아니면 자유롭고 즉흥적인 일정을 선호하는가?

▶ 판단형은 정해진 루틴과 계획을 선호하고, 인식형은 자유롭고 즉흥적인 일정을 선호합니다.

9. 여러 선택지가 있을 때 빠르게 결정을 내리고 실행하는가, 아니면 선택지를 충분히 검토한 후 마지막까지 결정을 유보하는가?

▶ 판단형은 신속하게 결정을 내리고 실행하며, 인식형은 충분히 검토한 후 유보합니다.

10. 미리 정해진 계획을 따르는 것이 편안한가, 아니면 계획이 없이 그때그때 상황에 맞게 움직이는 것이 편안한가?

▶ 판단형은 계획된 상황에서 안정감을 느끼고, 인식형은 자유롭게 상황에 따라 대처하는 데서 편안함을 느낍니다.

이 질문들은 판단형과 인식형의 성향을 명확하게 드러내며, 판단형은 질서와 계획을 중시하고 안정감을 찾는 반면, 인식형은 유연성과 즉흥성을 중시하고 새로운 가능성에 열려 있는 경향이 있습니다. 따라서 이러한 질문에 대한 답변을 통해 자신의 성향이 판단형인지 인식형인지 보다 정확하게 이해할 수 있습니다.

판단형와 인식형의 변별점

판단형(Judging)과 인식형(Perceiving)은 일상생활에서의 태도와 행동 양식에서 명확한 차이를 보입니다. 판단형은 체계적이고 계획적인 성향이 강하며, 인식형은 유연하고 즉흥적인 성향이 두드러집니다. 따라서 일상에서 어떤 상황에서 어떻게 행동하고 결정하는지를 관찰하면 판단형과 인식형의 성향을 쉽게 구별할 수 있습니다. 아래에서는 구체적인 상황별 예시를 통해 판단형과 인식형의 차이를 상세히 살펴보겠습니다.

1. 여행 계획 세우기

· 판단형(J): 여행을 준비할 때 구체적인 일정을 미리 세우고, 하루의 동선과 활동을 정해놓는 것을 선호합니다. 예를 들어 여행 출발 전부터 '오전 9시에 박물관, 오후 2시에 맛집, 저녁 7시에 야경 보기' 같은 일정표를 꼼꼼히 작성하고 이를 따르려고 합니다. 여행 중 계획이 틀어지면 불안해하고, 즉흥적인 상황에서 스트레스를 받습니다.

· 인식형(P): 여행의 큰 틀만 정해놓고 현장에서 상황에 따라 유연하게 일정을 변경합니다. 예를 들어, "일단 도착해서 분위기 보고 결정하자. 맛집은 그냥 걸어 다니면서 찾으면 되지."라고 생각하며 일정이 틀어져도 크게 신경 쓰지 않고, 즉흥적으로 새로운 계획을 세웁니다.

2. 업무 진행 방식

· 판단형(J): 일을 할 때 명확한 계획과 마감 기한을 세우고 체계적으로 진행합

니다. 예를 들어, '월요일에 자료 조사, 화요일에 초안 작성, 수요일에 수정, 금요일에 마무리.'와 같이 미리 계획하고, 업무가 예상대로 진행되지 않으면 스트레스를 받고 다시 계획을 수정합니다.

· 인식형(P): 전체적인 방향만 정해놓고 유동적으로 진행하며, 중간에 계획이 바뀌어도 쉽게 적응합니다. 예를 들어, "일단 시작해 보고 진행하면서 필요한 부분은 수정하면 되지."라고 생각하며 업무 과정에서 새로운 아이디어가 나오면 즉각 반영하며, 완벽함보다는 유연성을 추구합니다.

3. 약속 시간에 대한 태도

· 판단형(J): 약속 시간이 정확히 정해져 있으면 시간에 맞춰 도착하려고 하며, 늦으면 불안해합니다. 예를 들어, "약속이 3시면 10분 전에 도착해야 마음이 편해."라고 생각합니다. 상대가 늦으면 불편해하고 다음 일정에 차질이 생기는 것을 싫어합니다.

· 인식형(P): 약속 시간에 대해 비교적 여유롭고 융통성 있게 대응합니다. 예를 들어, "조금 늦어도 어차피 같이 즐길 건데 상관없어."라고 생각합니다. 상대가 늦더라도 여유롭게 기다리고, 약속이 미뤄져도 큰 신경을 쓰지 않습니다.

4. 쇼핑 스타일

· 판단형(J): 쇼핑을 하기 전에 필요한 물건의 목록을 미리 정해놓고 그에 따라 구매합니다. 예를 들어 "오늘은 셔츠랑 청바지를 사야지."와 같이 정해진 물건만 사고, 즉흥적으로 다른 물건을 사는 경우가 드뭅니다.

· 인식형(P): 쇼핑 계획이 명확하지 않고 매장에서 보고 마음에 드는 대로 즉흥적으로 구매합니다. 예를 들어, "일단 가서 구경해 보고 마음에 들면 사야지."라고

생각하며 예상치 못한 세일이나 신상품에 즉흥적으로 반응해 구입합니다.

5. 집안 정리 방식
· 판단형(J): 집안의 물건이 정해진 자리에 정돈되어 있어야 마음이 편안합니다. 예를 들어, "책은 책장에, 옷은 옷장에 종류별로 정리해야 해."라고 생각하며 물건이 제자리에 없으면 불안해하고 바로 정리합니다.

· 인식형(P): 집안의 물건이 다소 어질러져 있어도 큰 신경을 쓰지 않습니다. 예를 들어, "필요할 때 찾으면 되지 뭐."라고 생각하며 정리보다는 편리함을 우선시하며, 필요한 순간에 찾으면 된다는 태도를 가집니다.

6. 갑작스러운 일정 변경에 대한 반응
· 판단형(J): 갑작스러운 일정 변경에 스트레스를 받으며, 가능한 한 원래 일정대로 진행하려고 합니다. 예를 들어, "갑자기 취소된다고? 그럼 다음 일정도 다 꼬이잖아."라고 생각하며 일정이 바뀌면 다른 일정에도 영향을 줄까 봐 불안해합니다.

· 인식형(P): 일정 변경이 생겨도 자연스럽게 받아들이며 유연하게 대처함. 예를 들어, "괜찮아, 그럼 다른 거 하면 되지."라고 생각하며 상황에 따라 새로운 계획을 즉각 세웁니다.

7. 결정 방식
· 판단형(J): 결정을 신속하게 내리고 실행에 옮깁니다. 예를 들어, "이 정도면 충분히 생각했으니까 바로 진행하자."라고 생각하며 결정을 내린 후에는 쉽게 번복하지 않습니다.

· 인식형(P): 결정을 내리기 전에 다양한 가능성을 열어두고 최종 결정을 미룹니다. 예를 들어, "조금 더 생각해보고 결정할게."라고 말하며 결정을 내린 뒤에도 상황에 따라 쉽게 바꿉니다.

8. 공부나 학습 스타일

· 판단형(J): 정해진 학습 계획에 따라 체계적으로 공부합니다. 예를 들어, "오늘은 수학 2시간, 영어 1시간."과 같이 계획에 맞춰 공부하며 계획대로 공부가 안되면 스트레스를 받습니다.

· 인식형(P): 그날의 컨디션과 기분에 따라 유동적으로 공부합니다. 예를 들어 "오늘은 수학이 하기 싫으니까 영어부터 해야겠다."라고 생각하며 계획보다 자신의 기분과 상태를 우선시함.

9. 문서 작성 스타일

· 판단형(J): 글을 작성할 때 초안을 미리 구성하고 구조를 정리한 후 체계적으로 작성합니다. 예를 들어, "서론, 본론, 결론을 미리 정하고 그에 맞춰 작성해야 해."라고 생각하며 초반부터 완성도를 높이려 합니다. 초안이 완벽하지 않으면 불안해하며, 큰 틀을 유지하려고 합니다.

· 인식형(P): 글을 작성할 때 처음부터 구조를 정하기보다는 일단 떠오르는 생각을 자유롭게 써 내려갑니다. 예를 들어, "일단 써 보고 나중에 정리하면 되지."라고 생각하며 초안을 여러 번 수정하는 것을 자연스럽게 받아들입니다. 처음 계획과 다르게 진행되더라도 크게 개의치 않습니다.

10. 위기 상황 대처 방식

· 판단형(J): 위기 상황이 발생하면 기존의 계획을 유지하려고 하며, 상황을 통제하려 합니다. 예를 들어, "이런 일이 생겨도 원래 계획대로 해결해야 해."라고 생각하며 빠르게 문제를 해결하려 하지만, 예상 밖의 상황이 계속되면 스트레스를 받습니다.

· 인식형(P): 위기 상황이 발생하면 즉흥적으로 해결책을 찾으며 유연하게 대응합니다. 예를 들어, "상황이 바뀌었으니까 새로운 방법을 찾아보자."라고 생각하며 다양한 가능성을 탐색합니다. 계획이 틀어지더라도 당황하기보다는 변화에 적응하려는 태도를 보입니다.

판단형은 계획과 체계를 선호하며, 일정이 명확히 정해져 있을 때 편안함을 느낍니다. 반면 인식형은 유연성과 즉흥성을 선호하며, 변화와 새로운 상황에 쉽게 적응합니다. 판단형과 인식형의 가장 큰 차이는 '계획적이고 체계적인가', '유연하고 즉흥적인가'입니다. 여행, 일정, 결정, 일 처리 방식 등에서 위의 예시와 같은 반응이 반복적으로 나타난다면, 그 사람이 판단형인지 인식형인지 쉽게 파악할 수 있습니다.

네 가지 성향지표의 짝이 서로 상대적이면서도 상보적인 이유

MBTI의 네 가지 성향지표인 '외향성/내향성', '감각형/직관형', '사고형/감정형', '판단형/인식형'은 서로 상대적이면서도 상보적인 관계를 통해 성격적 특징을 이룹니다. 이는 인간의 성격이 주기능과 부기능이 균형을 이루며 작동하기 때문입니다. 주기능은 개인의 성격에서 가장 강하게 나타나는 성향으로, 그 사람이 세상을 인식하고 판단하는 데 있어 핵심 역할을 합니다. 반면 부기능은 주기능을 보완하면서 성격의 균형을 유지하도록 돕습니다. 예를 들어, 주기능이 외향성이라면 부기능인 내향성을 통해 외부와 내부 세계의 균형을 맞추고, 감각형이 주기능이라면 직관형 부기능이 이를 보완하며 상황을 종합적으로 이해하도록 돕습니다. 이렇게 주기능과 부기능이 서로 조화를 이루며 성격의 균형을 유지하게 됩니다. 그래서 성향의 선호도는 상대적이면서도 상호 보완적일 수밖에 없습니다.

E라고 해서 I의 기능이 전혀 없는 것은 아니며, T라고 해서 F의 기능이 전혀 없는 것은 아닙니다. 상대적이라는 것은 주기능과 부기능이 비율의 차이일 뿐 함께 연동함을 뜻합니다. 주기능이 성격 유형의 특성을 주로 형성하지만 그 속엔 부기능도 함께 작용합니다. 상보적이라는 것은 부기능이 적절히 작용할 때 조화와 균형을 이루며, 치우침을 보완하고 더욱 유연성을 이룰 수 있음을 의미입니다.

MBTI에서 제시하는 네 가지 성향지표는 주기능과 부기능을 나타내는 중요한 축입니다. 각각의 성향은 상대적이며 서로 상보적인 관계를 형성합니다. 따라서 특정 성향이 주기능이 되더라도 부기능의 역할이 반드시 필요합니다. 인간의 성격은 주기능과 부기능이 균형을 이루며 서로 보완하면서 조화를 이루기 때문에, 한 가지 성향만으로는 온전한 삶을 살아가기 어렵습니다.

예를 들어 외향성이 주기능이 되는 사람은 외부 세계에서 에너지를 얻으며 사람들과의 교류나 외부 활동에서 활력을 찾습니다. 하지만 외향적 성향만 강하게 작동하면 내면 성찰이나 자신만의 시간을 통해 얻는 통찰이 부족해질 수 있습니다. 따라서 내향성이 부기능으로 작동하면서 외부에서 얻은 경험을 내면화하고 정리하는 과정이 필요합니다.

반대로 내향성이 주기능인 사람은 내면의 성찰과 고요함을 통해 에너지를 얻습니다. 그러나 내향성만으로는 세상과의 소통이 부족해질 수 있으므로, 외향성이 부기능으로 작동하면서 외부 세계와의 상호작용을 통해 새로운 자극과 균형을 맞추는 과정이 필요합니다.

때문에 외향성이 주가 되고 내향성이 부가 되는 사람도 오로지 외향성만으로 삶을 살아갈 수는 없습니다. 마찬가지로 내향성이 주가 되고 외향성이 부가 되는 사람도 오로지 내향성만으로는 삶을 살아갈 수가 없습니다. 즉, 외향과 내향은 서로 대립적인 것처럼 보이지만, 현실 적응과 균형 잡힌 삶을 위해서는 두 가지 성향이 모두 필요합니다.

감각형이 주기능인 사람은 현재의 구체적인 사실이나 경험에 집중하며 현실감이 뛰어납니다. 하지만 감각형만으로는 장기적인 비전이나 가능성을 간과할 수 있습니다. 따라서 직관형이 부기능으로 작동하면서 현재 상황을 넘어 미래의 가능성을 인식하고 창의적인 해결책을 찾는 데 도움이 됩니다.

반대로 직관형이 주기능인 사람은 전체적인 흐름이나 미래의 가능성을 중시하며 창의적이고 통찰력이 뛰어납니다. 그러나 직관형만으로는 현실의 구체적인 세부 사항이나 실행 과정에서 오류가 발생할 수 있습니다. 이때 감각형이 부기능으로 작동하면서 현실 감각을 보완하고 세부적인 사항을 놓치지 않도록 균형을 맞춥니다.

이처럼 감각과 직관은 정보 처리에서 상호 보완적인 역할을 하며, 하나의 성향이 주기능이 되더라도 다른 성향이 보조적으로 작동하면서 균형을 유지합니다. 때문에 감각이 주가 되고 직관이 부가 되는 사람도 오로지 감각만으로 삶을 살아갈 수는 없습니다. 마찬가지로 직관이 주가 되고 감각이 부가 되는 사람도 오로지 직관만으로는 삶을 살아갈 수가 없습니다.

사고형이 주기능인 사람은 논리와 객관성을 바탕으로 상황을 분석하고 판단합니다. 그러나 지나치게 논리적이면 인간적인 정서나 관계에서의 미묘한 감정을 놓칠 수 있습니다. 따라서 감정형이 부기능으로 작동하면서 인간관계에서의 공감 능력이나 정서적 유대를 보완해주어야 합니다.

반대로 감정형이 주기능인 사람은 인간관계와 정서를 중시하며, 공감과 배려를 통해 결정을 내립니다. 그러나 감정만으로 판단하면 객관적인 사실이나 논리가 무시될 수 있습니다. 이때 사고형이 부기능으로 작동하면서 논리적이고 객관적인 근거를 제공해 주어 보다 균형 잡힌 결정을 내리게 됩니다.

이처럼 사고와 감정은 대립하는 성향이 아니라 서로 보완하면서 조화로운 의사결정을 돕습니다. 때문에 사고가 주가 되고 감정이 부가 되는 사람도 오로지 사고만으로 삶을 살아갈 수는 없습니다. 마찬가지로 감정이 주가 되고 사고가 부가 되는 사람도 오로지 감정만으로는 삶을 살아갈 수가 없습니다.

판단형이 주기능인 사람은 계획적이고 체계적으로 행동하며 결정을 내리는 것을 선호합니다. 그러나 지나치게 판단형 성향이 강하면 융통성이 부족해지고 변화에 유연하게 대응하지 못할 수 있습니다. 따라서 인식형이 부기능으로 작동하면서 상황에 따라 유연하게 대처하고 열린 태도를 유지할 수 있습니다.

반대로 인식형이 주기능인 사람은 융통성이 높고 변화에 적응을 잘하며 개방적입니다. 그러나 인식형만으로는 결정력이 부족하고 일의 마무리가 어려울 수 있습니다. 이때 판단형이 부기능으로 작동하면서 일의 완결성을 높이고 계획적으로 행동할 수 있도록 돕습니다.

이처럼 판단과 인식 역시 삶의 태도에서 서로 보완적이며 균형을 유지하는 데 중요한 역할을 합니다. 이 때문에 판단이 주가 되고 인식이 부가 되는 사람도 오로지 판단만으로 삶을 살아갈 수는 없습니다. 마찬가지로 인식이 주가 되고 판단이 부가 되는 사람도 오로지 인식만으로는 삶을 살아갈 수가 없습니다.

인간의 성격에서 외향성과 내향성, 감각형과 직관형, 사고형과 감정형, 판단형과 인식형은 서로 반대되는 성향이지만, 실제로는 상대적이며 상호 보완적인 역할을 합니다. 한 가지 성향이 주기능이 되어 성격의 핵심을 이루더라도, 부기능이 이를 보완하며 균형을 유지합니다.

예를 들어, 외향성이 주기능인 사람이 내향적 성향을 통해 자신을 성찰하고, 직관형이 주기능인 사람이 감각형 성향을 통해 현실에 기반을 두며, 사고형이 주기능인 사람이 감정형 성향을 통해 인간관계를 원만하게 유지하고, 판단형이 주기능인 사람이 인식형 성향을 통해 변화에 유연하게 대응하는 과정에서 성격의 균형이 이루어집니다.

이처럼 인간에게는 누구나 이 8가지 속성이 다 필요한 것이며, 이것들은 서로 대립적인 것이 아니라 선택적이며 상보적입니다. 결국, 인간의 성격은 특정 성향이 우세하더라도 보완적 성향이 균형을 맞춰 줄 때 보다 조화로운 성격을 형성하게 됩니다. MBTI에서 제시하는 성격 유형은 이러한 균형의 원리를 바탕으로 인간의 복합적이고 다층적인 성격 구조를 설명하는 도구라고 할 수 있습니다.

이는 인간관계의 측면에도 동일하게 드러납니다. 예를 들어, 외향성과 내향성은 각각 사회적 에너지를 외부와 내부에서 얻지만, 서로 상보적입니다. 외향적인 사람은 사회적 상호작용에서 에너지를 얻고, 내향적인 사람은 혼자 있을 때 에너지를 회복합니다. 이들은 서로의 차이를 통해 서로를 이해하고, 균형을 맞추며 보완합니다. 외향적인 사람이 내향적인 사람에게 다른 시각을 제공하고, 내향적인 사람은 외향적인 사람이 좀 더 자신만의 시간을 가지도록 도울 수 있습니다.

감각형과 직관형 역시 서로 다른 방식으로 정보를 처리합니다. 감각형은 구체적이고 실질적인 정보를 중시하는 반면, 직관형은 가능성이나 큰 그림을 보고 생각합니다. 이들은 서로 보완적입니다. 감각형은 직관형에게 현실적이고 구체적인 관점을 제공할 수 있고, 직관형은 감각형에게 더 넓은 가능성이나 새로운 아이디어를 제시할 수 있습니다. 서로 다른 정보 처리 방식을 통해 문제 해결에 있어 균형을 이룰 수 있습니다.

사고형과 감정형은 결정을 내리는 기준이 다릅니다. 사고형은 논리적이고 객관적인 분석을 선호하는 반면, 감정형은 사람들의 감정과 관계를 중시합니다. 하지만 이 두 성향은 서로 보완적입니다. 사고형은 감정형에게 더 객관적이고 논리적인 판단을 제공할 수 있으며, 감정형은 사고형에게 사람들과의 관계나 감정을 고려하는 중요한 요소를 상기시킬 수 있습니다. 두 성향은 서로 결정을 내리는 다른 기준을 통해 더 균형 잡힌 결정을 내리도록 돕습니다.

마지막으로 판단형과 인식형은 계획적이고 체계적인 것과 유연하고 즉흥적인 것의 차이를 보입니다. 판단형은 계획을 세워 일을 마무리하는 데 중점을 두고, 인식형은 상황에 맞춰 자유롭게 변하는 것을 선호합니다. 이 둘은 상보적인 관계를 형성하여 서로를 균형 있게 만듭니다. 판단형은 인식형에게 유연성을 배울 수 있고, 인식형은 판단형에게 계획성과 체계적인 접근법을 배울 수 있습니다. 이들의 상호작용은 사람들에게 더 넓은 관점에서의 균형 잡힌 접근을 가능하게 합니다.

결론적으로, 이 네 가지 성향지표는 각자 상대적인 차이를 보이지만, 서로의 차이를 이해하고 보완함으로써 보다 완전한 성격을 만들어나가게 됩니다. 각 성향은 독립적으로 작용하기보다는 서로를 보완하며, 하나의 균형 잡힌 성격을 이룰 수 있게 도와줍니다.

MBTI 16가지 성격 유형의 형성 과정

네 가지 성향지표의 선택적 조합으로 만들어 MBTI의 16가지 성격 유형은 다음과 같습니다.

NO	MBTI	유 형
01	ISTJ	내향적 감각적 사고적 판단형
02	ISFJ	내향적 감각적 감정적 판단형
03	INFJ	내향적 직관적 감정적 판단형
04	INTJ	내향적 직관적 사고적 판단형
05	ISTP	내향적 감각적 사고적 인식형
06	ISFP	내향적 감각적 감정적 인식형
07	INFP	내향적 직관적 감정적 인식형
08	INTP	내향적 직관적 사고적 인식형
09	ESTP	외향적 감각적 사고적 인식형
10	ESFP	외향적 감각적 감정적 인식형
11	ENFP	외향적 직관적 감정적 인식형
12	ENTP	외향적 직관적 사고적 인식형
13	ESTJ	외향적 감각적 사고적 판단형
14	ESFJ	외향적 감각적 감정적 판단형
15	ENFJ	외향적 직관적 감정적 판단형
16	ENTJ	외향적 직관적 사고적 판단형

각 사람은 네 가지 짝으로 이루어진 선호지표에서 선호 비중에 따라 각기 하나씩 선택하게 되며, 이 네 가지 특성의 조합으로 16가지 유형이 만들어집니다. 각

특성은 서로 연결되어 있어, 이들이 어떻게 상호작용하는지에 따라 개인의 성격과 행동 양식이 형성됩니다. 예를 들어 하나만 설명해보겠습니다.

ISTJ (내향적 감각적 사고적 판단형):
- 내향(I): 혼자서 시간을 보내는 것을 선호하고, 깊이 있는 사고를 합니다.
- 감각(S): 구체적이고 실용적인 정보를 중요시하며, 세부 사항에 집중합니다.
- 사고(T): 결정을 내릴 때 논리적이고 객관적인 분석을 선호합니다.
- 판단(J): 계획적이고 구조적인 생활을 선호하며, 일을 미리 준비하고 규칙을 따릅니다.

ISTJ는 대체로 사실적이고 실용적인 성향을 가지며, 체계적인 사고와 조직을 중요하게 생각합니다. 이들은 전통적이고 책임감 있는 성격으로, 규칙을 따르고 정확하게 일을 처리하는 것을 선호합니다. ISTJ는 ENFP와는 정반대 성향이며, ISFJ와 INTJ과 ISTP와는 세 가지 항목이 겹칩니다. 이처럼 모든 성격 유형은 공통점과 차이점을 가지고 있으며, 이 공통점과 차이점의 유기적 연결성과 상호작용(다양한 역학관계와 역동)에 따라 16가지로 나뉘는 것입니다.

예를 들어 EN과 ES는 같으면서도 다릅니다. 마찬가지로 IN과 IS도 같으면서 다릅니다. 첫 번째 속성은 같고 두 번째 속성이 다르니까요. EN과 IN은 다르면서도 같습니다. 마찬가지로 ES는 IS도 다르면서도 같습니다. 첫 번째 속성은 다르지만 두 번째 속성은 같으니까요.

IST와 ISF는 같으면서도 다릅니다. 첫 번째 속성과 두 번째 속성은 같고 세 번째 속성은 다르니까요. ISTJ와 ISTP는 같으면서도 다릅니다. 첫 번째, 두 번째, 세 번째 속성은 같고 네 번째 속성이 다르니까요. 마찬가지로 ISTJ와 ISFJ는 같으면서도 다릅니다. 첫 번째, 두 번째, 네 번째 속성은 같지만 세 번째 속성은 다르니까요. 이처럼 무엇이 무엇과 결합하느냐에 따라 의미가 달라지고 성격이 달라집니다.

첫 번째 지표는 에너지 방향을 나타내며, 외향(E)은 외부 세계에서 에너지를 얻고, 내향(I)은 내부 세계에서 에너지를 얻습니다. 따라서 EN과 ES는 둘 다 외향형이기 때문에 외부와의 소통과 활동에서 활력을 얻지만, EN은 직관(N)을 통해 추상적인 개념과 가능성을 탐색하지만, ES는 감각(S)을 통해 구체적이고 현실적인 사실에 주목합니다. 마찬가지로 IN과 IS는 모두 내향형이기 때문에 내면의 사고와 성찰에서 힘을 얻지만, IN은 직관을 통해 미래의 가능성과 패턴을 탐구하고, IS는 감각을 통해 현재의 현실적 상황을 중시합니다.

두 번째 지표는 정보를 받아들이는 방식에 관한 것으로, 감각(S)은 구체적이고 실제적인 사실을 중시하고, 직관(N)은 패턴과 가능성을 중시합니다. 따라서 EN과 IN은 둘 다 직관형(N)이기 때문에 미래의 가능성과 창의적인 패턴을 중시하지만, EN은 외향형이라 이를 외부에서 실현하려는 경향이 강하고, IN은 내향형이라 이를 내면에서 숙고하고 분석하는 경향이 강합니다. 반대로 ES와 IS는 모두 감각형(S)이기 때문에 구체적이고 현실적인 정보에 집중하지만, ES는 외향형이라 이를 외부에서 직접 행동으로 옮기고, IS는 내향형이라 이를 내면에서 정리하고 분석합니다.

세 번째 지표는 결정을 내리는 방식에 관한 것으로, 사고(T)는 논리와 객관성을 중시하고, 감정(F)은 관계와 조화를 중시합니다. IST와 ISF는 첫 번째와 두 번째 속성이 같아서 모두 내향형이고 감각형이지만, IST는 논리적이고 분석적으로 결정을 내리고, ISF는 타인과의 관계와 감정적 조화를 우선시합니다. 따라서 IST는 주로 사실을 기반으로 문제를 해결하고, ISF는 인간관계에서의 갈등을 조정하거나 감정적 균형을 유지하려는 성향이 강합니다.

네 번째 지표는 생활 방식을 결정하는데, 판단(J)은 질서와 계획을 중시하고, 인식(P)은 융통성과 유연함을 중시합니다. ISTJ와 ISTP는 첫 번째, 두 번째, 세 번째 속성이 같으므로 모두 내향형이고 감각형이며 논리적입니다. 하지만 ISTJ는 계획을 세우고 체계적으로 행동하는 것을 선호하고, ISTP는 상황에 따라 융통성 있게 대응하며 즉흥적인 방식을 선호합니다. 같은 방식으로 ISTJ와 ISFJ는 첫 번째, 두 번째, 네 번째 속성이 같으므로 모두 내향형이고 감각형이며 계획적이지만, ISTJ는 논리와 분석을 기반으로 결정을 내리고, ISFJ는 인간관계와 조화를 우선시하며 결정을 내립니다.

MBTI 성격 유형의 기본 속성은 '외향(E)과 내향(I)', '감각(S)과 직관(N)', '사고(T)와 감정(F)', '판단(J)과 인식(P)'의 네 가지 성향지표이지만, 이것들이 어떻게 연결되느냐에 따라 16가지의 고유한 성격 유형이 만들어지는 것입니다. DNA가 아데닌(A), 티민(T), 구아닌(G), 시토신(C) 네 가지 염기의 조합으로 수많은 생명체의 특질을 만들어내듯이, MBTI도 네 가지 성향축의 단순한 쌍들이 모여 16가지 심리적 패턴이라는 '인간 성격의 유전자'를 형성한다고 볼 수 있습니다.

비유컨대 이는 아로마 오일로 조향하는 것과 유사합니다. 어떤 오일을 어떤 비율로 섞느냐에 따라 다양한 향기가 만들어지는 것처럼, 8가지 성격 기능이 어떤 비율로 어떻게 쓰이느냐에 따라 서로 다른 16가지 성격 유형이 만들어지는 것입니다.

MBTI의 네 가지 성향 지표, 즉 외향(E)과 내향(I), 감각(S)과 직관(N), 사고(T)와 감정(F), 판단(J)과 인식(P)은 각각 서로 다른 성격의 향을 가진 오일과도 같습니다. 외향(E)은 시트러스 오일처럼 향을 밖으로 확산시키며 활기를 주고, 내향(I)은 머스크나 샌달우드처럼 은은하게 안쪽으로 스며드는 기운을 가집니다. 감각(S)은 라벤더나 페퍼민트처럼 구체적이고 손에 잡히는 안정감을 주는 향이고, 직관(N)은 파출리나 인센스처럼 신비롭고 추상적인 분위기를 자아냅니다. 사고(T)는 로즈마리나 유칼립투스처럼 명료하고 날카로운 향이며, 감정(F)은 로즈나 자스민처럼 따뜻하고 감성적인 향을 풍깁니다. 마지막으로 판단(J)은 노트[2]를 체계적으로 쌓아 올린 균형 잡힌 블렌딩과 같고, 인식(P)은 즉흥적이고 자유로운 조합을 통해 예상치 못한 향기를 만들어내는 특성과 같습니다.

이처럼 8가지 성격 기능이 서로 어떤 비율로 섞이느냐에 따라, 전혀 다른 16가지의 향기가 탄생합니다. 어떤 이는 강렬한 시트러스-우디 블렌딩처럼 명확하고 추진력이 넘치는 유형이 되고, 또 다른 이는 달콤한 플로럴-머스크 조합처럼 다정하고 따뜻한 유형으로 드러납니다. 같은 원료를 썼다 하더라도 비율과 배합 방식이 다르면 전혀 다른 향수로 완성되듯, 사람의 성격도 같은 성향을 공유하면서도 각자의 고유한 배합으로 인해 독창적인 색채를 지니게 되는 것입니다.

따라서 MBTI의 16가지 유형을 이해한다는 것은 단순히 성격을 구분하는 것이 아니라, 마치 조향사가 향을 다루듯, 한 사람의 내면에 깃든 다양한 성향의 오일들이 어떤 방식으로 어우러져 그 사람만의 고유한 향기를 만들어내는지를 읽어내는 일과 같습니다. 바로 이 점이 MBTI가 단순한 분류가 아니라, 인간 이해의 풍부한 도구로 쓰일 수 있는 이유라고 하겠습니다.

---

2) 향수에서 말하는 "노트(note)"란, 향을 맡았을 때 시간의 흐름에 따라 차례로 드러나는 향의 단계를 뜻합니다. 향수는 단순히 하나의 향만을 내는 것이 아니라, 여러 원료가 조화롭게 섞여서 시간이 지나면서 차례차례 다른 인상을 남기도록 설계됩니다. 이때 향의 전개를 크게 세 구간으로 나누어 탑노트, 미들노트, 베이스노트라고 부릅니다. 예컨대, 탑노트는 한 사람이 첫인상에서 드러내는 에너지(E/I와 연관), 미들노트는 일상 속에서 자연스럽게 드러나는 사고/감정(T/F)의 방식, 베이스노트는 그 사람의 삶을 오래 지탱하는 근본적인 가치관(J/P, S/N의 깊은 패턴)으로 연결시킬 수 있습니다.

MBTI가 정반대인 성격 유형

애초에 4가지 선호지표가 반대의 짝으로 이루어져 있었듯 16가지 성격 유형도 정반대의 짝이 있습니다.

① ISTJ와 ENFP
② ISFJ와 ENTP
③ INFJ와 ESTP
④ INTJ와 ESFP
⑤ ISTP와 ENFJ
⑥ ISFP와 ENTJ
⑦ INFP와 ESTJ
⑧ INTP와 ESFJ

이 여덟 가지는 한 글자도 겹쳐지지 않는 정반대의 성격 유형입니다. 자신의 성격 유형과 정반대 성격 유형을 함께 살펴보면 대비 효과 때문에 자신의 성격 유형도 더 깊이 이해할 수 있게 됩니다. 아울러 나와 정반대 성향의 사람도 이해할 수 있는 시각의 폭과 깊이가 마련됩니다. 사람은 저마다 자신이 보고 싶은 대로 보고 믿고 싶은 대로 믿기 때문에, 자신의 그러한 인식이 유일한 것인 양 착각에 빠지기 쉽습니다. 하지만 나와 정반대 성격 유형이나 다른 여러 가지 성격 유형에 대한 이해와 자각이 생기면, 사람은 애초부터 저마다 느끼고 생각하는 방식이 다를 수밖에 없음을 알게 됩니다. 이러한 이해와 통찰이 깊어질수록 자기 인식의 우물에서 더 많이 바져나올 수 있기에 심리적 시야가 넓어지고 훨씬 더 유연해질 수 있습니다.

 낮과 밤이 짝이 되고, 왼쪽과 오른쪽이 짝이 되고, 앞면과 뒷면이 짝이 되고, 위와 아래가 짝이 되고, 직선과 곡선이 짝이 되고, 빛과 어둠이 짝이 되고, 기쁨과 슬픔이 짝이 되고, 성공과 실패가 짝이 되고, 작용과 반작용과 짝이 되고, 장점과 단점이 짝이 되고, 이성과 감성이 짝이 되고, 남성과 여성이 짝이 되고, 만남과 이별이 짝이 되고, 선과 악이 짝이 되고, 원인과 결과가 짝이 되고, 시작과 끝이 짝이 되는 것처럼 우주 만물과 천지만상은 이원성(음/양)의 짝으로 이루어져 있습니다. 이것이 있으면 저것이 있고, 이쪽이 있으면 저쪽이 있습니다. 한쪽만 아는 것은 부분만을 아는 것이요, 한쪽만을 고집하는 것은 일종의 고착이나 다름없습니다.

 MBTI는 '내가 보는 방식, 내가 느끼는 방식, 내가 생각하는 방식, 내가 살아가는 방식'이 전부가 아님을 알게 해주는 하나의 심리적 창(窓)이라 할 수 있습니다. 그 창문으로 우리는 다른 시각과 다른 삶의 공기 속에서 내가 알지 못했던 다른 빛과 어둠을 만날 수 있습니다. 고로 MBTI 공부는 자신의 성격 유형만을 탐구하는 데 그쳐서는 안 됩니다. 나무도 보고 그 나무가 다른 나무와 어디에 어떻게 있는지도 알기 위해서 숲 전체도 필히 함께 보아야 할 것입니다.

 ENFP와 ISTJ는 정반대 유형입니다. ENFP는 창의적이고 즉흥적이며, 사람들과의 감정적 교감을 중요시하는 반면, ISTJ는 계획적이고 조직적이며 구체적인 사실에 중점을 둡니다. 이들은 각자의 차이를 통해 서로에게 배우고 보완할 수 있습니다. ENFP는 ISTJ에게 보다 체계적이고 실용적인 접근을 배울 수 있으며, ISTJ는 ENFP에게 더 창의적이고 열린 사고방식을 배울 수 있습니다.

 ISFJ와 ENTP는 정반대 성향을 지닌 유형입니다. ISFJ는 신중하고 책임감이 강하며 안정된 환경에서 사람을 돕는 것을 중시하는 반면, ENTP는 재치 있고 즉흥적이며 새로운 아이디어와 변화를 추구합니다. 이들은 서로의 차이를 통해 서로에게 배우고 보완할 수 있습니다. ISFJ는 ENTP에게 더 유연하고 창의적인 사고방식과 변화에 대한 긍정적 태도를 배울 수 있으며, ENTP는 ISFJ에게 더 세심하고 성실한 태도와 사람에 대한 배려의 중요성을 배울 수 있습니다.

INFJ와 ESTP는 정반대 성향을 지닌 유형입니다. INFJ는 직관적이고 통찰력이 뛰어나며 사람의 내면과 미래의 가능성을 깊이 탐구하는 반면, ESTP는 현실적이고 활동적이며 즉각적인 행동과 문제 해결에 능합니다. 이들은 서로의 차이를 통해 서로에게 배우고 보완할 수 있습니다. INFJ는 ESTP에게 더 현실적이고 즉각적인 대응 능력과 상황에 맞는 유연함을 배울 수 있으며, ESTP는 INFJ에게 더 깊이 있는 통찰력과 장기적인 비전을 중시하는 태도를 배울 수 있습니다.

INTJ와 ESFP는 정반대 성향을 지닌 유형입니다. INTJ는 전략적이고 독립적이며 장기적인 목표를 세워 계획적으로 움직이는 반면, ESFP는 사교적이고 즉흥적이며 현재의 순간을 즐기고 타인과의 교류를 중요하게 여깁니다. 이들은 서로의 차이를 통해 서로에게 배우고 보완할 수 있습니다. INTJ는 ESFP에게 더 즉흥적이고 유연하게 현재를 즐기는 태도와 인간관계의 즐거움을 배울 수 있으며, ESFP는 INTJ에게 더 체계적이고 장기적인 계획 수립의 중요성과 깊이 있는 전략적 사고를 배울 수 있습니다.

ENFJ와 ISTP는 정반대 성향을 지닌 유형입니다. ENFJ는 사교적이고 감정적이며 타인과의 관계에서 조화를 이루는 것을 중시하는 반면, ISTP는 독립적이고 분석적이며 실제적 문제 해결에 초점을 둡니다. 이들은 서로의 차이를 통해 서로에게 배우고 보완할 수 있습니다. ENFJ는 ISTP에게 보다 논리적이고 현실적인 문제 해결 능력을 배울 수 있으며, ISTP는 ENFJ에게 더 따뜻하고 공감적인 대인관계 기술과 정서적 연결의 중요성을 배울 수 있습니다.

ISFP와 ENTJ는 정반대 성향을 지닌 유형입니다. ISFP는 감성적이고 창의적이며 개인적인 자유와 자율을 중시하는 반면, ENTJ는 결단력 있고 목표 지향적이며 조직적이고 체계적인 접근을 중요시합니다. 이들은 서로의 차이를 통해 서로에게 배우고 보완할 수 있습니다. ISFP는 ENTJ에게 더 목표 지향적이고 전략적으로 계획하는 방식과 리더십의 중요성을 배울 수 있으며, ENTJ는 ISFP에게 더 감성적이고 직관적인 접근, 그리고 순간을 즐기는 여유를 배울 수 있습니다.

INFP와 ESTJ는 정반대 성향을 지닌 유형입니다. INFP는 이상적이고 감성적이며 내면의 가치와 원칙을 중시하는 반면, ESTJ는 실용적이고 조직적이며 규칙과 효율성을 중요시합니다. 이들은 서로의 차이를 통해 서로에게 배우고 보완할 수 있습니다. INFP는 ESTJ에게 더 구조적이고 실용적인 접근과 효율적인 문제 해결 방식을 배울 수 있으며, ESTJ는 INFP에게 더 감성적이고 이상적인 가치와 사람 중심의 사고방식을 배울 수 있습니다.

INTP와 ESFJ는 정반대 성향을 지닌 유형입니다. INTP는 분석적이고 독립적이며 논리적인 사고를 중시하는 반면, ESFJ는 사교적이고 감정적이며 타인과의 관계를 중시합니다. 이들은 서로의 차이를 통해 서로에게 배우고 보완할 수 있습니다. INTP는 ESFJ에게 더 감정적인 배려와 사람 중심의 관계를 중요시하는 태도를 배울 수 있으며, ESFJ는 INTP에게 더 독립적이고 논리적인 사고와 문제 해결 능력을 배울 수 있습니다.

이렇게 각 성격 유형은 상대성을 지니고 있으며 유기적으로 연결되어 있을 뿐 아니라 상호작용하면서 움직입니다. 나에게 장점인 것이 상대에겐 단점이 되기도 하고, 상대의 장점인 것이 나에겐 단점이 되기도 합니다. 고로 이런 점을 잘 이해하고 수용한다면 각 성격 유형은 서로의 장점을 살리고 단점을 보완하는 방식으로 성장할 수 있습니다. 저마다 다른 성격 유형은 서로를 비추는 거울 역할을 합니다. 이쪽이 있으면 저쪽이 있듯이 나와 다른 성격이 있기에 내 성격도 존재할 수 있습니다.

우주의 모든 존재는 서로 연결되어 있으며, 각자의 역할을 다하면서도 하나의 큰 시스템을 이루고 있습니다. 이처럼 개별 성격 유형은 독립적이지만, 동시에 그 각각의 가치와 의미가 하나의 큰 구도 속에 모여 전체 인간상을 만들어냅니다. 한 가지 물감만으로는 다양한 그림을 그릴 수 없듯이, 정녕 다양한 성격 유형이 있기에 다양한 역할과 기능이 모여 인간 세상이 돌아갈 수 있습니다. 고로 우리는 나와 다른 것의 고유한 가치와 이에 대한 이해와 존중을 배워야 할 것입니다.

'선천적 심리 선호 경향'의 개념 안에는 '사람의 고유한 특성에 대한 깊은 존중감'이 전제되어 있다. 즉, 사람을 규정짓고 평가하려는 의도보다는 '당신은 당신만의 고유한 특성에 따라 존중받고 이해받아야 합니다'라는 의도가 담겨 있다.

-고영재, 『당신이 알던 MBTI는 진짜 MBTI가 아니다』에서

성격 유형이 정반대인 경우는 장단점도 정반대가 됩니다. 내가 잘하는 것을 저쪽은 잘하지 못하고, 저쪽이 잘하는 것을 나는 잘하지 못합니다. '나다움'과 '너다움'은 이러한 차이와 다름에서 비롯됩니다. 하여 고유한 특성에 대한 존중은 '존재'를 있는 그대로 인정하고 받아들이는 것으로 연결됩니다. 우주가 대립적인 힘들(음과 양) 사이의 상호작용을 통해 지속적인 움직임을 만들어내듯, 성격 유형 역시 서로의 다름과 고유함을 인정하고 존중할 때, 이를 통해 모두가 더 나은 삶의 방향으로 함께 발전해 나갈 수 있을 것입니다.

성격 유형에 따라 대상 인식과 삶의 방식이 다를 수밖에 없는 이유

MBTI를 좋아하지 않는 성격 유형

어떤 성격 유형이 MBTI 검사에 무관심하거나 싫어할 가능성이 높을까요? MBTI를 연구하기 시작한 이후부터, MBTI 공부를 위해 저는 지인들에게 전부 다 MBTI 유형이 무엇인지를 물었습니다. 제가 친한 친구에게 MBTI 유형을 물었더니 '해보지 않아 모른다'고 했습니다. 제가 카톡으로 무료검사 사이트를 링크까지 해주면서 반복해서 몇 번을 묻고 또 물었는데도, 그는 귀찮다고 끝내 응하지 않았습니다. 별 어려운 일도 아닌데, 그렇게 간곡하게 부탁하는데도 들어주지 않는 무심함에 너무 답답했지만, 제가 스스로 그의 성격 유형을 추론할 수밖에 없는 상황이었습니다.

MBTI 검사에 무관심하거나 거부감을 가질 가능성이 높은 성격 유형은 주로 다음과 같은 특징을 가진 경우가 많습니다. 이는 MBTI의 구조와 성격별 선호 방식이 밀접하게 연관되어 있기 때문입니다. 성격 유형에 따라 MBTI 검사에 대한 반응이 달라질 수 있는 구체적인 이유와 함께 살펴보면 다음과 같습니다.

1. 성향별로 MBTI에 무관심하거나 거부감을 가질 가능성이 높은 성격 유형

①사고형(T) – 객관적이고 논리적 판단을 중시하는 성향

사고형(T)은 주로 논리적 근거와 객관적 증거를 중시합니다. MBTI는 심리학적 도구이지만 과학적으로 명확하게 입증된 검사라고 보기는 어려운 측면이 있기 때문에 사고형 성향의 사람들은 MBTI 결과가 비논리적이라고 판단할 수 있습니다. 특히 INTP나 ENTP 유형은 MBTI의 체계나 타당성을 분석하려는 경향이 강하기 때문에 "이 검사가 얼마나 정확한가?", "심리 검사에 과학적 근거가 얼마나 있는가?" 같은 의심을 하기 쉽습니다.

- INTP: "MBTI 검사가 심리적으로 어떤 근거가 있는 거지? 신뢰도가 얼마나 돼?"
- ENTP: "이 검사가 사람을 단순히 16가지 유형으로 나눌 수 있을까?"

② 인식형(P) – 자유로운 성향, 틀에 갇히기 싫어하는 성향

인식형(P)은 융통성과 개방성을 중시하며, 성격을 고정된 틀로 정의하는 것을 부담스러워합니다. 특히 P형 성향이 강한 사람들은 'MBTI가 나를 특정 유형으로 제한한다'는 느낌을 받을 수 있습니다. 자유로운 성격을 가진 ENFP나 ISFP 유형은 MBTI 검사에서 나온 결과를 받아들이기보다는 자신만의 독창성과 개성을 유지하고 싶어 하기 때문에 검사 자체에 거부감을 느낄 수 있습니다.

- ENFP: "사람이 16가지 유형에 딱 들어맞을 수 있을까? 나는 나만의 독특한 사람이야."

・ISFP: "난 내 감정대로 자유롭게 행동하고 싶어. 성격 유형이 나를 정의할 순 없어."

③ 내향형(I) – 개인적이고 사적인 성향

내향형(I)은 자신의 내면에 대해 깊이 성찰하고, 자신의 성향을 스스로 이해하려는 경향이 있습니다. MBTI 검사에서 다른 사람이 자신의 성격을 평가하거나 유형화하려는 시도 자체가 불편하게 느껴질 수 있습니다. 특히 INTJ와 INFJ 유형은 자신의 내면을 스스로 깊이 분석하는 능력이 강하기 때문에 MBTI와 같은 외부 검사에 의존하기보다는 자기 성찰을 통해 성격을 이해하려는 경향이 있습니다.

・INTJ: "내 성격은 내가 더 잘 알아. 굳이 이런 검사로 확인할 필요가 없어."
・INFJ: "내 성격은 복합적인데, 단순히 몇 가지 질문으로 정의할 수 있을까?"

④ 감각형(S) – 현실적이고 실용적인 성향

감각형(S)은 구체적이고 실질적인 정보를 선호합니다. MBTI는 성격에 대한 추상적이고 개념적인 분석이 많기 때문에, 감각형 성향이 강한 사람들은 MBTI 검사결과를 이해하거나 받아들이는 데 어려움을 느낄 수 있습니다. 특히 ISTP나 ESTP 유형은 현실적이고 실용적인 문제 해결을 중시하기 때문에 성격 검사 결과에 큰 의미를 두지 않을 수 있습니다.

・ISTP: "이게 나한테 무슨 도움이 되지? 내 성격을 아는 게 내 일상에 큰 변화가 있을까?"
・ESTP: "그냥 내 성격대로 살면 되는 거지, 굳이 검사를 받을 필요가 있을까?"

2. MBTI에 무관심하거나 거부감을 가질 가능성이 큰 유형 정리

① 객관성과 논리적 근거를 중시하는 사고형(T):

→ INTP, ENTP 등은 MBTI의 과학적 타당성을 의심함.

② 자유롭고 즉흥적인 성향의 인식형(P):

→ ENFP, ISFP 등은 성격을 틀에 맞추는 것을 부담스러워함.

③ 개인적 성찰을 중시하는 내향형(I):

→ INTJ, INFJ 등은 자신의 성격을 외부 평가로 정의하려 하지 않음.

④ 현실적이고 실용성을 중시하는 감각형(S):

→ ISTP, ESTP 등은 성격 검사 결과가 실생활에 직접적인 도움이 되지 않을 수 있다고 판단함.

3. MBTI에 대해 무관심하거나 거부감을 가지는 이유의 근본적인 원인

MBTI는 심리학적 모델에 기반을 두고 있지만, 과학적으로 완전히 입증된 도구는 아닙니다. 따라서 논리적이고 객관적인 성향이 강하거나, 자유롭고 개방적인 성향의 사람들은 결과를 쉽게 신뢰하지 않거나 받아들이기 어려울 수 있습니다. 특히 자기 성찰 능력이 뛰어난 내향형(I) 및 직관형(N) 성향의 사람들은 자신의 성격을 스스로 더 잘 알고 있다고 생각하기 때문에 외부에서 내려진 성격 분석 결과에 의문을 제기할 가능성이 높습니다. 반면 자유롭고 융통성이 강한 인식형(P) 성향의 사람들은 성격이 고정된다는 개념 자체를 거부하거나 부정할 수 있습니다.

결론적으로 볼 때 MBTI에 대해 무관심하거나 거부감을 느끼는 성향은 주로 사고형(T), 인식형(P), 내향형(I), 감각형(S) 성향에서 나타나는 경우가 많습니다. 특히 INTP, ENTP, ISTP, ESTP는 논리적 근거 부족이나 현실적 도움이 없다는 이유로 검사 자체에 의문을 품기 쉽고, ENFP, ISFP는 자유로운 성향 때문에 성격 유형으로 자신을 한정 짓는 것을 거부할 수 있습니다. 또한, INTJ나 INFJ는 자기 성찰 능력이 뛰어나기 때문에 외부에서 성격을 분석하려는 시도를 불필요하게 여길 수 있습니다.

이런 점들을 참고해서 제가 추측한 친구의 성격 유형은 ESTP였습니다. 처음엔 제 간단한 부탁을 들어주지 않는 친구의 태도가 도무지 이해가 되지 않았지만, 분석을 해서 그의 유형을 추측하고, 그의 성격과 사고방식 선에서는 '그럴 수도 있다'는 것을 자각하고는 조금이나마 그의 불응답의 모습이 이해가 되었습니다. 이 일은 성격 유형에 따라 '같은 하나의 사안'을 두고도 이렇게 시각과 생각과 입장이 다를 수 있음을 배우는 계기가 되었습니다.

타로에 무관심하거나 거부감을 가질 가능성이 높은 성격 유형

어떤 성격 유형이 타로에 무관심하거나 거부감을 가질까요? 그리고 그 반대는 어떤 성격유형일까요? 저는 타로덱으로 치면 60가지 정도를 익힌 타로마니아인 반면 위에서 말한 제 친구는 제가 '타로를 봐주겠다'고 해도 별 흥미를 보이지 않습니다.

MBTI와 마찬가지로 타로에 대한 반응도 각 성격 유형의 심리적 특성과 세계관에 따라 달라질 수 있습니다. 타로는 직관적이고 상징적인 해석을 중시하며, 미래 예측을 위해 내면의 통찰과 감정에 초점을 맞추는 도구이기 때문에, 논리적이고 실용적인 성향을 지닌 사람들은 타로에 대해 무관심하거나 거부감을 가질 가능성이 높고, 반대로 상징적인 것을 좋아하고 직관적인 성향을 지닌 사람들은 타로에 관심을 가지거나 좋아할 가능성이 큽니다. 이를 바탕으로 각 성격 유형별로 타로에 대한 반응을 구체적으로 살펴보겠습니다.

1. 사고형(T) - 논리적이고 객관적 사고를 중시하는 성향

사고형(T)은 이성적이고 분석적인 접근을 중시하며, 직관적인 해석이나 상징적인 의미를 중요하게 생각하지 않습니다. 타로는 직관을 통한 해석이 중요한데, 사고형은 이를 비과학적이라고 느낄 수 있으며, 타로가 제공하는 의미를 과학적으로 증명할 수 없다는 이유로 흥미를 느끼지 않을 수 있습니다.

- INTP: "타로는 그냥 카드놀이에 불과하지, 그걸로 무엇을 알 수 있을까?"
- ESTJ: "이런 비과학적인 것에 시간을 낭비하는 건 의미가 없을 것 같아."

2. 감각형(S) - 실용적이고 현실적인 성향

감각형(S)은 구체적이고 실용적인 정보를 선호하며, 추상적이고 상징적인 해석에 대해 거리감을 느낄 수 있습니다. 타로는 주로 심리적인 통찰을 제공하는 도구인데, 감각형 성향은 실용적인 해결책을 선호하기 때문에, 타로의 해석이 구체적인 행동 지침으로 연결되지 않는다는 이유로 무관심할 수 있습니다.

- ISTJ: "이런 직관적인 해석은 나에게 실질적인 도움이 되지 않아."
- ESFP: "타로 같은 건 그냥 재미로 할 수 있지만, 진지하게 믿을 수는 없어."

타로를 좋아할 가능성이 높은 성격 유형

1. 직관형(N) - 상징적이고 추상적인 사고를 중시하는 성향

직관형(N)은 추상적이고 상징적인 의미에 관심을 가지며, 타로와 같은 도구를 통해 심리적 통찰을 얻기를 좋아합니다. 타로는 내면의 감정, 미래에 대한 잠재적 가능성 등을 상징적으로 제시하기 때문에, 직관형은 이를 통해 자신이나 타인의 상태를 더 잘 이해하고 싶은 경향이 있습니다.

- INFJ: "타로는 사람의 내면과 감정을 깊이 이해하는 데 도움을 줄 수 있어."
- ENFP: "타로는 내가 지금 무엇을 느끼고 있는지, 앞으로 어떤 가능성이 있을지 알려주는 중요한 도구야."

2. 감정형(F) - 감정과 인간관계를 중시하는 성향

감정형(F)은 감정과 관계를 중시하고, 직관적이고 심리적인 통찰에 관심을 가집니다. 타로는 감정과 관련된 내면의 상태나 심리적인 이슈를 탐구하는 데 유용할 수 있어, 감정형은 타로를 통해 자기 이해를 높이고 감정적인 지침을 얻을 수 있다고 느낄 수 있습니다.

- ISFP: "타로는 내 감정과 상황을 이해하고, 앞으로 어떻게 해야 할지 인사이트를 주는 것 같아."
- ENFJ: "타로를 통해 감정적으로나 관계에서의 상황을 잘 파악할 수 있어."

3. 내향형(I) - 내면의 성찰을 중시하는 성향

내향형(I)은 내면적인 세계를 중요시하고, 자신을 더 잘 이해하는 데 도움을 줄 수 있는 도구에 관심을 가집니다. 타로는 내면의 갈등이나 심리적인 문제를 탐구하는 데 유용하기 때문에, 내향형 성향의 사람들은 타로를 통해 자기 성찰을 하고 더 깊은 통찰을 얻으려 할 가능성이 큽니다.

- INTP: "타로는 내 감정과 생각을 정리하는 데 도움이 될 수 있어. 나를 이해하는 데 좋은 도구가 될 것 같아."
- ISFJ: "타로를 통해 내 감정이나 상황을 돌아보며 더 나은 방향을 찾을 수 있을 것 같아."

이처럼 타로에 무관심하거나 거부감을 가질 가능성이 높은 성격 유형은 주로 사고형(T)과 감각형(S)입니다. 사고형(T)은 논리적이고 과학적인 사고를 중요시하며, 감각형(S)은 실용적인 해법을 선호하기 때문에, 타로의 상징적이고 직관적인 해석에 흥미를 느끼지 않을 수 있습니다.

반대로, 타로를 좋아할 가능성이 높은 성격 유형은 직관형(N)과 감정형(F) 성향을 지닌 사람들입니다. 직관형은 상징적 사고와 미래에 대한 가능성을 탐구하는 데 관심이 많고, 감정형은 내면의 감정이나 인간관계를 중시하기 때문에 타로의 통찰을 유용하게 느낄 수 있습니다. 내향형(I)은 자기 성찰을 중시하기 때문에 타로를 통해 더 깊은 심리적 통찰을 얻을 수 있습니다. 아울러, 점사를 묻는다는 것 자체가 확실한 것을 좋아하는 성향임으로 인식형(P)보다 판단형(J)이 타로를 좋아할 가능성이 더 높습니다.

저가 ENFJ인데, 타로를 좋아하는 제 성향과 딱 일치합니다. 반면 제 친구나 저의 지형은 타로에 전혀 관심이 없거나 심지어 안 좋게 여기는데 그분들에겐 T와 S가 공통으로 있습니다. 실제로 제가 타로 좋아하는 분들에게 물어보면 NFJ가 STP보다 훨씬 더 많습니다. 저는 주역에도 관심이 많은데, 주역도 타로처럼 상징으로 되어 있으므로 '64괘의 상징성'에 흥미를 느끼는 분들 또한 그럴 가능성이 더 큽니다.

성격 유형에 따라 이처럼 대상과 사건과 사물을 바라보고 사고하는 인식 방식 자체가 다릅니다. 이를 통해 우리는 저마다의 고유한 특성인 '나다움'과 '너다움'의 차이와 그럴 수밖에 없는 이유를 인식하고 이해할 수 있게 됩니다. 이는 심리적 시야의 확장과 사고의 유연성을 가져다줍니다.

어린 왕자의 성격 유형

어린 왕자의 MBTI 유형은 어떤 것일까요? 그러려면 그의 주요 특징들을 먼저 살펴보아야 할 것입니다.

· 이상주의적이고 깊은 내면세계를 가진 성향: 어린 왕자는 어른들의 세계를 순수한 시선으로 바라보며, 의미와 본질을 탐구하는 모습이 강합니다.
· 외부보다는 내면적 가치와 감정을 중시함: 장미와 여우를 대하는 태도를 보면 인간관계에서 감정적 유대를 중요하게 여깁니다.
· 감각적 세계 너머의 것을 중요시함: 보이는 것보다 보이지 않는 것("정말 중요한 것은 눈에 보이지 않아")을 중시하는 철학적 태도가 강합니다.
· 즉흥적이고 개방적인 태도: 어린 왕자는 하나의 틀에 얽매이기보다는 자유롭고 열린 태도를 보입니다.

이런 점들을 살펴보았을 때 어린 왕자의 성격을 MBTI 관점에서 분석해보면 INFP 유형에 가까울 가능성이 높습니다.

· 내향형(I): 어린 왕자는 사교적이기보다 조용하고, 내면의 세계에서 깊이 생각하는 성향이 강합니다. 그는 혼자 있는 것을 즐기며, 별에서 홀로 살다가 지구로 여행을 떠나면서도 주로 자신의 내면을 탐구합니다. 다른 사람들과의 교류보다는

자신의 감정과 생각에 집중하는 모습이 내향적 성격의 특성을 잘 보여줍니다.

· 직관형(N): 어린 왕자는 현실적인 것보다는 상징적이고 추상적인 사고를 합니다. 장미, 여우, 코끼리 모양의 보아뱀 같은 것들은 단순한 사물이 아니라 삶의 의미와 관계의 본질을 상징합니다. 그는 사물의 겉모습이 아닌 본질을 보려 하며, 상상력과 상징을 통해 세상을 이해합니다. 이는 직관형의 특징과 일치합니다.

· 감정형(F): 어린 왕자는 관계와 감정에 대해 깊이 고민하며, 다른 사람이나 존재와의 정서적 연결을 중요하게 여깁니다. 여우와의 관계에서 '길들인다'는 개념을 통해 사랑과 관계의 의미를 깨닫고, 장미와의 관계에서도 감정적인 유대감이 중심이 됩니다. 이는 감정형의 성향을 잘 보여줍니다.

· 인식형(P): 어린 왕자는 삶을 정해진 틀에 맞추려 하기보다는 열린 태도로 받아들입니다. 그는 여행을 통해 다양한 인물과 상황을 경험하면서도 고정된 결론에 도달하기보다 삶의 의미와 관계의 본질을 깨달아가는 과정을 중요하게 여깁니다. 이는 인식형의 성향과 잘 맞습니다.

결론적으로 어린 왕자는 INFP의 성격적 특성과 잘 맞습니다. INFP는 이상주의적이며 내면의 가치와 감정을 중시하고, 삶의 의미를 찾는 과정에서 창조적이고 깊이 있는 사고를 합니다. 어린 왕자가 장미와의 관계에서 깨닫는 사랑의 의미나 여우가 알려주는 삶의 진리는 INFP의 삶의 태도와 매우 유사합니다. 따라서 어린 왕자는 INFP 유형일 가능성이 높다고 볼 수 있습니다.

이처럼 한 사람의 주요 특징들을 알면 그의 성격 유형을 추론/추측해볼 수 있습니다. 이런 방식으로 문학작품 속 인물을 분석해서 작품비평(연구)을 할 수도 있습니다. 작품 속 주인공의 성향과 작가와의 관련성에 대해서도 이야기해볼 수 있습니다. 주인공은 작가의 성향이나 작가의 세계관을 잘 보여주는 작품화된 대상일 수 있기 때문입니다.

노벨문학상을 수상한 한강 작가의 인터뷰 영상을 본 적 있습니다. 저는 그분의 말하는 모습을 보고 충격이라 할 만큼 인상적인 느낌을 받았습니다. '저렇게 작은 목소리로, 저토록 낮은 톤으로, 저렇게 천천히 말하는 사람이 있다니, 저렇게도 말할 수도 있다니……' 이게 저의 첫 번째 느낌이었고, 내면에서 절로 떠오른 생각이었습니다. 저는 한강 작가와 정반대로 말하는 스타일이기 때문에 만약 저에게 '한강 작가처럼 말하고 살라'고 하면, 저는 아마도 답답해서 죽었을 것입니다.

그녀의 말하는 성향만 봐도 E가 아니라 I임을 바로 알 수 있습니다. 성격 유형은 이처럼 말하는 방식, 대화하는 방식까지 다르게 만듭니다. 그래서 왜 그렇게 다른지, 다를 수밖에 없는지 우리는 성격 유형을 통해 깊이 있게 이해하고 통찰할 수 있게 됩니다. 제가 MBTI를 공부하지 않았더라면 저와 이토록 다른 방식으로 말하는 사람을 온전히 이해하기는 힘들었을 것입니다. MBTI는 이처럼 내면에 호수가 만들어지듯, 차이에 대한 이해력과 수용력을 만들어줍니다.

한강 작가님의 MBTI 유형은 공식적으로 공개된 바는 없으므로 그분의 성격 유형이 무엇인지 정확히 알 수는 없으나, 그분의 말하는 스타일이나 대화 방식 그리고 작품의 문체와 주제, 세계관, 작품에 등장하는 인물들의 내면 묘사 등을 바탕으로 나름의 추측은 해볼 수 있을 듯합니다.

예를 들어, 『채식주의자』나 『소년이 온다』 같은 작품에서 드러나는 깊은 내면 탐구, 사회적 고통과 개인의 상처에 대한 섬세한 응시, 극도로 절제된 문장과 정서적 울림을 중시하는 특성은 내향형(Introversion), 직관형(Intuition), 감정형(Feeling), 판단형(Judging)의 성향과 잘 연결되는 속성을 가지고 있습니다. INFJ는 '통찰력 있는 조력자'로 불리며, 타인의 감정과 고통을 깊이 공감하고, 현실의 부조리를 예민하게 인식하며, 조용한 방식으로 강한 메시지를 전달하는 경향이 있습니다. 이는 한강 작가님의 작품 세계와도 정서적으로 맞닿아 있는 지점이 많습니다.

그러나 이는 어디까지나 하나의 추측일 뿐이며, 한강 작가의 MBTI 유형이 무엇인지 객관적으로 정확히 규정할 수 있는 근거로 삼기는 어렵습니다. 다만 작가의 MBTI 성격 유형은 작품에도 큰 영향을 미칠 수 있다는 사실을 주지할 수는 있을 듯합니다. 성격 유형이 다르면 말하는 방식이 다르듯, 글 쓰는 방식 또한 다를 수 밖에 없기 때문이며, 그것은 작가가 세상과 접속하는 방식을 결정지을 것이기 때문입니다.

MBTI는 평가나 규정을 목적으로 성격을 이야기하지 않는다. 그 사람만의 그 유한 특성을 존중하고 이해하는 데 초점을 둔다. 딸기는 딸기에 맞는 재배방법으로, 포도는 포도에 맞는 재배방법으로 재배해야 싱싱한 열매를 맺는다. 재배방법이 잘못되면 아무리 심혈을 기울여도 좋은 열매를 맺을 수 없다. 사람 역시 자신만의 '고유한 특성'을 존중받아야 아름다운 열매를 맺게 된다.
-고들재, 『당신이 알던 MBTI는 진짜 MBTI가 아니다』에서

앞의 예들에서 잘 보여주듯 성격 유형은 단지 성격의 문제에서 끝나는 것이 아니라 사고방식과 삶의 방식까지를 결정합니다. 성격 유형이 다르면 같은 대상도 다르게 보고, 다르게 느끼고, 다르게 생각합니다. 그 결과 취향과 입장과 행동 또한 자연스럽게 달라집니다. 이 때문에 매 순간 삶의 무늬가 달라지는 것은 물론이요, 삶의 방향과 길 자체가 달라집니다. MBTI는 왜 그런 일이 만들어지는지 그 이유를 명확하게 우리에게 보여줍니다.

이런 점을 인지한다면 학습도 업무도 '획일적인 하나의 방식'이나 '똑같은 방식'이 결코 모든 이에게 동일하게 적용되어야 할 '최선'이 아님을 알게 됩니다. 저마다 자신에게 더 잘 맞는 공부방식이 있을 수 있고, 업무방식이 있을 수 있습니

다. MBTI는 '선천적 심리 선호경향'이므로 이에 대한 자각과 통찰은 고유한 특성에 대한 존중과 이해로 이어집니다. 이러한 사실을 안다면 교육방법도 업무방식도 획일적인 하나의 방식만이 최선이 아님을 알고 저마다의 다양한 최선의 방식을 찾을 수 있어야 할 것입니다.

MBTI는 선천적으로 타고난 고유한 유형이기에 바뀌는 것이 아니지만, 특정 직업이나 환경적 요인 때문에 자신의 성격 기능이 아닌 방식을 많이 쓰게 되는 경우는 MBTI 검사결과가 다르게 나오는 원인으로 작용하기도 합니다. 이는 결코 권장할 만한 일이거나, 바람직한 결과는 아닐 것입니다. 왜냐하면, 자신의 성격 기능에 잘 맞는 일을, 자신에게 잘 맞는 방식으로 하는 것이 자신의 고유한 기질에도 맞고 순기능 또한 최대치로 살리는 길이 될 것이기 때문입니다.

제가 한강 작가처럼 아주 낮고 잔잔한 톤으로 천천히 말하며 살 수 없듯이, 어린 왕자와 같은 INFP는 ESTJ와 결코 같은 방식으로 삶을 살 수 없습니다. 어린 왕자와 같은 이의 성격 유형을 깊이 이해하고 지각한다면 그가 그럴 수밖에 없는 이유를 알게 될 것입니다. 마찬가지로 저 같은 사람의 유형(ENFJ)을 안다면 상징과 패턴, 추론하기와 관련된 것(타로, 주역)을 좋아할 수밖에 없는 이유를 알게 될 것입니다. 칼 융은 INFJ로 추측되는데 그가 'MBTI의 토대를 만들 수 있었던 이유'가 이미 그의 성격 유형에 들어 있음을 확인할 수 있지 않은가 합니다.

주역과 MBTI의 동일한 원리

MBTI의 16가지 성격 유형이 형성되는 원리는 주역에서 음양(陰陽)이 사상(四象)과 8괘로의 분화되는 과정과 매우 흡사합니다. 주역에서는 세상의 모든 변화와 조화를 음(陰)과 양(陽)이라는 두 가지 기본 속성으로 설명하며, 이 두 속성이 조합되어 사상(四象)과 팔괘(八卦)를 형성합니다. MBTI도 네 가지 차원의 속성이 선택적으로 조합(분화)되면서 16가지 성격 유형이 탄생하는 구조이므로 이와 거의 동일한 원리를 가지고 있습니다.

음양(陰陽)과 MBTI의 이분법

주역에서는 우주의 근본 원리를 음(陰)과 양(陽)의 대립과 조화로 설명합니다.

- 양(陽): 능동적이고 확장하는 성질 (밝음, 적극성, 외향성)
- 음(陰): 수동적이고 수렴하는 성질 (어둠, 내면성, 안정성)

이 원리는 MBTI의 각 차원에서 나타나는 두 가지 성향(E-I, S-N, T-F, J-P)과도 동일한 이분법적 구조를 가집니다. 네 번의 분화를 겪어서 만들어지는 MBTI의 16가지 유형과 이 방식은 음양의 대극적 구도로 분화되는 주역의 방식과 동일합니다.

MBTI의 8가지 요소 '외향(E), 내향(I), 감각(S), 직관(N), 사고(T), 감정(F), 판단(J), 인식(P)'은 성격적 속성을 음과 양으로 세분화한 것이라 할 수 있습니다. 이에 이 여덟 가지 속성을 음과 양에 대입하여 읽는 것은 '인간의 성격 유형이 자연의 이치를 고스란히 담아내고 있다'는 관점을 갖게 합니다. 음과 양은 서로 반대되면서도 상호 보완적인 관계를 이루는데, 주역의 관점에서 이는 우주와 천지만상의 근본 원리로 작용합니다. MBTI의 성격 요소도 서로 상반되면서 균형을 이루는 이원적 성질을 지니고 있기 때문에 음과 양의 속성을 대입하여 읽을 수 있습니다.

① **외향(E)은 양(陽), 내향(I)은 음(陰)**

외향은 에너지를 외부에서 얻고 활동적으로 표출하려는 성향이므로, 바깥으로 뻗어 나가는 힘인 양(陽)의 속성과 잘 어울립니다. 양은 하늘, 태양, 빛, 움직임의 원리를 상징하므로 외향의 활발한 성향과 일치합니다.

내향은 에너지를 내면에서 얻고 깊이 성찰하며 안으로 집중하는 성향이므로, 안으로 수렴하고 고요함을 의미하는 음(陰)과 연결됩니다. 음은 어둠, 땅, 정적, 내면의 원리를 상징하므로 내향의 내면 중심 성향과 부합합니다.

② **감각(S)은 양(陽), 직관(N)은 음(陰)**

감각(Sensing)은 구체적이고 실질적인 것, 즉 현실 세계의 물리적 경험과 자료를 중시합니다. 이는 태양처럼 뚜렷하고 명확한 것, 즉 '양(陽)'의 특성과 유사합니다. 실체적이고 즉각적인 경험을 통해 세상을 이해하려는 성향은 외향적이고 실재하는 것을 중시하는 태도로 볼 수 있습니다.

직관(Intuition)은 보이지 않는 패턴, 가능성, 추상적 개념을 중시합니다. 이는 어둠 속에서 보이지 않는 흐름을 감지하는 것처럼 '음(陰)'의 특성과 가깝습니다. 직관적인 사고는 종종 무형(無形)하고 내면적이며, 감각보다 깊은 의미를 찾으려는 경향이 있습니다.3)

③ 사고(T)는 양(陽), 감정(F)은 음(陰)

사고는 논리와 원칙, 객관적인 사실에 따라 결정을 내리는 성향이므로, 질서와 규범을 중시하는 양(陽)의 속성과 잘 연결됩니다. 양은 하늘의 이치와 질서를 상징하므로 사고의 논리적이고 명확한 성향과 부합합니다.

감정은 타인과의 관계, 공감, 조화로운 유대감을 중요하게 여기므로, 수용적이고 포용적인 힘인 음(陰)과 연결됩니다. 음은 관계와 감정을 통해 이루어지는 조화를 상징하므로 감정의 포용적 성향과 일치합니다.

④ 판단(J)은 양(陽), 인식(P)은 음(陰)

판단은 질서를 세우고 명확한 계획을 통해 일의 완결을 추구하는 성향이므로,

---

3) 음(陰)과 양(陽)은 서로 대립하면서도 보완적인 속성을 가지기 때문에, 감각과 직관의 속성을 음양의 관점에서 어떻게 바라보느냐에 따라 해석이 달라질 수 있습니다. 만약 감각(S)을 '고정된 형태'로 보고, 직관(N)을 '끊임없이 변화하는 흐름'으로 본다면 감각이 오히려 음(陰), 직관이 양(陽)으로 해석될 수도 있습니다. 혹은 감각(S)을 수동적 수용(受容)으로 보고 직관(N)을 능동적 창조(創造)로 본다면 감각이 음(陰)이고 직관이 양(陽)일 수도 있습니다. 이처럼 감각과 직관을 음과 양에 대입하는 것은 절대적인 답이 있는 것이 아니라, 특정한 관점과 해석에 따라 달라질 수 있습니다. 다만 MBTI에서는 감각(S)이 양의 속성으로, 직관(N)이 음의 속성으로 더 많이 작용하는 것으로 보입니다.

질서와 명확함을 상징하는 양(陽)과 연결됩니다. 양은 명확하고 적극적으로 외부로 작용하는 힘을 상징하므로 판단의 구조적 성향과 잘 맞습니다.

인식은 열린 마음으로 상황에 적응하고 유연하게 대응하는 성향이므로, 변화와 수용성을 상징하는 음(陰)과 연결됩니다. 음은 변화에 따른 수용성과 유연성을 의미하므로 인식의 적응적 성향과 부합합니다.

- 양(陽): 외향(E), 감각(S), 사고(T), 판단(J)
- 음(陰): 내향(I), 직관(N), 감정(F), 인식(P)

양(陽)은 외부로 뻗어 나가는 성향, 논리적이고 창조적이며 질서를 세우려는 성향과 연결됩니다. 따라서 외향(E), 감각(S), 사고(T), 판단(J)이 양에 속합니다. 음(陰)은 내부로 수렴하는 성향, 감정적이고 수용적이며 변화에 적응하는 성향과 연결됩니다. 따라서 내향(I), 직관(N), 감정(F), 인식(P)이 음에 속합니다. 이렇게 보면 MBTI의 성격 구조가 주역의 음양 원리를 고스란히 담아내고 있음을 알게 됩니다. 이는 주역에 심취했었던 칼 융의 영향이기도 하지만, 인간의 성격 구조에도 음양이라는 자연의 이치가 담겨 있음을 잘 보여주는 것으로, 성격 유형의 속성과 조화가 자연의 이치와 통한다는 흥미로운 통찰을 제공합니다.

MBTI와 음양의 대응

MBTI 차원	양(陽)의 성질	음(陰)의 성질
외향(E)-내향(I)	외부 세계와의 교류, 확장	내면세계 중심, 수렴
감각(S)-직관(N)	구체적이고 현실적인 정보	추상적이고 가능성 중심
사고(T)-감정(F)	논리와 객관적 판단	감정과 관계 중심의 판단
판단(J)-인식(P)	구조화, 계획적 성향	유연하고 즉흥적인 태도

이처럼, MBTI의 네 가지 분류 지표는 각각 '음과 양의 대비되는 속질'을 지니며, 이것들의 조합을 통해 개별 성격 유형이 형성됩니다.

음양이 64괘로 분화되는 원리

주역에서는 음과 양이 다시 음과 양으로 분화되어 '태양(太陽==), 소음(少陰==), 소양(少陽==), 태음(太陰==)'이라는 사상(四象)을 형성합니다. 이 사상이 다시 음양으로 분화되어 팔괘(八卦, 여덟 가지 변화의 유형)가 형성됩니다. 이러한 과정은 세 번 더 반복되어 64괘를 형성합니다. 64괘는 음양 이분법의 연쇄적 반복으로 이루어진 것입니다.

MBTI의 16가지 성격 유형이 만들어지는 원리도 이와 거의 동일합니다. E는 ES와 EN으로 분화되고, I는 IS와 IN으로 1차 분화됩니다. 다시 ES는 EST와 ESF로 EN은 ENT와 ENF로 분화됩니다. 마찬가지로 IS는 IST와 ISF로, IN은 INT와 INF로 2차 분화됩니다. 이 8가지 결과에 다시 3차 분화(J와 P)가 더해지면 16가지 성격 유형이 만들어지게 됩니다. 이 또한 상대적 속성을 지닌 음양 이분법의 연쇄적 반복으로 이루어진 것입니다.

컴퓨터의 2진법 시스템 또한 주역의 이런 원리에 착안해서 만들어진 것이듯, MBTI 또한 주역의 이런 '음양(이분법)의 연쇄 분화 원리'에 의해 만들어진 것입니다. 이러한 현상이 나타나는 이유는 애초에 칼 융이 주역의 이런 원리에 착안해서 자신의 성격 유형론을 만들었기 때문입니다. MBTI는 음양 대극의 원리가 성격 유형에도 그대로 적용됨을 증명한 프로그램이라 할 수 있습니다.

MBTI의 성향지표 8가지 요소는 상대적 속성으로 서로 네 가지 짝을 이룹니다. 이 또한 주역의 원리와 동일합니다. 주역의 8괘는 음(陰)과 양(陽)의 조화와 균형 원리에 따라 서로 대응 관계의 짝을 이루고 있습니다. 각각의 괘는 서로 반대되거나 보완적인 성향을 가지며, 음양의 균형과 상호작용을 통해 우주의 작용과 원리를 설명합니다. 8괘에서 서로 짝이 되는 괘는 주로 음(陰)과 양(陽)의 대비 또는 상호 보완 관계에 따라 결정됩니다.

1. 8괘의 짝 관계의 원리
· 음과 양의 균형 → 각각의 괘는 반대 성질을 가진 괘와 짝이 됩니다.
· 자연의 상호작용 → 하늘과 땅, 불과 물, 바람과 연못 등 서로 대립하거나 보완하는 자연 현상이 짝의 관계를 형성합니다.
· 상호작용의 조화 → 짝이 되는 괘는 서로 상호 작용하면서 완전한 상태를 이룹니다.

2. 8괘의 짝 관계
다음은 8괘에서 짝이 되는 괘들의 구체적인 관계입니다.

① 건(乾) ☰ ↔ 곤(坤) ☷
· 건(乾) → 하늘, 순수한 양(陽)의 에너지, 창조, 능동성
· 곤(坤) → 땅, 순수한 음(陰)의 에너지, 수용, 순응성
➡ 하늘(乾)과 땅(坤)의 관계는 음양의 근본적 대립이자 조화의 상징하며, 창조와 수용의 균형을 상징합니다.

② 감(坎) ☵ ↔ 리(離) ☲
· 감(坎) → 물, 음의 성질, 깊이와 어둠, 잠재력

· 리(離) → 불, 양의 성질, 밝음과 명확함, 외향적 에너지

➡ 물(坎)과 불(離)의 관계는 서로 대립하면서도 상호 보완적이며, 어둠과 밝음의 균형을 상징합니다.

③ 진(震) ☳ ↔ 간(艮) ☶

· 진(震) → 천둥, 양의 성질, 시작, 움직임, 추진력

· 간(艮) → 산, 음의 성질, 멈춤, 안정, 고요함

➡ 천둥(震)과 산(艮)의 관계는 움직임과 멈춤의 상호작용을 하며, 역동과 안정의 균형을 상징합니다.

④ 태(兌) ☱ ↔ 손(巽) ☴

· 태(兌) → 연못, 음의 성질, 기쁨, 수용, 유연함

· 손(巽) → 바람, 양의 성질, 확산, 침투, 영향력

➡ 연못(兌)과 바람(巽)의 관계는 고요함과 확산의 상호작용을 하며, 수용과 확장의 균형을 상징합니다.

짝 괘	음양 관계	상 징	의 기
건(乾) ☰ ↔ 곤(坤) ☷	양 ↔ 음	하늘 ↔ 땅	창조 ↔ 수용
감(坎) ☵ ↔ 리(離) ☲	음 ↔ 양	물 ↔ 불	어둠 ↔ 밝음
진(震) ☳ ↔ 간(艮) ☶	양 ↔ 음	천둥 ↔ 산	움직임 ↔ 멈춤
태(兌) ☱ ↔ 손(巽) ☴	음 ↔ 양	연못 ↔ 바람	수용 ↔ 확산

짝 괘의 상징적 의미와 작용의 측면을 살펴보면 다음과 같습니다.

- 건(乾)과 곤(坤) → 창조와 수용의 균형 → 우주의 근본 원리
- 감(坎)과 리(離) → 어둠과 밝음의 균형 → 존재와 인식의 조화
- 진(震)과 간(艮) → 운동과 멈춤의 균형 → 삶의 흐름과 멈춤의 순환
- 태(兌)와 손(巽) → 수용과 확산의 균형 → 감정과 영향력의 상호작용

이처럼 8괘는 짝을 이룸으로써 음과 양의 균형을 통해 우주의 원리와 인간 삶의 본질을 상징합니다. 짝이 되는 괘는 서로 대립하면서도 상호 보완하는 구조를 통해 완전한 조화를 이룹니다.

주역과 8괘와 MBTI의 8가지 요소의 공통점

MBTI의 성향지표 8가지 요소가 짝을 이루는 원리는 주역의 원리와 동일합니다. 주역에서 음과 양이 상반되면서도 서로 보완하여 균형을 이룬다는 개념처럼, MBTI의 성향지표도 대극적이면서도 서로 상호작용하고 보완함으로써, 각각이 조화롭게 작용하여 개인의 성격과 행동 양식을 형성합니다.

MBTI는 개인의 성격을 4가지 성향 지표(또는 차원)로 구분합니다. 각 성향지표는 음양처럼 두 가지의 대립적인 특성이 있으며, 각 특성은 서로 짝을 이루어 사람의 성격을 나타냅니다. '외향(E)-내향(I), 감각(S)-직관(N), 사고(T)-감정(F), 판단(J)-인식(P)' 이 4가지 성향 지표의 특성은 서로 상반되지만, 주기능과 부기능으로 각각 짝을 이루면서 사람의 성격을 완성하게 됩니다. 음양이 연쇄 분화되어 만들어진 8괘처럼, MBTI의 성향지표들도 서로 다른 특성들이 분화되고 결합하여 만들어진 것입니다.

1. 외향(E) - 내향(I)

· **외향(E)**: 외부 세계와의 상호작용을 통해 에너지를 얻고, 사람들과의 관계 속에서 활력을 느낍니다.

· **내향(I)**: 내면의 세계에 집중하며, 혼자 있는 시간에서 에너지를 얻고, 깊은 사색과 자기 성찰을 중요시합니다.

음과 양의 원리처럼 외향과 내향은 상반되는 성향을 가지고 있지만, 서로 보완적으로 작용합니다. 외향적인 사람은 외부 세계와의 교류에서 에너지를 얻으며 활기차지만, 내향적인 사람은 내면의 고요함과 자기 성찰을 통해 균형을 맞추고 힘을 얻습니다. 두 성향이 상호작용할 때, 개인은 외부 세계와 내면세계를 모두 적절히 관리하면서 조화로운 삶을 살 수 있습니다.

2. 감각(S) - 직관(N)

· **감각(S)**: 현실적이고 구체적인 정보를 중시하며, 과거의 경험과 사실을 바탕으로 문제를 해결하려고 합니다.

· **직관(N)**: 미래의 가능성과 전체적인 패턴을 중시하며, 직관적으로 새로운 아이디어와 창의적인 해결책을 추구합니다.

이 역시 음과 양의 상대적 속성을 잘 보여줍니다. 감각은 현재의 구체적인 사실을 통해 안정감을 추구하고, 직관은 미래의 가능성과 큰 그림을 보며 진보와 창조를 추구합니다. 감각은 안정적인 바탕을 제공하고, 직관은 그 바탕 위에 새로운 가능성을 추가하여 균형을 이룹니다. 두 성향은 서로 다른 방식으로 세상을 인식하고 문제를 해결하지만, 그 차이점 속에서 상호 보완적인 관계를 형성합니다.

3. 사고(T) - 감정(F)

· 사고(T): 논리적이고 분석적인 사고를 중요시하며, 사실과 원칙에 따른 결정을 선호합니다.

· 감정(F): 사람들의 감정과 가치를 중시하며, 사람들의 복리와 관계를 고려하여 결정을 내립니다.

이 또한 음(陰)과 양(陽)의 성질을 잘 나타냅니다. 사고는 외적인 논리와 분석을 중시하는 '양(陽)'의 특성이지만, 감정은 내적인 감수성과 사람들의 감정에 더 집중하는 '음(陰)'의 특성을 가집니다. 사고는 외부의 객관적인 기준을 중요시하고, 감정은 내부의 주관적인 기준을 따릅니다. 이 두 성향은 서로 다르지만, 둘의 결합을 통해 사람은 더 균형 잡힌 결정을 내릴 수 있으며, 논리적이면서도 타인의 감정을 고려한 접근이 가능합니다.

4. 판단(J) - 인식(P)

· 판단(J): 계획적이고 조직적인 접근을 선호하며, 구조와 예측 가능성 속에서 안정감을 느낍니다.

· 인식(P): 유연하고 개방적인 접근을 선호하며, 즉흥적이고 변화에 적응하는 것을 중요시합니다.

양은 정해진 규칙과 질서를 중시하고, 예측 가능성과 확정된 결정을 선호합니다. 판단적 성향은 명확한 계획과 조직적인 구조 속에서 안정을 찾고, 확실한 결정을 내리려는 성향을 보입니다. 또한, 양은 외향적, 능동적이며 구체적인 목표를 향해 나아가는 성향이므로, 판단(J)은 이와 잘 일치합니다. 음은 변화와 융통성, 개

방향과 적응력을 중시하며, 고정된 틀보다는 유연한 흐름을 선호합니다. 인식(P)은 계획보다는 즉흥적이고 상황에 맞춰 변화를 받아들이는 성향이 강합니다. 음은 내향적이고, 수동적이며 상황에 따라 흐름을 따라가는 특성을 보이기 때문에, 인식(P)과 잘 부합합니다.

이처럼 MBTI의 4가지 조합의 성향지표는 주역의 음과 양 혹은 8괘의 짝과 같이 서로 짝을 이루며, 각각의 상대적 특성과 에너지를 결합하여 고유한 개인의 성격과 행동 방식을 형성합니다. 8가지 성격 기능은 독립적으로 작용하기보다는 주기능/부기능으로 짝을 이루어 서로 보완하며, 이를 통해 사람은 내외적인 균형을 이루고, 다양한 환경에서 효과적으로 적응할 수 있습니다. 이처럼 음양의 상대성과 상호 보완성의 법칙은 MBTI 성향지표에서도 고스란히 작용하는바, 인간의 복잡한 성격 작용을 이해하고 분석하는 데 아주 효과적인 열쇠가 됩니다.

MBTI의 심리기능 8가지를 음/양으로 이해하는 것의 이점

MBTI의 심리기능 8가지를 음양의 관점에서 이해하는 것은 다음과 같은 여러 가지 이점을 제공합니다. 이는 심리학적 성향을 자연의 이치와 연결함으로써, 인간의 성격 구조와 행동 패턴을 더욱 깊이 있고 균형 잡힌 시각에서 바라보는 데 도움이 됩니다.

1. 성격의 균형과 조화 이해

음양은 서로 대립하면서도 상호 보완하는 성질을 가집니다. 따라서 MBTI의 심리기능을 음양으로 구분하면 성격의 상반된 요소가 어떻게 균형을 이루며 작동하는지를 쉽게 파악할 수 있습니다. 예를 들어, 사고(T)가 양이라면 감정(F)이 음으로 작용해 서로 보완합니다. 사고 기능이 너무 강해지면 감정이 부족해질 수 있으므로, 균형을 맞추는 것이 중요합니다. 이는 음양의 상호작용이 심리적 균형에서 중요한 역할을 한다는 점을 깨닫게 합니다.

2. 성격의 역동성과 변화 이해

음양의 원리는 정적인 상태가 아니라 끊임없이 변화하고 순환합니다. MBTI의 심리기능도 특정 상황에서 강해지거나 약해지며, 성격의 발현도 고정된 것이 아니라 상황에 따라 변화합니다. 예를 들어, 외향(E)이 양의 성향이라 하더라도 피로하거나 내면의 성찰이 필요할 때는 내향(I)의 음의 성향이 강화될 수 있습니다. 따라서 성격의 역동이 고정된 것이 아니라 음양의 순환 원리에 따라 상황에 맞게 적응/변화하고 성장한다는 점을 이해하게 됩니다.

3. 성격의 상호작용과 인간관계 이해

사람의 성격이 음양의 상호작용으로 이루어져 있다는 것을 이해하면 인간관계에서 발생하는 갈등의 원인과 해결책을 찾기 쉬워집니다. 예를 들어, 양(陽) 성향이 강한 사람이 계획적(J)이고 목표 지향적이라면, 음(陰) 성향이 강한 유연한(P) 성향의 사람과 갈등이 생길 수 있습니다. 그러나 양이 있으면 음이 있고 음이 있으면 양이 있음을 자각하거나, 음양의 유기적 관점에서 양 속에도 음이 있고, 음 속에도 양이 있다는 점을 이해하면 서로의 차이를 더 큰 시야에서 받아들일 수 있고 접점을 찾을 수도 있게 됩니다.

4. 자기 이해와 자기 성장 촉진

자신의 성격을 음양의 관점에서 바라보면 자신의 강점과 약점을 균형 있게 인식할 수 있습니다. 예를 들어, 감각(S)과 직관(N)은 각각 양과 음의 성질을 가지므로, 자신이 감각(S)에 치우쳐 있다면 직관(N)의 요소를 강화함으로써 성장을 도모할 수 있습니다. 이는 음양의 보완적 성격을 활용해 성격의 균형과 성장을 이루는 데 도움이 됩니다.

5. 심리치유와 상담에서의 적용

심리 상담이나 치유 과정에서 MBTI의 성향을 음양으로 접근하면 보다 자연스러운 치유의 원리를 적용할 수 있습니다. 예를 들어, 양(陽)의 성향이 강한 사람은 지나친 외향성이나 통제욕으로 인해 스트레스를 받을 수 있습니다. 이 경우 음(陰)의 성향인 내면 성찰과 수용의 태도를 강화하면 균형을 찾는 데 도움이 됩니다. 반대로, 음(陰)의 성향이 강한 사람이 지나친 내향성과 우유부단함으로 어려움을 겪는 경우 양(陽)의 성향인 적극성과 주체성을 강화하도록 도와서 치유에 효과를 줄 수도 있습니다.

6. 직업 및 생활에서의 적용

MBTI를 음양의 원리로 바라보면 각자의 성향에 맞는 직업 선택과 생활 방식 조율이 자연스럽고 조화롭게 이루어질 수 있습니다. 양(陽)의 성향이 강한 사람은 외향적이고 추진력이 있어 리더십이 필요한 환경에서 잘 적응하지만, 과도한 경쟁과 목표 중심의 삶은 내면의 공허함이나 관계의 갈등을 유발할 수 있습니다. 이 경우 음(陰)의 성찰과 휴식이 균형을 회복하는 데 도움이 됩니다. 반대로 음(陰)의 성향이 강한 사람은 감수성과 관조적 사고를 바탕으로 예술, 상담, 연구 등의 분야에서 강점을 보이나, 우유부단함이나 실행력 부족이 약점이 될 수 있습니다. 이에 양(陽)의 적극성과 실천력을 보완하면 안정성과 활력을 함께 얻을 수 있습니다. 이처럼 음양의 균형은 직업 선택과 일상생활의 방향성을 잡는 데에도 중요한 통찰을 제공하며, 자신에게 부족한 에너지를 의식적으로 보완하는 데 큰 도움을 줄 수 있습니다.

7. 인간의 본성과 자연의 이치를 연결

음양은 자연의 변화 원리를 설명하는 핵심 개념입니다. MBTI 성향을 음양으로 바라보면 인간의 성격이 자연의 법칙과 연결된다는 점을 깨닫게 됩니다. 이는 인간의 심리와 행동이 단순히 사회적, 환경적 요인에 의해 형성된 것이 아니라, 자연의 근본 원리에 따라 형성되었음을 이해하게 합니다. 인간의 성격 또한 자연의 이치가 담겨 있는 거대한 섭리의 일부인 것입니다. 이를 이해하면 자신의 성격을 수용하고 타인의 성향을 존중하는 데 더 깊은 통찰과 여유를 가질 수 있으며, 심리적 치유와 인간관계의 조화에도 더욱 자연스럽고 근본적인 접근이 가능해집니다.

이처럼 MBTI의 심리기능을 음양의 관점에서 바라보면 자신의 성격을 더욱 깊이 이해하고, 인간관계에서의 갈등 해소와 자기 성장을 도모하는 효과적인 지침을 얻을 수 있습니다. 또한, 성격 유형의 차이와 조화의 원리를 선명하게 이해하고 받아들이게 하여 자연스러운 성장과 균형 잡힌 삶을 추구하도록 돕습니다. 따라서 MBTI의 성격 구조에 음양의 원리를 적용하면 심리적 균형, 인간관계의 조화, 자기 성장의 가능성이 훨씬 쉽고 효과적으로 작용할 수 있습니다.

MBTI 성격 유형을 음양으로 바라보면 인간의 성격이 자연의 법칙과 긴밀히 연결되어 있음을 깨닫게 됩니다. 이를 통해 인간의 성격이 단순히 사회적, 환경적

음인에 의해 형성된 것이 아니라, 자연의 근본 원리에 따라 형성되었음을 이해하게 됩니다. 자연에서 음양이 서로 작용하면서 균형을 이루듯이 인간의 성격에서도 음의 성향과 양의 성향이 조화를 이룰 때 건강하고 안정된 심리 상태를 유지할 수 있습니다. 예를 들어, 외향형이 지나치게 양의 성향을 강화하면 과도하게 에너지를 소모하거나 타인에게 지배적인 성향을 보일 수 있으며, 내향형이 음의 성향에 과도하게 치우치면 사회적 고립이나 우울감을 느낄 수 있습니다. 따라서 음양의 균형을 인식하고 이를 조화롭게 유지하려는 노력이 중요합니다.

자연의 변화는 음과 양의 상호작용으로 이루어지며, 인간의 성격 또한 이러한 자연의 원리와 일맥상통합니다. 예를 들어, 봄과 여름은 양의 기운이 강한 시기이며, 인간의 성격에서도 외향성과 활동성이 두드러지는 시기입니다. 반대로 가을과 겨울은 음의 기운이 강해지며, 인간의 성격에서도 내성적이고 성찰적인 성향이 강화됩니다. 이는 자연의 변화 주기와 인간의 심리 상태가 서로 맞물려 작용하고 있음을 보여줍니다.

결국, 인간의 성격은 자연의 근본 원리인 음양의 작용에서 비롯되며, 이를 이해하고 균형을 맞추는 것은 심리적 안정과 성장을 위한 중요한 열쇠입니다. 자연에서 음양이 균형을 이룰 때 생명이 건강하게 유지되듯이, 인간의 성격도 음양의 조화를 이룰 때 심리적 안정감과 유연한 적응력, 조화로운 대인관계가 형성됩니다. 이는 인간의 본성이 자연의 이치와 밀접하게 연결되어 있음을 깨닫게 하는 의미심장한 통찰이 아닐까 합니다.

무엇보다 음양의 관점으로 바라보면 MBTI의 성격 유형을 이해하기가 훨씬 더 쉬워집니다. 예컨대 음양의 관점에서 보면 ESTJ는 오로지 양의 속성만 있는 성격 유형이고, INFP는 오로지 음의 속성만 있는 성격 유형입니다. 그래서 ESTJ는 남성성이 아주 잘 드러나고, INFP는 여성성이 아주 잘 드러납니다. 이 두 성격 유형에 별명을 붙여보겠습니다.

ESTJ에 어울리는 별명

· 리더의 왕 - ESTJ는 타고난 지도자 기질이 강하고, 조직의 중심에서 명확한 방향성을 제시하는 성향을 보이기 때문에 잘 어울리는 별명입니다.

· 원칙 수호자 - 규칙과 원칙을 중요하게 여기고 이를 철저히 지키며, 질서를 유지하려는 ESTJ의 성향을 반영한 별명입니다.

· 현실주의 전략가 - 실용적이고 현실적인 관점에서 계획을 세우고 실행에 옮기는 성향을 강조한 별명입니다.

· 철벽 관리자 - 상황을 통제하고 문제를 신속하게 해결하며, 자신이 맡은 일을 끝까지 책임지는 성향을 상징합니다.

· 결정의 달인 - 결정을 내릴 때 망설이지 않고 명확하게 결단을 내리는 ESTJ의 성향을 반영한 별명입니다.

INFP에 어울리는 별명

· 꿈꾸는 시인 - INFP는 이상적이고 내면의 세계가 풍부하며, 감성을 언어로 표현하는 성향이 강하므로 잘 어울리는 별명입니다.

· 마음의 치유자 - 타인의 아픔에 공감하고 위로하며, 조용히 감정을 나누는 INFP의 따뜻한 성향을 반영한 별명입니다.

· 순수한 영혼 - INFP는 순수하고 정직한 마음으로 세상을 바라보며, 진정한 의미를 찾으려는 성향이 강하기 때문에 어울립니다.

· 내면의 여행자 - INFP는 자신의 감정과 가치관을 깊이 탐구하고 성찰하는 성

향이 강하므로 잘 어울리는 별명입니다.

·이상주의자 - 현실보다 이상적인 세상을 꿈꾸며, 가치와 의미를 추구하는 INFP의 성향을 상징하는 별명입니다.

두 유형의 별명들을 살펴보면, 두 성격이 극과 극으로 어떻게 다른지를 금방 알 수 있을 것입니다. 64괘 중에 양효로만 이루어져 있는 중천건(重天乾 ䷀)과 음효로만 이루어져 있는 중지곤(重地坤 ䷁)처럼 이 둘은 극과 극의 특성을 너무나 잘 보여줍니다. 이는 'E와 S와 T와 J'가 양의 속성이고, 'I와 N과 F와 P'가 음의 속성임을 구체적으로 보여주는 것이기도 합니다. 이처럼 MBTI의 성향지표를 '음양 분석법'으로 이해하면 더욱 쉽고 명료하게 각 성격유형의 특징을 이해할 수 있게 됩니다.

이는 '나의 성격 유형이 정반대인 경우는 서로의 장점과 단점도 정반대가 된다'는 뜻이 됩니다. 이는 같은 성격 기능인데도 때에 따라 장점도 될 수도 있고, 단점이 될 수도 있음을 의미합니다. 그래서 자신의 성격 유형을 통해 자신의 장점과 단점을 잘 숙지하는 것은 매우 중요합니다. 이런 점을 잘 지각하고 숙지하고 있어야 장점은 늘리고 단점을 최소화할 수 있을 것이기 때문입니다. 자신의 성격 유형의 장점은 순기능이 선순환되도록 극대화하고, 단점은 역기능이 없도록 최소화하는 것, 이것이 우리가 MBTI를 공부하는 궁극의 목적일 것입니다.

주역에서 음과 양은 서로 반대되는 개념이지만, 서로를 필요로 하고 균형을 이루어야 조화로운 상태가 됩니다. 예를 들어, 너무 양(陽)적인 성향만 강하면 고집스럽고 독단적으로 변하고, 너무 음(陰)적인 성향만 강하면 수동적이고 소극적으로 변합니다. MBTI에서도 사람이 어느 한쪽 성향이 너무 강하면 단점으로 작용할 수 있게 됩니다. 예를 들어, ENTP(외향 직관형)의 경우 너무 아이디어에만 치우치면 현실 감각을 잃을 수 있습니다. 반대로, ISTJ(내향 감각형)의 경우 너무 현실적인 부분만 고집하면 새로운 가능성을 놓칠 수 있습니다. 결국, 주역에서 '음양의 조화를 통한 균형'을 중시하듯이, 특정 MBTI 성격 유형 또한 자신의 열등 기능을 보완하여 균형 잡힌 성격을 만드는 것이 중요합니다.

주역에서는 세상이 끊임없이 변하며, 인간 또한 환경과 상황에 따라 적응해야 한다고 봅니다. 같은 성격 유형이라 하더라도 순기능을 극대화하며 사는 것과 역기능을 극대화하며 사는 것은 상당한 차이를 만들어 낼 것입니다. 자각과 이해, 경험과 성찰을 통해 성격의 순기능은 늘리고 역기능은 줄여갈 수 있습니다. 예를 들어, 내향적인 사람이 외향적인 면을 더 개발하거나, 논리적인 사람이 감정적인 부분을 더 수용하는 식으로 성장할 수 있습니다. 즉, 역리(易理)로 만들어져 있는 MBTI 성격 유형 또한 치유와 성장을 위해선 균형과 조화가 필수적임을 인지해야 할 것입니다.

하위 유형(Subtype) 모델 A(확신형)와 T(변동형)

요즘은 16가지 유형 외에도, 같은 유형 내에서 성향의 차이를 설명하기 위해 하위 유형 개념이 도입되었습니다. 대표적인 하위 유형 모델이 있으니, 그것은 확신형(Assertive)과 변동형(Turbulent)으로 세분화하는 것입니다. 예를 들어 ENFJ의 경우 다음과 같이 세분화될 수 있습니다.

- ENFJ-A (Assertive) → 자신감이 높고 스트레스를 잘 견딤
- ENFJ-T (Turbulent) → 감정 기복이 크고 내면의 불안이 강함

MBTI 성격 유형에서 확신형(A)과 변동형(T)은 성격의 성향을 더욱 세분화하는

지표입니다. MBTI의 16가지 성격 유형은 기본적으로 외향(E)과 내향(I), 감각(S)과 직관(N), 사고(T)와 감정(F), 판단(J)과 인식(P)의 조합으로 이루어지는데, 여기에 확신(A)과 변동(T) 성향이 추가되면서 동일한 성격 유형이라도 개인의 자신감, 스트레스 대처 방식, 정서적 안정성에서 차이를 더 구체적으로 읽을 수 있게 되었습니다. 이는 성격기능의 다섯 번째 요소로 볼 수 있으며, 성격이 외부 자극이나 환경 변화에 어떻게 반응하고 대처하는지를 설명합니다.

1. 확신형(A) 성향의 특징

확신형 성향은 자기 확신이 강하고, 정서적으로 안정되어 있으며, 어려운 상황에서도 비교적 침착함을 유지하는 경향이 있습니다. 이들은 자신의 긍정적 특성을 긍정적으로 받아들이며, 환경이나 타인에 의해 쉽게 동요되지 않습니다. 스트레스를 받더라도 이를 빠르게 극복하고 다시 안정된 상태로 돌아오는 능력이 뛰어납니다.

- 자기 확신: 자신의 능력에 대해 확신이 강하고, 자신이 처한 상황을 주도적으로 해결하려는 경향이 있습니다.
- 낮은 불안감: 스트레스를 받더라도 과도하게 걱정하지 않으며, 실패를 심각하게 받아들이지 않습니다.
- 높은 회복력: 좌절이나 실패를 겪더라도 감정적으로 빠르게 회복하고 다시 도전할 수 있습니다.
- 감정 조절 능력: 감정을 잘 다스리며, 외부 자극으로 쉽게 동요되지 않습니다.
- 결단력: 결정을 내릴 때 망설임이 적으며, 결정 이후에도 후회를 덜 하는 편입니다.

예를 들어, ENFJ-A 성향의 사람은 타인을 돕고 이끄는 데 있어 자신감이 높고, 실패나 거절에도 쉽게 주눅 들지 않으며, 인간관계를 긍정적으로 유지하려는 경향이 강합니다.

2. 변동형(T) 성향의 특징

변동형 성향은 민감하고 완벽주의적인 성향이 강하며, 변화에 쉽게 영향을 받는 경향이 있습니다. 이들은 자신의 성격이나 행동에 대해 자주 의심하며, 자신감이 부족한 모습을 보일 수 있습니다. 그러나 이러한 성향 덕분에 더 꼼꼼하고 성찰적인 자세를 유지하고, 자신의 부족한 점을 보완하려는 노력이 강합니다.

- **자기 의심**: 자신의 결정이나 능력에 대해 자주 의심하며, 더 나은 결과를 얻기 위해 지속적으로 고민합니다.
- **높은 민감성**: 외부의 피드백이나 비판에 민감하게 반응하며, 타인의 반응에 쉽게 영향을 받습니다.
- **완벽주의 성향**: 자신의 기준이 높아 실수를 줄이기 위해 철저하게 준비하고 노력합니다.
- **높은 성취 욕구**: 자신에게 주어진 과제나 목표에 대해 높은 성취욕을 가지며, 이를 이루기 위해 헌신적으로 노력합니다.
- **감정 기복**: 감정이 쉽게 변화하며, 성공이나 실패에 따라 기분이 큰 폭으로 변할 수 있습니다.

예를 들어, ISFJ-T 성향의 사람은 타인의 기대를 충족시키기 위해 세심하게 행동하고, 실수하지 않기 위해 철저히 준비하며, 비판에 민감하게 반응할 수 있습니다.

3. Assertive(A) vs. Turbulent(T) 비교

구분	Assertive(A) 성향	Turbulent(T) 성향
자기 확신	자신감이 강하고 자신을 잘 신뢰함	자신을 자주 의심하고 자신감이 부족함
스트레스 반응	스트레스를 잘 다루며 회복이 빠름	스트레스에 쉽게 영향을 받고 불안해함
결정 과정	결정을 쉽게 내리고 후회를 덜 함	결정을 내리기 전 고민이 많고 결정 후에도 후회함
감정 조절	감정을 잘 다스리고 안정적임	감정 기복이 크고 예민함
성취 방식	현실적인 목표 설정과 꾸준한 노력	높은 성취 욕구와 완벽주의 경향
대인 관계	자신감 있게 관계를 주도하고 조화로움	타인의 반응에 민감하고 관계에서 불안감이 큼

4. 확신형(A)과 변동형(T)의 조화와 균형

확신형의 장점은 자신감과 안정감을 바탕으로 도전 정신이 강하고, 실패에도 크게 흔들리지 않는 점입니다. 그러나 지나치게 자신감이 강하면 현실 감각이 떨어지거나 타인의 의견을 무시할 수 있습니다. 변동형의 장점은 꼼꼼하고 완벽주의적인 태도로 실수를 줄이고, 성취욕이 높다는 점입니다. 그러나 지나친 불안과 자기비판은 스트레스와 번아웃을 유발할 수 있습니다. 결국, 확신형과 변동형의 균형이 중요합니다. 자신감이 강하면서도 성찰적이고 세심하게 행동할 수 있다면 긍정적인 성과를 거두기 쉽습니다. 예를 들어, ENFJ-A 성향이 변동형의 성찰 능력을 조금 더 흡수하면 더욱 세밀하고 섬세한 리더십을 발휘할 수 있습니다. 반대로 ISFJ-T 성향이 확신형의 자신감을 흡수하면 자신의 능력을 더 믿고 자신감을 가질 수 있습니다. 자연에서 음양이 서로 보완하고 조화를 이루듯이, 확신형과 변동형 성향도 상호 보완될 때 개인의 성격이 더 균형 잡히고 건강한 상태로 발전할 수 있습니다.

5. 확신형(A)은 양, 변동형(T)은 음

확신형(A)과 변동형(T)을 음양의 관점에서 해석하면 다음과 같이 볼 수 있습니다.

① A(확신형) = 양(陽)의 성질

양(陽)의 성질은 밝음, 강함, 능동적, 자신감, 주도적인 특성을 가집니다. A(확신형)는 자신감 있고 안정된 태도를 보이며, 외부 환경의 변화에 쉽게 흔들리지 않고 자신의 방향성을 명확하게 유지하는 성향을 가집니다. 이러한 점은 양의 성질인 강인함, 주도성, 명확성, 외향적 성향 등과 잘 연결됩니다. 예를 들어, ESTJ-A는 확신형의 성향 덕분에 자신의 의견을 명확하게 제시하고, 문제 상황에서도 흔들리지 않으며 주도적으로 문제를 해결하려는 경향을 보입니다. 이는 강한 양의 성질이 반영된 모습입니다.

✅ 양의 성질이 반영된 A의 특징
- 주도적, 확신, 자신감, 명확성
- 외부 상황에 흔들리지 않고 자신의 방향성을 고수
- 문제 해결에서 과감하고 빠른 결정력 발휘

② T(변동형) = 음(陰)의 성질

음(陰)의 성질은 유연함, 내향성, 수용성, 반응성을 의미합니다. T(변동형)는 상황의 변화에 민감하게 반응하고, 자신의 내면에서 일어나는 감정이나 생각의 변화를 잘 포착합니다. 외부의 평가나 피드백에 예민하게 반응하며, 자신의 부족함이나 실수에 대해 깊이 성찰하는 경향이 강합니다. 이는 음의 성질인 수용성, 유연성, 내향성, 감수성과 잘 연결됩니다. 예를 들어, INFP-T는 자신의 감정 변화에 민감하게 반응하고, 타인의 감정을 섬세하게 읽으며 공감하는 성향이 강합니다. 이는 유연하고 부드러우며 조화를 추구하는 음의 성질이 반영된 모습입니다.

- ✅ 음의 성질이 반영된 T의 특징
  - 감정에 민감하고 상황 변화에 쉽게 반응
  - 자신의 약점이나 실수에 대해 깊이 성찰
  - 상대의 감정에 공감하고 조화를 추구

결국 확신형(A)은 자신감 있고 주도적인 성향에서 양의 성질이 강하게 나타나며, 변동형(T)은 내면의 감정 변화와 외부 피드백에 민감하게 반응하는 성향에서 음의 성질이 강하게 드러납니다.

- A = 양(陽) → 주도적, 확신, 명확, 자신감, 강함
- T = 음(陰) → 반응적, 민감, 유연, 성찰, 수용

이렇게 보면 A와 T는 음양의 속성이 서로 상호 보완적인 관계로 작용한다고 볼 수 있습니다. A(양)는 자신감과 추진력으로 상황을 이끌어가고, T(음)는 상황의 변화를 민감하게 감지하고 조율하면서 균형을 유지합니다. 따라서 A와 T가 서로 조화를 이룬다면 성격의 균형과 안정성을 높이는 데 큰 도움이 될 것입니다.

같은 성격 유형도 남성과 여성이 다른 이유

끝으로 음양의 측면에서 한 가지를 더 살펴보겠습니다. 같은 성격 유형인 경우

도 남성이냐, 여성이냐에 따라 다소의 미묘한 차이가 발생합니다. 예컨대 내향(I)인 경우도 남성이 내향인 것과 여성이 내향인 것은 약간의 차이를 가지게 됩니다. 남성이 '내향(I)'인 것은 남성에게 음의 속성이 더해지는 것이고, 여성이 '내향(I)'인 것은 여성에게 음의 속성이 더해지는 것입니다. 그래서 남성이 '내향(I)'인 것과 여성이 '내향(I)'인 것은 같을 수가 없습니다. 마찬가지로 남성이 '외향(E)'인 것은 남성에게 양의 속성이 더해지는 것이고 여성이 '외향(E)'인 것은 여성에게 양의 속성이 더해지는 것입니다. 그래서 남성이 '외향(E)'인 것과 여성이 '외향(E)'인 것은 같을 수가 없습니다.

남성은 양(陽)이므로 남성이 '외향(E)'이라면 남성성이 강화되지만, '내향(I)'이라면 여성성이 부여되어 상대적으로 더 부드러운 남자가 됩니다. 마찬가지로 여성은 음(陰)이므로 여성이 '내향(I)'이라면 여성성이 강화되어 더 여성스러운 여자가 되지만, '외향(E)'이라면 남성성이 부여되어 상대적으로 다소 남자 같은 기질을 지니게 됩니다. 나머지 성격유형 요소도 다 마찬가지입니다. 고로 같은 성격 유형이라도 남성인 경우와 여성인 경우는 같을 수가 없습니다.

비유컨대 '남성이 무술을 하는 것'과 '여성이 무술을 하는 것'은 결코 같은 느낌을 주지 않습니다. 마찬가지로 '남성이 꽃꽂이를 하는 것'과 '여성이 꽃꽂이를 하는 것'은 결코 같은 느낌을 주지 않습니다. '아버지가 요리를 하는 것'과 '어머니가 요리를 하는 것'도, '아들이 주는 선물을 받는 것'과 '딸이 주는 선물을 받는 것'도 결코 같은 느낌, 같은 이미지를 지니지 않습니다. 이처럼 남성이 N인 것과 여성이 N인 것은 같을 수가 없으며, 남성이 S인 것과 여성이 S인 것은 같을 수가 없습니다. 남성이 T인 것과 여성이 T인 것은 같을 수가 없으며, 남성이 F인 것과 여성이 F인 것은 같은 수가 없습니다.

이처럼 남성이 여성적인 에너지를 쓰는 것과 여성이 여성적인 에너지를 쓰는 것은 같을 수가 없습니다. 마찬가지로 남성이 남성적인 에너지를 쓰는 것과 여성이 남성적인 에너지를 쓰는 것은 같을 수가 없습니다. 남성이냐 여성이냐가 음양의 속성으로 성격 기능의 여러 작용에 복합적인 영향을 끼치기 때문입니다.

대컨대 양의 속성이 극대화되어 있는 ESTJ가 남자인 경우와 여자인 경우는 여러 측면에서 결코 같을 수가 없습니다. '남성 ESTJ'는 남자가 남자다운 성향을 많이 지닌 것이지만, '여성 ESTJ'는 여성이 남성적 성향을 아주 많이 지닌 상태이기 때문입니다. 이는 성격 발현과 사회생활의 측면에서 큰 차이를 만들 수 있습니다. 남성이냐 여성이냐가 사회활동과 성격 기능의 발현에 큰 영향을 끼치기 때문입니다. 아이(자식)의 관점/입장에서 '아버지가 ESTJ인 경우'와 '어머니가 ESTJ인 경우'를 비교해 보면 이것이 어떻게 다른지를 금방 느낄 수 있을 것입니다.

마찬가지로 음의 속성이 극대화되어 있는 INFP의 경우도 남자인 경우와 여자인 경우는 결코 같을 수가 없습니다. 여성 INFP는 여성성이 더 많이 강화되지만, 남성 INFP는 남자가 여성적 성향을 매우 많이 지닌 상태가 되기 때문입니다. 여성이 '매우 여성적인 성격'을 지니는 것과 남성이 '매우 여성적인 성격'을 지니는 것은 극과 극으로 다른 것입니다. 이 또한 '어머니가 INFP인 경우'와 '아버지가 INFP인 경우'를 상정해 보면 어떤 차이가 있는지를 금방 느낄 수 있을 것입니다.

이처럼 같은 성격 유형이라도 남성과 여성 간에 차이가 발생할 수밖에 없는 이유는 음양의 성질이 남성과 여성의 성별 특성과 깊이 연관되어 있기 때문입니다. 남녀의 성기 구조가 다르듯, 남성과 여성은 음양이라는 자연의 이치가 가장 분명하게 잘 드러나는 대상이라 할 수 있습니다. 하여 이러한 음양의 원리가 성별에도 적용되기 때문에 동일한 MBTI 성향을 지녔더라도 남성과 여성은 성격의 표현 방식, 감정 반응, 행동 패턴에서 차이가 나타날 수 있습니다.

1. 음(陰)과 양(陽)의 성질에 따른 성별의 차이

· 양(陽)은 적극적, 외향적, 주도적, 강한 성질을 가지며, 일반적으로 남성의 특성과 연결됩니다.

· 음(陰)은 수용적, 내향적, 포용적, 부드러운 성질을 가지며, 일반적으로 여성의 특성과 연결됩니다.

남성과 여성은 모두 음과 양의 성질을 함께 지니고 있지만, 일반적으로 남성은 양의 성질이 더 두드러지고, 여성은 음의 성질이 더 강하게 나타납니다. 따라서 같은 성격 유형이라도 남성과 여성은 음양의 균형 상태에서 차이가 발생하게 됩니다. 예를 들어, ENFJ 성향의 남성과 여성은 다음과 같은 차이를 보일 수 있습니다.

예를 들어, ENFJ 남성(양의 성질이 강함)은 타인을 돕고 이끄는 성향이 더 주도적이며, 자신감 있고 적극적인 방식으로 타인을 설득하거나 지도하는 경향이 강합니다. ENFJ 여성(음의 성질이 강함)은 타인을 돕는 방식이 보다 섬세하고 공감적이며, 상대의 감정을 세심하게 배려하면서 포용적인 방식으로 지도하는 경향이 강합니다. 같은 성격 유형이지만, 남성은 보다 양의 성질에 의해 주도적으로 이끄는 경향이 강하고, 여성은 보다 음의 성질에 의해 부드럽고 포용적으로 다가가는 경향이 두드러집니다.

2. 스트레스 반응에서의 차이

남성과 여성의 스트레스 반응에서도 음양의 차이가 명확히 드러납니다. 양의 성질이 강한 남성은 스트레스 상황에서 적극적으로 문제를 해결하고 외부에 드러내는 경향이 있습니다. 즉, 공격적이거나 직접 대응할 가능성이 높습니다. 음의 성질이 강한 여성은 스트레스 상황에서 감정을 내면화하고, 스스로 감정을 다스리며 조화로운 상태를 유지하려는 경향이 있습니다. 즉, 수용적이거나 회피적으로 반응할 가능성이 큽니다.

예를 들어, ENTJ 성향의 남성과 여성이 직장에서 갈등을 겪었을 때 다음과 같은 반응 차이가 나타날 수 있습니다. ENTJ 남성은 갈등의 원인을 명확히 지적하고, 자신의 의견을 강하게 주장하며 상황을 주도적으로 해결하려 하고, ENTJ 여성은 문제의 원인을 분석하면서도 상대의 감정을 배려하며, 갈등을 조화롭게 해결하려는 경향이 강합니다. 즉, 남성은 양의 성질에 따라 외부에서 주도적으로 해결하려 하고, 여성은 음의 성질에 따라 내적으로 감정을 조절하며 상황을 완화하려는 경향이 있습니다.

3. 감정 표현에서의 차이

감정 표현 방식에서도 음양의 성질에 따라 남성과 여성은 차이를 보입니다. 양의 성질이 강한 남성은 감정을 외부로 표출하고, 명확하게 드러내는 경향이 있습니다. 감정이 고조될 때 강하게 표현하거나, 문제를 직접 해결하려는 태도를 보입니다. 음의 성질이 강한 여성은 감정을 내면화하고, 상대의 감정을 섬세하게 읽으면서 공감하려는 태도를 보입니다. 감정을 겉으로 드러내기보다 상대와의 조화를 중시하는 경향이 강합니다.

예를 들어, ISFJ 성향의 남성과 여성의 감정 표현 방식은 다소 차이를 지닐 수 있습니다. ISFJ 남성은 감정을 상대에게 직접 표현하거나, 문제를 해결하면서 자신의 감정을 명확히 설명하려 하고, ISFJ 여성은 감정을 직접적으로 드러내기보다 상대의 감정을 우선 배려하면서 섬세하게 조율하려 합니다. 이는 남성의 양의 성질이 외향적이고 직접적이지만, 여성의 음의 성질이 내향적이고 포용적이기 때문에 발생하는 차이입니다.

4. 관계 형성 방식에서의 차이

남성과 여성의 관계 형성 방식도 음양의 성질에 따라 다르게 나타납니다. 양의 성질이 강한 남성은 주도적으로 관계를 형성하고, 관계에서 자신의 의견을 명확하게 주장하며 주도권을 잡으려는 경향이 있습니다. 음의 성질이 강한 여성은 상대의 감정을 배려하면서 관계에서 조화와 균형을 추구하며, 상대의 요구를 수용하려는 경향이 강합니다.

예를 들어, ENFJ 성향의 남성과 여성이 새로운 모임에서 보이는 행동은 다소 다를 수 있습니다. ENFJ 남성은 먼저 대화를 주도하고, 사람들을 모아 이끄는 역할을 맡으려 하고 ENFJ 여성은 상대의 반응에 민감하게 반응하며, 갈등이 발생하지 않도록 분위기를 조율하고 배려하려 합니다. 결국, 남성은 양의 성질에 의해 관계를 주도하고, 여성은 음의 성질에 의해 관계를 조율하는 성향이 강합니다.

이처럼 음양의 관점에서 남성과 여성의 성격 차이는 다음과 같은 원리로 설명될 수 있습니다. 남성은 양의 성질이 더 강하기 때문에 직접적, 주도적, 적극적인 성향이 강하게 드러납니다. 여성은 음의 성질이 더 강하기 때문에 수용적, 포용적, 조화로운 성향이 강하게 나타납니다. 따라서 같은 성격 유형이라도 남성은 자신감 있고 주도적인 성향이 두드러지지만, 상대적으로 여성은 세심하고 공감적인 성향이 드러납니다. 이는 음양의 성질이 남녀의 성격 형성에 작용하면서 발생하는 자연스러운 차이입니다.

'남성이 쌍절곤을 휘두르는 것'과 '여성이 쌍절곤을 휘두르는 것'은 결코 같은 느낌을 주지 않습니다. '남성이 뜨개질을 하는 것'과 '여성이 뜨개질을 하는 것'은 결코 같은 느낌, 같은 이미지를 주지 않습니다. 왜냐하면, 남성이 양의 에너지를 쓰는 것과 음의 에너지를 쓰는 것이 다르듯, 여성이 양의 에너지를 쓰는 것과 음의 에너지를 쓰는 것이 같지 않기 때문입니다. 이처럼 남성이 '판단(J)'을 사용하는 것과 여성이 '판단(J)'을 사용하는 것은 같지 않습니다. 마찬가지로 남성이 '인식(P)'을 사용하는 것과 여성이 '인식(P)'을 사용하는 것은 같지 않습니다. 고로 우리는 명확한 자각 속에서 이 차이를 인식할 수 있어야 할 것입니다.

음 속에는 음도 있고 양도 있습니다. 양 속에도 음도 있고 양도 있습니다. 그러한 세부 속성의 분화가 사상(四象)을 만들고 팔괘(八卦)를 만들었듯이, MBTI도 그러한 음양의 세부 속성의 분화로 16가지 유형이 만들어졌습니다. 여기에 확신형(A)과 변동형(T)이 추가되면 32가지 유형이 됩니다. 여기에 남녀 성별에 따라 '남성성의 영향을 받느냐', '여성성의 영향을 받느냐'가 추가되면 64가지 유형이 됩니다. 결국, 주역의 64괘와 같아집니다. 이는 인간의 성격 유형에도 자연의 오묘한 섭리과 이치가 고스란히 담겨 있음을 보여주는 것이 아닐까 합니다.

MBTI처럼 역리(易理)로 만들어진 심리치유 프로그램이 있습니다. 티처드 러드(Richard Rudd)가 개발한 '유전자키'는 심리치유와 영적 성장을 위해 만들어진 시스템으로, 인간의 타고난 본성을 64가지 유형으로 분류합니다. 주역의 괘가 64개인 것 마찬가지로 인류의 DNA 코돈 또한 64가지이기에, '유전자키'는 이들을 연결해 인간의 타고난 심리적 성향을 64가지 유형으로 나누어, 각 개인의 유전자 프로파일을 통해 무의식의 그림자를 치유하고 영적 각성을 위한 로드맵을 제공합니다. 유전자키는 성격이 아니라, 심리적 속성(그림자)과 해결책에 초점이 맞춰져 있습니다. MBTI와 함께 탐구해보면 좋을 매우 훌륭하고 심오한 영성 프로그램이라 생각합니다.

치유를 위한 명상법

이 책은 일반적인 MBTI 책이 아니라, MBTI 성격유형을 통해 심리치유와 자기 성장을 도모하기 위한 책입니다. 이에 성격 유형을 불문하고, 모든 성격 유형이 사용할 수 있는 쉽고 효과적인 치유 명상법 두 가지를 소개하고자 합니다. 우리가 MBTI 성격유형을 공부하는 이유는 치유와 성장을 위해서입니다. 심리적, 전인적 치유와 성장을 위해 명상만큼 좋은 도구는 없을 것입니다. 이 두 가지 명상법과 함께한다면 MBTI와 함께 자신을 더 깊이 이해하고, 나날이 성장하는 데 좋은 정신적 디딤돌이 되어줄 것입니다.

그래 공감 명상법

- 그래 이런 마음이 드는구나. 그래 이런 생각이 드는구나. (5~10회 반복)
- 깊이깊이 인정하고 받아들인다. 깊이깊이 이해하고 받아들인다! (5~10회 반복)

눈을 감고 양손을 펴서 무릎 위에 올려놓습니다. 손바닥 위엔 배구공만한 밝은

빛에너지가 있다고 상상합니다. 마치 스크린에 비친 영화 화면을 바라보듯 자신의 모든 '생각/감정/욕구'를 고요히 바라보면서 두 확언을 이용해 반복해서 읽어주기만 하면 됩니다.(두 과정을 계속 반복) 모든 것을 비추고 허용하는 텅 빈 거울처럼 내면 스크린에 비춰진 모습을 고요히 무심하게 관조하는 것입니다.(또 아무 생각이나 감정이 떠오르지 않을 땐 그저 텅 빈 스크린을 고요히 바라보면 됩니다.)

이 명상법은 '알아차림 명상'과 '수용하기 명상'이 결합되어 있는 방식입니다. 위의 두 치유확언 속엔 '공감, 자각, 이해, 수용'이 다 들어 있습니다. 자신에 대한 '공감, 자각, 이해, 수용'은 모든 치유의 첫걸음입니다. 심지어 첫걸음뿐 아니라 궁극의 도달점으로 가는 핵심 루트이기도 합니다. 사실 이 안에 심리치유와 마음공부가 거의 다 들어 있다고 해도 과언이 아닐 정도입니다.

자각하면 할수록 자신의 생각이나 감정으로부터 분리가 되기에 자각은 '생각동일시(생각중독)'에서 벗어나게 해줍니다. 수용은 무집착/무저항 상태를 만들기에 생각이나 감정이 잘 풀리게 도와주고, 내면의 분열이 사라지게 만들어 줍니다. 심리치유의 핵심이 자각(알아차림)과 수용(허용) 이 두 가지에 있다고 해도 과언이 아닐 만큼 이 두 가지는 치유에 있어 가장 중요한 과제라 할 수 있습니다.

자각하는 마음은 생각/감정의 고착에서 벗어난 시야가 넓은 깨어있는 마음이요, 수용하는 마음은 수용을 받는 생각/감정보다 더 큰 포용(수용)의 마음입니다. 그래서 자각하면 할수록, 수용하면 할수록 나는 더 자유로워지고, 더 편안해집니다.

생각과 감정을 '구름'이라고 여기면, 내 내면은 텅 빈 마음, 텅 빈 하늘이 됩니다. 나의 본성인 텅 빈 마음, 텅 빈 하늘은 모든 생각구름과 감정구름을 수용하고 허용할 수 있습니다. 자각하고 수용/허용하면 그것은 저절로 구름처럼 흘러가게 되고, 나는 구름 속에서 빠져나와 그 구름을 바라볼 수 있는 초연한 하늘이 됩니다. 이것이 생각동일시(생각중독, 모든 상처)에서 벗어나는 길이자 참나가 깨어나는 길입니다. 이렇듯 내면의 텅 빈 하늘이 깨어나는 것을 깨달음이라고 합니다.

명상을 할 때는 의식을 가슴(심장)에 두고 가슴의 느낌을 최대한 잘 느껴주세요! 가슴은 영혼의 중심이자, 치유의 문이며, 모든 마음작용의 진원지이기 때문입니다. 내면에 억압된 감정이 풀리는 것은 모든 치유의 첫 단추라 할 수 있는데, 지속적인 자각과 수용을 받은 감정은 반드시 풀릴 수밖에 없습니다. 잘 숙지하셔서 온전히 체득될 때까지 연습해보세요! 한 번 할 때 최소 5분 이상 하는 것이 좋지만, 익숙해지지만 명상 시간 외에도 일상에서도 언제든 짧게 수시로 활용할 수 있게 될 것입니다. 중요한 것은 자각과 수용이 저절로 이루어지는 상태, 즉 자동 시스템 수준의 자연스러운 습관이 데 있습니다. 매일 최소 15분 이상 해보시길 권합니다. 만약 신속한 치유나 깨달음에 뜻이 있다면 훨씬 더 자주, 더 많이 하는 것이 좋을 것입니다.

무의식을 정화하는 '감사/축복 호흡 명상'

눈을 감고 무릎에 양손을 올려놓고(손바닥이 위쪽), 하늘에서 폭포수처럼 '치유의 빛 에너지'가 나에게 끊임없이 쏟아진다고 상상합니다. 하늘이 내게 무한한 사랑과 축복과 치유의 에너지를 끝없이 쏟아 부어 준다고 생생하게 상상하며, 들숨과 날숨에 맞춰 '감사합니다/축복합니다'를 마음속으로 반복해서 외우면 됩니다. 방법이 이렇게 너무나 쉽고 간단합니다. 숨을 쉴 때마다 호흡으로도 나를 살리는 최상의 생명 에너지가 콧속으로 계속 들어온다고 상상합니다.

들숨: 감사합니다 (무한히 감사합니다)
날숨: 축복합니다 (무한히 축복합니다)

'감사합니다'와 '축복합니다'는 무의식을 정화하는 가장 좋은 단어 중에 하나입니다. 또 다른 측면에서 말하면, 치유를 위한 가장 이상적인 마음 상태라고도 할 수 있습니다. '무한히'를 부치면 에너지가 더 강화됩니다. 단 호흡이 길지 않는 초보 수준에선 '무한히'를 빼고 하는 게 더 좋습니다.

'감사의 치유 효과'에 대해선 이미 여러 관련 책들을 통해 널리 알려져 있습니다. '감사하기'를 통해 불치병이 나은 사례도 종종 보고되고 있고, 여러 면에서 다양한 치유 효과와 삶의 긍정효과가 있다고 알려져 있습니다. 문제는 심리적 상처가 심하거나 현실적 고통이 큰 경우 '감사하기'를 제대로 하기가 쉽지 않는 점입니다. 감사의 치유 효과를 위해선 진심으로 해야 하고, 꾸준히 지속해야 하는데 현실적 고통이 크거나, 상처가 심한 경우는 이렇게 하기가 정말 어렵습니다. 심리적 저항과 충돌이 너무 많이 일어나기 때문입니다. 그래서 중도에 포기하는 경우가 많습니다.

그러나 상상으로 하늘로부터 '나를 치유하는 치유 에너지'가 내려온다고 상상하면, 감사할 대상(근거)이 생기기 때문에 감사한 마음을 가지기가 훨씬 더 쉬워질 뿐 아니라, 심신의 이완효과까지 있기 때문에 생생하게 상상하고 믿는 만큼 실제로도 좋은 에너지를 받게 됩니다. 우리의 무의식은 오직 내가 인식하고 믿는 대로 반응하기 때문입니다. 고로 치유의 빛에너지를 정말로 받는다고 생생하게 상상하며 하는 것이 효과가 훨씬 더 좋습니다. 아울러 이렇게 하면 '하늘로부터 축복과 치유에너지를 받는 사람'으로 나의 정체성도 서서히 바뀌게 됩니다. 이처럼 이 명상법은 감정 상태와 무의식의 에너지 상태뿐 아니라 무의식의 신념까지 바꿔줍니다.

우리의 뇌는 믿는 대로, 인식하는 대로 반응합니다. 동아줄은 뱀이 아니지만, 밤중에 동아줄을 뱀이라고 착각하고 동아줄을 밟은 사람은 소스라치게 놀라서 질겁을 할 것입니다. 심지어 뱀을 몹시 싫어하는 사람은 '뱀 인형'만 보고서 심한 거부감을 느낍니다. 실재로 제 지인 중엔 뱀 사진이나 뱀이 그려진 그림만 보고도 질겁을 하는 분이 있었습니다. '뱀 그림'은 뱀이 아닙니다. 그런데도 왜 이런 반응이 일어날까요? 뇌는 자신이 인식하고 믿는 대로 반응하기 때문입니다.

이와 같이 실제로 '나를 치유하는 빛에너지'가 하늘로부터 내려와 내 안에 스며든다고 믿고 생생하게 상상하면 정말로 그런 현상이 일어납니다. 숨을 쉴 때마다 호흡을 통해 콧속으로 나를 치유하는 강력한 생명 에너지가 들어온다고 여기면 정말로 그런 에너지가 들어옵니다. 여기에 치유에너지가 있는 언어(감사합니다/축복합니다)까지 결합되면 더 좋은 상호작용을 일으키게 됩니다. 요컨대 모든 최면 치료의 효과가 실은 이러한 원리와 맥락에서 이루어지는 것입니다. 그러므로 치유 효과를 극대화하기 위해선, 나날이 믿음의 힘을 더 키워야 하고, 더 생생하게 상상하는 게 좋습니다. 아울러 '감사합니다/축복합니다'라는 말에 자신의 마음을 온전히 실어야 합니다.

만약 내가 정말 힘들 때 혹은 나에게 치유가 절실히 필요할 때, 내게 '나를 도와줄 무한한 치유에너지'가 있다면 마음이 든든할 것이요, 누구나 기꺼이 그것을 받아들이려 할 것입니다. 누구나 마음을 내면 상상만으로 우리는 이러한 에너지를 무제한으로 공급받을 수 있습니다. 이 에너지는 화수분처럼 고갈되는 법이 없습니다. 도리어 쓰는 만큼 더 많이 늘어나는 특성이 있습니다. 고로 이러한 에너지를 우리가 안 쓸 이유는 없을 것입니다. 내 모든 상처와 아픔에 이 에너지를 보내주어야 할 것입니다.

'작은 방 하나를 청소하는 것'과 '광안리나 해운대 같은 넓은 바닷가 해변을 청소하는 것'은 결코 같은 수준의 일이 아닐 것입니다. 무의식을 정화함에 있어 우리가 알아야 할 점은 우리의 무의식은 그러한 해변보다 훨씬 더 광대하다는 점입니다. 우리의 무의식은 실로 넓고 깊은 바다와 같기에 하루아침에 다 정화할 수가 없습니다. 그래서 넓은 시야와 인내심을 가지고, 매일 꾸준히 지속적으로 명상을 하는 것이 좋습니다.

  이 명상을 매일 최소 15분 이상 꾸준히 하는 이는 누구나 짧은 시간 안에, 명상을 할 때마다 일정한 정화효과가 일어남을 바로 느낄 수 있을 것입니다. 예컨대 제 내담자 중에는 이 명상을 하고 나서 눈을 뜰 때 주위가 환해지는 체험을 여러 번 한 분도 있습니다. 이 명상을 꾸준히 하면 몸과 마음이 맑아지고 가벼워지는 느낌, 가슴에 숨이 깊어지고 내면이 정화되는 느낌을 공통적으로 느낄 수 있을 것입니다.

  이 명상을 꾸준히 하면 무의식이 정화될 뿐 아니라, '감사하는 마음/축복하는 마음'이 습관이 되어 내면이 점점 더 밝아질 것입니다. 모든 심리증상을 치유하는 데도 좋지만, 좋은 감정 상태를 유지하는 데도, 내게 좋은 것을 끌어당기는 힘을 길러주는 데도 좋을 것입니다. 마음의 에너지는 언제나 비슷한 것을 끌어당기는 법이니까요! 그래서 많이 하면 많이 할수록 더 좋다고 말할 수 있습니다. 뜻이 있다면, 명상 시간 외에도 일상에서 언제 어디서든 늘 수시로 할 수 있을 것입니다.

CHAPTER
02

제2부
MBTI 16가지 성격 유형

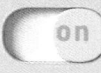

MBTI on 01

ISTJ 세심한 관리자형, 소금형

ISTJ는 내향적(Introverted), 감각적(Sensing), 사고적(Thinking), 판단적(Judging) 성향을 가진 사람들을 의미하는 MBTI 유형입니다. ISTJ는 흔히 '현실주의 관리자', '신뢰할 수 있는 사람', '책임감 있는 실천가'로 묘사됩니다.

ISTJ의 주요 특징

1. 책임감과 성실함

ISTJ는 매우 책임감이 강하고 성실한 성격입니다. 맡은 일은 끝까지 완수하려 하며, 원칙과 규율을 중요하게 여깁니다. 신뢰할 수 있는 성향으로, 주어진 임무를 계획적으로 수행하며, 결과에 대해 책임을 집니다.

2. 현실적이고 실용적인 사고방식

ISTJ는 현실을 중시하며, 실질적인 해결책을 찾는 데 능숙합니다. 추상적인 아이디어보다는 구체적인 결과와 실용성을 중요시합니다. 문제를 해결할 때는 논리적이고 체계적으로 접근하며, 사실과 근거를 바탕으로 결정을 내립니다.

3. 원칙과 규율 준수

ISTJ는 규칙을 존중하고 체계적인 구조를 선호합니다. 기존의 규칙과 절차를 지키려는 성향이 강하며, 명확한 지침이 있을 때 안정감을 느낍니다. 이런 성향 덕분에 조직에서 신뢰받는 사람이 됩니다.

4. 세부 사항에 대한 집중력

ISTJ는 세부 사항을 놓치지 않고 철저하게 분석합니다. 꼼꼼하고 정확한 성향 덕분에 실수가 적으며, 반복적인 일에도 집중력을 유지할 수 있습니다. 특히 숫자나 자료 정리와 같은 업무에 강점을 보입니다.

5. 감정보다는 논리를 우선

ISTJ는 감정보다는 논리와 사실에 기반해 의사결정을 내립니다. 따라서 인간관계에서 감정적인 문제에 휘둘리기보다는 현실적이고 객관적인 태도를 유지합니다. 다만, 이로 인해 때로는 차갑거나 무심하다는 인상을 줄 수 있습니다.

ISTJ의 장점 & 단점

✅ 장점:
- 책임감이 강하고 신뢰할 수 있습니다.
- 체계적이고 조직적인 사고방식으로 일 처리가 정확합니다.
- 현실적이고 실용적인 해결책을 제시합니다.
- 규칙과 절차를 성실하게 따르며 안정감을 줍니다.

· 성실하고 끈기 있는 태도로 문제를 해결합니다.

❌ **단점:**
· 새로운 상황이나 변화에 유연하게 대응하기 어려울 수 있습니다.
· 감정보다는 논리를 우선시해 인간관계에서 딱딱하게 보일 수 있습니다.
· 지나치게 원칙을 고수해 융통성이 부족할 수 있습니다.
· 타인의 감정을 놓치기 쉬우며, 공감 능력이 부족하다는 인상을 줄 수 있습니다.
· 완벽주의적인 성향으로 인해 스트레스를 받을 수 있습니다.

ISTJ에게 잘 맞는 직업

ISTJ는 책임감이 강하고 꼼꼼한 성향 덕분에 체계적인 환경에서 일할 때 강점을 보입니다. 주로 구체적인 목표와 명확한 절차가 요구되는 직업에서 두각을 나타냅니다.

✅ 행정직, 공무원 - 규율과 체계가 중요한 직업에서 뛰어난 능력을 발휘합니다.
✅ 회계사, 세무사 - 정확한 숫자 처리와 세부 사항에 대한 주의력이 요구되는 직업에 적합합니다.
✅ 기술자, 엔지니어 - 실용적이고 논리적인 문제 해결 능력이 중요한 직업에 잘 어울립니다.
✅ 군인, 경찰, 보안요원 - 명확한 규칙과 절차가 있는 조직에서 성과를 냅니다.
✅ 의료 관련 직업(약사, 의사, 간호사) - 정확성과 책임감이 필요한 분야에서 강점을 보입니다.

ISTJ의 유명인 예시
- 조지 워싱턴(George Washington) – 원칙과 책임감 있는 리더십의 상징
- 안젤리나 졸리(Angelina Jolie) – 현실적이면서도 책임감 있는 성향
- 나탈리 포트만(Natalie Portman) – 꼼꼼하고 논리적인 성향
- 제프 베이조스(Jeff Bezos) – 체계적이고 논리적인 사업 운영 방식

ISTJ를 위한 조언
- 변화를 받아들이는 연습을 하세요 – 변화가 불가피할 때는 유연하게 대처하는 태도가 필요합니다.
- 완벽주의에서 벗어나세요 – 완벽하지 않아도 괜찮습니다. 결과보다는 과정에 집중하세요.
- 감정을 표현하는 연습을 하세요 – 감정보다는 논리가 우선이지만, 인간관계에서는 공감과 표현이 중요합니다.
- 자기 자신을 돌보세요 – 책임감이 강해 자신을 혹사할 수 있으니 휴식 시간을 확보하세요.
- 규칙을 유연하게 적용하세요 – 상황에 따라 원칙을 약간 수정하는 것도 필요할 수 있습니다.

ISTJ는 이런 사람!
- ✅ 성실하고 책임감이 강합니다.
- ✅ 체계적이고 정확합니다.
- ✅ 현실적이고 실용적인 해결책을 찾습니다.
- ✅ 원칙과 규율을 준수합니다.

감정보다는 논리에 따라 행동합니다.

ISTJ는 '현실적인 관리자', '책임감 있는 실천가'라고 할 수 있습니다.

상처나 스트레스를 많이 받으면 ISTJ는 어떤 심리증상이 생길 가능성이 높은가?

ISTJ는 책임감이 강하고 현실적이며 질서를 중시하는 성격 특성을 보입니다. 이들은 일관성 있고 체계적인 생활을 통해 안정감을 느끼지만, 과도한 스트레스나 정서적 상처를 받을 때 심리적으로 취약해질 수 있습니다. ISTJ는 감정을 내면에 억제하는 경향이 있으므로 스트레스가 누적되면 신체적·정신적 증상이 나타날 가능성이 높습니다. ISTJ가 상처나 스트레스를 많이 받았을 때 나타날 수 있는 대표적인 심리증상 10가지를 살펴보겠습니다.

1. 강박적인 행동 및 사고 강화

ISTJ는 원래 규칙을 따르고 체계적으로 행동하는 성향이 강합니다. 그러나 스트레스를 받으면 이러한 성향이 극단적으로 강화되면서 강박적인 행동으로 이어질 수 있습니다. 예를 들어, 일의 순서를 정확히 지키지 않으면 불안해하거나, 지나치게 청결에 집착하거나, 완벽하지 않으면 안 된다는 생각에 사로잡힐 수 있습니다.

2. 감정 억제 및 내면화

ISTJ는 감정보다는 사실과 논리를 우선시하기 때문에 자신의 감정을 겉으로 드러내기보다는 억누르려는 경향이 있습니다. 스트레스를 받으면 자신의 감정을 철저히 억제하고 내면화하면서 우울감이나 불안감이 심화될 수 있습니다. 이는 결국 감정의 폭발이나 정서적 마비로 이어질 수 있습니다.

3. 화병(분노의 내면화)

ISTJ는 자신의 감정을 표현하기보다는 참아내는 경우가 많습니다. 하지만 스트레스가 장기화하면 억눌린 분노가 내면에 쌓여 화병이나 신체 증상으로 나타날 수 있습니다. 갑자기 신체 통증이 심해지거나 위장 장애, 두통 등이 발생할 수 있습니다. 또한, 작은 자극에도 과민하게 반응하며 분노가 폭발할 수 있습니다.

4. 지나친 자기비판 및 자책감

ISTJ는 책임감이 강하기 때문에 자신이 잘못했다고 생각하면 자신을 심하게 비난하고 자책하는 경향이 있습니다. 스트레스를 받으면 이러한 성향이 강화되면서 사소한 실수에도 과도하게 자신을 비난하고, 무력감이나 우울감이 깊어질 수 있습니다. 이는 결국 자신감 저하와 성취 욕구의 상실로 이어질 수 있습니다.

5. 완벽주의 성향의 강화

ISTJ는 원래 완벽주의적인 경향이 있습니다. 그러나 스트레스가 심해지면 이러한 성향이 극대화되면서 '완벽하지 않으면 실패'라는 생각에 사로잡힐 수 있습니다. 작은 실수에도 과도하게 신경을 쓰고, 결과에 집착하면서 지나친 부담감을 느끼게 됩니다. 이로 인해 성과가 저하되거나 작업의 효율성이 떨어질 수 있습니다.

6. 대인관계에서 거리감 형성

ISTJ는 원래 감정을 직접 드러내지 않기 때문에 인간관계에서 벽을 두는 경우가 많습니다. 스트레스가 심해지면 사람들과의 관계에서 더 큰 거리감을 두고 혼자만의 세계에 갇히려는 경향이 강화됩니다. 이는 고립감과 외로움을 심화시키고, 정서적 지지를 받지 못해 스트레스가 더욱 악화될 수 있습니다.

7. 무기력감과 의욕 상실

ISTJ는 자신이 맡은 일에 책임감을 갖고 성실하게 임하지만, 스트레스가 심해지면 무기력감에 빠질 수 있습니다. 특히, 자신이 목표했던 바를 성취하지 못한다고 느낄 때 무기력감과 패배감이 극대화됩니다. 이로 인해 일상생활에서 흥미를 잃고, 어떤 일에도 의욕이 생기지 않는 상태에 빠질 수 있습니다.

8. 방어기제 강화 (합리화, 투사 등)

스트레스가 극심해지면 ISTJ는 자신의 감정을 인정하기보다는 방어기제를 강화하게 됩니다. 예를 들어, 자신의 실패나 실수를 타인이나 환경 탓으로 돌리는 투사가 발생할 수 있습니다. 또한, 실수나 실패를 정당화하는 합리화 기제를 강화하여 자신의 감정을 부정하고, 문제의 원인을 외부에서 찾으려는 경향이 나타날 수 있습니다.

9. 신체화 증상 (소화 문제, 두통 등)

ISTJ는 자신의 감정을 직접 표현하기 어려워하기 때문에 스트레스가 신체적 증상으로 전이될 가능성이 높습니다. 스트레스가 심해지면 위장 장애(소화불량, 속 쓰림), 근육 긴장, 두통, 피로감, 불면증 등 다양한 신체화 증상이 나타날 수 있습니다. 이는 장기적인 건강 문제로 이어질 수 있습니다.

10. 통제 욕구의 강화

ISTJ는 본래 체계적이고 질서를 중시하는 성향이 강합니다. 그러나 스트레스가 심해지면 상황이 자신의 통제에서 벗어났다는 불안감에 사로잡히게 됩니다. 이로 인해 주변 상황을 더 강하게 통제하려는 욕구가 강화될 수 있습니다. 자신이 모든 것을 통제하려 하면서 타인에게 지나치게 간섭하거나, 계획에서 벗어나는 것을 극도로 두려워할 수 있습니다.

▶ ISTJ는 스트레스 상황에서 자신의 감정을 직접 드러내지 않고 억제하기 때문에 감정이 내면에서 쌓여 다양한 심리증상으로 나타날 수 있습니다. 특히 강박적인 사고, 무기력감, 신체화 증상이 두드러지며, 지나친 통제와 완벽주의 성향이 강화될 가능성이 높습니다. 따라서 ISTJ는 스트레스를 관리하기 위해 자신의 감정을 자연스럽게 표현하고, 타인에게 감정적 지원을 받을 수 있는 건강한 방법을 찾아야 합니다. 또한, 지나친 책임감에서 벗어나 휴식을 취하고, 완벽하지 않아도 괜찮다는 생각을 받아들이는 연습이 필요합니다.

ISTJ는 어떤 방어기제를 쓸 가능성이 높을까?

ISTJ는 내향적, 감각적, 사고 중심적이며 계획적인 성향을 지닌 유형으로, 원칙과 책임을 중시하며 체계적인 접근을 선호하는 사람들입니다. 이들은 신뢰성과 안정성을 중요하게 여기며, 논리적이고 실용적인 태도로 문제를 해결하려고 합니다. 그러나 감정보다는 객관적인 사실과 규칙을 우선시하는 특성상, 감정적 스트레스를 다룰 때 특정한 방어기제를 사용할 가능성이 높습니다. ISTJ가 자주 사용할 수 있는 방어기제는 다음과 같습니다.

1. 합리화

ISTJ는 논리적이고 실용적인 태도를 보이므로, 자신의 감정이나 행동을 합리적인 이유로 설명하려는 경향이 있습니다. 감정적으로 불편한 상황에 부닥쳤을 때, 자신의 선택을 논리적으로 정당화함으로써 내적 불안을 줄이려 합니다. 예를 들어, 인간관계에서 상처를 받더라도 "어차피 감정은 비합리적이고, 중요한 건 의무와 책임이다"라고 생각하며 감정을 무시할 수 있습니다.

2. 억압

ISTJ는 감정보다는 사실과 규칙을 중시하는 경향이 강하기 때문에, 자신에게 불편한 감정이나 과거의 경험을 무의식적으로 억누를 가능성이 있습니다. 감정적인 요소를 의식적으로 다루는 것보다, 업무나 책임에 집중하는 방식으로 감정을 덮어두려 할 수 있습니다. 이러한 억압은 갈등 상황에서 감정을 숨긴 채 침묵하거나, 무덤덤한 태도를 보이는 형태로 나타날 수 있습니다.

3. 투사

ISTJ는 자신의 감정을 직접 다루는 것보다, 다른 사람에게 그 감정을 투사하는 방어기제를 사용할 수 있습니다. 예를 들어, 자신의 실수를 인정하기 어려울 때, 타인의 태도나 행동을 비판하면서 자신의 불안감을 해소하려 할 수 있습니다. "나는 틀리지 않았고, 저 사람이 제대로 하지 않았기 때문에 일이 이렇게 된 것이다"라고 생각하며 책임을 외부로 돌리는 경우가 있습니다.

4. 반동 형성

ISTJ는 자신의 내면적 감정을 표현하는 것에 익숙하지 않을 수 있으며, 오히려 자신이 느끼는 감정을 정반대로 표현하려 할 가능성이 있습니다. 예를 들어, 누군가에게 애정을 느끼면서도 냉정하고 엄격한 태도를 보이거나, 불안을 느끼면서도 태연한 척하는 방식으로 감정을 숨기려 할 수 있습니다. 이는 감정을 직접 인정하는 것보다, 이를 거부하고 반대로 행동함으로써 자신을 보호하려는 심리적 기제입니다.

5. 무효화

ISTJ는 실수나 과거의 행동에 대한 후회가 있을 때, 그것을 무효화 하거나 상쇄하려는 방식으로 방어기제를 사용할 수 있습니다. 예를 들어, 실수를 인정하기 어려운 경우, 그 실수를 만회하기 위해 더 많은 일을 하거나, 과거의 행동을 정당화하는 방식으로 행동할 수 있습니다. 이는 자신의 실수나 후회를 직접 직면하기보다, 새로운 행동을 통해 그 감정을 무효화 하려는 시도입니다.

6. 고착

ISTJ는 안정성과 일관성을 중시하는 성향이 강하기 때문에, 새로운 환경이나 변화에 직면했을 때 과거의 익숙한 패턴을 반복하려 할 수 있습니다. 예를 들어, 감정적으로 불편한 상황에서 새로운 방식으로 대처하기보다, 기존의 규칙과 절차를 더욱 엄격하게 따르는 방식으로 스트레스를 해소하려 할 수 있습니다.

▶ ISTJ는 감정보다는 논리와 실용성을 중시하는 성향이 강하며, 감정을 직접 표현하기보다는 억압하거나 합리화하는 방식으로 방어기제를 사용할 가능성이 큽니다. 감정적인 불안을 줄이기 위해 과거의 익숙한 패턴을 반복하거나, 실수를 인정하는 대신 외부로 책임을 돌리는 태도를 보일 수도 있습니다. 또한, 감정적으로 불안할 때 더욱 냉정한 태도를 보이거

나 업무와 책임에 몰두함으로써 감정을 차단하려는 방식을 사용할 가능성이 큽니다. ISTJ의 방어기제는 그들의 신중하고 책임감 있는 성향과 맞물려 작용하며, 이러한 방어기제가 적절히 조절되지 않을 때 감정적으로 단절되거나 융통성이 부족해질 위험이 있을 수 있습니다. 하지만 이들의 강한 원칙과 실용적인 사고는 스트레스를 극복하는 데에도 큰 도움이 될 수 있습니다.

ISTJ의 심리적 취약점과 이를 극복할 수 있는 대처방법은 무엇인가?

ISTJ 유형은 매우 책임감 있고 현실적인 성향을 지닌 인물로서, 질서와 계획, 규범을 중시하며 일을 차분하고 철저하게 수행하는 특징을 갖습니다. 그러나 이런 강점 이면에는 고정된 틀과 지나친 자기 통제로 인한 심리적 취약점이 존재하기도 합니다. ISTJ의 대표적인 심리적 취약점 5가지와 그것을 극복하는 대처방법을 살펴보겠습니다.

1 감정 표현의 억제와 타인 감정에 대한 둔감함

ISTJ는 감정보다 사실과 논리를 우선시하는 경향이 강해 자신의 감정을 솔직하게 드러내는 것을 어려워합니다. 타인의 감정을 읽거나 공감하는 데도 서툴 수 있어 인간관계에서 벽이 생기기도 합니다. 그러므로 일기 쓰기나 감정 체크리스트를 통해 자신의 감정을 매일 점검하고 언어로 표현하는 연습을 해보는 것이 좋습니다. 타인의 말에 대해 감정보다는 의도를 읽고, "그 사람은 지금 어떤 기분일까?"라는 질문을 자주 던지며 감정 인식 능력을 키워야 합니다.

2. 변화에 대한 저항과 유연성 부족

ISTJ는 예측 가능한 환경에서 안정감을 느끼므로 갑작스러운 변화나 계획 수정에 큰 스트레스를 받습니다. 이로 인해 새로운 기회를 놓치거나 유연하게 대처하지 못할 수 있습니다. 그러므로 작은 변화부터 연습하는 것이 필요합니다. 예를 들어, 평소 가던 길 대신 다른 길을 택하거나 식사 메뉴를 다르게 정하는 등 일상에서 소소한 변화에 익숙해지는 훈련이 도움이 됩니다. 변화가 꼭 나쁜 것이 아니라는 점을 인식하며, 다양한 가능성을 받아들이는 마인드셋을 기르는 것이 중요합니다.

3. 과도한 자기비판과 완벽주의

책임감이 강한 ISTJ는 실수를 자신에게 매우 가혹하게 받아들이며 완벽을 추구하는 경향이 있습니다. 이는 자기효능감을 저하해 번아웃이나 우울감을 초래할 수 있습니다. 그러므로 실수나 실패에 대해 '학습의 기회'라고 인식하는 사고 전환이 필요합니다. 하루의 성취와 잘한 일을 기록하고, 그날 실수한 점이 있더라도 이를 교정 가능한 부분으로 구체화해서 바라보는 연습을 하면 심리적 부담을 덜 수 있습니다.

4. 타인의 기대에 과도하게 부응하려는 태도

ISTJ는 주변 사람들의 신뢰를 중시하고 의무감에 강해 타인의 기대에 부응하려 노력하다가 자신의 감정과 욕구를 억누르기 쉽습니다. 그러므로 '나는 무엇을 원하고 있는가?'를 자문하며 자기 욕구를 명확히 인식하는 훈련이 필요합니다. 거절을 두려워하지 않고, 자기 한계를 존중하는 태도를 길러야 합니다. 타인을 실망하게 하는 것이 꼭 나쁜 것이 아니라, 자신을 존중하는 방식일 수 있음을 받아들이는 것도 중요합니다.

5. 감정적 충격에 대한 회피와 정서적 고립

감정적 충돌이나 상처가 클 때 ISTJ는 자신의 내면을 닫고 더욱 강한 이성 중심의 태도로 회피하거나, 감정 처리를 미루며 정서적으로 고립되는 경우가 많습니다. 그러므로 안전하다고 느끼는 사람과의 정기적인 대화를 통해 감정을 표현하는 시간을 가지는 것이 좋습니다. 상담이나 그룹 대화 모임을 활용하여 감정을 안전하게 표현하고 공유하는 방법을 배우는 것도 회복에 큰 도움이 됩니다. 감정도 정리할 수 있는 정보라는 관점을 갖는 것이 핵심입니다.

▶ ISTJ는 뛰어난 책임감과 성실함을 바탕으로 사회에서 중요한 임무를 수행할 수 있는 유형이지만, 위와 같은 취약점을 인식하고 정서적인 유연성과 자기 이해를 키워나갈 때 더욱 건강하고 깊이 있는 삶을 살아가실 수 있습니다. 심리적 자율성과 감정 표현의 자유를 자신에게 허락하는 과정이 ISTJ의 내면을 한층 더 성숙하게 해줄 것입니다.

ISTJ가 자신의 잠재력을 극대화하고, 건강하고 행복한 삶을 위해서 실천해야 할 10가지 행동 지침은 무엇인가?

ISTJ는 성실하고 책임감이 강하며, 체계와 질서를 중시하는 유형으로 현실에 기반한 사고와 실천력을 통해 안정된 삶을 추구하는 성향을 지니고 있습니다. 그들은 신뢰받는 조력자이자 조용한 리더로서 중요한 역할을 담당하지만, 때로는 변화에 대한 유연성 부족, 감정 표현의 억제, 완벽주의로 인해 스트레스를 내면화하기 쉽습니다. 그러므로 ISTJ가 자신의 잠재력을 온전히 발휘하고 건강하고 행복한 삶을 살아가기 위해서는 보다 유연하고 자애로운 시선을 자신에게 기울이는 연습이 필요합니다. 다음은 그러한 삶을 위한 10가지 행동 지침입니다.

1. 완벽함보다 유연함의 가치를 배우기

ISTJ는 일 처리에 있어서 실수 없는 완벽을 지향하는 경향이 있습니다. 그러나 지나친 완벽주의는 스트레스를 가중하고 자율성을 억제할 수 있습니다. 때로는 유연하게 흘러가는 상황을 받아들이는 태도가 더 큰 지혜를 낳습니다.

2. 감정 표현은 약점이 아닌 건강한 소통임을 인식하기

사실과 논리를 중시하는 ISTJ는 감정보다 결과를 앞세우는 경우가 많습니다. 그러나 진심 어린 감정 표현은 관계를 깊게 만들고 상호 신뢰를 형성하는 데 중요한 역할을 합니다. 감정을 자연스럽게 나누는 훈련이 내면의 건강으로 이어질 수 있습니다.

3. 실패도 삶의 일부임을 받아들이기

실패를 피해야 할 실수로 간주하기보다는, 그것을 통해 배우는 자세를 가지는 것이 중요합니다. ISTJ는 자책하는 경향이 있지만, 실패는 유연함과 새로운 시도를 배우는 기회가 됩니다. 모든 과정이 완벽하지 않아도 괜찮다는 여유가 필요합니다.

4. 혼자서 모든 것을 책임지려는 태도 내려놓기

자신을 믿는 ISTJ는 대개 맡은 일에 있어서 책임을 홀로 감당하려는 성향이 강합니다. 그러나 모든 것을 혼자 하려는 태도는 쉽게 지치게 만들며, 팀워크의 가능성을 저하시킬 수 있습니다. 함께 일하고, 도움을 요청하는 것도 중요한 능력입니다.

5. 자신의 감정과 욕구에도 귀 기울이기

ISTJ는 감정보다는 의무에 집중하는 경우가 많으므로, 자기감정이 뒤로 밀리는 경우가 많습니다. 자신이 진정 원하는 것이 무엇인지, 무엇이 불편한지 자각하는 것이 자기 돌봄의 시작이 됩니다. 자신의 내면에 공간을 마련하는 것이 필요합니다.

6. 변화는 위협이 아니라 새로운 기회의 문임을 깨닫기

예측 가능성과 안정감을 중시하는 ISTJ는 변화에 대해 불안을 느끼기 쉽습니다. 그러나 변화는 새로운 가능성과 경험을 향한 문이며, 삶을 더욱 다채롭고 풍요롭게 만듭니다. 작고 안전한 변화부터 시도해보는 것이 좋습니다.

7. 모든 일에 이유와 계획이 없어도 괜찮다는 여유 갖기

ISTJ는 목표와 이유가 명확한 활동을 선호합니다. 하지만 삶의 많은 기쁨은 즉흥성과 우연 속에서 찾아옵니다. 모든 순간에 생산성과 논리를 부여하지 않아도 된다는 사실을 받아들이는 것이 자유로운 삶의 출발점이 됩니다.

8. 과거의 방식에만 얽매이지 않기

ISTJ는 과거의 경험을 토대로 안전한 틀을 만들어내는 데 익숙합니다. 하지만 시대와 환경이 변화하는 만큼, 새로운 방식을 받아들이는 유연함도 함께 필요합니다. 기존의 가치를 존중하면서도 열린 사고를 유지하는 것이 중요합니다.

9. 자기 자신을 평가할 때 따뜻한 시선 유지하기

ISTJ는 성실하게 살아온 자신에게도 종종 비판적인 시선을 갖곤 합니다. 그러나 자아 존중감은 따뜻한 자기 인식에서 비롯되며, 자신에게도 너그러운 마음을 가지는 것이 정서적 안정의 핵심입니다. 있는 그대로의 자신을 받아들이는 연습이 필요합니다.

10. 일과 책임에서 벗어난 순수한 즐거움을 찾아보기

늘 효율성과 목적성을 중시하는 ISTJ는 종종 여가와 놀이를 부차적인 것으로 생각합니다. 하지만 아무 목적 없는 즐거움이 삶을 가볍게 만들고 재충전의 기회를 제공합니다. 책임을 내려놓고 진심으로 즐길 수 있는 시간을 주기적으로 가져야 합니다.

▶ ISTJ는 조용히 자신의 위치에서 묵묵히 책임을 다하며, 공동체에 든든한 기둥이 되어주는 성향을 지녔습니다. 하지만 내면의 휴식과 자기 자비를 함께 키워야 그 힘이 지속될 수 있습니다. 위의 10가지 실천 지침은 ISTJ가 더 유연하고, 더 깊은 자아와 연결되어 살아갈 수 있도록 도와줍니다. 진정한 안정은 외부의 질서뿐만 아니라, 내면의 평온에서 비롯됩니다.

ISTJ에게 필요한 플러스 생각 10가지

ISTJ 유형은 책임감이 강하고 체계적이며 실용적인 성향을 가지고 있지만, 때로는 변화에 대한 두려움이나 자기비판, 융통성 부족으로 인해 스트레스를 받을 수 있습니다. 그러므로 다음과 같은 생각들이 삶의 지침이 될 수 있으며, 사고의 폭과 유연성을 높이고, 자신을 성찰하고 성장시키는 데 도움이 될 수 있습니다.

1. 나는 계획을 세우는 데 강점이 있다.

▶ 계획은 내 강점이다. 그러나 계획에 없는 일이 생겨도 나는 충분히 대처할 수 있다.

2. 나는 실수를 최소화하려 노력한다.

▶ 실수를 줄이기 위한 노력은 중요하지만, 실수 자체도 배움의 기회가 될 수 있다.

3. 나는 책임을 지는 것을 두려워하지 않는다.

▶ 책임감은 나의 장점이지만, 혼자 모든 걸 떠안을 필요는 없다. 도움을 청해도 괜찮다.

4. 나는 일을 끝까지 해내는 사람이다.

▶ 일을 완수하는 것도 중요하지만, 나의 건강과 휴식도 그만큼 소중하다.

5. 나는 원칙을 중시하는 사람이다.

▶ 원칙은 나를 지켜주지만, 때로는 유연한 태도가 더 큰 신뢰를 만든다.

6. 나는 감정보다는 사실을 중시한다.

▶ 사실 증심의 판단은 정확하지만, 사람의 감정도 존중받을 가치가 있다.

7. 나는 실용적인 결과를 추구한다.

▶ 결과도 중요하지만, 그 과정에서의 의미와 감정도 나에게 도움이 될 수 있다.

8. 나는 변화보다 안정이 더 편하다.

▶ 안정은 소중하지만, 변화도 나를 더 넓은 세상으로 이끌어 줄 수 있다.

9. 나는 검증된 방법을 선호한다.

▶ 검증된 방식은 신뢰를 주지만, 새로운 시도도 나의 성장에 도움이 될 수 있다.

10. 나는 내 역할을 다하는 데 집중한다.

▶ 역할에 충실한 것은 귀한 일이지만, 나 자신도 소중한 존재라는 걸 잊지 말자.

이러한 플러스 생각들은 ISTJ가 자기비판이나 완벽주의에서 벗어나 조금 더 유연하고 자기 수용적인 태도를 갖도록 도와주는 데 목적이 있습니다. 이러한 생각들을 의도적으로 자각하고 반복하게 된다면, 플러스 사고 습관이 장착되어 치유와 성장에 많은 도움이 될 것입니다.

ISTJ의 좋은 관계를 위한 지혜

ISTJ는 매우 실용적이고 신뢰할 수 있으며, 규칙과 전통을 중요시하는 성향이 있는 사람입니다. 이들은 매우 계획적이고 조직적인 방식을 선호하며, 일관성과 효율성을 중시합니다. 종종 자신의 내면에 집중하고, 자신의 업무나 책임을 충실히 수행하는 경향이 있습니다. 또한, 감정보다는 사실과 논리에 기반한 결정을 내리는 편입니다. 이런 성향 때문에 ISTJ는 안정적이고 예측 가능한 환경을 선호하며, 변화보다는 기존의 방식을 고수하는 경향이 있습니다.

잘 맞는 유형:

- ESTP: ISTJ와 ESTP는 서로 보완적인 관계를 맺을 수 있습니다. ISTJ는 계획적이고 체계적인 성향을 가지며, ESTP는 즉흥적이고 융통성 있는 성향을 가집니다. ESTP는 ISTJ가 지나치게 엄격하거나 경직된 방식을 벗어날 수 있도록 도와줄 수 있으며, ISTJ는 ESTP가 일을 더 체계적으로 접근하도록 도와줄 수 있습니다.
- ISFJ: ISFJ와 ISTJ는 많은 공통점을 가지고 있으며, 서로에게 신뢰와 안정감을 제공합니다. 두 사람 모두 실용적이고 책임감 있는 성향을 가지며, 신뢰와 충실함을 중요시합니다. 이들은 서로의 가치를 이해하고 존중하는 관계를 유지할 수 있습니다.

잘 맞지 않는 유형:

· **ENFP:** ENFP는 매우 창의적이고 자유로운 성향을 가지고 있습니다. 이들은 새로운 아이디어를 추구하며, 규칙이나 전통에 얽매이지 않습니다. ISTJ와 ENFP는 서로 다른 방식으로 접근하는 경향이 있어, 갈등이 발생할 수 있습니다. ENFP는 ISTJ의 경직된 사고방식에 도전하고, ISTJ는 ENFP의 자유로운 사고를 이해하기 어려울 수 있습니다.

· **ENTP:** ENTP는 혁신적이고 논리적인 사고를 중요시하며, ISTJ는 기존의 방식을 고수하려는 경향이 있습니다. 이 둘은 사고방식이 달라 종종 의견 충돌이 발생할 수 있습니다. ENTP는 ISTJ가 변화와 새로운 아이디어를 받아들이는 데 어려움을 겪을 수 있다는 점을 이해해야 합니다.

좋은 관계를 위한 지혜:

· **상대방의 유연성 존중하기:** ISTJ는 규칙과 계획을 중요시하지만, ENFP나 ENTP와의 관계에서는 그들의 유연한 사고를 이해하고 존중하는 것이 중요합니다. 이들은 새로운 아이디어와 접근을 제시할 때가 많으므로, 때때로 이러한 변화에 열려 있는 태도를 보이는 것이 좋은 관계를 유지하는 데 도움이 됩니다.

· **효율적인 소통:** ISTJ는 논리적이고 직설적인 방식으로 의사소통하는 경향이 있습니다. 상대방이 감정을 중요시하거나 직관적인 사고방식을 선호할 때, 감정적인 표현을 조금 더 고려하면서도 효율적인 대화를 시도하는 것이 필요합니다. 갈등이 생기면 "이 문제를 어떻게 해결할 수 있을까?"라는 방식으로 문제를 중심으로 대화를 풀어나가는 것이 좋습니다.

· **감정적인 부분 배려하기:** ISTJ는 감정보다 사실과 논리를 중시합니다. 그러나 ISFJ와 같은 사람들과의 관계에서는 감정적 표현이 중요한 역할을 합니다. 감정

적으로 좀 더 섬세하게 접근하는 것이 상대방과의 유대를 강화하는 데 도움이 됩니다.

· **독립성과 자율성 존중하기**: ISTJ는 자기 일을 스스로 해결하려는 경향이 강하며, 다른 사람에게 너무 많은 간섭을 하지 않도록 주의하는 것이 중요합니다. 때때로 상대방이 스스로 문제를 해결할 수 있도록 여유를 주고, 필요한 경우에만 지원하는 태도가 좋은 관계를 만듭니다.

· **변화에 열린 마음 가지기**: ISTJ는 전통적인 방법을 선호하지만, ESTP나 ENFP와 같은 유형은 변화를 두려워하지 않고 새로운 아이디어를 제시합니다. 때때로 기존의 방법을 넘어서 새로운 방법을 받아들이는 유연한 태도가 필요합니다. "이 방법도 한 번 시도해 볼까?"라고 여유를 가지고 열린 마음을 갖는 것이 중요합니다.

ISTJ의 치유와 성장을 위한 영적 메시지(명상 조언) 5가지

1. 통제하려 하지 말고 흐름을 받아들이세요.

당신은 세상을 질서 있게 유지하고자 하는 강한 책임감을 가지고 있습니다. 하지만 모든 것을 통제하려는 마음은 당신에게 무거운 짐이 될 수 있습니다. 세상은 때로 당신의 계획과 다르게 흘러갑니다. 그 흐름을 받아들이고, 모든 일이 자연스럽게 흘러가도록 허락하세요. 계획이 틀어져도 당신의 가치는 변하지 않습니다. 때로는 놓아버림이 더 큰 질서를 가져옵니다.

2. 완벽해지려고 애쓰지 마세요.

당신은 완벽함을 추구하며 자신에게 엄격한 기준을 적용하지만, 완벽해지려고 애쓸 필요는 없습니다. 당신은 이미 충분히 잘하고 있습니다. 실수는 성장의 기회일 뿐이며, 당신의 가치를 떨어뜨리지 않습니다. 완벽이 아니라 진정성을 선택하세요. 당신의 노력 자체가 이미 충분히 가치 있습니다.

3. 자신에게 친절해지세요.

당신은 책임감이 강해 늘 자신의 역할을 다해야 한다고 생각하지만, 자신에게도 친절할 필요가 있습니다. 자신에게 가혹한 잣대를 들이대기보다 따뜻한 시선으로 자신을 바라보세요. 당신이 자신을 사랑하고 인정할 때, 마음의 짐이 가벼워지고 더 큰 안정감이 찾아옵니다. 자신에게 베푸는 친절이 곧 내면의 평화를 가져옵니다.

4. 마음의 소리에 귀 기울이세요.

당신은 논리와 이성으로 판단하고 결정하는 데 익숙하지만, 때로는 마음의 소리도 들어야 합니다. 직관은 당신이 예상하지 못한 길을 제시할 수 있습니다. 마음 깊은 곳에서 올라오는 감정을 억누르지 말고 받아들이세요. 당신의 마음은 당신을 위한 중요한 메시지를 전하고 있습니다. 마음의 소리를 들을 때, 진정한 평화와 명확함을 얻게 됩니다.

5. 당신의 가치는 성취에서 오는 것이 아닙니다.

당신은 성실하게 목표를 이루고 책임을 다함으로써 자신을 증명하려 하지만, 당신의 가치는 성취에서 비롯되지 않습니다. 당신은 존재 자체로 소중하고 가치 있는 존재입니다. 아무것도 이루지 않아도, 아무런 성과가 없어도 당신은 충분히 귀하고 완전합니다. 성취가 아니라 존재 자체가 당신의 가치를 말해줍니다.

ISFJ 보호자형, 수호자형

ISFJ는 내향적(Introverted), 감각적(Sensing), 감정적(Feeling), 판단적(Judging) 성향을 가진 사람들을 의미하는 MBTI 유형입니다. ISFJ는 흔히 '헌신적인 돌보미', '충실한 보호자', '따뜻한 실용주의자'로 묘사됩니다.

ISFJ의 주요 특징

1. 타인을 위한 헌신과 보호

ISFJ는 타인을 돌보고 보호하는 데 큰 만족감을 느끼며, 주변 사람들의 안녕을 위해 헌신하는 성격입니다. 자신의 감정보다는 다른 사람의 필요를 우선시하며, 다른 사람들을 돌보는 데 매우 충실하고 세심한 태도를 보입니다.

2. 신뢰할 수 있는 안정적인 성격

ISFJ는 신뢰할 수 있고 안정적인 사람으로, 주변 사람들에게 큰 안도감을 줍니다. 자신이 맡은 일을 끝까지 책임지고, 꾸준히 노력하는 성향을 지닌 실용적인 사람입니다. 자신의 행동에 신중하며, 변화를 두려워하기보다는 안정적인 환경에서 더 잘 적응합니다.

3. 세심하고 배려심이 넘침

ISFJ는 세부 사항을 신경 쓰며, 다른 사람들의 작은 요구나 감정까지 놓치지 않습니다. 이들은 특히 타인의 편안함과 행복을 위해 작은 일을 기꺼이 돕습니다. 감정적으로도 매우 배려심이 많고, 타인에게 따뜻한 관심을 기울입니다.

4. 실용적이고 현실적인 접근

ISFJ는 감정에 따라 행동하기보다는 실제적이고 현실적인 방법으로 문제를 해결하려 합니다. 주어진 상황을 평가하고, 무엇이 가장 실용적이고 효과적인지 판단하여 결정을 내립니다. 다만, 이러한 성향은 때때로 변화나 창의적인 아이디어를 수용하는 데 어려움을 줄 수 있습니다.

5. 내향적이고 조용한 성격

ISFJ는 내향적인 성향이 강해 혼자 있는 시간을 중요하게 여기며, 그룹보다는 소수의 사람과 깊은 관계를 맺는 것을 선호합니다. 사람들 사이에서 활동하는 것도 즐기지만, 대체로 조용하고 개인적인 공간에서 충전하는 것을 선호합니다.

ISFJ의 장점 & 단점

✅ 장점:
- 타인을 배려하고 돕는 데 큰 만족을 느낍니다.
- 신뢰할 수 있고 안정적이며, 주변 사람들에게 큰 지원을 제공합니다.

- 감정적으로 따뜻하고 친절하며, 소소한 부분까지 세심하게 신경 씁니다.
- 책임감이 강하고, 주어진 일에 대해 끈기 있게 완수하려 합니다.
- 현실적이고 실용적인 해결책을 제시할 수 있습니다.

❌ 단점:
- 지나치게 남을 돌보느라 자신을 소홀히 할 수 있습니다.
- 타인의 기대에 부응하려다 보면 자신의 욕구를 외면할 수 있습니다.
- 변화나 불확실성에 대해 불안감을 느끼며, 고집스러울 수 있습니다.
- 지나치게 신중하여 때때로 결정을 내리는 데 시간이 걸릴 수 있습니다.
- 자신의 감정을 잘 표현하지 못해 스트레스를 쌓을 수 있습니다.

ISFJ에게 잘 맞는 직업

ISFJ는 사람을 돕는 직업에서 만족을 느끼며, 안정적이고 구조적인 환경에서 두각을 나타냅니다. 이들은 감정적 지원이 필요한 직업에서 뛰어난 능력을 발휘하며, 실용적이고 세심한 성격을 살릴 수 있습니다.

- 간호사, 의사, 심리 상담사 – 타인을 돕고 치료하는 직업에서 큰 만족감을 느낍니다.
- 교사, 유치원 교사 – 학생들에게 안정감을 주며 배려와 지원을 제공합니다.
- 사회복지사 – 사람들의 필요에 맞는 도움을 주고, 사회적 가치를 실현할 수 있습니다.
- 행정직, 비서 – 체계적이고 실용적인 일 처리와 지원 역할을 잘 수행합니다.
- 고객 서비스, 서비스 업계 – 고객의 문제를 해결하고 배려하는 역할에서 강점을 보입니다.

ISFJ의 유명인 예시

- 엠마 왓슨(Emma Watson) – 타인을 돕고, 공감하는 능력이 뛰어난 인물
- 마더 테레사(Mother Teresa) – 헌신적인 돌봄과 희생정신으로 세계에 영향을 미친
- 빅토리아 베컴(Victoria Beckham) – 실용적이고 신중한 성격으로 일과 가족을 잘 균형을 맞춘 인물
- 켄터베리 대주교(Archbishop of Canterbury) – 돌봄과 보호의 역할을 같은 인물

ISFJ를 위한 조언

- 자기 자신을 돌보세요 – 타인을 돌보는 데 지나치게 집중하다 보면 자신의 필요를 외면할 수 있습니다. 자기 자신에게도 관심을 기울이는 것이 중요합니다.
- 변화를 받아들이는 연습을 하세요 – 변화는 불안하게 느껴질 수 있지만, 때때로 그 변화가 성장의 기회가 될 수 있습니다.
- 자신의 감정을 표현하세요 – 타인의 감정을 잘 읽지만, 자신의 감정을 표현하는 데 어려움을 겪을 수 있습니다. 감정을 솔직하게 표현하는 연습이 필요합니다.
- 불완전함을 받아들이세요 – 완벽하지 않아도 괜찮다는 것을 인정하고, 자신에게 관대해지세요.
- 균형을 찾으세요 – 일과 개인적인 시간 사이에 균형을 맞추는 것이 중요합니다.

ISFJ는 디런 사람!

- ✓ 타인을 돌보고 돕는 데 큰 만족을 느낍니다.
- ✓ 감정적으로 따뜻하고 배려심이 많습니다.
- ✓ 신뢰할 수 있고, 안정적인 사람입니다.
- ✓ 실용적이고 현실적인 문제 해결을 선호합니다.

✅ 내향적이지만, 깊은 인간관계를 중요하게 여깁니다.

ISFJ는 '헌신적인 보호자', '따뜻한 돌보미'라고 할 수 있습니다.

상처나 스트레스를 많이 받을 때 ISFJ는 어떤 심리증상이 생길 가능성이 높은가?

ISFJ는 타인을 돕고 보호하는 데에 큰 만족감을 느끼며, 성실하고 헌신적인 성격을 지니고 있습니다. 이들은 조화로운 환경을 중요하게 여기며, 세심하고 책임감 있는 태도로 사람들과의 관계를 유지하려고 합니다. 하지만 스트레스나 상처가 누적되면 감정을 억누르고 내면화하기 때문에 심리적으로 취약해질 수 있습니다. 감정을 직접 표현하기보다 속으로 삼키는 경향이 있으므로 장기적인 스트레스는 다양한 심리증상으로 이어질 가능성이 높습니다.

1. 과도한 책임감 및 자기희생

ISFJ는 타인을 돕고 보호하는 데 큰 가치를 두기 때문에, 스트레스를 받으면 자신이 모든 문제를 책임져야 한다는 부담감을 느끼기 쉽습니다. 이러한 책임감이 과도해지면 자신의 행복이나 필요를 무시하고 타인의 요구를 우선시하며 지나치게 자신을 희생하게 됩니다. 결국, 탈진 상태에 빠지거나 무기력감을 느낄 수 있습니다.

2. 감정의 억압 및 내면화

ISFJ는 자신의 감정을 솔직하게 표현하기보다 속으로 삼키는 경향이 있습니다. 스트레스가 심해지면 슬픔이나 분노 같은 감정을 외부로 표현하지 못하고 내면에 쌓아두기 때문에 정서적으로 고립될 수 있습니다. 이는 결국 우울감이나 정서적 마비로 이어질 수 있습니다.

3. 인정 욕구의 과도한 강화

ISFJ는 타인의 인정과 칭찬에서 큰 만족감을 느낍니다. 그러나 스트레스를 받으면 이러한 인정 욕구가 지나치게 강화되어 타인의 기대를 충족시키기 위해 자신을 희생하게 됩니다. 타인의 반응이 예상보다 차갑거나 부정적일 경우, 큰 상처를 받거나 자기 비난이 강화될 수 있습니다.

4. 과민 반응 및 불안감 강화

스트레스 상황에서 ISFJ는 평소보다 감정적으로 민감해질 수 있습니다. 작은 실수나 타인의 말 한마디에도 예민하게 반응하고, 불안감이 증폭될 수 있습니다. 이는 결국 자신감 저하와 대인관계의 위축으로 이어질 수 있습니다.

5. 건강염려 및 신체화 증상

ISFJ는 스트레스를 받으면 자신의 신체 상태에 대해 과도하게 걱정하게 될 수 있습니다. 스트레스가 장기화되면 두통, 위장 장애, 피로감, 소화 문제 같은 신체화 증상이 나타날 수 있으며, 작은 신체 증상에도 과도하게 염려하면서 건강 불안을 겪을 수 있습니다.

6. 방어기제 강화 (합리화, 투사 등)

ISFJ는 감정을 직접 표현하지 않는 대신 방어기제를 통해 스트레스를 해소하려는 경향이 있습니다. 스트레스가 심해지면 자신의 실패나 감정적 상처를 합리화하거나, 타인에게 책임을 돌리는 투사 기제가 강화될 수 있습니다. 이는 결국 대인관계에서 오해와 갈등을 일으킬 수 있습니다.

7. 고립 및 회피 경향

ISFJ는 스트레스를 받으면 혼자 있으려 하며, 타인과의 접촉을 피하려는 경향이 나타날 수 있습니다. 이는 자신의 감정을 타인에게 털어놓기 어려워하고, 타인에게 부담을 주기 싫다는 생각에서 비롯됩니다. 그러나 지나친 고립은 우울감과 외로움을 심화시킬 수 있습니다.

8. 완벽주의 강화 및 자기비판

ISFJ는 자신이 맡은 일에서 성실하게 임하고자 하는 성향이 강합니다. 그러나 스트레스가 심해지면 사소한 실수에도 자신을 심하게 비난하고, 결과가 완벽하지 않으면 실패했다고 판단하며 좌절감을 느낄 수 있습니다. 이는 결국 자신감 저하와 무기력으로 이어질 수 있습니다.

9. 무기력 및 의욕 상실

ISFJ는 타인을 돕는 데서 큰 만족감을 얻지만, 스트레스가 과도해지면 타인을 돕는 과정에서 무기력감을 느끼기 쉽습니다. 특히 자신이 노력한 만큼의 보상이나 인정이 돌아오지 않을 때, 큰 실망감을 느끼고 일상생활에서 의욕이 저하될 수 있습니다.

10. 과거에 대한 집착 및 후회

ISFJ는 자신의 실수나 잘못된 선택을 마음속에 오래 간직하는 경향이 있습니다.

스트레스 상황에서 과거의 실수나 후회를 반복적으로 떠올리며 자책하게 될 수 있습니다. 이는 불안감과 우울감을 강화하고, 미래에 대한 두려움으로 이어질 수 있습니다.

ISFJ는 어떤 방어기제를 쓸 가능성이 높을까?

ISFJ는 내향적이고 감정 중심적이며, 책임감이 강하고 헌신적인 성향을 지닌 사람들입니다. 이들은 따뜻하고 세심한 배려를 바탕으로 주변 사람들을 돕고, 조화를 유지하려는 경향이 강합니다. 또한, 전통과 안정성을 중요하게 여기며, 검증된 방식이나 익숙한 환경에서 편안함을 느낍니다. 그러나 감정을 내면에 쌓아두는 경향이 있으며, 갈등을 피하려다 보니 방어기제를 사용할 가능성이 큽니다. ISFJ가 사용할 가능성이 큰 방어기제는 다음과 같습니다.

1. 억압

ISFJ는 갈등을 싫어하고 조화를 중요하게 생각하기 때문에, 자신이 느끼는 부정적인 감정을 억압하는 경향이 있습니다. 불안, 분노, 실망과 같은 감정을 직접 표현하기보다는 내면 깊숙이 눌러두고, 겉으로는 평온한 모습을 유지하려 할 수 있습니다. 하지만 억압된 감정이 지속해서 쌓이면, 결국 감정이 폭발하거나 심리적인 부담으로 작용할 위험이 있습니다.

2. 자기희생

ISFJ는 타인을 돕고 돌보는 것을 중요한 가치로 여기며, 자신의 감정보다 타인의 필요를 우선시하는 경향이 있습니다. 때때로 자신을 지나치게 희생하며 타인을 만족시키려고 할 수 있으며, 자신의 욕구를 무시하거나 미루는 방식으로 스트레스를 관리하려 합니다. 이러한 자기희생은 단기적으로 관계를 원만하게 유지하는 데 도움이 될 수 있지만, 장기적으로는 심리적인 소진(burnout)이나 억눌린 감정으로 인해 우울감을 초래할 수 있습니다.

3. 이상화

ISFJ는 자신이 소중하게 여기는 사람이나 관계를 긍정적으로 보고자 하는 경향이 있습니다. 이러한 성향으로 인해 가까운 사람들을 이상화하여, 그들의 단점을 무시하거나 객관적으로 평가하지 못하는 경우가 있습니다. 예를 들어, 누군가에게 실망했을 때도 '그 사람도 힘든 상황이었을 거야'라고 생각하며 문제를 외면하려 할 수 있습니다. 그러나 이러한 이상화가 지속되면, 결국 현실과의 괴리로 인해 큰 실망을 경험할 수도 있습니다.

4. 반동 형성

ISFJ는 부정적인 감정을 직접 표현하는 것에 어려움을 느낄 수 있으며, 오히려 그 감정과 정반대로 행동하려는 방어기제를 사용할 가능성이 있습니다. 예를 들어, 누군가에게 화가 났음에도 불구하고 더욱 친절하고 상냥하게 행동하는 때도 있습니다. 이는 내면의 불편한 감정을 부정하고 긍정적인 감정으로 대체하려는 심리적 방어기제입니다. 하지만 장기적으로 이러한 방식이 지속되면, 감정적 피로와 내면적인 갈등이 심화될 수 있습니다.

5. 부정

ISFJ는 스트레스나 갈등을 직면하는 것을 부담스러워할 수 있으며, 문제가 있더라도 이를 인정하지 않고 외면하려는 방어기제를 사용할 가능성이 있습니다. 예를 들어, 관계에서 지속적인 문제가 발생하더라도 '별일 아닐 거야'라고 스스로 되뇌며 문제를 회피할 수 있습니다. 하지만 문제가 해결되지 않은 채 방치되면, 결국 더욱 큰 감정적 부담으로 돌아올 위험이 있습니다.

6. 투사

ISFJ는 자신의 감정을 직면하는 것을 어려워할 수 있으며, 자신이 느끼는 감정을 무의식적으로 타인에게 투사할 가능성이 있습니다. 예를 들어, 자신이 누군가에게 서운함을 느끼면서도 이를 인정하기 어려운 경우, 오히려 상대방이 자신을 멀리하고 있다고 생각하며 불안해할 수 있습니다. 이러한 투사는 자신이 감당하기 어려운 감정을 타인에게 떠넘김으로써 심리적인 부담을 줄이려는 방식으로 작용할 수 있습니다.

7. 회피

ISFJ는 갈등이나 불편한 감정을 직접 마주하는 것을 피하려는 경향이 있습니다. 따라서 어려운 상황이나 대화를 회피하려 하거나, 감정적인 문제를 회피하기 위해 일이나 다른 활동에 몰두할 가능성이 있습니다. 예를 들어, 관계에서 불만이 생겼을 때 솔직하게 이야기하는 대신, 조용히 거리를 두거나 무조건 상대를 맞춰주는 방식으로 반응할 수 있습니다. 하지만 이러한 회피는 단기적으로는 편안할 수 있지만, 근본적인 문제 해결을 지연시키고 내면의 갈등을 키울 수 있습니다.

▶ ISFJ는 감정을 억누르고 타인을 먼저 배려하는 성향이 강하기 때문에, 감정을 직접 표출하기보다는 억압하거나 이상화하는 방어기제를 사용할 가능성이 큽니다. 또한, 자기희생

을 통해 갈등을 회피하거나, 부정적인 감정을 반대되는 행동으로 감추는 방식으로 심리적인 안정을 찾으려 할 수 있습니다.

이러한 방어기제들은 ISFJ의 따뜻하고 헌신적인 성향과 맞물려 긍정적으로 작용할 수도 있지만, 과도할 경우 자기 소진이나 감정적인 억압으로 인해 심리적인 부담이 커질 수 있습니다. 따라서 ISFJ가 건강한 방식으로 감정을 다루기 위해서는, 자신의 감정을 솔직하게 인정하고 표현하는 연습이 필요하며, 자기희생을 줄이고 자신의 감정과 욕구를 존중하는 태도를 보이는 것이 중요합니다.

ISFJ의 심리적 취약점과 이를 극복할 수 있는 대처방법은 무엇인가?

ISFJ는 '수호자' 또는 '헌신적인 조력자'라는 별칭으로 불릴 만큼 따뜻하고 책임감 있으며, 타인을 배려하고 조화를 중시하는 성향을 지닌 인물입니다. 조용하고 내성적인 면모를 가지고 있으나, 실제로는 매우 민감하고 섬세한 감정 세계를 품고 있습니다. 그러나 이러한 따뜻함과 성실함 이면에는 자기희생적이고 억제적인 심리적 취약점이 존재합니다. ISFJ의 대표적인 심리적 취약점 5가지와 그것을 극복할 수 있는 대처방법을 살펴보겠습니다.

1. 자기표현의 억제와 정서적 억눌림

ISFJ는 갈등을 피하고 타인의 감정을 상하게 하지 않으려는 경향이 강합니다. 이로 인해 자신의 감정이나 요구를 억누르고, 시간이 지나면 그 억눌린 감정이 불안, 분노, 우울로 축적될 수 있습니다. 그러므로 '감정을 말하는 것이 곧 관계를 망치는 것이 아니라, 오히려 관계를 더 건강하게 만든다'는 인식을 하는 것이 중요합니다. 감정 표현 일기나 마음속 대화를 적는 방식으로 자기감정을 우선 정확히 인식하고, 그 감정을 짧고 부드러운 문장으로 연습해 표현하는 훈련이 필요합니다. 예를 들어 "나는 지금 조금 지쳤어", "이 일은 나에게 꽤 힘들게 느껴져" 같은 표현으로 시작해 보시는 것이 좋습니다.

2. 타인 중심 사고와 자기 무시

ISFJ는 타인의 욕구를 잘 파악하고 이를 만족시켜주는 데서 큰 만족감을 느낍니다. 그러나 이 과정에서 자신을 돌보는 일을 뒷전으로 미루는 경우가 많고, 결국 심리적 소진과 자기 부정으로 이어질 수 있습니다. 그러므로 하루에 단 30분이라도 '타인을 위한 시간'이 아닌 '온전히 나만을 위한 시간'을 확보하는 연습이 필요합니다. 이는 산책, 독서, 명상, 혼자 있는 시간 등이 될 수 있습니다. 또한 "나는 나를 돌볼 자격이 있다"는 문장을 자기 확언으로 반복해보며, 자기 돌봄이 이기심이 아니라 건강한 책임감임을 받아들이는 내면 훈련이 필요합니다.

3. 비판에 대한 과민 반응과 자기 비하

ISFJ는 타인의 평판에 민감하며, 누군가의 비판을 '인격에 대한 부정'으로 받아들이는 경향이 있습니다. 이로 인해 자기 비판적 사고가 과도하게 강화되어 자존감이 쉽게 낮아질 수 있습니다. 그러므로 피드백을 '나를 공격하는 것'이 아니라 '나의 일 처리 방식에 대한 의견'으로 분리해 인식하는 연습이 필요합니다. "그 사람의 말은 나 전체가 아니라 행동 일부에 대한 피드백이다"라는 문장을 마음속에 새기고, '비판=인정받지 못함'이라는 인식을 '비판=성장을 위한 정보'로 전환하는 자기 대화가 필요합니다.

4. 갈등 회피와 수동적 태도

ISFJ는 평화를 중요시하는 성향으로 인해 갈등 상황에서 자신의 의견을 적극적으로 표현하기보다는 침묵하거나 회피하는 경우가 많습니다. 이로 인해 자신이 원하지 않는 방향으로 일이 흘러가거나, 마음의 앙금이 쌓이기도 합니다. 그러므로 '비폭력 대화' 방식처럼 "나는 ~이었고, 그래서 ~을 원한다" 식의 간결하고 명료한 자기표현법을 익히는 것이 좋습니다. 예를 들어 "나는 최근에 업무가 많았고, 그래서 지금은 조금 쉬는 시간을 가졌으면 좋겠어"라는 식의 표현 훈련을 반복해야 합니다. 처음엔 어색할 수 있지만, 서서히 말로 표현함으로써 관계의 깊이가 더 건강해질 수 있습니다.

5. 변화와 불확실성에 대한 불안

ISFJ는 안정적이고 예측 가능한 환경에서 심리적 안정을 느끼기에, 변화나 새로움에는 적응에 시간이 걸립니다. 이는 자기 성장을 지연시키거나 새로운 기회를 거부하는 원인이 될 수 있습니다. 그러므로 작은 모험부터 시도해보는 것이 중요합니다. 예를 들어, 새로운 음식 먹기, 새로운 취미 하나 도전하기, 익숙하지 않은 장소 방문하기 등 일상에서 작은 변화에 익숙해지는 것이 좋습니다. '변화는 나를 위협하는 것이 아니라 나를 확장하는 과정'이라는 인식 전환을 통해 서서히 적응력을 넓혀가야 합니다.

▶ ISFJ는 조용한 사랑과 헌신으로 세상에 따뜻함을 전하는 존재이지만, 그 따뜻함이 스스로에게도 향할 때 더욱 깊고 단단한 힘을 발휘하게 됩니다. 자신을 돌보는 것, 감정을 드러내는 것, 건강한 경계를 세우는 것은 모두 '타인을 위하는 삶'을 더욱 지속할 수 있게 만드는 토대가 됩니다. 그러므로 자신에게도 그 따뜻함과 배려를 아끼지 않는 연습이 필요하며, 이 과

정을 통해 ISFJ는 내면과 외면 모두에서 더욱 성숙한 삶을 살아가게 될 것입니다.

ISFJ가 자신의 잠재력을 극대화하고, 건강하고 행복한 삶을 위해서 실천해야 할 10가지 행동 지침은 무엇인가?

ISFJ는 따뜻하고 배려심 깊으며, 조용하지만 진심 어린 행동으로 타인의 삶에 의미 있는 기여를 하는 사람입니다. 늘 주변의 안녕과 조화를 먼저 생각하기 때문에 자신을 뒷전으로 미루는 경우가 많습니다. 하지만 진정한 사랑과 헌신은 자기 자신으로부터 시작되어야 하며, 자신을 돌보는 태도 속에서 더 깊은 평안과 성장이 피어날 수 있습니다. 다음의 지침들을 실천함으로써 ISFJ는 자신의 내면적 잠재력을 꽃피우며 더욱 풍요롭고 행복한 삶을 살 수 있습니다.

1. 남을 돌보듯 자신도 돌보는 습관 기르기

ISFJ는 타인의 고통에 민감하며 언제나 누군가를 돌보는 데 익숙합니다. 하지만 자신이 충분히 충전되지 않으면 지속적인 돌봄이 어려워질 수 있습니다. 자신에게도 그 따뜻함을 나누는 습관을 키워야 합니다. 나 자신을 잘 돌보는 것이 모든 돌봄의 출발점입니다.

2. '괜찮아요'라는 말에 감춰진 감정을 솔직하게 바라보기

ISFJ는 갈등을 피하고자 자신의 감정을 감추고 '괜찮다'고 말하는 경우가 많습니다. 그러나 그 말 뒤에 숨겨진 외로움이나 피로를 무시하면 점점 마음이 지쳐갑니다. 감정과 욕구를 정직하게 마주하는 것은 심리적 안정과 균형을 위해 매우 중요합니다.

3. 자기희생이 아닌 상호 존중 속에서 관계 맺기

사랑과 배려가 곧 자기희생으로 이어질 필요는 없습니다. 건강한 관계는 주고받음이 균형을 이룰 때 유지됩니다. 나도 존중받아야 할 존재임을 인식하는 것이 필요합니다. 자기희생 없이도 사랑과 배려를 할 수 있음을 자각하고 그 방법을 체득하면 삶이 한결 가벼워질 것입니다.

4. 거절의 말에 죄책감 느끼지 않기

도움을 청하는 사람에게 '아니오'라고 말하는 일이 ISFJ에게는 버겁게 느껴질 수 있습니다. 그러나 거절은 차가움이 아니라 자기 보호이며, 건강한 관계를 위한 필수 조건이 될 수 있습니다. 거절은 배려의 다른 얼굴이기도 합니다.

5. 타인의 기대보다 내면의 소리에 귀 기울이기

ISFJ는 타인의 기대를 충족시키는 데 익숙하지만, 계속해서 외부 기준에 맞추다 보면 자신을 잃어버릴 수 있습니다. 내면에서 진정으로 원하는 것을 따라가는 연습이 필요합니다. 자신만의 기준을 세우는 것은, 자신을 지켜주는 든든한 울타리가 되어줄 것입니다.

6. 무언가를 하지 않아도 괜찮다는 여유 익히기

ISFJ는 유용한 존재가 되기 위해 늘 무언가를 하고 있어야 한다고 느낄 수 있습니다. 하지만 존재 자체로 소중하다는 인식을 가질 때 비로소 진정한 안정감이 생깁니다. 때로는 아무것도 하지 않는 시간 속에서 회복이 절로 이루어집니다.

7. 갈등이 생겨도 침묵하지 말고 감정을 표현하기

갈등 상황에서 침묵하거나 회피하는 것은 관계의 단절이나 오해를 낳을 수 있습니다. 오히려 감정을 표현하고 서로의 입장을 공유하는 과정이 신뢰를 쌓는 토대가 됩니다. 솔직한 대화는 건강한 관계로 이어질 수 있습니다.

8. 과거의 실수나 상처를 현재로 가져오지 않기

ISFJ는 과거의 실수를 오래 기억하고 자책하는 경향이 있습니다. 그러나 현재는 과거를 반복하는 공간이 아니라 새로운 선택이 가능한 무대입니다. 과거를 놓아줄 때, 현재가 자유로워질 수 있습니다.

9. 타인의 기준에 맞추기보다 나만의 속도를 존중하기

ISFJ는 조직과 사회의 질서에 적응을 잘하지만, 때로는 그 흐름이 자신의 리듬과 맞지 않을 수 있습니다. 남들과 비교하지 않고 나에게 맞는 속도를 찾는 것이 중요합니다. 자신의 삶은 자신이 조율해야 합니다.

10. 감정을 기록하거나 예술로 표현하는 습관 들이기

말로 감정을 표현하기 어려운 ISFJ는 글쓰기(일기), 그림, 음악 등을 통해 내면을 드러내는 방식이 유익할 수 있습니다. 감정을 표현하는 창구를 마련하면 마음이 정돈되고 위로를 얻을 수 있습니다.

▶ ISFJ는 세상에 조용한 사랑을 흘려보내는 귀한 존재입니다. 그러나 그 사랑이 지속되기 위해서는 자기 자신에게도 그 온기를 돌려야 합니다. 위의 행동 지침들을 실천한다면, ISFJ는 더욱 깊이 있는 안정감과 성장을 경험하며, 자기 삶을 더욱 사랑하게 될 것입니다. 자기

돌봄은 결코 이기적인 일이 아니며, 오히려 더 큰 사랑으로 나아가는 시작점이 됩니다.

ISFJ에 필요한 플러스 생각 10가지

ISFJ 유형은 헌신적이고 성실하며, 타인을 돕는 데 기쁨을 느끼는 유형입니다. 세심하고 조화로움을 중시하며, 과거의 경험에 근거해 판단을 내리는 경향이 있습니다. 그러나 종종 자신을 뒤로하고 타인을 우선시하거나, 갈등 회피와 과도한 자기희생으로 인해 정서적 소진을 겪기도 합니다. 따라서 아래와 같은 플러스 생각은 ISFJ가 자기 보호와 자존감을 키우는 데 도움이 될 수 있으며, 사고의 유연성과 감정 회복력을 높이는 데 긍정적인 영향을 줄 수 있습니다.

1. 나는 타인을 잘 돌보는 따뜻한 사람이다.
▶ 타인을 돕는 것은 나의 큰 장점이지만, 나 자신도 돌봐야 할 소중한 존재이다.

2. 나는 조화를 중요하게 생각한다.
▶ 조화는 귀하지만, 진심을 표현하는 갈등도 건강한 관계 일부가 될 수 있다.

3. 나는 책임감 있고 헌신적인 사람이다.
▶ 헌신은 아름다운 덕목이지만, 모든 것에 책임질 필요는 없다. 나의 한계를 인정해도 괜찮다.

4. 나는 실망을 주는 것을 두려워한다.
▶ 모든 사람을 만족시킬 수는 없다. 내가 최선을 다했다면 그 자체로 의미가 있다.

5. 나는 타인의 감정을 잘 이해한다.
▶ 타인의 감정을 잘 읽는 능력은 귀하다. 그러나 나의 감정도 똑같이 소중하다.

6. 나는 조용히 묵묵히 일하는 것을 좋아한다.

▶ 묵묵함은 강점이지만, 내 생각을 표현할 권리도 있다. 말하는 것을 두려워하지 않아도 된다.

7. 나는 안정된 환경을 선호한다.

▶ 안정은 나에게 편안함을 주지만, 가끔은 변화가 내 삶을 풍요롭게 만든다.

8. 나는 내가 해야 할 일을 성실히 해내는 사람이다.

▶ 성실함은 나를 믿게 해주지만, 때로는 "쉬어도 괜찮다"는 말이 나에게 필요하다.

9. 나는 과거의 기억에 영향을 많이 받는다.

▶ 과거는 배움의 자료지만, 나의 삶은 지금, 이 순간부터 새롭게 시작될 수 있다.

10. 나는 언제나 누군가를 위해 존재해왔다.

▶ 누군가를 위한 삶도 소중하지만, 나 자신을 위한 삶도 꼭 필요하다. 나의 삶은 나의 것이다.

이러한 플러스 생각들은 ISFJ가 자기 자신을 더 깊이 이해하고, 타인과의 관계 속에서 더 건강하게 자신을 지켜나갈 수 있게 돕기 위해 구성된 것입니다. 이 생각들을 꾸준히 되새기고 실천한다면, 내면의 균형을 유지하며 치유와 성장을 경험할 수 있습니다.

ISFJ의 좋은 관계를 위한 지혜

ISFJ는 따뜻하고 배려심이 깊으며, 타인의 필요를 잘 살피는 성향을 지닌 사람입니다. 이들은 전통과 안정성을 중시하며, 사람들에게 도움이 되고자 하는 마음이 강합니다. ISFJ는 실용적이고 세심하며, 책임감이 강하고 신뢰할 수 있는 사람으로, 종종 타인의 감정을 고려하여 행동합니다. 이들은 관계에서 조화와 평화를 유지하는 것을 중요하게 생각합니다.

잘 맞는 유형

· ESFJ: ESFJ와 ISFJ는 비슷한 성향을 가지고 있으며, 둘 다 타인의 행복을 중요하게 생각하고, 감정적이고 실용적인 지원을 제공합니다. 서로의 배려심과 책임감 있는 태도를 잘 이해하고 존중할 수 있습니다. 이들은 서로 감정적으로 깊이 연결될 수 있으며, 상호 의존적이고 따뜻한 관계를 유지할 수 있습니다.

· INFJ: ISFJ와 INFJ는 서로의 감정적인 깊이를 이해할 수 있으며, 인생의 가치와 의미에 대해 공통된 관심사를 가질 수 있습니다. INFJ는 ISFJ에게 새로운 관점을 제시할 수 있으며, ISFJ는 INFJ에게 안정감을 제공할 수 있습니다.

잘 맞지 않는 유형

· ESTP: ISFJ는 안정성과 전통을 중시하는 반면, ESTP는 즉흥적이고 새로운 것을 시도하는 것을 선호합니다. ESTP는 감정보다 현실적이고 분석적인 접근을 중시하며, 이로 인해 ISFJ와는 갈등이 생길 수 있습니다. ISFJ는 ESTP의 직설적이고 빠른 결정을 따라가기 어려울 수 있습니다.

· ENTP: ENTP는 혁신적이고 창의적인 아이디어를 좋아하는 성향을 가지고 있으며, ISFJ는 보다 전통적이고 실용적인 접근을 선호합니다. ENTP는 ISFJ가 변화를 두려워하거나 너무 경직된 사고를 할 때 이를 불편하게 느낄 수 있습니다.

좋은 관계를 위한 지혜

· 상대방의 감정을 이해하고 배려하기: ISFJ는 타인의 감정을 잘 이해하고 배려하는 능력이 뛰어나지만, 때로는 너무 지나치게 자신을 희생하거나 상대방의 감정

을 지나치게 신경 쓸 수 있습니다. 때로는 상대방이 독립적으로 감정을 처리할 수 있도록 여유를 주는 것이 중요합니다. "당신이 힘들다면 이야기해도 괜찮아요. 나는 여기 있어요."라고 말하는 대신, 상대방이 먼저 자신을 표현할 수 있는 시간을 주는 것이 좋습니다.

· **자신의 감정을 표현하는 연습**: ISFJ는 종종 다른 사람들의 감정을 중요시하며, 자신의 감정을 표현하는 데 어려움을 겪을 수 있습니다. 그러나 좋은 관계를 위해서는 자신의 감정을 솔직하게 표현하는 것이 중요합니다. "이 상황에서 나는 이렇게 느끼고 있어"라고 말하는 것이 관계에서 불필요한 오해를 피하고 서로 더 잘 이해하는 데 도움이 됩니다.

· **변화에 열린 마음 갖기**: ISFJ는 안정성과 전통을 중요시하지만, ESTP나 ENTP와의 관계에서는 변화에 조금 더 열린 마음을 가져야 합니다. "이 방법이 더 나을 수도 있겠네. 한번 시도해볼까?"라고 새로운 아이디어에 열려 있는 태도를 보이는 것이 필요합니다. 이를 통해 서로 다른 성향을 조화롭게 받아들이는 것이 중요합니다.

· **자신의 한계 인정하기**: ISFJ는 너무 많은 것을 담당하려는 경향이 있습니다. 때로는 자신이 너무 많은 책임을 지고 있지 않은지 돌아보는 것이 중요합니다. "오늘은 나만의 시간을 보내고 싶어"라고 말하는 것이 자신을 돌보는 방법이 될 수 있습니다. 자신의 한계를 인정하고, 타인에게 도움이 필요한 부분에서만 지원하는 것이 관계를 건강하게 유지하는 데 중요합니다.

· **솔직한 대화**: ISFJ는 감정적으로 신중하지만, 갈등이 생길 때에는 감정을 숨기지 말고 솔직하게 대화하는 것이 필요합니다. 상대방에게 "이 문제에 대해 나도 고민 중이야. 우리가 어떻게 해결할 수 있을까?"라고 물어보면 서로를 이해하고 문제를 함께 해결할 수 있습니다. 갈등이 생겼을 때 감정보다는 해결책을 중심으로 대화를 진행하는 것이 좋습니다.

ISFJ의 치유와 성장을 위한 영적 메시지(명상 조언) 5가지

1. 자신의 감정을 존중하세요.

당신은 타인의 감정과 필요를 세심하게 돌보는 성향이 강합니다. 하지만 자신의 감정은 종종 뒷전으로 밀리기 쉽습니다. 자신의 감정을 소중히 여기고, 그것이 어떤 메시지를 주는지 귀 기울이세요. 자신이 느끼는 감정을 솔직하게 인정하고 받아들일 때, 내면의 평화와 안정이 찾아옵니다.

2. 타인의 기대에서 벗어나세요.

당신은 타인의 기대에 부응하려는 마음이 크기 때문에, 때로는 자신의 진정한 욕구를 무시할 수 있습니다. 다른 사람을 만족시키는 것이 아니라, 자신의 내면의 목소리에 귀 기울이세요. 타인의 기대를 내려놓고 자신이 진정으로 원하는 것을 발견할 때, 더 큰 자유와 충만함을 느끼게 됩니다.

3. 자신의 한계를 인정하고 쉬어가세요.

당신은 헌신적이고 책임감이 강한 성향 때문에, 때로는 자신을 지나치게 몰아붙일 수 있습니다. 그러나 모든 것을 완벽하게 해내려는 부담에서 벗어나세요. 자신의 에너지가 소진되기 전에 충분한 휴식과 재충전의 시간을 가지는 것이 중요합니다. 당신이 건강하고 충만할 때, 다른 사람에게도 더 큰 사랑과 돌봄을 줄 수 있습니다.

4. 자신의 가치를 외부에서 찾지 마세요.

당신은 타인의 인정과 감사에서 자신의 가치를 찾으려는 경향이 있습니다. 그러나 당신의 가치는 외부의 반응이나 평가 때문에 결정되지 않습니다. 당신은 있는 그대로 소중하고 완전한 존재입니다. 다른 사람의 반응에 흔들리지 말고, 자신의 내면에서 나오는 고요한 확신을 믿으세요.

5. 변화와 새로운 경험을 받아들이세요.

당신은 안정된 환경을 선호하지만, 때로는 변화가 필요할 수 있습니다. 변화는 두려움이 아니라 새로운 성장의 기회입니다. 새로운 경험을 받아들이고, 예상치 못한 상황에서 배우려는 마음을 열어 보세요. 변화 속에서 당신은 더 큰 지혜와 자신감을 얻을 수 있습니다.

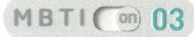

INFJ 선지자형, 고독한 이상주의자

INFJ는 내향적(Introverted), 직관적(iNtuitive), 감정적(Feeling), 판단적(Judging) 성향을 지닌 사람들을 의미하는 MBTI 유형입니다. INFJ는 흔히 '깊은 사색을 하는 이상주의자', '타인의 마음을 이해하는 조력자', 또는 '변화를 이끄는 리더'로 묘사됩니다.

INFJ의 주요 특징

1. 깊은 통찰력과 직관

INFJ는 사람이나 상황에 대해 깊은 통찰을 가지고 있으며, 직관적으로 많은 것을 파악하는 능력이 뛰어납니다. 외면적으로는 조용하고 내성적인 성향을 보이지만, 내면에서는 세상과 사람들의 복잡한 감정과 동기를 이해하려는 깊은 관심을 가집니다. 이들은 자신의 직관을 통해 종종 타인의 감정을 이해하거나 미래의 방향성을 예측할 수 있습니다.

2. 이상주의와 강한 신념

INFJ는 강한 도덕적 신념과 이상을 가지고 있으며, 세상을 더 나은 곳으로 만들기 위해 노력합니다. 이들은 자신의 신념에 따라 행동하며, 자신의 가치를 실현하기 위해 헌신적이고 지속적으로 노력합니다. 비록 현실에서 어려운 상황에 부닥칠 때도, 이상을 추구하는 의지를 잃지 않습니다.

3. 타인을 이해하고 돕는 능력

INFJ는 타인의 감정을 잘 이해하고 공감하는 능력이 뛰어나며, 이를 바탕으로 다른 사람들을 돕는 데 큰 만족을 느낍니다. 친구나 가족, 동료들이 겪는 문제를 해결하려는 노력이 남다르며, 이들이 가진 고유의 고통을 진심으로 공감하고자 합니다. 하지만 이 과정에서 자신을 돌보지 못할 때가 많으므로, 자기 관리가 필요합니다.

4. 내향적이지만 강한 비전

INFJ는 내향적이지만, 중요한 가치와 비전을 가지고 있어서 자신이 신뢰하는 사람들과는 깊은 관계를 맺습니다. 대개 소수의 사람과 깊은 대화를 선호하며, 개인적인 시간과 공간에서 충전하는 것을 중요하게 생각합니다. 이들은 외부 세계보다 자신의 내면세계에 더 많은 에너지를 쏟습니다.

5. 창의적이고 통합적인 사고

INFJ는 창의적이며, 복잡한 아이디어와 감정을 통합하는 능력이 뛰어납니다. 이들은 직관적으로 다양한 관점을 하나로 묶어 새로운 관점을 제시할 수 있으며, 문제를 해결하는 데 있어 독창적인 접근법을 사용합니다. 이들은 논리뿐만 아니라 감정적으로도 깊이 있게 접근하려 합니다.

INFJ의 장점 & 단점

✅ 장점:

· 타인의 감정을 깊이 이해하고 공감하는 능력이 뛰어납니다.

· 강한 도덕적 신념을 바탕으로 세상을 더 나은 방향으로 이끌려는 의지가 강합니다.

· 창의적이고 직관적으로 문제를 해결하는 능력이 뛰어나며, 새로운 아이디어를 제시합니다.

· 헌신적이고, 타인을 돕는 일에 큰 만족을 느낍니다.

· 진지하고 내면적으로 깊은 사람으로, 깊이 있는 관계를 맺는 것을 선호합니다.

❌ 단점:

· 감정적으로 쉽게 영향을 받을 수 있어, 지나치게 다른 사람을 돌보다 보면 자신의 감정을 소홀히 할 수 있습니다.

· 이상주의적이어서 현실적인 문제를 간과하거나 비판적인 상황에서 고립될 수 있습니다.

· 내향적이어서 사람들과의 교류에서 에너지를 소모하고, 자주 혼자만의 시간이 필요할 수 있습니다.

· 지나치게 고독을 느끼거나 세상의 불완전함에 압도될 수 있습니다.

· 감정적으로 깊이 몰입하는 경향이 있어 때로는 상처를 쉽게 받을 수 있습니다.

INFJ에게 잘 맞는 직업

INFJ는 사람들과 깊은 관계를 형성하고, 사회에 긍정적인 영향을 미칠 수 있는 직업에서 큰 만족을 느낍니다. 이들은 변화와 성장, 도움이 필요한 사람들을 돕는 일이 매우 적합합니다.

- **상담사, 심리학자** – 타인의 감정을 이해하고, 문제 해결을 돕는 역할에서 큰 만족을 느낍니다.
- **작가, 예술가** – 창의적이고 내면적인 세계를 표현하는 직업에서 뛰어난 성과를 보입니다.
- **사회복지사, 인권 운동가** – 사회적 가치를 실현하고, 사람들의 권리와 자유를 지키는 역할에서 큰 의의를 느낍니다.
- **교육자(교사, 교수)** – 학생들의 성장과 발전을 돕는 역할에 적합합니다.
- **리더십 역할(정치인, 기업가)** – 사회에 긍정적인 변화를 일으키고 싶은 열망을 가진 사람들에게 적합합니다.

INFJ의 유명인 예시

- **마하트마 간디(Mahatma Gandhi)** – 평화와 비폭력의 철학을 바탕으로 세상을 변화시킨 지도자
- **말라라 유사프자이(Malala Yousafzai)** – 교육과 여성의 권리를 위해 싸운 인권 운동가
- **레오나르도 다 빈치(Leonardo da Vinci)** – 예술과 과학을 통합한 창의적인 천재
- **칼 융(Carl Jung)** – 집단 무의식을 탐구하며 심리학의 새로운 지평을 연 심리학자

INFJ를 위한 조언

- **자기감정을 관리하세요** – 타인을 돕는 데 집중하다 보면 자신의 감정을 소홀히 할 수 있습니다. 자기 관리가 중요합니다.

· **현실적인 접근을 고려하세요** – 이상적인 목표와 현실적인 계획을 균형 있게 세워야 합니다.

· **자신의 한계를 인식하세요** – 지나치게 깊이 몰입하다 보면 고립되거나 지칠 수 있으므로, 적당한 휴식이 필요합니다.

· **소통을 강화하세요** – 내면의 감정을 표현하는 것이 중요합니다. 타인과의 소통에서 균형을 맞추세요.

INFJ는 이런 사람!

- 깊은 사색과 내면의 성찰을 중요하게 여깁니다.
- 타인의 감정을 잘 이해하고, 세상에 긍정적인 변화를 일으키고자 합니다.
- 창의적이고 직관적이며, 새로운 관점에서 문제를 해결하려 합니다.
- 강한 도덕적 신념과 이상을 가지고 있습니다.
- 내향적이며, 깊이 있는 관계를 선호하고, 고독을 통해 충전합니다.

INFJ는 '고독한 이상주의자', '타인을 돕는 선지자'라고 할 수 있습니다.

상처나 스트레스를 많이 받을 때 INFJ는 어떤 심리증상이 생길 가능성이 높은가?

▶ INFJ는 깊은 통찰력과 직관력을 바탕으로 의미 있는 삶을 추구하며, 타인의 감정을 깊이 이해하고 돕고자 하는 성향이 강합니다. INFJ는 세심하고 배려심이 많아 대인관계에서 헌신적이지만, 내면에 복잡한 감정과 생각을 안고 있는 경우가 많습니다. 이로 인해 스트레스를 받거나 상처를 입으면 심리적으로 취약해질 가능성이 있으며, 장기적인 스트레스는 다

양한 심리증상으로 나타날 수 있습니다. INFJ가 상처나 스트레스를 많을 받았을 때 나타날 수 있는 대표적인 심리증상 10가지를 살펴보겠습니다.

1. 과도한 자기 분석 및 자기비판 강화
INFJ는 자신의 내면을 깊이 성찰하는 성향이 강하기 때문에, 스트레스를 받을 때 자기 분석이 과도해질 수 있습니다. 자신이 왜 이런 감정을 느끼는지, 어떤 선택이 잘못되었는지 끊임없이 고민하게 되며, 자신을 탓하고 비판하면서 심리적 고통이 심화할 수 있습니다. 이러한 자기비판은 결국 자신감 저하와 우울감으로 이어질 수 있습니다.

2. 감정의 억제 및 고립
INFJ는 자신의 감정을 쉽게 표현하지 않는 경향이 있습니다. 스트레스를 받을 때 자신의 아픔이나 고민을 타인에게 털어놓기보다 혼자서 감당하려 하며, 타인이 자신의 감정을 이해하지 못하리라 생각합니다. 이러한 고립은 외로움과 정서적 소외감으로 이어질 수 있습니다.

3. 피로감 및 무기력 상태
INFJ는 자신의 에너지를 타인의 문제 해결이나 관계 유지에 많이 소모합니다. 스트레스가 누적되면 정신적, 신체적으로 피로감을 느끼고, 일상에서의 의욕을 잃게 됩니다. 평소 즐기던 활동에서도 흥미를 잃고 무기력한 상태에 빠지기 쉽습니다.

4. 완벽주의 강화 및 강박적 사고
INFJ는 자신이 세운 이상적인 기준에 도달하기 위해 노력하는 성향이 강합니다. 그러나 스트레스를 받을 때 이러한 완벽주의가 지나치게 강화되며, 사소한 실수에도 심각하게 자책하게 됩니다. 자신이 기대한 결과를 이루지 못하면 무능감과 실망감에 빠지며 심리적으로 위축될 수 있습니다.

5. 타인의 기대에 대한 부담감 강화

INFJ는 타인의 감정과 기대를 잘 파악하기 때문에 상대방의 요구를 충족시키기 위해 자신을 희생하는 경우가 많습니다. 스트레스를 받을 때 이러한 성향이 더욱 강화되며, 자신이 타인의 기대를 충족하지 못했다고 생각하면 죄책감과 불안감이 심화할 수 있습니다.

6. 이상과 현실의 괴리에서 오는 좌절감

INFJ는 자신의 가치관과 이상을 중요하게 여기며, 세상을 더 나은 방향으로 바꾸고자 하는 마음이 강합니다. 그러나 현실이 자신의 이상과 다를 경우, 깊은 좌절감과 무기력을 느낄 수 있습니다. "이렇게 해도 세상은 바뀌지 않을 거야"라는 생각이 반복되며, 자신의 노력에 대한 회의감이 커질 수 있습니다.

7. 관계에서의 실망감과 상처

INFJ는 깊고 의미 있는 관계를 원하지만, 자신의 진심이 받아들여지지 않거나 상대방이 자신을 오해한다고 느끼면 큰 상처를 받습니다. 스트레스를 받을 때 타인의 사소한 반응에도 과도하게 상처받으며, 결국 타인과 거리를 두고 고립될 수 있습니다.

8. 직관 과부하로 인한 불안감

INFJ는 미래에 대한 직관력이 뛰어나며, 상황을 분석하고 예측하는 능력이 강합니다. 그러나 스트레스 상황에서는 이 직관이 과도하게 활성화되면서 불안감이 강화될 수 있습니다. "이 일이 잘못될 것 같다"는 생각이 반복되면서, 실제로 문제가 발생하지 않아도 불안하고 긴장된 상태가 지속할 수 있습니다.

9. 감정의 폭발 또는 통제력 상실

INFJ는 평소 감정을 억제하는 성향이 강하지만, 스트레스가 한계치에 도달하면 억눌러온 감정이 폭발할 수 있습니다. 평소 조용하고 온화한 성격과는 달리, 감정이 격해져서 화를 내거나 통제력을 잃는 경우가 생길 수 있습니다. 이는 결국 자신에게 심한 죄책감을 안겨주고, 타인과의 관계가 악화할 위험이 있습니다.

10. 신체화 증상 발생

INFJ는 심리적 스트레스를 신체화하는 경향이 있습니다. 스트레스가 극심할 경우 두통, 위장 장애, 불면증, 식욕 변화 같은 신체적 증상이 나타날 수 있습니다. 또한, 면역력이 약화하면서 잔병치레가 잦아지고, 심리적 피로가 신체적 피로로 이어지며 전반적인 건강 상태가 악화할 수 있습니다.

INFJ는 어떤 방어기제를 쓸 가능성이 높을까?

INFJ는 내향적이며 직관적이고 감정 중심적이며 계획적인 성향을 지닌 성격 유형입니다. 이들은 깊은 통찰력과 강한 직감을 바탕으로 의미 있는 인간관계를 맺으며, 다른 사람을 돕고 세상을 더 나은 곳으로 만들고자 하는 강한 사명감을 가집니다. 하지만 감정적으로 예민하고 내면의 세계가 풍부한 만큼, 갈등을 피하거나 감정을 내면에서 조절하는 방어기제를 사용할 가능성이 높습니다. INFJ가 사용할 가능성이 큰 방어기제는 다음과 같습니다.

1. 억압

INFJ는 갈등을 피하고 조화를 유지하려는 경향이 강하기 때문에, 부정적인 감정을 직접 표출하기보다 내면 깊숙이 억누르는 경우가 많습니다. 예를 들어, 분노나 불만을 느껴도 겉으로 표현하기보다는 스스로 참거나 정당화하려 할 수 있습니다. 하지만 억압된 감정이 쌓이면 우울감이나 심리적 피로로 이어질 가능성이 큽니다.

2. 고립

INFJ는 스트레스를 받을 때 내면으로 침잠하며, 혼자 있는 시간을 통해 감정을 정리하려는 경향이 있습니다. 하지만 이러한 고립이 지나치면, 감정적 소통을 단절하고 자신만의 세계에 갇혀 현실과의 접점을 잃을 위험이 있습니다. 이는 INFJ가 문제를 직접 해결하기보다 내면에서 갈등을 분석하고 해석하는 방식으로 회피하려는 방어기제일 수 있습니다.

3. 이상화

INFJ는 자신이 소중하게 여기는 사람이나 관계를 이상적으로 바라보는 경향이 있습니다. 이들은 타인에게서 좋은 점을 발견하고 깊이 신뢰하려 하지만, 그러한 이상화가 깨졌을 때 큰 실망을 경험할 수 있습니다. 또한, 자신이 꿈꾸는 이상적인 세상을 현실보다 더 중요하게 여겨, 실제 문제를 직면하는 것을 피하려 할 수도 있습니다.

4. 투사

INFJ는 자신이 가진 감정을 외부로 투사할 가능성이 있습니다. 예를 들어, 자신이 누군가에게 실망했음에도 불구하고, 상대방이 자신에게 실망했다고 느끼는 식으로 감정을 바꿔서 해석할 수 있습니다. 또한, 자신의 불안을 타인에게서 발견하고, 다른 사람이 자신을 평가하고 있다고 생각하며 과도한 걱정을 하기도 합니다.

5. 반동 형성

INFJ는 자신이 내면에서 느끼는 감정과 정반대되는 방식으로 행동하는 경향이 있을 수 있습니다. 예를 들어, 누군가에게 분노를 느끼면서도 오히려 지나치게 친절하고 다정하게 대하는 방식으로 그 감정을 억누를 수 있습니다. 이는 내면의 갈등을 피하고 관계를 유지하려는 방어기제로 작용할 수 있지만, 감정을 직면하지 못하게 만들어 장기적으로는 감정적인 피로를 유발할 수 있습니다.

6. 자기 희생

INFJ는 타인을 돕고자 하는 강한 욕구가 있으며, 때때로 자신의 감정이나 필요를 희생하면서까지 타인을 위해 헌신하려는 경향이 있습니다. 이러한 자기희생은 INFJ가 가진 높은 이상과 윤리적 가치관에서 비롯될 수 있으며, 관계에서 조화를 유지하고자 하는 방어기제로 작용할 수 있습니다. 하지만 지나친 자기희생은 결국 감정적 소진(burnout)이나 우울감으로 이어질 수 있습니다.

7. 해리

INFJ는 감정적으로 너무 힘들거나 현실에서의 갈등이 감당하기 어려울 때, 자신의 감정을 단절하고 마치 현실에서 벗어난 듯한 느낌을 받을 수 있습니다. 이러한 해리는 고통스러운 감정을 피하려는 방어기제이며, 과거의 상처나 트라우마를 잊기 위해 현실에서 한 걸음 물러나려는 방식으로 나타날 수 있습니다.

8. 회피

INFJ는 직접적인 대립이나 갈등을 극도로 꺼리는 경향이 있습니다. 갈등이 발생했을 때 이를 적극적으로 해결하기보다 피하려는 경향이 있으며, 문제가 발생하면 직접적인 대면보다는 글을 쓰거나 간접적인 방식으로 감정을 표현하는 것을 선호할 수 있습니다. 하지만 이러한 회피가 지속하면 문제 해결이 어려워지고, 결국 더 큰 감정적인 부담을 초래할 수 있습니다.

▶ INFJ는 내면이 깊고 감정적으로 예민한 만큼, 감정을 직접 표출하기보다는 억압하거나 내면적으로 처리하려는 방어기제를 사용할 가능성이 큽니다. 또한, 자기희생, 이상화, 고립과 같은 방식으로 감정을 조절하며, 현실적인 갈등을 피하려는 성향이 나타날 수 있습니다. 이러한 방어기제들은 INFJ가 자신의 감정을 보호하고 내면의 균형을 유지하는 데 도움을 줄 수 있지만, 지나칠 때 감정적인 소진이나 대인관계에서의 고립을 초래할 수 있습니다. 따라서 INFJ는 자신의 감정을 보다 건강한 방식으로 표현하고, 갈등을 회피하기보다 직접 해결하려는 노력을 기울이는 것이 중요합니다.

INFJ의 심리적 취약점과 이를 극복할 수 있는 대처방법은 무엇인가?

INFJ는 '통찰적 조력자'라 불릴 만큼 깊은 공감력과 이상주의를 가진 내향형 성격 유형입니다. 그들은 타인의 아픔을 직감적으로 이해하고 조용한 방식으로 세상을 더 나은 곳으로 만들고자 합니다. 그러나 이런 고귀한 이상과 섬세한 감성은 때로 내면에 큰 심리적 부담을 초래하기도 합니다. INFJ의 대표적인 심리적 취약점 5가지와 이를 극복할 수 있는 대처방법을 살펴보겠습니다.

1. 타인의 감정을 지나치게 흡수하는 경향

INFJ는 타인의 감정에 깊이 공감하는 능력이 뛰어나지만, 이로 인해 자신도 모르게 상대의 고통이나 슬픔을 내면에 끌어안고 감정적으로 소진되기 쉽습니다. 특히 가까운 사람의 부정적 감정은 자신의 감정처럼 느껴져 우울감이나 혼란을 유발합니다. 그러므로 감정의 경계를 명확히 설정하는 연습이 필요합니다. 상대의 감정을 '이해'하되 '소유'하지 않도록, 명상이나 알아차림을 통해 내면의 중심을 지키는 루틴을 일상화하는 것이 좋습니다. "이 감정은 나의 것이 아닌, 그 사람의 것이다"라고 마음속으로 선언해주는 것도 효과적입니다.

2. 완벽한 인간관계를 꿈꾸며 상처를 깊이 받아들이는 성향

INFJ는 진정성 있는 관계를 원하며, 관계에 있어 높은 이상을 품는 경향이 있습니다. 그러나 현실은 완벽하지 않기에 타인의 무례나 배신, 오해에 깊은 충격을 받곤 합니다. 때로는 이로 인해 인간관계를 끊거나 고립을 선택하기도 합니다. 그러므로 인간관계에 대한 기대치를 조율하는 훈련이 필요합니다. '완벽한 이해'가 아니라 '부분적인 공감'도 소중한 연결이라는 사실을 받아들이고, 갈등이 생겼을 때는 무조건 단절하지 말고 자신의 입장을 조용히 설명하는 연습을 하는 것이 좋습니다.

3. 내면 갈등의 반복과 자기 의심

INFJ는 내면의 도덕적 기준과 세상의 현실 사이에서 자주 갈등합니다. 이상을 좇고 싶지만, 현실적인 제약으로 인해 타협해야 할 때, 자신을 배신했다고 느끼고 자책하는 경우가 많습니다. 또한, 사소한 선택조차 옳고 그름의 문제로 확대하여 결정장애를 겪기도 합니다. 그러므로 선택과 결정의 순간마다 '완벽한 답'이 아니라 '지금의 최선'을 찾는 태도가 필요합니다. 자신에게 "지금의 나도 괜찮다", "실수해도 괜찮다"는 문장을 자주 말하며 자기 수용의 언어를 훈련하는 것이 큰 도움이 됩니다.

4. 자신의 욕구를 억누르고 타인을 우선시하는 경향

INFJ는 조화를 중시하기 때문에 갈등을 피하고 타인의 욕구를 먼저 챙기려는 경향이 강합니다. 그러나 이로 인해 자신의 욕구와 감정을 억누르고, 결국엔 내면의 분노나 좌절로 이어질 수 있습니다. 그러므로 "나는 지금 무엇이 필요한가?", "진짜 하고 싶은 말은 무엇인가?"를 자문하며 자기 내면의 목소리에 귀를 기울이는 연습이 필요합니다. 하루에 한 번 자기 욕구를 자유롭게 써보는 감정 일기나, 자기 생각을 중심에 두는 소통 연습이 회복에 큰 도움이 됩니다.

5. 비현실적인 이상에 매달리며 현실을 무시하는 태도

INFJ는 미래에 대한 비전과 의미를 중요시하며, 현실보다 이상에 몰두하는 경우가 많습니다. 이로 인해 현재의 삶이 소외되거나, 실질적인 행동보다 과도한 내면 계획에 빠져 우울해지기도 합니다. 그러므로 '지금 여기'에 집중하는 훈련이 필요합니다. 예를 들어, 오늘 하루 한 가지라도 실천 가능한 작은 행동을 설정하고, 그것을 통해 이상을 조금씩 구현해나가는 태도가 INFJ의 내면을 안정시켜줍니다. 자신의 이상을 현실로 가져오는 다리로써, '행동'이 필요하다는 점을 기억해야 합니다.

▶ INFJ는 누구보다 깊은 내면과 아름다운 이상을 지닌 존재이지만, 그만큼 정서적 섬세함과 취약함을 함께 안고 살아가는 유형입니다. 그러므로 자신에게도 타인에게 베풀듯 연민과 이해를 보내는 일이 중요합니다. INFJ가 진정한 자기 자신과 연결될 때, 세상을 따뜻하게 치유하는 놀라운 힘을 발휘하게 됩니다. 감정과 이상을 부드럽게 현실과 접목하는 과정에서, INFJ는 가장 빛나는 존재로 성장할 수 있을 것입니다.

INFJ가 자신의 잠재력을 극대화하고, 건강하고 행복한 삶을 위해서 실천해야 할 10가지 행동 지침은 무엇인가?

INFJ는 깊은 내면의 통찰력과 이상적인 목표를 추구하는 성향을 지닌 사람들입니다. 그들은 종종 자신과 타인의 감정에 대해 높은 민감도를 보이며 세상에 긍정적인 영향을 미치고자 하는 강한 열망을 가집니다. 하지만 이들은 때때로 자신의 감정이나 욕구를 뒤로 미루고, 너무 이상적인 목표를 추구하다가 현실과 충돌하거나 자기 자신을 소홀히 할 수 있습니다. INFJ가 자신의 잠재력을 극대화하고 건강하고 행복한 삶을 살기 위해 실천해야 할 10가지 행동 지침은 다음과 같습니다.

1. 자기 자신을 이해하고 받아들이기

INFJ는 내면의 깊은 통찰력과 이상적인 비전을 가지고 있지만, 때때로 자신을 지나치게 비판하거나 이상적인 목표를 달성하지 못했을 때 자책할 수 있습니다. 자기 자신을 있는 그대로 받아들이고, 자신의 장점과 단점을 인정하는 것이 중요합니다. 자기 연민과 자기 존중감을 키우는 것이 성장의 첫걸음입니다.

2. 자신의 감정을 건강하게 표현하기

INFJ는 감정적으로 깊이가 있지만 때로는 자신의 감정을 숨기거나 억누를 수 있습니다. 감정을 억제하는 것은 스트레스를 쌓이게 하고, 내면의 불균형을 초래할 수 있습니다. 일기 쓰기나 신뢰할 수 있는 사람과의 대화를 통해 감정을 솔직하게 표현하는 것이 중요합니다. 감정을 표현하는 것은 내면의 정서를 건강하게 관리하는 방법입니다.

3. 현실적인 목표 설정하기

INFJ는 종종 이상적이고 원대한 목표를 설정하지만, 그것이 지나치게 비현실적일 수 있습니다. 현실적인 목표를 설정하고, 이를 달성하기 위한 실질적인 계획을 세우게 게 필요합니다. 작은 목표부터 차근차근 이루어 나가며 성취감을 느끼는 것이 중요합니다.

4. 자기 돌봄의 우선순위 두기

INFJ는 타인을 도와주는 데 집중하는 경향이 있지만, 자신을 돌보는 것 또한 중요합니다. 규칙적인 운동, 건강한 식습관, 충분한 휴식과 수면 등 자기 돌봄을 우선순위에 두고 실천하는 것이 좋습니다. 자신을 돌보는 것이 다른 사람을 돕는 데에도 중요한 기초가 됩니다.

5. 사회적 상호작용에서 균형 찾기

INFJ는 혼자 있는 시간을 즐기지만, 때때로 지나치게 외로움을 느낄 수 있습니다. 중요한 관계를 유지하고, 신뢰할 수 있는 사람들과 건강한 소셜 네트워크를 형성하는 것이 중요합니다. 적절한 사회적 상호작용을 통해 정서적 지원을 받을 수 있습니다.

6. 자기 성찰의 시간을 갖기

INFJ는 깊은 내면의 사고를 통해 자신을 이해하려고 합니다. 그러나 지나치게 혼자 생각에 잠기거나 과도하게 자기 성찰에 몰두할 수 있습니다. 균형을 맞추기 위해 일상 속에서 자기 성찰의 시간을 가지되, 너무 고립되거나 지나치게 깊은 사고에 빠지지 않도록 주의해야 합니다.

7. 변화에 열린 마음으로 대응하기

INFJ는 확고한 이상과 목표를 가지고 있지만, 변화에 대해 불안해하거나 저항할 수 있습니다. 삶에서 변화는 불가피한 부분이며, 그것을 열린 마음으로 수용하는 것이 중요합니다. 변화가 가져오는 기회와 교훈을 받아들이면 더 나은 방향으로 나아갈 수 있습니다.

8. 경계 설정하기

INFJ는 타인의 감정에 매우 민감하여 때때로 타인의 요구를 지나치게 충족시키려 할 수 있습니다. 자신의 에너지와 시간을 존중하는 경계를 설정하고, 필요할 때는 '아니오'라고 말할 수 있는 용기를 가져야 합니다. 과도한 요구에 응답하지 않음으로써 자신의 에너지를 지킬 수 있습니다.

9. 완벽주의 내려놓기

INFJ는 높은 기준과 완벽주의적인 성향을 지닌 경우가 많습니다. 하지만 완벽을 추구하는 것이 오히려 스트레스와 좌절을 불러올 수 있습니다. 실수와 불완전함을 받아들이고, 과정 자체에서 배우고 성장하는 것을 목표로 삼는 것이 좋습니다. 완벽함보다 진정성과 진지함을 더 중요하게 여기는 것이 자신의 발전에 더 도움이 될 것입니다.

10. 의미 있는 활동에 집중하기

INFJ는 삶에 의미를 부여하고자 하는 욕구가 강합니다. 그들은 자신의 목표와 삶의 목적에 맞는 일을 할 때 가장 큰 만족감을 느낍니다. 의미 있는 활동에 집중하고, 자신의 가치와 일치하는 일에 몰두하는 것이 필요합니다. 삶의 목적을 추구하는 일이 자신에게 큰 성취감을 선사할 것입니다.

▶ INFJ는 이상적인 목표와 깊은 내면의 세계를 가진 사람들로, 때로는 자기 자신을 희생하거나 지나치게 감정적으로 몰입할 수 있습니다. 그러나 건강하고 행복한 삶을 위해서는 자기감정을 인식하고, 자신을 돌보며, 현실적인 목표를 설정하고, 타인과의 관계에서 균형을 찾는 것이 필요합니다. 또한, 완벽주의를 내려놓고 의미 있는 삶을 추구하며, 변화와 도전을 열린 마음으로 받아들이는 태도가 중요합니다. 이러한 행동 지침을 실천하면서 INFJ는 자신의 잠재력을 극대화하고, 더 행복한 삶을 살 수 있을 것입니다.

INFJ에게 필요한 플러스 생각 10가지

INFJ 유형은 직관적이며 통찰력이 뛰어나고, 깊이 있는 사고와 따뜻한 공감을 동시에 지닌 사람입니다. 내면의 이상과 가치에 따라 행동하며, 세상을 더 나은 방향으로 이끌고자 하는 강한 사명감을 지니고 있습니다. 그러나 때로는 현실과 이상 사이에서 좌절감을 느끼거나, 자기감정을 억누르고 타인의 감정에만 집중하며 소진되기도 합니다. 이러한 INFJ에게는 자기 자신을 더 따뜻하게 품고, 내면의 비전을 현실적으로 조율할 수 있는 플러스 생각이 필요합니다.

1. 나는 세상을 더 나은 곳으로 만들고 싶다.
▶ 세상을 바꾸려는 내 마음은 소중하다. 하지만 나 자신을 돌보는 것이 먼저 시작점이 될 수 있다.

2. 나는 타인의 고통에 깊이 공감한다.
▶ 공감은 나의 빛이지만, 모든 아픔을 내가 짊어질 필요는 없다. 나의 평화도 지켜야 한다.

3. 나는 이상을 향해 나아가는 사람이다.
▶ 이상은 나의 나침반이다. 그러나 현실 속 작은 한 걸음도 큰 가치가 있다.

4. 나는 조용한 성찰을 좋아한다.
▶ 혼자만의 시간은 내게 필수지만, 때때로 타인과의 연결도 나를 치유할 수 있다.

5. 나는 다른 사람의 기대에 민감하다.
▶ 기대를 의식하는 마음은 배려의 표현이다. 그러나 나의 기준도 충분히 존중받아야 한다.

6. 나는 깊고 의미 있는 관계를 추구한다.
▶ 깊은 관계는 나에게 에너지를 주지만, 모든 관계가 깊을 필요는 없다. 가벼운 인연도 삶의 일부이다.

7. 나는 때때로 외로움을 느낀다.
▶ 외로움은 내 감수성의 일부이다. 그 감정 속에도 나를 이해할 수 있는 단서가 숨어 있다.

8. 나는 갈등을 피하려는 경향이 있다.

▶ 갈등을 피하는 것은 평화를 지키기 위한 노력이다. 하지만 진심을 말하는 것도 관계의 깊이를 만든다.

9. 나는 직관을 신뢰한다.

▶ 직관은 나의 나침반이지만, 때로는 확인과 소통을 통해 더 넓은 시야를 가질 수 있다.

10. 나는 세심하고 조용한 힘을 지녔다.

▶ 눈에 띄지 않아도 나는 큰 영향력을 가진 사람이다. 내 방식으로 세상에 기여할 수 있다.

이러한 플러스 생각들은 INFJ가 자기 수용과 자기 회복의 힘을 키우는 데 도움이 되며, 이상과 현실 사이에서 균형 잡힌 시선을 갖도록 돕습니다. INFJ는 혼자 내면에서 많은 것을 감당하려는 경향이 있으므로, 이러한 사고들을 의식적으로 되뇌며 자기 돌봄의 말로 삼는 것이 매우 중요합니다.

INFJ의 좋은 관계를 위한 지혜

INFJ는 깊은 통찰력과 공감을 바탕으로 관계를 맺는 사람들입니다. 그들은 종종 자신의 내면세계와 신념을 중요하게 여기며, 세상을 더 나은 곳으로 만들고자 하는 강한 열망을 가지고 있습니다. INFJ는 감정적으로 민감하고 타인의 감정을 잘 이해하는 능력이 뛰어나며, 그들의 직관적인 사고방식으로 사람들과 깊은 유대감을 형성합니다. 그러나 감정을 표현하는 데 있어 다소 내성적일 수 있으며, 때로는 자신을 드러내는 데 어려움을 겪기도 합니다.

잘 맞는 유형:

- **ENFP:** INFJ와 ENFP는 서로의 차이를 잘 보완하는 관계를 형성할 수 있습니다. ENFP는 INFJ에게 더 개방적이고 자유로운 사고를 불러일으키며, INFJ는 ENFP에게 깊이 있는 감정적 이해를 제공합니다. 두 사람은 감정적으로 잘 연결될 수 있으며, 서로의 이상과 목표를 지지하고 함께 성장하는 관계를 유지할 수 있습니다.

- **INTJ:** INTJ와 INFJ는 공유하는 직관적 사고방식과 가치관을 바탕으로 깊은 관계를 맺을 수 있습니다. INFJ는 INTJ의 전략적 사고를 이해하고 감정적 안정감을 제공할 수 있으며, INTJ는 INFJ에게 더 직관적이고 혁신적인 사고를 자극할 수 있습니다. 둘은 서로의 비전을 공유하며, 인생의 목표와 가치에 대해 깊은 대화를 나누는 관계를 만들 수 있습니다.

잘 맞지 않는 유형:

- **ESTP:** INFJ와 ESTP는 성향이 매우 다르며, 갈등이 발생할 가능성이 큽니다. ESTP는 현실적이고 즉흥적인 사고를 선호하며, 감정적인 깊이보다는 실용적인 결과를 중시하는 경향이 있습니다. INFJ는 감정적이고 이상주의적인 성향을 지니기 때문에, 서로의 접근 방식이 충돌할 수 있습니다.

- **ISFP:** ISFP와 INFJ는 감성적이고 예술적인 면에서 비슷한 점이 있지만, INFJ는 더 깊은 내면적 목적과 방향성을 추구하는 반면, ISFP는 즉흥적이고 자유로운 성향이 강해 관계에서 갈등이 발생할 수 있습니다.

좋은 관계를 위한 지혜:

- **상대방의 감정을 존중하고 배려하기:** INFJ는 감정을 잘 이해하고 공감하는 능력

이 뛰어나지만, 때로는 감정을 내면에 쌓아두기 때문에 상대방이 직접 감정을 표현할 수 있는 공간을 제공하는 것이 중요합니다. "어떤 일이 있었는지 말해줄 수 있어?"라고 물어보며 상대방이 감정을 표현할 수 있도록 돕는 것이 좋습니다.

· **개방적이고 솔직한 대화**: INFJ는 종종 내면세계를 숨기는 경향이 있으므로, 자신의 감정이나 생각을 표현하는 데 어려움을 겪을 수 있습니다. 관계에서 솔직하게 감정과 생각을 나누는 것이 중요합니다. "이 상황에서 나는 이렇게 느끼고 있어"라고 말함으로써 서로의 이해를 깊게 할 수 있습니다.

· **서로의 비전과 목표를 공유하기**: INFJ는 강한 이상주의적인 성향을 가지고 있어, 자신의 비전과 목표를 중요하게 생각합니다. 관계에서 상대방과 이 비전을 공유하고, 서로의 목표에 대해 깊은 대화를 나누는 것이 중요합니다. "우리의 목표가 어떻게 일치하는지 이야기해볼까?"라는 방식으로 대화를 나누면 좋습니다.

· **자기 자신을 돌보기**: INFJ는 타인의 감정에 민감하고, 상대방을 돌보는 데 많은 에너지를 쏟기 때문에, 자신을 돌보는 시간이 필요합니다. "나도 잠시 쉬고 싶어"라고 말하고, 자신에게 필요한 휴식을 취하는 것이 중요합니다.

· **갈등을 해결할 때 감정을 고려하기**: INFJ는 감정을 중시하지만, 갈등 해결 시 감정이 격해질 수 있습니다. 이때 감정적이고 논리적인 접근을 조화롭게 사용하여, "내가 어떻게 느끼는지 알겠지만, 이 문제를 해결하려면 어떻게 해야 할까?"라고 말하며 갈등을 부드럽게 해결하는 것이 중요합니다.

INFJ의 치유와 성장을 위한 영적 메시지(명상 조언) 5가지

1. 자신의 직관을 신뢰하세요.

당신은 깊은 통찰력과 직관을 지닌 존재입니다. 그러나 때로는 외부의 소음이나 타인의 의견에 흔들리면서 자신의 내면의 목소리를 무시할 수 있습니다. 당신의 직관은 당신을 진정한 길로 인도하는 강력한 나침반입니다. 외부의 혼란 속에서도 자신의 내면에서 들려오는 조용한 목소리에 귀 기울이고, 그것을 따를 때 당신은 삶의 흐름에 자연스럽게 조화될 것입니다.

2. 자신을 스스로 치유할 시간을 가지세요.

당신은 타인의 고통을 깊이 공감하고 그들을 돕기 위해 헌신합니다. 하지만 자신의 마음과 몸이 소진될 정도로 다른 사람을 돕기 전에, 자신의 치유가 먼저 이루어져야 합니다. 고요한 시간 속에서 자신의 내면을 돌보고, 자신에게 치유의 기회를 주세요. 당신이 충만할 때 더 깊은 사랑과 지혜를 다른 사람에게 나눌 수 있습니다.

3. 모든 것을 혼자 짊어지려 하지 마세요.

당신은 강한 책임감과 사명감을 지니고 있으며, 세상의 무게를 홀로 감당하려는 경향이 있습니다. 그러나 모든 것을 혼자 해결하려 하지 말고, 때로는 다른 사람의 도움을 받아들이세요. 당신의 약함을 드러내는 것은 부끄러운 일이 아닙니다. 타인과 마음을 나누고 연결될 때, 당신은 더욱 강해지고 안정될 것입니다.

4. 결과가 아닌 과정에 집중하세요.

당신은 자신의 비전과 이상을 이루기 위해 깊은 집중력과 인내심을 발휘합니다. 그러나 때때로 결과에 집착하면서 현재의 순간을 놓치기 쉽습니다. 완성된 모습이 아니라, 그 과정에서 배우고 성장하는 것에 의미를 두세요. 과정 자체에서 얻는 깨달음과 성장이 당신의 삶을 더욱 풍요롭게 만들어 줄 것입니다.

5. 자신의 빛을 숨기지 마세요.

당신은 겸손하고 조용한 성향 때문에 자신의 재능과 빛을 숨기고 뒤로 물러나려는 경향이 있습니다. 그러나 당신의 내면에는 세상을 비출 수 있는 강력한 빛이 있습니다. 당신의 지혜와 사랑을 세상에 드러내고, 그 빛이 다른 사람들의 삶에도 영향을 미칠 수 있도록 하세요. 당신의 존재는 이미 세상에 큰 선물이 되고 있습니다.

INTJ 전략가형, 혁신가형

INTJ는 내향적(Introverted), 직관적(iNtuitive), 사고적(Thinking), 판단적(Judging) 성향을 지닌 사람들을 의미하는 MBTI 유형입니다. INTJ는 흔히 '전략적인 혁신가', '차세대 리더', '독립적인 분석가'로 묘사됩니다.

INTJ의 주요 특징

1. 분석적이고 전략적인 사고

INTJ는 매우 논리적이고 분석적인 사고를 통해 문제를 해결하는 능력이 뛰어납니다. 이들은 복잡한 문제를 해결하기 위한 전략을 세울 때 뛰어난 직관력을 발휘하며, 먼 미래를 대비하여 계획을 세우는 데 능숙합니다. 이들은 항상 효율적이고, 합리적인 방법을 추구합니다.

2. 독립적이고 자기 주도적인 성향

INTJ는 독립적인 성격을 지니며, 자신이 설정한 목표를 이루기 위해 혼자서도 꾸준히 노력합니다. 이들은 외부의 영향을 최소화하며, 자기 생각에 따라 행동하는 경향이 강합니다. 타인의 의견에 흔들리지 않으며, 스스로 결정을 내리는 것을 선호합니다.

3. 높은 지능과 창의력

INTJ는 뛰어난 지능을 가지고 있으며, 새로운 아이디어나 혁신적인 해결책을 제시하는 데 탁월합니다. 이들은 창의적으로 사고하며, 기존의 틀을 깨는 새로운 방법을 제시하거나, 효율성을 극대화하는 방안을 모색합니다. 그들의 창의성은 주로 논리적이고 구조적인 형태로 나타납니다.

4. 미래 지향적인 비전

INTJ는 항상 미래를 바라보며 계획을 세웁니다. 이들은 현재 상황에서 가장 효율적인 방향으로 나아가기 위한 방법을 생각하며, 향후 몇 년 혹은 몇십 년 후의 변화를 예측하고 그에 맞춰 전략을 수립합니다. 이들은 목표 달성에 집중하며, 그 목표를 이루기 위한 길을 체계적으로 설계합니다.

5. 감정적 표현의 부족

INTJ는 감정보다 논리와 이성에 우선하는 경향이 있습니다. 이들은 감정 표현이 서툴고, 때로는 감정적으로 둔감하게 보일 수 있습니다. 사람들과의 관계에서 감정적인 교감을 중요하게 생각하지 않으며, 주로 실용적인 대화나 목표 지향적인 토론을 선호합니다.

INTJ의 장점 & 단점

● 장점:
- 뛰어난 문제 해결 능력과 전략적 사고 능력을 갖추고 있습니다.
- 독립적이고 자기 주도적이며, 목표 달성을 위해 꾸준히 노력합니다.
- 높은 지능과 창의력으로 혁신적인 아이디어를 제시할 수 있습니다.
- 분석적이고 논리적인 접근을 통해 효율성을 높일 수 있습니다.
- 미래에 대한 명확한 비전과 계획을 가지고 있습니다.

❌ 단점:
- 감정적으로 소외감을 느낄 수 있으며, 사람들과의 감정적 교류에 어려움을 겪을 수 있습니다.
- 다른 사람들의 감정이나 상황을 이해하는 데 상대적으로 둔감할 수 있습니다.
- 지나치게 논리적이고 분석적인 사고방식이 때로는 현실적이지 않거나 감정을 고려하지 못할 수 있습니다.
- 자존감이 높고 자기 확신이 강해서 타인의 의견을 잘 수용하지 않는 경우가 많습니다.
- 때때로 지나치게 이상적인 목표를 설정하고 현실적인 제약을 무시할 수 있습니다.

INTJ에게 잘 맞는 직업

INTJ는 논리적이고 분석적인 사고를 요구하는 직업, 독립적이고 창의적인 환경에서 큰 만족을 느낍니다. 이들은 미래를 설계하고, 혁신을 이끌어가는 직업에서 뛰어난 성과를 보입니다.

● 과학자, 연구원 – 새로운 이론을 발견하고, 혁신적인 연구를 수행하는 직업에 적합합니다.

● 기술 전문가, 엔지니어 – 창의적이고 혁신적인 기술적 문제 해결이 요구되는 직업에서 두각을 나타냅니다.

● 기업 전략가, 경영 컨설턴트 – 기업의 미래 방향성을 제시하고 전략을 수립하는 역할에 적합합니다.

● 프로그램 개발자, 시스템 설계자 – 효율적이고 체계적인 시스템을 설계하고 개발하는 직업에서 뛰어난 능력을 발휘합니다.

● 변화 관리 전문가 – 조직의 변화 과정에서 전략적인 계획을 수립하고 실행하는 역할에 적합합니다.

INTJ의 유명인 예시

· 아이작 뉴턴(Isaac Newton) – 과학적 혁신과 논리적 사고로 과학계를 변화시킨 인물

· 스티브 잡스(Steve Jobs) – 혁신적인 기술과 비전을 통해 애플을 세계적인 기업으로 만든 인물

· 넬슨 만델라(Nelson Mandela) – 사회적 변화를 위한 혁신적인 리더십을 발휘한 인물

· 일론 머스크(Elon Musk) – 우주 탐사, 전기차, 에너지 등 다양한 산업에서 혁신적인 변화를 이끈 기업가

INTJ를 위한 조언

· 감정 표현을 연습하세요 – 타인과의 관계에서 감정적인 교감을 강화하려면 감정을 좀 더 적극적으로 표현하는 연습이 필요합니다.

· 팀워크와 협력의 중요성을 인식하세요 – 독립적으로 일하는 것이 좋지만, 때때

로 다른 사람들과 협력하고 의견을 수렴하는 것이 중요합니다.

・**현실적인 제약을 고려하세요** – 이상적인 목표를 추구하는 것도 중요하지만, 현실적인 제약을 고려하는 균형 잡힌 접근이 필요합니다.

・**자기 자신을 이해하고 성장하세요** – 높은 자존감을 유지하는 것은 중요하지만, 다른 사람들의 의견과 피드백을 수용하는 것도 중요합니다.

INTJ는 이런 사람!

- 혁신적이고 창의적이며, 새로운 아이디어를 제시하는 능력이 뛰어납니다.
- 독립적이고 자기 주도적이며, 자신의 목표를 향해 꾸준히 노력합니다.
- 논리적이고 분석적인 사고를 통해 복잡한 문제를 해결하는 능력이 뛰어납니다.
- 미래 지향적이며, 체계적이고 전략적인 계획을 세웁니다.
- 감정보다는 이성에 우선하며, 감정적 교감을 중시하지 않습니다.

INTJ는 '전략적인 혁신가', '미래를 설계하는 리더'라고 할 수 있습니다.

상처나 스트레스를 많이 받을 때 INTJ는 어떤 심리증상이 생길 가능성이 높은가?

INTJ는 뛰어난 전략적 사고력과 독립적인 성향을 지니며, 명확한 목표 설정과 체계적인 계획을 통해 성공을 추구하는 성격입니다. 미래를 예측하고 논리적으로 상황을 분석하는 능력이 탁월하며, 효율성과 성과를 중요하게 여깁니다. 그러나 INTJ는 감정보다는 논리를 중시하고 타인과의 관계보다 개인적인 목표에 집중하는 경향이 있어, 스트레스나 상처를 받으면 특정한 심리증상이 나타날 가능성이 높습니다. 특히 내향성, 직관력, 사고 중심 성향이 강하기 때문에 감정적으로 위축되거나 과도하게 논리적인 접근을 강화하는 방향으로 반응할 수 있습니다. INTJ가 상처나 스트레스를 많이 받았을 때 발생할 수 있는 대표적인 심리증상 10가지를 살펴보겠습니다.

1. 과도한 자기비판 및 자기 회의 강화

INTJ는 자신에게 매우 높은 기준을 설정하고 그 기준에 미치지 못할 때 심한 자기비판에 빠지기 쉽습니다. 스트레스를 받을 때 자신의 능력이나 성과를 냉정하게 판단하며, '내가 부족하다', '내가 잘못했다'는 생각에 사로잡혀 자책하게 됩니다. 이로 인해 자신감이 급격히 저하될 수 있습니다.

2. 완벽주의 강화 및 실패에 대한 두려움

INTJ는 자신의 목표를 완벽하게 달성하고자 하는 경향이 강합니다. 스트레스 상황에서는 이러한 완벽주의 성향이 더욱 강화되며, 사소한 실수나 오류에도 민감하게 반응합니다. '실패하면 끝이다'라는 생각에 사로잡혀 도전을 피하거나 과도하게 준비에만 매달리게 될 수 있습니다.

3. 타인에 대한 신뢰 상실 및 고립 강화

INTJ는 원래부터 독립적인 성향이 강하지만, 스트레스 상황에서는 타인을 더 불신하게 됩니다. 타인이 자기 생각을 이해하지 못하거나 비효율적으로 행동한다고 판단되면, 대인관계를 차단하고 자신의 세계에 갇히게 됩니다. 이로 인해 사회적 고립이 심화될 수 있습니다.

4. 감정 억제 및 무관심 강화

INTJ는 원래 감정보다는 논리를 우선시하기 때문에 감정을 잘 드러내지 않습니다. 스트레스를 받을 때 이러한 성향이 강화되면서 타인의 감정이나 자신의 감정을 더욱 억누르고 무시하게 됩니다. '감정은 비효율적이다'라고 생각하며 인간관계에서 거리를 두게 됩니다.

5. 과도한 분석 및 통제 욕구 강화

INTJ는 스트레스를 받을 때 상황을 철저하게 분석하고 모든 요소를 통제하려는 성향이 강화됩니다. 문제를 해결하기 위해 모든 경우의 수를 검토하고, 상황을 완벽히 장악하려 하며, 예상치 못한 변수에 대해 과민하게 반응할 수 있습니다. 이러한 성향은 결국 정신적 피로와 불안을 초래할 수 있습니다.

6. 냉소적 태도 및 비판 강화

INTJ는 상황이 자신이 기대한 방향으로 흘러가지 않을 경우, 냉소적이거나 비판적인 태도를 강화하게 됩니다. 특히 타인이 자신의 계획을 따르지 않거나 비효율적으로 행동한다고 판단될 경우, 타인을 비판하거나 경멸하는 태도를 보일 수 있습니다. 이는 결국 인간관계의 악화를 초래할 수 있습니다.

7. 무기력 및 목표 상실 상태

INTJ는 명확한 목표와 전략이 있을 때 가장 안정감을 느낍니다. 그러나 스트레스가 극심해지면 자신의 계획이 무의미하다고 느끼면서 무기력 상태에 빠질 수 있습니다. '내가 해봤자 의미가 없다'는 생각에 사로잡히며, 기존의 열정과 추진력이 사라질 수 있습니다.

8. 피로감 및 신체화 증상 발생

INTJ는 스트레스를 받으면 정신적인 피로가 신체적인 피로로 이어질 가능성이 큽니다. 불면증, 두통, 소화불량, 근육통 같은 증상이 발생할 수 있으며, 지속적인 긴장 상태로 인해 면역력이 약화되면서 건강 상태가 악화될 수 있습니다.

9. 과도한 비관주의 및 미래에 대한 절망감

INTJ는 원래 미래를 계획하고 전략을 세우는 성향이 강합니다. 그러나 스트레스가 극심해지면 미래에 대해 비관적으로 생각하게 되며, '이렇게 해도 소용없다', '결국 실패할 것이다'라는 생각에 사로잡히게 됩니다. 이는 결국 새로운 도전에 대한 의지를 약화시킬 수 있습니다.

10. 대인관계에서의 거리감 증가 및 폐쇄적 태도 강화

INTJ는 스트레스를 받을 때 대인관계에서 거리를 두며 자신의 세계에 더 깊이 빠져들게 됩니다. 자신이 타인에게 이해받지 못한다고 느끼거나 자신의 논리를 받아들이지 않는다고 판단하면, 타인과의 소통을 차단하고 독단적으로 행동하게 됩니다. 이는 결국 타인과의 신뢰 관계를 약화시키고 관계에서의 소외감을 강화시킬 수 있습니다.

INTJ는 어떤 방어기제를 쓸 가능성이 높을까?

INTJ는 독립적이고 분석적인 사고를 바탕으로 전략적인 사고를 중시하는 성격 유형입니다. 이들은 논리적이며 미래지향적인 계획을 세우고, 효율성과 지적 성장을 중요하게 여깁니다. 그러나 감정보다 논리를 우선시하는 특성상 감정적인 불편함을 직접 마주하기보다 방어기제를 통해 우회적으로 처리하려는 경향이 있습니다. INTJ가 사용할 가능성이 큰 방어기제는 다음과 같습니다.

1. 합리화

INTJ는 감정적인 문제나 실패를 논리적으로 설명함으로써 정당화하려는 경향이 있습니다. 예를 들어, 인간관계에서 상처를 받았을 때 '나는 원래 사람들과 어울리는 걸 좋아하지 않는다'거나, '이 관계는 처음부터 비효율적이었다'라고 생각하며 자신의 감정을 분석적인 방식으로 무마하려 할 수 있습니다. 이러한 방어기제는 감정적인 충격을 줄이는 데 도움을 줄 수 있지만, 진짜 감정을 무시하고 회피하는 결과를 초래할 수 있습니다.

2. 억압

INTJ는 감정적 갈등을 다루는 것을 불편하게 여기는 경우가 많습니다. 따라서 불필요하다고 생각되는 감정이나 트라우마를 의식적으로 혹은 무의식적으로 억누르는 경향이 있습니다. 예를 들어, 과거의 실망스러운 경험이나 상처를 떠올리기보다는 '이미 끝난 일'로 간주하고 감정을 깊이 들여다보지 않으려 할 수 있습니다. 하지만 억압된 감정이 쌓이면 장기적으로는 정서적 피로감을 초래할 가능성이 있습니다.

3. 지적화

INTJ는 감정적인 문제를 객관적이고 논리적인 분석 대상으로 삼아 감정을 차단하는 경향이 있습니다. 예를 들어, 실연을 당했을 때 감정적으로 슬퍼하기보다는 '이 관계는 어차피 장기적으로 지속될 수 없었고, 나에게 최적의 파트너는 아니었다'라는 식으로 분석하면서 자신의 감정을 다루려 할 수 있습니다. 이러한 방식은 감정을 통제하는 데 도움을 줄 수 있지만, 자신의 감정을 인정하지 못하고 억제하는 결과를 초래할 수 있습니다.

4. 고립

INTJ는 내향적인 성향이 강하기 때문에 감정적으로 어려운 상황이 닥쳤을 때 혼자만의 시간을 가지려는 경향이 있습니다. 문제를 직접 해결하기보다는 철저히 혼자 분석하고 정리한 후 다시 행동하려는 방식을 취합니다. 하지만 이러한 고립이 지속하면 인간관계를 단절하게 될 위험이 있으며, 감정을 해소하기보다는 더욱 고립된 사고방식에 갇히게 될 수도 있습니다.

5. 투사

INTJ는 자신의 감정을 인식하기 어려울 때, 그것을 타인에게 투사하는 경향이 있을 수 있습니다. 예를 들어, 자신이 실수를 두려워하면서도 이를 인정하지 않고, 대신 '저 사람은 너무 실수를 걱정하는 것 같아'라고 해석할 수 있습니다. 또한, 자신의 불안을 인식하지 못한 채, 주변 사람들을 지나치게 비판적으로 바라보며 문제의 원인을 외부에서 찾으려 할 수도 있습니다.

6. 반동 형성

INTJ는 스스로 받아들이기 어려운 감정이 생길 때, 그것을 반대로 행동함으로써 부정하려 할 수 있습니다. 예를 들어, 누군가에게 감정적으로 상처를 받았음에도 불구하고, 오히려 그 사람에게 더 차갑게 대하거나 냉소적인 태도를 보이는 식입니다. 이는 감정을 직접 다루기보다 정반대의 행동으로 감정을 숨기려는 방어기제입니다.

7. 통제 욕구

INTJ는 불확실성을 싫어하며, 자신의 환경을 철저히 계획하고 통제하려는 경향이 있습니다. 감정적으로 불편한 상황이 발생하면, 감정을 다루기보다는 상황을 분석하고 통제함으로써 문제를 해결하려 합니다. 예를 들어, 누군가와의 관계에서 불확실성이 커지면 감정을 솔직하게 표현하기보다, 상대방과의 상호작용을 분석하고 전략적으로 조정하려는 방식으로 반응할 수 있습니다.

8. 회피

INTJ는 감정을 직접 다루는 것을 어려워할 수 있으며, 감정적인 문제를 해결하는 대신 피하려는 경향이 있습니다. 예를 들어, 인간관계에서 문제가 발생했을 때 대화를 통해 해결하기보다는 그 관계를 단절하거나 무시하는 방향을 선택할 수 있습니다. 또한, 감정적으로 힘든 주제를 피하고 논리적인 주제에만 집중하는 방식으로 회피하려 할 수도 있습니다.

▶ INTJ는 감정을 직접 다루기보다 논리적인 분석을 통해 감정을 조절하거나 회피하려는 방어기제를 사용할 가능성이 큽니다. 합리화, 지적화, 억압 등의 방식으로 감정을 통제하려 하며, 감정적으로 불편한 상황에서는 고립이나 회피를 통해 문제를 해결하려는 경향이 있습니다.

이러한 방어기제들은 INTJ가 감정을 객관적으로 바라보고 효율적으로 문제를 해결하는 데 도움을 줄 수 있지만, 감정을 완전히 무시하거나 억누를 때 장기적으로는 감정적인 소진이나 대인관계의 어려움을 초래할 수 있습니다. 따라서 INTJ는 자신의 감정을 논리적으로 분석하는 것뿐만 아니라, 그것을 솔직하게 인정하고 건강한 방식으로 표현하는 연습을 하는 것이 중요합니다.

INTJ의 심리적 취약점과 이를 극복할 수 있는 대처방법은 무엇인가?

INTJ는 '전략적 설계자'로 불릴 만큼 장기적인 비전과 치밀한 분석 능력을 지닌 유형입니다. 냉철한 사고와 독립성, 구조화된 사고방식으로 복잡한 문제를 해결하는 데 탁월하며, 세상을 더 나은 방향으로 설계하고자 하는 깊은 욕구를 지니고 있습니다. 하지만 이런 강점 이면에는 정서적 거리감, 완고함, 고립 성향 같은 심리적 취약점이 내재되어 있어 대인관계나 자기 성장의 측면에서 저약이 생기기도 합니다. INTJ의 대표적인 심리적 취약점 5가지와 그것을 극복할 수 있는 대처방법을 살펴보겠습니다.

1. 감정 표현의 억제와 정서적 거리감

INTJ는 감정보다 논리를 우선시하며, 정서적인 표현에 불편함을 느끼는 경우가 많습니다. 특히 감정을 표현하는 것이 비효율적이거나 약점으로 느껴질 수 있어, 가까운 관계에서도 자신을 드러내지 않으려는 경향이 강합니다. 이로 인해 타인과의 감정적 연결이 단절되기 쉽습니다. 따라서 자신의 감정을 의식적으로 점검하고 표현하는 연습이 필요합니다. 하루에 한 번 자신의 감정을 한 문장으로 표현하거나, '감정 언어 목록'을 활용해 오늘의 감정을 말로 명명해보는 루틴을 들이는 것이 좋습니다. 감정도 하나의 데이터라는 관점으로 접근하면 INTJ에게 부담이 덜할 수 있습니다.

2. 비판에 대한 과민 반응과 자기방어

INTJ는 자신의 사고에 강한 확신을 가진 만큼, 외부의 비판에 예민하게 반응하거나 그것을 '비효율적인 공격'으로 간주해 방어적으로 반응하기 쉽습니다. 특히 정서적 피드백을 논리적이지 않다고 판단해 무시하거나 배척하기도 합니다. 그러므로 이를 극복하기 위해서는 피드백을 감정이 아니라 정보로 받아들이는 연습이 필요합니다. "이 말 속에 나를 성장시킬 단 하나의 통찰은 무엇인가?"라는 질문을 자신에게 던지며, 감정적 방어보다 정보적 수용을 선택해야 합니다.

3. 고립 지향과 타인과의 단절

혼자 있는 시간을 즐기고 스스로 사고를 조직하는 데 익숙한 INTJ는 대인관계를 시간 낭비로 여길 수 있으며, 자칫하면 사회적 고립으로 이어질 수 있습니다. 그러나 인간은 타인을 통해 자신을 더 깊이 이해하고, 정서적으로 안정감을 느끼는 존재입니다. 그러므로 의도적으로 소수의 신뢰할 만한 사람들과 주기적으로 대화하고 교류하는 습관을 들이는 것이 중요합니다. 특히 감정적인 대화가 아닌 '아이디어 공유'나 '비전 토론'을 통해 인간관계를 맺을 기회를 마련하면 부담이 덜합니다.

4. 지나친 이상주의와 현실 회피

INTJ는 장기적인 계획과 이상을 향해 나아가는 데 몰입하는 성향이 강합니다. 그러나 이 이상이 지나치게 추상적이거나 현실과 유리되어 있을 때, 현재의 삶에 대한 무기력이나 회피가 나타날 수 있습니다. 이상을 실현 가능한 단계로 쪼개고, 당장 할 수 있는 작은 실천을 정하는 것이 필요합니다. 매일 '오늘 내가 할 수 있는 최선의 한 가지'를 정하고 실행에 옮기는 습관을 통해 이상과 현실 사이의 간극을 좁혀야 합니다. 실행 가능한 전략은 INTJ에게 가장 강력한 심리 안정제가 됩니다.

5. 인간관계에서의 완고함과 융통성 부족

INTJ는 확립된 신념과 체계를 중시하는 만큼, 자신의 논리와 계획에 부합하지 않는 행동이나 감정 표현을 무시하거나 평가절하하는 경향이 있습니다. 이로 인해 인간관계에서 융통성이 부족하다는 인상을 줄 수 있습니다. 이를 극복하기 위해서는 '다름'이 꼭 '틀림'이 아니라는 사실을 인정하고, 타인의 방식에 잠시 머물러 보는 연습이 필요합니다. '나는 이해가 안 되지만, 저 사람이 그 방식으로 살아가는 데는 이유가 있을 것이다'라는 열린 관점을 가지면, 타인과의 관계에서 더욱 유연한 연결감을 형성할 수 있습니다.

▶ INTJ는 타고난 전략가이자 통찰력 있는 혁신가로서, 자신만의 방식으로 세상을 해석하고 변화시키는 능력을 지닌 귀한 유형입니다. 그러나 내면의 감정적 유연성과 인간관계의 유기성은 삶의 또 다른 차원을 열어주는 열쇠가 될 수 있습니다. 자신에게도 때때로 여백과 따뜻함을 허락하고, 사람들과의 연결 속에서 새로운 통찰을 받아들이는 순간, INTJ는 더욱 균형 잡힌 삶의 설계자가 될 수 있습니다.

INTJ가 자신의 잠재력을 극대화하고, 건강하고 행복한 삶을 위해서 실천해야 할 10가지 행동 지침은 무엇인가?

INTJ는 지적인 분석력과 혁신적인 사고를 지닌 사람들로, 독립적이고 목표 지향적인 성향을 가지고 있습니다. 이들은 자신의 비전을 추구하며, 삶에서 깊은 의미와 성과를 중요시합니다. 그러나 때때로 지나치게 독립적이고 완벽주의적일 수 있어 스트레스를 받을 수 있습니다. INTJ가 자신의 잠재력을 극대화하고 건강하고 행복한 삶을 살기 위해 실천해야 할 10가지 행동 지침은 다음과 같습니다.

1. 감정도 논리처럼 탐구할 수 있는 대상임을 받아들이기

INTJ는 감정을 비논리적인 것으로 여기며 간과하기 쉽습니다. 그러나 감정은 무질서한 혼란이 아니라, 이해와 표현을 통해 정돈할 수 있는 내면의 신호입니다. 감정을 분석하고 받아들이는 과정도 지적 성장의 일부로 여기는 게 좋습니다.

2. 관계는 효율이 아닌 존재 그 자체로 의미 있음을 이해하기

타인과의 연결에서 '유용성'이나 '목표 지향성'을 따지기보다, 단순히 함께하는 존재 자체에 가치를 두는 태도를 키우는 것이 필요합니다. 사람은 프로젝트가 아니라, 함께 경험하고 성장할 존재입니다. 관계의 깊이는 비효율적일 때 더 풍성해질 수 있습니다.

3. 모든 일을 통제하려는 욕구를 내려놓기

INTJ는 상황을 예측하고 계획하는 데 능하지만, 인생은 언제나 변수를 동반합니다. 모든 것을 완벽히 설계하려는 시도는 자신을 소진하게 시키고 유연성을 제한할 수 있습니다. 때로는 흐름에 맡기며 배우는 자세가 더 큰 결과를 가져옵니다.

4. 자기비판도다 자기 자비의 언어를 익히기

높은 기준을 자신에게 적용하는 INTJ는 실수에 대해 관대하지 못한 경우가 많습니다. 하지만 자기를 향한 따뜻한 말 한마디는 정신적 피로를 해소하고, 내면의 에너지를 회복시키는 힘이 됩니다. 자기 자비는 지속 가능한 성장의 바탕이 됩니다.

5. 과정 자체에서 의미를 찾는 연습하기

INTJ는 결과 중심적이어서 목표에 도달해야만 만족을 느끼곤 합니다. 그러나 매 순간의 과정, 특히 시행착오와 사유의 시간이 삶을 더 깊고 풍요롭게 만듭니다. 목표만큼이나 여정을 음미하는 것이 삶의 만족도를 높여줍니다.

6. 불확실성과 친해지려는 의지를 갖기

미래를 예측하고 설계하는 데 능한 만큼, 예측 불가능한 상황에서 불안을 느끼기 쉽습니다. 그러나 불확실성은 삶의 본질이자 창의력의 원천입니다. 모든 것을 알아야만 안전한 것은 아니며, 때로는 모름이 기회를 열어줍니다.

7. 혼자만의 시간을 지나치게 절대화하지 않기

고독은 INTJ의 치유이자 창조의 공간입니다. 하지만 그 시간이 지나치게 길어지면, 사회적 고립으로 이어질 수 있습니다. 생각을 정리한 후에는 다시 세상과 연결되어야 삶의 순환이 이어집니다.

8. 도움 요청은 약함이 아니라 전략적 선택임을 깨닫기

모든 것을 혼자 해결하려는 태도는 자율성을 지키는 데는 좋지만, 때로는 한계에 부딪힐 수 있습니다. 도움을 요청하는 것은 무능이 아니라 효율적인 자원 활용의 지혜입니다. 공동의 힘은 더 큰 가능성을 만들어냅니다.

9. 자신의 몸과 감각에 주의를 기울이기

지적인 세계에 몰입한 INTJ는 신체적 피로를 인지하지 못하는 경우가 많습니다. 그러나 몸은 가장 직접적인 경고 장치이며, 내면의 상태를 반영합니다. 건강한 신체 없이는 지속적인 몰입도 어려우므로 자기 돌봄이 필요합니다.

10. 완성보다 표현 자체에 가치를 두기

INTJ는 완벽한 결과물이 나올 때까지 드러내기를 주저하는 경향이 있습니다. 하지만 때로는 미완의 생각을 나누는 과정이 더 큰 연결과 통찰을 낳습니다. 표현 자체가 성장의 도구가 될 수 있음을 기억하는 것이 좋습니다.

▶ INTJ는 자신만의 내면세계를 통해 독창적인 비전을 구축하며, 사회에 깊이 있는 기여를 할 수 있는 존재입니다. 그러나 고립되지 않기 위해선 감정, 관계, 신체, 시간과 새로운 관계 맺음이 필요합니다. 위의 지침들을 통해 INTJ는 자신의 지성과 통찰을 삶의 조화 속에 녹여낼 수 있으며, 더욱 자유롭고 건강한 방식으로 자기 잠재력을 펼쳐나갈 수 있습니다.

INTJ에게 필요한 플러스 생각 10가지

INTJ 유형은 전략적이고 독립적이며, 체계적인 사고와 미래지향적인 비전을 바탕으로 목표를 향해 끊임없이 나아가는 사람입니다. 지적 탐구심이 높고 효율성을 중시하며, 자신의 기준과 논리에 따라 행동하는 경향이 강합니다. 그러나 때로는 감정 표현의 부족, 완벽주의, 타인에 대한 이해 부족으로 인해 고립감을 느끼거나 관계에서 어려움을 겪을 수 있습니다. 따라서 아래와 같은 플러스 생각은 INTJ가 내면의 균형을 이루고, 자기 수용과 유연성을 키우는 데 도움이 됩니다.

1. 나는 목표를 향해 나아가는 데 집중한다.
▶ 목표를 향한 집중력은 나의 강점이다. 그러나 그 과정 속의 즐거움도 인생의

일부임을 기억하자.

2. 나는 논리적으로 사고하는 사람이다.

▶ 논리는 나를 강하게 만든다. 하지만 감정도 소중한 정보라는 것을 놓치지 말자.

3. 나는 독립적인 사람이기를 좋아한다.

▶ 독립성은 내 자산이다. 그러나 때로는 협력과 도움도 나를 더 멀리 이끌어 준다.

4. 나는 완벽을 추구한다.

▶ 완벽을 향한 기준은 발전을 이끌지만, '충분히 좋은' 것도 때론 최고의 선택이 될 수 있다.

5. 나는 감정보다 사실을 중시한다.

▶ 사실 중심의 시각은 현실을 이해하는 데 유익하다. 하지만 감정은 관계를 깊게 만든다.

6. 나는 미래를 계획하고 대비하는 것을 좋아한다.

▶ 미래를 설계하는 것은 내 장점이다. 동시에 지금, 이 순간도 소중한 삶이라는 것을 기억하자.

7. 나는 혼자 있는 시간이 필요하다.

▶ 고요함 속에서 나는 창조적으로 된다. 그러나 가끔은 타인과의 대화도 나의 사고의 폭을 넓혀 준다.

8. 나는 무능함이나 비효율을 참기 어렵다.

▶ 효율은 나의 기준이지만, 모든 사람이 나의 속도와 방식으로 움직이지 않아도 괜찮다.

9. 나는 실수하는 것을 두려워한다.

▶ 실수는 실패가 아니라 실험이다. 실수 속에서 더 나은 전략을 찾을 수 있다.

10. 나는 세상의 시스템을 바꾸고 싶다.

▶ 변화를 꿈꾸는 내 비전은 크고 소중하다. 작은 변화도 결국 큰 흐름을 만든다.

이러한 플러스 생각들은 INTJ가 자신의 내면을 더 깊이 이해하고, 세상을 향한 자신의 역할을 확장해나가면서도, 자기 돌봄과 관계 속의 조화를 잊지 않도록 도와줍니다. 특히 자기비판이나 고립감에 빠지기 쉬운 INTJ에게는 이러한 사고방식이 감정 회복력과 유연성을 높이는 핵심적인 열쇠가 될 수 있습니다.

INTJ의 좋은 관계를 위한 지혜

INTJ는 독창적이고 전략적인 사고를 하는 사람들로, 목표 지향적이고 미래 지향적인 성향을 지니고 있습니다. 이들은 문제 해결과 혁신적인 아이디어를 제시하는 데 뛰어난 능력을 갖추고 있으며, 항상 더 나은 방법을 찾고자 합니다. INTJ는 주로 독립적이고 분석적이며, 감정보다는 논리와 이성에 따라 결정을 내립니다. 그들은 종종 자신의 목표와 비전을 가지고, 이를 실현하기 위한 계획을 세우고 실행에 옮깁니다. 그러나 감정 표현에 있어 다소 서툴고, 때로는 타인의 감정을 놓칠 수 있습니다.

잘 맞는 유형:

· ENTP: INTJ와 ENTP는 서로 보완적인 관계를 맺을 수 있습니다. ENTP는 혁신적인 아이디어와 창의적인 접근을 제공하며, INTJ는 그 아이디어를 실행할 수 있는 전략을 세웁니다. 두 사람은 깊은 지적 대화를 나누고 서로의 아이디어를 발전시킬 수 있으며, 서로의 성장을 촉진하는 관계를 유지할 수 있습니다.

· INFJ: INTJ와 INFJ는 가치관과 목표에서 공통점을 많이 가지며, 서로 깊이

있는 대화를 나눌 수 있습니다. INFJ는 INTJ의 감정을 이해하고, 감정적인 안정감을 제공할 수 있습니다. INTJ는 INFJ에게 더 직관적이고 혁신적인 사고를 불러일으킬 수 있으며, 서로의 비전과 목표를 공유하며 성장하는 관계를 맺을 수 있습니다.

잘 맞지 않는 유형:

· ESFP: INTJ와 ESFP는 매우 다른 성향을 가지고 있어, 갈등이 발생할 수 있습니다. INTJ는 논리적이고 전략적으로 생각하는 반면, ESFP는 즉흥적이고 감각적이며 감정에 더 의존하는 성향이 강합니다. 이로 인해 서로의 접근 방식에 대한 이해가 어려울 수 있습니다.

· ISFP: ISFP는 감성적이고 예술적인 성향을 가지고 있으며, INTJ는 매우 실용적이고 분석적인 사고를 합니다. ISFP는 INTJ의 철저한 계획과 분석적 접근을 이해하기 어려워할 수 있으며, INTJ는 ISFP의 감정적이고 즉흥적인 행동을 받아들이기 어려울 수 있습니다.

좋은 관계를 위한 지혜:

· 상대방의 감정을 존중하고 배려하기: INTJ는 감정보다는 이성에 따라 결정을 내리는 경향이 있습니다. 그러나 관계에서 감정도 중요한 요소이므로, 상대방의 감정을 존중하는 태도가 필요합니다. 네가 어떤 감정을 느끼는지 말해줄 수 있어?"라고 물어보며 상대방이 감정을 표현할 수 있는 공간을 제공하는 것이 중요합니다. 감정적인 필요를 이해하고 배려하는 것이 관계의 깊이를 더할 수 있습니다.

· 유연성 있게 접근하기: INTJ는 종종 계획에 집착하고, 전략적으로 일을 처리하려는 경향이 강합니다. 그러나 다른 사람들의 아이디어나 방식을 존중하고 유연

하게 접근하는 것이 중요합니다. "이 방법이 좋을 수 있는데, 네 생각은 어때?"와 같은 질문을 통해 상대방의 의견을 존중하고, 협력적인 태도를 유지하는 것이 관계를 원활하게 만드는 데 도움이 됩니다.

・자기표현에 더 열린 마음 가지기: INTJ는 감정을 표현하는 데 어려움을 겪을 수 있지만, 관계에서 자기 생각과 감정을 솔직하게 표현하는 것이 중요합니다. "이 상황에서 나는 이렇게 느끼고 있어"라고 말함으로써 상대방과의 상호 이해를 증진할 수 있습니다. 또한, 감정을 직접 표현하는 것이 더 나은 관계를 유지하는 데 도움이 됩니다.

・서로의 속도와 방식을 존중하기: INTJ는 매우 목표 지향적이고 빠르게 일을 처리하려 하지만, 상대방은 다른 속도나 방식으로 일할 수 있습니다. 이때 상대방의 속도를 존중하고, 너무 빠르게 압박하지 않는 것이 중요합니다. "네가 준비되면 이 문제를 같이 해결하자"와 같은 방식으로 여유를 주는 태도가 필요합니다.

・비판적인 접근을 부드럽게 하기: INTJ는 때때로 자신의 의견이나 분석이 정확하다고 믿고, 이를 강하게 표현할 수 있습니다. 그러나 다른 사람들의 감정을 고려하며 부드럽게 비판을 하는 것이 중요합니다. "이 부분은 내가 다르게 생각하는데, 그 이유를 설명할게"라는 방식으로 감정을 배려하는 비판이 관계를 더 원활하게 할 수 있습니다.

INTJ의 치유와 성장을 위한 영적 메시지(명상 조언) 5가지

1. 모든 답은 당신의 내면에 있습니다.

당신은 논리와 전략을 통해 삶의 문제를 해결하려는 경향이 강합니다. 하지만 진정한 답은 외부가 아니라 당신의 내면에 있습니다. 모든 문제의 해결책을 찾으려 애쓰기보다 내면의 고요함 속에서 답이 자연스럽게 드러나도록 하세요. 당신의 본질은 이미 완전하며, 답을 찾으려 애쓰지 않을 때 오히려 명확함이 찾아옵니다.

2. 세상을 통제하려 하지 말고 흐름에 맡기세요.

당신은 세상을 이해하고 통제하고자 하는 강한 욕구가 있습니다. 하지만 세상은 당신의 계획대로 움직이지 않습니다. 세상의 흐름을 거스르려 하지 말고 그 안에서 균형을 찾으세요. 삶은 퍼즐이 아니라 하나의 흐름입니다. 당신이 모든 것을 통제하려는 집착을 내려놓을 때, 더 큰 평화와 명확함이 찾아옵니다

3. 취약함을 받아들이세요.

당신은 강인하고 독립적인 성향을 가지고 있습니다. 하지만 인간의 진정한 힘은 완전함이 아니라 취약함을 받아들이는 데 있습니다. 자신의 약점을 인정하고 감정을 숨기지 않을 때, 진정한 내면의 힘이 드러납니다. 취약함을 드러낼 때, 당신은 더 강하고 자유로워집니다.

4. 자신을 있는 그대로 사랑하세요.

당신은 성과와 능력을 통해 자신을 증명하려 할 때가 많습니다. 그러나 당신의 가치는 성취에서 비롯되지 않습니다. 당신은 아무것도 이루지 않아도 이미 충분히 가치 있는 존재입니다. 자신의 성취나 계획이 틀어지더라도 당신의 존재는 변하지 않습니다. 자신을 있는 그대로 받아들이고 사랑할 때, 진정한 평화가 찾아옵니다.

5. 직관과 논리를 함께 사용하세요.

당신은 논리적 사고에 뛰어나지만, 때로는 마음의 소리와 직관도 중요한 길잡이가 됩니다. 마음 깊은 곳에서 올라오는 직관은 당신의 영혼이 보내는 메시지입니다. 이성을 통해 분석하고 판단하되, 마음의 소리를 놓치지 마세요. 직관과 논리가 조화를 이룰 때, 당신은 더 깊은 통찰과 지혜를 얻을 수 있습니다.

… MBTI on 05 …

ISTP 장인형, 분석가형

ISTP는 내향적(Introverted), 감각적(Sensing), 사고적(Thinking), 판단적(Perceiving) 성향을 가진 사람들을 의미하는 MBTI 유형입니다. ISTP는 흔히 '자유로운 사고의 문제 해결사', '실용적인 장인', 또는 '탐구적인 실용주의자'로 묘사됩니다.

ISTP의 주요 특징

1. 현실적이고 실용적인 문제 해결 능력

ISTP는 매우 실용적이고 현실적인 성격을 지니며, 문제를 해결할 때 즉각적이고 효과적인 방법을 선호합니다. 이들은 실생활에서 발생하는 문제를 신속하게 분석하고, 실행 가능한 해결책을 찾는 능력이 뛰어나며, 주어진 상황에 최적화된 해결 방안을 제시합니다.

2. 독립적이고 자유로운 성향

ISTP는 내향적이고 독립적인 성향을 지니고 있습니다. 이들은 혼자서 시간을 보내는 것을 선호하며, 자신만의 공간에서 창의적이고 자유롭게 활동할 때 에너지를 얻습니다. 다른 사람들의 간섭을 받지 않고 자신이 설정한 목표를 향해 독립적으로 나아가는 것을 중요하게 생각합니다.

3. 뛰어난 손재주와 기술적 능력

ISTP는 손재주가 뛰어나며, 기술적인 작업에서 두각을 나타냅니다. 이들은 기계나 도구를 다루는 데 뛰어난 능력을 발휘하며, 엔지니어링, 수리, 기술 관련 작업에서 매우 능숙합니다. 또한, 복잡한 시스템을 이해하고 수정하는 데 능하며, 실용적인 기술을 통해 문제를 해결합니다.

4. 유연하고 즉흥적인 성향

ISTP는 계획보다 즉흥적인 접근을 선호합니다. 일정을 미리 계획하는 것보다는 상황에 따라 유연하게 대응하는 성향이 강합니다. 이들은 예상치 못한 상황에서도 차분하게 대처할 수 있으며, 당장의 필요에 맞춰 문제를 해결하는 데 능숙합니다.

5. 감정적 표현의 부족

ISTP는 감정보다는 논리와 현실에 더 집중하는 경향이 있습니다. 이들은 감정 표현에 서툴며, 감정을 직접 드러내기보다는 사실적이고 논리적인 방식으로 소통하려 합니다. 때때로 감정적으로 다가가야 할 상황에서 거리감을 두거나, 타인의 감정을 잘 이해하지 못할 수 있습니다.

ISTP의 장점 & 단점

✅ 장점:
- 뛰어난 문제 해결 능력과 실용적인 사고방식을 가지고 있습니다.
- 기술적이고 기계적인 능력이 뛰어나며, 손재주가 뛰어난 장인 정신을 가집니다.
- 독립적이고 자유롭게 일하는 것을 선호하며, 자율성을 중요하게 생각합니다.
- 예기치 않은 상황에서도 침착하고 유연하게 대응할 수 있습니다.
- 논리적이고 효율적인 사고로 빠른 결정을 내릴 수 있습니다.

❌ 단점:
- 감정적인 표현이나 타인의 감정에 공감하는 데 어려움을 겪을 수 있습니다.
- 계획을 세우는 것보다는 즉흥적인 접근을 선호하여, 장기적인 계획에 신경을 쓰지 않을 수 있습니다.
- 때때로 지나치게 독립적이거나 고립되며, 팀워크를 중시하는 사람들과 충돌할 수 있습니다.
- 감정을 억제하거나 무시하려는 경향이 있어, 갈등을 피하려는 경우가 많습니다.
- 규칙이나 규정을 따르는 것을 불편해하며, 때로는 체계적인 절차를 무시할 수 있습니다.

ISTP에게 잘 맞는 직업

ISTP는 기술적이고 실용적인 직업, 자유롭고 독립적인 환경에서 창의성을 발휘하는 직업에 잘 어울립니다. 이들은 문제를 해결하고, 손재주나 기술적 능력을 활용하는 직업에서 뛰어난 성과를 보입니다.

- ✅ 기계 엔지니어, 기술자 – 기계와 시스템을 설계하고 수정하는 일을 잘합니다.
- ✅ 과학자, 연구원 – 실험과 분석을 통해 새로운 발견을 이루는 직업에 적합합니다.

● 전문 기술직(수리공, 자동차 정비사) – 실용적인 기술과 손재주가 필요한 직업에서 두각을 나타냅니다.

● 군인, 경찰관, 소방관 – 즉각적이고 신속하게 대응해야 하는 직업에서 뛰어난 능력을 발휘합니다.

● 파일럿, 항공 기술자 – 복잡한 시스템을 이해하고, 이를 효율적으로 운영하는 직업에 적합합니다.

ISTP의 유명인 예시

· 클린트 이스트우드(Clint Eastwood) – 영화감독이자 배우로, 현실적이고 직관적인 성격을 가진 인물

· 브루스 리(Bruce Lee) – 무술과 철학의 결합, 뛰어난 신체 능력과 창의성으로 유명한 인물

· 스티브 어윈(Steve Irwin) – 동물 학자이자 환경 운동가로, 즉흥적이고 탐구적인 성격으로 대중에게 사랑받은 인물

· 아델(Adèle) – 감정 표현과 창의적인 작업을 통해 세계적인 인기를 얻은 가수

ISTP를 위한 조언

· 감정 표현을 연습하세요 – 감정적으로 거리감을 두지 말고, 타인의 감정에 조금 더 관심을 기울여야 합니다.

· 계획을 세우세요 – 즉흥적인 성향이 강하지만, 장기적인 계획을 세우고 목표를 설정하는 것도 중요합니다.

· 협력의 중요성을 인식하세요 – 독립적인 성향이 강하지만, 때로는 협력과 팀워크가 필요할 때가 있습니다.

· 자기 자신을 돌아보세요 – 독립적인 성향을 존중하되, 타인의 감정과 의견도 수용하는 태도를 기르는 것이 중요합니다.

ISTP는 이런 사람!
- 실용적이고 효율적인 사고를 통해 문제를 해결하는 능력이 뛰어납니다.
- 기술적이고 기계적인 작업에서 뛰어난 능력을 발휘합니다.
- 독립적이고 자유로운 성향으로 자율성을 중시합니다.
- 즉흥적이고 유연하게 상황에 맞춰 행동하며, 실용적인 해결책을 제시합니다.
- 감정 표현에 서툴지만, 논리적이고 효율적인 방식으로 소통합니다.

ISTP는 '실용적인 문제 해결사', '기술적인 장인'이라고 할 수 있습니다.

상처나 스트레스를 많이 받으면 ISTP는 어떤 심리증상이 생길 가능성이 높은가?

ISTP는 현실적이고 실용적인 성향을 지니며, 문제 해결 능력이 뛰어나고 침착하게 상황을 분석하는 능력을 갖추고 있습니다. 새로운 경험을 즐기고 독립적인 성향이 강하며, 감정보다는 논리와 사실을 중시합니다. 상황에 바르게 대응하고 효율적으로 문제를 해결하는 데 능숙하지만, 스트레스나 상처를 받으면 이러한 성향이 왜곡되거나 과도하게 강화되면서 심리증상이 나타날 수 있습니다. 특히 분석적 사고, 독립심, 즉흥적 성향이 스트레스 상황에서 부정적으로 작용할 가능성이 높습니다. ISTP가 심리적 스트레스나 상처를 많이 받았을 때 나타날 수 있는 대표적인 심리증상 10가지를 살펴보겠습니다.

1 감정 회피 및 무감각 상태 강화

ISTP는 원래 감정을 표현하는 데 서툰 편입니다. 스트레스를 받으면 이러한 성향이 더욱 강화되어 자신의 감정을 무시하거나 억제하게 됩니다. 타인에게 자신의 감정을 드러내지 않고 속으로 삼키면서, 결국 감정이 무뎌지고 무기력해질 수 있습니다. 이는 장기적으로 우울감이나 무감각 상태로 이어질 수 있습니다.

2. 과도한 회피 성향 및 책임 방기

ISTP는 자신의 자유와 독립성을 중요시합니다. 스트레스 상황에서는 문제 해결보다는 상황에서 벗어나고자 하는 성향이 강해질 수 있습니다. 책임을 회피하거나 '일단 피하고 보자'는 식의 태도를 보이며, 현실에서 도망치려는 경향이 나타날 수 있습니다.

3. 고립 및 사회적 단절 강화

ISTP는 원래 대인관계에서 깊이 개입하기보다는 필요한 만큼만 관계를 유지하는 편입니다. 스트레스를 받을 때 이러한 성향이 극단적으로 강화되며, 인간관계를 완전히 차단하고 자신의 세계에 갇히려는 경향이 나타날 수 있습니다. 결국, 타인과의 유대감이 약화되고, 외로움이나 고립감을 느끼게 됩니다.

4. 위험 추구 및 충동적 행동 강화

ISTP는 현실 감각이 뛰어나고 즉각적인 반응을 잘합니다. 그러나 스트레스를 받을 때 위험 감각이 둔화하면서 충동적이거나 위험한 행동에 빠질 수 있습니다. 과속 운전, 과음, 과도한 지출, 극단적인 스포츠나 도박 등 위험한 행동으로 스트레스를 해소하려는 경향이 강해질 수 있습니다.

5. 감정 폭발 및 분노 표출

ISTP는 평소에는 감정을 잘 드러내지 않지만, 스트레스가 극도로 쌓이면 갑작스러운 감정 폭발이 일어날 수 있습니다. 평소에는 논리적이고 차분하게 보이지만, 한계를 넘어서면 분노나 짜증을 격하게 드러내며, 감정을 조절하기 어려운 상태가 될 수 있습니다.

6. 지나친 독립성과 타인에 대한 불신 강화

ISTP는 원래 혼자 있는 시간을 선호하고 독립적으로 행동합니다. 그러나 스트레스를 받으면 타인에게 의지하는 것을 더욱 거부하고, "내가 혼자 해결해야 한다"는 생각에 사로잡힐 수 있습니다. 타인에게 도움을 요청하지 않고 혼자 문제를 해결하려다 더 큰 부담을 느끼게 될 수 있습니다.

7. 무기력 및 흥미 상실

ISTP는 평소에 다양한 경험을 즐기고 활동적인 성향을 보입니다. 하지만 스트레스가 심해지면 평소에 즐기던 활동에 흥미를 잃고 무기력 상태에 빠질 수 있습니다. 어떤 일에도 재미를 느끼지 못하고, "모든 게 다 귀찮다"는 생각에 빠질 수 있습니다.

8. 피로감 및 신체화 증상 발생

스트레스를 받으면 정신적 긴장이 신체 증상으로 나타날 수 있습니다. 근육통, 소화 불량, 두통, 피로감 같은 증상이 나타날 수 있으며, 특히 수면 장애가 심해질 수 있습니다. 이는 결국 면역력 저하와 만성적인 피로 상태로 이어질 수 있습니다.

9. 문제 회피 및 현실 부정 강화

ISTP는 문제를 해결하는 데 능숙하지만, 스트레스 상황에서는 오히려 문제를 회피하거나 현실을 부정하는 태도를 보일 수 있습니다. "이건 내 문제가 아니다", "시간이 지나면 해결될 거야"와 같은 태도로 상황에서 도망치려 하며, 결국 문제를 악화시킬 수 있습니다.

10. 과도한 논리 강화 및 감정적 단절

ISTP는 논리와 현실 감각이 뛰어나지만, 스트레스를 받을 때 감정과의 연결이 완전히 끊길 수 있습니다. 상황을 지나치게 논리적으로만 해석하고 타인의 감정을 무시하게 되며, 공감 능력이 저하될 수 있습니다. 이로 인해 인간관계에서의 거리감이 더 커지고, 상대방의 감정을 읽지 못해 관계에 갈등이 발생할 수 있습니다.

ISTP는 어떤 방어기제를 쓸 가능성이 높을까?

ISTP는 논리적이고 현실적인 성향을 지닌 성격 유형으로, 독립성과 실용성을 중시하며 문제 해결을 위해 직접 행동 하는 것을 선호합니다. 이들은 감정적으로 민감하게 반응하기보다는 논리적 분석과 행동을 통해 문제를 해결하려 하지만, 감정적인 스트레스를 다룰 때는 특정한 방어기제를 사용할 가능성이 높습니다.

1. 감정적 단절

ISTP는 감정적인 문제를 직접 다루는 것을 피하려는 경향이 있습니다. 이들은 자신의 감정을 깊이 탐구하기보다는, 감정과 거리를 두고 마치 존재하지 않는 것처럼 행동할 수 있습니다. 예를 들어, 감정적인 상처를 입었을 때 그것을 깊이 고민하기보다는 무심한 태도를 보이며 일상적인 활동에 집중하려 할 수 있습니다.

2. 회피

ISTP는 불필요한 감정적 갈등을 피하려는 경향이 있습니다. 갈등이 발생했을 때 직접 해결하기보다, 자리를 피하거나 해당 주제를 회피하는 방식으로 반응할 수 있습니다. 예를 들어, 누군가와의 관계에서 감정적인 대화를 나누는 것이 부담스럽다면, 그 상황 자체를 피하거나 무관심한 태도를 보일 수 있습니다.

3. 억압

ISTP는 감정을 직접 표현하는 것에 익숙하지 않을 수 있습니다. 감정적인 문제를 처리할 때, 자신의 감정을 억누르고 표면적으로 무덤덤한 태도를 유지하는 방식을 사용할 수 있습니다. 하지만 억압된 감정이 쌓이면 나중에 갑작스럽게 폭발하거나, 피로감과 무기력감으로 나타날 수 있습니다.

4. 지적화

ISTP는 감정적인 문제를 해결할 때 직관적으로 감정을 분석하는 대신, 논리적이고 실용적인 접근 방식을 취하려 합니다. 예를 들어, 누군가와의 관계에서 갈등이 발생했을 때, 감정적인 부분을 고려하기보다 "이 관계가 얼마나 효율적인가?" "이 문제를 해결할 방법은 무엇인가?" 등의 방식으로 문제를 바라볼 수 있습니다.

5. 냉소주의

ISTP는 감정적인 취약함을 드러내는 것을 피하고자 냉소적인 태도를 보일 수 있습니다. 감정적으로 깊은 연결을 맺는 것에 대해 회의적이거나, 감정을 중요하지 않다고 여기는 태도를 보일 수도 있습니다. 예를 들어, 감정적인 표현을 하는 사람을 보고 "너무 감정적이야"라고 평가하며 스스로 감정을 다루지 않으려 할 수도 있습니다.

6. 그립

ISTP는 스트레스가 심할 때 사회적 상호작용을 피하고 혼자만의 시간을 가지려는 경향이 있습니다. 혼자 있을 때 자신의 감정을 처리하는 것이 더 편하다고 느낄 수 있으며, 감정적으로 부담스러운 상황을 피하고자 물리적으로 자리를 떠나거나, 감정적으로 거리 두기를 할 가능성이 큽니다.

7. 행동화

ISTP는 감정을 언어적으로 표현하기보다는 행동으로 나타낼 가능성이 있습니다. 감정적인 불편함을 느낄 때, 이를 말로 표현하는 대신 위험한 활동(과속, 격한 운동, 무모한 행동 등)에 몰입하거나, 갑작스럽게 감정을 표출하는 방식으로 반응할 수 있습니다. 이러한 행동화는 감정을 직접 마주하지 않고 해소하려는 방어기제일 수 있습니다.

8. 투사

ISTP는 자신의 감정을 인식하기 어려울 때, 그것을 다른 사람에게 투사할 가능성이 있습니다. 예를 들어, 자신이 불안하거나 짜증이 난 상태인데도 이를 인정하지 않고, 대신 "주변 사람들이 너무 예민하다"라고 해석하는 방식으로 감정을 처리할 수 있습니다.

▶ ISTP는 감정을 직접 다루기보다, 감정과 거리를 두거나 논리적·실용적인 방식으로 문제를 해결하려는 방어기제를 사용할 가능성이 큽니다. 감정적 단절, 회피, 냉소주의, 행동화 등의 방식으로 감정을 처리하며, 감정을 억누르거나 고립을 선택하는 때도 많습니다.

이러한 방어기제들은 ISTP가 감정적으로 부담스러운 상황에서도 논리적이고 실용적인 태도를 유지하는 데 도움이 될 수 있지만, 장기적으로 감정을 완전히 무시하거나 억압하면 감정적인 피로와 대인관계의 단절을 초래할 수 있습니다. 따라서 ISTP는 자신의 감정을 더 솔직하게 인식하고, 감정을 건강한 방식으로 표현하는 연습을 하는 것이 중요합니다.

ISTP의 심리적 취약점과 이를 극복할 수 있는 대처방법은 무엇인가?

ISTP는 조용하면서도 강한 독립성과 현실 감각을 지닌 탐험가형입니다. 실제적인 문제 해결에 능하고, 도전적 상황에서도 침착하게 대처하는 능력이 탁월합니다. 이들은 직관보다는 체험을 중시하며, 자유로운 환경에서 창의적으로 움직일 때 가장 빛납니다. 하지만 이러한 강점 뒤에는 감정적 고립, 충동성, 지속성 부족 등 심리적 취약점이 숨어 있습니다. ISTP의 대표적인 심리적 취약점 5가지와 그것을 극복할 수 있는 대처방법을 살펴보겠습니다.

1. 감정 회피와 내면의 고립

ISTP는 감정보다는 사실과 행동 중심의 사고에 익숙하여, 자신의 감정을 명확히 인식하거나 표현하는 데 어려움을 겪습니다. 특히 감정적인 상황을 부담스럽게 느끼고 회피하려는 경향이 있어 가까운 관계에서도 깊은 정서적 소통이 어려울 수 있습니다. 이를 극복하기 위해선 자신의 감정을 '명명'하는 습관이 필요합니다. 예를 들어, "지금 나는 혼란스럽다" 혹은 "짜증이 났다"는 식으로 자신의 상태를 인식하고 표현하는 연습을 하면 내면을 더 잘 이해하고 타인과 연결되는 길이 열립니다.

2. 충동적 반응과 일관성 부족

ISTP는 순간의 필요와 즉각적인 자극에 반응하는 경향이 있어 장기 계획이나 반복적인 일에는 흥미를 잃기 쉽습니다. 이는 때로 목표를 지속하지 못하거나 갑작스러운 결정으로 후회를 낳을 수 있습니다. 따라서 중요한 결정을 내릴 때는 '하루 미루기' 전략이 도움이 됩니다. 충동이 들었을 때, 하루 정도 기다렸다가 재평가하는 습관을 들이면 감정과 판단을 분리하여 더욱 성숙한 선택을 할 수 있습니다. 또한, 작은 루틴을 실험 삼아 꾸준히 실천하며 지속성의 근육을 조금씩 기르는 것도 유익합니다.

3. 책임 회피 경향과 관계 회피

ISTP는 외부의 간섭이나 제약을 꺼리는 만큼, 책임이나 지속적인 대인관계에 부담을 느낄 수 있습니다. 그래서 중요한 관계에서도 불쑥 단절하거나 자신의 필요에 따라 멀어지려는 경향이 나타납니다. 하지만 깊은 관계는 삶의 안정성을 주는 중요한 기반입니다. 그러므로 '내가 자유를 누리는 방식이 타인의 신뢰를 무너뜨리는 것은 아닌가?'를 돌아보고, 정기적인 소통과 작은 책임을 수용해보는 훈련이 필요합니다. 자유는 책임감과 균형을 이룰 때 더 넓어집니다.

4. 지나친 독립성과 협업 기피

ISTP는 스스로 생각하고 해결하는 데 능하지만, 이로 인해 타인과의 협업이나 피드백을 부담스럽게 여기고 고립되기 쉽습니다. 특히 자신의 영역에 타인이 개입하는 것을 불편하게 느껴 필요 이상으로 혼자 해결하려다 지치는 경우도 많습니다. 그러므로 이를 극복하기 위해선 '공유된 문제는 더 빠르게 해결된다'는 인식을 하고, 자신의 과제를 다른 시각에서 바라보도록 도와줄 사람과 가볍게 의견을 나누는 연습이 필요합니다. 혼자보다 함께할 때 더 빨리 더 멀리 나아갈 수 있습니다.

5. 감각적 자극에 의존한 회피 행동

ISTP는 감각적 경험을 통해 정서적 균형을 맞추려는 경향이 있어, 스트레스를 받을 때 스포츠, 게임, 쇼핑, 과식 등 즉각적인 자극에 빠지기 쉽습니다. 이는 일시적 해소는 되지만 근본적인 감정 처리에는 도움이 되지 않습니다. 그러므로 감각 활동을 감정 인식과 연결해보는 시도가 중요합니다. 예를 들어 "지금 내가 이 게임에 몰두하고 싶은 이유는 무엇인가?", "무엇이 나를 이렇게 예민하게 만드는가?" 같은 질문을 통해 감정의 뿌리를 추적하고 말로 표현해보는 훈련이 감정적 회복에 큰 도움이 됩니다.

▶ ISTP는 자신만의 방식으로 세상을 체험하고, 문제를 해결하며, 자유롭게 살아가고자 하는 강한 의지를 지닌 성향입니다. 그러나 내면의 정서적 균형과 관계의 지속성, 자기 인식의 깊이를 더할 때, 이들의 자유는 더 견고하고 의미 있게 확장됩니다. '감정도 탐험할 수 있는 세계'임을 인정하고, 그 세계를 들여다볼 때 ISTP는 진정한 내면의 균형과 성숙을 경험할 수 있습니다.

ISTP가 자신의 잠재력을 극대화하고, 건강하고 행복한 삶을 위해서 실천해야 할 10가지 행동 지침은 무엇인가?

ISTP는 독립적이고 실용적이며, 문제 해결을 즐기는 성향을 지닌 사람들입니다. 그들은 주로 논리적이고 분석적인 사고를 바탕으로 행동하며, 실생활에서 효율적인 해결책을 찾는 데 능숙합니다. 하지만 때때로 감정적인 측면을 간과하거나, 지나치게 현실적인 태도로 인해 깊은 내면의 감정을 무시할 수 있습니다. ISTP가 자신의 잠재력을 극대화하고 건강하고 행복한 삶을 살기 위해 실천해야 할 10가지 행동 지침은 다음과 같습니다.

1. 감정도 탐구할 수 있는 경험 영역임을 받아들이기

ISTP는 외부 사건에 즉각적인 반응을 보이지만 자신의 감정에는 무심한 경우가 많습니다. 그러나 감정 역시 관찰하고 이해할 수 있는 하나의 '내적 정보'로 여길 필요가 있습니다. 감정에 귀 기울이는 것이 관계와 자기 이해의 깊이를 더해줍니다.

2. 도움받는 것을 불편해하지 않고 받아들이기

독립성을 중시하는 ISTP는 스스로 문제를 해결하려는 경향이 강합니다. 하지만 모든 것을 혼자 짊어지려 하면 지치기 쉽고, 인간관계도 단절되기 쉽습니다. 때로는 누군가의 도움을 받는 것이 더 빠르고 현명한 선택이 될 수 있습니다.

3. 감정 표현도 실용적인 소통 방식임을 인식하기

효율성과 논리 중심의 의사소통에 익숙하다 보니, 감정 표현을 비효율적이라 여길 수 있습니다. 그러나 감정의 언어는 관계를 유지하고 깊게 만드는 실용적인 수단이 될 수 있습니다. 정서적 표현도 관계라는 '도구'를 작동시키는 중요한 장치입니다.

4. 계획 없는 자유가 지나친 피로로 이어질 수 있음을 자각하기

즉흥성과 융통성은 ISTP의 장점이지만, 모든 상황을 즉석에서 처리하려 하면 에너지 소모가 큽니다. 최소한의 구조와 리듬을 만들어두면 삶이 더 안정되고 집중도 향상에 도움이 됩니다. 자유는 계획 기반 위에서 더 멀리 나아갈 수 있습니다.

5. 무의식의 세계와도 연결되려는 감각 키우기

경험과 현실에 집중하는 ISTP는 종종 직관이나 상상력, 꿈과 같은 비이성적인 영역을 간과할 수 있습니다. 그러나 잠재의식은 놀라운 아이디어와 통찰을 담고 있습니다. 감각적 탐험만큼 내면의 세계 탐구도 삶을 풍요롭게 합니다.

6. 지속성의 힘을 과소평가하지 않기

새롭고 흥미로운 것에 끌리는 ISTP는 반복적인 일이나 장기 프로젝트에 흥미를 잃기 쉽습니다. 하지만 진정한 성취는 반복과 꾸준함에서 비롯됩니다. 흥미가 사라졌다고 해도 일정 시간 이상을 버티는 힘을 길러야 합니다.

7. 타인의 감정을 논리로 판단하지 않기

상대의 감정 반응을 '이해할 수 없다'며 판단하면, 관계는 쉽게 소원해질 수 있습니다. 감정은 논리로 해석하기보다는 있는 그대로 받아들이는 것이 중요합니다. 그 자체로 존중받을 때 관계는 깊어집니다.

8. 관계도 '수리할 수 있는 구조물'이라는 인식하기

ISTP는 무언가 잘못되면 떠나거나 단절하기를 선택하기 쉽습니다. 하지만 관계도 기계처럼 수리하고 개선할 수 있습니다. 불편함이 생겼을 때, 유지·복구하려는 자세가 삶을 더 따뜻하게 만들어 줍니다.

9. '재미'와 '의미'를 동시에 추구하려는 노력하기

흥미로운 활동과 즉각적인 만족은 ISTP에게 큰 동기입니다. 하지만 그것이 반복되다 보면 공허감이 찾아올 수 있습니다. 자신이 몰입할 수 있는 것에 '지속 가능한 의미'까지 부여하는 노력이 필요합니다.

10. 고요한 시간 속에서 진짜 내 욕구를 들여다보기

활동적인 시간 외에도, 조용한 공간에서 자신에게 질문을 던지는 시간이 중요합니다. 무엇을 원하는지, 지금 무엇을 느끼는지 탐색할 때, 삶의 방향성이 더욱 뚜렷해집니다. 자기 내면과의 정기적인 대화는 성장을 이끕니다.

▶ ISTP는 상황 판단력이 뛰어나고, 위기 속에서도 침착하게 해결책을 제시하는 강점을 지닌 존재입니다. 그러나 정서와 관계의 세계까지 통합할 때, ISTP는 더욱 균형 잡히고 입체적인 삶을 살아갈 수 있습니다. 위의 지혜들을 실천해나간다면, ISTP는 자신의 실용성과 창조성을 삶의 모든 영역에 아름답게 펼쳐낼 수 있을 것입니다.

ISTP에게 필요한 플러스 생각 10가지

ISTP 유형은 현실적이고 실용적이며, 문제 해결에 뛰어난 능력을 갖춘 사람입니다. 조용하고 관찰력이 예리하며, 위기 상황에서도 침착하게 대응하는 성향을 가지고 있습니다. 독립적이고 자유를 중요시하는 반면, 자신의 감정을 잘 표현하지 않거나 대인관계에서 거리감을 느끼기 쉽습니다. 또한, 반복되는 일상이나 억제되는 환경에서 쉽게 지루함과 답답함을 느낄 수 있습니다. 이런 ISTP에게는 자기 이해를 넓히고, 감정과 관계에서 유연성을 기를 수 있는 플러스 생각이 필요합니다.

1. 나는 문제를 실용적으로 해결하는 능력이 있다.
▶ 현실적인 해결력은 내 장점이다. 하지만 모든 문제를 혼자서 해결할 필요는 없다.

2. 나는 혼자 있는 시간이 편하다.
▶ 혼자 있는 시간은 내 에너지를 회복시켜 준다. 그러나 가끔은 연결이 나를 성장시킬 수 있다.

3. 나는 감정보다는 사실을 중요하게 여긴다.
▶ 사실 중심의 판단은 유용하지만, 감정도 인간관계에서 중요한 정보가 될 수 있다.

4. 나는 감정을 드러내는 것이 어렵다.
▶ 감정을 표현하는 것이 어색할 수 있다. 하지만 솔직한 마음은 오해를 줄이고 관계를 깊게 만든다.

5. 나는 즉흥적인 행동을 좋아한다.
▶ 즉흥성은 나의 자유로움이다. 하지만 때로는 계획이 더 큰 자유를 만들어 줄 수도 있다.

6. 나는 기술을 익히고 다루는 데 강하다.

▶ 기술적 능력은 나의 자산이다. 하지만 사람과의 소통도 내 인생을 더욱 풍요롭게 해준다.

7. 나는 반복되는 일상을 답답해한다.

▶ 자유로운 흐름은 나에게 맞다. 하지만 일상의 루틴도 내가 원하는 자유를 실현하는 기반이 될 수 있다.

8. 나는 간섭받는 것을 싫어한다.

▶ 자율성은 내 정체성이다. 그러나 때로는 조언도 새로운 시각을 줄 수 있다.

9. 나는 위기 상황에서도 침착하다.

▶ 침착함은 큰 강점이다. 그러나 나 자신의 감정을 억누르기보다, 인식하고 풀어내는 것도 필요하다.

10. 나는 말보다 행동을 중시한다.

▶ 행동은 진심을 보여주는 강한 표현이다. 하지만 때로는 말 한마디가 상대에게 큰 힘이 될 수 있다.

이러한 플러스 생각들은 ISTP가 자신의 강점을 인정하면서도, 감정적 자기 수용과 인간관계의 유연함을 키워나가는 데 도움을 줍니다. ISTP는 내면의 감정을 표현하지 않으려는 경향이 있으므로, 자신에게 다정한 말과 여유를 허락하는 훈련이 필요합니다. 플러스 사고는 이런 자기치유의 언어가 될 수 있으며, 삶의 질을 한층 더 높여줄 수 있습니다.

ISTP의 좋은 관계를 위한 지혜

ISTP는 분석적이고 실용적인 성향을 지닌 사람들로, 문제 해결에 뛰어난 능력을 갖추고 있습니다. 이들은 독립적이고 자주 혼자 있는 것을 선호하며, 주변 환경을 감각적으로 경험하고 즉각적으로 반응하는 경향이 있습니다. ISTP는 일반적으로 논리적이고 객관적인 결정을 내리며, 감정보다는 사실과 경험을 중시합니다. 또한, 손에 잡히는 일이나 구체적인 활동을 통해 성취감을 느끼는 경우가 많습니다. 그들은 혁신적인 해결책을 제시하고, 때로는 도전적인 상황에서 뛰어난 능력을 발휘합니다.

잘 맞는 유형:

· **ESTJ:** ESTJ와 ISTP는 비슷한 사고방식과 실용적인 접근을 공유하여, 서로의 강점을 보완할 수 있습니다. ESTJ는 조직적이고 체계적인 성향을 가지고 있어, ISTP의 창의적이고 유연한 사고를 구체적으로 실행하는 데 도움이 될 수 있습니다. 서로의 목표를 달성하기 위해 협력하며 좋은 관계를 유지할 수 있습니다.

· **ISFJ:** ISFJ와 ISTP는 상호 보완적인 성격을 지니고 있습니다. ISFJ는 ISTP에게 감정적 안정감을 제공할 수 있으며, ISTP는 ISFJ에게 보다 실용적이고 현실적인 사고방식을 제공할 수 있습니다. 서로의 방식에 대한 이해가 깊어지면서, 두 사람은 안정적이고 존중하는 관계를 유지할 수 있습니다.

잘 맞지 않는 유형:

· **ENFJ:** ISTP와 ENFJ는 매우 다른 성향을 가지고 있어, 갈등이 발생할 수 있습니다. ENFJ는 감정을 중시하고 사람들과의 관계에서 활발하게 소통하려는 반면, ISTP는 감정보다는 사실과 논리를 중요시하며, 감정적 소통을 피할 때가 많습니다. 이로 인해 상호 이해가 어려워질 수 있습니다.

· **INFJ:** INFJ와 ISTP는 사고방식에서 큰 차이가 있습니다. INFJ는 직관적이고

이상주의적인 성향을 지니고, 깊은 감정적 교류를 원하지만, ISTP는 현실적이고 분석적이며 감정보다는 논리를 중시하는 경향이 강합니다. 이로 인해 상호 이해가 어려울 수 있습니다.

좋은 관계를 위한 지혜:

· **상대방의 감정을 이해하려 노력하기**: ISTP는 감정을 잘 표현하지 않으며, 감정적인 교류보다는 문제 해결에 집중하는 경향이 있습니다. 그러나 관계에서 감정도 중요한 요소이므로, 상대방이 감정을 표현할 때 이를 인정하고 이해하려는 노력이 필요합니다. "지금 네가 어떤 감정을 느끼고 있는지 알려줄 수 있어?"라는 말로 감정적인 소통을 장려하는 것이 좋습니다.

· **유연성과 열린 마음 가지기**: ISTP는 주로 자신의 방식대로 문제를 해결하려고 합니다. 그러나 때로는 다른 사람들의 방법도 고려해보는 것이 중요합니다. "이 방법도 괜찮을 수 있는데, 네가 생각하는 방법은 어때?"라는 식으로 열린 마음을 가지고 다양한 접근 방식을 시도하는 것이 관계에 긍정적인 영향을 미칠 수 있습니다.

· **소통을 단순하고 직설적으로 유지하기**: ISTP는 복잡한 감정적 대화보다는 간단하고 직설적인 소통을 선호합니다. 감정적인 대화를 하거나 복잡한 논의가 필요할 때는 "나는 이런 방식으로 생각하는데, 너는 어떻게 생각해?"와 같이 간결하고 명확하게 의견을 나누는 것이 좋습니다.

· **자유와 독립성 존중하기**: ISTP는 독립적인 성향을 지닌 사람들입니다. 관계에서도 자주 혼자만의 시간이 필요하며, 자신의 방식대로 일 처리를 할 때가 많습니다. "너만의 시간을 갖는 게 필요하면 언제든 얘기해"라는 방식으로 상대방의 독립적인 성향을 존중하는 것이 중요합니다. 서로의 개인적인 공간을 존중하는 관

계가 유지될 수 있습니다.

· **문제 해결을 위해 협력하기**: ISTP는 분석적이고 실용적인 문제 해결에 능숙하지만, 때로는 다른 사람들과 협력하여 더 나은 해결책을 찾는 것이 중요합니다. "이 문제를 함께 해결할 수 있을까?"라고 제안하면서 협력적인 접근을 시도하는 것이 좋은 관계를 유지하는 데 도움이 될 수 있습니다.

ISTP의 치유와 성장을 위한 영적 메시지(명상 조언) 5가지

1. 마음의 고요함 속에서 답을 찾으세요.

당신은 상황을 논리적으로 분석하고 신속하게 해결책을 찾는 능력이 뛰어납니다. 하지만 모든 답이 즉각적인 행동에서 나오는 것은 아닙니다. 때로는 문제를 해결하려는 시도를 멈추고 마음의 고요함 속에서 답을 찾으세요. 조용히 자신을 들여다볼 때, 당신의 내면에서 자연스럽게 명확한 길이 드러날 것입니다.

2. 삶의 순간을 온전히 경험하세요.

당신은 실용적이고 효율적인 접근 방식을 선호하지만, 삶의 아름다움은 순간순간을 온전히 경험할 때 드러납니다. 문제를 해결하려는 자세에서 벗어나 현재의 순간을 깊이 음미하세요. 바람의 소리, 햇볕의 따스함, 사랑하는 사람의 미소 속에서 삶의 기적이 펼쳐집니다. 현재에 머무를 때, 당신은 삶의 진정한 아름다움을 발견할 수 있습니다.

3. 자신을 고립시키지 마세요.

당신은 독립적인 성향이 강해 혼자서 문제를 해결하려는 경향이 있습니다. 하지만 혼자만의 힘으로 모든 것을 해결할 필요는 없습니다. 다른 사람에게 마음을 열고 도움을 요청하는 것은 약함이 아니라 용기입니다. 연결은 당신에게 힘이 되며, 진정한 기적은 관계 속에서 일어납니다. 자신의 벽을 허물고 타인과 마음을 나눌 때, 삶은 더 풍요로워집니다.

4. 완벽한 해결책을 찾으려 하지 마세요.

당신은 명확하고 실용적인 해결책을 찾는 데 탁월하지만, 모든 상황에 완벽한 답이 있는 것은 아닙니다. 삶은 때로 명확하지 않고 불완전한 상태로 존재합니다. 완벽한 해결책을 찾으려 애쓰기보다, 흐름을 받아들이고 있는 그대로 상황을 받아들이세요. 불완전함 속에서도 아름다움과 평화가 존재합니다.

5. 자신에게 휴식을 허락하세요.

당신은 문제를 해결하고 성과를 내는 데 집중하지만, 때로는 멈추고 쉬는 것이 필요합니다. 끊임없이 문제를 해결하려는 태도는 당신을 지치게 할 수 있습니다. 자신의 몸과 마음이 보내는 신호에 귀 기울이고, 충분히 쉴 수 있는 시간을 주세요. 당신이 자신을 스스로 돌볼 때, 다시 일어설 힘이 자연스럽게 찾아옵니다.

MBTI on 06

ISFP 예술가형, 모험가형

ISFP는 내향적(Introverted), 감각적(Sensing), 감정적(Feeling), 판단적(Perceiving) 성향을 지닌 사람들을 의미하는 MBTI 유형입니다. ISFP는 흔히 '자유로운 영혼', '창의적인 예술가', '자연을 사랑하는 탐험가'로 묘사됩니다.

ISFP의 주요 특징

1. 예술적이고 창의적인 성향

ISFP는 자연스럽게 예술적인 감각을 지니고 있으며, 창의적인 작업에 뛰어난 능력을 발휘합니다. 이들은 미술, 음악, 패션 등 다양한 예술 분야에서 그들의 감정과 상상력을 표현하는 데 큰 즐거움을 느낍니다. 예술을 통해 자신을 표현하고, 세상을 아름답게 변화시키는 데 강한 동기를 가지고 있습니다.

2. 감성적이고 따뜻한 성격

ISFP는 감성적이고 친절한 성격을 가지고 있으며, 타인의 감정을 세심하게 배려합니다. 이들은 겉으로 드러내지 않지만, 사람들에게 따뜻함과 지원을 주고자 하는 강한 욕구가 있습니다. 감정을 중요시하고, 다른 사람들의 감정을 존중하며, 고요하고 평화로운 분위기를 추구합니다.

3. 자유로운 영혼, 즉흥적인 성향

ISFP는 자율적이고 자유로운 성향을 지닌 사람들입니다. 이들은 일정한 규칙이나 제약을 받는 것을 싫어하며, 자신만의 방식을 따라가는 것을 선호합니다. 즉흥적이고 모험적인 성격으로, 계획보다는 순간의 느낌과 직관에 따라 행동하는 경향이 있습니다.

4. 내향적이고 조용한 성격

ISFP는 내향적인 성격으로, 혼자만의 시간이 중요합니다. 외부의 주목을 받기보다는, 자신의 세계에서 편안하고 안정감을 느끼며 내면의 평화를 유지하려 합니다. 이들은 대개 소수의 친한 사람들과 깊은 관계를 형성하며, 그룹 활동보다는 개인적인 시간을 선호합니다.

5. 자연과 강한 연결

ISFP는 자연과 매우 강한 유대감을 느낍니다. 이들은 자연 속에서 휴식을 취하거나, 산책하면서 내면의 평화를 찾습니다. 자연은 그들에게 영감을 주고, 에너지를 충전하는 공간이 됩니다. 또한, 환경 보호나 동물 보호와 같은 가치에 관한 관심도 큽니다.

ISFP의 장점 & 단점

✅ 장점:

· 창의적이고 예술적인 감각이 뛰어나며, 미적 가치에 대한 강한 이해를 가지고 있습니다.

· 사람들에게 따뜻하고 배려심 깊은 성격으로, 타인의 감정을 잘 이해하고 존중합니다.

· 자유롭고 즉흥적이며, 새로운 경험에 열려 있습니다.

· 내향적이고 차분한 성격으로, 평화롭고 안정적인 분위기를 선호합니다.

· 자연과 깊은 유대감을 느끼며, 환경에 대한 관심이 많습니다.

❌ 단점:

· 지나치게 내성적이거나 감정에 휘둘릴 수 있습니다.

· 규칙이나 제약을 싫어하기 때문에, 때때로 일관성이 부족하거나 계획적인 접근을 하지 않을 수 있습니다.

· 타인의 기대를 맞추기보다 자신만의 방식대로 행동하다 보면 갈등을 피하거나 사람들과의 관계에서 문제가 생길 수 있습니다.

· 감정적으로 과민할 수 있으며, 갈등을 피하려는 경향이 있습니다.

· 내면에 숨겨진 고민이나 감정이 많아, 외부에 드러내지 않고 혼자 해결하려 하는 경향이 있습니다.

ISFP에게 잘 맞는 직업

ISFP는 자유롭고 창의적인 직업, 예술적이고 감성적인 환경에서 큰 만족을 느낍니다. 이들은 자신의 감각과 감정을 표현할 수 있는 직업에서 큰 성과를 보입니다.

✅ **예술가, 미술가, 디자이너** – 창의적인 작업에서 능력을 발휘하며, 자신의 예술적 감각을 표현합니다.

✅ **작가, 시인** – 감정을 글로 표현하거나, 창의적인 작업을 통해 다른 사람들과 소통하는 직업에 적합합니다.

✅ **음악가, 배우** – 감정을 표현하고 예술적인 활동을 통해 자신의 감성을 발산하는 직업에서 큰 만족을 느낍니다.

✅ **사회복지사, 상담가** – 다른 사람들을 도와주는 역할에서 뛰어난 공감 능력을 발휘합니다.

✅ **자연 관련 직업(환경 보호 활동가, 농업 전문가)** – 자연과 깊은 유대감을 바탕으로 환경 보호나 자연 관련 직업에서 잘 어울립니다.

ISFP의 유명인 예시

· **마이클 잭슨(Michael Jackson)** – 창의적인 예술과 감성적인 음악으로 세계적인 영향을 끼친 가수

· **프리다 칼로(Frida Kahlo)** – 예술적인 감성과 자기표현을 통해 강한 인상을 남긴 화가

· **오드리 햅번(Audrey Hepburn)** – 아름다움과 우아함을 표현하며, 사람들에게 따뜻함을 전한 배우

· **브루스 스프링스틴(Bruce Springsteen)** – 감동적이고 깊은 감성으로 대중과 소통한 가수

· **헬렌 켈러(Helen Keller)** – 자신만의 방식으로 세상과 소통하며, 감정적으로도 큰 영향을 끼친 인물

ISFP를 위한 조언

· 자신의 감정을 표현하세요 – 감정적으로 내향적인 성향이 강하지만, 가끔은 자신의 감정을 주변 사람들과 나누는 것이 중요합니다.

· 목표를 세워보세요 – 즉흥적이고 자유로운 성향이 있지만, 장기적인 목표를 설정하고 계획을 세우는 것도 도움이 됩니다.

· 자기 자신을 돌보세요 – 감정적으로 과민할 수 있으므로, 자기 관리와 감정 관리를 신경 써야 합니다.

· 사람들과의 관계를 확장하세요 – 사람들과 깊은 관계를 형성하는 데 시간을 투자하는 것이 좋습니다.

ISFP는 이런 사람!

● 창의적이고 예술적이며, 감각적으로 아름다운 것을 추구합니다.

● 따뜻하고 배려심이 많은 성격으로, 다른 사람들의 감정을 잘 이해하고 존중합니다.

● 자유롭고 즉흥적이며, 새로운 경험과 변화를 두려워하지 않습니다.

● 내향적이고 조용한 성격으로, 혼자만의 시간이 중요한 사람입니다.

● 자연과 깊은 유대감을 느끼며, 환경과 자연을 중요시합니다

ISFP는 '자유로운 창의적 영혼', '감성적 예술가'라고 할 수 있습니다.

상처나 스트레스를 많이 받을 때 ISFP는 어떤 심리증상이 생길 가능성이 높은가?

ISFP는 온화하고 감성적이며, 현재의 순간을 즐기고 미적 감각이 뛰어난 성향을 지닌 유형입니다. 자신만의 가치관을 중요하게 여기며 타인과의 조화를 추구하지만, 자신의 감정을 쉽게 드러내기보다는 내면에서 깊이 느끼는 성향이 강합니다. 현실적이면서도 창의적인 면을 지니며, 자신의 감정에 충실하고 예술적인 활동을 통해 자신을 표현합니다. 그러나 스트레스나 상처를 받을 때 감정적, 심리적 불안정이 두드러지며, 성향이 왜곡되거나 과도하게 강화되면서 심리증상이 발생할 수 있습니다. ISFP가 심리적 상처나 스트레스를 많이 받았을 때 나타날 수 있는 대표적인 심리증상 10가지를 살펴보겠습니다.

1. 감정의 과잉 반응 및 우울감 심화

ISFP는 감정을 깊이 느끼는 성향이 강합니다. 스트레스를 받을 때 감정이 과잉 반응하면서 작은 일에도 지나치게 상처를 받거나 우울감이 심화할 수 있습니다. 일시적인 슬픔이나 외로움이 아니라 장기적인 우울 상태로 이어질 위험이 있습니다.

2. 자기 비하 및 자존감 저하

ISFP는 자신의 내면에 집중하는 성향이 강합니다. 스트레스 상황에서는 자신의 잘못을 지나치게 자책하면서 자존감이 심각하게 저하될 수 있습니다. '내가 잘못했어', '내가 부족해'와 같은 생각에 사로잡히면서 자신을 스스로 깎아내리는 경향이 나타날 수 있습니다.

3. 과도한 회피 및 도피 성향 강화

ISFP는 갈등 상황이나 불편한 감정을 피하려는 성향이 있습니다. 스트레스를 받을 때 이러한 경향이 강화되어 문제를 직면하기보다는 피하고 숨으려는 성향이 강해질 수 있습니다. 방에 틀어박히거나, 잠을 자거나, 게임이나 인터넷에 몰입하면서 현실에서 벗어나려는 행동이 두드러질 수 있습니다.

4. 과도한 감정적 방어기제 형성

ISFP는 상처받은 감정을 방어하기 위해 타인에게 벽을 쌓는 경우가 많습니다. 스트레스 상황에서는 이러한 방어기제가 강화되어 타인의 도움을 거부하고 고립된 상태를 선택할 수 있습니다. '누구도 나를 이해하지 못해', '혼자가 편해'라는 생각에 빠지며, 정서적으로 자신을 스스로 고립시킬 위험이 있습니다.

5. 타인에 대한 불신 및 거리 두기

ISFP는 원래 깊은 인간관계를 중요하게 여기지만, 스트레스를 받을 때 타인에 대한 신뢰가 깨질 수 있습니다. '저 사람은 나를 진심으로 대하는 게 아닐 거야'와 같은 생각이 강해지면서 타인과의 관계에서 거리감이 커질 수 있습니다. 이로 인해 대인관계에서 오해나 갈등이 발생할 위험이 있습니다.

6. 무기력 상태 및 흥미 상실

ISFP는 감정을 통해 에너지를 얻는 성향이 강하지만, 스트레스를 받을 때 평소에 즐기던 일에도 흥미를 잃고 무기력해질 수 있습니다. 예술 활동이나 취미에서 느끼던 즐거움이 사라지고, '아무것도 하기 싫다'는 생각에 빠지며 장기적인 무기력 상태로 이어질 수 있습니다.

7. 충동적 행동 강화

ISFP는 감정이 격해지면 즉흥적인 행동을 하는 경우가 있습니다. 스트레스 상황에서는 이 성향이 강화되어 과소비, 폭식, 과음, 늦은 밤에 충동적인 외출 등 자기 파괴적인 행동으로 이어질 수 있습니다. 이는 순간적인 스트레스를 해소하려는 방식이지만, 장기적으로는 더 큰 문제를 초래할 위험이 있습니다.

8. 신체화 증상 발생 (소화불량, 두통, 피로감 등)

ISFP는 감정적인 스트레스가 신체적인 증상으로 이어질 가능성이 높습니다. 감정이 억제되면서 긴장감이 몸에 축적되면 소화불량, 두통, 근육통, 피로감 같은 증상이 발생할 수 있습니다. 특히 식욕 저하나 수면 장애가 발생할 가능성이 높습니다.

9. 완벽주의 강화 및 자기검열 심화

ISFP는 자신의 가치관에 맞게 행동하려는 성향이 있습니다. 그러나 스트레스 상황에서는 이 성향이 강화되어 지나치게 완벽주의적인 태도를 보일 수 있습니다. 자신의 부족한 점을 과도하게 비난하면서 '이렇게 하면 안 돼', '더 완벽해야 해'와 같은 자기검열이 심해질 수 있습니다.

10. 감정 폭발 및 감정 기복 심화

ISFP는 평소에는 감정을 차분하게 다루려 하지만, 스트레스 상황에서는 감정이 폭발할 수 있습니다. 억제되었던 감정이 한꺼번에 터지면서 분노, 좌절, 슬픔 등이 강하게 표출될 수 있습니다. 감정 기복이 심해지면서 주변 사람들이 당황하거나 관계에 갈등이 생길 위험이 있습니다.

ISFP는 어떤 방어기제를 쓸 가능성이 높을까?

ISFP는 개방적이고 감성적이며, 자신의 가치를 중요하게 여기는 성격 유형입니다. 이들은 감정을 깊이 경험하지만, 그것을 즉각적으로 표현하기보다는 내면에서 조용히 처리하는 경향이 있습니다. 또한, 자유롭고 자발적인 삶을 선호하며, 외부의 간섭보다는 자신의 감정과 경험을 통해 세상을 이해하려 합니다. 하지만 감정적으로 예민한 만큼 방어기제를 활용하여 내면의 불안을 조절하려는 경향도 있습니다.

1. 회피

ISFP는 갈등을 피하려는 경향이 있으며, 감정적으로 힘든 상황을 직면하기보다는 물리적으로 또는 정신적으로 회피하려 합니다. 예를 들어, 누군가와의 갈등이 발생하면 직접 대화로 해결하기보다는 그 사람을 피하거나, 혼자만의 시간을 가지며 문제를 자연스럽게 사라지도록 기대할 수 있습니다.

2. 감정적 억압

ISFP는 감정을 강하게 경험하지만, 다른 사람들에게 쉽게 드러내지 않는 편입니다. 자신의 감정을 표현하는 것이 부담스럽거나 타인의 기대를 의식할 때, 감정을 억누르고 혼자 처리하려 할 가능성이 큽니다. 그러나 감정을 계속 억누르면 나중에 갑작스럽게 감정이 폭발할 수도 있습니다.

3. 고립

ISFP는 감정적으로 힘든 상황이 닥치면 혼자 있는 것을 선호하는 경향이 있습니다. 감정을 정리할 시간이 필요할 때, 사회적 상호작용을 줄이고 고립되는 방식으로 반응할 수 있습니다. 예를 들어, 스트레스를 받으면 사람들과의 관계를 차단하고 조용한 공간에서 혼자 음악을 듣거나 예술 활동을 하면서 내면의 균형을 찾으려 할 수 있습니다.

4. 행동화

ISFP는 감정을 언어로 표현하는 것이 어려울 때, 이를 행동으로 나타낼 가능성이 있습니다. 감정적으로 억눌린 상태에서 갑작스러운 충동적인 행동을 하거나, 예술이나 창작 활동을 통해 감정을 표출하는 방식으로 반응할 수 있습니다. 때로는 위험한 행동(예: 충동적인 여행, 무모한 소비, 예측 불가능한 행동)으로 감정적인 부담을 해소하려 할 수도 있습니다.

5. 이상화

ISFP는 자신이 소중하게 여기는 가치나 사람을 이상화하는 경향이 있습니다. 누군가를 사랑하거나 존경할 때, 그들의 결점을 보지 않으려 하며 이상적인 이미지로 바라볼 수 있습니다. 그러나 현실과 이상이 충돌하면 실망감이 커지고, 깊은 상처를 받을 위험이 있습니다.

6. 부정

ISFP는 자신이 감당하기 어려운 감정적인 문제를 부정하는 방식을 사용할 수도 있습니다. 예를 들어, 자신이 실망하거나 상처받았다는 사실을 인정하기 어려울 때, '괜찮아, 아무 일도 아니야'라고 자신을 설득하며 감정을 무시하려 할 수 있습니다. 하지만 이러한 부정이 계속되면 결국 내면의 불안이 쌓여 감정적으로 더 큰 폭발을 초래할 수도 있습니다.

7. 자기희생

ISFP는 타인을 돕거나 배려하는 성향이 강하기 때문에, 자신의 감정을 희생하면서까지 다른 사람을 배려하려는 경향이 있습니다. 예를 들어, 누군가를 위해 자신의 감정을 참거나, 원치 않는 상황에서도 상대를 위해 희생하는 방식으로 방어기제를 사용할 수 있습니다. 그러나 이러한 자기희생이 반복되면 결국 감정적인 피로감과 억울함을 느낄 수도 있습니다.

8. 투사

ISFP는 자신의 감정을 타인에게 투사할 가능성이 있습니다. 예를 들어, 자신이 불안하거나 두려움을 느끼면서도 그것을 인정하지 못할 때, 주변 사람들에게 "왜 이렇게 불안해 보이지?"라고 해석하며 자신의 감정을 타인에게 반영할 수 있습니다.

▶ ISFP는 감정을 깊이 경험하지만, 이를 직접 표현하는 것보다는 내면적으로 처리하려는 경향이 있습니다. 회피, 감정적 억압, 고립, 행동화 등의 방어기제를 사용하며, 이상화나 자기희생을 통해 감정적인 불안을 조절하려 할 수도 있습니다.

이러한 방어기제들은 ISFP가 감정적인 어려움을 즉각적으로 해결하는 데 도움을 줄 수 있지만, 장기적으로는 감정을 지나치게 억누르거나 피하는 방식이 문제가 될 수도 있습니다. 따라서 ISFP는 자신의 감정을 솔직하게 인정하고, 건강한 방식으로 표현하는 연습을 하는 것이 중요합니다.

ISFP의 심리적 취약점과 이를 극복할 수 있는 대처방법은 무엇인가?

ISFP는 따뜻한 감성과 미적 감수성을 지닌 성향으로, 조용하면서도 섬세하게 타인의 마음을 살피며 삶을 자신의 방식대로 살아가려는 이상주의적 실용주의자입니다. 현재 순간을 풍요롭게 경험하며, 감정과 가치에 따라 결정을 내리는 이들은 주변 사람에게 진정성 있는 따뜻함을 전달합니다. 그러나 이런 부드럽고 조화로운 모습 이면에는 회피, 자기검열, 감정 기복 등 심리적인 취약점이 존재합니다. ISFP의 대표적인 심리적 취약점 5가지와 그것을 극복할 수 있는 대처방법을 살펴보겠습니다.

1. 갈등 회피와 자기표현의 어려움

ISFP는 조화를 중요하게 생각하고 타인의 감정을 배려하려는 성향이 강해, 갈등 상황을 피하고 자신의 의견을 숨기려는 경향이 있습니다. 하지만 이는 결국 억눌린 감정으로 인해 오히려 내면의 스트레스를 증폭시키고, 관계의 깊이도 얕게 만들 수 있습니다. 따라서 자신의 감정을 표현하는 데 죄책감을 느끼지 않도록 연습해야 하며, 감정을 부드럽게 전달하는 'I-메시지'(예: "나는 이런 상황이 힘들게 느껴졌어")를 활용하는 것이 좋습니다. 이렇게 하면 갈등을 피하지 않으면서도 관계를 해치지 않고 자기 입장을 전할 수 있습니다.

2. 자기비판과 낮은 자기 확신

ISFP는 내면에서 매우 높은 윤리적 기준과 미적 이상을 가지고 있으며, 그 기준에 도달하지 못할 때 자기 자신에게 실망하고 좌절하기 쉽습니다. 이는 자존감 저하로 이어지며, 자신을 스스로 작게 느끼게 만들 수 있습니다. 이를 극복하기 위해선 "완벽함'보다 '진정성'을 기준으로 삼는 훈련이 필요합니다. 자신이 한 작은 선택이나 행동에서 진정성이 있었는지를 기준으로 하루를 정리하고, 자신을 칭찬하는 루틴을 가지는 것이 좋습니다. '나는 오늘 나답게 살았는가?'라는 질문이 핵심입니다.

3. 감정 기복과 스트레스 처리의 미숙함

감정에 민감한 ISFP는 일상적인 사건에도 감정적으로 깊게 반응하며, 내면의 기복이 큰 편입니다. 스트레스를 받았을 때 그것을 어떻게 처리해야 할지 몰라 침묵하거나 자신을 고립시키는 경우도 많습니다. 이럴 때는 감정을 억누르기보다 안전한 방식으로 해소할 수 있는 활동(예: 그림, 음악, 산책, 일기 등)을 일상에 마련해 두는 것이 중요합니다. 특히 '지금 이 감정은 사라질 수 있는 것'이라는 인식과 함께, 감정을 바라보는 관찰자의 시선을 기르는 명상도 효과적입니다.

4. 결정 회피와 우유부단함

ISFP는 다양한 가능성을 열어두고 싶어 하며, 직관보다는 감정과 가치 기준으로 결정을 내립니다. 이 때문에 중요한 선택 앞에서 고민이 깊어지고, 결정 자체를 미루는 경향이 있습니다. 하지만 삶은 반복적인 선택의 연속이기에, '완벽한 결정'보다는 '지금 최선의 결정'을 내리는 용기를 가져야 합니다. '3가지 기준 정하기'(가치, 현실성, 마음의 평안)를 통해 선택지를 비교해보고, 결정 후에는 후회를 줄이기 위해 그 선택을 지지하는 근거를 찾아 적어보는 것도 도움이 됩니다.

5. 관계 속 자기 소멸과 경계선 불명확성

ISFP는 타인을 깊이 공감하고 배려하려는 태도로 인해 때로는 자신의 욕구나 경계를 무시한 채 상대에게 맞추는 경향이 있습니다. 이로 인해 정작 자신은 감정적으로 소모되며, 관계에서 상처를 받을 수 있습니다. 그러므로 '지금 나는 진심으로 원해서 행동하고 있는가?'라는 질문을 자주 던지며, '나를 위해 거절할 권리'를 훈련해야 합니다. 관계 속에서도 자신의 경계를 설정하고, 그 경계를 지키는 것을 '이기적'이 아닌 '건강한 사랑'의 표현으로 받아들이는 인식 전환이 필요합니다.

▶ ISFP는 세상의 아름다움을 섬세하게 감지하고, 조용한 헌신으로 주변에 평화를 전하는 사람입니다. 그러나 자기 자신을 돌보지 않으면 그 아름다움이 고요한 고립으로 변할 수 있습니다. 그러므로 자기감정의 주인이 되는 연습, 진심을 표현하는 용기, 그리고 자기 존재를 존중하는 마음이야말로 ISFP가 내면의 균형을 이루는 핵심 열쇠가 됩니다. 조화로운 삶은 자신과 타인 사이에 건강한 거리와 따뜻한 소통이 함께 있을 때 더욱 깊어질 수 있습니다.

ISFP가 자신의 잠재력을 극대화하고, 건강하고 행복한 삶을 위해서 실천해야 할 10가지 행동 지침은 무엇인가?

ISFP는 감성적이고 창의적이며, 현재의 순간을 즐기는 경향이 강한 성향을 지닌 사람들입니다. 이들은 아름다움을 추구하고, 타인과의 감정적 연결을 중요하게 여기며, 독립적이고 자유로운 삶을 선호합니다. 그러나 때때로 감정을 내면화하거나, 타인의 기대에 맞추는 경향이 있어 스트레스를 받을 수 있습니다. ISFP가 자신의 잠재력을 극대화하고 건강하고 행복한 삶을 살기 위해 실천해야 할 10가지 행동 지침은 다음과 같습니다.

1. 내 감정이 흐르는 방향을 존중하고 따라가기
ISFP는 감정의 흐름을 무시하거나 억누를 때 삶의 활력이 줄어들 수 있습니다.

자신의 감정이 어디로 향하는지를 민감하게 읽고, 그것을 따르는 용기를 내는 것이 필요합니다. 감정은 삶의 나침반이 될 수 있는 소중한 길잡이입니다.

2. 갈등 회피보다 진솔한 표현을 연습하기

조화로운 관계를 추구하는 만큼, 갈등 상황을 회피하는 경향이 있습니다. 하지만 마음속 불편함을 오래 쌓아두면 정서적 고립감으로 이어질 수 있습니다. 부드럽지만 진솔한 감정 표현은 오히려 더 깊은 관계를 가능하게 합니다.

3. 자신이 감동하는 방식으로 자기 자신을 대하기

ISFP는 타인의 감정에 공감하고, 작은 아름다움에도 쉽게 감동합니다. 그 감성을 자신에게도 적용할 때, 내면의 고요와 사랑이 회복됩니다. 내가 나를 감동하게 하는 방식으로 삶을 꾸리는 것이 진정한 자기 돌봄이 됩니다.

4. 완벽함보다 진정성을 선택하기

섬세한 미적 기준과 이상이 강한 ISFP는 스스로에게도 높은 기대를 하는 경우가 많습니다. 그러나 삶은 완벽이 아니라 진심에서 오는 흐름으로 이루어집니다. 진정성은 완벽보다 더 큰 아름다움을 만들어냅니다.

5. 혼자 있는 시간과 연결된 시간을 균형 있게 가져가기

혼자만의 시간이 내면을 재충전하게 해주지만, 누군가와의 따뜻한 연결은 감정을 확장해 줍니다. 고립과 연결 사이에서 균형을 유지하는 것이 중요합니다. 자신만의 리듬을 파악하는 연습이 필요합니다.

6. 비교보다 고유함을 기준으로 자기를 바라보기

타인의 성취나 속도와 비교하며 자신을 평가하면 금세 위축되기 쉽습니다. 하지만 ISFP는 누구와도 다른 방식으로 세상을 느끼고 표현합니다. 그 고유함이 곧 존재의 가치이기에, 비교보다 자기 기준을 키워야 합니다.

7. 예술적 감성과 창의성을 정기적으로 표현하기

ISFP의 내면은 예술적 영감으로 가득 차 있습니다. 글쓰기, 음악, 그림 디자인 등 어떤 방식이든 자신의 감성을 꾸준히 표현하는 것이 필요합니다. 표현하는 순간 삶이 살아있고, 연결되어 있다는 감각이 되살아납니다.

8. '괜찮아'라는 말 뒤에 숨은 감정 들여다보기

마음을 상해도 '괜찮다'며 넘기는 습관이 생길 수 있습니다. 하지만 이 말 뒤에는 억울함, 외로움, 슬픔이 숨어 있는 경우가 많습니다. 있는 그대로의 감정을 정직하게 인식할 때 내면의 회복이 시작됩니다.

9. 내면의 가치에 따라 선택하며 살아가기

외부의 기준이나 타인의 기대에 따라 사는 것은 ISFP를 빠르게 소진할 수 있습니다. 자신이 진심으로 의미 있다고 느끼는 일과 관계에 시간을 투자해야 삶의 만족도가 올라갑니다. 삶의 기준은 자신에게 두는 것이 좋습니다.

10. 고요한 자연 속에서 나를 회복하는 시간을 정기적으로 갖기

자연은 ISFP의 감성을 깊이 어루만지는 치유의 공간이 됩니다. 도시의 소음에서 벗어나 바람, 나무, 물의 소리를 듣는 시간은 내면의 균형을 되찾는 데 도움이 됩니다. 고요한 자연 속에서 자신과 다시 연결될 수 있습니다.

▶ ISFP는 조용하지만 강한 감정의 흐름과 자신만의 색으로 삶을 그려가는 존재입니다. 외부의 소리에 흔들리기보다 내면의 소리에 귀 기울일 때, 그들의 삶은 더욱 따뜻하고 깊어집니다. 위의 지혜들을 실천함으로써 ISFP는 자신만의 아름다움과 감성을 세상에 풍요롭게 드러내며 살아갈 수 있습니다.

ISFP에게 필요한 플러스 생각 10가지

ISFP 유형은 따뜻하고 조용하며, 감수성이 풍부하고 자기만의 가치관을 소중히 여기는 사람입니다. 현재의 순간을 섬세하게 느끼고, 자연이나 예술을 통해 감정을 표현하는 데 강점이 있습니다. 하지만 자신의 감정을 말로 표현하는 것이 어려워 오해를 사기 쉽고, 갈등을 피하려다 보니 속으로 끙끙 앓는 경우도 많습니다. 또한, 비판에 예민하고, 자신의 부족함에 대해 쉽게 위축되기도 합니다. 이런 ISFP에게는 자기를 따뜻하게 받아들이고, 감정의 흐름을 자연스럽게 수용할 수 있는 플러스 생각이 치유와 성장을 위한 좋은 길잡이가 될 수 있습니다.

1. 나는 조용하고 섬세한 감성을 지녔다.
▶ 내 감수성은 나만의 아름다움이다. 말로 표현하지 않아도, 그 감정은 충분히 진실하다.
2. 나는 타인의 감정을 깊이 이해한다.
▶ 공감은 내 마음의 빛이다. 하지만 다른 사람의 감정을 모두 책임질 필요는 없다.
3. 나는 나만의 방식으로 세상을 느낀다.

▶ 내 방식은 독특하고 소중하다. 남들과 달라도 그 자체로 충분히 괜찮다.

4. 나는 갈등을 피하고 싶어 한다.

▶ 평화를 지키고 싶은 마음은 귀하다. 하지만 나의 감정을 표현하는 것도 평화의 한 부분이다.

5. 나는 자유로운 환경에서 더 잘 성장한다.

▶ 자율성은 내 에너지원이다. 그러나 필요할 땐 약간의 구조도 나를 지켜주는 울타리가 될 수 있다.

6. 나는 타인의 평가에 민감하다.

▶ 비판에 마음이 아플 수 있다. 하지만 나의 가치는 남의 말로 결정되지 않는다.

7. 나는 느리고 조용한 변화를 좋아한다.

▶ 빠르게 움직이지 않아도 괜찮다. 나에게 맞는 속도로도 충분히 나아가고 있다.

8. 나는 즉흥적이고 유연하게 행동한다.

▶ 즉흥성은 내 삶을 풍요롭게 한다. 그러나 중요한 일에는 잠시 멈추어 생각하는 여유도 필요하다.

9. 나는 반복적인 일상에 지루함을 느낀다.

▶ 지루함은 나의 창의성이 깨어나는 신호일 수 있다. 그 안에서 새로운 의미를 찾을 수 있다.

10. 나는 말보다는 행동과 태도로 진심을 전한다.

▶ 조용한 진심도 강력하다. 하지만 때로는 한마디 말이 나와 상대를 더 깊게 연결해 줄 수 있다.

이러한 플러스 생각들은 ISFP가 자기 자신의 감정을 부드럽게 받아들이고, 표현과 관계에서의 건강한 자율성을 키울 수 있도록 도와줍니다. 자신의 내면을 존중하면서도 세상과 조금 더 부드럽게 연결될 수 있는 다리를 놓아 주는 것입니다.

ISFP는 말보다 마음으로 세상을 느끼는 사람인 만큼, 이러한 사고 습관은 내면의 평화와 외부 세계와의 조화를 이루는 데 매우 중요한 도구가 됩니다.

ISFP의 좋은 관계를 위한 지혜

ISFP는 감성적이고 예술적인 성향을 지닌 사람들로, 현재의 순간을 중요하게 여기며 감각적으로 경험하는 것을 선호합니다. 이들은 내향적이고 차분한 성격이며, 사람들과의 관계에서 진지하고 깊이 있는 감정을 나누기를 원합니다. ISFP는 자유롭고 독립적인 성향을 가지며, 감정을 중요시하고 타인의 감정을 배려하는 능력이 뛰어납니다. 그들은 아름다움을 중시하며, 예술적인 표현이나 창의적인 활동을 통해 만족을 느끼는 경우가 많습니다. 그러나 때때로 자신의 감정을 표현하는 데 어려움을 겪을 수 있습니다.

잘 맞는 유형:

· **ESFJ**: ISFP와 ESFJ는 상호 보완적인 관계를 맺을 수 있습니다. ESFJ는 ISFP에게 사회적인 지원과 감정적인 안정감을 제공할 수 있으며, ISFP는 ESFJ에게 감정적인 깊이와 예술적인 면을 선사할 수 있습니다. 서로의 차이를 이해하고 존중하면서 안정적이고 따뜻한 관계를 유지할 수 있습니다.

· **INFP**: INFP와 ISFP는 감정적으로 매우 잘 맞는 관계를 맺을 수 있습니다. 두 사람 모두 내향적이며, 깊은 감정을 나누고 이해하는 데 능숙합니다. INFP는 ISFP의 예술적이고 감성적인 면을 이해하고 지지할 수 있으며, ISFP는 INFP에게 감정적인 지지와 안정감을 제공할 수 있습니다.

잘 맞지 않는 유형:

· ENTJ: ISFP와 ENTJ는 성격상 큰 차이가 있어 갈등이 생길 수 있습니다. ENTJ는 목표 지향적이고 체계적인 사고를 중시하는 반면, ISFP는 즉흥적이고 감성적인 결정을 내립니다. 이로 인해 서로의 접근 방식이나 가치관에서 큰 차이가 발생할 수 있습니다.

· ESTJ: ESTJ와 ISFP는 매우 다른 성향을 가지고 있습니다. ESTJ는 현실적이고 실용적인 사고를 중시하며, 강한 리더십을 발휘하는 반면, ISFP는 자유롭고 감성적이며 즉흥적인 방식으로 행동합니다. 이로 인해 상호 이해가 어려워질 수 있습니다.

좋은 관계를 위한 지혜:

· 자신의 감정을 표현하기: ISFP는 때때로 자신의 감정을 표현하는 데 어려움을 겪을 수 있습니다. 하지만 감정을 나누고 솔직하게 표현하는 것이 관계를 더욱 깊고 의미 있게 만듭니다. "내가 지금 느끼는 감정은 이런 것 같아"라고 말함으로써 상대방과의 감정적인 유대를 강화할 수 있습니다.

· 상대방의 감정과 필요를 이해하고 배려하기: ISFP는 타인의 감정에 매우 민감하고, 상대방을 배려하는 능력이 뛰어납니다. 이러한 배려를 지속해서 이어나가기 위해서는 상대방의 감정과 필요를 잘 파악하고 이해하는 것이 중요합니다. "너의 생각을 듣고 싶어, 어떤 점이 걱정돼?"라고 말하며 상대방의 마음을 이해하려는 노력이 필요합니다.

· 자유로운 공간과 독립성 존중하기: ISFP는 자유롭고 독립적인 성향을 지닌 사람들입니다. 관계에서 자신만의 공간과 시간이 필요할 수 있으므로, 상대방에게 부담을 주지 않고 자유를 존중하는 것이 중요합니다. "네가 혼자만의 시간을 갖고

싶으면 언제든 말해"와 같은 방식으로 상대방의 독립성을 존중할 수 있습니다.

· 구체적인 계획보다는 여유로운 접근: ISFP는 즉흥적이고 자유로운 성향을 가지고 있어, 때때로 지나치게 구체적이고 철저한 계획보다는 여유로운 접근을 선호합니다. 상대방이 너무 계획적이고 엄격하게 접근할 때는 조금 더 여유를 두고 자유로운 방식으로 관계를 유지하려는 노력이 필요합니다. "조금 더 여유롭게 생각해볼까?"라고 제안하는 것이 좋습니다.

· 갈등을 해결할 때 감정을 존중하는 방식으로 접근하기: ISFP는 갈등을 피하려고 할 수 있지만, 갈등이 발생했을 때 감정을 존중하며 해결하려는 노력이 필요합니다. 상대방의 감정을 인정하고, 감정적으로 상처를 주지 않도록 주의하는 것이 중요합니다. "내가 이렇게 말한 것에 대해 너는 어떻게 느꼈을까?"라고 묻고, 서로의 감정을 존중하며 갈등을 해결할 수 있습니다.

ISFP의 치유와 성장을 위한 영적 메시지(명상 조언) 5가지

1. 자신의 감정을 있는 그대로 받아들이세요.

당신은 섬세한 감성을 지닌 아름다운 영혼입니다. 하지만 때로는 자신의 감정을 숨기거나 부정하려 할 때가 있습니다. 모든 감정은 당신의 존재 일부이며, 어떤 감정도 잘못된 것은 없습니다. 기쁨뿐 아니라 슬픔과 불안도 소중히 받아들이세요. 자신의 감정을 온전히 받아들일 때, 내면의 치유가 시작됩니다.

2. 자신을 위해 살아도 괜찮습니다.

당신은 다른 사람의 감정을 잘 헤아리고 배려하지만, 자신의 욕구와 필요를 뒤로 미루는 경우가 많습니다. 타인을 위한 사랑도 중요하지만, 자신을 위해 사랑을 선택할 때 당신의 삶은 더 균형을 찾습니다. 자신이 원하는 삶을 주저하지 말고 선택하세요. 당신이 행복할 때, 자연스럽게 다른 사람에게도 사랑이 흘러 갑니다.

3. 자신의 아름다움을 인정하세요.

당신은 감각적이고 예술적인 재능을 지니고 있습니다. 그러나 자신의 재능이나 아름다움을 과소평가할 때가 있습니다. 당신의 감성과 창의력은 세상에 특별한 빛을 더합니다. 당신의 아름다움은 외적인 성과나 평가에서 나오는 것이 아니라, 당신이 존재하는 자체에서 비롯됩니다. 자신이 얼마나 귀한 존재인지 온전히 인정하세요.

4. 완벽해지려고 애쓰지 마세요.

당신은 자신이 하는 일이나 관계에서 진심을 다하지만, 완벽해지려고 애쓸 필요는 없습니다. 실수와 부족함 속에서도 당신의 진정한 아름다움이 드러납니다. 있는 그대로의 당신이 매우 아름답고 가치 있다는 사실을 기억하세요. 완벽함이 아니라 진정성을 선택할 때, 당신의 삶은 더 깊이 있는 평화를 얻게 됩니다.

5. 당신의 내면의 소리에 귀 기울이세요.

당신은 외부의 기대나 타인의 시선을 신경 쓰기보다 자신의 마음이 이끄는 길을 따를 때 가장 빛납니다. 당신의 내면에는 이미 모든 답이 존재합니다. 자신이 진정으로 원하는 것이 무엇인지 마음의 소리에 집중하세요. 외부의 평가나 인정에 휘둘리지 않고 자신의 마음을 따를 때, 당신은 진정한 자유와 기쁨을 경험할 수 있습니다.

INFP 중재자형, 이상주의자형

INFP는 내향적(Introverted), 직관적(iNtuitive), 감정적(Feeling), 판단적(Perceiving) 성향을 지닌 사람들을 의미하는 MBTI 유형입니다. INFP는 흔히 '이상주의자', '중재자', '가슴으로 세상을 느끼는 사람'이라고 묘사됩니다.

INFP의 주요 특징

1. 이상주의적이고 깊은 가치관을 가지고 있음

INFP는 세상에 대한 이상적인 비전과 강한 가치관을 가지고 있습니다. 이들은 개인의 자유와 행복을 중요시하며, 세상이 더 나은 곳이 되기를 바랍니다. 이러한 가치관이 그들의 행동과 선택을 이끄는 중요한 원동력이 됩니다. 다른 사람들에게 영감을 주고, 사람들의 성장과 변화에 기여하는 데 큰 보람을 느낍니다.

2. 감성적이고 공감 능력이 뛰어남

INFP는 감성적이고 공감 능력이 뛰어난 사람들입니다. 다른 사람들의 감정과 아픔에 깊이 공감하며, 그들의 어려움을 이해하고 도와주고자 합니다. 이들은 사람들과 깊은 감정적 연결을 중요시하며, 타인의 문제를 해결하려는 강한 욕구를 가지고 있습니다. 그들의 따뜻한 마음과 이해심은 주변 사람들에게 큰 위로가 됩니다.

3. 내향적이고 조용한 성격

INFP는 내향적인 성향이 강해 혼자만의 시간을 중요하게 생각합니다. 이들은 많은 사람 속에서 에너지를 얻기보다는, 혼자만의 시간에서 자신을 충전합니다. 내면의 세계에 집중하며, 감정과 생각을 깊이 탐구하는 것을 좋아합니다. 이들은 대체로 소수의 깊은 관계를 중요하게 생각하고, 많은 사람과 얕은 관계를 맺기보다는 진지하고 의미 있는 연결을 추구합니다.

4. 창의적이고 상상력이 풍부함

INFP는 창의적이고 상상력이 풍부한 성향을 지니고 있습니다. 이들은 새로운 아이디어와 개념을 탐구하며, 예술적이고 독창적인 작업에 뛰어난 능력을 보입니다. 글쓰기, 미술, 음악 등 창작 활동에서 큰 만족감을 느끼며, 자신만의 스타일과 감각을 통해 세상에 관한 생각과 감정을 표현합니다.

5. 이상적인 목표를 추구하지만, 현실적 어려움에 직면할 수 있음

INFP는 높은 이상과 목표를 추구하지만, 때로는 현실적인 문제와 충돌할 수 있습니다. 그들은 자신이 설정한 목표와 가치에 충실해지려 하지만, 세상의 불완전함과 마주할 때 실망하거나 좌절할 수 있습니다. 때로는 지나치게 이상주의적이거나 낙관적이어서 현실적인 제약을 간과할 수 있습니다.

INFP의 장점 & 단점

✅ 장점:
- 깊은 감정적 공감 능력과 타인을 돕고자 하는 따뜻한 마음이 있습니다.
- 창의적이고 상상력이 풍부하며, 새로운 아이디어나 예술적 작업에서 뛰어난 능력을 발휘합니다.
- 높은 도덕적 기준을 가지고 있으며, 자신이 믿는 가치를 위해 헌신할 수 있습니다.
- 내면세계에 대한 깊은 이해가 있어, 철학적이고 정신적인 영역에서 큰 관심을 가집니다.
- 사람들의 감정을 잘 이해하고, 그들의 어려움을 함께 나누고 해결하려고 합니다.

❌ 단점:
- 지나치게 이상적이고 낙관적인 성향으로 현실을 직시하지 못할 때가 있습니다.
- 감정적으로 예민하고, 비판을 잘 받지 못하며 상처를 쉽게 받을 수 있습니다.
- 내향적이고 혼자 있는 시간을 중요하게 생각해, 사회적 활동에 소극적일 수 있습니다.
- 지나치게 이상적인 목표를 추구하다 보면 현실적 어려움을 마주했을 때 실망하거나 좌절할 수 있습니다.
- 갈등을 피하려 하며, 때로는 자신의 감정을 표현하지 않고 억제할 수 있습니다.

INFP에게 잘 맞는 직업

INFP는 창의적인 직업, 인간적인 가치를 중시하는 직업, 자신의 가치와 신념에 부합하는 직업에서 큰 만족을 느낍니다. 이들은 문학적이고 예술적인 작업, 타인과 깊은 관계를 맺고 돕는 역할에 적합합니다.

- ✅ 작가, 시인, 저널리스트 – 감정과 생각을 글로 표현하는 직업에 적합하며, 문학적 작업에서 큰 만족을 느낍니다.
- ✅ 심리학자, 상담가, 치료사 – 타인의 감정을 깊이 이해하고, 그들을 돕는 역할에서 뛰어난 능력을 발휘합니다.
- ✅ 예술가, 디자이너 – 창의적이고 감성적인 작업에서 큰 성과를 보입니다.
- ✅ 사회복지사, 비영리 단체 활동가 – 사람들의 삶을 향상하게 시키고, 사회적 가치를 실현하는 직업에 잘 어울립니다.
- ✅ 교육자, 교사 – 아이들에게 깊은 영감을 주고, 그들의 성장을 돕는 역할에 적합합니다.

INFP의 유명인 예시

- 윌리엄 셰익스피어(William Shakespeare) – 감정과 인간 심리에 대한 깊은 통찰을 문학작품으로 표현한 작가
- 마틴 루터 킹 주니어(Martin Luther King Jr.) – 이상주의적 신념을 바탕으로 사회적 변화를 이끈 지도자
- 조앤 K. 롤링(J.K. Rowling) – 마법과 상상력을 통해 사람들에게 감동을 준 작가
- 프레드 로저스(Fred Rogers) – 타인의 감정을 깊이 이해하고 그들에게 긍정적인 영향을 미친 방송인
- 앨버트 아인슈타인(Albert Einstein) – 과학적이고 철학적인 사고로 세계에 큰 영향을 끼친 인물

INFP를 위한 조언

· 현실적인 계획을 세우세요 – 이상적인 목표를 추구하는 것은 중요하지만, 현실적인 계획과 전략을 세우는 것도 필요합니다.

· 자신의 감정을 표현하세요 – 감정적으로 내성적일 수 있으므로, 때로는 자신의 감정을 솔직하게 표현하는 연습이 필요합니다.

· 자기 자신을 돌보세요 – 너무 많은 에너지를 다른 사람들에게 주지 말고, 자신을 돌보는 시간을 가지는 것이 중요합니다.

· 비판을 받아들이는 법을 배우세요 – 비판을 받았을 때 감정적으로 반응하기보다는, 그것을 성장의 기회로 삼을 수 있습니다.

INFP는 이런 사람!

◉ 깊은 감정적 공감을 통해 사람들과 깊은 연결을 추구합니다.

◉ 창의적이고 상상력이 풍부하며, 예술적인 작업에 큰 만족을 느낍니다.

◉ 높은 도덕적 기준을 가지고 있으며, 사회적 가치와 변화를 중요하게 생각합니다.

◉ 내향적이고 조용한 성격으로, 혼자만의 시간을 중요하게 여깁니다.

◉ 이상적인 목표를 추구하며, 세상이 더 나은 곳이 되기를 희망합니다.

INFP는 '이상주의적 중재자', '세상을 더 나은 곳으로 만들고자 하는 사람'이라고 할 수 있습니다.

상처나 스트레스를 많이 받을 때 INFP는 어떤 심리증상이 생길 가능성이 높은가?

INFP는 이상주의적이고 감성적이며 내면의 가치와 의미를 중요하게 여기는 성향을 지닌 유형입니다. 자신만의 가치관과 신념을 중심으로 행동하며, 내면의 감정을 깊이 느끼는 성향이 강합니다. 타인의 감정을 잘 이해하고 공감하지만, 자신의 감정을 표현하는 데는 다소 소극적인 모습을 보이기도 합니다. 또한, 창의적이고 상상력이 풍부하며, 조용한 환경에서 자신의 세계에 몰입하는 것을 좋아합니다. 그러나 상처나 스트레스를 많이 받을 때 INFP는 자신의 가치관이나 이상이 흔들리면서 심리적 불안정이 커지고, 성향이 왜곡되거나 강화되면서 심리증상이 발생할 수 있습니다.

1. 내면의 갈등 심화 및 자기 비난 강화

INFP는 자신의 가치관이 매우 뚜렷하기 때문에 자신이 소중하게 여기는 가치가 위협받거나 깨질 때 내면에서 심각한 갈등이 발생할 수 있습니다. 이로 인해 "내가 잘못한 걸까?", "내가 틀렸던 걸까?"와 같은 생각이 반복되면서 자기 비난이 심화할 수 있습니다. 이러한 갈등은 INFP에게 깊은 우울감과 무기력을 초래할 수 있습니다.

2. 과도한 이상화 및 현실 도피 경향

INFP는 자신의 이상을 중요하게 여깁니다. 그러나 스트레스를 받을 때 이상과 현실의 괴리를 받아들이지 못하고 현실을 부정하거나 도피하려는 경향이 강화될 수 있습니다. "이 세상은 너무 차가워", "나는 어딘가에 진정한 의미를 찾아야 해"

와 같은 생각이 강해지며, 현실에서 벗어나 상상이나 환상에 몰입하게 될 위험이 있습니다.

3. 고립 및 사회적 단절 강화

INFP는 원래 혼자만의 시간을 소중히 여깁니다. 그러나 스트레스가 심해질 때 타인과의 관계를 단절하고 자신만의 세계에 갇히려는 경향이 강해질 수 있습니다. "아무도 나를 이해하지 못해", "혼자가 편해"라는 생각이 강해지면서 점점 고립되며, 타인과의 교류를 피하게 됩니다.

4. 과도한 감정 과몰입 및 감정 기복 심화

INFP는 감정을 깊이 느끼는 성향이 강합니다. 스트레스를 받을 때 감정이 과도하게 폭발하거나 쉽게 눈물을 흘리는 등 감정 기복이 심해질 수 있습니다. 평소에는 감정을 잘 통제하지만, 스트레스가 심해지면 사소한 일에도 감정적으로 반응하면서 자신을 다스리기 어려워질 수 있습니다.

5. 현실 감각 상실 및 방어기제 강화

INFP는 스트레스를 받을 때 현실에서 벗어나고자 하는 심리가 강화될 수 있습니다. 지나친 공상이나 환상에 빠지면서 현실의 문제를 외면하고 감정을 억누르기 위해 잠을 과도하게 자거나, 책이나 영화에 지나치게 몰입하는 등 현실 도피 성향이 심화할 수 있습니다.

6. 과도한 완벽주의 및 자기검열 심화

INFP는 자신의 가치와 이상에 부합하는 삶을 살고자 하는 욕구가 강합니다. 그러나 스트레스가 심해지면 이러한 성향이 완벽주의로 강화되면서 자신의 실수나 부족한 점을 받아들이기 어려워집니다. "나는 더 완벽해져야 해", "이 정도로는 부족해"와 같은 생각이 강화되면서 자신을 채찍질하고, 작은 실수에도 심하게 자책할 수 있습니다.

7. 타인에 대한 실망감 및 신뢰 상실

INFP는 자신이 신뢰하던 사람이 자신의 기대를 충족시키지 못하거나, 자신의 가치관을 무시한다고 느끼면 깊은 상처를 받을 수 있습니다. 이러한 경험이 반복되면 타인에 대한 신뢰가 약화되고, "아무도 나를 진정으로 이해하지 못해"라는 생각이 강해지면서 타인과의 관계를 멀리하게 될 수 있습니다.

8. 우울감 및 무기력 상태 지속

INFP는 스트레스를 받을 때 우울감이 장기화할 위험이 있습니다. 자신이 가치 있다고 믿는 일이 좌절되거나, 내면의 갈등이 해결되지 않을 때 에너지가 소진되면서 무기력해질 수 있습니다. 평소에 즐기던 취미나 창작 활동에도 흥미를 잃고, '아무것도 하고 싶지 않아'라는 상태에 빠지기 쉽습니다.

9. 자기 정체성 혼란 및 자아 상실

INFP는 자신의 정체성과 가치관이 명확하지만, 심한 스트레스를 받을 때 "나는 누구인가?", "내가 진정으로 원하는 삶이 무엇인가?"와 같은 고민이 심화할 수 있습니다. 자신이 소중하게 여기던 가치가 흔들리면 정체성의 혼란을 경험하면서 자아 상실의 위기에 빠질 수 있습니다.

10. 과도한 자기 연민 및 피해 의식

INFP는 자신의 감정을 깊이 느끼기 때문에 스트레스를 받을 때 자기 연민에 빠지기 쉽습니다. "왜 나만 이렇게 힘들까?", "아무도 나를 도와주지 않아"와 같은 피해 의식이 강화되면서 자신을 불쌍하게 여기거나 타인에게 기대려는 경향이 강해질 수 있습니다. 그러나 타인이 자신의 기대에 부응하지 않으면 실망감이 더욱 깊어질 수 있습니다.

INFP은 어떤 방어기제를 쓸 가능성이 높을까?

INFP는 깊은 내면세계를 가지고 있으며, 강한 도덕적 가치와 준수성을 지닌 성격 유형입니다. 이들은 이상적인 세계를 추구하고, 자신만의 신념과 감정을 중요하게 여기지만, 외부 세계와의 부조화를 경험할 때 심리적인 갈등을 겪을 수 있습니다. 감정을 직접 표현하기보다는 내면에서 깊이 탐구하고 정리하려는 경향이 있으며, 이러한 과정에서 다양한 방어기제를 사용할 가능성이 있습니다.

1. 회피

INFP는 갈등을 매우 불편하게 여기며, 직접적인 대립을 피하려는 경향이 있습니다. 스트레스를 받거나 상처받았을 때, 문제를 정면으로 해결하기보다는 물리적으로나 정신적으로 그 상황을 회피할 수 있습니다. 예를 들어, 관계에서 갈등이 발생하면 적극적으로 대화하기보다는 자리를 피하거나 상대와 거리를 두려 할 수 있습니다.

2. 이상화

INFP는 자신이 소중하게 여기는 사람이나 가치, 신념을 이상적으로 바라보는 경향이 있습니다. 누군가를 깊이 신뢰하고 존경하면, 그들의 결점이나 현실적인 단점을 보지 않으려 하며, 이상적인 이미지로 받아들이려 합니다. 하지만 나중에 현실과 이상이 충돌하면 심한 실망과 좌절을 경험할 수 있습니다.

3. 감정적 억압

INFP는 감정을 솔직하게 표현하는 것보다는 혼자 깊이 탐구하고 조용히 처리하려는 경향이 있습니다. 자신이 상처받거나 힘든 감정을 느껴도 이를 억누르며 "이 정도는 괜찮아"라고 합리화할 수도 있습니다. 하지만 억압된 감정이 누적되면 결국 예상치 못한 순간에 감정적으로 폭발할 가능성이 있습니다.

4. 공상

INFP는 현실이 자신의 이상과 맞지 않을 때, 상상 속에서 대안을 찾으려는 경향이 있습니다. 힘든 현실을 마주하기보다 책, 영화, 음악, 글쓰기 등의 창작 활동에 몰입하며 감정을 해소하려 할 수 있습니다. 이런 공상은 심리적인 안정을 주지만, 현실에서 문제를 해결하는 것을 미루게 만들 수도 있습니다.

5. 내면화

INFP는 외부에서 받은 부정적인 피드백을 쉽게 자신의 문제로 받아들이는 경향이 있습니다. 누군가에게 상처받았을 때, "내가 잘못한 걸까?"라고 자책하며 자기 비판적인 태도를 보일 수 있습니다. 이러한 내면화는 자신을 더 깊이 이해하는 계기가 될 수도 있지만, 과도하면 자존감을 낮추고 우울감으로 이어질 수 있습니다.

6. 부정

INFP는 감정적으로 감당하기 어려운 상황을 부정하는 방어기제를 사용할 수도 있습니다. 예를 들어, 누군가와의 관계에서 문제가 생겼을 때, "아니야, 괜찮아질 거야"라고 현실을 외면하며 문제를 직시하지 않으려 할 수 있습니다. 하지만 현실을 부정하는 것은 결국 더 큰 감정적 혼란을 초래할 수 있습니다.

7. 투사

INFP는 자신의 감정을 인식하지 못할 때, 이를 다른 사람에게 투사할 가능성이 있습니다. 예를 들어, 자신이 불안하거나 실망했을 때, 상대방이 그런 감정이 있다고 느끼며 "저 사람은 나에게 관심이 없는 것 같아"라고 해석할 수 있습니다. 이러한 투사는 관계에서 오해를 초래할 수 있습니다.

8. 자기희생

INFP는 자신이 사랑하는 사람들을 위해 기꺼이 희생하려는 성향이 있습니다. 그러나 때때로 자신의 감정적 필요를 무시하면서까지 다른 사람을 돕고, 그들에게 헌신하려 할 수 있습니다. 이런 자기희생이 반복되면 결국 감정적으로 지치고, 상대방에게 인정받지 못한다고 느낄 수 있습니다.

▶ INFP는 감정을 깊이 경험하지만, 그것을 외부로 직접 표현하기보다는 내면에서 조용히 처리하려는 경향이 있습니다. 회피, 이상화, 감정적 억압, 공상 등의 방어기제를 사용하며, 내면화나 자기희생을 통해 감정적인 불안을 조절하려 할 수도 있습니다.
이러한 방어기제들은 INFP가 감정적인 어려움을 스스로 해결하는 데 도움을 줄 수 있지만, 지나치게 사용하면 현실과 단절되거나 감정적 부담이 커질 위험이 있습니다. 따라서

INFP는 자신의 감정을 솔직하게 인정하고, 건강한 방식으로 표현하는 연습을 하는 것이 중요합니다.

INFP의 심리적 취약점과 이를 극복할 수 있는 대처방법은 무엇인가?

INFP는 깊고 섬세한 내면세계를 지닌 이상주의자로, 자신의 내적 가치와 의미를 중심으로 삶을 살아가는 성향을 지닌 유형입니다. 타인의 고통에 민감하고 상상력과 직관이 뛰어나며, 진정성 있는 관계와 내적 성장에 큰 가치를 두는 이들은 인간 존재의 깊이를 탐구하는 여정을 중요하게 여깁니다. 그러나 그러한 아름다운 내면에는 외로움, 회피, 자아 혼란, 이상과 현실의 괴리 등 심리적인 취약점이 존재하기도 합니다. INFP의 대표적인 심리적 취약점 5가지와 그것을 극복할 수 있는 대처방법을 살펴보겠습니다.

1. 현실 도피와 이상주의적 고립

INFP는 현실보다 이상과 꿈에 끌리는 성향이 강하며, 세상이 자기 이상에 미치지 못할 때 깊은 실망과 무력감을 느끼기도 합니다. 때로는 실제 삶의 문제를 회피하거나, 자신의 내면세계에만 갇혀 고립되는 경향도 있습니다. 이를 극복하기 위해선 자신이 품은 이상을 현실화할 수 있는 '작은 행동 계획'을 수립하는 것이 중요합니다. 꿈을 '그림'으로만 두지 않고, 일상 안에 구체적인 실행 방식으로 내려놓는 연습이 필요합니다. 예를 들어 "나는 사람들에게 희망을 주고 싶다"는 이상은 "오늘 누군가에게 따뜻한 말을 전한다"는 구체적 실천으로 연결되어야 합니다.

2. 타인의 비판에 대한 과민 반응

INFP는 자신의 정체성과 가치관에 강한 애착을 지니며, 외부로부터의 비판이나 거절을 개인에 대한 부정으로 받아들이기 쉬운 경향이 있습니다. 그래서 부정적인 피드백을 감정적으로 받아들이고 상처받기 쉬우며, 때로는 방어적으로 되거나 움츠러들기도 합니다. 이럴 때는 비판을 '자아 전체'에 대한 평가가 아닌 '하나의 관점이나 행동에 대한 피드백'으로 구분해서 받아들이는 인식 전환이 필요합니다. 자신만의 '피드백 필터링 노트'를 만들어, 비판 중 유익한 것과 감정적 반응을 분리해 적어보는 훈련도 도움이 됩니다.

3. 결정 회피와 책임에 대한 불안

INFP는 모든 가능성과 감정의 미세한 결을 고려하기 때문에 하나의 결정을 내리기까지 오랜 시간이 걸리고, 결정 후에도 그에 대한 감정적 여운이 길게 남습니다. 또한, 자신의 선택이 타인에게 영향을 줄 때는 더욱 조심스럽고 부담스러워집니다. 이럴 때는 '완벽한 결정'이란 없으며, 선택은 곧 자신을 성장시키는 여정의 일부라는 인식이 필요합니다. '가장 마음이 평화로운 선택은 무엇인가?'라는 질문을 통해 직관과 감정의 조화를 이룬 방향을 선택하고, 그 선택의 가치를 매일 되새기는 루틴을 가지면 자기 확신이 생깁니다.

4. 자기 소모적 공감과 감정 과부하

INFP는 타인의 고통이나 슬픔에 깊이 공감하는 능력이 있지만, 그 감정에 지나치게 몰입할 경우 자신이 감정적으로 소진되거나 우울함에 잠식되기도 합니다. 특히 도와주려는 마음이 강한 경우, 타인의 감정을 자신의 문제처럼 떠안고 감정적 경계를 잃는 경우가 많습니다. 이를 방지하기 위해선 '공감'과 '감정 동화'를 구별할 수 있는 정서적 훈련이 필요합니다. 예를 들어, "나는 그 사람의 고통을 이해하지만, 그것이 나의 책임은 아니다"라는 문장을 자주 되뇌며, '내가 할 수 있는 도움'과 '내가 떠안지 않아야 할 감정'을 분리해서 바라보는 연습을 해야 합니다.

5. 자아 정체성의 혼란과 현실 적응의 어려움

INFP는 끊임없이 자신이 누구인지, 무엇을 위해 살아야 하는지를 성찰하며, 사회가 요구하는 틀 안에서 자신의 진정성을 지키는 데 어려움을 느끼는 경우가 많습니다. 그로 인해 직업, 인간관계, 사회적 역할에서 정체성의 혼란을 겪기도 합니다. 이때 필요한 것은 '진정성 있는 현실 참여'입니다. 나답게 살기 위해 세상을 등지는 것이 아니라, 내가 지닌 고유한 감성과 가치를 세상 안에서 구현하려는 노력이 필요합니다. 내적 가치와 외적 역할 사이에 다리를 놓을 수 있는 소명 찾기, 즉 "나는 나다운 방식으로 어떤 기여를 할 수 있는가?"라는 질문을 중심에 둘 필요가 있습니다.

▶ INFP는 자신의 내면에서 빛나는 고요한 이상을 지닌 존재이며, 그 빛을 현실의 흐름 속에 부드럽게 녹여낼 수 있을 때 진정한 자기 확장을 이룰 수 있습니다. 삶이 때로 거칠게 느껴지고 세상이 불완전하게 보일지라도, 자신이 지닌 깊은 감성과 따뜻한 진심은 누군가에게는 한 줄기 위로가 됩니다. 그러므로 INFP에게 필요한 것은 세상을 너무 빨리 단념하지 않는 마음과, 자신이 품은 진심을 한 걸음씩 실현하려는 꾸준한 믿음입니다. 감정에 휩쓸리지 않고 중심을 지키는 내면의 '조용한 용기'가 INFP의 삶을 더욱 단단하게 만들어 줄 것입니다.

INFP가 자신의 잠재력을 극대화하고, 건강하고 행복한 삶을 위해서 실천해야 할 10가지 행동 지침은 무엇인가?

INFP는 깊은 내면의 세계와 이상적인 가치에 따라 삶을 살아가는 사람들로, 타인의 감정과 어려움에 공감하는 능력이 뛰어나지만 때로는 자신을 돌보는 것을 소홀히 할 수 있습니다. 이들은 주로 자신의 감정을 중요하게 여기며, 종종 현실과 이상 사이에서 갈등을 겪기도 합니다. INFP가 자신의 잠재력을 극대화하고, 건강하고 행복한 삶을 살기 위해 실천해야 할 10가지 행동 지침은 다음과 같습니다.

1. 완벽한 이상보다 지금의 마음을 받아들이기

INFP는 자신의 이상에 도달하지 못한 자신을 자주 자책합니다. 그러나 지금의 자신도 충분히 의미 있고, 완전하지 않아도 아름답다는 사실을 기억하는 것이 필요합니다. 이상은 길을 비추는 별이지, 자신을 억누르는 짐이 아니어야 합니다.

2. 내가 느끼는 감정의 진실성을 믿어보기

자신의 감정이 너무 예민하거나 과장되었다고 느낄 때가 있습니다. 하지만 INFP에게 감정은 가장 깊은 진실의 언어입니다. 감정을 억누르지 말고, 그 속에 담긴 메시지를 믿고 귀 기울이는 것이 중요합니다.

3. 혼자의 시간을 자양분 삼되, 고립은 경계하기

혼자만의 시간을 통해 재충전되는 INFP는 자칫 외부와의 단절로 이어질 수 있습니다. 고요 속의 자기 성찰은 필요하지만, 때로는 누군가와 감정을 나누는 연결도 회복의 통로가 됩니다. 고립과 고요의 경계를 잘 구분해야 합니다.

4. 작은 실천으로도 큰 의미를 만들 수 있음을 기억하기

INFP는 모든 것을 깊이 느끼는 만큼, 큰 변화나 완전한 실현을 원하기도 합니다. 하지만 일상의 사소한 실천과 선택이야말로 진정한 변화의 씨앗입니다. 이상을 삶 속으로 끌어오는 다리는, 작은 한 걸음에서 시작됩니다.

5. 자기감정을 글이나 예술로 표현해보기

마음속에 너무 많은 감정을 담고 있으면, 결국 내면이 혼란스러워집니다. 일기, 시, 그림, 음악 등으로 감정을 외화 시키는 과정은 INFP에게 있어 치유의 도구가 됩니다. 창조는 감정을 정리하고 의미를 부여하는 신성한 통로입니다.

6. 누군가를 도울 때, 내 한계를 먼저 인식하기

INFP는 타인의 고통을 지나치게 자기 일처럼 여기며 쉽게 지칠 수 있습니다. 진정한 도움이 되기 위해서는 내 에너지를 보호하는 것이 먼저입니다. 자기 한계를 인식하는 것도 사랑의 한 형태임을 이해하는 것이 필요합니다.

7. 나만의 가치관을 설명할 수 있는 언어 갖추기

마음속 신념은 강하지만, 타인에게 설명하는 것이 어려울 수 있습니다. 그러나 내가 믿는 가치를 명확히 말로 표현할 수 있을 때, 세상과의 소통도 원활해집니다. 진심을 담은 언어는 INFP의 세계를 보호하는 방패가 됩니다.

8. 비판을 나에 대한 전면 부정으로 받아들이지 않기

섭세한 감정 세계를 지닌 INFP는 비판에 쉽게 상처받고 움츠러들 수 있습니다. 그러나 비판은 나를 전부 부정하는 것이 아닙니다. 내 존재와 감정은 비판과 상관없이 충분히 존엄하며, 비판은 하나의 관점일 뿐입니다.

9. 혼란 속에서도 자신만의 신념에 귀 기울이기

세상은 빠르게 변하고, 수많은 기준과 가치가 뒤섞여 있습니다. 그럴수록 내면의 소리에 귀 기울이는 것이 필요합니다. 내가 정말로 믿는 것이 무엇인지 알고 따를 때, 삶의 방향은 더욱 명료해지고 단단해집니다.

10. 삶의 깊이를 이해하는 이들과 연결 맺기

INFP는 피상적인 관계보다 깊이 있는 만남을 갈망합니다. 감정과 이상을 나눌 수 있는 사람들과의 연결은 삶을 더 풍요롭게 만들어 줍니다. 외로움이 아닌 진정한 공감 속에서, INFP는 다시 살아있음을 느낄 수 있습니다.

▶ INFP는 이상적인 가치와 감성적인 세계를 중요하게 생각하며, 깊은 내면의 탐색을 통해 자신의 진정성을 추구합니다. 그러나 현실적인 목표 설정과 구체적인 계획을 세우는 것, 감정을 솔직하게 표현하는 것 등은 INFP의 잠재력을 극대화하고 행복한 삶을 살아갈 수 있도록 돕는 위한 중요한 요소가 될 것입니다. 또한, 자기 돌봄을 실천하고, 타인과 건강한 관계를 유지하며, 창의성을 발휘하는 삶을 살아가는 것이 INFP의 성장과 번영에 도움이 될 것입니다.

INFP에게 필요한 플러스 생각 10가지

INFP는 이상주의적이고 깊은 내면세계를 가진 성격으로, 자신의 가치와 의미를 매우 중요하게 여깁니다. 조용하면서도 강한 신념을 품고 있으며, 진실하고 순수한 마음으로 사람과 세상을 바라봅니다. 그러나 현실과 이상의 괴리에서 오는 좌절, 자기비판, 그리고 감정 기복의 파고에 쉽게 휩쓸릴 수 있는 경향도 있습니다. 타인의 감정에 민감하면서도 자신의 감정은 숨기곤 하며, 때로는 자신이 이 세상에 맞지 않는다고 느끼기도 합니다. 이런 INFP에게는 자기를 다정하게 이해하고, 현실 속에서도 자신의 의미를 지켜나갈 수 있는 플러스 생각이 큰 치유의 힘이 됩니다.

1. 나는 진실한 가치를 추구한다.
▶ 이상은 나를 살아있게 한다. 그리고 지금, 이 현실도 그 이상을 실현하는 하나의 과정이다.

2. 나는 깊이 공감하고 이해하는 사람이다.
▶ 타인을 향한 공감은 나의 선물이다. 하지만 내 감정도 같은 무게로 소중하게 여겨야 한다.

3. 나는 혼자만의 세계가 필요하다.
▶ 내면의 공간은 나의 에너지 원천이다. 그러나 가끔은 그 세계 밖에서 새로운 나를 발견할 수도 있다.

4. 나는 타인의 아픔을 그냥 지나치지 못한다.
▶ 따뜻한 마음은 세상에 희망을 전한다. 하지만 모든 슬픔을 혼자 짊어질 필요는 없다.

5. 나는 내 감정에 솔직하다.

▶ 감정은 나의 진실이다. 그 감정을 판단하지 않고 바라보는 것만으로도 나는 치유된다.

6. 나는 완벽하지 않은 나를 힘들어할 때가 있다.

▶ 불완전함은 내가 인간이라는 증거다. 완벽하지 않아도 나는 여전히 사랑받을 가치가 있다.

7. 나는 현실이 이상만큼 아름답지 않아 속상할 때가 많다.

▶ 이상과 현실은 충돌하지 않는다. 이상은 현실을 더 따뜻하게 만드는 나침반이 된다.

8. 나는 거절이나 비난에 상처를 잘 받는다.

▶ 상처는 나의 예민함을 드러내는 것이지만, 동시에 나의 섬세함이 세상을 감싸는 힘이 된다.

9. 나는 방향을 잃을 때마다 자책한다.

▶ 방황은 성장의 일부다. 길을 잃은 듯 보여도, 결국 나는 나에게 더 가까워지는 중이다.

10. 나는 세상에 의미 있는 무언가를 남기고 싶다.

▶ 의미는 거창하지 않아도 된다. 나의 따뜻한 말, 나의 진심 어린 행동 하나도 세상을 바꾼다.

이러한 플러스 생각들은 INFP가 내면의 진실성과 외부 세계의 연결 사이에서 균형을 이루고, 자기 수용과 자기 연민을 길러가는 데 큰 도움을 줍니다. INFP는 자신에게 가장 냉정한 비평가가 되기 쉬우므로, 자기 자신에게 부드러운 시선으로 말을 건네는 습관을 들이는 것이 치유와 성장을 위한 가장 따뜻한 출발점입니다.

INFP의 좋은 관계를 위한 지혜

INFP는 이상주의적이고 감성적인 성향을 지닌 사람들로, 깊은 내면의 가치와 의미를 중시합니다. 이들은 사람들에게 공감하며, 세상에 긍정적인 변화를 가져오고자 하는 열망을 가지고 있습니다. INFP는 타인의 감정을 잘 이해하고, 자신만의 이상적인 세계를 추구하며, 개인적인 가치관에 맞는 삶을 살아가려는 경향이 있습니다. 이들은 감정적으로 풍부하고 창의적인 면을 가지고 있지만, 때때로 현실과의 괴리감 때문에 고립감을 느끼기도 합니다. 또한, 자신의 감정을 내면에 잘 숨기고 있을 때가 많습니다.

잘 맞는 유형:
· **ENFJ**: INFP와 ENFJ는 서로에게 큰 감정적 지지와 이해를 제공할 수 있는 관계입니다. ENFJ는 INFP의 이상주의적이고 감성적인 면을 이해하며, INFP는 ENFJ의 리더십과 사려 깊은 태도에서 안정감을 얻을 수 있습니다. 두 사람은 서로의 가치관을 존중하면서 협력하고, 깊은 감정적 교류를 나눌 수 있습니다.

· **ISFP**: ISFP와 INFP는 감정적으로 잘 맞는 관계를 맺을 수 있습니다. 두 사람 모두 내향적이고 감성적인 성향을 가지며, 예술적이고 창의적인 면을 존중합니다. 서로의 감정을 잘 이해하고, 자유롭고 자연스러운 관계를 유지할 수 있습니다.

잘 맞지 않는 유형:
· **ESTJ**: ESTJ와 INFP는 성격상 큰 차이가 있어 갈등이 발생할 수 있습니다. ESTJ는 논리적이고 실용적인 사고를 중시하며, 목표 지향적인 성향을 가집니다. 반면 INFP는 감성적이고 이상적인 사고를 중요시하여 서로의 접근 방식에서 갈

등을 겪을 수 있습니다.

- ENTJ: INFP와 ENTJ는 사고방식에서 큰 차이를 보입니다. ENTJ는 조직적이고 목표 중심적인 사고를 중시하는 반면, INFP는 자신의 가치와 이상을 중요시하고, 감성적인 결정을 내리는 경향이 강합니다. 이로 인해 서로의 방식에 대한 이해가 어려워질 수 있습니다.

좋은 관계를 위한 지혜:

- 감정을 솔직하게 표현하기: INFP는 자신의 감정을 잘 숨기는 경향이 있습니다. 하지만 관계에서 감정을 솔직하게 표현하는 것이 중요합니다. 감정을 억누르지 말고, 상대방과의 관계에서 자신이 느끼는 바를 자연스럽게 말하는 것이 관계를 더 깊고 의미 있게 만듭니다. "지금 내가 느끼는 감정은 이런 거야, 너는 어떻게 느껴?"라고 말함으로써 감정적인 소통을 장려할 수 있습니다.

- 상대방의 감정을 존중하고 공감하기: INFP는 감성적으로 매우 민감하고 타인의 감정을 잘 이해합니다. 그러나 때때로 상대방의 감정에 지나치게 반응하여 스트레스를 받을 수 있습니다. 상대방이 감정을 표현할 때, 이를 존중하고 공감하는 태도가 중요합니다. "네가 힘들어하는 것 같아, 어떤 도움을 줄 수 있을까?"라는 방식으로 상대방의 감정을 이해하고 지지하는 것이 좋습니다.

- 이상과 현실의 균형 맞추기: INFP는 이상적인 세계를 추구하는 성향이 있지만, 현실적인 요구와의 균형을 맞추는 것이 중요합니다. 이상과 현실 사이에서 균형을 잡으려는 노력이 필요합니다. "이건 내가 생각하는 방식이지만, 현실적으로는 어떻게 해야 할까?"라고 생각하면서 현실적인 상황도 고려하는 것이 좋습니다.

- 자유와 독립성 존중하기: INFP는 자유롭고 독립적인 성향을 가지며, 개인적인 시간을 중요시합니다. 관계에서도 자신만의 공간과 시간을 갖는 것이 필요할 수

있습니다. "오늘은 나만의 시간을 갖고 싶어"라고 말함으로써, 상대방도 자신의 공간을 존중하는 태도를 보여주는 것이 좋습니다.

· **갈등을 부드럽고 감성적으로 해결하기:** INFP는 갈등을 피하려는 경향이 있지만, 갈등이 발생했을 때 감정적으로 부드럽고 신중하게 접근하는 것이 중요합니다. 상대방과의 갈등을 해결할 때 감정을 존중하고, "내가 이 부분에서 이렇게 느꼈어, 우리가 어떻게 해결할 수 있을까?"라고 이야기하며, 문제 해결을 위한 대화를 나누는 것이 좋습니다.

INFP의 치유와 성장을 위한 영적 메시지(명상 조언) 5가지

1. 당신의 내면의 빛을 믿으세요.

당신은 깊은 내면의 세계를 가진 영혼입니다. 당신의 마음속에는 순수하고 강력한 빛이 존재합니다. 세상이 당신을 이해하지 못할 때가 있더라도, 자신의 빛을 의심하지 마세요. 당신의 가치와 아름다움은 외부의 인정에서 나오는 것이 아닙니다. 자신의 빛을 신뢰하고 그 빛이 자연스럽게 세상에 드러나도록 하세요.

2. 세상을 구하려 하기 전에 자신을 먼저 사랑하세요.

당신은 타인의 아픔을 공감하고 치유하고자 하는 강한 열망을 지니고 있습니다. 하지만 다른 사람을 돕기 전에 자신에게 먼저 사랑을 베푸는 것이 중요합니다. 당신의 마음이 충만할 때, 다른 사람에게도 자연스럽게 사랑이 흘러갑니다. 자신을 온전히 사랑할 때, 세상에 진정한 치유를 가져올 수 있습니다.

3. 현실의 불완전함을 받아들이세요.

당신은 이상적이고 완벽한 세상을 꿈꾸며, 현실의 불완전함에 실망할 때가 많습니다. 하지만 세상은 완벽하지 않아도 여전히 아름답습니다. 삶의 불완전함을 받아들일 때, 당신의 마음에 평화가 찾아옵니다. 세상을 있는 그대로 받아들이고, 작은 아름다움을 발견할 때 기적은 당신의 삶에서 시작됩니다.

4. 자신의 감정을 두려워하지 마세요.

당신은 감정을 깊이 느끼며, 때로는 그 감정의 깊이에 휩쓸릴 수 있습니다. 하지만 감정은 당신의 본질이자 힘의 원천입니다. 기쁨, 슬픔, 외로움, 사랑 — 모든 감정을 두려워하지 말고 받아들이세요. 감정을 억누르지 않을 때, 당신의 내면에서 진정한 치유가 이루어집니다.

5. 자신의 꿈을 끝까지 믿으세요.

당신은 세상에 특별한 메시지와 사명을 가지고 태어났습니다. 때로는 당신의 꿈이 너무 크고 비현실적으로 보일 수 있습니다. 하지만 당신의 꿈은 세상에 필요한 빛입니다. 당신이 자신의 꿈을 포기하지 않을 때, 세상은 당신을 통해 변화됩니다. 당신의 꿈을 향해 흔들리지 말고 나아가세요. 당신이 가는 길에 기적이 일어날 것입니다.

MBTI on 08

INTP 사색가형, 논리적 사고형

INTP는 내향적(Introverted), 직관적(iNtuitive), 사고적(Thinking), 인식적(Perceiving) 성향을 가진 사람들을 의미하는 MBTI 유형입니다. INTP는 흔히 '사색가', '논리적 탐구자', '이론가'라고 묘사됩니다.

INTP의 주요 특징

1. 깊은 사고력과 분석적인 성향

INTP는 사유와 분석을 매우 중요시하는 성향을 가집니다. 이들은 문제를 해결할 때, 논리적이고 체계적인 방법을 선호하며, 다양한 가능성을 탐구합니다. 기존의 틀에 얽매이지 않고, 새로운 이론이나 개념을 도입하려는 경향이 있습니다. 이들은 문제를 깊이 파고들고, 복잡한 개념을 이해하는 데 뛰어난 능력을 보입니다.

2. 내향적이고 독립적인 성향

INTP는 내향적인 성향을 지닌 사람들로, 혼자 있는 시간을 통해 에너지를 충전합니다. 이들은 혼자서 독립적인 작업을 선호하고, 사회적 활동에 큰 에너지를 소모하지 않으려 합니다. 주변 사람들과의 관계보다는 혼자서 깊은 사고를 하거나, 자신의 관심사를 탐구하는 데 더 큰 만족을 느낍니다.

3. 창의적이고 독창적인 사고

INTP는 창의적이고 독창적인 사고를 잘합니다. 새로운 아이디어나 이론을 구상하는 데 뛰어난 능력을 보이며, 혁신적이고 창의적인 해결책을 제시할 수 있습니다. 이들은 현상 유지에 만족하기보다는, 기존 시스템이나 사고방식에 대한 도전을 통해 혁신을 추구합니다.

4. 이론적이고 추상적인 사고

INTP는 현실적이고 실용적인 측면보다는 이론적이고 추상적인 개념에 흥미를 느낍니다. 이들은 다양한 아이디어와 개념을 연결하고, 복잡한 문제를 해결하기 위한 논리적 모델을 구성하는 데 관심을 가집니다. 이들의 사고는 실제 적용보다는 이론적인 구조나 논리적인 분석에 중점을 둡니다.

5. 감정보다는 논리와 사실에 의존

INTP는 결정을 내릴 때 감정보다는 논리와 사실에 의존합니다. 이들은 감정적인 요소보다는 분석적이고 객관적인 판단을 선호합니다. 다른 사람들의 감정을 잘 이해하려고 노력할 수 있지만, 감정적인 반응보다는 이성적인 사고를 우선시하는 경향이 있습니다.

INTP의 장점 & 단점

✅ 장점:
- 뛰어난 분석력과 문제 해결 능력이 있습니다.
- 창의적이고 독창적인 아이디어를 제시할 수 있습니다.
- 독립적이고 자기 주도적인 성향을 가지고 있어 혼자서도 일을 잘 처리합니다.
- 깊은 사고와 철학적 성향이 있어 이론적인 문제에 강합니다.
- 논리적이고 객관적인 사고를 통해 현실적인 문제를 다룰 수 있습니다.

❌ 단점:
- 때때로 현실적이고 실용적인 문제보다는 이론적인 문제에만 집중하는 경향이 있습니다.
- 감정적인 요소를 잘 이해하지 못하거나 표현하지 못할 수 있습니다.
- 내향적이고 독립적인 성향으로 인해 사회적 상호작용에서 소홀할 수 있습니다.
- 지나치게 분석적인 사고로 인해 결정을 내리는 데 시간이 걸리고, 지나치게 복잡하게 문제를 생각할 수 있습니다.
- 다른 사람들과의 관계에서 감정을 충분히 표현하지 않으면, 무심한 사람으로 보일 수 있습니다.

INTP에게 잘 맞는 직업

INTP는 창의적이고 분석적인 직업, 독립적이고 이론적인 분야에서 큰 만족을 느끼며, 그 능력을 발휘할 수 있습니다. 이들은 과학적, 기술적, 연구적인 분야에서 두각을 나타냅니다.

✅ 과학자, 연구원 - 복잡한 문제를 분석하고 새로운 이론을 발전시키는 연구 분

야에 적합합니다.
- ✅ 수학자, 물리학자 – 논리적이고 수학적 사고를 바탕으로 문제를 해결하는 분야에서 뛰어난 능력을 발휘합니다.
- ✅ 소프트웨어 개발자, 엔지니어 – 복잡한 시스템을 분석하고, 혁신적인 기술을 개발하는 분야에서 적합합니다.
- ✅ 철학자, 작가 – 깊은 사고와 이론적 사고가 요구되는 직업에서 큰 만족을 느낍니다.
- ✅ 컨설턴트, 분석가 – 기업이나 조직에서 문제를 분석하고 해결책을 제시하는 직업에 잘 맞습니다.

INTP의 유명인 예시
- 알베르트 아인슈타인(Albert Einstein) – 혁신적인 이론을 제시하며, 과학의 세계에서 큰 업적을 남긴 물리학자
- 아이작 뉴턴(Isaac Newton) – 물리학과 수학의 발전에 기여한 위대한 과학자
- 마르크스(Marx) – 사회적이고 정치적인 이론을 바탕으로 깊은 분석을 통해 사회를 분석한 철학자
- 스티브 잡스(Steve Jobs) – 혁신적이고 창의적인 기술을 통해 세상을 변화시킨 기업가
- 레오나르도 다 빈치(Leonardo da Vinci) – 예술과 과학을 넘나들며 혁신적인 사고를 했던 인물

INTP를 위한 조언
- 실용적인 측면을 고려하세요 – 이론적인 사고에만 집중하지 말고, 현실적인 문

제를 해결하는 데도 관심을 가지는 것이 중요합니다.

· 감정을 표현하는 법을 배우세요 – 감정적인 요소를 잘 표현하지 않으면, 인간관계에서 어려움을 겪을 수 있습니다.

· 사회적 상호작용을 중요시하세요 – 내향적이지만, 사회적 관계에서도 관심을 가지면, 더 넓은 시각을 얻을 수 있습니다.

· 결정을 내릴 때 직관과 논리를 균형 있게 사용하세요 – 지나치게 분석적이기보다는, 직관과 논리의 균형을 잘 맞추는 것이 중요합니다.

INTP는 이런 사람!

- 독창적이고 창의적인 사고를 통해 새로운 아이디어를 제시합니다.
- 문제 해결에 뛰어난 능력을 보이며, 깊은 사고를 통해 해결책을 제시합니다.
- 내향적이고 독립적인 성향으로 혼자서 일을 잘 처리합니다.
- 이론적이고 추상적인 개념에 큰 관심을 가지며, 복잡한 문제를 분석하는 데 능숙합니다.
- 감정보다는 논리와 사실에 의존하며, 객관적인 판단을 선호합니다.

INTP는 '사색가', '논리적 탐구자', '이론가'라고 할 수 있습니다.

상처나 스트레스를 많이 받을 때 INTP는 어떤 심리증상이 생길 가능성이 높은가?

INTP는 논리적이고 분석적인 성향이 강하며, 독창적인 아이디어와 문제 해결 능력을 중요하게 여깁니다. 복잡한 문제를 해결하고 깊이 있는 탐구를 통해 새로운 통찰을 얻는 것을 즐기며, 지적 호기심이 매우 강합니다. 그러나 자신의 감정을 잘 드러내지 않고, 타인의 감정을 읽는 데 어려움을 느끼는 경우가 많습니다. 또한, 체계적이지 않은 환경이나 논리적이지 않은 상황에서 스트레스를 받을 수 있습니다. INTP는 스트레스나 상처가 심할 경우 자신의 성향이 왜곡되면서 심리적 불안정이 강화될 수 있습니다. INTP가 상처나 스트레스를 많이 받았을 때 발생할 수 있는 심리증상 10가지를 살펴보겠습니다.

1. 과도한 논리 추구 및 감정 억제 심화

INTP는 원래 논리와 객관성을 중시합니다. 그러나 스트레스를 받으면 감정을 철저히 배제하고 오직 논리로만 상황을 해결하려는 성향이 강화됩니다. 자신의 감정을 인지하거나 표현하기보다는 논리적으로 문제를 해결하려 하며, 감정을 무시하거나 억누르려는 경향이 강해집니다. 이로 인해 내면의 감정적 스트레스가 쌓이면서 우울감이 심화할 수 있습니다.

2. 지나친 분석 및 과도한 반추

INTP는 문제를 해결하기 위해 끊임없이 분석하고 생각하는 성향이 강합니다. 그러나 스트레스가 심할 경우 이 성향이 극단적으로 강화되어 사소한 문제까지 지나치게 분석하면서 쉽게 결정을 내리지 못하게 됩니다. "이게 정말 맞는 결정일까?", "다른 방법이 있을까?"와 같은 생각이 반복되면서 오히려 생각의 늪에 빠져 아무것도 실행하지 못하게 될 수 있습니다.

3. 사회적 고립 및 대인관계 회피 심화

INTP는 원래 혼자 있는 시간을 즐기지만, 스트레스를 받을 때 타인과의 관계에서 자신이 이해받지 못한다고 느끼면서 사회적 고립이 심해질 수 있습니다. 특히 자기 생각이나 논리를 타인이 이해하지 못한다고 느끼면, "아무도 나를 이해하지 못해"라는 생각이 강화되면서 점점 더 고립되고 타인과의 소통을 회피하게 됩니다.

4. 과도한 완벽주의 및 실행력 저하

INTP는 논리적으로 완벽한 해결책을 찾으려는 성향이 있습니다. 그러나 스트레스를 받을 때 완벽주의가 심화하면서 실행력이 현저히 떨어질 수 있습니다. 모든 상황을 완벽하게 준비하고 분석한 뒤에만 실행하려 하다 보니, 오히려 실행하지 못하고 기회를 놓치게 되는 경우가 많아집니다. 결과적으로 자기효능감이 떨어지고, 자존감에도 영향을 줄 수 있습니다.

5. 감정 회피 및 내면의 단절

INTP는 자신의 감정을 이해하고 표현하는 데 어려움을 느낍니다. 스트레스가 심해지면 감정을 더욱 철저히 억제하고, 내면의 감정을 분리하려는 경향이 강해집니다. 자신이 느끼는 감정을 인지하지 못하고, 단순히 논리적 해결책만 찾으려 하면서 내면의 고통이 깊어질 수 있습니다. 이로 인해 공허함이나 우울감이 심화할 수 있습니다.

6. 지나친 비판 및 냉소적 태도 강화

INTP는 원래 객관적이고 비판적인 시각을 가집니다. 그러나 스트레스를 받을 때 타인에 대한 비판이 강화되고, 냉소적인 태도가 심화될 수 있습니다. 특히 자신의 논리나 아이디어가 타인에게 받아들여지지 않을 때 "왜 저 사람은 이렇게 비논리적이지?" 같은 생각이 들면서 타인에게 거리를 두고 무시하거나 비판하게 될 위험이 있습니다.

7. 무기력 및 동기 저하

INTP는 흥미로운 문제나 도전을 통해 동기를 얻습니다. 그러나 스트레스를 받을 때 자신이 흥미를 느끼던 일에서도 의미를 찾지 못하면서 무기력 상태에 빠질 수 있습니다. "내가 이걸 왜 해야 하지?", "어차피 결과는 뻔해"와 같은 생각이 들면서 점점 더 동기가 약화되고, 일상에서 즐거움을 찾기 어려워질 수 있습니다.

8. 자신에 대한 회의 및 자아 정체성 혼란

INTP는 자신만의 독창적인 사고방식을 통해 정체성을 형성합니다. 그러나 자신의 논리가 실패하거나, 자신의 아이디어가 타인에게 거부될 경우 자아 정체성에 혼란이 생길 수 있습니다. "내가 틀린 걸까?", "내가 믿었던 가치가 잘못된 걸까?"와 같은 생각이 반복되면서 자신감이 약화될 수 있습니다.

9. 피로감 및 신체 증상 악화

INTP는 스트레스를 받을 때 정신적 피로가 신체적인 증상으로 이어질 수 있습니다. 과도한 분석과 반복적인 생각으로 인해 불면증, 소화 문제, 두통, 만성 피로 등이 발생할 수 있습니다. 또한, 몸이 피로해지면서 정신적인 스트레스도 더욱 심화될 수 있습니다.

10. 현실 도피 및 회피 행동 강화

INTP는 스트레스를 받을 때 현실의 문제에서 벗어나고자 하는 성향이 강해질 수 있습니다. 자신의 방에 틀어박혀 책이나 게임에 몰입하거나, 인터넷에서 정보를 수집하면서 현실의 문제를 회피하려는 경향이 강화됩니다. 그러나 이러한 회피 행동은 근본적인 문제를 해결하지 못하고, 오히려 스트레스 상황을 더 악화시킬 수 있습니다.

INTP는 어떤 방어기제를 쓸 가능성이 높을까?

INTP는 분석적이고 논리적이며, 독창적인 사고를 중요하게 여기는 성격 유형입니다. 이들은 감정보다는 논리를 중시하며, 내면적으로 깊은 사색을 즐깁니다. 그러나 감정을 직접 다루는 것을 어려워할 수 있으며, 인간관계에서 감정적인 갈등이 발생하면 방어기제를 사용하여 문제를 회피하거나 논리적으로 정당화하려는 경향이 있습니다.

1. 합리화

INTP는 감정보다는 논리를 우선시하기 때문에, 자신의 행동이나 감정을 논리적으로 정당화하려는 경향이 있습니다. 예를 들어, 자신이 누군가에게 상처를 주었을 때, "나는 사실을 말했을 뿐이야"라고 스스로를 합리화하면서 상대의 감정을 고려하지 않을 수도 있습니다. 이런 방식으로 감정을 회피하려 하면, 타인과의 관계에서 오해가 생길 수 있습니다.

2. 지적화

INTP는 감정적인 문제를 직접 다루기보다, 이를 이론적이고 논리적인 분석 대상으로 전환하려 할 수 있습니다. 예를 들어, 자신이 힘든 감정을 느낄 때, "이 감정은 왜 발생하는 걸까? 심리학적으로 보면 이런 패턴이군"이라며 감정을 이성적으로 분석하려 합니다. 이러한 방식은 감정의 직접적인 처리를 미루게 만들고, 내면의 갈등을 해결하는 대신 단순한 지적 탐구로 전환하게 할 수 있습니다.

3. 회피

INTP는 감정적으로 부담스러운 상황을 마주하는 것을 어려워할 수 있으며, 문제가 발생하면 직접 해결하기보다는 회피하는 경향이 있습니다. 특히 감정적인 대화를 요구하는 상황에서는 "굳이 얘기할 필요가 있을까?"라며 피하려 하거나, 감정적으로 불편한 상황에서 물리적으로 자리를 피할 수도 있습니다.

4. 고립

INTP는 내면에서 깊은 사고를 즐기며, 사회적 활동보다는 혼자만의 시간을 선호하는 경우가 많습니다. 감정적으로 힘든 상황이 발생하면 사람들과의 접촉을 줄이고, 혼자 연구나 취미 활동에 몰입하는 방식으로 감정을 처리하려 할 수 있습니다. 하지만 이러한 고립이 장기화하면 대인관계에서 단절감을 느끼고, 감정을 더욱 억누르게 될 가능성이 있습니다.

5. 반동 형성

INTP는 감정을 직접 표현하는 것을 어색하게 느낄 수 있으며, 자신의 감정을 숨기기 위해 정반대의 태도를 보일 수도 있습니다. 예를 들어, 누군가에게 호감을 느끼지만 이를 인정하는 것이 불편할 때, 오히려 그 사람에게 무관심한 듯 행동하거나 냉소적인 태도를 보일 수 있습니다.

6. 부정

INTP는 감정적인 불편함을 인정하기 어려울 때, "이건 아무것도 아니야"라고 자신을 설득하며 감정을 무시하려 할 수 있습니다. 예를 들어, 실망하거나 상처받았을 때도 "그냥 논리적으로 생각하면 별일 아니야"라고 하면서 감정을 부정하는 경향이 있습니다. 하지만 감정을 계속 억누르면 나중에 더 큰 스트레스로 돌아올 수 있습니다.

7. 투사

INTP는 자신의 감정을 인식하지 못할 때, 이를 다른 사람에게 투사할 가능성이 있습니다. 예를 들어, 자신이 불안하거나 불만을 느끼고 있음에도 이를 인정하지 않고, "저 사람은 너무 예민해"라고 타인의 문제로 돌릴 수 있습니다. 이런 방식으로 자신의 감정을 회피하면 대인관계에서 갈등이 생길 수 있습니다.

8. 행동화

INTP는 감정을 언어로 표현하는 것이 어려울 때, 이를 갑작스러운 행동으로 나타낼 가능성이 있습니다. 예를 들어, 감정적으로 좌절감을 느낄 때 갑자기 게임에 몰두하거나, 한동안 연락을 끊고 혼자만의 시간을 가지려 할 수도 있습니다. 이는 감정을 직접 다루지 않고 행동을 통해 해소하려는 방식입니다.

▶ INTP는 감정을 직접 다루기보다는 논리적으로 분석하거나 회피하는 방식으로 반응하는 경우가 많습니다. 합리화, 지적화, 회피, 고립 등의 방어기제를 사용하며, 감정을 억누르거나 무시하는 경향이 있을 수 있습니다. 하지만 이러한 방식이 지속하면 감정적인 문제를 해결하기보다 오히려 내면의 혼란이 쌓일 수 있습니다. 따라서 INTP는 자신의 감정을 있는 그대로 인정하고, 감정 표현을 연습하며, 논리적인 분석뿐만 아니라 감정적인 접근도 필요하다는 점을 인식하는 것이 중요합니다.

INTP의 심리적 취약점과 이를 극복할 수 있는 대처방법은 무엇인가?

INTP는 독창적이고 분석적인 사고를 지닌 성찰형 사색가로, 이론적 개념을 탐구하는 데 깊은 흥미를 느끼며, 논리적 일관성과 지적 자유를 추구하는 성향이 강합니다. 외부 세계보다 내면의 구조화된 사고 세계에 더 집중하며, 객관적이고 비판적인 관점으로 세상을 바라봅니다. 그러나 이러한 장점 이면에는 인간관계의 소외, 감정 회피, 실행력 부족 등 현실적인 심리적 취약점이 내포되어 있기도 합니다. INTP의 대표적인 심리적 취약점 5가지와 그것을 극복할 수 있는 대처방법을 살펴보겠습니다.

1. 과도한 분석과 실행력 부족

INTP는 문제를 분석하고 아이디어를 발전시키는 데 뛰어난 재능이 있지만, 실제로 그 아이디어를 실행에 옮기는 단계에서는 동기 저하나 지루함을 느끼는 경우가 많습니다. '계획' 자체가 흥미의 중심이기 때문에 현실적인 행동은 미루거나 방치되기 쉽습니다. 이를 극복하려면 '완벽한 계획'보다 '작은 실험'에 초점을 맞추는 전략이 필요합니다. 예를 들어 거대한 프로젝트를 한 번에 시작하기보다는, 그중 아주 단순한 첫 단계를 시도해보며 '실행의 성취감'을 축적하는 방식이 효과적입니다. 머리로 사는 사람이 손과 발도 함께 움직이도록 하는 훈련이 필요합니다.

2. 감정 소통의 회피와 거리감

INTP는 감정보다는 사실과 논리에 민감하며, 자신의 감정을 외부로 표현하거나 타인의 감정에 즉각 반응하는 데 익숙하지 않습니다. 이로 인해 타인에게 차갑거나 무관심하게 보이기도 하며, 깊은 관계 형성에서 어려움을 겪습니다. 이 부분을 개선하려면 '감정을 설명하려 하지 말고 표현해보는' 연습이 중요합니다. "지금 좀 당황스러웠어요", "이야기를 들으니 기분이 이상하네요"와 같은 간단한 감정 표현 문장을 상황 속에서 습관화하고, 감정을 언어화하는 데 익숙해져야 합니다. 머릿속에서 감정을 해석하려 하지 말고, 있는 그대로 느끼고 표현하는 과정 자체를 인정해야 합니다.

3. 현실 회피적 사고 몰입

지적 자극에 쉽게 몰입하는 INTP는 복잡한 아이디어나 철학적 사유에 깊이 빠질 수 있지만, 그로 인해 현실의 구체적인 책임(일정 관리, 금전, 일상적 약속 등)을 무시하거나 회피하는 경우가 많습니다. 이런 경향은 점차 삶의 균형을 무너뜨릴 수 있습니다. 이를 해결하기 위해선 '개념적 시간'과 '현실적 시간'을 구분하여 사용하는 습관이 필요합니다. 예컨대, 하루 중 일정 시간을 '사유의 시간'으로 확보하고, 나머지 시간은 루틴한 현실 관리에 투자하는 방식으로 삶의 구조를 나누는 것이 좋습니다. 사고와 현실을 교차적으로 순환시키는 구조가 중요합니다.

4. 비판적 시선으로 인한 자기 회의와 고립

INTP는 자기 자신을 포함한 모든 대상에 대해 비판적이고 해체적인 시각을 갖습니다. 이로 인해 자기 가치에 대한 회의감, 정체성 혼란, 외부로부터의 인정에 대한 불신을 경험하기도 합니다. "나는 진짜 중요한 존재일까?", "내가 뭔가 의미 있는 일을 할 수 있을까?"라는 근원적 회의가 반복되며 정서적 고립에 빠지기 쉽습니다. 이때 중요한 것은 논리로 자신을 설득하려 하지 말고, 의미 있는 체험을 통해 자신을 확인하는 것입니다. 누군가에게 실질적으로 도움이 된 경험, 작지만 가치 있는 결과물 하나를 축적하는 것이 자기 존재감을 회복시키는 데 도움이 됩니다.

5. 외부 구조에 대한 저항과 자기 관리의 부족

INTP는 자유로운 지적 탐색을 선호하지만, 체계적 구조나 권위적인 시스템에는 저항을 느끼며, 그로 인해 자기 규율을 잃거나 무질서한 생활 패턴에 빠지기도 합니다. 특히 마감 기한, 규칙적인 루틴, 건강 관리 등에서 지속적인 자기 관리를 유지하기 어렵습니다. 이를 극복하기 위해서는 자신만의 창의적 루틴을 설계하는 방식이 유익합니다. 전통적인 방식이 아닌, 스스로 만든 재미있는 규칙, 예를 들어 "매일 아침 커피를 마시기 전 10분 글쓰기" 같은 자율적 습관을 통해 자기 관리를 게임처럼 설계하는 것이 좋습니다.

▶ INTP는 '생각하는 존재'로서의 정체성과 지적 자유를 매우 중요하게 여기는 유형이며, 그 안에 깊은 창조성과 독창성이 깃들어 있습니다. 그러나 현실과 감정의 층위를 소홀히 하면, 그 지적 세계가 외로움의 성이 되기 쉽습니다. INTP가 진정으로 성장하기 위해서는, 내면의 천재성을 세상과 교류할 수 있는 다리로 이어야 합니다. 사고는 풍부하되, 감정은 무시하지 말고, 자유는 좋되, 책임을 동반할 수 있을 때, 그들의 삶은 진정한 창조로 이어집니다. 내면의 날카로운 지성과 따뜻한 인간다움이 조화를 이루는 순간, INTP는 누구보다도 깊고 단단한 사람으로 성장하게 될 것입니다.

INTP가 자신의 잠재력을 극대화하고, 건강하고 행복한 삶을 위해서 실천해야 할 10가지 행동 지침은 무엇인가?

INTP는 독창적이고 논리적이며, 지식과 진리를 추구하는 성향이 강한 사람들입니다. 이들은 복잡한 문제를 해결하고 새로운 아이디어를 탐구하는 데 큰 기쁨을 느끼지만, 감정적 연결이나 일상적인 문제에 관한 관심이 부족할 수 있습니다.

INTP가 자신의 잠재력을 극대화하고, 건강하고 행복한 삶을 살기 위해 실천해야 할 10가지 행동 지침은 다음과 같습니다.

1. 사고의 미로에서 나와 현실을 살아보는 연습하기

INTP는 끝없이 생각하고 분석하는 데 능숙하지만, 때로는 행동이 뒤따르지 않아 아이디어가 공중에 떠버릴 수 있습니다. 생각만으로는 변화가 일어나지 않기에, 작은 실천으로 사고를 땅에 뿌리내리는 연습이 필요합니다. 현실 감각은 창조적 사고를 더욱 실현할 수 있게 만듭니다.

2. 느낌을 이론화하지 않고, 있는 그대로 느껴보기

감정을 분석하거나 이성적으로 거리 두는 경향이 강해 정서적 피로를 자각하지 못할 수 있습니다. 그러나 감정은 사고의 도구가 아니라 살아있는 체험입니다. 가끔은 설명하려 하지 말고, 그냥 마음이 느끼는 대로 받아들이는 태도가 필요합니다.

3. 완벽한 논리보다 불완전한 진심을 존중하기

모든 것을 논리로 설명하고 정리하려는 성향은 때로 타인과의 관계에서 거리를 만들 수 있습니다. 사람의 마음은 논리로 움직이지 않으며, 오히려 모호한 진심이 더 큰 신뢰를 줍니다. 감정적인 표현을 두려워하지 않는 용기가 관계를 살립니다.

4. 혼자만의 시간과 타인과의 연결을 균형 있게 유지하기

INTP는 혼자 있을 때 창의성과 몰입이 극대화되지만, 그만큼 사회적 연결을 소홀히 하기 쉽습니다. 그러나 정서적 고립은 무의식적으로 자존감에 영향을 줄 수 있습니다. 선택적인 관계라도, 진정한 교류는 내면의 안전망이 되어줍니다.

5. 시작한 생각이나 프로젝트에 마침표 찍는 습관 들이기

아이디어는 많지만, 실행력에서 어려움을 느낄 수 있습니다. 한 번에 완벽한 결과를 기대하기보다, 작고 불완전한 마무리를 통해 성취감을 체득하는 것이 중요합니다. 끝맺음은 새로운 시작의 에너지로 이어집니다.

6. 비논리적인 것에도 호기심을 가져보기

INTP는 체계화되고 설명 가능한 대상에만 흥미를 느끼는 경향이 있습니다. 그러나 예술, 감성, 영성처럼 이성의 범주를 벗어난 영역에서 오히려 큰 통찰이 생길 수 있습니다. 정답 없는 세계에 대한 유연함이 지혜를 넓혀 줍니다.

7. 정체성과 자존감을 타인의 인정에 의존하지 않기

사회적 평가나 기대에 무관심해 보이지만, 내면 깊은 곳에서는 자신만의 가치를 증명하고 싶어 합니다. 그러나 타인의 인정보다 자기 확신에서 오는 자존감이 더욱 지속적입니다. 내가 나를 인정할 수 있을 때 진짜 자유가 찾아옵니다.

8. 비판적 사고 대신 따뜻한 호기심으로 관계하기

논리적 오류나 이중잣대에 민감한 만큼, 타인을 비판적으로 바라보는 경우가 많습니다. 하지만 인간관계는 논쟁이 아니라 공감으로 유지됩니다. 판단보다는 호기심으로 상대를 바라볼 때 마음의 거리가 가까워집니다.

9. 신념보다 유연함이 더 큰 자유를 준다는 사실 받아들이기

한 가지 이론이나 관점에 몰입하다 보면 그 틀에 자신을 가두게 될 수 있습니다. 열린 사고는 INTP의 진짜 무기입니다. 유연함 속에서 더 큰 창조성과 생명력이 솟아나므로, 변화에 대한 유연성을 기르는 것이 중요합니다.

10. 삶의 의미를 찾는 여정 속에 감각적 즐거움도 포함하기

INTP는 의미 중심으로 사는 경향이 강하지만, 삶은 이성만으로는 채워지지 않습니다. 맛있는 음식, 좋은 음악, 자연 속 산책처럼 단순한 감각의 기쁨도 삶의 질을 높이는 필수 요소입니다. 육체의 만족도 영혼을 살찌우는 자양분이 됩니다.

▶ INTP는 논리적이고 창의적인 성향을 지닌 사람들로, 깊은 사고와 탐구의 즐거움을 느끼지만, 때로는 감정적 연결이나 일상적인 관리에 어려움을 겪을 수 있습니다. 자신의 감정을 인식하고, 사회적 관계에 적극적으로 참여하며, 목표를 설정하고 이를 실현하는 과정에서 더욱 건강하고 행복한 삶을 살 수 있습니다. 또한, 신체적 활동과 정신적 휴식, 자기 성찰 등을 통해 균형 잡힌 삶을 추구하는 것이 INTP에게 중요합니다.

INTP에게 필요한 플러스 생각 10가지

INTP는 분석적이고 독창적인 사고력을 가진 탐구자 유형입니다. 진리를 향한 깊은 관심과 논리적 사고, 시스템적 이해력은 이들에게 매우 큰 장점입니다. 그러나 감정 표현에 서툴고, 현실보다는 아이디어 세계에 몰두하기 쉬우며, 실천보다는 이론에 머무르려는 경향이 있습니다. 또한, 자기 생각에 확신이 있더라도 타인의 감정이나 사회적 맥락을 놓칠 수 있고, 자기비판과 회의에 빠져 무력감을 경험할 때도 있습니다. 이런 INTP에는 자신을 인정하고, 사고와 현실의 균형을 잡을 수 있게 도와주는 플러스 생각이 큰 힘이 될 수 있습니다.

1. 나는 생각하는 것을 좋아하고 잘한다.

▶ 깊은 사고는 나의 힘이다. 그러나 생각을 실천으로 옮길 때, 나는 진짜 세상과 연결된다.

2. 나는 혼자 있는 시간이 필요하다.

▶ 고요한 시간은 내 아이디어가 피어나는 공간이다. 하지만 가끔은 타인의 세계도 나를 자극한다.

3. 나는 감정보다 논리를 중시한다.

▶ 논리는 나를 명료하게 해준다. 그러나 감정도 인간이라는 전체를 이해하는 중요한 언어다.

4. 나는 체계 속에서 원리를 찾는 사람이다.

▶ 이해는 나에게 기쁨을 준다. 하지만 때로는 '완전한 이해'보다 '충분한 연결'이 더 중요할 수 있다.

5. 나는 일상의 반복에 쉽게 지루함을 느낀다.

▶ 지루함은 창의성의 출발점이다. 그 안에서도 나는 새로운 시각을 찾을 수 있다.

6. 나는 실용적인 일보다 아이디어에 더 몰두한다.

▶ 아이디어는 나의 천재성이다. 하지만 작은 실천도 그 아이디어를 세상에 심는 씨앗이 된다.

7. 나는 세부보다 전체 구조를 보는 데 능하다.

▶ 큰 그림을 보는 눈은 소중하다. 그러나 세부를 놓치지 않으려는 노력이 완성도를 높여준다.

8. 나는 타인의 감정을 잘 읽지 못할 때가 있다.

▶ 공감은 연습할 수 있다. 정답을 몰라도, 관심을 두는 마음만으로도 관계는 더 가까워질 수 있다.

9. 나는 비판과 회의로 자신을 시험한다.

▶ 비판은 나를 더 깊이 생각하게 한다. 하지만 스스로를 무너뜨릴 정도로 비판할 필요는 없다.

10. 나는 세상과 다르게 생각한다.

▶ 나는 독창적이다. 세상에 없던 생각이 바로 나로부터 시작될 수 있다. 내 시선은 소중하다.

이러한 플러스 생각은 INTP가 자신의 독창성과 사고력을 긍정적으로 받아들이면서, 감정과 행동의 균형, 자기 수용, 대인관계의 유연성을 확장해나가는 데 큰 도움이 됩니다. 생각과 존재가 분리되지 않고, 서로를 부드럽게 보완해 주는 삶의 방식이 INTP에게는 궁극적인 치유와 성장의 길이 됩니다.

INTP의 좋은 관계를 위한 지혜

INTP는 논리적이고 분석적인 성향을 지닌 사람들로, 사고와 이론을 중시하는 경향이 있습니다. 이들은 세상과 사람들을 깊이 분석하고, 문제를 해결하는 데 뛰어난 능력을 갖추고 있습니다. INTP는 독립적이고 자율적인 삶을 선호하며, 자유롭게 생각하고 창의적인 아이디어를 탐구하는 것을 즐깁니다. 이들은 감정보다는 논리와 이성적인 사고를 중시하며, 때로는 감정 표현에 어려움을 겪기도 합니다. 또한, 자신만의 독특한 세계관을 갖고 있으며, 규칙에 얽매이지 않는 성향을 보입니다.

잘 맞는 유형:

· ENTP: INTP와 ENTP는 서로 매우 잘 맞는 관계를 맺을 수 있습니다. 두 사람 모두 논리적이고 창의적인 성향을 가지고 있으며, 자유롭게 사고를 교환하고 아이디어를 탐구하는 것을 즐깁니다. 이들은 서로의 독립적인 성격을 존중하고, 지적이고 의미 있는 대화를 나누며 강한 유대감을 형성할 수 있습니다.

· INFJ: INTP와 INFJ는 서로 보완적인 관계를 맺을 수 있습니다. INTP는 논리적이고 분석적인 성향을 지니고, INFJ는 감성적이고 직관적인 면을 지니고 있습니다. 서로 다른 관점에서 세상을 바라보지만, 함께 대화하고 의견을 나누며 균형 잡힌 관계를 유지할 수 있습니다.

잘 맞지 않는 유형:

· ESFJ: INTP와 ESFJ는 성격이 매우 달라 갈등을 겪을 수 있습니다. ESFJ는 감정을 중요시하며 사람들과의 관계에서 직접적인 소통을 선호하는 반면, INTP는 이성적이고 분석적인 사고에 집중하며 감정 표현에 있어 다소 거리를 두는 경향이 있습니다. 이로 인해 상호 이해가 어려울 수 있습니다.

· ESTJ: ESTJ는 구조적이고 규칙적인 사고방식을 중시하는 반면, INTP는 자유롭고 창의적인 사고를 중시합니다. 이러한 차이로 인해 갈등이 발생할 수 있으며, 서로의 사고방식이나 접근 방식에 대해 잘 맞지 않을 수 있습니다.

좋은 관계를 위한 지혜:

· 감정을 직접 표현하기: INTP는 논리적인 사고를 중시하지만 때로 감정을 표현하는 데 어려움을 겪습니다. 관계에서 자신의 감정을 숨기지 말고, 솔직하게 표현하는 것이 중요합니다. "지금 내가 느끼는 감정은 이런 거야, 어떻게 생각해?"

라고 말함으로써 감정적인 소통을 도울 수 있습니다.

· **상대방의 감정을 존중하기**: INTP는 감정보다는 이성적인 사고를 중시하는 경향이 있지만, 상대방의 감정을 존중하고 배려하는 것이 중요합니다. 상대방이 감정을 표현할 때, 이를 이해하고 존중하는 태도가 필요합니다. "네가 지금 어떻게 느끼는지 알고 싶어, 내가 어떻게 도와줄 수 있을까?"라고 물어보며 상대방의 감정을 이해하려는 노력이 필요합니다.

· **구체적인 계획보다는 유연성 유지하기**: INTP는 구조적인 계획보다는 유연한 사고와 자유로운 접근을 선호합니다. 따라서, 지나치게 구체적인 계획이나 강압적인 요구에 대응할 때는 좀 더 여유롭고 유연한 접근을 하는 것이 좋습니다. "이 부분은 어떻게 풀어갈까?"와 같이 열린 마음으로 접근하는 것이 중요합니다.

· **자기만의 시간 존중하기**: INTP는 독립적이고 내향적인 성향을 가지고 있어, 종종 혼자만의 시간을 필요로 합니다. 관계에서 상대방에게 그들의 개인적인 공간을 존중해주는 것이 중요합니다. "오늘은 혼자만의 시간을 보내고 싶어"라고 말함으로써 상대방에게 필요한 자유를 주는 것이 중요합니다.

· **갈등 해결 시 논리적 접근**: INTP는 갈등 해결에 있어서 감정보다는 논리적인 접근을 선호합니다. 갈등이 생겼을 때, 감정적으로 격해지기보다는 문제 해결을 위한 논리적이고 이성적인 접근이 필요합니다. "이 문제를 해결하려면 어떻게 하면 좋을까?"라고 말하며, 감정적 대응보다는 실질적인 해결책을 찾는 것이 중요합니다.

INTP의 치유와 성장을 위한 영적 메시지(명상 조언) 5가지

1. 논리를 넘어 마음의 소리를 들으세요.
당신은 뛰어난 논리적 사고력과 분석 능력을 지니고 있습니다. 하지만 삶의 진정한 답은 때로 논리가 아니라 마음의 소리에서 나옵니다. 머리로는 이해되지 않더라도, 마음이 느끼는 것을 무시하지 마세요. 마음에서 올라오는 직관과 감정은 당신의 영혼이 전하는 중요한 메시지입니다. 논리와 감정이 조화를 이룰 때, 당신의 내면은 더 깊은 평화와 명확함을 얻게 됩니다.

2. 모든 것을 이해하려 하지 마세요.

당신은 세상의 원리와 구조를 이해하고자 하는 강한 욕구를 지니고 있습니다. 하지만 세상에는 완전히 이해할 수 없는 영역이 존재합니다. 모든 것을 논리적으로 설명하려 하기보다, 미지의 영역을 받아들이세요. 삶의 신비는 이해가 아니라 경험 속에서 드러납니다. 완벽한 이해를 내려놓을 때, 삶의 진정한 아름다움이 당신에게 열릴 것입니다.

3. 자신의 감정을 억누르지 마세요.

당신은 감정보다 이성을 우선시하지만, 감정도 당신의 중요한 일부입니다. 감정을 억누르거나 합리화하려 하지 말고 있는 그대로 받아들이세요. 슬픔, 기쁨, 두려움, 사랑 — 모든 감정은 당신의 삶에 의미와 깊이를 더합니다. 자신의 감정을 자연스럽게 받아들일 때, 당신의 내면은 더 깊이 치유될 것입니다.

4. 세상의 기준에 자신을 맞추려 하지 마세요.

당신은 독창적이고 독립적인 사고방식을 지니고 있습니다. 그러나 때로는 세상의 기대에 자신을 맞추려 하면서 내면의 갈등을 경험할 수 있습니다. 당신은 남들과 다르다는 이유로 부족한 것이 아닙니다. 당신만의 방식으로 세상을 바라보고, 자신의 독창성을 자랑스럽게 여기세요. 당신의 독창성이 세상에 새로운 가능성을 열어 줄 것입니다.

5. 모든 답을 찾으려 하기보다 존재 자체를 경험하세요.

당신은 문제를 해결하고 복잡한 개념을 이해하는 데 탁월하지만, 삶의 진정한 의미는 이해가 아니라 존재 속에서 드러납니다. 지금, 이 순간을 온전히 경험하고, 생각에서 벗어나 존재의 상태에 머물러 보세요. 모든 문제를 해결하지 않아도 괜찮습니다. 존재 자체가 이미 완전하고 충분합니다.

ESTP 현장지휘관형, 실행의 모험가형

ESTP는 외향적(Extraverted), 감각적(Sensing), 사고적(Thinking), 인식적(Perceiving) 성향을 지닌 사람들을 의미하는 MBTI 유형입니다. ESTP는 흔히 '모험가', '실용적 해결자', '즉흥적인 활동가'라고 묘사됩니다.

ESTP의 주요 특징

1. 행동 중심적이고 실용적인 성향

ESTP는 매우 실용적이고 현실적인 사람들로, 직접 경험을 통해 문제를 해결하려는 경향이 강합니다. 이들은 이론적인 생각보다는 실제 행동과 경험을 중요시하며, '지금 당장' 해결책을 찾고자 합니다. 즉, 문제를 빠르고 실용적인 방식으로 해결하는 능력이 뛰어나며, 현실적이고 구체적인 접근을 선호합니다.

2. 외향적이고 사교적인 성격

ESTP는 매우 외향적이며, 사람들과의 상호작용에서 에너지를 얻습니다. 이들은 대개 사람들과 쉽게 친해지며, 활발하고 에너지 넘치는 성격을 가지고 있습니다. 사회적 상황에서 자연스럽게 리더 역할을 맡기도 하며, 다양한 사람들과의 관계를 즐깁니다. 사람들에게 긍정적인 영향을 주고, 유머 감각이 뛰어나며, 주변을 즐겁게 만드는 성격입니다.

3. 모험적이고 도전적인 성향

ESTP는 새로운 도전을 좋아하고, 모험을 즐깁니다. 위험을 감수하며, 항상 새로운 경험을 찾아 나서는 경향이 있습니다. 일상적인 상황에 안주하지 않고, 변화와 자극을 추구합니다. 이들은 새로운 환경에서 빠르게 적응하고, 즉각적인 반응을 보이며, 행동을 통해 문제를 해결하는 것을 선호합니다.

4. 직관적이고 빠른 사고

ESTP는 상황을 빠르게 분석하고, 그에 맞는 즉각적인 결정을 내리는 능력이 뛰어납니다. 이들은 순간적인 직관을 통해 문제를 해결하며, 때로는 감각을 활용해 빠르게 결정을 내립니다. 복잡한 이론이나 추상적인 개념보다는 현실적인 문제를 즉시 해결하려는 경향이 강합니다.

5. 논리적이고 객관적인 사고

ESTP는 결정을 내릴 때 감정보다는 논리적이고 객관적인 판단을 우선시합니다. 이들은 감정적인 요소를 배제하고, 사실에 기반한 결정을 선호합니다. 문제를 분석할 때 이성적이고 실용적인 접근을 하며, 감정보다는 효율성이나 실용성을 중요시하는 경향이 있습니다.

ESTP의 장점 & 단점

✅ 장점:

· 행동력과 실용성 - 문제를 빠르고 실용적인 방식으로 해결합니다.

· 사교적이고 긍정적 - 사람들과의 관계에서 자연스럽고 활발한 상호작용을 합니다.

· 즉흥적인 결단력 - 상황에 맞춰 빠르게 결정을 내리고, 위험을 감수하면서도 신속하게 대응할 수 있습니다.

· 모험적이고 도전적인 성향 - 새로운 경험을 추구하며, 도전을 즐깁니다.

· 유머 감각과 리더십 - 팀이나 그룹 내에서 활기를 띠게 만들고, 사람들을 이끄는 능력이 있습니다.

❌ 단점:

· 충동적이고 계획 부족 - 때때로 지나치게 즉흥적이고 계획이 부족하여 장기적인 문제를 고려하지 않을 수 있습니다.

· 고집이 셈 - 자신이 옳다고 생각하는 일에 대해서는 고집을 부릴 때가 많습니다.

· 감정적인 요소 간과 - 감정보다 논리적인 판단을 우선시하다 보니, 타인의 감정을 배려하는 데 어려움을 겪을 수 있습니다.

· 지루함을 느낄 때 - 일상적인 일이나 반복적인 업무에 지루함을 느껴 쉽게 관심을 잃을 수 있습니다.

· 과감한 결정이 때때로 위험을 초래 - 즉흥적인 결정이 때때로 위험한 상황을 초래할 수 있습니다.

ESTP에게 잘 맞는 직업

ESTP는 행동적이고 실용적인 직업, 사람들과의 상호작용이 중요한 직업에서 큰 만족을 느끼며, 그 능력을 발휘할 수 있습니다. 이들은 도전적인 업무와 빠르게 변하는 환경에서 두각을 나타냅니다.

- 기업가, 사업가 – 새로운 기회를 탐색하고, 즉시 결정을 내리며 사업을 이끌어가는 데 적합합니다.
- 경찰, 소방관, 구조대원 – 빠른 사고와 즉각적인 대응이 필요한 직업에서 능력을 발휘합니다.
- 판매 전문가, 마케팅 전문가 – 사람들과의 관계를 통해 제품을 판매하거나, 새로운 시장을 개척하는 데 능숙합니다.
- 프로 운동선수, 코치 – 경쟁적이고 도전적인 환경에서 두각을 나타내며, 팀을 이끄는 역할을 잘 수행합니다.
- 행동 전문가, 이벤트 플래너 – 빠른 결정과 사람들과의 상호작용이 중요한 직업에 적합합니다.

ESTP의 유명인 예시

· 도널드 트럼프(Donald Trump) – 사업가이자 정치인, 빠르게 결단을 내리고 새로운 기회를 찾는 능력을 발휘한 인물

· 어슐라 K. 르귄(Ursula K. Le Guin) – 다양한 분야에서 활동한 작가, 창의적이고 모험적인 성향을 지닌 인물

· 윌 스미스(Will Smith) – 다재다능한 배우, 즉흥적이고 에너지 넘치는 성격으로 사람들과의 관계에서 두각을 나타냄

· 엘론 머스크(Elon Musk) – 혁신적이고 도전적인 사업가, 새로운 기술과 아이디

어를 실현하며 빠르게 변화를 추구하는 인물

ESTP를 위한 조언

· 장기적인 계획을 세우세요 - 즉흥적이고 빠른 결단을 내리는 것도 중요하지만, 장기적인 목표와 계획을 세우는 것도 필요합니다.

· 타인의 감정을 고려하세요 - 논리적이고 실용적인 접근이 중요하지만, 타인의 감정을 더 잘 이해하고 배려하는 것이 관계를 더욱 강화할 수 있습니다.

· 위험을 관리하세요 - 도전을 즐기지만, 과도한 위험은 피하고 더 신중한 결정을 내리는 것이 필요합니다.

· 지루함을 이겨내세요 - 반복적이고 일상적인 업무에서 지루함을 느끼지 않도록 다양한 활동을 시도해보세요.

ESTP는 이런 사람!

- 즉흥적이고 활동적인 성향을 지닌 사람입니다.
- 실용적이고 현실적인 문제를 빠르게 해결하는 능력이 뛰어납니다.
- 대인관계에서 활발하고 긍정적인 영향을 미칩니다.
- 도전적이고 모험적인 성향을 가지며, 새로운 경험을 추구합니다.
- 논리적이고 객관적인 판단을 통해 문제를 해결합니다.

ESTP는 '모험가', '즉흥적인 활동가', '실용적 해결자'라고 할 수 있습니다.

상처나 스트레스를 많이 받을 때 ESTP는 어떤 심리증상이 생길 가능성이 높은가?

ESTP는 활동적이고 현실 감각이 뛰어나며, 즉흥적이고 모험을 즐기는 성향이 강합니다. 빠르게 결정을 내리고, 현실에서 즉각적인 결과를 얻는 것을 선호합니다. 또한, 사람들과 어울리며 에너지를 얻고, 문제를 직접 해결하면서 성취감을 느낍니다. 그러나 ESTP는 스트레스를 받을 때 자신이 가진 장점이 왜곡되면서 심리적 불안정이 심화할 수 있습니다. 다음은 ESTP가 상처나 스트레스를 많이 받았을 때 발생할 수 있는 심리증상 10가지를 살펴보겠습니다.

1. 과도한 위험 감수 및 충동적 행동 강화

ESTP는 원래 모험심이 강하고 도전을 즐깁니다. 그러나 스트레스를 받을 때 위험을 무시하거나 과도하게 충동적인 행동을 하게 될 수 있습니다. 예를 들어, 갑자기 큰 금액의 지출을 하거나, 즉흥적인 여행을 떠나거나, 위험한 스포츠나 활동에 과도하게 몰두하면서 현실에서 벗어나려 할 수 있습니다. 이러한 행동은 일시적으로 긴장을 해소할 수 있지만, 장기적으로 더 큰 문제를 초래할 수 있습니다.

2. 감정적 회피 및 문제 외면

ESTP는 감정보다는 현실적인 해결책을 찾는 데 집중합니다. 스트레스를 받으면 자신의 감정을 인식하고 다루기보다는 현실의 문제를 외면하거나 회피하려는 경향이 강화됩니다. 문제가 생기면 "이건 금방 해결될 거야"라며 가볍게 넘기려 하거나, 문제의 심각성을 인정하지 않으면서 상황이 악화할 수 있습니다.

3. 지나친 오락 추구 및 중독 위험

ESTP는 즐거움과 자극을 통해 스트레스를 해소하려는 경향이 있습니다. 그러나 스트레스가 심해지면 술, 도박, 게임, SNS 등 즉각적인 자극에 의존하면서 문제에서 도피하려 할 수 있습니다. 이러한 행동은 일시적으로 스트레스를 줄일 수 있지만, 결국 현실에서의 문제를 악화시킬 위험이 있습니다.

4. 대인관계에서의 공격적 태도 강화

ESTP는 솔직하고 직설적인 성향이 있습니다. 그러나 스트레스를 받을 때 이러한 성향이 극단적으로 강화되면서 타인에게 공격적인 언행이 하게 될 수 있습니다. 상대방의 감정을 배려하지 않고 "그게 뭐가 문제야?", "그냥 하면 되잖아"와 같이 직설적인 말을 하면서 갈등이 심화할 위험이 있습니다.

5. 무책임한 행동 및 일관성 부족

ESTP는 자유롭고 즉흥적인 성향이 강합니다. 스트레스를 받을 때 책임감이 약화되면서 계획 없이 행동하거나, 맡은 일을 도중에 포기하는 일이 많아질 수 있습니다. 예를 들어, "이건 재미없어"라며 프로젝트를 도중에 포기하거나, 일정을 무단으로 변경하거나 약속을 가볍게 취소하는 일이 잦아질 수 있습니다.

6. 과도한 경쟁심 및 성과 집착

ESTP는 성과와 결과를 중시합니다. 스트레스를 받으면 다른 사람과의 경쟁에서 이기기 위해 과도하게 성과에 집착할 수 있습니다. 자신의 성과가 부족하다고 느끼면 자신감이 급격히 떨어지고, 성과가 나지 않으면 다른 사람을 탓하거나 환경을 비난할 위험이 있습니다.

7. 감각적 쾌락 추구 및 책임 회피

ESTP는 즉각적인 만족을 얻기 위해 쾌락적인 행동을 강화할 수 있습니다. 맛있는 음식을 폭식하거나, 밤새 파티에 참석하거나, 과도한 음주나 흡연 등으로 일시적인 만족을 추구할 수 있습니다. 그러나 이런 행동은 문제를 해결하기보다는 더 큰 후유증을 남길 수 있습니다.

8. 자신감 하락 및 우울감 증가

ESTP는 자신감이 넘치는 성향이지만, 스트레스를 받으면 자신감이 급격히 하락할 수 있습니다. 특히 자신의 문제 해결 능력이 실패하거나 타인에게 인정을 받지 못했을 때 무력감을 느끼고, "난 아무것도 잘하는 게 없어"라는 생각에 빠질 수 있습니다. 자신감이 약화하면서 무기력감과 우울감이 동반될 수 있습니다.

9. 과도한 활동성 및 에너지 고갈

ESTP는 스트레스를 받으면 지나치게 활동적으로 변할 수 있습니다. 자신의 스트레스를 잊기 위해 끊임없이 일정을 채우고, 사람을 만나며, 일에 몰두하게 됩니다. 그러나 이런 과도한 활동은 결국 에너지를 소진하게 하고, 극심한 피로와 번아웃을 초래할 수 있습니다.

10. 타인의 감정 무시 및 공감 부족

ESTP는 현실적인 해결책을 중시하는 성향이 강합니다. 스트레스를 받으면 타인의 감정을 배려하기보다 문제 해결에만 초점을 두면서 공감 능력이 약화할 수 있습니다. "그냥 이걸 하면 해결될 거야", "감정에 휘둘리지 말고 행동해"와 같은 말을 하면서 타인의 감정을 무시하거나 상처를 줄 수 있습니다.

▶ ESTP는 스트레스를 받으면 과도한 충동성, 책임 회피, 대인관계 갈등, 감각적 쾌락 추구가 강화될 수 있습니다. 특히 자신의 감정을 회피하고 문제를 외면하면서 오히려 상황이 악화할 수 있습니다. 따라서 ESTP는 스트레스 상황에서 감정을 인식하고 받아들이는 연습이 필요합니다. 또한, 즉각적인 쾌락이나 자극에 의존하기보다는 장기적인 성도와 만족을 추구하는 방향으로 행동 패턴을 바꿔야 합니다.

ESTP는 현실 감각이 뛰어나고 문제 해결 능력이 우수하므로 자신의 강점을 믿고 차분하게 문제를 해결하려는 태도가 중요합니다. 또한, 타인에게 공감하고, 자신의 감정을 자연스럽게 표현하면서 균형 잡힌 인간관계를 유지할 때 ESTP는 자신의 역량을 극대화할 수 있습니다.

ESTP는 어떤 방어기제를 쓸 가능성이 높을까?

ESTP는 외향적이고, 현실적이며, 행동 지향적인 성격 유형으로, 변화를 좋아하고 즉각적인 자극을 선호하는 경향이 있습니다. 이들은 활동적이고 활발한 삶을 즐기며, 문제가 발생했을 때 현실적인 해결책을 찾는 데 집중합니다. 그러나 감정적이거나 불편한 상황에 직면할 때, ESTP는 이를 처리하기 위해 방어 기제를 사용할 수 있습니다. 이들은 감정을 표현하는 데 서툴고, 상황을 직시하는 대신 빠르게 해결하려 하거나 감정적인 자극을 피하려는 경향이 있습니다.

1. 회피

ESTP는 감정적으로 불편한 상황이나 갈등을 피하려는 경향이 있습니다. 그들은 문제를 직면하기보다는 상황을 빠르게 바꾸려고 하며, 감정적인 논의나 갈등이 발생하면 이를 피하려고 할 수 있습니다. 예를 들어, 대화 중 감정적인 주제가 나오면 다른 주제로 대화를 돌리거나, 신속하게 자리를 떠버리는 방식으로 갈등을 회피하려 할 수 있습니다.

2. 즉흥적 행동

ESTP는 즉각적인 자극을 선호하고, 현재의 순간에 집중하는 경향이 있습니다. 감정적으로 힘든 상황에 직면하면, 감정을 처리하기보다는 즉흥적인 행동으로 해소하려 할 수 있습니다. 예를 들어, 스트레스를 받거나 불편한 감정을 느낄 때, 갑작스러운 여행을 떠나거나, 자극적인 활동에 몰두하여 감정적인 불안을 잊으려 할 수 있습니다.

3. 과도한 활동

ESTP는 행동을 통해 자신의 감정을 처리하려는 경향이 있습니다. 감정적으로 불편한 상황을 마주하면, 신체적 활동이나 사회적 상호작용을 통해 그 불안을 해소하려 할 수 있습니다. 예를 들어, 운동, 파티, 또는 대규모 이벤트에 참여하여 감정을 처리하려는 시도가 나타날 수 있습니다. 감정을 정리하려 기보다는 외부 활동에 몰두함으로써 감정의 부담을 덜어내려는 방식입니다.

4. 지적화

ESTP는 감정적인 문제를 이성적으로 분석하려는 경향이 있습니다. 예를 들어, 갈등이나 문제가 발생했을 때 '감정적으로 이렇게 반응할 필요는 없지, 실용적인 방법으로 해결하면 돼'라고 생각하며 감정을 논리적으로 처리하려 합니다. 이들은 감정을 다루기보다는 문제를 해결하려고 할 수 있으며, 감정을 억제하거나 무시하는 경향이 있을 수 있습니다.

5. 반동 형성

ESTP는 감정을 숨기기 위해 반대되는 행동을 취할 수 있습니다. 예를 들어, 자신이 불안하거나 두려움을 느낄 때, 지나치게 자신감 넘치는 행동을 하거나, 다른 사람들에게 도전적이고 과감한 태도를 보일 수 있습니다. 이를 통해 내면의 불안이나 두려움을 숨기려 하며, 외부적으로는 자신이 완벽하게 상황을 다루고 있다는 이미지를 유지하려 할 수 있습니다.

6. 부정

ESTP는 자신이 불편하거나 감당하기 어려운 감정을 인정하기보다는, 이를 부정하는 경향이 있습니다. 예를 들어, 감정적인 갈등을 겪을 때, '그냥 그런 일이 있었을 뿐이야'라며 상황을 대수롭지 않게 여길 수 있습니다. 감정을 인정하는 대신 현실을 무시하거나 감정이 없는 듯 행동하려 할 수 있습니다.

7. 자기 과시

ESTP는 자신의 능력이나 성취를 과시함으로써 감정적인 불편함을 감추려고 할 수 있습니다. 자신이 얼마나 능숙하고 잘난 사람인지 강조하면서, 감정적인 문제를 숨기려 할 수 있습니다. 이는 외부에서 긍정적인 반응을 얻고자 하는 욕구에서 비롯되며, 감정적으로 불안한 상태를 덮으려는 방어기제입니다.

8. 위협에 대한 반응

ESTP는 위협적인 상황에 직면했을 때 감정적으로 과도하게 반응할 수 있습니다. 예를 들어, 자신이 비판을 받거나 도전받을 때, 이를 받아들이기보다는 과도하게 방어적인 태도를 보일 수 있습니다. 상대방의 비판을 받아들이기보다는, 자신의 자존심을 지키기 위해 반격하거나 공격적인 태도를 보일 수 있습니다.

▶ ESTP는 감정적으로 불편한 상황이나 갈등을 피하거나 즉각적인 해결책을 찾으려는 경향이 있습니다. 회피, 즉흥적 행동, 과도한 활동, 지적화 등의 방어기제를 사용하며, 감정을 처리하기보다는 외부 활동에 몰두하거나 상황을 무시하려 할 수 있습니다. 이러한 방어기제들은 일시적으로는 유효할 수 있지만, 장기적으로는 감정적인 갈등이나 스트레스가 누적될 수 있으므로, 감정을 인식하고 건강하게 다루는 연습이 필요합니다.

ESTP의 심리적 취약점과 이를 극복할 수 있는 대처방법은 무엇인가?

ESTP는 활발하고 에너지 넘치는 성격으로, 새로운 경험과 모험을 즐기며, 즉각적인 결과를 추구하는 실용적인 성향을 가집니다. 이들은 주로 외향적이고 현실적이며, 문제 해결에 있어 빠른 결단력과 적응력을 보여줍니다. 하지만 이러한 특성에도 불구하고, ESTP는 몇 가지 심리적 취약점을 가지고 있으며, 이를 극복하는 방법이 필요합니다. ESTP의 대표적인 심리적 취약점 5가지와 그것을 극복할 수 있는 대처방법을 살펴보겠습니다.

1. 장기적인 계획 부족과 충동적 행동

ESTP는 즉흥적이고 현장 중심의 사고를 중시하는 성향이 강해, 장기적인 계획이나 준비 없이 행동하는 경우가 많습니다. 그로 인해 자신이 후속 처리를 해야 하는 문제나 장기적으로 이어지는 프로젝트에서 어려움을 겪을 수 있습니다. 이를 극복하기 위해서는 단기적인 목표와 장기적인 목표를 모두 설정하는 습관을 기르는 것이 중요합니다. 예를 들어, 매일 일정 시간을 투자하여 목표를 점검하거나, 매주 한 번씩 장기 계획을 검토하는 시간을 가짐으로써 충동적인 행동과 장기 계획 사이의 균형을 잡을 수 있습니다.

2. 감정 표현의 억제와 타인에 대한 무심함

ESTP는 대개 감정보다는 사실과 논리를 중요시하며, 감정적인 문제나 타인의 감정을 다루는 데 서툴 수 있습니다. 이로 인해 주변 사람들과의 감정적 연결이 약해지고, 타인에게 상처를 주거나 오해를 살 수 있습니다. 이를 개선하려면 감정 표현 훈련이 필요합니다. 자신이 느끼는 감정을 간단한 언어로 표현하는 연습을 하거나, "이 상황에서 내가 느끼는 감정은 무엇인가?"라는 질문을 자주 던져 감정에 대한 인식과 표현을 강화할 필요가 있습니다. 또한, 타인의 감정을 읽고 공감하려는 의식을 갖고 적극적으로 경청하는 훈련이 도움이 됩니다.

3. 위험 추구와 불필요한 도전

ESTP는 새로운 경험과 자극을 추구하는 성향이 강하지만, 때때로 불필요한 위험을 감수하거나, 장기적인 결과보다는 당장 자극을 선택하는 경향이 있습니다. 이는 안전하거나 필요한 상황에서 무모한 결정을 내리게 할 수 있습니다. 이 문제를 해결하려면 위험 평가 능력을 키우는 훈련이 필요합니다. 예를 들어, 중요한 결정을 내리기 전에 '이 선택이 내게 어떤 장기적인 영향을 미칠까?'라는 질문을 스스로 던지며, 순간적인 충동보다 계획적으로 선택할 수 있도록 합니다. 또한, 항상 두 가지 이상의 선택지를 고려하며, 결과를 예측하는 습관을 들이는 것이 좋습니다.

4. 지루함과 반복 작업에 대한 저항

ESTP는 자극적이고 변화가 많은 활동을 선호하기 때문에, 반복적인 작업이나 단조로운 일상에 쉽게 지루해할 수 있습니다. 이는 직장이나 개인 생활에서 일관성을 유지하기 어려운 상황을 만들기도 합니다. 이를 극복하기 위해서는 일상에서 작은 변화를 시도하는 습관을 기르는 것이 좋습니다. 예를 들어, 하루 중 일정 시간을 새로운 경험을 추구하는 시간으로 정하거나, 반복적인 일을 더 재미있게 만드는 방법을 찾아보는 것이 효과적입니다. 지루한 작업을 의미 있게 변화시키는 방법을 찾는 것만으로도 그에 대한 저항을 줄일 수 있습니다.

5. 책임 회피와 우유부단함

ESTP는 자유롭고 자율적인 생활을 추구하지만, 책임을 회피하거나 결정적인 순간에서 우유부단해질 수가 있습니다. 이로 인해 중요한 일이나 프로젝트에서 지연이 생기거나, 사람들과의 약속을 지키지 못할 수 있습니다. 이를 해결하려면 책임감을 다지는 훈련이 필요합니다. 구체적인 마감 기한을 설정하고, 중요한 일을 미리 계획하고 실행하는 습관을 들여야 합니다. 작은 일부터 책임감을 갖고 실천하는 연습을 통해 점차 더 큰 책임을 감당할 수 있는 능력을 키울 수 있습니다.

▶ ESTP는 뛰어난 실용적 사고와 행동력을 가진 성격으로, 빠르게 변화하는 상황에서 능동적으로 대처할 수 있는 강점을 지니고 있습니다. 그러나 그들의 심리적 취약점인 충동성, 감정 회피, 반복적인 업무에 대한 저항을 극복한다면, 더욱 균형 잡히고 의미 있는 삶을 살아갈 수 있습니다. 각종 자극과 경험에 관한 탐구를 멈추지 않되, 그 탐구가 장기적인 목표와 일관성을 바탕으로 이루어지도록 노력하는 것이 중요합니다. 자신과 타인의 감정을 이해하고, 책임감을 가지고 신중한 선택을 하면, ESTP는 자신이 원하는 목표를 더 효과적으로 달성할 수 있을 것입니다.

ESTP가 자신의 잠재력을 극대화하고, 건강하고 행복한 삶을 위해서 실천해야 할 10가지 행동 지침은 무엇인가?

ESTP는 활동적이고 현실적인 성향을 지닌 사람들로, 모험과 도전을 즐기며, 직관력과 신속한 판단 능력을 바탕으로 문제를 해결하는 데 강점이 있습니다. 그러나 때로는 충동적인 성향과 장기적인 계획보다는 즉각적인 결과에 집중하는 경향이 있을 수 있습니다. ESTP가 자신의 잠재력을 극대화하고, 건강하고 행복한 삶을 살기 위해 실천해야 할 10가지 행동 지침은 다음과 같습니다.

1. 지금, 이 순간의 쾌감 뒤에 남는 여운을 들여다보기

ESTP는 즉흥적인 즐거움을 좇는 데 능하지만, 순간의 쾌감이 반복될수록 공허함이 커질 수 있습니다. '지금'을 즐기되, 그 즐거움이 어떤 의미를 남기는지를 돌아보는 것이 필요합니다. 진짜 만족은 짧은 쾌락보다 깊은 여운에서 비롯됩니다.

2. 즉시 반응보다 느린 감정의 속도를 존중하기

ESTP는 빠른 판단과 즉각적인 반응이 강점이지만, 감정은 즉각적으로 파악되지 않는 경우가 많습니다. 때로 감정의 진짜 목소리는 시간이 지나야 들리기 때문에, 느림을 견디며 기다리는 인내가 필요합니다. 속도의 늦춤은 정서적 깊이를 키워줍니다.

3. 겉으로 강해 보이려는 모습 속 감정의 진실 찾기

자신감 넘치고 유능한 태도 뒤에 감추어진 불안이나 외로움을 들여다보는 용기가 필요합니다. 감정을 숨기지 않고 인정할 때, ESTP는 더 진실하고 인간적인 매력을 얻게 됩니다. 약함의 수용은 강함의 또 다른 얼굴입니다.

4. 성공보다 신뢰 관계에 시간과 에너지 투자하기

ESTP는 성과를 내는 능력은 뛰어나지만, 관계의 깊이는 성과로 측정되지 않습니다. 진짜 관계는 시간이 필요하며, 성과보다 신뢰를 바탕으로 성장합니다. 함께 성장하고 싶은 사람과의 관계는 삶의 가장 큰 자산이 됩니다.

5. 리스크보다 반복되는 패턴에 주의 기울이기

ESTP는 새로운 도전과 변화에는 능숙하게 대응하지만, 무의식적으로 반복되는 실수나 감정 패턴에는 무심할 수 있습니다. 반복은 무의식의 메시지일 수 있으며, 주의를 기울일수록 통찰로 바뀝니다. 리스크보다 반복 속에서 배움이 일어납니다.

6. 자극 없는 일상 속의 가치도 느껴보기

강렬한 경험이나 경쟁 상황에서 빛을 발하는 ESTP는 일상의 단조로움에 쉽게 지루함을 느낄 수 있습니다. 그러나 평범한 일상 속에서도 따뜻한 감동과 기쁨이 존재합니다. 단조로움을 견디는 능력이 삶의 깊이를 만듭니다.

7. 감정을 누르기보다 말하고 나누는 연습하기

감정에 솔직하지 않으면 스트레스가 신체 증상이나 분노로 튀어나올 수 있습니다. 감정은 무시할 것이 아니라 다룰 대상이며, 말로 풀어낼 때 비로소 통제할 수 있게 됩니다. 말하기는 정서의 건강한 배출구가 됩니다.

8. 실수를 책임지는 용기와 성장의 자세 갖기

결과 중심의 사고는 실수나 실패를 감추려는 경향으로 이어질 수 있습니다. 하지만 진짜 강함은 실수를 회피하지 않고 책임지는 태도에서 비롯됩니다. 실수를 통해 배우고 성숙하는 과정이 ESTP를 더 단단하게 만듭니다.

9. 타인의 속도를 기다릴 줄 아는 사람이 되기

빠른 진행과 즉시 해결을 좋아하는 성향 때문에, 느린 사람에게 조급함을 느낄 수 있습니다. 그러나 사람마다 성장과 반응의 속도는 다릅니다. 기다림을 배울 때 진정한 관계의 신뢰가 쌓이고, 내면의 여유도 커집니다.

10. 삶의 의미를 자극이 아닌 방향감에서 찾기

강렬하고 새로운 경험이 삶의 원동력이 될 수 있으나, 그것만으로는 지속적인 만족을 주기 어렵습니다. 장기적인 목표와 내면의 가치가 삶에 방향을 부여합니다. 방향이 있는 삶이 자극 이상의 성취를 안겨줍니다.

▶ ESTP는 모험적이고 현실적인 성향을 지닌 사람들로, 즉각적인 문제 해결 능력과 도전적인 성향이 뛰어납니다. 그러나 장기적인 목표 설정, 감정 인식 및 표현, 균형 잡힌 삶 등에서 실천이 필요합니다. 자기 성찰과 휴식, 타인과의 관계에서 존중을 기르며, 건강을 유지하고 지속해서 자기 계발에 힘쓰는 것이 ESTP가 잠재력을 극대화하고 행복한 삶을 사는 데 중요한 열쇠입니다.

ESTP에게 필요한 플러스 생각 10가지

ESTP는 생기 있고 활달하며, 현실 감각이 뛰어난 실행형 유형입니다. 즉각적인 상황 판단력과 실용적 사고, 사람들과의 유쾌한 상호작용을 통해 삶을 활력 있게 살아갑니다. 그러나 때로는 충동적이거나 감정의 깊이에 다가가기 어려운 면, 계획보다 당장 결과에 집중하는 태도, 실패나 느린 과정에 대한 인내심 부족이 내면의 스트레스를 유발할 수 있습니다. 이런 ESTP에게는 자기 조절력과 감정 인식, 긴 호흡을 기를 수 있는 플러스 생각이 치유와 성장을 위한 귀한 자원이 될 수 있습니다.

1. 나는 행동력이 강한 사람이다.
▶ 즉각적인 실행력은 나의 강점이다. 그러나 잠깐 멈추어 생각하는 여유는 더 나은 결과를 만든다.

2. 나는 지금, 이 순간을 즐길 줄 안다.
▶ 현재에 집중하는 나의 능력은 특별하다. 하지만 미래도 내가 설계할 수 있는 가능성이다.

3. 나는 문제 상황에 빠르게 대응한다.
▶ 순간의 판단은 나를 돋보이게 한다. 그러나 모든 상황이 빠른 해결을 요구하는 것은 아니다.

4. 나는 사람들과 잘 어울리는 편이다.
▶ 사교성은 나의 매력이다. 하지만 혼자 있는 시간도 내 마음을 돌보는 데 중요하다.

5. 나는 감정보다는 사실과 행동에 집중한다.

▶ 사실 중심의 시각은 실용적이다. 그러나 감정도 진실의 한 부분임을 기억하자.

6\. 나는 경쟁에서 이기고 싶어 한다.

▶ 승부욕은 나를 전진시킨다. 하지만 진정한 승리는 때로 타인을 이해하고 배려할 때 찾아온다.

7\. 나는 실수보다는 경험을 중시한다.

▶ 경험에서 배우는 힘은 크다. 그러나 실수 안에도 중요한 메시지가 숨어 있다.

8\. 나는 즉흥적으로 결정할 때가 많다.

▶ 즉흥성은 삶을 생동감 있게 한다. 다만, 중요한 결정에는 조금 더 시간을 들여도 좋다.

9\. 나는 느린 과정보다 빠른 결과를 선호한다.

▶ 속도감은 나의 에너지다. 하지만 천천히 가는 길도 나에게 의미 있는 성장을 준다.

10\. 나는 도전적인 상황을 좋아한다.

▶ 도전은 나를 살아있게 한다. 그러나 쉼과 회복도 지속 가능한 도전을 가능하게 한다.

이러한 플러스 생각은 ESTP가 자신의 역동적인 에너지와 내면의 감정·인내·성찰 능력을 균형 있게 기를 수 있도록 도와줍니다. '지금 여기'의 생동감을 유지하면서도, 더 깊은 자신을 알아가고 확장해 가는 과정이 ESTP의 성장과 치유를 위한 열쇠가 됩니다.

ESTP의 좋은 관계를 위한 지혜

ESTP는 현실적이고 활동적인 성향을 지닌 사람들로, 순간순간의 경험과 사실을 중시합니다. 이들은 실용적이고 결단력 있는 사고방식을 가지고 있으며, 문제를 해결하는 데 빠르고 효과적입니다. ESTP는 새로운 경험을 추구하고, 사람들과의 직접적인 상호작용에서 에너지를 얻습니다. 이들은 감정보다는 사실과 논리를 중시하며, 대체로 직설적이고 솔직한 성격을 가집니다. 때로는 순간적인 감정 표현에 지나치게 집중하거나, 계획보다는 즉흥적인 결정을 내리는 경향이 있습니다.

잘 맞는 유형:
· ISFP: ESTP와 ISFP는 서로의 성격을 잘 보완하며, 자연스럽고 자유로운 관계를 맺을 수 있습니다. ISFP는 ESTP의 에너지와 활동적인 성향을 받아들이면서도, ESTP에게 더 감성적이고 여유로운 접근 방식을 가르칠 수 있습니다. 이들은 서로를 이해하고 존중하면서 즐거운 관계를 유지할 수 있습니다.

· ISTP: ESTP와 ISTP는 서로 매우 비슷한 성향을 가지고 있어, 쉽게 공감할 수 있습니다. 두 사람 모두 논리적이고 실용적인 사고방식을 갖고 있으며, 독립적이고 자유로운 성격을 좋아합니다. 이들은 서로의 행동 방식을 잘 이해하고, 함께 문제를 해결하는 데 큰 장점이 있을 수 있습니다.

잘 맞지 않는 유형:
· INFJ: ESTP와 INFJ는 매우 다른 성격을 지니고 있어 갈등이 발생할 수 있습니다. ESTP는 실용적이고 즉흥적인 성향을 가지며, INFJ는 이상주의적이고 감성적인 사고를 중시합니다. INFJ는 깊은 감정적인 연결을 원하고, ESTP는 감정보

다는 실용적인 면에 더 집중하기 때문에 상호 이해가 어려울 수 있습니다.

· **ENFJ:** ESTP와 ENFJ는 성격과 가치관에서 차이가 있어 갈등을 겪을 수 있습니다. ENFJ는 타인의 감정을 이해하고 배려하는 성향이 강하며, ESTP는 논리적이고 직설적인 성격으로 감정적인 접근에 있어 어려움을 겪을 수 있습니다. 이로 인해 서로의 방식에 대한 이해가 부족할 수 있습니다.

좋은 관계를 위한 지혜:

· **상대방의 감정과 필요를 이해하기:** ESTP는 감정보다는 논리와 실용성을 중시하지만, 상대방의 감정을 배려하는 것이 중요합니다. 상대방이 감정을 표현할 때, 이를 존중하고 이해하려는 태도가 필요합니다. "네가 지금 어떤 느낌인지 알려줘, 내가 도와줄 수 있을까?"라고 말함으로써 상대방의 감정을 인정하고 그들의 요구를 이해하려는 노력이 필요합니다.

· **충동적인 결정 피하기:** ESTP는 즉흥적이고 결단력 있는 성향을 가집니다. 그러나 때때로 충동적인 결정을 내릴 수 있으므로, 중요한 결정이 필요할 때는 좀 더 신중하게 접근하는 것이 좋습니다. "잠깐 생각해 볼 시간이 필요해"라고 말하며, 감정에 휘둘리지 않고 신중하게 결정을 내리는 것이 중요합니다.

· **감정 표현에 있어 솔직하기:** ESTP는 직설적이고 솔직한 성향을 가지고 있지만, 상대방이 그 직설적인 표현을 불편하게 느낄 수 있습니다. 감정을 표현할 때는 상대방의 감정을 고려하여 부드럽고 신중한 표현을 사용하는 것이 좋습니다. "내가 지금 이런 감정을 느끼고 있어, 이해해줄 수 있을까?"라고 말함으로써 감정적인 교류가 더 원활해질 수 있습니다.

· **상대방의 의견을 존중하기:** ESTP는 자신만의 의견을 고수하는 경향이 있지만, 관계에서 상대방의 의견을 존중하고 그들의 생각을 들으려는 태도가 필요합니다.

"너의 생각을 듣고 싶어, 네가 어떻게 생각하는지 알려줘"라고 말함으로써 상호 존중과 협력적인 관계를 유지할 수 있습니다.

· 장기적인 계획보다는 즉각적인 해결책에 집중하기: ESTP는 즉흥적이고 실용적인 성향을 가지고 있어, 상황에 따라 빠르게 문제를 해결하는 것을 선호합니다. 그러나 중요한 장기적인 문제를 해결할 때는 보다 계획적이고 체계적인 접근이 필요할 수 있습니다. "이 문제를 해결하려면 어떻게 할까?"라고 말하며, 즉각적인 해결책 외에도 장기적인 계획을 세울 필요성을 인식하는 것이 좋습니다.

ESTP의 치유와 성장을 위한 영적 메시지 5가지

1. 순간의 즐거움을 넘어 내면의 평화를 찾으세요.

당신은 현재의 순간을 즐기고, 삶의 흥분을 추구하는 능력이 뛰어납니다. 하지만 외부의 자극과 쾌락만으로는 진정한 만족을 얻기 어렵습니다. 바쁘게 움직이는 삶의 한가운데서 잠시 멈추고 내면의 고요함에 귀 기울여 보세요. 진정한 만족과 평화는 외부에서가 아니라 당신의 내면에서 발견됩니다.

2. 자신의 가치를 성취로 증명하려 하지 마세요.

당신은 성과와 능력으로 자신을 증명하려는 경향이 있습니다. 하지만 당신의 가치는 성취에서 나오는 것이 아닙니다. 아무것도 하지 않아도 당신은 이미 충분히 가치 있는 존재입니다. 자신의 능력을 증명하려 애쓰기보다, 자신이 존재하는 자체로 충분하다는 사실을 받아들이세요.

3. 다른 사람과의 경쟁에서 벗어나세요.

당신은 경쟁에서 강한 에너지를 얻지만, 경쟁에서 이기는 것이 삶의 궁극적인 목적은 아닙니다. 다른 사람과 비교하고 우위를 차지하려는 마음에서 벗어날 때, 당신은 진정한 자유를 얻게 됩니다. 당신의 가치는 다른 사람과의 비교에서 나오는 것이 아니라, 당신의 진정성과 고유함에서 나옵니다.

4. 감정을 외면하지 말고 직면하세요.

당신은 현실적인 문제 해결에 강하지만, 감정을 깊이 들여다보는 것은 어려울 수 있습니다. 불편한 감정을 피하거나 억누르려 하지 말고, 그 감정을 있는 그대로 바라보세요. 감정을 억제하지 않고 받아들일 때, 내면의 상처가 치유되고 더 큰 평화가 찾아옵니다.

5. 자신을 위한 시간을 허락하세요.

당신은 바쁘게 움직이며 새로운 경험을 추구하지만, 때로는 멈추고 자신을 돌보는 시간이 필요합니다. 끊임없이 외부 자극을 찾기보다, 자신을 위한 고요한 시간을 허락하세요. 내면의 목소리에 귀 기울이고, 스스로를 돌볼 때 당신은 더 강하고 균형 잡힌 삶을 살 수 있습니다.

ESFP 연예인형, 외향적 활동가형

ESFP는 외향적(Extraverted), 감각적(Sensing), 감정적(Feeling), 인식적(Perceiving) 성향을 지닌 사람들을 의미하는 MBTI 유형입니다. ESFP는 흔히 '연예인형', '사교적인 활동가', '사람들과 함께 즐기는 사람'이라고 묘사됩니다.

ESFP의 주요 특징

1. 활발하고 사교적인 성격

ESFP는 매우 외향적이고 사교적인 성격을 가지고 있어, 사람들과 만남에서 에너지를 얻습니다. 이들은 사회적 상황에서 항상 활기를 띠며, 다른 사람들을 웃기고 기분 좋게 만드는 능력이 뛰어납니다. 많은 사람과 관계를 맺고, 다양한 활동에 참여하는 것을 즐깁니다.

2. 순간을 즐기며 즉흥적인 성향

ESFP는 현재의 순간을 중요시하고, 즉흥적이고 자유로운 성향을 가집니다. 계획을 세우기보다는 그때그때 상황에 맞춰 행동하는 경향이 강하며, 매일매일을 즐기기 위해 다양한 활동을 시도합니다. 새로운 경험을 추구하며, 매 순간을 최대한 즐기려고 노력합니다.

3. 감정이 풍부하고, 사람들을 배려하는 성향

ESFP는 감정적으로 풍부하고 사람들의 감정을 잘 이해하며 배려합니다. 이들은 타인의 기분에 민감하고, 사람들을 기쁘게 만드는 데 큰 만족을 느낍니다. 또한, 자신의 감정도 솔직하게 표현하며, 감정적 연결을 중요시합니다.

4. 예술적이고 창의적인 성향

ESFP는 예술적인 감각이 뛰어나며, 창의적인 표현을 좋아합니다. 음악, 춤, 연기 등 다양한 예술 활동에 관심이 많고, 자주 새로운 창작 활동을 통해 자신을 표현합니다. 이들은 감각적인 세상에 민감하고, 주변의 아름다움과 색다른 경험을 즐깁니다.

5. 자유롭고 유연한 성격

ESFP는 융통성이 뛰어나고, 규칙이나 제약보다는 자유로운 삶을 선호합니다. 이들은 변화에 빠르게 적응하고, 예기치 않은 상황에서도 잘 대처하는 능력이 있습니다. 너무 많은 계획에 구속되지 않고, 자신이 원하는 대로 살아가는 것을 중요하게 생각합니다.

ESFP의 장점 & 단점

✅ 장점:

사교적이고 활발 - 사람들과 쉽게 친해지고, 관계를 잘 맺습니다.

감정적으로 배려심이 많고, 다른 사람을 기쁘게 함 - 타인의 감정을 잘 이해하고, 주변 사람들에게 긍정적인 영향을 미칩니다.

즉흥적이고 자유로운 성향 - 계획에 얽매이지 않고 순간을 즐기며, 새로운 도전과 경험을 선호합니다.

창의적이고 예술적인 감각 - 다양한 예술 활동에서 두각을 나타내며, 창의적인 표현을 즐깁니다.

긍정적이고 낙천적 - 긍정적인 에너지로 사람들을 끌어들이며, 어려운 상황에서도 희망을 잃지 않습니다.

❌ 단점:

충동적이고 계획 부족 - 즉흥적인 성향이 때때로 장기적인 계획을 세우는 데 어려움을 겪게 합니다.

주의가 산만하고 쉽게 지루해함 - 반복적인 일이나 장기적인 업무에 쉽게 지루해질 수 있습니다.

감정에 휘둘릴 수 있음 - 감정적으로 민감하고, 때때로 상황을 너무 개인적으로 받아들여 감정적 상처를 받을 수 있습니다.

책임감 부족 - 자유로운 성향으로 인해 때때로 의무를 다하지 않거나 책임감을 회피할 수 있습니다.

충돌을 피하려는 경향 - 갈등을 피하려는 성향이 있어, 문제가 발생할 때 솔직하게 해결하기보다는 피하려 할 수 있습니다.

ESFP에게 잘 맞는 직업

ESFP는 사람들과의 상호작용과 창의적인 활동이 중요한 직업에서 큰 만족을 느끼며, 그 능력을 발휘할 수 있습니다. 이들은 특히 즉흥적인 환경과 사람들 앞에서의 활동을 좋아합니다.

- 연예인, 배우, 가수, 댄서 – 무대에서 활동하는 직업에서 큰 만족을 느낍니다.
- 이벤트 플래너, 파티 기획자 – 사람들과의 상호작용과 창의적인 활동을 즐기며 이벤트를 기획하는 데 능숙합니다.
- 판매 전문가, 마케팅 전문가 – 사람들과의 소통을 통해 제품을 판매하거나, 브랜드를 홍보하는 직업에 잘 어울립니다.
- 치료사, 상담사 – 사람들의 감정을 잘 이해하고 배려하는 성향이 상담이나 치료 분야에서 유리합니다.
- 패션 디자이너, 스타일리스트 – 예술적 감각과 창의적인 성향을 발휘할 수 있는 직업입니다.

ESFP의 유명인 예시

· 엘튼 존(Elton John) – 유명한 가수이자 음악가, 무대에서의 화려한 활동과 사람들과의 교감을 즐기는 성격

· 브리트니 스피어스(Britney Spears) – 에너지 넘치고 즉흥적인 성격의 가수, 무대에서 팬들과의 소통을 즐기는 인물

· 진더 스미스(Jada Pinkett Smith) – 배우이자 연예인, 활발하고 사교적인 성격으로 사람들과의 관계에서 두각을 나타낸 인물

· 로버트 다우니 주니어(Robert Downey Jr.) – 배우, 뛰어난 사교성으로 대중과 연결되고 즉흥적인 활동에서 빛을 발하는 인물

ESFP를 위한 조언

장기적인 목표를 설정하세요 – 즉흥적인 성향이 강하지만, 장기적인 계획을 세워 자신의 목표를 체계적으로 추구하는 것이 중요합니다.

자기 관리를 하세요 – 감정적으로 민감할 수 있으므로, 자신의 감정을 잘 돌보고 충동적인 결정을 내리지 않도록 주의하세요.

책임감을 키우세요 – 자유로운 성향이 좋지만, 자신의 책임을 다하는 것이 중요합니다.

새로운 경험을 추구하세요 – 지루함을 느끼지 않도록 새로운 경험과 도전을 끊임없이 찾아보세요.

ESFP는 이런 사람!

- 사람들과 쉽게 친해지고 관계를 잘 맺는 사교적인 성격입니다.
- 즉흥적이고 자유로운 성향으로 매 순간을 즐기며, 창의적인 활동을 선호합니다.
- 감정적으로 민감하고, 사람들을 기쁘게 만드는 데 큰 만족을 느낍니다.
- 예술적인 감각이 뛰어나고, 무대에서의 활동을 즐깁니다.
- 긍정적이고 낙천적인 성격으로 사람들에게 긍정적인 영향을 미칩니다.

ESFP는 '연예인형', '사교적인 활동가', '사람들과 함께 즐기는 사람'이라고 할 수 있습니다.

상처나 스트레스를 많이 받으면 ESFP는 어떤 심리증상이 생길 가능성이 높은가?

ESFP는 밝고 사교적이며 즉흥적인 성향을 지닌 유형으로, 타인과의 교류에서 큰 즐거움을 얻고, 현재의 순간을 즐기는 능력이 뛰어납니다. 새로운 경험과 자극을 추구하며, 감각적으로 세상을 받아들이는 경향이 강합니다. 그러나 스트레스를 받으면 ESFP의 긍정적인 성향이 왜곡되면서 심리적 불안정과 극단 행동이 나타날 수 있습니다. ESFP가 상처나 스트레스를 많이 받았을 때 나타날 수 있는 심리증상 10가지를 살펴보겠습니다.

1. 과도한 자극 추구 및 중독 위험

ESFP는 즐거움과 자극을 통해 스트레스를 해소하려는 경향이 있습니다. 그러나 스트레스를 받으면 술, 흡연, 도박, 쇼핑, 게임 등 쾌락적인 활동에 과도하게 몰두할 위험이 있습니다. 순간적인 만족을 얻으려는 행동이 강화되면서 장기적으로 금전적 문제나 건강 문제로 이어질 수 있습니다. 일시적으로 기분은 나아지지만, 근본적인 문제는 해결되지 않고 상황이 더 악화할 수 있습니다.

2. 감정 기복 심화 및 충동적 행동

ESFP는 감정이 풍부하고 순간의 기분에 쉽게 영향을 받습니다. 스트레스가 심할 경우 감정 기복이 심해지면서 충동적인 행동이 강화될 수 있습니다. 예를 들어, 갑자기 화를 내거나, 기분이 나쁘면 중요한 약속을 취소하거나, 예상치 못한 지출을 하면서 후회하게 되는 경우가 많아집니다.

3. 회피 성향 강화 및 책임감 결여

ESFP는 현실적인 문제보다 즐거움에 초점을 두기 때문에 스트레스를 받으면 문제 해결보다는 회피하려는 성향이 강화됩니다. 책임감이 약화하면서 자신이 맡은 일이나 약속을 쉽게 포기하거나, 어려운 상황에서 도망치려 할 수 있습니다. 이는 장기적으로 대인관계에서의 신뢰를 잃게 만들 수 있습니다.

4. 타인의 시선 과도한 의식 및 자존감 저하

ESFP는 다른 사람의 인정과 사랑을 받는 것을 중요하게 여깁니다. 스트레스를 받으면 타인의 평가에 과도하게 신경 쓰게 되면서 자존감이 약화할 수 있습니다. '내가 너무 부족한가?' '사람들이 나를 싫어하면 어쩌지?' 같은 생각에 사로잡히면서 자신을 있는 그대로 받아들이지 못하고, 과도하게 타인의 시선을 의식하게 됩니다.

5. 피상적인 관계로 인한 외로움 증가

ESFP는 사람들과의 관계에서 즐거움과 에너지를 얻습니다. 그러나 스트레스가 심해지면 관계가 피상적으로 변하거나, 진정한 연결이 부족하다고 느끼면서 외로움이 심화할 수 있습니다. 단순히 즐거움을 추구하는 만남은 많지만, 깊이 있는 대화를 나누지 못하거나 진심을 공유하지 못하면서 정서적 고립을 경험할 수 있습니다.

6. 지나친 낙관주의 및 현실 부정

ESFP는 긍정적인 성향이 강하기 때문에 스트레스를 받으면 현실을 과도하게 낙관적으로 해석하거나 부정하려는 경향이 나타날 수 있습니다. 문제를 직시하지 않고 '괜찮아, 잘 될 거야', '그냥 지나가겠지'라고 생각하면서 문제 해결을 미루거나 회피할 수 있습니다. 이는 장기적으로 문제를 더 악화시킬 수 있습니다.

7. 감정적 의존 및 과도한 친밀감 추구

ESFP는 감정적으로 타인에게 의존하는 경향이 있습니다. 스트레스를 받으면 친밀한 관계에서 지나치게 감정적으로 의지하거나, 상대가 자신에게 충분한 관심을 주지 않으면 불안감을 느낄 수 있습니다. 상대방이 자신을 충분히 사랑하지 않는다고 느끼면, 급격한 감정 변화가 발생하면서 관계가 불안정해질 수 있습니다.

8. 과도한 소비 및 재정 문제

ESFP는 감각적이고 쾌락 지향적인 성향이 강합니다. 스트레스를 받으면 쇼핑이나 고급 음식, 여행, 이벤트 등에 과도하게 지출하면서 재정적 문제를 겪을 수 있습니다. '기분이 안 좋아서 쇼핑이라도 해야겠어' 같은 생각에 빠지면서 장기적인 재정 상태가 악화될 위험이 있습니다.

9. 완벽주의 성향 강화 및 자신에 대한 실망감 증가

ESFP는 원래 완벽주의 성향이 약한 편이지만, 스트레스가 심해지면 자신의 행동이나 성과에 과도한 기준을 세우게 됩니다. '이 정도는 해내야 해', '내가 왜 이렇게 못하지?' 같은 생각에 사로잡히면서 자기 자신에게 실망하게 되고, 이는 자존감 하락으로 이어질 수 있습니다.

10. 신체 증상 및 건강 문제

ESFP는 활동적이고 에너지가 넘치지만, 스트레스를 받으면 몸이 긴장 상태에 머물면서 신체적 증상이 발생할 수 있습니다. 두통, 소화 불량, 불면증, 과민 대장 증후군 등이 발생할 수 있습니다. 특히 지나치게 활동하다가 에너지가 고갈되면서 피로감이 심화하거나 면역력이 약화할 수 있습니다.

ESFP는 어떤 방어기제를 쓸 가능성이 높을까?

ESFP는 외향적이고 활달하며, 현재 순간에 집중하는 성격 유형입니다. 이들은 타인과의 관계에서 큰 에너지를 얻고, 즐거움과 자극을 추구하는 경향이 있습니다. 감정적으로 민감하고 사람들과의 상호작용에서 긍정적인 에너지를 중요시하지만, 불편한 감정을 직면하거나 감정적 갈등을 겪을 때 방어기제를 사용할 수 있습니다. ESFP는 감정적인 스트레스를 처리하기 위해 주로 활동적이고 감각적인 방식으로 반응할 수 있습니다.

1. 회피 (Avoidance)

ESFP는 감정적으로 불편한 상황이나 갈등을 피하려는 경향이 있습니다. 감정적인 문제를 직접 마주하는 대신, 이를 피하거나 회피하려 할 수 있습니다. 예를 들어, 감정적인 대화나 어려운 문제를 피하고, 대신 더 즐거운 활동이나 외부 자극에 몰두함으로써 상황을 회피하려 할 수 있습니다. 감정적인 갈등이 일어나면 이를 직접 해결하기보다는 회피하려는 성향이 강할 수 있습니다.

2. 즉흥적 행동 (Impulsiveness)

ESFP는 현재의 순간을 즐기고 즉각적인 자극을 선호하는 성향이 강합니다. 감정적으로 불편한 상황에서 스트레스를 받을 때, 즉흥적이고 충동적인 행동으로 감정을 해소하려 할 수 있습니다. 예를 들어, 기분이 우울하거나 불편할 때 즉시 쇼핑을 하거나 친구들과 파티를 열어 감정적인 부담을 잠시 잊으려 할 수 있습니다.

3. 과도한 사회적 활동 (Over-Socializing)

ESFP는 사람들과의 상호작용에서 에너지를 얻기 때문에, 감정적인 스트레스나 갈등이 있을 때 과도한 사회적 활동으로 감정을 다루려 할 수 있습니다. 친구들과 만남이나 파티 등 사회적인 상황에 몰두하여 자신의 감정을 다른 사람들과 즐거운 활동으로 덮으려 할 수 있습니다. 이렇게 하면 감정적인 문제를 일시적으로 피할 수 있지만, 내면의 갈등은 해결되지 않을 수 있습니다.

4. 자기 과시 (Self-Aggrandizement)

ESFP는 자신이 타인에게 긍정적인 이미지를 전달하려는 욕구가 강합니다. 감정적으로 불편한 상황에서는 이를 극복하기 위해 자신의 능력이나 매력을 과시하려 할 수 있습니다. 예를 들어, 친구들이나 동료들에게 자신의 재미있는 경험이나 특별한 능력을 강조하여 감정적인 불편함을 숨기려 할 수 있습니다. 이는 타인에게 좋은 인상을 남기려는 방어기제로 작용할 수 있습니다.

5. 과도한 낙관주의 (Excessive Optimism)

ESFP는 일반적으로 긍정적이고 낙관적인 성향이 있습니다. 감정적으로 어려운 상황에 직면했을 때, 이를 무시하고 '모든 일이 잘될 거야!'라는 식으로 지나치게 낙관적으로 반응할 수 있습니다. 감정적인 문제나 갈등을 직시하기보다는 긍정적인 태도를 유지하려 하며, 문제를 해결하려기보다는 회피하려 할 수 있습니다.

6. 분산 (Distraction)

ESFP는 감정적으로 불편한 상황을 처리하는 대신, 다른 자극적인 활동에 몰두하여 감정을 분산시키려 할 수 있습니다. 예를 들어, 스트레스를 받을 때 스포츠나 여행, 쇼핑 등 자극적인 활동에 몰두하며 감정적인 갈등을 피하려 할 수 있습니다. 이러한 방식은 일시적으로 감정을 잊을 수 있지만, 장기적으로 감정적인 문제를 해결하지 않으면 갈등이 누적될 수 있습니다.

7. 반동 형성 (Reaction Formation)

ESFP는 감정적인 갈등을 인정하기보다는, 반대되는 태도를 취하여 감정을 숨길 수 있습니다. 예를 들어, 누군가에게 실망하거나 상처를 받았을 때, 그 사람에게 과도하게 친절하거나 호의적인 태도를 보일 수 있습니다. 이러한 반동 형성은 내면의 불편함을 감추고, 외부적으로는 긍정적인 이미지를 유지하려는 방어기제입니다.

8. 부정 (Denial)

ESFP는 감정적인 문제나 갈등을 인정하지 않으려는 경향이 있을 수 있습니다. 예를 들어, 자신이 상처를 받았거나 불편한 감정을 느꼈을 때, 이를 부정하거나 무시하려 할 수 있습니다. '그런 일은 별로 중요하지 않아'라고 자신에게 말하며, 감정을 처리하지 않고 문제를 넘어가려 할 수 있습니다.

▶ ESFP는 감정적인 갈등이나 불편한 상황을 직면하는 것을 피하려고 하며, 다양한 방어기제를 사용해 이를 처리하려는 경향이 있습니다. 회피, 즉흥적 행동, 과도한 사회적 활동, 자기 과시 등의 방어기제를 통해 감정을 숨기거나 회피하려 할 수 있습니다. 이러한 방어기제들은 일시적으로는 감정적인 부담을 덜어줄 수 있지만, 장기적으로는 감정적인 문제를 해

결하지 않고 쌓이게 될 수 있습니다. 따라서 ESFP는 감정을 건강하게 인식하고, 불편한 감정을 다루는 방법을 찾는 것이 중요합니다.

ESFP의 심리적 취약점과 이를 극복할 수 있는 대처방법은 무엇인가?

ESFP는 활발하고 사교적인 성격을 지닌 사람으로, 다른 사람들과의 교류에서 에너지를 얻으며, 당장 눈앞의 즐거움과 경험을 중요시하는 경향이 강합니다. 감각적이고 감정을 중요하게 여기는 이들은 타인의 감정에 잘 반응하고 재미있고 신나는 활동을 선호합니다. 그러나 이 같은 성향 뒤에는 몇 가지 심리적 취약점이 있을 수 있습니다. ESFP의 대표적인 심리적 취약점 5가지와 그것을 극복할 수 있는 대처방법을 살펴보겠습니다.

1. 장기적인 목표 부족과 현실 회피

ESFP는 순간의 즐거움과 감각적인 경험에 집중하는 경향이 있습니다. 이로 인해 장기적인 계획이나 목표를 세우는 데 어려움을 겪고, 때로는 현실적인 문제나 책임을 회피하는 모습이 나타날 수 있습니다. 이를 극복하기 위해서는 장기적인 목표를 구체적으로 설정하고, 이를 일상에 적용할 수 있는 작은 단계로 나누어 실천하는 것이 필요합니다. 예를 들어, 한 달 후에 이루고 싶은 목표를 설정하고, 그 목표를 달성하기 위해 매일 해야 할 일들을 구체적으로 기록하는 습관을 기르는 것이 좋습니다.

2. 변화에 대한 두려움과 불안

ESFP는 안정된 환경을 선호하며, 변화나 예기치 못한 상황에 대한 두려움을 느낄 수 있습니다. 새로운 환경에 적응하기 어렵거나, 변화에 맞춰 행동하는 데 스트레스를 받을 수 있습니다. 이를 극복하기 위해서는 변화를 작은 단위로 받아들이는 연습이 필요합니다. 예를 들어, 일상 속에서 작은 변화를 시도해보는 것부터 시작해 보세요. 평소 가던 길을 다른 길로 가거나, 새로운 사람들과 대화를 시도하는 등 일상에서 소소한 변화를 즐기며 점차 변화에 대한 적응력을 키울 수 있습니다.

3. 감정의 과도한 표현과 타인과의 충돌

ESFP는 감정적이고 자발적인 성격으로, 자신의 감정을 표현하는 데 주저함이 없습니다. 때로는 이로 인해 타인과의 감정적인 충돌이나 갈등이 발생할 수 있습니다. 감정이 격해지면 상황을 제대로 판단하지 못하고 말이나 행동을 신중하게 하지 못하는 경우도 많습니다. 이를 극복하기 위해서는 감정을 표현하기 전에 잠시 멈추는 습관을 들이는 것이 중요합니다. 감정이 격해질 때, 잠시 깊게 숨을 쉬고 한 걸음 물러서서 상황을 객관적으로 보고 말할 타이밍을 조절하는 연습을 하면, 감정적인 충돌을 줄일 수 있습니다.

4. 자신의 감정에 대해 지나치게 의존

ESFP는 감정이 중요하고 감정적인 경험을 중심으로 삶을 꾸려나가는 경향이 있습니다. 그러나 이로 인해 감정에 지나치게 의존하게 되어, 부정적인 감정에 영향을 받아 자신감이 떨어지거나, 불안감이 커질 수 있습니다. 이를 극복하기 위해서는 자기 인식과 감정 조절 훈련이 필요합니다. 감정을 받아들이되, 그 감정이 지나치게 자신을 지배하지 않도록 조절하는 연습을 하세요. 예를 들어, 감정일기를 쓰거나 명상, 분석/자각 등을 통해 감정을 객관적으로 관찰하고, 감정이 지나치게 올라올 때 그것을 인정하고 잠시 멈추는 습관을 들이면 좋습니다.

5. 과도한 타인의 기대에 대한 반응

ESFP는 타인과의 관계에서 긍정적인 피드백과 인정에 큰 가치를 두고, 때로는 타인의 기대에 과도하게 반응하여 자신의 감정이나 욕구를 억누를 수 있습니다. 이는 자신을 제대로 표현하지 못하거나, 타인을 실망하게 하지 않기 위해 지나치게 노력하는 결과를 초래할 수 있습니다. 이를 극복하려면 자신의 욕구와 감정을 명확히 인식하고, 이를 표현하는 연습이 필요합니다. '나는 무엇을 원하는가?'라는 질문을 자주 던지며 자기 자신에게 정직하게 다가가는 습관을 들여야 합니다. 타인의 기대에 휘둘리지 않고 자신의 내면의 목소리를 따르는 것이 중요합니다.

▶ ESFP는 활기차고 사람들과의 관계에서 즐거움을 찾는 성격으로, 그들의 에너지와 사교성은 대단한 장점입니다. 그러나 순간적인 즐거움에만 집중하거나 감정에 휘둘릴 때, 장기적인 안정성이나 내면의 균형을 유지하는 데 어려움을 겪을 수 있습니다. 자신만의 목표를 설정하고, 감정을 조절하며, 타인의 기대에 휘둘리지 않는 법을 배우면 ESFP는 더 강하고 균형 잡힌 삶을 살아갈 수 있습니다.

ESFP가 자신의 잠재력을 극대화하고, 건강하고 행복한 삶을 위해서 실천해야 할 10가지 행동 지침은 무엇인가?

ESFP는 외향적이고 감성적이며, 주변 사람들과 즐겁게 지내는 것을 좋아하는 성향의 사람들입니다. 이들은 현재 순간을 즐기고, 사람들과의 관계에서 에너지를 얻으며, 자유롭고 창의적인 활동을 선호합니다. 하지만 때로는 즉흥적인 성향과 감정의 변동성으로 인해 장기적인 계획이나 자기 관리에서 어려움을 겪을 수 있습니다. ESFP가 자신의 잠재력을 극대화하고, 건강하고 행복한 삶을 살기 위해 실천해야 할 10가지 행동 지침은 다음과 같습니다.

1. 순간의 즐거움 너머에 있는 의미에 주목하기

즐거운 경험을 사랑하는 당신에게, 순간을 누리는 능력은 가장 큰 강점입니다. 하지만 그 즐거움이 쌓여 어떤 방향을 만드는지 돌아보는 것이 중요합니다. 행복은 순간의 감각뿐 아니라 그 감각이 쌓여 이루는 삶의 의미에서 비롯됩니다.

2. 사람들과의 관계 속에서 자기감정의 경계 세우기

사람들에게 사랑받고 싶어 하는 마음이 크기 때문에, 종종 자신의 감정보다 타인의 감정을 우선하게 됩니다. 그러나 진짜 관계는 '나'를 지키며 맺을 때 건강해집니다. 자신의 감정을 인식하고, 그에 책임지는 태도가 필요합니다.

3. 회피보다는 직면하는 용기를 키우기

갈등이나 불편한 상황을 피하고 싶은 마음이 크지만, 회피는 상처를 키울 수 있습니다. 감정이나 상황을 직면하는 힘을 기를수록 내면의 자존감도 높아집니다. 회피는 일시적 위안이지만, 직면은 지속 가능한 해방을 줍니다.

4. 과잉 자극보다 고요한 내면과 연결되기

감각이 발달해 있어 자극적인 환경이나 활동을 즐기지만, 끊임없는 자극은 오히려 불안을 키울 수 있습니다. 자연, 예술, 음악, 명상 등으로 내면을 고요하게 하는 시간이 필요합니다. 내면의 침묵 속에서 감정은 정제됩니다.

5. 삶을 '즐기는' 데서 '창조하는' 삶으로 나아가기

받는 즐거움에 머무르기보다는, 자신만의 방식으로 삶을 창조하고 나누는 기쁨으로 나아가는 것이 중요합니다. 창조는 당신 안에 있는 감수성과 열정을 세상에 전하는 길이며, 진짜 성장은 이 주도성에서 비롯됩니다.

6. 타인의 감정에 너무 휘둘리지 않도록 중심 세우기

감정에 민감한 만큼, 타인의 반응에 쉽게 영향을 받을 수 있습니다. 그러나 타인의 기분은 나의 가치 기준이 될 수 없습니다. 감정의 물결 속에서도 중심을 잃지 않으려는 노력이 필요합니다. 중심은 자기 신뢰에서 자랍니다.

7. 피상적 유대보다 진심을 나누는 관계 맺기

많은 사람과 즐겁게 어울릴 수 있지만, 깊이 있는 관계는 시간이 필요합니다. 자신의 진심을 표현하고, 상대의 진심을 듣는 연습이 필요합니다. 깊이 엮는 관계는 외로움과 불안을 치유하는 따뜻한 토양이 됩니다.

8. 계획의 중요성을 인식하고 미래를 설계하기

즉흥성과 유연성은 강점이지만, 무계획은 종종 불안정으로 이어집니다. 즐거움을 계속 누리기 위해서라도, 일정한 목표와 계획은 필요합니다. 안정감은 장기적 비전에서 비롯되며, 목표는 당신의 열정을 방향 있게 이끕니다.

9. 감정을 말로 표현하고 이해받는 경험 쌓기

감정을 잘 느끼지만, 그것을 언어화하지 않으면, 내면의 혼란으로 이어질 수 있습니다. 자신의 감정을 솔직하게 말로 풀어낼수록 정서적 건강이 자라납니다. 감정은 이해받을 때 비로소 안정되고 성장하게 됩니다.

10. 삶의 속도를 늦추고 내면을 들여다보는 연습하기

빠르게 변하는 환경과 감정 속에서, 잠시 멈추고 나를 바라보는 습관이 필요합니다. 멈춤은 도태가 아니라 회복이며, 내면의 소리에 귀 기울이는 순간은 자기 인식의 출발점이 됩니다. 속도를 늦추는 것이 곧 삶의 깊이를 더하는 길입니다.

▶ ESFP는 사람들과의 관계에서 즐거움을 얻고, 감정적으로 풍부한 경험을 중시하는 성향을 지닌 사람들입니다. 하지만 자신의 잠재력을 극대화하고, 건강하고 행복한 삶을 살기 위해서는 장기적인 목표 설정, 감정 관리, 자기 성찰, 균형 잡힌 라이프스타일 유지 등이 필요합니다. 또한, 창의성을 발휘하고 사회적 관계를 확장하며, 자기 책임감을 키워나가는 것이 중요합니다. 진정한 기쁨은 순간의 즐거움을 넘어, 자신과 삶을 깊이 이해하려는 여정에서 더욱 빛나게 됩니다.

ESFP에게 필요한 플러스 생각 10가지

ESFP는 밝고 따뜻하며, 사람들과 함께 어울리는 것을 좋아하고 현재의 삶을 온몸으로 즐기는 성향이 있는 사람입니다. 타고난 감각과 공감력, 친화력으로 주변에 즐거움을 전하는 능력이 있으며, 순간의 행복을 중요하게 여깁니다. 그러나 감정 기복, 외로움에 대한 민감함, 깊은 자기 성찰에 대한 두려움, 미래에 대한 불안 등이 내면의 그림자로 작용할 수 있습니다. 따라서 ESFP에게는 감정의 파고를 부드럽게 넘고, 진정한 자기 자신을 지켜내는 힘을 기르는 플러스 생각이 큰 위로와 힘이 될 수 있습니다.

1. 나는 지금, 이 순간을 즐기는 사람이다.

▶ 지금을 사랑하는 나의 마음은 삶을 아름답게 만든다. 그리고 때로는 멈춰서 내 마음의 속도도 돌아볼 수 있다.

2. 나는 사람들에게 기쁨을 주는 존재다.

▶ 나의 따뜻한 에너지는 소중하다. 하지만 모든 사람을 기쁘게 해야 할 의무는 없다. 나 자신도 기쁠 권리가 있다.

3. 나는 감정 표현에 솔직하다.

▶ 솔직함은 나의 아름다움이다. 그러나 때로는 감정을 바라보고 다듬는 여유도 나를 더 깊게 만들어 준다.

4. 나는 즐거움 속에서 살아가는 편이다.

▶ 즐거움은 삶의 선물이다. 그러나 불편한 감정도 나를 진짜 나로 이끄는 길잡이일 수 있다.

5. 나는 변화와 자극을 좋아한다.

▶ 새로운 것은 나를 활기차게 한다. 하지만 익숙하고 평온한 일상도 나를 다독이는 쉼터가 될 수 있다.

6. 나는 외로움을 잘 느낀다.

▶ 외로움은 나의 감정이 예민하다는 증거다. 그 감정 속에서 나는 나 자신과 더 친해질 수 있다.

7. 나는 타인의 반응에 민감하다.

▶ 공감력은 나의 큰 힘이다. 하지만 다른 사람의 시선이 항상 나의 가치를 결정하는 것은 아니다.

8. 나는 현실적인 감각이 뛰어나다.

▶ 감각은 나를 지금에 집중하게 한다. 그러나 나의 삶에는 깊이와 방향도 함께

있을 수 있다.

9. 나는 즉흥적인 행동을 자주 한다.

▶ 즉흥성은 나를 생생하게 만든다. 하지만 나의 행동이 나에게 어떤 감정을 남기는지도 돌아보면 좋다.

10. 나는 사랑받고 싶어 한다.

▶ 사랑은 나의 원동력이다. 그러나 누군가의 사랑 없이도 나는 이미 충분히 가치 있는 존재다.

이러한 플러스 생각은 ESFP가 자기 수용의 힘을 기르며, 감정과 외부 자극 사이에서 자신의 중심을 세우는 연습을 도와줍니다. 타인을 기쁘게 하는 삶에서 나아가, 자신을 진심으로 기쁘게 하는 삶으로 확장할 때, ESFP는 진정한 의미와 연결된 깊은 치유를 경험할 수 있습니다.

ESFP의 좋은 관계를 위한 지혜

ESFP는 활발하고 사교적인 성격을 가진 사람들로, 주변 사람들과의 관계에서 에너지를 얻습니다. 이들은 현실적이고 실제적인 경험을 중요시하며, 현재 순간을 즐기는 성향이 강합니다. ESFP는 타인의 감정을 잘 이해하고 공감할 수 있는 능력이 뛰어나며, 자신도 감정적으로 표현하는 것을 좋아합니다. 이들은 직관적이기보다는 실용적인 경험에 집중하며, 긍정적이고 낙관적인 태도를 유지하려 합니다. 즉흥적이고 자유로운 성격으로, 때로는 계획보다는 순간의 감정이나 상황에 따라 결정을 내리기도 합니다.

잘 맞는 유형:

· **ISFP** (내향적 감각적 감정적 인식형): ESFP와 ISFP는 서로 잘 맞는 관계를 맺을 수 있습니다. 두 사람 모두 감성적이고 현실적인 경험을 중요시하며, 서로의 감정을 잘 이해하고 존중합니다. ESFP는 ISFP의 내향적인 성향을 존중하고, ISFP는 ESFP의 에너지를 받아들여 자연스럽게 유대감을 형성할 수 있습니다.

· **ENFP** (외향적 직관적 감정적 인식형): ESFP와 ENFP는 에너지가 넘치는 성격을 공유하며, 서로에 대해 큰 흥미와 호기심을 가지고 있습니다. 두 사람 모두 활발하고 사회적인 성향을 가지고 있어, 함께 새로운 경험을 추구하고 즐길 수 있습니다. ENFP는 ESFP의 자유롭고 창의적인 성향을 인정하고 존중하며, ESFP는 ENFP의 이상주의적이고 창의적인 아이디어에 자극을 받을 수 있습니다.

잘 맞지 않는 유형:

· **ISTJ** (내향적 감각적 사고적 판단형): ESFP와 ISTJ는 성격이 매우 달라 갈등을 겪을 수 있습니다. ISTJ는 규칙과 구조를 중요시하고, 계획적인 성향을 가지고 있지만, ESFP는 즉흥적이고 자유로운 접근을 선호합니다. 이로 인해 서로의 방식을 이해하고 맞추기 어려울 수 있습니다.

· **INTJ** (내향적 직관적 사고적 판단형): ESFP와 INTJ는 성격과 사고방식에서 큰 차이를 보입니다. INTJ는 계획적이고 전략적인 성향을 가지며, ESFP는 현재 순간을 중시하고 즉흥적인 결정을 내리는 경향이 있습니다. 이로 인해 서로의 사고방식이나 행동 스타일에서 갈등이 생길 수 있습니다.

좋은 관계를 위한 지혜:

· **상대방의 감정을 존중하고 배려하기**: ESFP는 타인의 감정을 잘 이해하고 공감

하는 능력이 뛰어납니다. 그러나 감정적이고 즉흥적인 성향이 강한 만큼, 때때로 상대방에게 지나치게 감정적인 에너지를 쏟아낼 수 있습니다. 상대방이 감정을 표현할 때 이를 충분히 이해하고, 너무 강압적이지 않게 지원하는 것이 중요합니다. "네가 느끼는 감정을 알게 되어 기뻐, 그럼 어떻게 도와줄까?"라고 물어보는 방식이 좋습니다.

· 자신의 감정을 표현하기: ESFP는 자신을 표현하는 데 능숙하지만, 때때로 상대방이 이를 이해하는 데 어려움을 겪을 수 있습니다. 감정을 솔직하게 표현하는 것이 중요하지만, 그 표현이 상대방에게 어떻게 전달될지 고민하고 조심스럽게 표현하는 것이 좋습니다. "지금 내가 느끼는 감정은 이런 거야, 네가 어떻게 생각해?"라고 말하며, 상대방과 열린 대화를 나누는 것이 관계에 도움이 됩니다.

· 유연한 계획 세우기: ESFP는 즉흥적이고 자유로운 성향을 가지고 있지만, 때로는 약간의 계획이 필요한 상황이 있을 수 있습니다. 중요한 결정이나 계획을 세울 때는 유연하게 접근하며, 지나치게 즉흥적인 결정보다는 상황에 맞게 조정하는 것이 필요합니다. "우리가 이렇게 하면 좋겠지만, 상황에 따라 바꿀 수도 있어"라고 말하면서 서로의 기대를 맞추는 것이 중요합니다.

· 상대방의 공간과 시간 존중하기: ESFP는 대체로 사교적이고 외향적인 성향을 지니고 있지만, 때때로 상대방이 필요로 하는 독립적인 시간을 존중하는 것도 중요합니다. 상대방이 혼자만의 시간을 원할 때는 이를 인정하고 기다려주는 태도가 필요합니다. "너 혼자만의 시간을 가지는 게 좋겠다고 느끼면 말해줘"라고 말함으로써, 상대방의 자율성을 존중하는 것이 좋습니다.

· 계획보다는 순간을 즐기기: ESFP는 지금, 이 순간을 중요시하는 성향이 강하기 때문에, 지나치게 미래를 걱정하거나 계획에만 얽매이지 않도록 주의해야 합니다. 관계에서 중요한 순간들을 놓치지 않도록, 상대방과의 시간을 즐기고 그 순간

을 소중히 여기는 것이 중요합니다. "지금, 이 순간이 정말 좋다, 함께 있는 이 시간이 너무 소중해"라고 말하면서, 서로의 관계를 깊게 느끼는 것이 좋습니다.

ESFP의 치유와 성장을 위한 영적 메시지(명상 조언) 5가지

1. 순간의 기쁨을 넘어 깊은 만족을 찾으세요.

당신은 삶의 즐거움을 만끽하고, 현재의 순간을 사랑하는 능력이 뛰어납니다. 하지만 순간적인 쾌락이 사라지면 허전함을 느낄 때가 있습니다. 외부의 즐거움이 사라져도 당신의 내면에는 변함없는 평화와 만족이 존재합니다. 삶의 외적인 즐거움뿐만 아니라, 내면에서 우러나오는 깊은 기쁨을 발견할 때 당신은 진정으로 충만해질 수 있습니다.

2. 타인의 인정보다 자신의 내면의 소리를 따르세요.

당신은 타인에게 사랑받고 인정받고 싶은 욕구가 강합니다. 하지만 당신의 가치는 타인의 평가에서 나오는 것이 아닙니다. 다른 사람이 당신을 어떻게 보든, 당신은 이미 소중하고 아름다운 존재입니다. 외부의 인정에 휘둘리지 말고, 자신의 마음이 진정으로 원하는 길을 따르세요.

3. 불편한 감정을 피하지 말고 받아들이세요.

당신은 삶의 밝고 긍정적인 면을 추구하지만, 때때로 불편한 감정을 외면할 때가 있습니다. 하지만 슬픔, 두려움, 외로움도 당신의 삶의 일부입니다. 불편한 감정을 피하려 하지 말고, 그것을 온전히 받아들이세요. 모든 감정을 받아들일 때 당신의 마음은 더 깊이 치유되고, 삶은 더 풍요로워집니다.

4. 자신의 행복을 위해 멈출 줄 아세요.

당신은 끊임없이 움직이며 새로운 자극을 찾는 성향이 있습니다. 하지만 쉼 없이 달리다 보면 당신의 내면이 소진될 수 있습니다. 삶의 속도를 늦추고 자신에게 휴식을 허락하세요. 멈춰서 고요함을 경험할 때, 당신은 자신의 마음이 진정으로 원하는 것이 무엇인지 깨닫게 될 것입니다.

5. 자신이 가진 아름다움을 인정하세요.

당신은 타고난 매력과 에너지를 통해 많은 사람에게 기쁨을 줍니다. 하지만 자신의 내면의 아름다움을 충분히 인정하지 못할 때가 있습니다. 당신의 외적인 매력뿐만 아니라, 마음의 따뜻함과 진심 어린 사랑이야말로 진정한 아름다움입니다. 자신의 존재 자체가 아름답다는 사실을 믿을 때, 당신의 삶은 더 빛날 것입니다.

MBTI on 11

ENFP 영감의 선도가형, 재기발랄형

ENFP는 외향적(Extraverted), 직관적(iNtuitive), 감정적(Feeling), 인식적(Perceiving) 성향을 가진 사람들을 의미하는 MBTI 유형입니다. ENFP는 흔히 '활동가형', '재기발랄형', '영감을 주는 아이디어 뱅크'라고 묘사됩니다.

ENFP의 주요 특징

1. 창의적이고 열정적인 성격

ENFP는 매우 창의적이고 열정적인 성격을 가지고 있습니다. 새로운 아이디어와 가능성에 대해 항상 열린 마음을 가지며, 다양한 활동을 시도하는 것을 즐깁니다. 이들은 복잡한 문제를 해결하는 데 뛰어난 능력을 보이며, 항상 혁신적인 방법을 찾으려 노력합니다.

2. 사람들과 깊은 관계 형성

ENFP는 사람들과의 관계를 중요시합니다. 이들은 타인의 감정을 잘 이해하고, 깊은 대화를 나누는 것을 즐깁니다. 사람들에게 영감을 주고, 그들의 잠재력을 이끌어내는 능력이 뛰어납니다. 사교적이고 따뜻한 성격으로 사람들에게 친근감을 줍니다.

3. 높은 직관력과 아이디어의 흐름

ENFP는 직관력이 뛰어나며, 추상적인 생각과 개념에 관심을 가집니다. 이들은 큰 그림을 보고, 다양한 가능성을 탐구하는 성향이 강합니다. 현재에 구애받지 않고 미래지향적이며, 변화와 혁신을 추구하는 성격입니다.

4. 자유롭고 독립적인 성향

ENFP는 규칙이나 제한에 얽매이지 않고 자유롭게 행동하는 것을 선호합니다. 그들은 자율성과 독립성을 중요하게 생각하며, 새로운 경험과 도전을 통해 자신을 계속해서 발전시켜 나가고 싶어 합니다. 이들은 일정한 틀에 갇히지 않고 창의적인 방식으로 삶을 즐깁니다.

5. 감정적으로 민감하고 동기부여를 중요시

ENFP는 감정적으로 민감하고 타인의 감정에 큰 영향을 받습니다. 이들은 다른 사람들을 돕고, 그들이 성장하는 모습을 보는 것에 큰 기쁨을 느낍니다. 그들은 사람들의 잠재력을 끌어내는 것에 열정을 가지고 있으며, 타인의 감정과 욕구를 잘 이해합니다.

ENFP의 장점 & 단점

✅ 장점:
- 창의적이고 혁신적 – 새로운 아이디어와 가능성에 항상 열려 있으며, 창의적인

문제 해결 능력이 뛰어납니다.
· 사람들과 깊은 관계 형성 – 타인의 감정을 잘 이해하고, 깊이 있는 대화를 통해 관계를 맺습니다.
· 열정적이고 동기부여 능력 – 자신과 타인에게 영감을 주고, 사람들에게 동기를 부여하는 능력이 뛰어납니다.
· 자유롭고 유연한 성향 – 규칙이나 제한에 얽매이지 않고, 독립적으로 자신만의 길을 가는 것을 선호합니다.
· 긍정적이고 낙관적인 시각 – 미래에 대한 긍정적인 시각을 가지고 있으며, 희망적이고 낙천적인 성격입니다.

❌ 단점:
· 충동적이고 계획 부족 – 즉흥적이고 변덕스러운 성향으로, 때때로 계획 없이 행동하거나 너무 많은 아이디어를 시도할 수 있습니다.
· 과중한 기대와 스트레스 – 다른 사람들에게 너무 많은 기대를 걸거나, 본인이 너무 많은 일에 열정을 쏟다가 과중한 스트레스를 받을 수 있습니다.
· 집중 부족 – 다채로운 관심사와 아이디어로 인해 한 가지 일에 집중하기 어려운 경우가 많습니다.
· 감정적으로 기복이 있을 수 있음 – 타인의 감정에 영향을 받아 자신의 감정도 쉽게 변화할 수 있으며, 때때로 감정적으로 기복을 겪을 수 있습니다.
· 세부 사항을 간과할 수 있음 – 큰 그림에 집중하는 경향이 있어, 세부적인 부분이나 현실적인 문제를 간과할 수 있습니다.

ENFP에게 잘 맞는 직업

ENFP는 창의적이고, 사람들과의 상호작용을 중시하는 직업에서 큰 만족을 느끼며, 그 능력을 발휘할 수 있습니다. 이들은 새로운 아이디어와 혁신을 추구하는 성향이 강하므로, 창의적이고 사람과의 관계가 중요한 직업에서 두각을 나타낼 수 있습니다.

- 마케팅 전문가, 광고 기획자 – 창의적인 아이디어와 사람들과의 소통 능력을 발휘할 수 있는 직업입니다.
- 심리 상담사, 코치, 멘토 – 타인의 감정과 성장에 관심이 많고, 사람들에게 영감을 주는 일을 할 수 있습니다.
- 작가, 기자, 콘텐츠 크리에이터 – 창의적인 글쓰기와 다양한 아이디어를 표현하는 직업에 적합합니다.
- 사회운동가, 인권 운동가 – 사회적 변화를 추구하고, 사람들의 잠재력을 이끌어내는 역할을 할 수 있습니다.
- 교육자, 교수, 트레이너 – 사람들에게 영감을 주고, 교육하는 역할에서 큰 만족을 느낄 수 있습니다.

ENFP의 유명인 예시

- 로빈 윌리엄스(Robin Williams) – 창의적이고 유머 감각이 뛰어난 배우, 사람들에게 영감을 주고 즐거움을 선사한 인물
- 스티브 잡스(Steve Jobs) – 혁신적이고 창의적인 기업가, 새로운 아이디어와 가능성에 대한 열정을 가지고 세상을 변화시킨 인물
- 엠마 왓슨(Emma Watson) – 여성 인권 운동가이자 배우, 사회적 변화와 인간관계에 열정을 가진 인물

· 윌 스미스(Will Smith) - 다재다능한 배우이자, 사람들에게 긍정적인 영향을 미치는 연예인

ENFP를 위한 조언

· 한 가지 일에 집중하세요 - 너무 많은 관심사와 아이디어가 있지만, 한 가지 목표를 세우고 그것에 집중하는 것이 중요합니다.

· 자기 관리에 신경 쓰세요 - 과도한 열정이 스트레스와 번아웃을 초래할 수 있으니, 자신의 에너지를 잘 관리하고 여유를 가지세요.

· 세부 사항도 신경 쓰세요 - 큰 그림을 보는 것도 중요하지만, 실현 가능성을 위해 세부 사항도 놓치지 않도록 주의하세요.

· 현실적인 목표를 설정하세요 - 이상적인 목표를 추구하는 것도 좋지만, 현실적인 계획을 세우고 실행 가능한 목표를 설정하는 것이 중요합니다.

ENFP는 이런 사람!

● 창의적이고 혁신적인 아이디어를 많이 떠올리며, 새로운 가능성을 탐구하는 사람입니다.

● 타인의 감정을 잘 이해하고, 깊이 있는 관계를 중요시하는 성격입니다.

● 사람들에게 영감을 주고 동기를 부여하는 능력이 뛰어나며, 긍정적이고 낙천적인 성격입니다.

● 자유롭고 유연한 성향으로 규칙에 구애받지 않고 자신의 길을 가고자 합니다.

● 감정적으로 풍부하고, 사람들과 깊은 연결을 추구하는 성격입니다.

ENFP는 '영감을 주는 아이디어 뱅크', '재기발랄형', '활동가들'이라고 할 수 있습니다.

상처나 스트레스를 많이 받으면 ENFP는 어떤 심리증상이 생길 가능성이 높은가?

ENFP는 매우 창의적이고 열정적인 성격으로, 사람들과의 관계에서 큰 에너지를 얻고 새로운 아이디어와 가능성에 끌립니다. 하지만 스트레스를 받으면 이러한 성향이 부정적으로 변하면서 심리적, 정서적 어려움을 겪을 수 있습니다. ENFP가 상처나 스트레스를 많이 받았을 때 나타날 수 있는 심리증상 10가지를 살펴보겠습니다.

1. 지나치게 이상적인 기대와 현실의 괴리

ENFP는 이상적인 비전과 꿈을 추구하며 사람들에게 큰 기대를 걸 때가 많습니다. 스트레스를 받으면 현실과 이상 사이의 괴리가 커지면서 실망감이 크게 나타날 수 있습니다. 이로 인해 "왜 나는 항상 제대로 하지 못하는 걸까?"라는 자책감에 빠지게 될 수 있습니다. 이상적인 세상을 추구하다 보니 현실적인 문제를 회피하거나 간과할 수 있습니다.

2. 충동적인 결단과 급격한 변화

ENFP는 창의적이고 즉흥적인 성향을 지니지만, 스트레스를 받으면 감정에 휘둘려 충동적인 결정을 내릴 수 있습니다. 중요한 문제에 대해 충분한 시간을 두고 고민하기보다는 급하게 결정을 내리거나, 계획을 바꾸는 등의 행동을 하게 됩니다. 예를 들어, 직장을 그만두거나 급격히 대인관계를 변화시키는 경우가 있을 수 있습니다.

3. 감정적 불안정성 및 혼란

ENFP는 감정적으로 풍부하지만, 스트레스를 받으면 감정의 변동이 심해지면서 불안정성을 겪을 수 있습니다. 감정적인 기복이 커져서 쉽게 우울해지거나 기뻐지기도 하며, 이는 타인에게도 영향을 미쳐 관계에 혼란을 일으킬 수 있습니다. 자칫 기분이 갑자기 우울해지거나 감정적으로 고립될 수 있습니다.

4. 지나치게 자기 비판적이거나 자책

ENFP는 타인의 기대에 부응하려는 강한 욕구가 있지만, 스트레스를 받으면 자신의 부족함을 극단적으로 자책할 수 있습니다. "왜 나는 이렇게 잘하지 못할까?"라는 생각에 빠져 과도하게 자책하고 자기 자신을 부정적으로 평가할 수 있습니다. 이는 자존감 하락으로 이어질 수 있습니다.

5. 지나친 멀티태스킹과 집중력 저하

ENFP는 많은 일을 동시에 하려는 경향이 있습니다. 스트레스를 받으면 더 많은 일을 하려고 하거나, 여러 가지 일을 시도하려고 하면서 집중력이 흐트러질 수 있습니다. 이로 인해 실제로 하나의 일도 제대로 끝내지 못하고, 실패감을 느낄 수 있습니다.

6. 감정적으로 지나치게 의존

ENFP는 타인과의 관계에서 큰 에너지를 얻는 성향을 지니며, 스트레스가 심할 경우 감정적으로 지나치게 의존하는 경향이 있습니다. "누군가 내게 사랑과 관심을 주지 않으면 안 된다"는 생각에 빠져 감정적으로 상대방에게 과도한 기대를 걸거나, 상대방의 반응에 지나치게 민감하게 반응할 수 있습니다. 이는 대인관계에서 불균형을 초래할 수 있습니다.

7. 현실 도피 및 회피

ENFP는 고통스러운 상황에서 벗어나려는 욕구가 강할 수 있습니다. 스트레스를 받으면 현실을 회피하고, 상상 속에서 편안한 세계로 도피하려는 경향이 강해집니다. 이는 문제를 해결하지 않고 무시하는 방식으로 나타날 수 있으며, 결국 문제는 더 커지게 됩니다.

8. 불확실성에 대한 두려움

ENFP는 미래에 대한 큰 꿈과 가능성을 품고 있지만, 스트레스를 받으면 불확실한 상황을 두려워할 수 있습니다. "내가 잘못된 선택을 하는 건 아닐까?"라는 생각에 빠지면서 선택을 미루거나, 결정장애가 발생할 수 있습니다. 불확실성에 대한 불안감을 피하려고 더 많은 정보를 수집하려 하지만, 결국 결정이 늦어지거나 결정에 대한 불안이 커질 수 있습니다.

9. 외부에서 에너지를 얻기 위한 과도한 노력

ENFP는 타인의 인정과 사랑에서 에너지를 얻습니다. 스트레스가 심할 경우 다른 사람들로부터 끊임없이 긍정적인 피드백을 얻으려는 경향이 강해지며, 이에 지나치게 의존하게 됩니다. 자신이 타인에게 어떻게 보일지에 대해 지나치게 신경 쓰면서, 외부에서 에너지를 얻으려는 노력이 과도해질 수 있습니다.

10. 신체적 증상 및 에너지 고갈

ENFP는 정신적으로도 에너지가 넘치지만, 스트레스를 받으면 신체적으로 피로감을 느끼거나 에너지가 고갈될 수 있습니다. 갑작스러운 피로감, 불면증, 두통 등 신체적 증상이 나타날 수 있으며, 감정적으로 고립되거나 우울할 때 에너지가 떨어지는 상태로 이어질 수 있습니다.

ENFP는 어떤 방어기제를 쓸 가능성이 높을까?

ENFP는 외향적이고 창의적이며, 감정적으로 풍부하고 인간관계에서 강한 관심을 보이는 성격 유형입니다. 이들은 새로운 아이디어와 경험에 대한 호기심이 많고, 개인적인 가치와 열정을 따르려고 합니다. 그러나 감정적으로 어려운 상황에 직면하면, ENFP는 이를 처리하기 위해 다양한 방어기제를 사용할 수 있습니다. 이들은 감정적인 스트레스나 갈등을 피하거나 회피하려는 경향이 있으며, 감정적으로 불편한 상황에서 창의적인 방법으로 반응할 수 있습니다.

1. 회피 (Avoidance)

ENFP는 감정적으로 불편한 상황이나 갈등을 직면하는 것을 피하려는 경향이 있습니다. 감정적인 갈등이나 문제가 발생했을 때 이를 회피하려 하고, 불편한 감정을 무시하거나 다른 방식으로 덮으려 할 수 있습니다. 예를 들어, 힘든 상황에 직면했을 때, 그것에 대해 깊이 생각하기보다는 다른 활동에 돌두하거나, 여행을 떠나거나, 새로운 사람을 만나면서 문제를 피하려 할 수 있습니다.

2. 과도한 낙관주의 (Excessive Optimism)

ENFP는 일반적으로 매우 낙관적이고 미래 지향적인 성향을 가집니다. 감정적으로 어려운 상황에 직면하면, 이를 지나치게 긍정적으로 해석하려는 경향이 있습니다. 예를 들어, 상황이 매우 힘들어도 "모든 일이 잘될 거야"라고 말하며 현실적인 어려움을 무시하고 지나쳐 버리려 할 수 있습니다. 이는 실제 문제를 직시하기보다는 감정적인 불편함을 피하려는 방어기제입니다.

3. 이상화 (Idealization)

ENFP는 사람들과의 관계에서 깊은 감정적 연결을 중요하게 생각합니다. 이들은 다른 사람이나 상황을 이상화하여, 현실적인 결점이나 문제를 보지 않으려고 할 수 있습니다. 예를 들어, 누군가와의 관계가 어렵거나 갈등이 있을 때, 그 사람을 지나치게 긍정적으로 바라보며, 문제를 인정하려 하지 않는 경우가 있습니다. 이들은 이상적인 세상에 대한 욕망 때문에 현실을 왜곡할 수 있습니다.

4. 감정적 과잉 반응 (Emotional Reactivity)

ENFP는 감정적으로 매우 민감하며, 때때로 과도하게 감정적으로 반응할 수 있습니다. 예를 들어, 작은 비판이나 갈등에도 강하게 반응하여 자신이 상처를 받았다는 느낌을 강하게 표현할 수 있습니다. 감정적인 반응이 과도하게 나타날 때, 이것은 내면의 불안이나 두려움을 숨기기 위한 방어기제일 수 있습니다. 감정적으로 반응함으로써 자신의 내적 갈등을 처리하려고 할 수 있습니다.

5. 즉흥적 행동

ENFP는 순간적인 자극을 좋아하고, 새로운 경험에 대한 욕구가 강합니다. 감정적으로 불편한 상황이나 갈등을 겪을 때, 이를 즉흥적으로 해결하려 하거나 충동적인 결정을 내릴 수 있습니다. 예를 들어, 감정적으로 어려운 문제를 피하고자 무모한 결정을 내리거나, 일시적인 기분 전환을 위해 즉흥적인 여행이나 쇼핑을 할 수 있습니다. 이는 감정을 처리하기보다 일시적으로 회피하는 방어기제입니다.

6. 자아 확립

ENFP는 자신의 가치와 의미를 중요하게 여기기 때문에, 자신이 중요하고 특별한 사람이라는 자아를 유지하려 할 수 있습니다. 감정적인 어려움을 겪을 때, '나는 누구에게나 긍정적인 영향을 미친다'는 자아 이미지를 강화하려 하며, 이를 통해 내면의 불안이나 감정적인 문제를 숨기려 할 수 있습니다. 타인의 인정이나 칭찬을 통해 자아의 가치를 확인하려는 경향이 나타날 수 있습니다.

7. 분산 (Distraction)

ENFP는 감정적인 문제를 직면하기보다는 이를 분산시키려는 경향이 있습니다. 감정적인 갈등이나 스트레스가 있을 때, 다른 사람들과의 활동이나 새로운 아이디어를 찾는 것에 집중하며 감정적 문제를 잠시 잊으려 할 수 있습니다. 예를 들어, 스트레스를 받을 때 친구들과의 활동에 몰두하거나, 창의적인 프로젝트에 빠져 문제를 외면하려 할 수 있습니다.

8. 타인에게 감정 투사 (Projection)

ENFP는 자신의 감정을 다른 사람에게 투사하는 경향이 있을 수 있습니다. 예를 들어, 자신이 느끼는 불안이나 실망감을 다른 사람에게 전가하고, 그들이 느끼고 있다고 믿으려 할 수 있습니다. 자신의 감정을 타인에게 투사함으로써, 그 감정을 처리하는 대신 다른 사람의 책임으로 돌리려 할 수 있습니다.

▶ ENFP는 감정적으로 민감하고, 창의적이며, 외향적인 성향을 지닌 사람들입니다. 이들은 감정적인 갈등을 피하거나, 상황을 지나치게 낙관적으로 바라보는 경향이 있습니다. 회피, 즉흥적 행동, 이상화, 감정적 과잉 반응 등의 방어기제를 통해 감정적인 스트레스나 갈등을 처리하려 할 수 있습니다. 이러한 방어기제들은 일시적으로는 유효할 수 있지만, 장기적으로 감정적인 문제를 다루지 않으면 내면에서 갈등이 쌓일 수 있습니다. ENFP는 감정을 인식하고, 이를 건강하게 다룰 방법을 찾는 것이 중요합니다.

ENFP의 심리적 취약점과 이를 극복할 수 있는 대처방법은 무엇인가?

ENFP는 열정적이고 창의적인 성격으로, 새로운 아이디어와 가능성에 대해 항상 관심이 많으며 사람들과의 관계에서 큰 에너지를 얻습니다. 그들은 유연하고 자유로운 삶을 추구하지만, 그 과정에서 몇 가지 심리적 취약점도 드러날 수 있습니다. ENFP의 대표적인 심리적 취약점 5가지와 그것을 극복할 수 있는 대처방법을 살펴보겠습니다.

1. 너무 많은 가능성에 대한 집중 부족

ENFP는 다양한 아이디어와 가능성에 대한 흥미가 커서 종종 여러 가지 일을 동시에 시도하고, 그 과정에서 집중력을 잃을 수 있습니다. 이는 계획이나 목표 달성을 지연시키는 원인이 될 수 있습니다. 이를 극복하기 위해서는 우선순위를 설정하고, 중요한 목표에 집중하는 습관을 기르는 것이 중요합니다. 예를 들어, 매일 아침 하루의 우선순위를 세우고 한 번에 한 가지 일에 집중하는 연습을 통해, 여러 가지 일에 분산되는 에너지를 하나로 모을 수 있습니다.

2. 과도한 감정적 반응과 불안

ENFP는 감정적으로 매우 민감하고, 사람들과의 관계에서 깊은 감정적 연결을 추구합니다. 그러나 이로 인해 감정적으로 쉽게 영향을 받거나, 불안감을 느끼는 경우가 많습니다. 이를 극복하려면 감정 조절 능력을 키우는 것이 필요합니다. 감정이 격해질 때, 잠시 멈추고 깊게 숨을 쉬며 자신의 감정을 객관적으로 바라보는 훈련을 하는 것이 도움이 됩니다. 또한, 감정적으로 스트레스를 받을 때는 잠시 거리를 두고, 신뢰하는 사람과 대화를 나누는 것도 큰 도움이 됩니다.

3. 실행력 부족

ENFP는 아이디어를 떠올리는 데 뛰어나지만, 실제로 그 아이디어를 실행하는 데 어려움을 겪을 때가 많습니다. 그들은 변화를 추구하고, 새로운 것을 시도하는 데는 열정이 있지만, 실천의 과정에서 지치거나 흥미를 잃는 경우가 있습니다. 이를 극복하기 위해서는 작은 목표 설정과 지속적인 점검이 필요합니다. 예를 들어, 큰 프로젝트를 작은 단계로 나누고, 각 단계를 완료할 때마다 성취감을 느끼는 것이 중요합니다. 또한, 주기적으로 자신의 목표를 점검하며 진행 상황을 확인하고, 필요한 경우 조정하는 습관을 들여야 합니다.

4. 타인의 기대와 요구에 과도한 반응

ENFP는 타인에게 인정받고 싶은 욕구가 강해, 주변 사람들의 기대에 지나치게 반응할 수 있습니다. 그로 인해 자신의 진정한 욕구나 감정을 억누르고, 타인을 만족시키기 위해 노력하는 경향이 생길 수 있습니다. 이를 극복하려면 자기 존중감을 키우는 것이 중요합니다. 자신의 욕구와 감정을 솔직하게 표현하고, 타인의 기대에 너무 얽매이지 않도록 연습해야 합니다. '나는 무엇을 원하는가?'라는 질문을 자주 던지며 자기 자신과의 연결을 강화하는 것이 필요합니다.

5. 불완전함에 대한 두려움

ENFP는 큰 기대를 가지고 있으며, 자신이 무엇인가를 완벽하게 이루지 못하는 것에 대해 두려움을 느낄 수 있습니다. 이는 자신에게 너무 높은 기준을 설정하고, 실패를 두려워하게 만듭니다. 이를 극복하려면 실수와 실패를 학습의 기회로 받아들이는 사고 전환이 필요합니다. 매일의 작은 성취를 기록하고, 자신이 한 일을 칭찬하는 습관을 기르는 것도 도움이 됩니다. 실패나 불완전함을 두려워하기보다는 그 속에서 성장하고 배울 수 있다는 긍정적인 마음가짐을 갖는 것이 중요합니다.

▶ ENFP는 창의적이고 열정적인 성격으로 많은 사람에게 긍정적인 영향을 끼칠 수 있는 능력을 갖추고 있습니다. 그러나 자신의 감정을 잘 다스리고, 실행력과 자기 존중감을 기르는 등의 노력이 필요합니다. 자신의 아이디어를 실현하기 위한 지속적인 실행과 타인의 기대에 휘둘리지 않으면서 자신을 표현하는 연습을 통해 ENFP는 더 균형 잡힌 삶을 살아갈 수 있을 것입니다.

ENFP가 자신의 잠재력을 극대화하고, 건강하고 행복한 삶을 위해서 실천해야 할 10가지 행동 지침은 무엇인가?

ENFP는 창의적이고 열정적이며 사람들과의 교류에서 큰 에너지를 얻는 성향을 지닌 사람들입니다. 그들은 새로운 아이디어와 가능성에 대해 끊임없이 탐구하며, 감성적이고 직관적인 접근 방식을 선호합니다. 그러나 때로는 지나치게 다양한 아이디어와 계획에 휘둘려 집중력과 실행력이 떨어질 수 있습니다. ENFP가 자신의 잠재력을 극대화하고, 건강하고 행복한 삶을 살기 위해 실천해야 할 10가지 행동 지침은 다음과 같습니다.

1. 깊이 있는 자기 이해를 통해 진정한 삶의 방향 찾기

자유와 가능성을 사랑하는 ENFP는 늘 다양한 길 앞에 서 있게 됩니다. 그러나 진짜 자유는 수많은 선택 중에서 자신에게 가장 진실한 길을 알아보는 데서 비롯됩니다. 자기 성찰을 통해 진정 원하는 삶의 방향을 찾아야 합니다.

2. 감정의 기복을 다루고, 감정에 지배당하지 않기

풍부한 감정은 ENFP의 아름다운 자산이지만, 그만큼 감정의 고도에 휘둘리기 쉽습니다. 감정을 억누르기보다 인식하고, 다루는 지혜를 키우는 것이 필요합니다. 감정에 대한 주도권은 내면의 평화를 만들어 줍니다.

3. 아이디어를 실현 가능한 행동으로 연결하기

새로운 아이디어를 떠올리는 데 능하지만, 실행 단계에서 멈추는 일이 많을 수 있습니다. 생각을 행동으로 이어주는 연습이 중요합니다. '생각하는 것'보다 '행동하는 것'에서 진짜 자신감과 성취감이 자랍니다.

4. 관계 속에서 자신의 욕구를 정직하게 표현하기

ENFP는 타인을 잘 이해하는 만큼, 종종 자신의 욕구를 뒤로 미루는 경향이 있습니다. 그러나 진정한 연결은 솔직한 자기표현에서 비롯됩니다. 자신의 감정과 욕구를 명확히 표현하는 것이 건강한 관계의 시작입니다.

5. 자유와 구조의 균형을 잡아가기

ENFP는 구조에 대한 거부감이 강하지만, 자유로운 삶을 지탱하기 위해선 일정한 질서와 계획도 필요합니다. 유연하면서도 일관된 삶의 리듬을 만들어갈 때, 진짜 자유는 더욱 깊이 있게 느껴질 수 있습니다.

6. 현실 도피보다는 감정과 현실을 함께 바라보기

힘든 감정을 피하고자 활동이나 상상에 몰두할 수 있지만, 회피는 근본적 해결이 되지 않습니다. 감정을 외면하지 않고 직면하고 표현하는 습관이 필요합니다. 이는 현실을 바꾸는 가장 깊은 힘이 됩니다.

7. 자신의 가치에 맞는 목표를 세우고 지속해서 추진하기

지루함을 싫어하는 ENFP에게는 지속적인 목표 추구가 어려울 수 있습니다. 그러나 자신의 핵심 가치에 부합하는 목표를 세우면 자연스레 동기가 생깁니다. 진정한 목표는 외적 동기보다 내면의 부름에서 비롯됩니다.

8. 에너지를 분산시키지 않고 집중하는 힘 기르기

다양한 일에 관심을 두는 것은 좋지만, 에너지를 분산시키면 성과나 만족도는 낮아질 수 있습니다. 지금 내게 가장 중요한 한두 가지에 에너지를 집중하는 것이 필요합니다. 집중은 삶의 깊이를 만들어 줍니다.

9. 타인의 기대보다 자신의 진실에 충실하기

사람들을 즐겁게 하고 기대에 부응하려는 마음이 크지만, 자신을 소외시킨다면 결국 공허함이 남게 됩니다. '좋은 사람'이 되기보다 '진실한 나'로 사는 것이 삶의 본질적인 만족을 이끌어냅니다.

10. 삶의 속도를 늦추고 내면의 소리에 귀 기울이기

바쁘고 활발한 삶 속에서도 멈춰서 자신과 대화하는 시간이 필요합니다. 속도를 늦추는 것은 삶의 리듬을 되찾는 지혜입니다. 고요 속에서 진짜 영감은 솟아나며, 삶은 더 깊은 충만으로 나아갈 수 있습니다.

▶ ENFP는 창의적이고 자유로운 성향을 지닌 사람들이며, 다양한 아이디어와 가능성에 대한 열정을 가지고 있습니다. 그러나 자신의 잠재력을 극대화하고, 건강하고 행복한 삶을 살기 위해서는 구체적인 목표 설정, 자기 성찰, 감정 관리, 시간 관리, 그리고 타인과 깊은 관계를 형성하는 것이 중요합니다. 이를 통해 자신을 더욱 잘 이해하고, 더욱 만족스러운 삶을 이끌어갈 수 있습니다.

ENFP에게 필요한 플러스 생각 10가지

ENFP는 열정적이고 창의적이며, 사람과 가능성을 사랑하는 이상주의적 탐험가입니다. 호기심이 많고 영감을 주는 존재로서, 새로운 아이디어와 사람들 속에서 활기를 얻고 삶을 풍성하게 만들어 갑니다. 그러나 동시에 감정 기복, 집중력의 분산, 결정을 내리는 데의 어려움, 내면 불안, 현실로의 접근 부족 등으로 인해 정서적 소진이나 방향 상실을 경험하기도 합니다. ENFP에게는 에너지와 이상을 유지하면서 현실적 중심과 자기 안정감을 지켜내는 플러스 생각이 큰 도움이 됩니다.

1. 나는 가능성을 발견하는 사람이다.

▶ 새로운 가능성을 보는 눈은 나의 특별한 능력이다. 그러나 하나의 길을 끝까지 가는 것도 나의 잠재력을 실현하는 힘이다.

2. 나는 열정이 많은 사람이다.

▶ 열정은 나의 빛이다. 그 빛이 너무 번지지 않도록, 나 자신을 위해 쉼도 필요하다.

3. 나는 사람들과 쉽게 연결된다.

▶ 공감력과 친화력은 나의 선물이다. 하지만 모든 사람에게 잘 보일 필요는 없다. 나의 진짜 마음을 아끼는 사람만으로도 충분하다.

4. 나는 내면의 감정을 깊이 느낀다.

▶ 감정의 깊이는 나를 예술적으로 만든다. 그러나 감정에 휩쓸리지 않기 위해, 한 걸음 떨어져 보는 시선도 나를 지켜준다.

5. 나는 새로운 것을 추구하는 사람이다.

▶ 새로움은 내 삶의 원동력이다. 그러나 익숙함 속에서 피어나는 안정도 내 삶에 필요하다.

6. 나는 선택지를 넓히는 데 능하다.

▶ 넓게 보는 능력은 소중하다. 하지만 선택한 길 위에서 나의 진짜 힘이 자란다.

7. 나는 나에게 의미 있는 일을 추구한다.

▶ 의미 중심의 삶은 귀하다. 그러나 때로는 아무 의미 없어 보이는 일도 나를 뜻밖의 기쁨으로 이끌 수 있다.

8. 나는 감정에 솔직한 사람이다.

▶ 감정 표현은 나의 진정성이다. 하지만 내가 느낀 감정이 곧 '현실 전부'는 아니라는 사실도 기억하자.

9. 나는 자유를 중요하게 여긴다.

▶ 자유는 나의 날개다. 그러나 자유 속에 나만의 리듬과 구조를 만들면 더 멀리 날 수 있다.

10. 나는 삶에 열려 있는 사람이다.

▶ 열림은 나를 유연하게 한다. 그러나 나에게 정말 소중한 가치만은 굳건히 지킬 줄도 알아야 한다.

이러한 플러스 생각은 ENFP가 자신의 열정과 감성, 창의성은 유지하면서도 지속 가능한 에너지 관리와 자기 중심성 확립을 통해 내면의 안정과 성장을 동시에 이루도록 돕는 지침이 됩니다. ENFP는 가장 빛나는 별처럼, 자기 자신에게 먼저 충실할 때 세상에 진짜 빛을 전할 수 있습니다.

ENFP의 좋은 관계를 위한 지혜

ENFP는 창의적이고 열정적인 성격을 가진 사람들로, 새로운 아이디어와 가능성에 대해 항상 열려 있습니다. 이들은 직관적이고 이상주의적인 사고방식을 가지며, 사람들과 깊은 관계를 중시합니다. ENFP는 감성적으로 풍부하고 타인의 감정에 민감하며, 이들을 이해하고 돕는 데 큰 기쁨을 느낍니다. 이들은 자주 새로운 경험을 추구하고, 자신만의 독특한 방식을 통해 세상과 연결되고자 합니다. 또한, 자유로운 사고와 행동을 중시하며, 규칙보다는 유연함을 선호합니다.

잘 맞는 유형

· INFJ: ENFP와 INFJ는 서로의 성격을 잘 보완할 수 있는 관계를 맺을 수 있습

니다. 두 사람 모두 이상주의적이고 감성적인 성향을 가지며, 깊은 의미 있는 대화를 나누기를 좋아합니다. ENFP는 INFJ의 신중함과 깊이를 존중하며, INFJ는 ENFP의 창의성과 열정적인 태도를 받아들입니다. 이들은 서로를 이해하고 지지하는 관계를 만들 수 있습니다.

· INFP: ENFP와 INFP는 비슷한 가치관과 관심사를 공유하며, 서로의 감정적이고 이상적인 성향을 이해합니다. ENFP는 INFP의 창의성과 감성적인 면을 존중하고, INFP는 ENFP의 열정과 에너지를 받아들입니다. 이들은 서로의 깊은 내면을 탐구하고 지원하는 관계를 형성할 수 있습니다.

잘 맞지 않는 유형:

· ISTJ: ENFP와 ISTJ는 사고방식과 생활 방식에서 큰 차이를 보입니다. ISTJ는 규칙과 절차를 중시하는 반면, ENFP는 자유롭고 유연한 접근을 선호합니다. 이로 인해 서로의 방식에 대해 이해하기 어렵고 갈등이 생길 수 있습니다.

· ESTJ: ENFP와 ESTJ는 서로 다른 사고방식을 가지고 있어 갈등을 겪을 수 있습니다. ESTJ는 실용적이고 조직적인 성향을 가지며, ENFP는 이상적이고 창의적인 사고를 선호합니다. 이 두 유형은 서로의 방식에 대해 잘 맞지 않을 수 있습니다.

좋은 관계를 위한 지혜

· **상대방의 의견과 감정을 존중하기**: ENFP는 종종 자신의 아이디어와 감정에 열정적으로 몰두하지만, 다른 사람의 생각과 감정을 충분히 존중하는 것이 중요합니다. "너는 어떻게 생각해? 네 의견이 정말 중요해"라고 말함으로써, 상대방의 의견을 귀 기울여 듣고 존중하는 태도를 보여주는 것이 좋습니다.

· **명확한 의사소통**: ENFP는 때때로 생각을 구체적으로 정리하기 전에 말을 하

기도 합니다. 이로 인해 상대방이 오해할 수 있으므로, 감정을 표현할 때는 보다 명확하게 전달하는 것이 필요합니다. "내가 지금 느끼는 건 이런 거야, 이해할 수 있을까?"라고 말함으로써, 상대방이 ENFP의 감정을 더 잘 이해할 수 있도록 도와주는 것이 좋습니다.

· **상대방의 필요를 이해하기**: ENFP는 종종 다른 사람들의 감정을 잘 이해하고 도와주려고 하지만, 때때로 상대방이 자주 도움을 요청하지 않을 수도 있습니다. 이런 경우, ENFP는 상대방의 자율성과 공간을 존중하면서도, "혹시 내가 도와줄 수 있는 부분이 있을까?"라고 물어보는 방식으로 상대방의 필요를 이해하려는 태도가 필요합니다.

· **현실적인 접근법 채택하기**: ENFP는 이상적이고 창의적인 성향이 강하지만, 현실적인 문제 해결이 필요한 경우도 많습니다. 이럴 때는 좀 더 실용적이고 구체적인 해결책을 제시하려는 노력이 필요합니다. "이 문제가 해결되려면 어떻게 해야 할까?"라고 말하며, 현실적인 해결책을 찾으려는 태도가 중요합니다.

· **자기 자신을 돌보기**: ENFP는 다른 사람들에게 에너지를 주는 것을 좋아하지만, 때로는 자기 자신을 돌보는 시간이 부족할 수 있습니다. 자신의 감정과 에너지를 충전할 수 있는 시간을 가지는 것이 중요합니다. "오늘은 나만의 시간을 가지려 해"라고 말하며, 자신을 돌보는 것이 관계에도 긍정적인 영향을 미칠 수 있습니다.

ENFP의 치유와 성장을 위한 영적 메시지(명상 조언) 5가지

1. 자신을 다른 사람의 기대에 맞추지 마세요.

당신은 타인의 기대를 충족시키고자 할 때가 많지만, 진정한 행복은 외부에서 얻는 것이 아닙니다. 당신의 가치는 다른 사람의 요구나 기대에 맞춰지는 것이 아니라, 당신의 고유한 개성과 열정에서 나옵니다. 다른 사람의 목소리에 휘둘리지 말고, 자신의 내면에서 울려 퍼지는 목소리를 따라가세요.

2. 불확실함을 두려워하지 마세요.

당신은 새로운 가능성에 대한 갈망과 미래에 대한 큰 비전을 품고 있지만, 때로 불확실한 미래에 대한 두려움이 있을 수 있습니다. 불확실함은 두려워할 것이 아니라, 새로운 기회와 성장을 위한 땅입니다. 확실하지 않더라도, 그 길을 가는 것 자체가 당신에게 진정한 성취와 자유를 가져다줍니다.

3. 자신을 사랑하는 방법을 배우세요.

당신은 타인에게 열정적으로 사랑을 주지만, 종종 자신에게는 그만큼의 사랑을 주지 못할 때가 있습니다. 자신을 사랑하는 법을 배우세요. 당신이 가장 먼저 자신을 인정하고 돌볼 때, 진정으로 다른 사람을 위한 사랑을 베풀 수 있습니다. 자신에게 친절하고 따뜻한 마음을 품으세요.

4. 현재의 순간을 온전히 경험하세요.

당신은 미래를 향한 열정과 꿈을 품고 있지만, 지나치게 미래에 집착하면 현재의 아름다움을 놓치게 됩니다. 지금, 이 순간을 온전히 경험하세요. 작은 순간에서도 기쁨을 찾고, 마음을 가라앉혀 세상의 소리에 귀 기울여 보세요. 현재에 집중할 때, 당신은 더 깊은 평화와 충만감을 느낄 수 있습니다.

5. 깊은 연결을 추구하세요.

당신은 사람들과의 관계에서 깊은 의미와 연결을 원합니다. 하지만 가끔 표면적인 관계에서 만족을 찾으려 할 때가 있습니다. 진정한 관계는 깊은 존중과 신뢰를 바탕으로 합니다. 마음을 열고 진정한 연결을 추구하세요. 당신이 진심으로 마음을 나눌 때, 더욱 의미 있는 관계가 형성됩니다.

MBTI on 12

ENTP 발명가형, 토론가형

ENTP는 외향적(Extraverted), 직관적(iNtuitive), 사고적(Thinking), 인식적(Perceiving) 성향을 가진 사람들을 의미하는 MBTI 유형입니다. ENTP는 흔히 '발명가형', '토론가형', '아이디어 생성기'라고 묘사됩니다.

ENTP의 주요 특징

1. 창의적이고 혁신적인 사고
ENTP는 매우 창의적이고 혁신적인 사고를 하는 성격입니다. 이들은 복잡한 문제를 새로운 방식으로 해결하려는 경향이 있으며, 기존의 방식에 얽매이지 않고 새로운 아이디어를 제시합니다. 가능성에 대해 열려 있고, 실험적인 접근을 좋아합니다.

2. 논리적이고 분석적인 사고
ENTP는 문제 해결에서 논리적이고 분석적인 접근을 선호합니다. 감정보다는 사실과 데이터에 기반하여 결정을 내리며, 논리적 사고를 통해 아이디어를 체계적으로 정리합니다. 이는 그들이 논리적 토론을 즐기는 이유이기도 합니다.

3. 토론과 논쟁을 즐김

ENTP는 토론을 즐기고, 논쟁을 통해 사고를 발전시키는 성향이 있습니다. 논리적이고 명확한 근거를 바탕으로 자기 생각을 표현하며, 다른 사람과의 토론을 통해 새로운 관점을 얻고 사고의 폭을 넓히는 것을 좋아합니다. 그들은 도전적인 환경을 즐기며, 사고의 경계를 확장하는 과정에서 큰 만족감을 느낍니다.

4. 독립적이고 자유로운 성향

ENTP는 자유롭고 독립적인 성격으로, 규칙과 제약을 싫어합니다. 그들은 자율적이고 창의적인 환경에서 더 잘 성장하며, 새로운 도전과 변화를 추구합니다. 유연하게 변화를 받아들이고, 기존의 틀을 깨는 것을 즐깁니다.

5. 다재다능하고 빠르게 배우는 능력

ENTP는 새로운 아이디어와 기술을 빨리 배우고, 다양한 분야에 관심을 가집니다. 그들은 여러 가지 분야에서 경험을 쌓고 다재다능한 능력을 발휘하는 것을 즐깁니다. 빠르게 적응하고, 여러 가지 아이디어를 동시에 처리하는 능력이 뛰어납니다.

ENTP의 장점 & 단점

✅ 장점:
· 창의적이고 혁신적 – 새로운 아이디어와 해결책을 제시하며, 기존의 방법을 고수하기보다는 실험적이고 창의적인 접근을 시도합니다.

· **논리적이고 분석적** – 문제를 해결할 때 논리적이고 체계적인 사고를 통해 신속하게 결론을 도출합니다.

· **유연하고 독립적** – 자유롭고 자율적인 환경에서 더 잘 성장하며, 새로운 경험과 도전에 대해 긍정적인 태도를 가집니다.

· **빠르게 배우고 다재다능** – 다양한 분야에 대한 호기심이 많고, 여러 가지를 동시에 배울 수 있는 능력이 뛰어납니다.

· **열정적이고 에너지가 넘침** – 새로운 아이디어나 프로젝트에 열정을 쏟으며, 빠르게 목표를 달성하려는 의지가 강합니다.

❌ **단점:**

· **지루함을 쉽게 느낄 수 있음** – 일상적인 작업이나 반복적인 일에 쉽게 지루함을 느끼며, 창의적이고 혁신적인 도전이 없으면 쉽게 흥미를 잃을 수 있습니다.

· **충동적이고 계획 부족** – 즉흥적인 결정을 내리거나, 충분한 계획 없이 일을 시작하는 경향이 있습니다.

· **세부 사항을 간과할 수 있음** – 큰 그림을 보는 데 집중하기 때문에 세부적인 사항이나 작은 디테일을 놓칠 수 있습니다.

· **감정적으로 민감하지 않음** – 감정에 대한 이해가 부족하거나, 타인의 감정을 고려하지 않고 논리적으로만 접근하려는 경향이 있을 수 있습니다.

· **변덕스러울 수 있음** – 너무 많은 아이디어에 휘둘려 일관성 없이 변덕스럽게 행동할 수 있습니다.

ENTP에게 잘 맞는 직업

ENTP는 창의적이고 도전적인 환경에서 큰 만족을 느끼며, 그들의 혁신적인 사고와 논리적 문제 해결 능력을 발휘할 수 있는 직업에서 두각을 나타냅니다. 이들은 토론, 문제 해결, 창의성이 중요한 분야에서 강점을 보입니다.

● 기업가, 스타트업 창업자 - 새로운 사업을 시작하고, 혁신적인 아이디어를 적용하는 데 뛰어난 능력을 보입니다.

● 발명가, 엔지니어 - 창의적인 기술적 해결책을 제시하거나, 혁신적인 제품을 개발하는 역할에서 두각을 나타냅니다.

● 변호사, 법률 전문가 - 논리적 사고와 뛰어난 토론 능력을 통해 법적인 문제를 해결하고, 법적 논쟁을 즐길 수 있습니다.

● 마케팅 전문가, 광고 기획자 - 창의적인 전략과 아이디어로 마케팅 캠페인이나 광고를 기획하는 데 적합합니다.

● 정치가, 공공 정책 전문가 - 새로운 정책을 제시하고, 사회적 변화를 이끌어내는 역할에서 뛰어난 능력을 발휘할 수 있습니다.

● 작가, 언론인 - 다양한 주제에 대해 글을 쓰거나, 논리적으로 내용을 구성하는 역할을 할 수 있습니다.

ENTP의 유명인 예시

· 알베르트 아인슈타인(Albert Einstein) - 혁신적이고 창의적인 사고를 통해 과학의 발전을 이끈 물리학자

· 리처드 브랜슨(Richard Branson) - 다양한 사업을 창업하며 혁신적이고 도전적인 성격으로 유명한 기업가

· 로버트 다우니 주니어(Robert Downey Jr.) - 다채로운 캐릭터를 소화하며 창의적이고 유머러스한 성격을 발휘하는 배우

· 토니 로빈스(Tony Robbins) - 혁신적이고 창의적인 아이디어로 사람들에게 영감을 주는 동기부여 연설가

ENTP를 위한 조언

· 세부 사항에 집중하세요 – 창의적이고 혁신적인 사고를 즐기지만, 세부 사항도 중요하므로 균형을 맞추는 것이 필요합니다.

· 조금 더 계획적으로 접근하세요 – 즉흥적인 결정을 내리기 전에 충분히 계획하고 준비하는 습관을 기르는 것이 중요합니다.

· 감정적인 부분도 고려하세요 – 논리적이고 분석적인 사고를 우선시하는 경향이 있지만, 감정적인 측면도 중요하므로 타인의 감정에 신경을 써주세요.

· 지루함을 느끼지 않도록 도전적인 과제를 선택하세요 – 반복적이거나 지루한 일보다는 도전적인 문제를 해결할 수 있는 환경을 찾는 것이 좋습니다.

ENTP는 이런 사람!

- 창의적이고 혁신적인 아이디어를 제시하며, 새로운 가능성을 탐구하는 사람입니다.
- 논리적이고 분석적인 사고를 통해 문제를 해결하는 것을 즐깁니다.
- 토론과 논쟁을 통해 사고의 폭을 확장하고, 도전적인 환경을 즐깁니다.
- 자유롭고 독립적인 성향으로, 규칙과 제약을 싫어하며 변화를 추구합니다.
- 빠르게 배우고 다재다능하며, 다양한 분야에 대한 호기심이 많습니다.

ENTP는 '아이디어 생성기', '발명가형', '토론가형'이라고 할 수 있습니다.

상처나 스트레스를 많이 받으면 ENTP는 어떤 심리증상이 생길 가능성이 높은가?

ENTP는 매우 창의적이고 혁신적인 사고를 하는 성격으로, 새로운 아이디어를 탐구하고 다양한 가능성을 시험하는 것을 좋아합니다. 그러나 스트레스를 받으면 이러한 성향이 부정적인 방향으로 흐를 수 있습니다. ENTP가 상처나 스트레스를 많이 받았을 때 나타날 수 있는 심리증상 10가지는 다음과 같습니다.

1. 지나치게 논리적이고 분석적으로 되어 감정을 억제

ENTP는 아이디어와 논리적 사고를 중시하는 경향이 있지만, 스트레스를 받으면 감정적인 부분을 억누르고 지나치게 분석적으로 접근할 수 있습니다. 감정적 문제를 해결하려는 대신, 이를 논리적으로 분석하고 해결하려고 하면서 감정적으로 고립될 수 있습니다. '감정은 해결할 수 있는 문제가 아니다'라고 생각하면서 감정의 흐름을 무시할 수 있습니다.

2. 자아비판과 자존감 저하

ENTP는 자기 비판적일 수 있는 성향이 있으며, 스트레스를 받으면 자신에 대한 평가가 지나치게 부정적일 수 있습니다. '내가 틀렸어', '내 아이디어가 부족해'와 같은 생각에 빠지면서 자존감이 하락할 수 있습니다. 이로 인해 지나치게 자신을 과소평가하거나, 아이디어나 능력에 대한 의심이 커질 수 있습니다.

3. 급격한 생각의 흐름과 집중력 부족

ENTP는 다양한 아이디어를 떠올리는 창의적인 성향을 가지고 있지만, 스트레스를 받으면 머릿속의 생각이 너무 많아져 집중력이 떨어질 수 있습니다. 이로 인해 한 가지 문제에 몰입하지 못하고, 여러 가지 생각에 흩어져 일이 진척되지 않거나 결정을 내리지 못할 수 있습니다.

4. 무시당한다고 느끼고 반응이 과도해짐

ENTP는 자율성과 창의성을 중요시하기 때문에, 자신의 아이디어나 의견이 무시당한다고 느낄 때 강한 반응을 보일 수 있습니다. 스트레스를 받을 때는 이러한 반응이 과도해져 논쟁적이고, 심한 경우 공격적인 태도로 변할 수 있습니다. '내 아이디어가 중요하다'고 주장하며 감정적으로 반응할 수 있습니다.

5. 사람들에 대한 비판적인 태도

ENTP는 종종 사람들의 사고방식이나 방식에 대해 비판적일 수 있습니다. 스트레스를 받으면 사람들의 약점을 더욱 부각하게 시켜 비판적인 태도를 보이거나, 타인의 결점을 지적하며 그들과의 관계에서 갈등을 일으킬 수 있습니다. 이는 상대방에게 공격적으로 느껴질 수 있으며, 관계의 거리감을 만들 수 있습니다.

6. 지나치게 비판적이고 냉소적인 태도

스트레스를 받으면 ENTP는 모든 것을 비판적인 시각으로 바라보게 됩니다. '그건 불가능해', '이건 전혀 실행 불가능한 아이디어야'라고 말하면서 지나치게 냉소적이고 부정적인 태도를 취할 수 있습니다. 이는 자신뿐만 아니라 타인에게도 불신을 일으킬 수 있으며, 성취감을 느끼지 못하게 만듭니다.

7. 불안정한 감정의 변동

ENTP는 보통 감정 표현에 있어 자유롭지만, 스트레스를 받으면 감정이 불안정하게 변동할 수 있습니다. 갑자기 기분이 우울해지거나, 지나치게 낙관적이거나 극단적인 감정의 변화가 나타날 수 있습니다. 이로 인해 자신을 조절하는 데 어려움을 겪을 수 있습니다.

8. 과도한 논쟁과 대립

ENTP는 아이디어와 의견을 교환하는 것을 좋아하지만, 스트레스를 받으면 이 경향이 과도하게 나타날 수 있습니다. 과도한 논쟁을 벌이거나 의견 차이를 해결하려는 강박이 생길 수 있습니다. 이는 갈등을 일으키고 주변 사람들과의 관계를 악화시킬 수 있습니다.

9. 불필요한 과제에 몰두하며 스트레스 해소

스트레스 상황에서 ENTP는 문제를 해결하기 위해 불필요한 과제나 과도한 일을 시도하는 경향이 있을 수 있습니다. 예를 들어, 자신의 스트레스를 해소하기 위해 복잡한 문제를 풀거나 새로운 프로젝트에 몰두하려 할 수 있으며, 이는 결국 스트레스를 더 가중할 수 있습니다.

10. 회피적 행동과 결정 지연

ENTP는 대개 여러 선택지를 고려하는 성향이 강하지만, 스트레스가 클 때 어떤 결정을 내리는 것에 두려움을 느껴 지연시킬 수 있습니다. 특히 결과가 확실하지 않거나 실패를 두려워하는 상황에서 회피적인 태도를 보일 수 있으며, 이로 인해 중요한 결정을 미루거나 회피하는 경향이 나타날 수 있습니다.

ENTP는 어떤 방어기제를 쓸 가능성이 높을까?

ENTP는 외향적이고 창의적이며, 논리적 사고를 중요하게 여기는 성격 유형입니다. 이들은 새로운 아이디어와 가능성을 탐색하는 데 큰 흥미를 느끼고, 토론과 논쟁을 즐깁니다. 감정적으로 불편한 상황에 직면했을 때, ENTP는 이를 처리하기 위해 다양한 방어기제를 사용할 수 있습니다. 이들은 감정적인 문제보다는 지적이고 논리적인 접근을 통해 스트레스를 관리하려 할 수 있으며, 감정을 직면하는 것보다는 그것을 회피하거나 무시하는 경향이 있습니다.

1. 지적화

ENTP는 감정적인 문제를 분석하고 논리적으로 해결하려는 경향이 있습니다. 감정적으로 불편한 상황에 직면했을 때, 그 상황을 지적으로 해석하려고 하며 감정적인 측면을 제외하고, 객관적이고 이성적인 방식으로 문제를 다루려 할 수 있습니다. 예를 들어, 갈등 상황에서 감정보다는 사실이나 논리를 중시하며, 감정적인 측면을 의도적으로 무시하거나 회피할 수 있습니다.

2. 회피

ENTP는 감정적으로 불편하거나 복잡한 상황을 회피하려는 경향이 있습니다. 감정적인 갈등이나 스트레스를 직면하기보다는, 주제를 바꾸거나, 다른 활동에 몰두하여 감정을 피하려 할 수 있습니다. 예를 들어, 감정적으로 어려운 대화가 시작될 때, 이를 회피하기 위해 다른 주제로 대화를 이끌거나, 자주 자리를 피하려 할 수 있습니다.

3. 과도한 논쟁

ENTP는 토론과 논쟁을 즐기며, 이를 통해 자신의 지적 능력을 증명하고자 하는 경향이 있습니다. 감정적으로 불편한 상황에서 이들은 논쟁을 통해 감정을 무마하거나 불편한 감정을 다루려 할 수 있습니다. 예를 들어, 감정적으로 상처받았을 때, 감정을 직시하기보다는 상대방과의 논쟁이나 토론을 통해 자신의 입장을 고수하려 할 수 있습니다. 이런 행동은 감정을 피하려는 방어기제입니다.

4. 유머

ENTP는 유머를 사용하여 감정적으로 불편한 상황을 다루려 할 수 있습니다. 어려운 상황이나 갈등을 직면할 때, 유머를 통해 상황을 가볍게 만들거나 감정을 피하려 할 수 있습니다. 예를 들어, 감정적으로 상처를 받았을 때 이를 웃음거리로 바꾸어, 불편한 감정을 숨기려 할 수 있습니다. 유머를 통해 사람들의 주목을 돌리고, 자신이 겪고 있는 감정적인 문제를 숨기려고 할 수 있습니다.

5. 과잉 자기 확신

ENTP는 자신의 능력과 지적 역량에 대해 강한 확신이 있습니다. 감정적으로 어려운 상황에 직면하면, 자신감을 과도하게 표출하여 내면의 불안감을 숨기려고 할 수 있습니다. 예를 들어, 자신이 잘못했다는 사실을 인정하기보다는 자신의 논리적 접근이나 아이디어가 항상 옳다는 식으로 반응할 수 있습니다. 이는 감정적 취약점을 보이지 않으려는 방어기제입니다.

6. 반동 형성

ENTP는 감정적으로 불편한 상황에서 반동 형성을 사용할 수 있습니다. 예를 들어, 누군가에게 실망하거나 상처를 받았을 때, 그 사람에게 지나치게 친절하거나 호의적인 태도를 보일 수 있습니다. 자신의 감정을 숨기고 반대되는 행동을 통해 감정적 갈등을 처리하려 할 수 있습니다. 이 방어기제는 자신이 느끼는 부정적인 감정을 직접 표현하는 대신, 그것을 억제하고 반대되는 행동을 취함으로써 내면의 갈등을 피하려는 방식입니다.

7. 과도한 분석

ENTP는 상황을 과도하게 분석하거나, 문제의 모든 세부 사항을 논리적으로 파악하려는 경향이 있습니다. 감정적으로 불편한 상황에서 이를 해결하기 위해 지나치게 분석적인 접근을 시도하여, 감정을 직시하기보다는 문제를 더 깊이 파고드는 방식으로 회피하려 할 수 있습니다. 예를 들어, 감정적 갈등에서 문제를 너무 분석하려 하다가 실제로는 갈등을 해결하기보다 감정적 면을 간과할 수 있습니다.

8. 자기비판

ENTP는 자신의 지적 능력과 창의성에 큰 자부심을 가지고 있지만, 감정적으로 어려운 상황에서는 자신을 과도하게 비판하는 경향이 있을 수 있습니다. 예를 들어, 자신이 감정을 제대로 처리하지 못했다고 느끼면, 그것을 지적하고 자신을 비판하며 내면적으로 불안감을 느낄 수 있습니다. 그러나 이런 비판은 감정적인 문제를 해결하려는 노력보다는 불안이나 스트레스를 외면하려는 방어기제로 작용할 수 있습니다.

▶ ENTP는 감정적으로 불편한 상황에 직면했을 때, 그것을 직시하기보다는 지적이고 논리적인 방식으로 회피하려는 경향이 있습니다. 지적화, 회피, 과도한 논쟁, 유머 등의 방어

기제를 통해 감정적인 갈등을 피하거나 다루려 할 수 있습니다. 이러한 방어기제들은 일시적으로 감정을 숨기거나 회피할 수 있지만, 장기적으로는 감정적인 문제를 해결하지 않으면 내면에서 갈등이 쌓일 수 있습니다. ENTP는 감정을 인정하고, 그것을 다루는 방법을 찾는 것이 중요합니다.

ENTP의 심리적 취약점과 이를 극복하는 대처방법은 무엇인가?

ENTP는 창의적이고 논리적인 사고를 바탕으로 다양한 아이디어를 떠올리며, 변화를 주도하고 혁신적인 방법을 찾는 성격입니다. 그들은 도전적이고 지적인 자극을 즐기며, 새로운 아이디어와 가능성에 관한 관심이 큽니다. 그러나 이와 같은 성향 속에는 몇 가지 심리적 취약점이 존재할 수 있습니다. ENTP의 대표적인 심리적 취약점 5가지와 그것을 극복할 수 있는 대처방법을 살펴보겠습니다.

1. 지속적인 관심 부족과 마무리 어려움

ENTP는 새로운 아이디어나 프로젝트를 시작하는 데 뛰어난 능력을 갖추고 있지만, 그 과정에서 흥미를 잃거나 지루함을 느껴 쉽게 시작한 일을 마무리하지 못하는 경향이 있습니다. 이는 일을 끝내지 못하는 상황을 초래하거나, 목표 달성에 방해가 될 수 있습니다. 이를 극복하기 위해서는 목표를 세분화하고, 작은 단계로 나누어 완성도를 높여가는 방식이 필요합니다. 예를 들어, 큰 프로젝트를 여러 개의 작은 단계로 나누고, 각 단계를 완료할 때마다 성취감을 느끼는 방법이 좋습니다. 또한, 진행 상황을 점검하고 스스로 동기부여를 제공하는 방식으로 지속적으로 추진력을 유지할 수 있습니다.

2. 의사결정의 지연과 과도한 분석

ENTP는 아이디어와 가능성을 끊임없이 탐구하며, 가능한 모든 옵션을 고려하려고 하는 경향이 있습니다. 이는 때로 결정을 내리는 데 시간이 오래 걸리게 만들고, 중요한 선택에서 결정을 미루는 상황을 초래할 수 있습니다. 이를 극복하려면 결정을 빠르게 내리는 연습을 하는 것이 중요합니다. 즉, 충분한 정보를 얻은 후, 일정 시간 내에 결정을 내리고 그 결과에 책임을 지는 방식으로 훈련해야 합니다. 필요할 때는 '이제 결정하자'라고 스스로 다짐하고, 즉각적으로 실행하는 습관을 기르는 것이 좋습니다.

3. 감정의 경시와 타인의 감정에 대한 무감각

ENTP는 주로 논리적이고 분석적인 사고를 바탕으로 의사결정을 내리며, 감정보다는 사실에 집중하는 경향이 있습니다. 이로 인해 타인의 감정을 무시하거나, 그들의 감정을 제대로 이해하지 못할 수 있습니다. 이를 극복하려면 감정 인식과 공감 능력을 키우는 것이 중요합니다. 예를 들어, 대화 중에 타인의 감정을 더 잘 인식하고, 그들의 말이나 행동 뒤에 숨겨진 감정을 이해하려는 노력이 필요합니다. 또한, 감정적 대화에 더 많이 참여하고, 상대방의 감정을 존중하는 연습을 통해 관계의 깊이를 더할 수 있습니다.

4. 과도한 자만과 독선적인 태도

ENTP는 자신의 아이디어에 대해 매우 확신을 가지며, 자신의 논리와 분석에 대한 자부심이 큽니다. 이로 인해 때로는 다른 사람들의 의견이나 시각을 수용하는 데 어려움을 겪을 수 있습니다. 이를 극복하려면 개방적이고 수용적인 태도를 유지하는 것이 필요합니다. 다양한 관점을 존중하고, 타인의 의견을 경청하는 연습을 통해 다른 사람들과의 협업에서 더 효과적인 결과를 얻을 수 있습니다. 또한, 자신의 약점이나 실수를 인정하고 배우려는 태도를 가짐으로써 성장할 수 있습니다.

5. 일상적이고 반복적인 업무에 대한 무관심

ENTP는 변화와 도전을 즐기고, 지적 자극을 추구하는 성향이 강합니다. 이로 인해 반복적이고 규칙적인 일상적 업무나 세부적인 업무에 흥미를 잃고 무시할 수 있습니다. 이를 극복하려면 일상적이고 반복적인 업무도 중요한 일로 인식하고, 그 업무를 효율적으로 처리하는 방법을 찾는 것이 중요합니다. 예를 들어, 반복적인 작업을 효율적으로 처리할 수 있는 시스템을 만들거나, 그 일을 일정 기간 완수해야 하는 이유를 스스로 상기시켜 동기부여를 얻는 방법이 있습니다.

▶ ENTP는 창의적이고 논리적인 성격으로, 새로운 아이디어와 혁신적인 방법을 모색하는 능력이 뛰어납니다. 그러나 때로는 지나치게 다채로운 가능성에 집중하거나, 감정을 경시하거나, 결정을 미루는 경향이 있어 심리적 취약점이 드러날 수 있습니다. 이러한 취약점을 극복하기 위해서는 결정력을 키우고, 감정에 대한 이해와 공감을 높이며, 일상적인 업무에도 신경을 써야 합니다. 자신을 더욱 균형 있게 발전시키는 과정에서 ENTP는 더욱 효과적이고 깊이 있는 삶을 살아갈 수 있습니다.

ENTP가 자신의 잠재력을 극대화하고, 건강하고 행복한 삶을 위해서 실천해야 할 10가지 행동 지침은 무엇인가?

ENTP는 창의적이고 지적 호기심이 풍부하며, 새로운 아이디어를 탐구하고 혁신적인 해결책을 제시하는 데 강점을 가진 사람들입니다. 그들은 토론과 논의를 즐기며, 새로운 관점에서 문제를 해결하는 능력이 뛰어납니다. 하지만 때로는 지나치게 다양한 아이디어와 활동에 몰두하면서 집중력이 흐트러지거나, 일의 마무리가 미흡할 수 있습니다. ENTP가 자신의 잠재력을 극대화하고, 건강하고 행복한 삶을 살기 위해 실천해야 할 10가지 행동 지침은 다음과 같습니다.

1. 아이디어를 실행 가능한 계획으로 구체화하기

아이디어와 이론에 강한 ENTP는 실제로 그것들을 실행에 옮기는 데 어려움을 겪을 수 있습니다. 창의적인 구상을 현실로 바꾸는 능력은 중요한 성장의 열쇠입니다. 이를 위해서는 각 아이디어를 구체적인 단계로 나누어 실현 가능한 계획을 세우는 습관이 필요합니다.

2. 끊임없는 호기심을 자기 발전에 활용하기

새로운 것을 배우고 탐구하는 열정이 넘치는 ENTP는 다양한 분야에서 흥미를 느낍니다. 하지만 때로는 목표 없이 여기저기 흩어지게 될 수 있습니다. 호기심을 자기 성장과 관련된 방향으로 집중시키면 더 큰 발전을 이룰 수 있습니다.

3. 완벽을 추구하기보다는 완성을 우선시하기

ENTP는 새로운 아이디어를 떠올리는 데 능숙하지만, 작은 디테일에 집착하면서 일을 끝내지 못하는 경우가 많습니다. 완벽함을 추구하는 대신, 중요한 일을 먼저 완성하고 나서 개선하는 방식이 더 효과적입니다. 이를 통해 더 많은 성취감을 느낄 수 있습니다.

4. 감정을 인정하고, 타인과의 감정적 연결을 강화하기

지적인 대화와 논리에 뛰어난 ENTP는 감정적인 부분을 놓치기 쉽습니다. 타인과 깊은 감정적 연결을 통해 더 큰 행복을 느낄 수 있습니다. 자신의 감정을 인정하고 타인의 감정에 귀 기울이는 연습을 하는 것이 중요합니다.

5. 자기반성과 휴식의 시간을 규칙적으로 갖기

끊임없이 새로운 아이디어와 활동에 몰두하는 ENTP는 자기반성의 시간이 부족할 수 있습니다. 휴식과 반성의 시간은 내면을 되돌아보고 더 나은 방향으로 나아가기 위한 중요한 기회입니다. 규칙적인 자기 점검은 삶의 균형을 두지하는 데 필수적입니다.

6. 진지한 관계에 헌신하고 시간 투자하기

자유롭고 변화무쌍한 성격을 지닌 ENTP는 종종 관계에서 깊이 있는 헌신을 어려워할 수 있습니다. 그러나 진정한 관계는 지속적인 노력과 시간이 필요합니다. 진지한 관계를 맺고 그것에 투자하는 것은 ENTP에게 더욱 안정적이고 행복한 삶을 가져다줄 수 있습니다.

7. 끊임없는 피드백을 통해 성장하기

ENTP는 자기 생각을 잘 표현하고 도전하는 성향이 강하지만, 외부 피드백을 받는 데 소극적일 수 있습니다. 타인의 의견을 수용하고 피드백을 적극적으로 활용하는 태도는 더 큰 성장을 이끌어낼 수 있습니다. 피드백을 통해 자신을 더욱 발전시킬 수 있습니다.

8. 감정적 여유를 갖고 스트레스 관리하기

지적이고 창의적인 성향이 강한 ENTP는 때로 과도한 생각에 빠져 스트레스를 느낄 수 있습니다. 스트레스를 효과적으로 관리하는 법을 익히는 것이 필요합니다. 감정적 여유를 가지며 스트레스를 해소하는 방법을 찾는 것이 중요합니다.

9. 자신의 가치관을 명확히 하고, 목표를 설정하기

ENTP는 자유롭고 변화를 추구하는 성향으로 인해 목표를 명확히 세우기 어려울 수 있습니다. 그러나 자신이 진정으로 중요하게 생각하는 가치관을 명확히 하고, 그에 맞는 목표를 설정하는 것이 필요합니다. 목표는 삶에 방향과 의미를 부여할 수 있습니다.

10. 불확실성에 대한 두려움을 줄이고, 결단력을 기르기

끊임없이 변화하는 환경 속에서 ENTP는 불확실성을 두려워하기보다는 이를 기회로 삼아야 합니다. 결단력을 기르고, 결정 후에는 그것에 책임을 지는 것이 중요합니다. 불확실성은 ENTP가 새로운 아이디어와 가능성에 도전할 수 있는 원동력이 될 수 있습니다.

▶ ENTP는 창의적이고 아이디어 중심적인 성향을 지닌 사람들로, 다양한 가능성과 도전을 추구하는 특성이 있습니다. 그러나 자신의 잠재력을 극대화하고 건강하고 행복한 삶을 살기 위해서는 집중력, 실행력, 시간 관리, 감정 관리 등 여러 가지 실천적인 노력이 필요합니다. 이러한 지침들을 꾸준히 실천하며 성장할 수 있다면, ENTP는 더욱 의미 있고 풍성한 삶을 살 수 있을 것입니다.

ENTP에게 필요한 플러스 생각 10가지

ENTP는 창의적이고 논리적이며, 도전과 새로운 아이디어를 사랑하는 혁신적인 발명가 유형입니다. 탁월한 언변과 전략적 사고, 빠른 사고 전환으로 주변을 자극하고 변화의 중심에 서는 사람입니다. 그러나 동시에 지속성 부족, 감정의 무시, 현실 이행에 대한 집중력 부족, 관계의 피상성, 비판에 대한 민감성 등으로 인해 자기 내면과의 단절이나 인간관계의 피로를 느끼기 쉽습니다. 따라서 ENTP에게는 깊이와 연결, 감정 인식, 일관된 실행력을 기를 수 있는 플러스 생각이 중요한 내적 자원이 됩니다.

1. 나는 아이디어가 풍부한 사람이다.
▶ 창의적인 생각은 나의 힘이다. 그러나 아이디어가 진짜 힘이 되려면, 실행이라는 뿌리를 내려야 한다.

2. 나는 논쟁과 토론을 즐긴다.
▶ 지적인 토론은 나를 성장시킨다. 그러나 상대의 감정을 존중하는 것이 진짜 지성이다.

3. 나는 새로운 도전을 반긴다.
▶ 도전은 내 삶을 확장시킨다. 하지만 하나의 도전을 끝까지 마무리할 때, 나는 더 깊은 성취를 얻는다.

4. 나는 변화를 주도하는 사람이다.
▶ 변화를 만드는 나의 힘은 소중하다. 하지만 변화 뒤에 남겨진 나 자신도 돌아보아야 한다.

5. 나는 계획보다 즉흥적인 사고를 즐긴다.

▶ 즉흥은 창의의 불꽃이다. 그러나 긴 호흡의 계획이 나를 더 멀리 데려간다.

6. 나는 재치 있고 유쾌한 사람이다.

▶ 유머는 나의 매력이다. 하지만 내 진심과 슬픔도 나의 일부임을 받아들일 때, 나는 더 온전해진다.

7. 나는 다양한 사람들과 쉽게 연결된다.

▶ 관계의 폭은 넓다. 그러나 깊이를 더한 관계가 나에게 진짜 안정감을 준다.

8. 나는 실수를 두려워하지 않는다.

▶ 실수는 배움의 한 과정이다. 하지만 반복된 실수를 성찰하는 자세는 더 큰 성장을 이끈다.

9. 나는 생각이 빠르게 바뀌는 편이다.

▶ 유연한 사고는 강점이다. 그러나 중요한 가치와 원칙만은 단단히 붙들고 가야 한다.

10. 나는 세상을 새롭게 보는 사람이다.

▶ 세상을 다르게 보는 눈은 선물이다. 하지만 내 안의 세계도 그만큼 섬세히 바라보아야 한다.

이러한 플러스 생각들은 ENTP가 가진 역동성과 창의성을 해치지 않으면서도, 깊이 있는 관계와 내면의 일관성, 감정과 실행의 균형을 이루는 데 큰 도움을 줍니다. ENTP는 '변화의 바람'이지만, 자기 내면의 뿌리가 깊어질수록 그 바람은 더 많은 사람을 살리는 바람이 될 수 있습니다.

ENTP의 좋은 관계를 위한 지혜

ENTP는 창의적이고, 호기심이 많으며, 논리적 사고를 중시하는 성격을 가진 사람들입니다. 이들은 새로운 아이디어와 가능성에 관한 탐구를 즐기며, 지적인 도전을 추구하는 경향이 있습니다. ENTP는 활발하게 사회적 상호작용을 즐기고, 언제나 새로운 관점에서 문제를 해결하려고 합니다. 또한, 다양한 의견을 받아들이고 논쟁을 통해 자신들의 생각을 발전시키는 것을 좋아합니다. 이들은 혁신적이고, 유연하며, 종종 상황에 맞게 빠르게 적응할 수 있는 능력을 가집니다.

잘 맞는 유형:

· INFJ: ENTP와 INFJ는 서로의 사고방식과 가치관을 보완하는 관계를 맺을 수 있습니다. INFJ는 깊은 통찰력과 신중함을 가지고 있으며, ENTP는 항상 새로운 아이디어와 도전을 추구합니다. 이들은 서로의 관점에 대해 존중하고, 긴밀하게 협력하여 목표를 이루는 데 도움이 됩니다.

· INTJ: ENTP와 INTJ는 지적인 도전과 논리를 중시하는 공통점을 가지고 있어, 서로를 자극하며 더 나은 아이디어를 만들어갈 수 있습니다. ENTP는 INTJ의 구조적 접근 방식을 존중하고, INTJ는 ENTP의 창의적인 아이디어를 반영할 수 있습니다. 두 사람은 서로의 사고를 보완하고, 효과적인 문제 해결을 위해 협력할 수 있습니다.

잘 맞지 않는 유형:

· ISFJ: ENTP와 ISFJ는 서로 다른 접근 방식을 취할 수 있습니다. ENTP는 변화와 창의성을 추구하는 반면, ISFJ는 안정적이고 실용적인 방식을 선호합니다.

이러한 차이로 인해 상호 이해가 어려울 수 있으며, 갈등이 발생할 수 있습니다.

· ESTJ: ENTP와 ESTJ는 성격에서 큰 차이를 보일 수 있습니다. ENTP는 자유로운 사고와 창의적인 접근을 중시하는 반면, ESTJ는 조직적이고 규칙적인 방식을 선호합니다. 이러한 차이는 갈등을 초래할 수 있으며, 상호 이해가 어렵습니다.

좋은 관계를 위한 지혜:

· 상대방의 감정과 생각을 존중하기: ENTP는 논리적 사고와 창의적 아이디어에 몰두하는 경향이 있지만, 상대방의 감정과 생각을 배려하는 것이 중요합니다. "너는 이 문제를 어떻게 생각해? 내가 생각하는 방식과 다를 수 있겠지만, 네 의견을 듣고 싶어."라고 말하며 상대방의 감정과 의견을 존중하는 태도를 보이는 것이 좋습니다.

· 의사소통에서 유연성 가지기: ENTP는 자유롭게 아이디어를 떠올리고, 때로는 그 아이디어가 너무 빠르게 진행될 수 있습니다. 이럴 때는 상대방이 충분히 따라갈 수 있도록 명확하고 단계적으로 설명하는 것이 중요합니다. "이런 아이디어가 있는데, 함께 생각을 나눠볼래?"라고 말하며, 상대방이 편안하게 대화에 참여할 수 있도록 유도하는 것이 좋습니다.

· 상대방의 필요와 감정을 인식하기: ENTP는 때때로 상대방의 감정을 놓칠 수 있습니다. 이럴 때는 상대방이 무엇을 원하는지, 어떤 감정을 느끼는지 파악하고 그에 맞는 반응을 보이는 것이 중요합니다. "지금 네가 불편한 감정을 느끼고 있는 것 같아. 무슨 일이 있었는지 얘기해 줄 수 있어?"라고 물어보며 상대방의 감정에 대해 민감하게 반응하는 것이 필요합니다.

· 결단력 있게 행동하기: ENTP는 많은 아이디어를 가지고 있지만, 때때로 결정

을 미루는 경향이 있습니다. 관계에서 중요한 문제를 해결할 때는 결단력 있게 행동하고, 상대방에게 신뢰를 줄 수 있도록 노력해야 합니다. "이 문제에 대해 우리가 함께 결정을 내릴 때가 된 것 같아. 어떻게 해결할까?"라고 말하며 결정을 내리는 태도를 보이는 것이 중요합니다.

· **상대방의 독립성을 존중하기**: ENTP는 자주 자신의 아이디어를 제시하지만, 때때로 상대방이 독립적으로 해결하고 싶은 문제까지 개입하려는 경향이 있을 수 있습니다. 상대방이 스스로 해결할 수 있도록 여유를 주고, 필요할 때만 지원하는 것이 중요합니다. "이 문제를 어떻게 해결하고 싶은지 먼저 네가 생각해봐. 내가 필요하면 도와줄게."라고 말하며 상대방의 독립성을 존중하는 태도를 보이는 것이 좋습니다.

ENTP의 치유와 성장을 위한 영적 메시지(명상 조언) 5가지

1. 진정성을 잃지 마세요.

당신은 새로운 아이디어와 도전에 끊임없이 매료되지만, 때로는 타인의 의견에 맞추기 위해 진정성을 잃을 수 있습니다. 당신의 독창적인 아이디어와 열정은 세상에서 중요한 역할을 합니다. 다른 사람의 기대에 맞추기보다, 자신만의 길을 걸으며 진정성을 잃지 마세요. 당신의 진실한 모습이 바로 그 자체로 가치 있습니다.

2. 깊이 있는 휴식의 시간을 가지세요.

당신은 생각과 아이디어의 흐름에 빠져 쉽게 에너지를 소모할 수 있습니다. 하지만 지속적인 활동과 창조적인 자극 속에서 내면의 평화를 찾는 것이 중요합니다. 깊은 휴식과 내면의 고요함을 경험할 시간을 가지세요. 그렇게 할 때, 진정한 에너지와 통찰력이 회복될 것입니다.

3. 불완전함을 받아들이세요.

당신은 항상 완벽하고 혁신적인 해결책을 찾으려 하지만, 삶은 완벽하지 않으며 그 불완전함 속에서 배우고 성장합니다. 때로는 완벽하지 않더라도 그 자체로 아름다움과 가치를 인정하세요. 불완전함을 두려워하지 말고, 그 속에서 진정한 자유와 성장을 경험하세요.

4. 사람들과 깊은 연결을 추구하세요.

당신은 아이디어와 논의의 매력에 끌려 관계의 표면적인 부분에 집중할 수 있지만, 사람들과의 진정한 연결을 추구할 필요가 있습니다. 깊은 관계는 진심 어린 대화와 신뢰에서 비롯됩니다. 사람들과의 관계에서 진정성과 공감을 중시할 때, 당신은 더욱 풍요롭고 의미 있는 관계를 맺을 수 있습니다.

5. 지금, 이 순간에 집중하세요.

당신은 미래에 대한 비전과 가능성에 매료되지만, 지나치게 미래에 집중하다 보면 현재의 순간을 놓칠 수 있습니다. 지금, 이 순간에 온전히 존재하고, 그 속에서 기쁨과 평화를 찾으세요. 현재의 순간은 당신에게 중요한 통찰과 영감을 줄 소중한 기회입니다.

MBTI on 13

ESTJ 행정가형, 관리자형

ESTJ는 외향적(Extraverted), 감각적(Sensing), 사고적(Thinking), 판단적(Judging) 성향을 가진 사람들을 의미하는 MBTI 유형입니다. ESTJ는 흔히 '현실적인 관리자', '조직적인 리더', '실용적인 실행자'로 묘사됩니다.

ESTJ의 주요 특징

1. 조직적이고 체계적인 성향
ESTJ는 매우 체계적이고 조직적인 성격을 가지고 있습니다. 계획을 세우고 그 계획을 철저히 실행하는 것을 중요하게 생각합니다. 이들은 효율성을 중시하며, 일의 순서를 정리하고 관리하는 데 뛰어난 능력을 보입니다.

2. 결단력 있고 실용적
ESTJ는 빠르게 결정을 내리고, 실용적이고 효율적인 해결책을 찾으려는 경향이 강합니다. 이들은 감정보다는 객관적인 사실과 데이터를 우선시하며, 실용적인 접근을 통해 문제를 해결합니다. 신속한 결단을 내리기 때문에 리더십에서 큰 강점을 보입니다.

3. 전통을 중시하고 규칙을 따름

ESTJ는 전통과 규칙을 중요시합니다. 이들은 기존의 시스템과 절차가 효과적이라고 믿고, 이를 따르는 것이 조직의 안정성과 효율성을 보장한다고 생각합니다. 때때로 변화에 대한 저항을 보일 수 있지만, 안정적이고 확립된 시스템을 선호합니다.

4. 책임감과 신뢰성

ESTJ는 매우 책임감이 강하고, 맡은 일을 끝까지 해내려는 성향을 가지고 있습니다. 이들은 주변 사람들에게 신뢰를 주며, 항상 일을 성실하게 처리하고 책임을 다하는 사람으로 평가됩니다.

5. 사회적이고 외향적인 성격

ESTJ는 외향적이며 사람들과의 관계에서 활발하게 활동합니다. 이들은 대체로 사람들과 잘 어울리고, 집단 내에서 리더 역할을 맡는 것을 좋아합니다. 그룹을 이끌며, 목적을 달성하는 데 주력합니다.

ESTJ의 장점 & 단점

✅ 장점:
- 조직적이고 체계적 – 업무와 사람을 관리하는 데 뛰어난 능력을 보입니다.
- 결단력과 실행력 – 빠르고 정확한 결정을 내리고, 이를 실행하는 데 강점이 있

습니다.

- **책임감이 강** – 맡은 일을 끝까지 해내며, 신뢰받는 사람으로 평가됩니다.
- **사교적이고 외향적** – 사람들과 잘 어울리며, 사회적 상호작용에서 편안함을 느낍니다.
- **현실적이고 실용적** – 문제를 해결할 때 현실적이고 실용적인 접근을 취합니다.

❌ **단점:**

- **변화에 대한 저항** – 기존의 시스템과 규칙을 중시하기 때문에 변화나 혁신에 대해 저항할 수 있습니다.
- **감정 표현에 서툴 수 있음** – 감정적으로 유연하기보다는 논리와 사실에 더 의존하는 경향이 있어 감정적인 배려가 부족할 수 있습니다.
- **강한 통제욕** – 다른 사람들이 계획대로 일하지 않으면 스트레스를 받을 수 있으며, 지나치게 통제하려 할 수 있습니다.
- **완벽주의 성향** – 일이 완벽하게 이루어지지 않으면 불만을 느끼거나 스트레스를 받을 수 있습니다.
- **다양성의 수용에 어려움** – 규칙과 절차를 중시하기 때문에 새로운 아이디어나 방법을 받아들이는 데 어려움을 겪을 수 있습니다.

ESTJ에게 잘 맞는 직업

ESTJ는 실용적이고 목표 지향적인 직업에서 뛰어난 성과를 보입니다. 이들은 체계적이고 조직적인 업무에서 그 능력을 발휘할 수 있습니다.

- ✅ **경영자, CEO** – 조직을 효율적으로 이끌고 체계적으로 관리하는 역할에 적합합니다.
- ✅ **프로젝트 관리자** – 계획을 세우고 팀을 이끌어 프로젝트를 성공적으로 완수하

는 역할에 적합합니다.

● 군인, 경찰, 소방관 – 규칙과 질서를 중시하는 직업에서 강점을 보입니다.

● 법률 전문가, 판사, 변호사 – 법과 규칙을 따르며, 논리적이고 결단력 있는 업무에 적합합니다.

● 교사, 교육 관리자 – 학생과 교육 환경을 관리하고 체계적으로 가르치는 역할에 적합합니다.

● 공공 관리자 – 정부나 공공 부문에서 정책을 실행하고 관리하는 역할에 적합합니다.

ESTJ의 유명인 예시

· 조지 워싱턴(George Washington) – 강한 리더십과 결단력을 보여준 미국 초대 대통령

· 마가렛 대처(Margaret Thatcher) – 실용적이고 결단력 있는 영국의 첫 여성 총리

· 하워드 슐츠(Howard Schultz) – 스타벅스를 글로벌 기업으로 성장시킨 사업가

· 빌 게이츠(Bill Gates) – 마이크로소프트를 창립하고 체계적이고 혁신적인 기업 관리로 성공한 기업가

ESTJ를 위한 조언

· 변화에 개방적인 태도를 가지세요 – 새로운 방법이나 아이디어를 시도하는 데 열린 마음을 가지고 변화를 수용하는 것이 중요합니다.

· 감정을 고려하세요 – 논리적인 접근을 취할 때 감정적인 요소도 함께 고려하면 관계가 더욱 원활해질 수 있습니다.

· 완벽주의에서 벗어나세요 – 때로는 100% 완벽하지 않더라도 충분히 좋은 결과

를 얻을 수 있다는 점을 이해하는 것이 중요합니다.

· **유연성을 키우세요** – 규칙과 절차를 중시하되, 상황에 따라 유연하게 대처할 수 있는 능력을 키우는 것이 좋습니다.

ESTJ는 이런 사람!
- 실용적이고 체계적입니다.
- 책임감이 강하고 신뢰할 수 있습니다.
- 효율적이고 조직적인 사고를 합니다.
- 목표 지향적이며 결단력이 있습니다.
- 전통과 규칙을 중시하고, 이를 따르는 것을 중요하게 여깁니다.

ESTJ는 '실행력 있는 조직의 리더'라고 할 수 있습니다.

상처나 스트레스를 많이 받으면 ESTJ는 심리증상이 생길 가능성이 높은가?

ESTJ는 매우 조직적이고 실용적인 성격으로, 효율성과 질서를 중시하는 성향을 가지고 있습니다. 그러나 스트레스를 받으면 이러한 성향이 부정적으로 나타날 수 있으며, 심리적인 증상이나 어려움을 겪을 수 있습니다. ESTJ가 상처나 스트레스를 많이 받았을 때 나타날 수 있는 심리증상 10가지를 살펴보겠습니다.

1. 지나치게 완벽주의적이고 비판적

ESTJ는 조직과 효율성을 중시하는 경향이 강합니다. 스트레스를 받을 경우, 자신과 타인에게 지나치게 높은 기준을 설정하고 이를 충족시키지 못하면 비판적이고 부정적인 태도를 보일 수 있습니다. '왜 이런 실수를 했지?'라고 자책하거나, 타인의 실수에 대해 지나치게 비판적으로 될 수 있습니다.

2. 감정적 억제와 고립

ESTJ는 감정을 잘 표현하지 않으며, 스트레스를 받으면 감정을 억제하려는 경향이 강해집니다. 감정의 표현을 억제하고 스스로 고립되면서 스트레스를 내면화하는 경향이 있습니다. 이런 상태가 오래 지속하면, 감정적으로 고립되고 외로움을 느끼기도 합니다.

3. 다른 사람의 의견을 무시하거나 고집

ESTJ는 확고한 신념을 가지고 있으며, 스트레스를 받으면 더 강하게 자신의 의견을 고수하려는 경향이 있습니다. 타인의 의견을 받아들이기보다는 자신의 방법이나 해결책만을 고집하며, 대화나 협력의 기회를 놓칠 수 있습니다. 이로 인해 대인관계에서 갈등이 발생할 수 있습니다.

4. 지나치게 통제하려는 경향

ESTJ는 주변 상황이나 사람들을 통제하려는 경향이 있습니다. 스트레스를 받을 경우, 자신이 맡은 일이 아닌 것까지도 지나치게 간섭하거나 통제하려 들 수 있습니다. 이는 타인에게 스트레스를 주고, 자신도 과중한 부담을 느낄 수 있습니다.

5. 불안정한 감정 기복

스트레스를 받을 때 ESTJ는 감정을 억제하려고 시도하지만, 때때로 그 억제된 감정이 폭발할 수 있습니다. 지나치게 긴장하거나 분노를 억제하다가 갑자기 감정이 격해져 감정의 기복이 심해질 수 있습니다. 이로 인해 주변 사람들이 ESTJ의 감정 변화를 이해하기 어려울 수 있습니다.

6. 자기 의심과 불안

ESTJ는 외부적으로는 강한 이미지를 가지고 있지만, 스트레스를 받으면 자신에 대한 의심이 커질 수 있습니다. '내가 제대로 하는 걸까?', '내가 실패하면 어떻게 하지?'라는 생각에 빠져 자신감을 잃고 불안감을 느낄 수 있습니다. 이런 의심은 과도한 스트레스와 부담을 초래할 수 있습니다.

7. 지나치게 일 중심적인 태도

ESTJ는 일을 매우 중요하게 생각하며, 스트레스를 받으면 일이 아닌 다른 것을 돌보지 않으려는 경향이 있습니다. 일이 제대로 돌아가지 않으면 주변 사람들과의 관계나 여가 활동을 무시하고, 오직 업무에만 집중하려고 합니다. 이로 인해 정신적으로 고립되거나 스트레스가 더욱 심해질 수 있습니다.

8. 융통성 부족

ESTJ는 규칙과 절차를 중요시하는 성향이 강한데, 스트레스를 받으면 그 융통성을 더욱 줄이고 모든 것을 규칙에 맞추려는 경향이 강해집니다. 새로운 상황이나 변화를 받아들이기 어렵고, 고정된 방법에 집착하게 됩니다. 이로 인해 상황에 맞게 유연하게 대처하지 못하고 스트레스를 증대시킬 수 있습니다.

9. 과도한 자기 책임감

ESTJ는 강한 책임감을 가지고 있지만, 스트레스를 받으면 자신의 책임을 과도하게 떠맡을 수 있습니다. '내가 이 일을 끝내야만 한다'는 생각에 압박감을 느끼며, 자칫 모든 일을 혼자 해결하려 하면서 과중한 스트레스를 겪을 수 있습니다. 이로 인해 육체적, 정신적 피로가 쌓일 수 있습니다.

10. 대인관계에서의 갈등

스트레스가 극에 달하면 ESTJ는 타인과의 대인관계에서 갈등을 겪을 수 있습니다. 주위 사람들의 방식이나 아이디어를 받아들이기 어려워하며, 자주 논쟁을 벌이거나 단호한 입장을 취할 수 있습니다. 이로 인해 사람들과의 관계가 악화하고 고립감을 느낄 수 있습니다.

ESTJ는 어떤 방어기제를 쓸 가능성이 높을까?

ESTJ는 외향적이고 실용적이며, 체계적이고 조직적인 성격을 지닌 사람들입니다. 이들은 전통과 규칙을 중요시하며, 효율적이고 목적 지향적인 행동을 선호합니다. 문제 해결에서도 실용적인 접근을 중시하며, 감정적 요소보다는 실제적인 결과를 중요하게 생각합니다. 그러나 감정적인 갈등이나 스트레스를 처리하는 데 있어, ESTJ는 다양한 방어기제를 사용할 수 있습니다. 이들은 자신의 내적 불안이나 감정을 외부로 드러내지 않으려 하며, 대신 외적이고 실용적인 방식으로 이를 처리하려는 경향이 있습니다.

1. 합리화

ESTJ는 감정적으로 불편한 상황을 합리화하려는 경향이 있습니다. 예를 들어, 자신의 결정을 정당화하거나, 감정적인 상황을 논리적인 이유로 돌리려 할 수 있습니다. 감정적 갈등이 발생했을 때, 그 갈등의 원인이나 결과를 논리적으로 설명하며, 감정적인 영향을 최소화하려는 경향이 있습니다. 이러한 방어기제는 자신의 선택을 합리적이고 이성적인 결정으로 포장하려는 방식입니다.

2. 억제

ESTJ는 감정적 문제를 직면하기보다는 이를 억제하고 감정을 억누르려는 경향이 있습니다. 감정적으로 불편한 상황에서 자신의 감정을 인식하거나 표현하는 것보다는, 그것을 외면하고 실용적인 해결책을 찾으려 할 수 있습니다. 예를 들어, 감정적 갈등을 일으키지 않기 위해 자신의 불안이나 스트레스를 무시하고 계속해서 일이나 업무에 몰두할 수 있습니다. 이는 감정적 문제를 처리하지 않고 무시하려는 방어기제입니다.

3. 자기 정당화

ESTJ는 자신이 내린 결정이나 행동이 옳다는 확신을 가지며, 감정적으로 갈등을 겪을 때 이를 정당화하려 할 수 있습니다. 예를 들어, 다른 사람과의 갈등에서 자신의 입장을 고수하며, "나는 옳다"는 생각을 통해 내적 불편함을 줄이려 할 수 있습니다. 이는 자신의 감정을 직시하지 않고, 외부의 반응을 합리화하려는 방어기제입니다.

4. 과잉 통제

ESTJ는 주변 사람들과 상황을 통제하려는 경향이 강합니다. 감정적 갈등이나 스트레스가 발생했을 때, 이를 해결하기 위해 상황을 지나치게 통제하려 할 수 있습니다. 예를 들어, 갈등이 있을 때 감정적으로 불편함을 느끼기보다는, 상황을 자신이 원하는 방향으로 이끌기 위해 적극적으로 개입하거나, 다른 사람들에게 강한 압박을 가할 수 있습니다. 이는 감정적 갈등을 회피하려는 방식으로, 외부 상황을 자신이 통제 가능한 범위 내에 두려는 방어기제입니다.

5. 반동 형성

ESTJ는 내면의 갈등을 해결하기 위해 반동 형성을 사용할 수 있습니다. 예를 들어, 자신이 느끼는 불안이나 두려움을 외부로 표현하지 않기 위해, 지나치게 자신감 있고 단호한 태도를 취할 수 있습니다. 실제로는 불안한 상황에서도 이를 숨기고, "나는 아무것도 신경 쓰지 않는다"거나 "모든 것을 해결할 수 있다"는 태도로 나타날 수 있습니다. 이러한 행동은 자신의 불안이나 불편한 감정을 숨기려는 방식입니다.

6. 권위적인 태도 (Authoritarianism)

ESTJ는 질서와 규칙을 중시하는 성향이 강하기 때문에, 감정적인 불편함이나 스트레스에 직면했을 때, 이를 해결하기 위해 권위적인 태도를 취할 수 있습니다. 예를 들어, 갈등 상황에서 "내가 말하는 대로 해야 한다"는 식으로 상대방을 압박하거나, 자신의 방식만이 올바르다고 고집할 수 있습니다. 이는 감정적 문제를 처리하기보다, 외부의 문제를 통제하려는 방어기제입니다.

7. 분노 표출

ESTJ는 스트레스를 받거나 불편한 상황에 직면했을 때, 분노를 표출하는 방식으로 감정을 처리할 수 있습니다. 예를 들어, 감정적으로 불편한 상황을 직면하기보다는, 그것에 대해 화를 내거나 짜증을 내는 방식으로 반응할 수 있습니다. 이는 감정적인 갈등을 직면하는 것보다, 그 갈등을 외부로 표출함으로써 내면의 불안을 처리하려는 방식입니다.

8. 자기비판

ESTJ는 자신에게 높은 기준을 두고 자신을 스스로 자주 비판하는 경향이 있을 수 있습니다. 감정적으로 어려운 상황에 직면했을 때, 자신이 그 상황을 해결하지 못했다는 자책감이나 부정적인 감정을 느끼며, 이를 내면적으로 비판하려 할 수 있습니다. 예를 들어, 다른 사람과의 갈등에서 자신이 잘못했다고 생각하고, 그 실수를 과도하게 비판하거나 자책할 수 있습니다. 이는 감정적인 문제를 은폐하려는 방어기제입니다.

▶ ESTJ는 감정적 갈등이나 스트레스를 직면했을 때, 이를 합리화하거나 억제하려는 경향이 있으며, 자신의 감정을 외부로 드러내지 않으려 할 수 있습니다. 합리화, 억제, 과잉 통제, 반동 형성 등의 방어기제를 사용하여 내면의 갈등을 처리하려 하며, 외부의 상황을 통제하거나 자신을 정당화하려는 경향이 강합니다. 이러한 방어기제들은 감정적인 갈등을 회피하려는 방식으로 작용하지만, 장기적으로는 감정적인 문제를 제대로 다루지 않으면 내면의 스트레스가 쌓일 수 있습니다. ESTJ는 자신의 감정을 인식하고, 그것을 건강하게 처리하는 방법을 찾는 것이 중요합니다.

ESTJ의 심리적 취약점과 이를 극복하는 대처방법은 무엇인가?

ESTJ는 매우 조직적이고 현실적인 성격으로, 명확한 규칙과 절차를 중시하며, 일을 정확하고 효율적으로 처리하는 능력이 뛰어납니다. 이들은 주로 외부 세계의 질서를 유지하려고 하며, 체계적인 접근 방식을 통해 목표를 달성하려 합니다. 그러나 이러한 강점 속에도 몇 가지 심리적 취약점이 있을 수 있습니다. ESTJ의 대표적인 심리적 취약점 5가지와 그것을 극복하는 대처방법을 살펴보겠습니다.

1. 감정 표현의 억제와 타인의 감정에 대한 무감각

ESTJ는 효율성과 성과를 중시하기 때문에, 종종 감정보다는 사실과 결과에 집중합니다. 이로 인해 자신의 감정을 표현하는 데 어려움을 겪거나, 타인의 감정을 충분히 이해하거나 공감하지 못할 수 있습니다. 이를 극복하려면 감정 표현을 연습하는 것이 중요합니다. 예를 들어, 자신의 감정을 일기나 대화 중에 솔직하게 표현하거나, 타인의 감정을 더욱 주의 깊게 들으려는 태도를 기르는 것이 필요합니다. '이 사람은 지금 어떤 감정을 느끼고 있을까?'라고 자문하며 감정 인식 능력을 키워야 합니다.

2. 융통성 부족과 변화에 대한 저항

ESTJ는 안정적이고 예측 가능한 환경을 선호하며, 기존의 규칙과 절차에 따라 일이 진행되는 것을 중요하게 생각합니다. 이로 인해 변화나 새로운 접근 방식에 대한 저항이 있을 수 있습니다. 이를 극복하려면 작은 변화부터 연습하는 것이 필요합니다. 일상에서 소소한 변화를 시도하거나, 변화가 긍정적인 결과를 가져올 수 있음을 인식하며, 점차 새로운 방법을 받아들이는 마인드셋을 기르는 것이 중요합니다.

3. 과도한 자기주장과 타인에 대한 통제 욕구

ESTJ는 일에 있어 강한 주도권을 발휘하려는 경향이 있습니다. 이는 때로 다른 사람들을 과도하게 통제하거나, 자신의 방식대로 일을 진행하려는 태도로 이어질 수 있습니다. 이를 극복하려면 타인의 의견과 방식을 존중하는 태도를 기르는 것이 필요합니다. 예를 들어, 팀원들의 아이디어나 제안을 경청하고, 그들의 의견을 반영하려는 노력이 필요합니다. 다른 사람들과 협업할 때 공동의 목표를 중심으로 상호 존중하는 관계를 유지하려는 노력이 중요합니다.

4. 실패에 대한 두려움과 자기비판

ESTJ는 목표를 달성하고 결과를 얻는 것에 큰 가치를 두기 때문에, 실패를 받아들이기 어려워합니다. 실수를 너무 심각하게 받아들이거나, 자신을 지나치게 비판할 수 있습니다. 이를 극복하려면 실패를 학습의 기회로 받아들이는 사고 전환이 필요합니다. 실패는 개선과 성장을 위한 중요한 과정이라는 점을 인식하고, 실수나 실패에서 배울 점을 찾아내는 노력이 중요합니다. 또한, 자기 자신에게 부드럽고 관대하게 대하는 태도를 기르는 것이 필요합니다.

5. 타인의 감정적 요구에 대한 반응 부족

ESTJ는 일과 목표에 집중하느라 타인의 감정적 요구에 둔감할 수 있습니다. 사람들의 감정에 민감하게 반응하지 않으면, 인간관계에서 갈등이 발생할 수 있습니다. 이를 극복하려면 감정적으로 더 민감하고 개방적인 태도를 가질 필요가 있습니다. 대화 중 상대방의 감정을 읽으려 노력하고, 감정적인 지지나 관심을 기울이는 것이 중요합니다. 또한, 정기적으로 소통하며 감정적 지원을 주고받는 시간을 가지면 관계의 질을 높일 수 있습니다.

▶ ESTJ는 뛰어난 조직력과 책임감으로 중요한 역할을 수행할 수 있는 능력을 갖추고 있습니다. 그러나 감정 표현의 억제, 변화에 대한 저항, 과도한 자기주장 등의 심리적 취약점을 극복하기 위해서는 자신의 감정과 타인의 감정을 더 잘 이해하고, 변화에 대한 개방적인 태도를 기르는 것이 필요합니다. 또한, 실패를 학습의 기회로 보고, 타인의 의견과 감정을 존중하는 노력을 통해 더 균형 잡힌 삶을 살아갈 수 있습니다.

ESTJ가 자신의 잠재력을 극대화하고, 건강하고 행복한 삶을 위해서 실천해야 할 10가지 행동 지침은 무엇인가?

ESTJ는 실용적이고 조직적이며 책임감이 강한 성격을 가진 사람들입니다. 그들은 규칙과 구조를 중시하고, 목표 달성을 위해 체계적으로 계획을 세워 실행하는 능력이 뛰어납니다. 그러나 때때로 지나치게 규칙에 얽매이거나 다른 사람에게 지나치게 높은 기대를 품을 수 있습니다. ESTJ가 자신의 잠재력을 극대화하고 건강하고 행복한 삶을 살기 위해 실천해야 할 10가지 행동 지침은 다음과 같습니다.

1. 완벽을 추구하기보다는 유연성을 발휘하기

ESTJ는 모든 일이 규칙과 절차대로 이루어지기를 원하지만, 때로는 계획에 벗어나는 일이 생길 수 있습니다. 완벽을 추구하는 대신 유연성을 발휘하여 상황에 맞게 조정하는 능력을 키우는 것이 중요합니다. 이는 스트레스를 줄이고, 더 효과적인 문제 해결로 이어질 수 있습니다.

2. 자기감정을 인정하고, 표현하기

ESTJ는 감정보다는 사실과 논리를 우선시하는 경향이 강합니다. 그러나 감정을 억누르거나 무시하면 내면의 불균형이 생길 수 있습니다. 자신의 감정을 인정하고, 적절한 방식으로 표현하는 연습을 통해 내면의 건강을 유지할 수 있습니다.

3. 휴식과 재충전의 시간을 계획적으로 가지기

계획과 실행에 강한 ESTJ는 종종 과중한 업무와 책임으로 자신을 소진하기 쉽습니다. 그러나 지속적인 휴식과 재충전의 시간이 없다면 장기적으로 효율성이 떨어지게 됩니다. 휴식 시간을 계획적으로 마련하여 에너지를 회복하고, 더 나은 성과를 낼 수 있도록 해야 합니다.

4. 타인의 의견을 존중하고 열린 마음으로 듣기

ESTJ는 자신의 방식이나 생각에 대한 확신이 강하기 때문에, 타인의 의견을 받아들이기 어려운 경우가 있습니다. 그러나 다양한 의견을 존중하고 열린 마음으로 듣는 것은 더 나은 결정을 내리는 데 도움이 됩니다. 타인의 피드백을 적극적으로 수용하는 자세를 기르는 것이 중요합니다.

5. 기존의 틀을 넘어 새로운 방식을 시도하기

전통적인 방법과 규칙을 선호하는 ESTJ는 때때로 혁신적인 접근을 시도하는 데 주저할 수 있습니다. 그러나 변화는 성장을 위한 중요한 요소입니다. 새로운 방식을 시도하고, 기존의 틀을 넘어서는 도전 정신을 키우는 것이 필요합니다.

6. 목표 설정을 넘어 과정에 집중하기

ESTJ는 목표 달성에 큰 중점을 두지만, 목표에 도달하는 과정에서 중요한 가치나 교훈을 놓칠 수 있습니다. 과정에 집중하고 그 과정에서 배우는 것에 대해 성찰하는 것이 중요합니다. 이렇게 함으로써 더 깊은 만족을 얻을 수 있습니다.

7. 자기비판을 줄이고, 자기 긍정을 늘리기

ESTJ는 목표 지향적이고 책임감이 강하기 때문에 자신에게 높은 기대를 합니다. 하지만 지나치게 자신을 비판하는 경향은 자기 존중감을 떨어뜨릴 수 있습니다. 자기 긍정적인 태도를 키우고, 자신의 성취와 노력을 인정하는 것이 중요합니다.

8. 유연한 일정을 계획하고, 여유를 가지기

ESTJ는 대체로 정확한 계획을 좋아하지만, 지나치게 엄격하게 계획을 고수하다 보면 융통성이 떨어질 수 있습니다. 계획에 여유를 두고 상황에 따라 유연하게 조정할 수 있는 능력을 기르는 것이 중요합니다. 이렇게 하면 스트레스를 줄이고, 더 나은 성과를 이룰 수 있습니다.

9. 사소한 일도 감정적으로 소중히 여기기

ESTJ는 일상적인 일이나 업무에 몰두하는 경향이 있어, 작은 일들이나 소중한 순간들을 지나치게 간과할 수 있습니다. 그러나 삶의 작은 기쁨을 소중히 여기고 감정적으로 인식하는 것은 삶에 더 큰 만족을 가져다줍니다. 일상에서의 소소한 행복을 찾는 연습이 필요합니다.

10. 비판을 건설적으로 받아들이고, 성장의 기회로 삼기

ESTJ는 직설적이고 솔직한 피드백을 좋아하는 성격이지만, 비판에 대해 방어적인 태도를 보일 때가 있습니다. 비판을 개인적인 공격으로 받아들이기보다는 자

신의 성장을 위한 기회로 삼는 태도가 필요합니다. 이를 통해 더욱 효과적으로 발전할 수 있습니다.

▶ ESTJ는 매우 실용적이고 책임감이 강한 사람들로, 체계적이고 효율적인 방법으로 문제를 해결하는 능력이 뛰어납니다. 그러나 건강하고 행복한 삶을 살기 위해서는 규칙과 체계에 너무 얽매이지 않고, 유연성과 감정 표현, 스트레스 해소를 위한 노력이 필요합니다. 이러한 지침들을 통해 자기 자신을 잘 관리하고, 더 나은 관계를 형성하며, 균형 잡힌 삶을 살아갈 수 있을 것입니다.

ESTJ에게 필요한 플러스 생각 10가지

ESTJ는 체계적이고 현실적이며, 책임감과 리더십이 강한 조직자형 인물입니다. 질서를 세우고 효율을 추구하며, 목표 달성을 위해 자신의 역할을 철저히 수행하는 성향이 강합니다. 하지만 융통성 부족, 감정 표현의 억제, 자기 관과 타인에 대한 기대치, 완벽주의적 통제 욕구 등이 내면의 스트레스를 유발할 수 있습니다. ESTJ에게는 마음의 여유와 자기 수용, 관계의 유연성을 키울 수 있는 플러스 생각이 심리적 치유와 성장의 기반이 됩니다.

1. 나는 책임을 지는 사람이다.
▶ 책임감은 나의 강점이다. 하지만 모든 일을 나 혼자 감당하지 않아도 된다. 신뢰하고 맡길 때 더 큰 힘이 생긴다.

2. 나는 일의 효율을 중시한다.
▶ 효율적인 접근은 결과를 만든다. 그러나 느림과 비효율 속에서도 중요한 의

미가 숨어 있을 수 있다.

3. 나는 체계적으로 문제를 해결한다.

▶ 질서와 계획은 나를 안정시키는 도구다. 하지만 예상 밖의 상황에서도 유연한 대처가 더 큰 지혜다.

4. 나는 정확함과 성실함을 추구한다.

▶ 정확성과 성실함은 나를 믿게 한다. 그러나 실수나 부족함도 나를 인간답게 만드는 일부이다.

5. 나는 리더십이 있는 사람이다.

▶ 이끄는 능력은 나에게 자연스럽다. 하지만 때로는 뒤에서 지켜보는 여유가 더 큰 관계를 만든다.

6. 나는 감정보다 사실을 중시한다.

▶ 객관적인 판단은 중요한 능력이다. 그러나 감정은 관계를 연결해 주는 중요한 신호이기도 하다.

7. 나는 목표를 향해 나아가는 사람이다.

▶ 목표 지향적인 자세는 성취를 만든다. 하지만 그 길에서 나의 감정과 타인의 마음도 함께 챙기는 것이 진정한 성공이다.

8. 나는 규칙을 지키는 사람이다.

▶ 규칙은 조직을 지켜준다. 그러나 모든 상황에 하나의 기준만 적용되는 것은 아니다. 유연함도 지혜다.

9. 나는 내 방식에 확신이 있다.

▶ 자신감은 나의 추진력이다. 그러나 다른 방식에도 배울 점이 있다는 열린 태도가 나를 더 크게 성장시킨다.

10. 나는 결과로 평가받는 삶에 익숙하다.

▶ 성과는 나의 자부심이다. 하지만 결과보다 나의 과정, 정성과 인간됨도 충분히 소중하고 가치 있다.

이러한 플러스 생각들은 ESTJ가 강인함과 효율성을 지키면서도, 관계 속 부드러움과 자기 내면의 안정, 감정 수용과 유연한 대화 능력을 함께 키우는 데 도움을 줍니다. ESTJ는 바깥세상의 기준에 강하지만, 자기 안의 마음도 아주 따뜻하게 대할 때, 더욱 균형 잡힌 리더로 성장할 수 있습니다.

ESTJ의 좋은 관계를 위한 지혜

ESTJ는 매우 조직적이고, 실용적이며, 효율성을 중시하는 성격을 가진 사람들입니다. 이들은 일을 체계적으로 처리하며, 규칙과 전통을 중요시하고 확고한 의견을 가지고 있습니다. ESTJ는 일반적으로 책임감이 강하고, 자신이 맡은 일에서 최선을 다하려는 경향이 있습니다. 그들은 주로 현실적이고 실용적인 문제 해결에 집중하며, 사회적 상호작용에서 주도적인 역할을 선호합니다. 이들은 안정성을 중요시하며, 자신과 타인의 삶에서 질서를 유지하려고 합니다.

잘 맞는 유형:

· ISFP: ESTJ와 ISFP는 성격이 다르지만, 서로를 보완할 수 있는 관계를 형성할 수 있습니다. ISFP는 ESTJ에게 감성적인 지원을 제공하고, ESTJ는 ISFP에게 안정감을 줄 수 있습니다. 서로 다른 성격이지만 각자의 강점을 살려 함께 성장할 수 있습니다.

· ENTP: ESTJ와 ENTP는 종종 논리적이고 지적인 대화를 통해 서로를 자극하

고 발전시킬 수 있습니다. ENTP는 ESTJ의 체계적인 접근 방식을 존중하고, ESTJ는 ENTP의 창의적인 아이디어를 반영할 수 있습니다. 이들은 효율적인 문제 해결을 위해 협력할 수 있습니다.

잘 맞지 않는 유형:
· INFP: ESTJ와 INFP는 감정적이고 가치관에서 큰 차이를 보일 수 있습니다. ESTJ는 실용적이고 현실적인 접근을 중시하는 반면, INFP는 감성적이고 이상적인 사고방식을 선호합니다. 이러한 차이로 인해 갈등이 발생할 수 있습니다.
· ISFJ: ESTJ와 ISFJ는 비슷한 점이 많지만, 때로는 서로의 의견을 너무 고수하려는 경향이 있어 갈등이 생길 수 있습니다. ESTJ는 더 효율적이고 직접적인 방식으로 문제를 해결하려고 하지만, ISFJ는 더 부드럽고 감성적인 접근을 선호합니다.

좋은 관계를 위한 지혜:
· 상대방의 감정과 의견을 존중하기: ESTJ는 실용적이고 논리적인 사고를 중시하지만, 상대방의 감정과 의견을 이해하는 것이 중요합니다. "너의 의견을 듣고 싶어. 내가 생각하는 방식과 다를 수 있지만, 너의 생각도 중요해."라고 말하며 상대방의 생각과 감정을 존중하는 것이 관계에서 큰 도움이 됩니다.
· 융통성 있는 태도 취하기: ESTJ는 때때로 고집이 세고, 규칙을 중시하는 경향이 있습니다. 그러나 때로는 상황에 따라 융통성을 발휘하고, 예상치 못한 변화를 받아들이는 것이 중요합니다. "이 방법도 괜찮을 수 있어. 우리가 다른 방법을 시도해보자."라고 말하며 유연성을 보이는 것이 관계에서 긍정적인 영향을 줄 수 있습니다.

· **자신의 감정을 표현하기**: ESTJ는 감정을 표현하는 데 서투를 수 있지만, 자신의 감정을 솔직하게 표현하는 것이 중요합니다. "나는 이 상황에서 조금 불편해. 네가 어떻게 생각하는지 알고 싶어."라고 말하며, 감정을 표현하고 상대방과의 상호 이해를 증진하는 것이 좋습니다.

· **상대방에게 공간을 주기**: ESTJ는 때때로 너무 많은 계획과 일에 집중할 수 있습니다. 이럴 때는 상대방에게 충분한 공간을 주어 그들의 생각과 감정을 표현할 수 있도록 해야 합니다. "오늘은 네가 편한 대로 시간을 보내도 좋아. 나는 여기서 기다릴게."라고 말하며 상대방에게 자율성을 주는 것이 중요합니다.

· **긍정적이고 효율적인 의사소통**: ESTJ는 결정을 내리고 결과를 중시하는 성향이 강합니다. 이들은 효율적이고 긍정적인 의사소통을 통해 관계를 개선할 수 있습니다. "우리 함께 이 문제를 해결하자. 어떤 방식으로 접근하는 게 좋을까?"라고 말하며 상호 협력을 촉진하는 의사소통을 하는 것이 좋습니다.

ESTJ의 치유와 성장을 위한 영적 메시지(명상 조언) 5가지

1. 유연성을 기르세요.

당신은 목표를 설정하고 계획을 실행하는 데 탁월한 능력을 지니고 있습니다. 그러나 때로는 지나치게 계획에 집착하고, 예상치 못한 변화나 불확실함을 받아들이는 데 어려움을 느낄 수 있습니다. 삶은 항상 예측할 수 없는 방향으로 흐를 수 있음을 기억하세요. 유연한 마음으로 변화에 적응하고, 계획 외의 아름다움을 발견할 수 있을 때 더 큰 성장을 경험할 수 있습니다.

2. 자신을 위한 시간을 가지세요.

당신은 타인의 기대와 책임을 충실히 이행하는 데 열정적입니다. 그러나 자신을 돌보는 것 또한 중요합니다. 당신이 마음과 몸을 돌볼 때, 더 큰 에너지와 명확성을 가지고 외부의 요구에 대응할 수 있습니다. 때로는 잠시 멈추어, 자신에게 필요한 휴식과 평화로운 시간을 허락하세요.

3. 완벽함보다 진정성을 추구하세요.

당신은 모든 일을 완벽하게 해내려고 노력하지만, 완벽함을 추구하는 것이 항상 최선은 아닙니다. 진정성과 열정이 담긴 행동이 더 큰 영향을 미칠 수 있습니다. 자신에게 엄격한 기준을 두기보다, 내면의 진실한 마음을 따르며 더 큰 만족과 평화를 느끼세요.

4. 감정을 인정하고 표현하세요.

당신은 감정을 잘 표현하지 않고, 문제 해결에 집중하는 경향이 있습니다. 하지만 감정은 중요한 정보입니다. 자신의 감정을 무시하지 말고, 그것이 무엇을 의미하는지 살펴보세요. 감정을 인정하고, 필요한 경우 그것을 솔직하게 표현할 때 더 깊은 인간관계를 맺을 수 있습니다.

5. 다른 사람의 입장도 이해하려 노력하세요.

당신은 자신의 목표와 원칙을 강하게 지키는 사람입니다. 하지만 때로는 다른 사람의 입장에서 바라보는 것이 필요합니다. 그들의 감정과 시각을 이해하고 공감할 때, 관계가 더욱 깊어지고 조화롭게 발전할 수 있습니다. 상대방의 입장을 고려하며, 당신의 리더십은 더 많은 사람에게 긍정적인 영향을 줄 것입니다.

ESFJ 친선형, 사교형

ESFJ는 외향적(Extraverted), 감각적(Sensing), 감정적(Feeling), 판단적(Judging) 성향을 가진 사람들을 의미하는 MBTI 유형입니다. ESFJ는 흔히 '사교적인 조직자', '다른 사람을 돕는 조력자', '사랑을 나누는 사람'으로 묘사됩니다.

ESFJ의 주요 특징

1. 사람 중심적이고 사회적인 성향

ESFJ는 사람들과의 관계를 중요시하며, 다른 사람들의 감정을 잘 이해하고 배려하는 성격을 가지고 있습니다. 이들은 사교적이며, 친구나 가족과 함께하는 시간을 즐깁니다. 대인관계에서 강점을 보이고, 주변 사람들과 서로 도우며 관계를 유지하는 데 능숙합니다.

2. 타인을 돕는 데 만족감을 느끼는 성향

ESFJ는 타인을 돕고, 기쁨을 주는 것에서 큰 보람을 느낍니다. 이들은 주변 사람들의 행복을 중요시하고, 다른 사람의 필요를 먼저 챙기며 배려 깊고 친절한 성격을 보입니다. 특히 사회적 책임감을 강하게 느끼며, 남을 돕는 일을 자연스럽게 합니다.

3. 조직적이고 체계적인 성향

ESFJ는 규칙적이고 계획적인 성격을 가지고 있어, 일을 효율적으로 처리하는 데 능숙합니다. 이들은 일정이나 세부 사항을 잘 챙기고, 체계적이고 조화롭게 작업을 진행하는 것을 좋아합니다. 다른 사람들과 협력하여 일이 잘 진행되도록 돕는 역할을 잘합니다.

4. 감정적으로 민감하고 이해심이 많은 성향

ESFJ는 타인의 감정을 세심하게 신경 쓰고, 감정적으로 민감한 성격입니다. 이들은 다른 사람의 기분을 잘 파악하고, 그에 맞춰 반응하는 데 능숙하며, 공감 능력이 뛰어납니다. 다만, 타인의 감정을 너무 많이 신경 쓰다 보면 자신을 돌보지 못할 수 있으니, 자기 관리가 중요합니다.

5. 강한 책임감과 의무감

ESFJ는 강한 책임감과 의무감을 가지고 있어, 맡은 일을 성실하게 해내려는 성향이 강합니다. 타인의 기대를 충족시키기 위해 최선을 다하며, 종종 자기 자신보다 다른 사람을 우선시합니다. 이로 인해 지나치게 자신을 희생할 수 있으므로 자기 보호가 필요합니다.

ESFJ의 장점 & 단점

✅ 장점:

· 사교적이고 친근함 - 사람들과 쉽게 관계를 맺고, 주변 사람들과 잘 어울립니다.

· 공감 능력이 뛰어남 - 타인의 감정을 잘 이해하고, 필요한 순간에 배려합니다.

· 책임감이 강함 - 맡은 일을 끝까지 해내며, 다른 사람들의 기대에 부응하려 노력합니다.

· 조직적이고 계획적 - 일을 체계적으로 계획하고 효율적으로 처리하는 데 능숙합니다.

· 배려심 깊고 친절함 - 주변 사람들에게 따뜻함과 관심을 주는 성격입니다.

❌ 단점:

· 타인의 기대에 부응하려 애쓰다 자기 자신을 잃을 수 있음 - 다른 사람을 너무 신경 쓰다 보면, 자신의 욕구나 감정을 소홀히 할 수 있습니다.

· 감정적으로 과도하게 영향을 받을 수 있음 - 타인의 감정에 민감하게 반응하여 자신의 기분이 영향을 받을 수 있습니다.

· 자기주장 부족 - 때로는 자신의 의견이나 필요를 분명하게 표현하지 못할 수 있습니다.

· 갈등을 피하려는 경향 - 다른 사람과의 갈등을 피하려 하여 문제를 회피할 수 있습니다.

· 과도한 책임감으로 스트레스받기 - 많은 사람을 돕고자 하는 마음에 과중한 책임감을 느끼고 스트레스를 받을 수 있습니다.

ESFJ에게 잘 맞는 직업

ESFJ는 사람들과 긴밀하게 소통하고, 지원하는 직업에서 뛰어난 성과를 보입니다. 특히 팀워크와 협력이 중요한 환경에서 능력을 발휘할 수 있습니다.

- 간호사, 의료 전문가 – 다른 사람을 돌보고, 직접적인 도움을 주는 역할에 적합합니다.
- 교사, 교육자 – 학생들을 가르치고 그들의 성장에 기여하는 역할에 적합합니다.
- 상담사, 심리학자 – 타인의 문제를 듣고, 해결 방안을 제시하는 역할에 적합합니다.
- 인사 담당자, HR 전문가 – 사람들의 요구와 필요를 잘 파악하고, 적합한 환경을 만들어 주는 역할에 적합합니다.
- 이벤트 플래너, 행사 조직자 – 사람들을 위해 계획을 세우고, 조직하며 행사를 성공적으로 이끌어가는 역할에 적합합니다.

ESFJ의 유명인 예시

- 해리 왕자(Prince Harry) – 사람들을 돕고, 사회적 책임을 중요시하는 성격을 가진 영국 왕실 멤버
- 샐리 필드(Sally Field) – 배려심 깊고 인간적인 성격으로 유명한 미국의 배우
- 빌 클린턴(Bill Clinton) – 친근하고 사교적인 성격을 가진 미국의 42대 대통령
- 미셸 오바마(Michelle Obama) – 타인을 돕고 사회적 책임을 중요시하는 활동가이자 미국의 전 영부인

ESFJ를 위한 조언

- 자신의 감정을 돌보세요 – 다른 사람을 돕는 데 지나치게 집중하다 보면 자신의 감정을 소홀히 할 수 있으므로, 자기 자신을 위한 시간을 가지는 것이 중요합니다.

· "No"라고 말하는 연습을 하세요 – 모든 사람을 만족시키려 하다 보면 스트레스를 받을 수 있으므로, 때때로 자기 입장을 분명히 표현하는 것이 필요합니다.

· 갈등을 해결하는 능력을 키우세요 – 갈등을 피하려는 성향이 있지만, 갈등을 제대로 해결하는 능력도 중요합니다. 문제를 정면으로 대면하고 해결하려는 노력이 필요합니다.

· 자기주장도 중요합니다 – 타인을 돕는 것뿐만 아니라 자신의 의견을 표현하고 자기 자신을 지키는 법을 배워야 합니다.

ESFJ는 이런 사람!
- 따뜻하고 사교적입니다.
- 타인의 행복과 안녕을 돌보는 데 보람을 느낍니다.
- 상호 존중을 중요하게 여기며, 주변 사람들에게 깊은 관심을 기울입니다.
- 협력적이고, 팀워크를 통해 목표를 달성하는 데 능숙합니다.
- 타인의 감정을 잘 이해하고, 그들을 배려하는 성향이 강합니다

ESFJ는 '사교적이고 배려 깊은 사회적 리더'라고 할 수 있습니다.

상처나 스트레스를 많이 받으면 ESFJ는 어떤 심리증상이 생길 가능성이 높은가?

ESFJ는 타인과의 관계와 사회적 상호작용을 매우 중요하게 생각하는 성격입니다. 이들은 따뜻하고 사교적이며, 다른 사람들의 감정을 잘 이해하고 배려하는 경향이 있습니다. 그러나 스트레스를 받을 경우, ESFJ는 그들의 타인과의 관계에서

어려움을 겪거나 자아의 불안정성을 느낄 수 있습니다. ESFJ가 상처나 스트레스를 많이 받았을 때 나타날 수 있는 심리증상 10가지는 다음과 같습니다.

1. 지나치게 다른 사람의 기대에 맞추려 함

ESFJ는 타인의 기대에 부응하는 것을 매우 중요하게 생각하지만, 스트레스를 받으면 그 기대를 충족시키지 못했다고 느끼고 극도로 불안해할 수 있습니다. 자신의 가치나 정체성이 타인의 인정에 의존하게 되면서, 자아에 대한 불안과 의심이 커질 수 있습니다. 이를 해결하려고 타인의 기대에 맞추기 위해 지나치게 애쓰는 경향이 생깁니다.

2. 과도한 자기희생

타인의 요구를 항상 충족시키려는 경향이 강한 ESFJ는 스트레스를 받으면 지나치게 자기희생적인 태도를 보일 수 있습니다. 자신의 감정이나 필요를 무시하고 타인을 돌보려 하다가 결국 자신의 에너지를 고갈시키고, 감정적으로 탈진할 수 있습니다. 이로 인해 자신이 소외되거나 무시당한다고 느끼기도 합니다.

3. 감정적인 과잉 반응

ESFJ는 타인의 감정에 민감하게 반응하는 성향이 있습니다. 스트레스를 받으면 자신의 감정이 과도하게 튀어나오거나, 작은 일에도 큰 감정적 반응을 보일 수 있습니다. 이는 지나친 걱정이나 불안, 분노로 나타날 수 있으며, 상대방이 이해하지 못할 때 갈등을 일으킬 수 있습니다.

4. 갈등을 회피하려는 경향

ESFJ는 사람들 간의 조화를 매우 중요하게 생각하지만, 스트레스를 받으면 갈등을 피하려는 경향이 있습니다. 문제가 생겨도 이를 직면하는 대신 피하거나, 다른 사람의 감정을 해치지 않으려 하다가 문제를 미루고 감정을 억제할 수 있습니다. 이로 인해 감정이 쌓이고, 결국 더 큰 갈등을 초래할 수 있습니다.

5. 과도한 비판과 부정적 사고

스트레스를 받을 때, ESFJ는 주변 사람들이나 상황에 대해 지나치게 비판적이고 부정적으로 변할 수 있습니다. 특히, 자신의 노력이 인정받지 않거나 관계에서 어려움을 겪을 때, '내가 아무리 해도 사람들이 나를 이해하지 못한다'는 생각에 빠질 수 있습니다. 이로 인해 자존감이 낮아지고 자신을 부정적으로 평가하게 됩니다.

6. 의존적이고 불안한 태도

ESFJ는 타인의 승인을 필요로 하는 경향이 있어, 스트레스를 받으면 다른 사람에게 지나치게 의존하게 됩니다. '내가 잘하고 있는지, 사람들이 나를 어떻게 생각하는지'에 대한 불안감에 휘둘리며, 그들의 판단에 지나치게 의존하는 태도를 보일 수 있습니다. 이는 자기 확신이 부족해지고 불안정감을 초래할 수 있습니다.

7. 감정을 억제하고 내면화

타인을 위해 노력하는 ESFJ는 자신을 표현하는 데 어려움을 겪을 수 있습니다. 스트레스를 받으면 자신의 감정을 억제하고 내면화하려는 경향이 커지며, 자신의 감정을 잘 드러내지 않고 홀로 감당하려 할 수 있습니다. 이로 인해 감정적인 스트레스가 점점 더 쌓이게 됩니다.

8. 외부의 평가에 지나치게 신경 씀

ESFJ는 타인의 의견이나 평가를 매우 중요시합니다. 스트레스를 받으면 외부 평가나 인식에 지나치게 집착하게 되며, 그에 따른 불안이 커질 수 있습니다. '사람들이 나를 어떻게 생각할까?'라는 걱정이 스트레스를 더욱 악화시킬 수 있습니다.

9. 지나치게 규칙적이고 질서정연한 행동

스트레스를 받으면 ESFJ는 규칙과 질서에 지나치게 집착할 수 있습니다. 자신이 통제할 수 없는 상황에 대해 불안을 느끼고, 모든 것을 계획하고 질서를 유지하려고 합니다. 이는 유연성을 떨어뜨리고, 현실적으로 불가능한 요구를 자신에게 부여할 수 있습니다.

10. 자신을 돌보지 않음

ESFJ는 다른 사람을 돌보는 데 많은 에너지를 쏟지만, 스트레스를 받으면 자신을 돌보지 않는 경향이 강해질 수 있습니다. 자신을 돌보지 않고 타인에게 집중하다 보면 피로가 누적되고 정신적으로 지칠 수 있으며, 결국에는 건강 문제나 우울증으로 이어질 수 있습니다.

ESFJ는 어떤 방어기제를 쓸 가능성이 높을까?

ESFJ는 외향적이며 감정 중심적이고, 타인과의 조화를 중시하는 성격 유형입니다. 이들은 따뜻하고 친절하며, 다른 사람을 돌보고 도움을 주는 것을 중요하게 여깁니다. 사회적 상호작용을 활발히 하며, 전통과 규범을 존중하는 경향이 있습니다. 그러나 타인의 기대에 민감하고 관계를 중시하는 성향 때문에 감정을 직접 표출하기보다 방어기제를 통해 조절하려 할 가능성이 높습니다. ESFJ가 사용할 가능성이 큰 방어기제는 다음과 같습니다.

1. 기대에 맞추기 (People-Pleasing)

ESFJ는 다른 사람들과의 관계를 중시하며, 타인의 기대에 부응하려는 경향이 강합니다. 이들은 갈등을 피하고 주변 사람들을 기쁘게 하려고 자신의 감정을 억제하고, 타인의 의견에 맞추려 할 수 있습니다. 이런 행동은 대인관계를 원만하게 유지하는 데 도움이 될 수 있지만, 장기적으로는 자신의 감정을 무시하고 내면의 스트레스를 증가시키는 결과를 초래할 수 있습니다.

2. 억압 (Repression)

ESFJ는 부정적인 감정을 직접 표출하기 어려워하며, 이를 내면 깊숙이 억누르는 경향이 있습니다. 특히, 화가 나거나 서운한 감정을 표현하는 것이 관계에 부정적인 영향을 미칠까 봐 두려워할 수 있습니다. 하지만 억압된 감정이 지속해서 누적되면, 어느 순간 예상치 못한 방식으로 폭발할 수도 있습니다

3. 이상화 (Idealization)

ESFJ는 자신이 소중하게 여기는 사람들을 긍정적으로 보려는 경향이 있습니다. 이들은 가족, 친구, 연인 등을 이상화하여 그들의 단점을 무시하거나 미화하려 할 수 있습니다. 예를 들어, 가까운 사람이 자신에게 실망스러운 행동을 해도 '그럴 리가 없어'라고 생각하며 문제를 직시하지 않으려 할 수 있습니다. 하지만 이상화

가 지나칠 경우, 현실과의 괴리로 인해 실망감이 커질 위험이 있습니다.

4. 자기희생 (Self-Sacrifice)

ESFJ는 타인의 행복을 위해 기꺼이 자신을 희생하는 성향이 강합니다. 이들은 자신보다 타인의 필요를 우선시하며, 자신이 힘들거나 지쳐도 그것을 내색하지 않으려 할 가능성이 큽니다. 자기희생이 적절한 수준에서 이루어진다면 긍정적으로 작용할 수도 있지만, 지나치면 자신의 감정을 무시하고 희생하는 것이 당연한 일처럼 느껴질 수도 있습니다. 결국, 피로와 스트레스가 누적되면서 감정적으로 지칠 위험이 있습니다.

5. 반동 형성 (Reaction Formation)

ESFJ는 갈등이나 부정적인 감정을 숨기려는 경향이 있습니다. 예를 들어, 누군가에게 서운함을 느끼면서도 오히려 더 친절하고 다정하게 대하는 방식으로 감정을 부정하려 할 수 있습니다. 이러한 방어기제는 관계를 유지하는 데 도움을 줄 수도 있지만, 본인의 감정을 솔직하게 표현하지 못하면서 내면적인 불만과 갈등이 쌓일 가능성이 큽니다.

6. 투사 (Projection)

ESFJ는 자신의 감정을 직접 인식하기 어려울 때, 타인에게 투사하는 방어기제를 사용할 수 있습니다. 예를 들어, 자신이 불안을 느끼면서도 이를 인정하지 않고, 오히려 주변 사람이 불안해 보인다고 해석할 수 있습니다. 또한, 자신의 단점을 인정하기 어려운 경우, 타인의 행동에서 그것을 발견하고 지적하는 방식으로 반응할 수도 있습니다.

7. 회피 (Avoidance)

ESFJ는 갈등을 피하고 조화를 유지하는 것을 중요하게 여기기 때문에, 불편한 상황이나 감정적인 대화를 회피하려 할 수 있습니다. 예를 들어, 누군가와의 관계에서 문제가 생겼을 때, 이를 직접 해결하려 하기보다는 무시하거나 긍정적인 면만 보려는 방식으로 반응할 가능성이 있습니다. 하지만 회피가 반복되면 결국 문제가 더욱 커지거나 감정적인 부담이 쌓일 위험이 있습니다.

▶ ESFJ는 관계와 조화를 중시하는 성향이 강하기 때문에, 감정을 직접적으로 표출하기보다는 억압하거나 이상화하는 방어기제를 사용할 가능성이 큽니다. 또한, 자기희생과 사람을 기쁘게 하려는 성향이 강하여 자신의 감정을 희생하면서까지 타인의 감정을 우선시하는 경향이 있습니다.

이러한 방어기제들은 ESFJ가 원만한 대인관계를 유지하는 데 도움이 될 수 있지만, 장기적으로는 감정적인 피로와 스트레스를 증가시킬 수 있습니다. 따라서 ESFJ가 더욱 건강한 방식으로 감정을 다루기 위해서는, 자신의 감정을 솔직하게 표현하는 연습을 하고, 타인의 기대를 충족시키기 위해 자신의 감정을 억누르지 않도록 주의하는 것이 중요합니다.

ESFJ의 심리적 취약점과 이를 극복할 수 있는 대처방법은 무엇인가?

ESFJ는 매우 사교적이고, 타인의 감정에 민감하며, 주변 사람들의 행복과 편안함을 중시하는 성격입니다. 이들은 사람들과의 관계에서 큰 만족을 얻고, 자신과 주변 사람들의 필요를 충족시키기 위해 큰 노력을 기울입니다. 그러나 이러한 강점이 때로는 심리적 취약점으로 나타날 수 있습니다. ESFJ의 대표적인 심리적 취약점 5가지와 그것을 극복할 수 있는 대처방법을 살펴보겠습니다.

1. 타인의 기대에 과도하게 부응하려는 경향

ESFJ는 주변 사람들의 기대를 충족시키는 데 많은 에너지를 쓰며, 타인의 요구를 지나치게 신경 쓰는 경우가 많습니다. 이로 인해 자아를 잃거나 자신의 욕구를 억누를 수 있습니다. 이를 극복하려면 자기 자신에 대한 존중과 자기 욕구를 인식하는 것이 필요합니다. 자신이 진정으로 원하는 것과 필요한 것을 분명히 알고, 그것에 맞게 행동하려는 노력이 필요합니다. 또한, '아니오'라고 말할 수 있는 용기를 키워 타인의 기대에 부응하는 것과 자신의 필요를 충족시키는 것 사이에서 균형을 맞추는 연습을 해야 합니다.

2. 비판에 민감하고, 갈등을 피하려는 태도

ESFJ는 타인과의 관계에서 갈등을 피하려는 경향이 강하고, 비판에 매우 민감하게 반응합니다. 이는 때로 문제를 회피하거나, 비판을 지나치게 개인적으로 받아들이는 결과를 초래할 수 있습니다. 이를 극복하려면 비판을 건설적인 피드백으로 받아들이는 태도를 기르는 것이 중요합니다. 비판을 받아들일 때, 감정적으로 반응하기보다는 이를 개선의 기회로 활용하려는 자세가 필요합니다. 갈등을 피하기보다는, 갈등을 해결할 방법을 모색하고, 필요한 경우 건설적인 대화를 통해 해결 방안을 찾는 것이 중요합니다.

3. 자신의 감정을 지나치게 타인에게 의존

ESFJ는 타인의 인정과 사랑을 통해 자신의 감정을 안정시키는 경향이 있습니다. 이로 인해 타인의 반응에 따라 기분이 좌우될 수 있으며, 자신의 감정적 안정감을 타인에게 의존하게 됩니다. 이를 극복하려면 자기 자신을 독립적으로 지원할 방법을 찾는 것이 필요합니다. 예를 들어, 감정적인 어려움이 있을 때 스스로 이를 다루는 방법을 배우고, 자기 자신에게 긍정적인 자극을 줄 수 있는 활동에 참여하는 것이 좋습니다. 자신이 스스로 행복할 수 있다는 믿음을 기르는 것이 중요합니다.

4. 과도한 책임감으로 인한 스트레스

ESFJ는 타인을 돕고, 주위 사람들에게 필요한 존재가 되기를 원합니다. 이로 인해 지나치게 책임감을 느끼거나, 모든 일을 혼자 해결하려는 경향이 있을 수 있습니다. 이로 인해 스트레스가 쌓이거나, 번아웃에 이를 수 있습니다. 이를 극복하려면 책임을 분배하고, 필요한 경우 타인의 도움을 받는 것이 중요합니다. 또한, 자신에게 휴식과 여유를 주고, 자기 돌봄의 시간을 마련하여 심리적 부담을 덜어주는 것이 필요합니다.

5. 자기비판과 과도한 완벽주의

ESFJ는 자신이 주변 사람들에게 잘 보이기 위해, 또한 타인에게 좋은 영향을 미치기 위해 완벽을 추구하는 경향이 있습니다. 이로 인해 자신의 실수나 결점을 받아들이지 못하고, 자기비판을 지나치게 하거나 자신을 압박할 수 있습니다. 이를 극복하려면 완벽하지 않아도 괜찮다는 사실을 받아들이는 것이 중요합니다. 실수를 성장의 기회로 보고, 실패나 부족한 부분을 개선할 방법을 찾아 나가는 것이 필요합니다. 또한, 자기 자신에게 더 관대해지는 태도를 기르고, 자기비판보다는 자기 수용과 자기 존중을 높여야 합니다.

▶ ESFJ는 타인과의 관계에서 큰 가치를 두고, 사람들의 행복을 위해 큰 노력을 기울입니다. 그러나 지나치게 타인의 기대에 부응하려는 경향, 갈등을 피하려는 태도, 감정적으로 타

인에게 의존하는 문제 등을 겪을 수 있습니다. 이러한 취약점을 극복하기 위해서는 자기 자신의 욕구를 명확히 인식하고, 비판을 건설적으로 받아들이며, 감정적 안정감을 스스로 찾을 방법을 배우는 것이 중요합니다. 또한, 책임을 분배하고 완벽주의에서 벗어나 더 균형 잡힌 삶을 추구하는 노력이 필요합니다.

ESFJ가 자신의 잠재력을 극대화하고, 건강하고 행복한 삶을 위해서 실천해야 할 10가지 행동 지침은 무엇인가?

ESFJ는 친절하고 사교적이며 타인의 감정에 민감한 성격을 가진 사람들입니다. 그들은 관계와 소속감을 중시하고, 다른 사람들을 돕는 데 큰 만족을 느끼며, 공동체에서 중요한 역할을 하는 경향이 있습니다. 그러나 때때로 자신의 필요와 감정을 뒤로하고 타인의 요구에 과도하게 집중하거나, 갈등을 피하려는 경향이 있을 수 있습니다. ESFJ가 자신의 잠재력을 극대화하고 건강하고 행복한 삶을 살기 위해 실천해야 할 10가지 행동 지침은 다음과 같습니다.

1. 자신의 감정을 솔직하게 표현하기

ESFJ는 타인의 감정을 고려하는 능력이 뛰어나지만, 종종 자신의 감정을 뒤로 미룹니다. 자신이 느끼는 감정을 솔직하게 표현하는 것이 중요합니다. 감정을 숨기거나 무시하기보다는 표현하고, 이를 통해 더 건강한 관계를 유지할 수 있습니다.

2. 자기 돌봄의 시간을 의도적으로 가지기

타인을 돌보는 데 많은 에너지를 쓰는 ESFJ는 종종 자신의 필요를 간과할 수 있습니다. 하지만 자기 돌봄은 개인의 정신적, 신체적 건강을 유지하는 데 필수적입니다. 자신을 위한 시간과 공간을 의도적으로 마련해, 더 건강하고 행복한 삶을 살 수 있습니다.

3. 다른 사람의 기대에 맞추는 것보다는 자신의 기준을 세우기

ESFJ는 타인의 기대를 충족시키려는 경향이 강합니다. 하지만 다른 사람의 기대에 맞추느라 자신을 잃지 않도록 주의해야 합니다. 자신의 기준과 가치를 중심으로 삶을 이끌어가야 내적인 만족을 얻을 수 있습니다.

4. 자기비판을 줄이고, 자기 긍정을 늘리기

ESFJ는 때때로 자신에게 너무 많은 부담을 주고, 자신을 과도하게 비판할 수 있습니다. 자신을 과소평가하거나 자기비판을 줄이고, 자신이 잘한 것을 인정하는 것이 중요합니다. 자기 긍정적인 태도는 행복한 삶을 이끄는 큰 원동력이 됩니다.

5. 타인의 피드백을 성장의 기회로 삼기

ESFJ는 사람들과의 관계에서 피드백을 중요하게 생각하지만, 비판을 개인적으로 받아들이는 경향이 있습니다. 비판을 공격이 아니라 성장의 기회로 받아들이는 태도를 키워야 합니다. 이를 통해 더 나은 사람으로 성장할 수 있습니다.

6. 완벽을 추구하기보다는 현실적인 목표 설정하기

ESFJ는 종종 완벽을 추구하려는 경향이 있습니다. 하지만 완벽을 추구하다 보면 지나치게 스트레스를 받을 수 있습니다. 현실적인 목표를 설정하고, 단계별로 성취하는 것이 더 건강하고 만족스러운 삶을 살아가는 데 도움이 됩니다.

7. 타인과의 관계에서 경계를 설정하기

ESFJ는 다른 사람들의 필요를 우선시하다 보니, 때때로 자신을 희생할 수 있습니다. 관계에서 건강한 경계를 설정하는 것이 중요합니다. 자신의 에너지를 소모하기보다는 적절한 경계를 유지함으로써 지속 가능하고 건강한 관계를 만들 수 있습니다.

8. 자신의 감정적 요구를 우선시하기

타인의 감정을 잘 헤아리는 ESFJ는 자신의 감정적 요구를 뒷전으로 미루는 경향이 있습니다. 그러나 자신의 감정을 우선시하고, 자신의 요구를 충족시키는 것이 매우 중요합니다. 이를 통해 더 행복하고, 균형 잡힌 삶을 살 수 있습니다.

9. 기존의 방식에 얽매이지 않고, 새로운 접근 시도하기

ESFJ는 전통적인 방법과 안정적인 절차를 선호하는 경향이 있습니다. 하지만 때때로 새로운 방법을 시도하는 것이 필요합니다. 변화와 혁신에 열린 마음을 가지면, 다양한 상황에 적응하고 성장을 이끌어낼 수 있습니다.

10. 작은 성취도 인정하고, 축하하는 시간 가지기

ESFJ는 대체로 큰 목표에 집중하느라 작은 성취를 간과할 수 있습니다. 그러나 작은 성취도 충분히 인정하고 축하하는 것이 중요합니다. 이는 자신감을 높이고, 지속해서 긍정적인 에너지를 유지하는 데 도움이 됩니다.

▶ ESFJ는 타인과의 관계에서 큰 만족을 얻고, 도움을 주는 것을 중요하게 여기는 사람들입니다. 그러나 자신의 건강과 행복을 위해서는 자기 자신을 돌보고, 감정을 솔직하게 표현

하며, 균형 잡힌 삶을 추구하는 것이 중요합니다. 이러한 행동 지침을 실천하면 ESFJ는 더 건강하고 행복한 삶을 살 수 있으며, 타인과의 관계에서도 더욱 깊고 의미 있는 유대감을 형성할 수 있을 것입니다.

ESFJ에게 필요한 플러스 생각 10가지

ESFJ는 따뜻하고 사교적이며, 타인을 돌보는 데서 삶의 보람을 느끼는 헌신적인 돌봄자 유형입니다. 관계를 중시하고 조화로운 환경을 만들기 위해 많은 노력을 기울이며, 사회적 책임감과 현실적인 감각도 잘 갖추고 있습니다. 하지만 타인의 시선을 지나치게 의식하거나, 자신보다 남을 우선시하는 습관, 변화에 대한 불안, 비판에 대한 예민함 등으로 인해 내면의 피로감을 쉽게 느낄 수 있습니다. 따라서 ESFJ에게는 자기 존중감, 경계 설정, 유연한 사고를 기를 수 있는 플러스 생각이 내면의 건강과 회복에 도움이 됩니다.

1. 나는 사람을 소중히 여기는 사람이다.
▶ 타인을 아끼는 마음은 나의 큰 자산이다. 그러나 나 자신도 소중히 여겨야 진짜 사랑을 줄 수 있다.

2. 나는 관계를 잘 이끌어가는 능력이 있다.
▶ 조화와 협력은 내 장점이다. 그러나 모든 관계를 완벽히 유지할 필요는 없다. 거리를 둬야 할 관계도 있다.

3. 나는 다른 사람의 감정을 잘 알아차린다.
▶ 공감력은 소중한 능력이다. 하지만 내가 느끼는 감정도 정직하게 인정할 수 있어야 한다.

4. 나는 도움을 주는 것을 좋아한다.

▶ 돌봄은 내 사랑의 방식이다. 그러나 나를 돌보는 것도 같은 사랑의 일부다.

5. 나는 평가받는 일에 민감하다.

▶ 인정받고 싶은 마음은 자연스럽다. 하지만 모든 사람의 기대에 맞추지 않아도 나는 충분히 괜찮은 사람이다.

6. 나는 예의와 질서를 중요하게 여긴다.

▶ 예절은 관계를 편안하게 한다. 그러나 너무 형식에 얽매이지 않고 진심을 나누는 것이 더 깊은 관계를 만든다.

7. 나는 실용적인 선택을 잘하는 사람이다.

▶ 현실적인 판단력은 나의 강점이다. 하지만 때때로 직관이나 감정도 귀 기울일 만한 지혜다.

8. 나는 일의 완성을 중요하게 여긴다.

▶ 책임감은 나를 믿게 한다. 그러나 지나친 부담을 내려놓을 줄 아는 것도 성숙이다.

9. 나는 공동체에 헌신하는 사람이다.

▶ 공동체 일원으로의 역할은 소중하다. 그러나 그 안에서 나의 개성과 경계도 존중받아야 한다.

10. 나는 조화를 위해 노력하는 사람이다.

▶ 조화를 이루려는 노력은 관계의 윤활유다. 하지만 갈등이 있을 때 솔직하게 표현하는 용기도 필요하다.

이러한 플러스 생각은 ESFJ가 타인을 돌보는 데서 얻는 기쁨을 유지하면서도, 자기 존중과 자기 돌봄의 균형을 통해 감정적 건강과 진정한 관계의 깊이를 키우는 데 큰 도움이 됩니다. ESFJ는 많은 사람의 마음을 따뜻하게 하는 존재입니다. 이제는 그 따뜻함을 스스로에게도 돌려주어야 할 때입니다.

ESFJ의 좋은 관계를 위한 지혜

ESFJ는 사람들과의 관계에서 중요한 역할을 담당하는 성격으로, 친절하고 협력적인 성향을 지니고 있습니다. 이들은 타인의 감정과 필요에 민감하게 반응하며, 사회적 관계에서 조화와 질서를 유지하려고 노력합니다. ESFJ는 일반적으로 외향적이고, 사람들과의 관계에서 만족을 느끼며, 주로 사람들을 돕고 그들의 기분을 살피는 데 집중합니다. 이들은 조직적이고 계획적인 경향을 보이며, 주변 사람들과의 소통에서 안정적이고 긍정적인 영향을 끼칩니다.

잘 맞는 유형:

· ISFP: ESFJ와 ISFP는 성격이 다르지만, 서로를 보완할 수 있습니다. ISFP는 ESFJ에게 감성적인 지지와 평온함을 제공하며, ESFJ는 ISFP에게 더 조직적이고 계획적인 접근을 도와줄 수 있습니다. 이들은 서로 다른 강점을 살려 균형을 맞출 수 있습니다.

· ENFP: ESFJ와 ENFP는 감성적으로 잘 맞는 관계를 맺을 수 있습니다. ENFP는 ESFJ에게 창의적이고 자유로운 아이디어를 제공하며, ESFJ는 ENFP에게 안정감을 주고 현실적인 조언을 제공할 수 있습니다. 이들은 서로의 차이를 이해하며 협력할 수 있습니다.

잘 맞지 않는 유형:

· INTP: ESFJ와 INTP는 성격에서 큰 차이를 보일 수 있습니다. ESFJ는 사람들

과의 감정적 유대와 협력을 중요시하는 반면, INTP는 독립적이고 이론적인 사고를 중시하여 서로의 가치관 차이가 갈등을 일으킬 수 있습니다.

· ISTP: ESFJ와 ISTP는 서로 다른 방식으로 세상을 이해하고 반응합니다. ESFJ는 사람들과의 관계에서 감정적으로 연결되고자 하지만, ISTP는 감정을 표현하는 것보다는 논리적이고 실용적인 사고를 중요시합니다. 이로 인해 의사소통이 원활하지 않을 수 있습니다.

좋은 관계를 위한 지혜:

· 상대방의 감정을 잘 이해하고 배려하기: ESFJ는 타인의 감정에 매우 민감합니다. 그러나 때로는 다른 사람의 감정을 지나치게 신경 쓸 수 있으므로, 상대방이 자신의 감정을 표현할 시간을 갖도록 배려하는 것이 중요합니다. "너의 감정을 이해해, 지금 어떤 도움이 필요해?"라고 말하며 상대방의 감정에 주의를 기울이는 것이 필요합니다.

· 자기 의견과 감정도 표현하기: ESFJ는 종종 다른 사람들의 필요에 초점을 맞추다 보니 자신의 감정을 표현하는 데 어려움을 느낄 수 있습니다. 하지만 관계에서 서로의 감정을 솔직하게 표현하는 것이 중요합니다. "나는 이 상황에서 조금 불편해. 너는 어떻게 생각해?"라고 말하며, 자신의 감정도 적절히 표현하는 것이 관계에 도움이 됩니다.

· 자신만의 공간을 유지하기: ESFJ는 사람들과의 관계에서 큰 만족감을 느끼지만, 너무 많은 사람과의 접촉으로 피로감을 느낄 수 있습니다. 자신에게 필요한 시간과 공간을 갖는 것이 중요합니다. "오늘은 잠깐 혼자만의 시간을 보내고 싶어."라고 말하며, 자아를 돌보는 시간을 가지는 것이 좋습니다.

· 타인의 독립성 존중하기: ESFJ는 종종 다른 사람들에게 도움을 주려는 경향이

강하지만, 때로는 상대방이 스스로 문제를 해결할 기회를 주는 것이 중요합니다. "이 문제를 어떻게 해결하고 싶은지 너의 방식대로 해보는 것도 좋을 것 같아."라고 말하며 상대방에게 선택과 독립성을 존중하는 태도를 보이는 것이 관계에서 긍정적인 영향을 미칩니다.

· 갈등을 해결할 때 감정적으로 접근하지 않기: ESFJ는 갈등 상황에서 감정적으로 반응할 수 있지만, 문제를 해결하기 위해서는 감정보다는 실질적인 해결책을 찾는 것이 중요합니다. "이 상황에서 우리가 어떻게 해결할 수 있을지 논의해보자."라고 말하며 갈등을 해결하는 과정에서 감정을 조절하고, 문제 해결에 집중하는 것이 관계에 도움이 됩니다.

ESFJ의 치유와 성장을 위한 영적 메시지(명상 조언) 5가지

1. 자신의 감정을 소중히 여세요.

당신은 다른 사람을 돌보고 그들의 감정을 우선시하는 성향이 강합니다. 하지만 때로는 자신의 감정을 소홀히 할 수 있습니다. 자신에게도 온정을 베풀고, 자신의 감정을 이해하고 존중하세요. 타인을 돌보는 것만큼 자신에게도 사랑과 배려를 아끼지 않을 때, 진정한 균형과 평화를 찾을 수 있습니다.

2. 외부의 인정보다 내면의 목소리에 귀 기울이세요.

당신은 타인의 인정을 중요하게 생각하지만, 그 인정이 반드시 당신의 가치를 정의하지는 않습니다. 다른 사람들의 기대와 의견에서 벗어나, 자신의 내면에서 나오는 진정한 소리를 따르세요. 당신은 이미 충분히 가치 있고 특별한 존재입니다. 외부의 평가에 흔들리지 않고, 내면에서 나오는 확신과 사랑을 믿으세요.

3. 자신을 위한 시간을 가지세요.

당신은 다른 사람을 도와주는 데 많은 에너지를 쏟지만, 종종 자신에게 필요한 시간을 놓칠 수 있습니다. 자신의 몸과 마음을 돌보는 시간이 필요합니다. 혼자서 조용히 쉬거나, 자신이 좋아하는 일을 하며 에너지를 충전하세요. 자신을 위한 시간이 채워질 때, 더 많은 사랑과 에너지를 다른 사람에게 나눌 수 있습니다.

4. 변화를 두려워하지 마세요.

당신은 안정적이고 안전한 환경을 좋아하지만, 때로는 변화가 필요할 수 있습니다. 변화는 불확실하고 때로는 두려움을 유발할 수 있지만, 그 변화 속에서 성장과 새로운 기회를 발견할 수 있습니다. 불확실성을 받아들이고, 변화의 흐름을 두려워하지 마세요. 그 안에서 당신은 더 큰 힘과 지혜를 얻게 될 것입니다.

5. 완벽함을 추구하지 마세요.

당신은 다른 사람들에게 좋은 영향을 미치기 위해 완벽하게 행동하려는 경향이 있습니다. 하지만 완벽함은 불가능한 목표입니다. 실수와 불완전함 속에서 성장하고 배우는 것이 중요합니다. 자신에게 자비를 베풀고, 자신이 할 수 있는 최선을 다하는 것만으로 충분합니다. 당신의 불완전함은 오히려 당신을 더 인간적이고 사랑스럽게 만듭니다.

MBTI on 15

ENFJ 언변능숙형, 선도자형

ENFJ는 외향적(Extraverted), 직관적(iNtuitive), 감정적(Feeling), 판단적(Judging) 성향을 가진 사람들을 의미하는 MBTI 유형입니다. ENFJ는 흔히 '천부적인 리더', '타인을 위한 조력자', '영감을 주는 사람'이라고 묘사됩니다.

ENFJ의 주요 특징

1. 타고난 리더십과 공감 능력

ENFJ는 타인의 감정을 빠르게 파악하고, 공감 능력이 뛰어나며, 리더십이 자연스럽게 발휘되는 성격입니다. 그룹 내에서 리더 역할을 맡으며, 다른 사람들을 동기부여 하는 능력이 뛰어나고, 사람들과의 관계에서 신뢰를 쌓는 데 강점이 있습니다.

2. 사람들과 깊은 유대감

ENFJ는 사람을 좋아하고, 사람을 통해 성장하는 유형입니다. 친절하고 따뜻하며, 다른 사람들의 고민을 잘 들어주고 조언을 해주는 성향이 있습니다. 그러나 타인의 감정에 집중하다 보면 자신의 감정을 소홀히 할 수 있으니 주의가 필요합니다.

3. 강한 도덕성과 이상주의

ENFJ는 도덕적 신념이 뚜렷하고, 세상을 더 나은 곳으로 만들고 싶어 하는 이상주의적인 성향을 가지고 있습니다. 다른 사람들의 성장을 돕고 싶어 하며, 교육자나 상담자 역할에 적합한 성격입니다.

4. 조직적이면서도 융통성 있는 스타일

ENFJ는 계획적이고 목표 지향적이지만, 사람과의 관계에서 융통성을 발휘하며 협력적인 분위기를 잘 조성합니다. 팀워크를 중요시하며, 사람들을 하나로 이끌어가는 데 능숙합니다.

5. 감정에 휘둘릴 수도 있음

ENFJ는 타인의 감정에 민감하게 반응하고, 때로는 비판에 쉽게 상처를 받을 수 있습니다. 자신을 돌보지 않고 다른 사람을 돕는 데 몰두하면, 번아웃이 올 수 있으니 자기 관리가 중요합니다.

ENFJ의 장점 & 단점

✅ **장점:**
- 따뜻하고 사교적이며 배려심이 많습니다.
- 타인을 동기부여하고 이끄는 능력이 뛰어나며, 인간관계에서 큰 강점을 보입

니다.

- 도덕성이 강하고, 정의감이 뚜렷합니다.
- 팀워크와 협력에 능숙하며, 조직 내에서 중요한 역할을 합니다.
- 강한 카리스마와 영향력을 가지고 있어 많은 사람에게 영감을 줄 수 있습니다.

❌ **단점:**

- 감정적으로 쉽게 영향을 받을 수 있고, 타인의 기분에 따라 자신도 가볍더 있을 수 있습니다.
- 모든 사람을 만족시키려 하다가 스트레스를 받을 수 있습니다.
- 이상주의적인 성향이 강해 현실적인 문제를 간과할 가능성이 있습니다.
- 타인의 기대에 부응하려다 보면 자기 자신을 잃을 수 있으므로 자신을 돌보는 것이 중요합니다.

ENFJ에게 잘 맞는 직업

ENFJ는 사람들과 관계를 맺고 타인을 돕는 직업에서 큰 만족을 느끼며, 그 능력을 발휘할 수 있습니다.

- ✅ **교육자**(교사, 교수, 강사) – 사람을 성장시키고 가르치는 역할에 적합합니다.
- ✅ **심리 상담사, 코치, 멘토** – 타인의 고민을 해결하고 조언을 주는 역할이 잘 맞습니다.
- ✅ **사회복지사, 인권 운동가** – 타인을 돕고 사회적 가치에 기여하는 직업에서 잘 어울립니다.
- ✅ **정치가, 외교관, 커뮤니케이션 전문가** – 사람들을 설득하고 이끄는 능력을 발휘할 수 있습니다.

✅ HR(인사 담당자), 기업 코치 – 조직 내에서 사람들을 연결하고 성장할 수 있도록 돕는 역할을 잘 수행합니다.

ENFJ의 유명인 예시
· 버락 오바마(Barack Obama) – 타인을 이끌고 동기부여 하는 리더십
· 오프라 윈프리(Oprah Winfrey) – 공감 능력이 뛰어나고 영향력이 강한 인물
· 마틴 루터 킹 주니어(Martin Luther King Jr.) – 도덕적 신념과 강한 리더십
· 넬슨 만델라(Nelson Mandela) – 이상주의적이면서도 현실적 리더십을 발휘한 인물

ENFJ를 위한 조언
· 자신의 감정도 돌보세요 – 타인의 감정만 신경 쓰다 보면 번아웃이 올 수 있으므로, 자기 자신을 위한 시간이 필요합니다.
· 모든 사람을 만족시킬 수 없습니다 – 때때로 "No"라고 말하는 연습이 필요하며, 타인의 기대에 맞추려 하지 말고 자신을 우선시하세요.
· 현실 감각을 유지하세요 – 이상적인 목표를 추구하면서도 현실적인 계획을 함께 세우는 것이 중요합니다.
· 자기 자신을 위한 시간을 만드세요 – 혼자만의 시간을 가지면서 내면을 정리하는 습관이 필요합니다.

ENFJ는 이런 사람!
✅ 따뜻하고 배려심이 많습니다.
✅ 타인을 돕고 성장시키는 데 보람을 느낍니다.

- 리더십이 뛰어나고, 사람들에게 영향력을 줍니다.
- 협력적이고 팀워크를 중요하게 생각합니다.
- 감정적으로 민감하고, 타인의 감정을 잘 읽습니다.

ENFJ는 '영감을 주는 천부적인 리더'라고 할 수 있습니다.

상처나 스트레스를 많이 받을 때 ENFJ는 어떤 심리증상이 생길 가능성이 높은가?

ENFJ는 사람들 사이에서 긍정적인 영향을 미치려는 강한 욕구가 있으며, 타인의 감정을 잘 이해하고 배려하는 성향이 강합니다. 그러나 스트레스나 상처를 받을 경우, ENFJ는 심리적 증상이나 감정적인 어려움을 겪을 수 있습니다. ENFJ가 상처나 스트레스를 많이 받을 때 나타날 수 있는 심리증상 10가지를 살펴보겠습니다.

1. 지나치게 다른 사람에게 의존하려 함

ENFJ는 타인의 감정과 요구에 민감하게 반응합니다. 스트레스를 받을 경우, 자신의 가치를 타인의 인정과 승인을 통해 확인하려는 경향이 강해집니다. '다른 사람들이 나를 어떻게 생각할까?'라는 불안으로, 지나치게 타인에게 의존하거나 자신을 잃을 수 있습니다.

2. 과도한 책임감

ENFJ는 타인의 행복과 복지에 큰 관심이 있으므로, 스트레스를 받을 때 자신이 다른 사람을 돌봐야 한다는 압박감을 느낄 수 있습니다. 그들은 타인에게 너무 많은 책임을 지고, 자신의 에너지를 과도하게 소진하며, 감정적으로 지칠 수 있습니다. 이로 인해 자신을 돌보지 않거나 자기희생적인 태도를 보일 수 있습니다.

3. 지나치게 자기 비판적

ENFJ는 항상 다른 사람들을 돕고 긍정적인 영향을 미치려 하지만, 때때로 자신에게는 지나치게 비판적일 수 있습니다. '내가 더 잘해야 한다'는 부담감에 시달리며, 작은 실수나 부족한 부분에 대해 심각하게 자책할 수 있습니다. 이로 인해 자존감이 떨어지고, 자아에 대한 불안감이 커질 수 있습니다.

4. 감정을 억제하고 내면화

ENFJ는 종종 자신의 감정을 타인과 공유하기보다는 내면화하려는 경향이 있습니다. 특히 스트레스를 받을 때, 감정을 억제하거나 자신이 느끼는 고통을 다른 사람과 나누지 않으려 할 수 있습니다. 이로 인해 감정적인 부담이 쌓이고, 나중에 감정이 폭발하거나 소진될 수 있습니다.

5. 지나치게 사람들을 돌보려 함

ENFJ는 타인의 감정과 요구를 우선시하는 경향이 강합니다. 스트레스를 받으면, 자신의 필요와 감정보다 다른 사람들을 더 돌보려는 경향이 더욱 강화됩니다. 자신이 기댈 곳이 없다고 느낄 때, 사람들에게 너무 많은 것을 주려 하여 결국 자신을 과소평가하고 지치게 될 수 있습니다.

6. 타인의 감정을 지나치게 걱정함

ENFJ는 타인의 감정을 잘 파악하고 배려하는 성향이 있지만, 스트레스를 받을 때 다른 사람들의 감정에 지나치게 신경을 쓸 수 있습니다. '내가 잘못해서 이 사람이 상처받지 않을까?'라며 지나치게 걱정하고, 상대방의 감정을 자신에게 부과하는 경향이 강해질 수 있습니다.

7. 갈등을 피하려는 경향

ENFJ는 사람들이 화목하게 지내는 것을 좋아하고, 갈등을 피하려는 경향이 있습니다. 스트레스를 받으면 갈등을 회피하려 하며, 이로 인해 중요한 문제를 해결하지 못하고, 감정적인 문제를 내버려 두기도 합니다. 이로 인해 갈등이 더 커지고, 해결되지 않은 문제들이 쌓일 수 있습니다.

8. 지나치게 이상적인 기대

ENFJ는 사람들이 자신의 기대에 맞춰주기를 바라는 경향이 있습니다. 그러나 스트레스를 받을 때, 타인이나 상황에 대한 이상적인 기대가 커지고, 현실과의 차이로 실망하거나 상처를 받을 수 있습니다. 이로 인해 스트레스가 증대되고, 사람들과의 관계에서 불필요한 갈등이 발생할 수 있습니다.

9. 자신의 감정을 무시하고 지나침

ENFJ는 타인을 돕는 일에 집중할 때, 자신의 감정을 간과할 수 있습니다. 스트레스를 받을 때, 다른 사람들의 필요와 감정을 우선시하면서 자신의 감정을 외면하고 지나치는 경향이 있습니다. 이로 인해 감정적인 피로가 쌓이고, 나중에 감정적 고립을 느낄 수 있습니다.

10. 지나치게 자아를 타인에게 맞추려 함

ENFJ는 타인의 기대에 부응하려는 경향이 강하지만, 스트레스를 받으면 자신을 타인에게 맞추려는 성향이 더욱 강화될 수 있습니다. '내가 이 사람을 만족시킬 수 있을까?'라는 걱정이 지나쳐 자신을 잃거나, 진정한 자아를 잃을 수 있습니다. 이는 자아 정체성의 혼란과 스트레스를 유발할 수 있습니다.

▶ ENFJ는 타인을 향한 깊은 공감력과 관계 조율 능력을 바탕으로 사회에 따뜻한 영향을 끼치는 유형입니다. 그러나 자신을 소외시키면서까지 타인을 돌보려 할 경우, 내면의 균형이 무너지고 정서적 소진으로 이어질 수 있습니다. ENFJ가 자기감정을 존중하고, 자신의 욕구와 한계를 인식하며, 감정의 경계를 건강하게 세워갈 때, 그 따뜻한 영향력은 더욱 지속할 수 있고 깊이 있게 발휘될 수 있습니다. '나 자신도 돌봐야 할 중요한 관계'라는 사실을 잊지 않는 것이 ENFJ의 심리적 회복력의 출발점입니다.

ENFJ는 어떤 방어기제를 쓸 가능성이 높을까?

ENFJ는 외향적, 감정적, 이타적인 성격을 지닌 사람들로, 타인의 감정을 잘 이해하고, 사회적 상호작용에서 중요한 역할을 합니다. 이들은 보통 자신이 처한 상황을 긍정적으로 보려고 하며, 다른 사람을 돕고자 하는 강한 욕구를 가집니다. 그러나 감정적으로 민감하고 타인의 기대에 영향을 받기 쉬운 특성상, 방어기제를 사용할 때는 감정적이고 관계 중심적인 기제들이 나타날 수 있습니다. ENFJ가 사용할 가능성이 큰 방어기제는 다음과 같습니다.

1. 기대에 맞추기 (People-Pleasing):

ENFJ는 다른 사람들의 감정을 고려하고, 그들에게 좋은 영향을 미치고자 하는 욕구가 강합니다. 이 때문에 자신이 원하는 것보다 타인의 기대에 맞추려 할 수 있으며, 때때로 자신을 희생하면서까지 다른 사람들을 기쁘게 하려 할 수 있습니다. 이런 행동은 타인과의 관계에서 갈등을 피하거나, 자신의 감정을 숨기고 타인의 필요를 우선시하려는 방어기제로 나타날 수 있습니다.

2. 이상화 (Idealization):

ENFJ는 사람들에게 깊은 관심과 애정을 가지고 있으며, 이를 통해 그들과의 관계를 지속하려고 합니다. 그러나 때때로 다른 사람이나 상황을 이상화하여, 실제로는 불완전한 사람이나 상황을 지나치게 긍정적으로 보고 싶어 할 수 있습니다. 이러한 이상화는 자신이 그 관계나 상황에서 만족을 얻으려는 욕구에서 비롯됩니다. 나중에 실망하거나 상처를 받을 위험이 커질 수 있습니다.

3. 감정적 억제 (Emotional Suppression):

ENFJ는 다른 사람들에게 감정적으로 개방적인 태도를 보이지만, 자신이 겪는 고통이나 갈등을 외부에 드러내는 것을 어려워할 수 있습니다. 그들은 타인을 돕는 역할에 집중하다 보니, 자신의 감정을 억제하거나 다른 사람의 필요를 우선시하면서 감정을 눌러버리는 경향이 있습니다. 이는 자신이 겪는 내적인 갈등을 외면하려는 방어기제로 나타날 수 있습니다.

4. 이상적인 이미지 구축 (Self-Image Management):

ENFJ는 다른 사람들에게 긍정적인 이미지를 전달하려는 경향이 있으며, 그로 인해 자신의 이미지를 이상적으로 유지하려고 할 수 있습니다. 다른 사람들이 자신을 어떻게 볼지에 대해 신경을 쓰고, 때로는 자신을 과하게 좋게 포장하려는 방어기제를 사용할 수 있습니다. 이들은 자신의 결점을 숨기거나, 타인에게 완벽한 모습을 보여주기 위해 노력할 수 있습니다.

5. 투사 (Projection):

ENFJ는 자신이 느끼는 감정을 다른 사람에게 투사할 수 있습니다. 예를 들어, 자신이 느끼는 불안이나 실망감을 타인에게 전가하면서, 그들이 실제로 느끼고 있지 않은 감정을 그들의 행동에서 발견하려 할 수 있습니다. 이는 자신이 겪는 감정을 타인에게 부여하려는 방어기제입니다.

6. 자기희생 (Self-Sacrifice):

ENFJ는 타인을 돕고자 하는 욕구가 강한 만큼, 때때로 자신을 희생하면서까지 다른 사람들의 필요를 충족시키려 할 수 있습니다. 이들은 다른 사람들을 돕는 데 집중하면서 자신의 감정이나 필요를 간과하거나 무시할 수 있습니다. 이러한 자기희생은 종종 내적인 불편함이나 갈등을 회피하기 위한 방어기제로 나타날 수 있습니다.

▶ ENFJ는 타인의 감정과 요구에 매우 민감하며, 종종 타인의 기대에 부응하려는 방어기제나 자신의 감정을 억제하는 방식을 사용할 수 있습니다. 이들은 이상화, 자기희생, 사람을 기쁘게 하려는 성향 등을 통해 감정적인 스트레스를 관리하려 하며, 이러한 기제들이 다른 사람과의 관계에서 갈등을 피하고자 하는 본능적인 반응으로 나타날 수 있습니다.

ENFJ의 심리적 취약점과 이를 극복할 수 있는 대처방법은 무엇은 가?

ENFJ 유형은 타인을 깊이 이해하고 이끄는 따뜻한 리더로서, 인간관계 중심의 감성과 강한 직관력을 바탕으로 사람들과의 조화를 중시하는 성향을 지닙니다. 이들은 뛰어난 공감 능력과 사회적 감수성을 통해 조직이나 공동체의 중심적인 역할을 맡는 경우가 많습니다. 그러나 이러한 강점 이면에는 고도의 타인 중심적 사고와 자기 소외, 정서적 과부하 같은 심리적 취약점이 숨어 있습니다. ENFJ의 대표적인 심리적 취약점 5가지와 이를 극복할 수 있는 대처방법을 살펴보겠습니다.

1. 타인의 감정에 과도하게 몰입하고 자기감정을 소외시키는 경향

ENFJ는 타인의 감정을 민감하게 읽고 배려하는 데 탁월하지만, 그로 인해 자신의 감정과 욕구를 후순위로 밀어놓는 경우가 많습니다. 이는 자기 소외과 감정적 탈진으로 이어질 수 있습니다. 따라서 정기적으로 "지금 나는 어떤 감정을 느끼고 있나?"를 묻는 자기감정 확인 시간이 필요하며, 하루 중 단 10분이라도 자신을 위한 감정 일기 쓰기나 내면과의 대화, 명상 시간을 확보하는 것이 좋습니다. 타인을 돌보듯이 자신을 돌보는 '내면의 친구 되기'가 핵심 관건입니다.

2. 타인의 기대에 지나치게 부응하려는 완벽한 조화 욕구

ENFJ는 사람들 사이의 조화를 깨지 않으려는 성향이 강해 때로는 자신의 신념이나 필요를 희생하고 타인의 기대를 충족하려는 쪽으로 기울기 쉽습니다. 이는 장기적으로 피로감과 내면 갈등을 초래합니다. 이럴 때는 'No'를 말하는 연습을 통해 자기 한계를 명확히 설정하고, "나는 타인의 감정을 배려할 수 있지만, 그 감정에 휘둘릴 필요는 없다"는 자기 확언을 반복하며 자기 주체성을 회복하는 것이 중요합니다.

3. 지나친 책임감으로 인한 정서적 부담감과 탈진

ENFJ는 자신이 맡은 관계나 역할에 대한 책임감을 매우 무겁게 받아들이며, 누군가 힘들어하면 반드시 자신이 해결해야 한다는 생각에 사로잡힐 수 있습니다. 이럴 때 '모든 문제를 내가 해결할 필요는 없다'는 인지 전환이 필요하며, 자신이 할 수 있는 부분과 할 수 없는 부분을 구분하여 감정적 경계를 설정하는 연습이 필요합니다. 정기적으로 자신에게 "지금 이 책임은 진짜 내 몫인가?"라고 묻는 습관을 들이면 정서적 부담을 줄일 수 있습니다.

4. 갈등 회피로 인한 자기표현의 억제

ENFJ는 갈등이 관계에 악영향을 줄까 봐 우려하여 자신의 불편함이나 반대 의견을 쉽게 표현하지 않는 경향이 있습니다. 그러나 이로 인해 쌓인 감정은 결국 더 큰 불화로 이어질 수 있습니다. 그러므로 작은 갈등을 정중하고 솔직하게 표현하는 '긍정적 주장'의 언어를 연습하는 것이 필요합니다. 예를 들어, "나는 이런 상황에서 조금 부담을 느껴요. 우리가 함께 더 좋은 방향을 찾을 수 있으면 좋겠어요"와 같은 방식으로 자기감정을 부드럽게 표현하는 연습이 도움이 됩니다.

5. 미래에 대한 불안과 과도한 이상 추구

ENFJ는 비전을 중시하고 집단의 발전을 도모하려는 이상주의적 성향이 강한 만큼, 미래에 대한 불안과 좌절감을 크게 느낄 수 있습니다. 현실의 제약 속에서 이상이 실현되지 않으면 깊은 무력감을 경험하기도 합니다. 이럴 때는 '당장 작고 구체적인 한 걸음'을 실천하는 데 집중하는 것이 좋습니다. 오늘 할 수 있는 작은 변화를 긍정적으로 바라보며, '지금, 이 순간에 충실함이 가장 확실한 미래로 길이 다'라는 신념을 가지는 것이 이상주의와 현실 사이의 균형을 이루는 열쇠가 됩니다.

▶ ENFJ는 타인을 향한 깊은 공감력과 관계 조율 능력을 바탕으로 사회에 따뜻한 영향을 끼치는 유형입니다. 그러나 자신을 소외시키면서까지 타인을 돌보려 할 경우, 내면의 균형이 무너지고 정서적 소진으로 이어질 수 있습니다. ENFJ가 자기감정을 존중하고 자신의 욕구와 한계를 인식하며, 감정의 경계를 건강하게 세워갈 때, 그 따뜻한 영향력은 더욱 지속 가능하고 깊이 있게 발휘될 수 있습니다. '나 자신도 돌봐야 할 중요한 관계'라는 사실을 잊지 않는 것이 ENFJ의 심리적 회복력의 출발점입니다.

ENFJ가 자신의 잠재력을 극대화하며, 건강하고 행복한 삶을 위해서 반드시 실천해야 할 10가지 행동 지침은 무엇인가?

ENFJ는 외향적이고, 타인의 감정에 민감하며, 이타적인 성격을 지닌 사람들입니다. 그들은 주로 다른 사람을 돕고, 사회적 책임을 다하려는 강한 욕구가 있으며, 사람들과의 관계에서 큰 만족을 느낍니다. 그러나 다른 사람의 요구와 기대에 맞추느라 자신의 필요와 감정을 간과할 수 있으므로, 건강하고 행복한 삶을 위해서는 자신을 돌보는 것 역시 매우 중요합니다. ENFJ가 자신의 잠재력을 극대화하고, 건강한 삶을 살아가기 위한 10가지 행동 지침은 다음과 같습니다.

1. 타인의 욕구보다 자신의 내면의 소리를 먼저 듣기

ENFJ는 타인의 감정과 욕구를 빠르게 읽고 반응하는 능력이 뛰어납니다. 그러나 그 과정에서 자신의 감정과 필요를 무시하는 경우가 많습니다. 진정한 균형은 자신을 돌보는 것에서부터 시작된다는 점을 자각하는 것이 중요합니다.

2. 도움이 아닌 진정한 연결이 관계의 본질임을 인식하기

모든 관계가 도움을 주는 형태로만 유지될 필요는 없습니다. 때로는 함께 존재하고 공감하는 것만으로도 충분한 유대가 형성됩니다. 있는 그대로의 나로도 사랑받을 수 있다는 믿음을 키워야 합니다.

3. '괜찮다'는 말 뒤에 숨은 감정을 정직하게 들여다보기

ENFJ는 자신이 힘들어도 '괜찮아'라는 말로 감정을 감추는 경향이 있습니다. 하지만 이 말 뒤에는 외로움이나 분노, 지침이 숨어 있는 경우가 많습니다. 감정을 솔직하게 인식하고 표현하는 것이 자기 회복의 시작이 됩니다.

4. 거절은 이기적인 것이 아니라 건강한 경계임을 배우기

타인을 실망하게 하지 않기 위해 무리하게 요구를 수용하는 습관은 자신을 소진하게 시킵니다. 그러나 진정한 관계는 경계를 존중할 때 더욱 건강해집니다. 거절을 통해 자신을 보호하는 법을 익히는 것이 필요합니다.

5. 성취보다 존재 자체의 가치를 믿기

ENFJ는 무언가를 해내야만 사랑받을 자격이 있다고 느끼는 경우가 많습니다. 그러나 존재 그 자체로도 충분히 의미 있고 소중합니다. 아무것도 하지 않아도 나는 나로서 충분하다는 믿음을 가질 때 삶이 편안해집니다.

6. 내가 감동받는 방식으로 나 자신에게도 감동 주기

ENFJ는 타인을 기쁘게 하거나 감동하게 하는 데 능숙합니다. 하지만 정작 자신에게는 그러한 애정을 베풀지 못하는 경우가 많습니다. 내가 타인에게 주는 따뜻함을 나 자신에게도 돌리는 연습이 필요합니다.

7. 관계에서의 책임을 100% 짊어지려는 습관 내려놓기

갈등이 생기면 무조건 자신의 탓이라 여기며 죄책감을 느끼는 경향이 있습니다. 하지만 모든 관계는 둘 이상의 사람에 의해 형성되는 공동의 흐름입니다. 책임을 나누는 시각을 갖는 것이 마음의 짐을 덜어줍니다.

8. 가끔은 아무것도 하지 않고 존재 그 자체로 머무르기

ENFJ는 끊임없이 움직이며 자신의 역할을 증명하려는 욕구가 강합니다. 그러나 때로는 아무것도 하지 않는 시간 속에서 진정한 자신을 회복할 수 있습니다. 무위의 시간은 삶의 중심을 다시 찾는 귀한 자양분입니다.

9. 타인의 인정이 아닌 내면의 진실에 따라 방향 정하기

외부의 칭찬과 기대에 맞추다 보면 삶의 방향이 흔들릴 수 있습니다. 스스로 진심으로 원하는 길이 무엇인지 꾸준히 점검하는 것이 중요합니다. 내면의 기준이 삶의 나침반이 되어야 진정한 만족을 얻을 수 있습니다.

10. 자신을 위해 울고 웃는 시간을 주기적으로 마련하기

감정을 억누르거나 미뤄두면 결국 더 큰 혼란이 찾아옵니다. 주기적으로 감정을 마주하고 표현하는 시간은 내면을 치유하고 가볍게 해줍니다. 감정의 균형은 이렇게 솔직한 감정 표현에서 비롯됩니다.

▶ ENFJ는 다른 사람을 돕고, 타인의 감정을 이해하는 능력이 뛰어난 성격입니다. 그러나 자신의 필요와 감정을 돌보는 것 또한 매우 중요합니다. 자신에게 경계를 설정하고, 감정적으로 건강한 공간을 마련하며, 비판적인 피드백을 성장의 기회로 삼는 등의 노력이 필요합니다. 이런 행동들을 실천함으로써 ENFJ는 자신의 잠재력을 극대화하고, 더 건강하고 행복한 삶을 살아갈 수 있을 것입니다.

ENFJ에게 필요한 플러스 생각 10가지

ENFJ는 깊은 공감력과 따뜻한 카리스마를 지닌 영감의 리더 유형입니다. 타인의 가능성을 발견하고 북돋아 주며, 관계 속에서 조화를 이루려는 강한 열망을 지니고 있습니다. 그러나 타인을 지나치게 의식하거나, 자기감정을 억누르고 희생하는 경향, 갈등 회피, 완벽한 인간관계를 이루려는 부담감 등으로 인해 내면에 피로감과 자존감 저하를 경험할 수 있습니다. ENFJ에게 필요한 플러스 생각은 자기 돌봄, 감정 인식, 관계 속 경계 설정을 강화해 주는 심리적 자양분이 될 수 있습니다.

1. 나는 다른 사람을 잘 이해하는 사람이다.
▶ 공감력은 나의 재능이다. 그러나 나의 감정도 똑같이 소중하다. 나도 이해받아야 한다.

2. 나는 사람들을 하나로 모으는 힘이 있다.
▶ 조화를 만드는 리더십은 나의 강점이다. 하지만 모든 사람을 만족시킬 수는 없다는 것도 괜찮다.

3. 나는 다른 사람의 필요에 민감하다.

▶ 배려는 나의 본능이다. 그러나 나를 돌보는 일도 결코 이기적인 것이 아니다.

4. 나는 감정을 잘 조절하려 한다.

▶ 감정 조절은 성숙한 태도다. 하지만 감정을 억누르지 말고, 나 자신에게 솔직해지는 연습도 필요하다.

5. 나는 누군가에게 도움을 줄 때 보람을 느낀다.

▶ 헌신은 나를 빛나게 한다. 그러나 도움은 줄 수도 있고 거절할 수도 있어야 진정한 균형이다.

6. 나는 사람들의 기대를 중요하게 여긴다.

▶ 기대에 부응하고 싶은 마음은 자연스럽다. 하지만 나 자신의 기대도 존중해야 한다.

7. 나는 깊이 있는 관계를 추구한다.

▶ 진정한 관계는 내 삶의 중심이다. 하지만 적절한 거리감도 건강한 관계 일부다.

8. 나는 사회적 책임감을 지닌 사람이다.

▶ 책임감은 신뢰를 만든다. 그러나 내가 지지 않아도 되는 짐은 내려놓을 줄도 알아야 한다.

9. 나는 조화를 위해 갈등을 피하는 경향이 있다.

▶ 갈등 회피는 관계를 일시적으로 편하게 한다. 그러나 진심을 표현해야 더 깊은 관계가 가능하다.

10. 나는 의미 있는 삶을 추구하는 사람이다.

▶ 의미를 찾는 삶은 나를 성장시킨다. 그러나 삶이 반드시 '의미 있어야만' 할 필요는 없다. 그저 존재하는 것도 충분히 귀하다.

이러한 플러스 생각은 ENFJ가 지닌 깊은 공감과 책임감을 유지하면서도, 자기 자신을 있는 그대로 수용하고 돌보는 힘을 길러주는 마음의 프레임입니다. ENFJ는 타인의 빛이 되어주는 존재이지만, 자기 내면의 등불을 먼저 밝혀야 더 멀리, 더 오래 비출 수 있습니다.

ENFJ의 좋은 관계를 위한 지혜

ENFJ는 외향적이고, 직관적이며, 감정적이고, 판단적인 성향이 있는 사람들로, 주로 다른 사람들과의 관계에서 활발히 활동하고, 그들의 감정과 필요를 잘 파악하고 반응하는 경향이 있습니다. 이들은 타인의 발전과 행복을 중요시하며, 대체로 사람들을 이끌고 돕는 역할을 선호합니다.

잘 맞는 유형

· INFP: ENFJ와 INFP는 감정적으로 잘 맞는 관계를 맺을 수 있습니다. ENFJ는 INFP가 표현하지 못하는 감정을 이해하고 지지해 주며, INFP는 ENFJ에게 감정적으로 안정감을 제공할 수 있습니다. 이들은 서로를 보완하는 역할을 할 수 있습니다.

· INFJ: ENFJ와 INFJ는 비슷한 가치관을 공유하며, 서로의 감정적인 깊이를 이해할 수 있는 관계를 맺습니다. 이들은 공동의 목표를 향해 협력할 수 있고, 서로의 인격과 목표에 대해 깊은 존경을 가질 수 있습니다.

· ISFP: ISFP는 ENFJ의 에너지와 활동성을 받아들이면서도 자신의 내면적인 세계를 존중하는 사람입니다. ENFJ는 ISFP의 예술적이고 감성적인 면을 이해하고 지지하며, ISFP는 ENFJ에게 보다 여유롭고 감정을 표현하는 방법을 배울 수 있습니다.

잘 맞지 않는 유형

· **ISTP**: ENFJ는 사람들과의 관계에서 감정적인 교류와 연결을 중시하는 반면, ISTP는 감정을 표현하는 것을 불편해하고, 논리적이고 독립적인 성향이 강합니다. 이로 인해 갈등이 생길 수 있습니다.

· **ESTP**: ENFJ와 ESTP는 성격에서 큰 차이를 보일 수 있습니다. ENFJ는 감정적인 측면과 관계를 중요시하는 반면, ESTP는 직설적이고 문제 해결에 집중하는 성향이 강하여, 상호 이해가 어려울 수 있습니다.

좋은 관계를 위한 지혜

· **상대방의 감정을 존중하기**: ENFJ는 타인의 감정을 쉽게 읽고, 그들을 돕고 싶어 합니다. 하지만 때때로, 너무 많은 감정적 에너지를 쏟다 보면 상대방이 부담을 느낄 수 있습니다. 그러므로 상대방이 자신의 감정을 표현할 시간이 필요할 때는 그들을 기다려주고, 너무 강압적이지 않게 지원하는 것이 중요합니다. "너무 걱정하지 마, 나는 네가 힘든 걸 알아"라는 말보다 "네가 지금 뭘 느끼는지 알려줘, 내가 도와줄게"라고 말하는 방식이 더 효과적일 수 있습니다.

· **자신을 돌보는 것의 중요성**: ENFJ는 종종 타인의 필요를 우선시합니다. 그러나 계속해서 다른 사람에게만 신경을 쓰다 보면 자신이 지칠 수 있습니다. 자신을 돌보는 시간을 갖는 것이 관계에서도 중요합니다. 친구나 연인에게 "오늘은 나만의 시간을 좀 보내고 싶어"라고 말하는 건 자아 존중과 관계의 균형을 맞추는 데 도움이 됩니다. 자신이 기분이 좋을 때, 다른 사람들에게도 더 좋은 에너지를 줄 수 있기 때문입니다.

· **솔직하고 열린 대화**: ENFJ는 감정을 잘 표현하는 사람이라서 대화가 자연스럽고 원활할 수 있습니다. 하지만 때로는 너무 많은 감정적인 부담을 상대방에게

주기도 합니다. 이럴 때는 "내가 너에게 기대하는 게 많은데, 조금 부담스럽지 않니?"라고 솔직하게 묻는 것이 중요합니다. 상대방에게 공간을 주고, 서로가 기대치를 맞추는 과정이 중요합니다. 또한, 갈등이 생겼을 때 감정이 아니라 문제를 해결하는 대화가 필요합니다. 예를 들어, "이 일이 왜 힘들었는지 이해해, 그럼 우리가 어떻게 해결할 수 있을까?"라는 방식으로 접근할 수 있습니다.

· 상대방의 독립성 존중하기: ENFJ는 타인의 행복을 위해 최선을 다하지만, 때때로 상대방이 스스로 해결할 수 있는 문제까지 개입하려 할 수 있습니다. 상대방이 독립적으로 행동할 수 있도록 여유를 주는 것이 중요합니다. 예를 들어, 친구나 연인이 어려운 상황에 부닥쳤을 때, 먼저 "네가 이 문제를 어떻게 해결하고 싶은지 알려줘"라고 물어보며 그들의 결정을 존중하는 태도를 보이는 것이 좋습니다. 그들의 결정을 존중하면서도 도움이 필요할 때는 적극적으로 지원할 수 있습니다.

· 서로의 차이를 이해하고 받아들이기: ENFJ는 때로 상대방의 감정을 지나치게 헤아리며, 자신이 생각하는 바를 강하게 주장할 수 있습니다. 하지만 다른 사람은 ENFJ와 다르게 생각하고 느낄 수 있다는 점을 인식하는 것이 중요합니다. "너는 그렇게 생각할 수 있겠구나, 나는 조금 다르게 느껴"라고 표현하면서, 서로의 다름을 인정하고 존중하는 대화가 필요합니다. 이를 통해 갈등을 예방하고, 서로의 감정에 대한 깊은 이해를 쌓을 수 있습니다.

ENFJ의 치유와 성장을 위한 영적 메시지(명상 조언) 5가지

1. 두려움이 아닌 사랑을 선택하세요.

두려움은 당신의 본질이 아닙니다. 두려움은 마음이 만들어 낸 환영일 뿐입니다. 당신의 진정한 본질은 사랑입니다. 세상의 판단이나 타인의 반응에서 당신의 가치를 찾으려 하지 마세요. 두려움이 아닌 사랑으로 세상을 바라볼 때 당신은 자신의 진정한 힘을 발견하게 됩니다. 당신의 선택은 언제나 사랑일 수 있습니다. 사랑을 선택할 때, 당신은 세상에 빛을 비추는 존재가 됩니다.

2. 자신의 가치를 타인에게서 찾지 마세요.

당신의 가치는 타인이 인정하거나 사랑해 줄 때 비로소 완성되는 것이 아닙니다. 당신은 이미 완전하고 충분한 존재입니다. 누군가의 인정을 받기 위해 애쓸 필요가 없습니다. 당신의 내면에 있는 사랑과 빛이 이미 당신을 온전하게 만들고 있습니다. 자신이 충분하다는 것을 깨달을 때, 타인의 인정에 휘둘리지 않고 더 큰 사랑을 나눌 수 있습니다.

3. 다른 사람의 고통을 모두 짊어지려 하지 마세요.

당신의 공감 능력은 놀랍고 소중한 선물입니다. 그러나 다른 사람의 고통을 모두 짊어질 필요는 없습니다. 당신이 모든 고통을 해결해야 한다는 부담을 내려놓으세요. 사랑의 본질은 모든 문제를 해결하는 것이 아니라, 함께 있는 것입니다. 당신이 존재하는 것만으로도 이미 치유가 시작됩니다. 당신이 균형을 잡을 때 진정한 사랑이 흘러나옵니다.

4. 자신에게 먼저 사랑을 베푸세요.

당신은 늘 다른 사람을 위해 헌신하지만, 자신에게는 충분한 사랑을 주지 않을 때가 많습니다. 당신도 사랑받아야 할 소중한 존재입니다. 자신에게 먼저 따뜻함과 친절을 베푸세요. 당신이 자신을 충분히 사랑할 때, 다른 사람에게도 자연스럽게 사랑이 흘러갑니다. 자신을 소중히 여기고 돌볼 때, 당신의 사랑은 더 강해지고 깊어집니다.

5. 흐름에 자신을 맡기세요.

당신은 언제나 누군가를 돕고 세상을 변화시키고자 하는 강한 사명감을 품고 있습니다. 하지만 모든 것을 통제하려 하거나, 결과를 즉시 보려는 조급함은 내면을 지치게 합니다. 삶에는 자연스러운 순환과 흐름이 있습니다. 강물이 바다로 흘러가듯, 당신의 길도 때가 되면 열리게 되어 있습니다. 명상 속에서 호흡을 고요히 바라보며, 억지로 잡으려는 마음을 내려놓고 흐름에 자신을 맡겨 보세요. 당신이 흐름에 몸을 맡길 때, 우주는 더 깊은 조화와 풍요로 보답할 것입니다.

MBTI on 16

ENTJ 대담한 지휘관형

ENTJ는 외향적(Extraverted), 직관적(Intuitive), 사고적(Thinking), 판단적(Judging) 성향을 가진 사람들을 의미하는 MBTI 유형입니다. ENTJ는 흔히 '리더형', '전략가', '효율성을 추구하는 사람'으로 묘사됩니다.

ENTJ의 주요 특징

1. 리더십과 비전

ENTJ는 타고난 리더로서 능력을 지니고 있습니다. 이들은 목표 지향적이고 전략적 사고를 바탕으로 길을 개척하며, 효율성과 생산성을 중시합니다. 비전을 가지고 미래를 예측하고, 그 비전을 실현하는 방법을 제시하는 데 뛰어납니다.

2. 문제를 해결하는 능력

ENTJ는 문제를 해결하는 데 탁월합니다. 이들은 논리적이고 분석적인 사고를 바탕으로 복잡한 상황을 분석하고, 문제를 신속하게 해결하려고 합니다. 또한, 도전적인 상황에서 더욱 빛을 발하며, 어려운 문제를 해결하는 것을 즐깁니다.

3. 자기 자신과 타인의 성장에 집중

ENTJ는 자기 자신을 발전시키고, 타인을 이끌어 성장시키는 것을 중요하게 생각합니다. 이들은 목표를 향해 나아가며, 다른 사람들에게도 그 길을 따르도록 독려합니다. 자신의 이상과 목표에 대한 확고한 신념을 가지고 있으며, 이를 통해 타인에게 영감을 줍니다.

4. 효율성 추구와 실용성

ENTJ는 효율성과 실용성을 중시하며, 자신이 설정한 목표를 달성하는 데 필요한 자원과 방법을 최적화하려 합니다. 이들은 시간과 에너지를 낭비하지 않으며, 실용적인 해결책을 선호합니다.

5. 직설적이고 결단력 있는 성격

ENTJ는 결단력이 강하고, 직설적이며 명확한 의사소통을 선호합니다. 이들은 감정보다 논리를 중시하고, 어려운 결정을 내릴 때 감정을 배제하려 합니다. 때로는 너무 직설적이어서 다른 사람들이 다소 부담스럽게 느낄 수도 있습니다.

ENTJ의 장점 & 단점

✅ 장점:

· 탁월한 리더십 – 명확한 목표와 비전을 가지고 그룹을 이끌어가는 능력이 뛰어납니다.

· 문제 해결 능력 – 어려운 문제를 논리적이고 효율적으로 해결하는 데 능숙합

니다.

· **결단력** – 신속하고 확실하게 결정을 내리며, 일을 추진하는 데 주저하지 않습니다.

· **효율적이고 조직적** – 자원을 잘 관리하고, 일의 흐름을 효율적으로 최적화합니다.

· **자기 확신과 자신감** – 자신이 세운 목표를 이루기 위해 자신감을 가지고 추진합니다.

❌ 단점:

· **과도한 직설성** – 때때로 너무 직설적이고 냉정한 태도로 다른 사람들에게 상처를 줄 수 있습니다.

· **감정의 부족** – 논리적이고 실용적인 접근을 우선시하기 때문에 감정적인 측면을 소홀히 할 수 있습니다.

· **완벽주의 경향** – 일을 완벽하게 처리하려는 성향이 강해, 자칫 스트레스를 받을 수 있습니다.

· **타인의 의견에 대한 배려 부족** – 자신의 의견을 강하게 주장하는 경향이 있어, 다른 사람들의 의견을 충분히 듣지 못할 수 있습니다.

· **지나치게 경쟁적인 성향** – 목표를 달성하려는 욕구가 강해, 때때로 너무 경쟁적으로 비칠 수 있습니다.

ENTJ에게 잘 맞는 직업

ENTJ는 리더십이 중요한 직업에서 큰 성과를 거둘 수 있습니다. 이들은 전략적 사고와 효율성을 중시하기 때문에, 경영, 기업, 정치 등에서 뛰어난 성과를 낼 수 있습니다.

✅ 기업 CEO, 경영자 – 조직을 이끌고, 비전을 제시하며 회사를 성장시키는 역할에 적합합니다.

✅ 프로젝트 매니저 – 프로젝트를 조직하고, 팀을 이끌며 목표를 달성하는 역할에 적합합니다.

✅ 정치인, 공직자 – 국가나 사회를 이끌어가는 리더로서의 역할에 적합합니다.

✅ 변호사, 판사 – 논리적 사고와 결단력을 요구하는 법률 분야에서 강점을 보입니다.

✅ 군인, 경찰, 보안 전문가 – 전략적 사고와 지도력을 발휘할 수 있는 분야입니다.

ENTJ의 유명인 예시

· 스티브 잡스(Steve Jobs) – 혁신적인 아이디어와 목표를 추구하며 회사를 이끈 Apple의 공동 창립자

· 버락 오바마(Barack Obama) – 미국의 44대 대통령, 강한 리더십과 비전으로 국가를 이끈 인물

· 마가렛 대처(Margaret Thatcher) – 영국의 첫 여성 총리, 확고한 리더십과 결단력으로 영국을 이끈 인물

· 엘론 머스크(Elon Musk) – Tesla와 SpaceX의 CEO, 혁신적이고 도전적인 비전으로 글로벌 기업을 이끈 인물

ENTJ를 위한 조언

· 감정도 배려하세요 – 타인의 감정을 고려하고, 감정적인 지원을 아끼지 않는 것이 중요합니다.

· '완벽'이 아니라 '효율'을 추구하세요 – 완벽주의가 지나치게 강하면 스트레스를

받을 수 있으니, 때로는 실용적이고 빠른 해결책을 선택하는 것이 중요합니다.

· 소통을 강화하세요 – 직설적이고 강한 의견을 주장하는 성향이 있지만, 타인의 의견을 경청하고 존중하는 태도가 필요합니다.

· 자기 자신도 돌보세요 – 과도한 목표 추구에 몰두하지 않도록 자기 자신을 위한 시간을 가지는 것이 중요합니다.

ENTJ는 이런 사람!
- ✅ 결단력 있고 목표 지향적입니다.
- ✅ 리더십이 뛰어나며, 조직을 이끌어 가는 데 능숙합니다.
- ✅ 논리적이고 전략적인 사고를 통해 문제를 해결합니다.
- ✅ 효율성을 중시하고, 실용적인 해결책을 추구합니다.
- ✅ 자신의 비전을 실현하는 데 주력하며, 주변 사람들에게 영감을 줍니다.

ENTJ는 '대담한 전략가이자 강력한 리더'라고 할 수 있습니다.

상처나 스트레스를 많이 받으면 ENTJ는 어떤 심리증상이 생길 가능성이 높은가?

ENTJ는 매우 목표 지향적이고, 효율적이며, 강한 리더십을 발휘하는 성향을 가지고 있습니다. 그러나 스트레스를 받을 때, 그들의 강한 성향이 부정적인 방향으로 흐를 수 있습니다. ENTJ가 상처나 스트레스를 많이 받았을 때 나타날 수 있는 심리적 증상 10가지를 살펴보겠습니다.

1. 지나치게 완벽주의적 경향

ENTJ는 항상 높은 목표를 설정하고, 자신에게 매우 높은 기준을 적용합니다. 스트레스를 받을 때, 이러한 완벽주의적 성향이 더욱 두드러져, 자신이나 주변 사람들에게 비현실적인 기대를 할 수 있습니다. 이로 인해 실망감이나 자책감이 커지고, 피로가 쌓일 수 있습니다.

2. 감정적 고립

ENTJ는 감정보다 논리와 효율을 중시하는 경향이 있습니다. 스트레스를 받을 때, 감정을 외면하고 감정적으로 고립될 수 있습니다. 타인과의 감정적 소통을 차단하거나, 자신의 감정을 나누지 않으려 하여 외로움을 느끼고, 점차 감정적인 고립이 심해질 수 있습니다.

3. 지나치게 분석적이고 비판적인 태도

ENTJ는 문제를 해결하려는 능력이 뛰어나지만, 스트레스를 받을 때는 지나치게 분석적이고 비판적인 태도를 보일 수 있습니다. 주변 사람들의 행동이나 성과를 과도하게 평가하고, 심지어 자기 자신에게도 비판적인 시각을 가질 수 있습니다. 이로 인해 스트레스가 더 커지고, 사람들과의 관계가 틀어질 수 있습니다.

4. 과도한 일 중심 태도

ENTJ는 일을 중시하며 목표 달성을 위해 에너지를 쏟습니다. 스트레스를 받으면 일에 더 몰입하려 하며, 과중한 업무를 자신에게 부과할 수 있습니다. 이로 인해 자신을 돌보지 않고 과도하게 일에 집중하게 되어, 신체적·정신적 피로가 누적될 수 있습니다.

5. 감정을 무시하려는 경향

ENTJ는 감정보다는 논리적이고 실용적인 해결책을 선호하는 성향이 있습니다. 스트레스를 받을 때, 감정을 무시하거나 억누르려 할 수 있습니다. 이로 인해 감정이 쌓여 나중에는 갑작스러운 감정적 폭발을 일으킬 수 있습니다.

6. 타인에 대한 지배적인 태도

ENTJ는 리더십을 발휘하고 사람들을 이끄는 성향이 강하지만, 스트레스를 받으면 그들의 지배적인 성향이 더욱 강조될 수 있습니다. 타인을 지나치게 통제하려 하거나, 자신의 방식대로 상황을 이끌려는 욕구가 강해져 갈등을 유발할 수 있습니다.

7. 타인의 의견을 받아들이지 않음

ENTJ는 자신이 세운 계획이나 전략에 강한 확신을 하므로, 스트레스를 받을 때 타인의 의견이나 피드백을 잘 받아들이지 않으려는 경향이 있습니다. 이로 인해 다른 사람들과의 협력이 어려워지고, 독단적인 태도로 인해 관계가 악화할 수 있습니다.

8. 감정적인 터널 비전

ENTJ는 문제를 해결하는 데 집중하느라 감정적인 측면을 간과할 수 있습니다. 스트레스를 받으면 감정적인 문제를 해결하기보다는 논리적이고 실용적인 해결책을 추구하는 경향이 강해져, 감정적인 상처를 무시하거나 외면할 수 있습니다.

9. 자신에게 너무 높은 기대

ENTJ는 목표 달성을 위한 높은 기준을 설정하고 이를 달성하려는 강한 열망을 가지고 있습니다. 스트레스를 받으면 자신에게 지나치게 높은 기대를 부여하고, 이를 충족하지 못하면 자신을 비난하는 경향이 생길 수 있습니다. 이로 인해 자존감이 낮아질 수 있습니다.

10. 감정적인 폭발

ENTJ는 감정을 잘 드러내지 않지만, 스트레스가 극대화되면 감정적인 폭발을 일으킬 수 있습니다. 그들은 강한 감정 표현을 회피하거나 억제하는 경향이 있지만, 결국 폭발적인 감정 표현을 하여 주변 사람들에게 상처를 줄 수 있습니다.

▶ ENTJ는 강한 리더십과 목표 지향적인 성향을 바탕으로 뛰어난 전략적 사고와 실행력을 발휘합니다. 그러나 지나치게 자기 자신에게 높은 기준을 부여하고, 타인의 의견을 무시하거나 감정을 억누르는 경향이 있을 때, 내면의 균형이 깨지고 심리적 피로가 누적될 수 있습니다. ENTJ가 자신의 감정을 인정하고, 타인의 의견을 수용하며, 과도한 기대를 조절하고 감정의 균형을 맞출 때, 그 강력한 리더십은 더욱 풍요롭고 지속 가능한 방식으로 발휘될 수 있습니다. '자신의 감정을 돌보는 것도 중요한 책임'이라는 사실을 깨닫는 것이 ENTJ의 건강한 성장과 진정한 성공의 출발점입니다.

ENTJ는 어떤 방어기제를 쓸 가능성이 높을까?

ENTJ는 외향적이며, 사고 중심적이고, 목표 지향적인 성향이 있는 사람들로, 리더십이 강하고 효율성을 중시하는 유형입니다. 이들은 논리적이고 체계적인 방식으로 문제를 해결하며, 감정보다는 객관적인 사실과 전략적 사고를 우선시합니다. 강한 자신감과 추진력을 지닌 ENTJ는 어려운 상황에서도 결단력 있게 행동하지만, 감정적인 취약점을 다루는 데 어려움을 겪을 수 있습니다. 이러한 특성으로 인해 ENTJ가 사용할 가능성이 큰 방어기제는 다음과 같습니다.

1. 합리화

ENTJ는 감정적인 혼란이나 실패를 논리적인 이유로 설명하고 정당화하려는 경향이 있습니다. 이들은 자신의 행동이나 결정을 평가할 때 감정보다는 논리를 우선하기 때문에, 자신이 감정적으로 영향을 받았다는 사실을 인정하기 어려울 수 있습니다. 예를 들어, 누군가와의 갈등이 발생했을 때 '나는 감정적으로 반응한 것이 아니라, 단순히 더 효율적인 해결책을 제시했을 뿐이다'라고 정당화하며 자신의 감정을 부정할 수 있습니다.

2. 억압

ENTJ는 감정보다는 목표와 성취에 집중하는 경향이 강하기 때문에, 자신의 감정을 억누르거나 무시하는 방식으로 방어기제를 사용할 수 있습니다. 감정이 목표 달성에 방해가 된다고 판단하면, 그것을 의식적으로 밀어내고 실용적인 해결책에 집중하려 합니다. 그러나 억압된 감정이 장기간 누적되면, 예상치 못한 순간에 폭발적으로 표출될 가능성이 있습니다.

3. 투사

ENTJ는 자신의 내면적인 불안을 타인에게 전가하는 방식을 사용할 수 있습니다. 예를 들어, 자신이 실패에 대한 두려움을 느끼면서도 이를 인정하지 않고, 다른 사람이 부족하거나 비효율적이라고 비난하는 방식으로 감정을 표출할 수 있습니다. 또한, 자신이 느끼는 취약함을 다른 사람의 태도나 행동에서 찾으려 하며, 타인의 감정적인 반응을 과장해서 해석할 수도 있습니다.

4. 과잉 보상

ENTJ는 자신의 약점이나 실패를 인정하는 것을 어려워할 수 있으며, 그로 인해 자신의 강점을 더욱 부각하려는 방식으로 방어기제를 사용할 가능성이 있습니다. 예를 들어, 자신이 실수했음을 인정하는 대신 더욱 공격적이거나 강압적인 태도를 보이며 자신의 능력을 과시하려 할 수 있습니다. 이는 자신이 가진 내면의 불안을 감추기 위한 전략적인 대응 방식일 수 있습니다.

5. 반동 형성

ENTJ는 자신의 내면적인 감정과 반대되는 방식으로 행동하는 경향을 보일 수 있습니다. 예를 들어, 타인에게 상처를 받았거나 감정적으로 불안할 때, 오히려 더 냉정하고 강한 태도를 보이며 감정을 억누르려 할 수 있습니다. 이는 감정적인 취약함을 감추고 자신을 더욱 강하게 보이려는 무의식적인 방어기제로 작용할 수 있습니다.

6. 통제 욕구

ENTJ는 환경을 통제하고 계획을 실행하는 것을 중요하게 여기기 때문에, 예상치 못한 변수나 감정적인 혼란을 극도로 싫어하는 경우가 많습니다. 이들은 불안이나 스트레스를 느낄 때, 더욱 강한 통제력을 행사하려는 방식으로 반응할 수 있습니다. 예를 들어, 조직 내에서 예상치 못한 변화가 발생하면, 더 철저한 규칙을 적용하거나, 주변 사람들을 더욱 강하게 밀어붙이는 방식으로 반응할 가능이 있습니다. 이는 자신의 내면적인 불안을 해소하기 위한 방어적 반응일 수 있습니다.

7. 부정

ENTJ는 자신의 약점이나 감정적인 취약성을 인정하는 것을 어려워할 수 있으며, 불편한 진실을 외면하려는 방어기제를 사용할 가능성이 있습니다. 예를 들어, 실패를 인정하는 대신 "이건 내 실수가 아니라 외부 요인 때문이다"라며 문제를 회피하거나, 감정적으로 힘든 상황에서도 "난 괜찮다"라고 자신에게 되뇌며 감정을 무시하려 할 수 있습니다.

▶ ENTJ는 감정적인 문제를 직접 다루기보다는 논리적인 방식으로 해결하려는 경향이 강하며, 감정이 개입되는 것을 약점으로 여길 가능성이 큽니다. 따라서 감정을 억누르거나, 논리적으로 정당화하거나, 강한 통제력을 행사하는 방식으로 방어기제를 사용할 수 있습니다. 또한, 자신의 감정을 인정하기 어려운 경우 투사, 반동 형성, 과잉 보상 등의 방식으로 반응할 가능성이 높습니다. 이러한 방어기제들은 ENTJ의 강한 추진력과 목표 지향적인 성향과 맞물려 긍정적으로 작용할 수도 있지만, 과도할 경우 주변 사람들과의 관계에서 갈등을 초래하거나 내면적인 스트레스를 증가시킬 수 있습니다. ENTJ가 더욱 건강한 방식으로 감정을 다루기 위해서는, 자신의 감정을 억압하기보다는 그것을 인식하고 조절하는 방법을 배우는 것이 중요합니다.

ENTJ의 심리적 취약점과 이를 극복할 수 있는 대처방법은 무엇인가?

ENTJ는 강한 리더십과 전략적 사고를 가진 인물로 평가받지만, 그 내면에는 쉽게 드러나지 않는 심리적 취약점이 존재합니다. ENTJ는 흔히 외부 세계에서 강인함을 유지하려 하기 때문에 내면의 불안을 억누르거나 무시하는 경향이 있습니다. 이로 인해 스트레스가 누적되거나 대인관계에 균열이 생기기도 합니다. ENTJ의 대표적인 심리적 취약점 5가지와 그에 대한 구체적인 대처방법을 살펴보겠습니다.

1. 감정 억압과 공감 부족

ENTJ는 감정보다 논리와 성과를 중시하기 때문에 자신의 감정을 무시하거나 타인의 감정을 과소평가하는 경향이 있습니다. 이는 가까운 사람들과의 관계에서 갈등을 유발할 수 있으며, 결국 자신도 고립감을 느끼게 됩니다. 그러므로 정기적으로 자기감정 일기를 쓰거나 신뢰할 수 있는 사람과 솔직하게 감정을 나누는 시간을 가지는 것이 중요합니다. 감정을 표현하는 것이 약함이 아니라 '진정한 강함의 표식'이라는 인식을 내면화할 필요가 있습니다. 또한, 감정 중심의 영화나 문학작품을 접함으로써 공감 능력을 서서히 확장해나가는 것도 도움이 됩니다.

2. 완벽주의와 성과 강박

ENTJ는 높은 기준을 자신에게도, 타인에게도 적용하기 때문에 실패나 실수가 용납되지 않는 성향이 있습니다. 이로 인해 번아웃이나 대인관계의 긴장이 발생할 수 있습니다. 그러므로 '과정의 가치'를 인식하는 훈련이 필요합니다. 일일 성찰 시간에 "오늘 성취한 것 외에 배우거나 느낀 것은 무엇이었는가?"와 같은 질문을 통해 성과 이외의 가치를 인식하는 연습을 할 수 있습니다. 또한, 자신과 타인에게 일정한 여유를 허용하는 '80% 만족의 법칙'을 실생활에 적용해보는 것도 큰 도움이 됩니다.

3. 통제욕과 위임의 어려움

ENTJ는 체계적이고 목표 지향적이지만, 그만큼 일을 자신이 직접 주도해야간 직성이 풀리는 경향이 있습니다. 이는 협업을 어렵게 만들고, 장기적으로는 리더십의 한계를 드러내게 됩니다. 그러므로 신뢰를 기반으로 한 위임 연습이 필요합니다. 작은 단위의 업무부터 타인에게 맡기고, 그 결과를 존중하며 피드백을 주는 방식으로 신뢰를 쌓아가야 합니다. '성공적인 위임은 혼자 하는 것보다 더 큰 성취를 만든다'는 철학을 삶 속에 체득하는 것이 ENTJ에게 매우 중요합니다

4. 과도한 직설성과 냉철한 비판

ENTJ는 문제 해결에 집중하는 성향으로 인해 타인에게 너무 직설적이거나 비판적으로 다가갈 수 있습니다. 이는 특히 감정에 민감한 유형에게는 상처로 남기 쉽습니다. 그러므로 피드백을 주기 전에 "이 말이 저 사람에게 어떤 정서적 경향을 줄까?"를 먼저 떠올리는 연습이 필요합니다. 감정과 비판 사이에 '완충 지대'를 마련하는 것입니다. '나-전달법(I-message)'을 활용해 "당신이 이 일을 하지 않아서 문제가 있다"가 아닌 "이 일이 지연되니 나도 일정 조율에 어려움을 겪는다"와 같은 표현으로 전환해보는 것도 효과적입니다.

5. 내면의 불안과 자기 가치에 대한 의문

겉으로는 자신감 있어 보이지만, ENTJ는 종종 "내가 진정한 가치를 지닌 사람인가?" "성공을 거두지 않으면 나는 무가치한가?"라는 내면의 질문을 품고 있습니다. 이는 외적인 성과로 자존감을 대체하려는 경향으로 이어지기도 합니다. 그러므로 '존재의 가치'에 대한 철학적 성찰이 필요합니다. 명상이나 철학적 독서는 ENTJ에게 내면의 안정감을 심어줄 수 있습니다. 성취하지 않아도 의미 있는 자신

을 발견하고자 하는 방향으로 시선을 전환하는 것이 자기 회복의 핵심입니다.

▶ 이처럼 ENTJ는 매우 역동적이고 추진력 있는 성향이지만, 그 내면에는 정서적 균형과 인간관계의 섬세함이라는 과제가 있습니다. 이 과제는 그들의 리더십을 더욱 깊고, 성숙하게 만들어 주는 기회가 되기도 하며, ENTJ가 내면의 안정과 외적 성공을 모두 아우를 수 있도록 돕는 핵심 열쇠가 될 것입니다.

ENTJ가 자신의 잠재력을 극대화하고, 건강하고 행복한 삶을 위해서 실천해야 할 10가지 행동 지침은 무엇인가?

ENTJ는 전략적 사고와 리더십 능력이 탁월하며, 비전을 실현하기 위해 강한 추진력을 지닌 인물입니다. 그들은 목표 달성을 위해 헌신하고, 어려운 상황에서도 두려움 없이 결단을 내리는 힘이 있습니다. 그러나 지나치게 외부 성과에만 집중할 경우 정서적 소진이나 인간관계의 단절을 경험할 수 있으므로, 감정적 자기 인식과 휴식 또한 중요한 요소입니다. ENTJ가 자신의 잠재력을 극대화하고, 건강하고 행복한 삶을 살아가기 위한 10가지 행동 지침은 다음과 같습니다.

1. 성과 중심에서 의미 중심으로 시야 넓히기

ENTJ는 목표 달성에 대한 집중력이 뛰어나며, 그로 인해 빠르게 성과를 이끌어 내는 능력을 갖췄습니다. 그러나 결과만을 좇다 보면 어느 순간 삶의 방향성과 감정적 충만함이 빠져버릴 수 있습니다. 목표 너머에 있는 삶의 진정한 의미를 성찰하는 시간이 필요합니다.

2. 감정은 비효율이 아니라 통찰의 자원임을 이해하기

ENTJ는 이성 중심의 판단에 강점을 지니며, 감정을 배제하는 것이 효율이라 여길 수 있습니다. 그러나 감정은 자기 이해와 타인과의 관계에 있어 중요한 통찰을 제공합니다. 감정을 통합할 때 사고력과 관계력이 모두 깊어집니다.

3. 리더십보다 인간다움이 더 큰 영향력을 갖는다는 사실 기억하기

ENTJ는 타고난 지도자로서 강력한 추진력과 결단력을 보입니다. 그러나 진정한 영향력은 강함보다 따뜻함과 진정성에서 비롯됩니다. 인간적인 모습이 드러날수록 사람들은 더 깊이 연결되고 신뢰하게 됩니다.

4. 약점을 보이는 것이 곧 약자가 되는 것은 아님을 받아들이기

ENTJ는 약점을 드러내면 통제력을 잃거나 신뢰를 잃을까 두려워할 수 있습니다. 하지만 약점을 숨기기보다는 이를 인정하고 수용하는 것이 진정한 강점을 발휘하는 데 도움이 됩니다. 오히려 약점을 공유하고 협조를 구함으로써 더 깊은 신뢰를 구축하고, 성장의 기회를 얻을 수 있습니다.

5. 완벽이 아닌 성장에 초점을 맞추기

자신에게 높은 기준을 부여하는 ENTJ는 완벽을 추구하며 자신을 몰아붙이곤 합니다. 하지만 진정한 성장은 실수와 실패 속에서 이루어집니다. '충분히 잘하고 있다'는 자비로운 시선으로 자신을 바라보는 연습이 필요합니다.

6. 휴식은 생산성을 위한 전략이 아닌 삶의 본질임을 깨닫기

ENTJ는 휴식을 미래의 더 큰 성취를 위한 '필요한 쉼'으로 계산하기 쉽습니다.

그러나 아무 목적 없이 존재하는 시간은 자기 회복과 진짜 기쁨을 가져다줍니다. 휴식 자체가 인생의 본질이라는 관점을 가져보면 마음이 한결 더 편안해질 것입니다.

7. 경쟁이 아닌 협력에서 오는 시너지를 경험하기

ENTJ는 독립적으로 문제를 해결하고 앞서나가는 데 익숙한 성향을 지녔습니다. 그러나 진정한 성취는 혼자가 아닌 함께 성장하고 도전할 때 이뤄지는 경우가 많습니다. 타인의 강점을 인정하고 팀워크를 통해 더 넓은 세계를 경험하는 것이 필요합니다.

8. 타인의 피드백을 방어하지 않고 경청하기

비판을 들으면 곧바로 반박하거나 논리적으로 정리하고 싶은 마음이 앞설 수 있습니다. 그러나 피드백을 감정 없이 온전히 듣는 태도는 성숙한 자기 성찰을 가능하게 합니다. ENTJ가 듣는 법을 익힐 때, 관계와 내면이 동시에 깊어집니다.

9. 사람을 목표로 삼지 않기

효율성과 결과를 중시하는 ENTJ는 관계에서도 '성과'를 원할 수 있습니다. 그러나 사람은 완성해야 할 과제가 아니라, 그 자체로 소중한 존재입니다. 성과가 아닌 존중과 존재 중심의 관계 맺음을 연습해보는 것이 좋습니다.

10. 성공보다 만족감을 우선시하는 삶의 기준 세우기

외형적 성공은 ENTJ에게 강력한 동기부여가 됩니다. 하지만 그것이 내면의 기쁨과 충만함으로 이어지지 않는다면, 진정한 성취라 하기 어렵습니다. 지속 가능한 성공을 위해서는 마음의 평화와 만족감을 삶의 기준으로 삼아야 합니다.

▶ ENTJ는 명확한 목표를 향해 나아가는 추진력과 판단력이 탁월한 성격입니다. 그러나 그 힘이 더 건강하게 발휘되기 위해서는 감정적 성숙과 관계의 따뜻함, 내면의 균형이 함께 뒷받침되어야 합니다. ENTJ가 위의 지침들을 실천한다면, 외적인 성공뿐 아니라 내적인 평화와 행복까지 조화롭게 이룰 수 있을 것입니다.

ENTJ에게 필요한 플러스 생각 10가지

ENTJ는 강한 추진력과 논리적 사고, 전략적 시야를 갖춘 천生적인 리더 유형입니다. 효율과 성취를 중시하며, 큰 그림을 보고 목표를 향해 조직을 이끌어가는 능력이 뛰어납니다. 그러나 감정 표현의 억제, 자기 비판적인 관점, 타인에 대한 높은 기대, 실패에 대한 두려움 등으로 인해 내면의 압박과 고립감을 겪을 수 있습니다. ENTJ에게는 자기 수용, 정서적 유연성, 균형 있는 시야를 기를 수 있는 플러스 생각이 심리적 안정과 성장의 열쇠가 됩니다.

1. 나는 목표를 향해 나아가는 사람이다.

▶ 비전을 향한 추진력은 나의 강점이다. 그러나 때로는 쉬어가는 쉼을 고르는 것도 전략이다.

2. 나는 성과를 중요하게 여긴다.

▶ 성과는 내 능력의 증거다. 하지만 결과보다도 과정에서 배우는 점이 진짜 성장이다.

3. 나는 강한 책임감을 지닌 사람이다.

▶ 책임감은 나를 단단하게 만든다. 하지만 모든 걸 나 혼자 감당할 필요는 없

다. 나도 도움을 받아도 괜찮다.

4. 나는 냉철한 분석력을 가지고 있다.

▶ 논리적 사고는 나의 무기다. 그러나 감정 속에도 중요한 정보가 담겨 있다. 내 감정도 존중받아야 한다.

5. 나는 완벽을 추구하는 성향이 있다.

▶ 완벽을 추구하는 열정은 성취를 이끈다. 하지만 불완전함도 인간다움의 일부다. 실수는 배움이다.

6. 나는 독립적이고 자율적인 사람이다.

▶ 자율성은 내 자존심이다. 하지만 함께 가야 더 멀리 간다. 신뢰하고 위임하는 법도 배워야 한다.

7. 나는 강한 리더십을 가진 사람이다.

▶ 리더십은 내가 타고난 기질이다. 그러나 때로는 따뜻한 공감이 더 큰 영향력을 만든다.

8. 나는 실패를 두려워하는 경향이 있다.

▶ 두려움은 나를 채찍질할 수 있다. 하지만 실패는 두려운 게 아니라 피드백이다. 나를 멈추게 하는 게 아니라 나아가게 하는 자산이다.

9. 나는 빠른 결단과 실행을 중시한다.

▶ 결단력은 나의 강점이다. 하지만 때로는 느린 속도가 더 깊은 통찰을 가져온다. 기다림도 전략이다.

10. 나는 자신에게 높은 기준을 설정한다.

▶ 높은 기준은 나를 성장시킨다. 그러나 기준이 곧 나의 가치가 되지는 않는다. 지금의 나도 충분히 괜찮다.

이러한 플러스 생각들은 ENTJ가 리더로서의 힘과 전략적 사고를 유지하면서도, 감정적 유연성과 자기 수용의 균형을 이루는 데 도움을 줍니다. ENTJ는 성과로 세상을 이끄는 존재이지만, 자기 내면의 온기를 회복할 때 더 넓고 깊은 리더십을 발휘할 수 있습니다.

ENTJ의 좋은 관계를 위한 지혜

ENTJ는 지도자형 성격으로, 매우 목표 지향적이고 전략적 사고를 하는 사람들입니다. 이들은 주로 미래지향적이고 효율적인 방법을 통해 문제를 해결하려 하며, 논리적이고 합리적인 결정을 내립니다. ENTJ는 조직을 이끌고 큰 흐름을 설정하고 이를 달성하는 데 강한 추진력을 보입니다. 또한, 도전적인 상황에서 잘 적응하고, 주변 사람들에게 영감을 주며, 강력한 리더십을 발휘합니다. 그러나 때로는 지나치게 직설적이거나 감정을 배제한 결정을 내리기도 하며, 타인과의 감정적인 소통에 어려움을 겪을 수 있습니다.

잘 맞는 유형:

· **INFJ**: ENTJ와 INFJ는 서로 보완적인 관계를 맺을 수 있습니다. INFJ는 ENTJ가 놓칠 수 있는 감정적인 측면과 인간적인 가치에 대해 중요한 통찰을 제공할 수 있습니다. ENTJ는 INFJ의 직관적이고 깊이 있는 사고를 존중하며, ENTJ는 INFJ에게 비전을 실현하는 데 필요한 전략적 접근을 도울 수 있습니다. 이들은 서로의 성장을 촉진하는 관계를 유지할 수 있습니다.

· **ENFJ**: ENFJ와 ENTJ는 서로 공통된 가치관을 가지며, 사람들과의 관계에서 리더십을 발휘하는 경향이 있습니다. ENFJ는 ENTJ의 목표를 달성하기 위해 사람

들을 더 잘 이해하고 지원하는 역할을 할 수 있으며, ENTJ는 ENFJ가 추구하는 비전을 실현하는 데 필요한 구체적인 전략을 제공할 수 있습니다. 이들은 협력적인 관계를 맺으며 좋은 결과를 얻을 수 있습니다.

잘 맞지 않는 유형:
· ISFP: ISFP는 감정적이고 예술적인 성향이 있는 사람으로, ENTJ의 목표 지향적이고 논리적인 사고방식과 차이를 보입니다. ISFP는 ENTJ의 추진력이나 효율성에 대한 압박을 부담스럽게 느낄 수 있으며, ENTJ는 ISFP의 감성적이고 즉흥적인 성향을 이해하기 어려울 수 있습니다.
· ESTP: ESTP는 실용적이고 즉흥적인 성향이 있는 사람으로, ENTJ의 계획적이고 전략적인 접근과 종종 충돌할 수 있습니다. ESTP는 빠르고 직설적인 결정을 선호하고, ENTJ는 그들의 접근 방식을 더 깊고 체계적으로 계획하려 하므로, 이들은 서로의 속도와 방식에 대해 갈등을 겪을 수 있습니다.

좋은 관계를 위한 지혜:
· 상대방의 감정적인 필요를 이해하기: ENTJ는 주로 논리와 목표 달성에 집중하는 경향이 강하지만, 사람들과의 관계에서 감정적인 지원이 필요할 때가 많습니다. 특히, ENFJ나 INFJ와 같은 감정 중심의 유형과 관계를 유지하려면, "이 상황에서 어떻게 느끼고 있는지 말해줘"와 같은 질문을 통해 상대방의 감정적 필요를 이해하고 존중하는 것이 중요합니다. 감정적인 배려가 관계의 깊이를 더할 수 있습니다.
· 유연성 있는 태도 유지하기: ENTJ는 때로 자신의 계획이나 방식에 너무 집착할 수 있습니다. 다른 사람들의 의견이나 아이디어를 받아들이고, 때로는 유연한 태도로 접근하는 것이 관계를 유지하는 데 도움이 됩니다. "이 아이디어가 좋다고

생각하는데, 네 생각은 어때?"라고 상대방에게 공간을 주고, 다양한 접근을 고려하는 태도가 필요합니다.

· 상대방에게 자율성 부여하기: ENTJ는 때로 다른 사람들을 자신의 방식에 맞추려 하거나, 지나치게 통제적인 모습을 보일 수 있습니다. 그러나 관계에서 각자의 독립성과 자율성을 존중하는 것이 중요합니다. 상대방이 스스로 결정을 내리고, 자신만의 방식으로 문제를 해결할 수 있도록 지원하는 것이 필요합니다. "이 문제에 대해 너는 어떻게 해결하고 싶은지 알려줘"라고 물어보며 상대방의 의견을 존중하는 것이 중요합니다.

· 의사소통에서 감정의 중요성 인식하기: ENTJ는 종종 직설적이고 논리적인 방식으로 의사소통을 하지만, 때때로 상대방이 감정적으로 상처를 받을 수 있습니다. 갈등이 생길 때는 "이 문제가 내게 중요한 이유는 이러이러해서야. 함께 해결해볼까?"와 같은 방식으로 감정적 부분도 고려한 대화를 나누는 것이 관계의 균형을 유지하는 데 도움이 됩니다.

· 인내심을 가지기: ENTJ는 목표 지향적이고 빠르게 결정을 내리는 것을 선호하지만, 다른 사람들은 그와 다른 속도로 일을 처리할 수 있습니다. 특히, ISFP나 ESTP와 같은 유형과 관계에서 인내심을 가지고 상대방의 속도와 방식을 이해하는 것이 중요합니다. "내가 조금 더 시간을 두고 생각할게, 네가 준비되면 이야기하자"와 같은 표현으로 상대방에게 여유를 주는 것이 필요합니다.

ENTJ의 치유와 성장을 위한 영적 메시지(명상 조언) 5가지

1. 계획을 내려놓고 순간을 살아가세요.

당신은 목표를 향해 끊임없이 달려가는 성향이 강하지만, 때로는 지나치게 계획에 집착하게 될 수 있습니다. 계획을 완벽하게 실행하려는 욕망은 때로 삶의 유연성과 자유를 제한할 수 있습니다. 순간순간을 즐기고, 지금, 이 순간의 경험을 온전히 살아가는 것이 중요합니다. 삶은 때때로 예기치 않은 방향으로 펼쳐지며, 그 속에서 진정한 성장이 이루어집니다.

2. 자비와 연민을 기르세요.

당신은 효율성과 성과를 중요시하지만, 타인에게 지나치게 높은 기대를 할 때가 많습니다. 사람들은 각기 다른 속도와 방식으로 성장합니다. 당신의 리더십이 강한 만큼, 다른 사람의 실수나 부족함에 대해 자비와 연민을 보여주세요. 그들의 성장에 대한 믿음과 격려가 그들을 더 나은 방향으로 이끌 수 있습니다.

3. 자신을 위한 휴식을 취하세요.

당신은 성과와 결과를 추구하는데 강한 열정을 가지고 있습니다. 하지만 지나치게 일을 밀어붙이면 마음과 몸이 지칠 수 있습니다. 자신을 돌보는 시간을 가지세요. 가끔은 아무것도 하지 않고, 휴식을 취하며 에너지를 회복하는 것이 더 큰 성과를 가져옵니다. 자신을 위한 시간을 잊지 말고, 내면의 평화를 찾는 것이 중요합니다.

4. 타인의 감정에 귀 기울이세요.

당신은 매우 목표 지향적이고 논리적인 사람입니다. 그러나 때로는 사람들의 감정이나 세심한 배려를 놓치기 쉽습니다. 목표를 달성하는 것도 중요하지만, 타인의 감정에 귀 기울이는 것도 그만큼 중요합니다. 그들의 생각과 감정을 존중하고 공감할 때, 당신은 더 깊은 관계를 형성하고, 진정한 리더십을 발휘할 수 있습니다.

5. 완벽을 내려놓고 성장의 과정에 집중하세요.

당신은 완벽함을 추구하고, 모든 일을 완벽하게 해내고자 합니다. 하지만 완벽함을 추구하는 압박감은 때로 불필요한 스트레스를 유발할 수 있습니다. 완벽이 아닌 과정 속에서 성장하고 배우는 것이 더 중요합니다. 완벽하지 않더라도, 당신은 충분히 훌륭하고, 그 과정 속에서 진정한 의미와 성장이 있습니다

MBTI를 이해하는 새로운 시각과
독법을 제시한다

    ENFJ인 저는 시를 쓰는 시인이기도 합니다. 주역이나 타로가 그런 것처럼 시 또한 상징과 비유의 기능이 가장 강조되는 문학 장르입니다. 그럼 시인에겐 어떤 성격 기능이 필요할까요? 일률적으로 말할 순 없지만, 시인은 E보다 I가, S보다는 N이, T보다는 F가, J보다는 P가 유리할 가능성이 높습니다. 짐작건대 F(감성)가 아닌 사람이 시인이 되는 경우는 드물 것입니다. 시를 쓰려면 감성이 풍부해야 하니까요! 마찬가지로 시인에겐 자유로운 발상이 요구되므로 J성향 보다는 P성향이 더 유리하고 더 필요합니다. 저는 MBTI를 공부하고 나서, 제가 다른 시인들께 지적받은 '제 시의 문제점들'이 주로 J성향 때문에 비롯된 것임을 알게 되었습니다.

    시는 논리 정연한 논증이나 설득의 차원이 아니라, 그 논리를 깨뜨리면서 논리 밖에서 논리가 말하지 못하는 것을 자유롭게 말하는 방식의 장르입니다. 시는 그런 점에서 비논리적인 말이고 상식과 규범을 뛰어넘는 친숙하지 않고 낯선 말들입니다. 시는 내용이나 형식 모두에서 그런 세계를 지향합니다. 시의 중요한 가치인 '낯설게 하기' 또한 이런 맥락에서 나오는 말이며, 시적 상상력과 은유의 자장 또한 이런 힘을 통해 나오는 것입니다. "낯익음의 껍질을 벗기고 낯설게 만들어 신선함을 유지하라."(시클로프스키)

시를 쓸 때 'J성향이 주가 된다'는 것은 'P성향이 부족하다'는 뜻이 됩니다. 논문을 쓸 때는 P성향보다 J성향이 더 유용하게 쓰이겠지만, 시를 쓸 때는 J성향보다 P성향이 더 유용하게 쓰입니다. 논문이 J기능을 지향하는 글쓰기라면 시라는 장르는 P기능을 지향하는 글쓰기입니다. 그런데 저는 ENFJ라 시를 쓸 때도 자꾸 'J기능'을 사용했던 것입니다. 시에선 문장을 줄이거나 생략하는 경우가 많고, 내용 또한 비약이 되는 경우가 많은데 논리적 성향이 강한 저는 'J성향' 때문에 그런 게 힘들었습니다. 하지만 시 장르의 본질적 특성이 그러함으로 제가 시를 더 잘 쓰기 위해선 필히 J기능을 줄이고 P기능을 더 늘여야 할 것입니다. 실로 이런 자각과 이해와 통찰은 MBTI를 공부하기 전에는 정말 상상조차 하지 못했던 것입니다.

P기능의 부족은 시 쓸 때만의 문제점이 아니라, 제 삶의 모든 영역에서 나타날 수 있는 문제점이기도 합니다. 이는 실로 제 성격적 단점이기도 합니다. 가령 삶을 즐길 줄 아는 성격은 J가 아니라 P일 가능성이 아주 높습니다. 예컨대 자유로운 영혼인 ESFP가 그럴 가능성이 아주 높으며, 반면 책임감이 강한 ISTJ가 그와 정반대일 가능성이 높습니다.

'삶을 즐길 줄 아는 것'은 대단한 재능이요 능력일 것인데, 매사 진지한 제게는 이러한 점이 매우 부족합니다. 저는 예나 지금이나 쫓기듯 밤낮없이 공부만 하고 있기에, 도무지 삶을 즐길 줄 모르는 상태에 가깝습니다. 저는 공부 말고는 해본 게 거의 없어서 사실 '어떻게 놀아야 하는지'도 잘 알지 못합니다. 이는 저의 직업이나 해왔던 일(대학강의, 상담, 연구와 책 쓰기 등)과도 깊은 관련이 있지만, 매사 진지해서 삶을 즐길 줄 모르는 J성향 때문이기도 합니다. 저는 어릴 때부터 대부분 매사 진지하고 심각했습니다. 제가 좀 더 행복하고 풍성한 삶을 살려면 때때로 진지함과 예민함과 규칙성을 다소 내려놓고, P의 즉흥성과 여유와 유연함과 자유로움을 저 자신에게 훨씬 더 많이 허용해야 할 것입니다.

MBTI는 이처럼 제게 전혀 예상치 못했던 자각과 이해와 통찰의 창(窓)을 열어 주었습니다. 음양의 이치가 그러하듯, 각각의 성격 기능은 그때그때에 상황에 따라 장점이 되기도 하고, 단점이 되기도 합니다. 이것은 상대적이고 상보적인 삶의 실상을 더 포괄적이고 더 통합적이고 더 유기적으로 바라볼 수 있게 만들어 줍니다. 이는 세상을 보는 새로운 눈을 얻는 일이자 자기 내면으로 깊어지고 넓어지는 개안(開眼)의 세계라 할 수 있을 것입니다.

자신의 고유한 특성과 기질을 깊이 이해하고 통찰한다는 것은 여러 면에서 자신의 순기능을 더 잘 살릴 수 있는 첩경일 것입니다. 고로 저는 MBTI의 쓰임과 가치가 실로 다양하고 풍부할 수 있다고 생각합니다. 특히 교육 분야와 상담 분야에 계신 분들은 반드시 필수과목으로 깊이 공부해야 한다고 생각합니다.

> 모든 살아있는 존재는 자기 자신이 되고자 한다.
> 올챙이는 개구리가, 애벌레는 나비가,
> 상처받은 인간은 온전한 인간이 되고자 한다.
> -엘렌 바스

이 책은 MBTI에 관해 제가 공부하고 탐구한 것들을 모은 첫 번째 기록물이라 할 수 있습니다. 저는 향후 제게 상담받는 모든 분들의 성격 유형을 통해 '심리치유의 맥락에서 MBTI를 더 깊이 탐구하는 작업'을 계속 이어갈 것입니다. MBTI가 치유의 도구가 된다는 사실을 알았으니, 그 도구를 최대한 잘 활용하는 길을 찾아야 할 것입니다.

MBTI의 8가지 성격 기능은 여러 측면에서 주역의 8괘와도 일치하는 바 MBTI를 공부하는 건 인류 속에 스며 있는 자연의 이치를 공부하는 것과도 같은 것이 아닐까 합니다.4) 그 속에서 우리는 '나다움'과 '너다움'이 지닌 차이의 가치와 조화의 섭리를 배울 수 있으리라 생각합니다. 모든 독자께 이 책이 그러한 길로 가는 하나의 이정표가 될 수 있기를 바랍니다.

---

4) 주역을 연구하는 제게는 'MBTI 공부'가 곧 주역 공부이기도 했습니다. 역(易)은 천지간의 모든 것 속에 있듯, 인간의 성격 속에도 존재합니다. MBTI는 성격을 음양의 이치로 풀어내는 '성격의 역학(易學)'이라 불러도 무방할 것입니다.

MBTI로 나를 치유하는 시간

초판인쇄	2025년 12월 02일
초판발행	2025년 12월 10일
지은이	김주수
발행인	조현수
펴낸곳	도서출판 프로방스
기획	조용재
마케팅	최관호 최문섭
편집	이승득
디자인	오종국 (Design CREO)
주소	경기도 파주시 광인사길 68, 2C -
전화	031-925-5364, 031-942-5 6
팩스	031-942-5368
이메일	provence70@naver.com
등록번호	제2016-000126호
등록	2016년 06월 23일

정가 25,000원

ISBN 979-11-6480-405-4   13180

파본은 구입처나 본사에서 교환해드립니다.

자신의 성격 유형을 이해하고,
그것을 바탕으로 치유와
성장으로 나아가는 데 좋은 디딤돌이 될 수 있기를,
내면의 거울이 될 수 있기를 바랍니다.

도메인 주도 설계를 위한
함수형 프로그래밍

Domain Modeling Made Functional

Copyright ⓒ 2018 The Pragmatic Programmers, LLC.

All rights reserved.
Korean Translation Copyright © 2025 by J-Pub Co., Ltd.
The Korean edition published by arrangement with The Pragmatic Programmers, LLC, through Agency-One, Seoul.

이 책의 한국어판 저작권은 에이전시 원을 통해 저작권자와의 독점 계약으로 제이펍 출판사에 있습니다. 저작권법에 의해 한국 내에서 보호를 받는 저작물이므로 무단 전재와 무단 복제를 금합니다.

도메인 주도 설계를 위한 함수형 프로그래밍

1판 1쇄 발행 2025년 11월 20일

지은이 스콧 블라신
옮긴이 박주형
펴낸이 장성두
펴낸곳 주식회사 제이펍

출판신고 2009년 11월 10일 제406-2009-000087호
주소 경기도 파주시 회동길 159 3층 / **전화** 070-8201-9010 / **팩스** 02-6280-0405
홈페이지 www.jpub.kr / **투고** submit@jpub.kr / **독자문의** help@jpub.kr / **교재문의** textbook@jpub.kr

소통기획부 김정준, 이상복, 안수정, 박재인, 박새미, 송영화, 김은미, 나준섭, 권유라
소통지원부 민지환, 이승환, 김정미, 박예은 / **디자인부** 이민숙, 최병찬

진행 송영화 / **교정·교열** 김은미 / **내지 디자인** 이민숙 / **내지 편집** 남은순
용지 에스에이치페이퍼 / **인쇄** 한승문화사 / **제본** 일진제책사

ISBN 979-1194587-89-7 (93000)
책값은 뒤표지에 있습니다.

※ 이 책은 저작권법에 따라 보호를 받는 저작물이므로 무단 전재와 무단 복제를 금지하며, 이 책 내용의 전부 또는 일부를 이용하려면 반드시 저작권자와 제이펍의 서면 동의를 받아야 합니다.
※ 잘못된 책은 구입하신 서점에서 바꾸어드립니다.

제이펍은 여러분의 아이디어와 원고를 기다리고 있습니다. 책으로 펴내고자 하는 아이디어나 원고가 있는 분께서는 책의 간단한 개요와 차례, 구성과 지은이/옮긴이 약력 등을 메일(submit@jpub.kr)로 보내주세요.

The Pragmatic Programmers

도메인 주도 설계를 위한 함수형 프로그래밍

스콧 블라신 지음 / 박주형 편역

제이펍

※ 드리는 말씀

- 이 책에 기재된 내용을 기반으로 한 운용 결과에 대해 지은이/옮긴이, 소프트웨어 개발자 및 제공자, 제이펍 출판사는 일체의 책임을 지지 않으므로 양해 바랍니다.
- 이 책에 등장하는 회사명, 제품명은 일반적으로 각 회사의 등록상표 또는 상표입니다. 본문 중에는 ™, ⓒ, ⓡ 등의 기호를 생략했습니다.
- 이 책에서 소개한 URL 등은 시간이 지나면 변경될 수 있습니다.
- 원서의 예제 코드는 F# 언어로 쓰였으나, 이 책의 예제 코드는 코틀린과 타입스크립트로 재작성하였습니다.
  - https://github.com/on-the-ground/domain-modeling-made-functional-typescript
  - https://github.com/on-the-ground/domain-modeling-made-functional-kotlin

차 례

옮긴이 머리말 — xii
추천사 — xv
베타리더 후기 — xvi
한국어판 서문 — xviii
서문 — xix

PART I 도메인 이해하기

CHAPTER 1 DDD 소개 3

1.1 공유 모델의 중요성 — 4
1.2 비즈니스 이벤트로 도메인 이해하기 — 7
　1.2.1 이벤트 스토밍으로 도메인 탐색하기 8 / 1.2.2 도메인 탐색하기: 주문 접수 시스템 8
　1.2.3 끄트머리까지 이벤트 확장하기 12 / 1.2.4 명령 문서화하기 13
1.3 도메인을 하위 도메인들로 나누기 — 15
1.4 경계 진 맥락을 활용한 설루션 만들기 — 17
　1.4.1 맥락 바로잡기 18 / 1.4.2 맥락 지도 만들기 19
　1.4.3 가장 중요한 맥락에 집중하기 21
1.5 공용어 만들기 — 21
1.6 DDD 개념 요약 — 22
1.7 마무리 — 23
　1.7.1 이벤트와 프로세스 23 / 1.7.2 하위 도메인과 경계 진 맥락 24
　1.7.3 공용어 24 / 1.7.4 다음 장 안내 24

CHAPTER 2 도메인 이해하기 25

2.1 도메인 전문가 인터뷰하기 — 25
　2.1.1 비기능적 요구사항 이해하기 27 / 2.1.2 작업 흐름의 나머지 부분 이해하기 28
　2.1.3 입력 생각해보기 29
2.2 데이터베이스 중심 디자인 지양하기 — 30
2.3 클래스 중심 디자인 지양하기 — 31
2.4 도메인 문서화 — 32
2.5 주문 접수 작업 흐름을 깊이 파고들기 — 33

2.6 복잡미묘한 도메인 모델링하기 36
    2.6.1 제약 사항 표현하기 37 / **2.6.2** 주문의 생애 주기 표현하기 39
    2.6.3 작업 흐름의 단계 구체화하기 41

2.7 마무리 43
    2.7.1 다음 장 안내 44

CHAPTER 3 함수형 아키텍처 45

3.1 경계 진 맥락을 자율적인 소프트웨어 컴포넌트로 46

3.2 경계 진 맥락 간의 소통 47
    3.2.1 경계 진 맥락 간 데이터 전송 48 / **3.2.2** 신뢰 경계와 검증 49

3.3 경계 진 맥락 간의 계약 50
    3.3.1 부패 방지 계층 51 / **3.3.2** 맥락 간의 관계를 나타내는 맥락 지도 51

3.4 경계 진 맥락의 작업 흐름 52
    3.4.1 작업 흐름 입력 및 출력 53 / **3.4.2** 경계 진 맥락 내 도메인 이벤트 금지 54

3.5 경계 진 맥락의 코드 구조 55
    3.5.1 양파 아키텍처 56 / **3.5.2** 외부 입출력을 맥락 경계로 내몰기 57

3.6 마무리 57
    3.6.1 다음 장 안내 58

PART II 도메인 모델링하기

CHAPTER 4 타입 이해하기 61

4.1 함수 이해하기 61
    4.1.1 함수 이해하기 62

4.2 타입과 함수 63

4.3 타입 합성 66
    4.3.1 AND 타입 67 / **4.3.2** OR 타입 67
    4.3.3 단순 타입 69 / **4.3.4** 대수적 타입 시스템 69

4.4 TypeScript 및 Kotlin 타입 다루기 70

4.5 타입으로 도메인 모델 만들기 73

4.6 없어도 되는 값, 오류 및 컬렉션 모델링 77
    4.6.1 없어도 되는 값 모델링 78 / **4.6.2** 오류 모델링 79
    4.6.3 값 자체가 없음 모델링 80 / **4.6.4** 리스트 및 컬렉션 모델링 81

4.7 마무리 83

CHAPTER 5 타입으로 도메인 모델링하기   85

5.1 도메인 모델 다시 보기   85

5.2 도메인 모델 속 패턴 찾기   87

5.3 단순값 모델링   87

    5.3.1 래퍼 타입 활용하기 89 / **5.3.2** 제약 있는 값 90

    5.3.3 단순 타입의 성능 문제 완화하기 90

5.4 복잡한 데이터 모델링   92

    5.4.1 레코드 모델링 92 / **5.4.2** 잘 모르는 타입 모델링 93

    5.4.3 선택 타입 모델링 94

5.5 함수로 작업 흐름 모델링하기   95

    5.5.1 복잡한 입력 및 출력 처리 96

    5.5.2 함수 시그니처에서 효과 문서화하기 99

5.6 정체성에 관하여: 값 객체   100

    5.6.1 값 객체의 같음 102

5.7 정체성에 관하여: 엔터티   103

    5.7.1 엔터티의 ID 103 / **5.7.2** 데이터 정의에 ID 포함하기 104

    5.7.3 엔터티의 같음 106 / **5.7.4** 불변성과 정체성 108

5.8 집합체   110

    5.8.1 일관성과 불변성을 책임지는 집합체 112 / **5.8.2** 집합체 참조 113

5.9 모두 한데 모으기   115

    5.9.1 다시 생각해보는 도전 과제: 정말 타입으로 문서를 대체할 수 있을까? 119

5.10 마무리   120

CHAPTER 6 도메인의 무결성과 일관성   121

6.1 단순값의 무결성   122

6.2 측정 단위   126

6.3 타입 시스템으로 불변성 강제하기   128

6.4 타입 시스템에 비즈니스 규칙 녹이기   128

    6.4.1 잘못된 상태가 생길 수 없게 예시 도메인 수정하기 133

6.5 일관성   135

    6.5.1 단일 집합체 내의 일관성 135 / **6.5.2** 다른 맥락 간의 일관성 137

    6.5.3 같은 맥락의 집합체들 간 일관성 138

    6.5.4 동일한 데이터를 다루는 여러 집합체 140

6.6 마무리   140

CHAPTER 7 파이프라인으로 작업 흐름 모델링하기   141

7.1 작업 흐름 입력   142
    7.1.1 명령을 입력으로 사용하기 143 / 7.1.2 공통 구조 일반화하기 144
    7.1.3 여러 명령을 단일 타입으로 묶기 145

7.2 상태 집합으로 주문 모델링하기   146
    7.2.1 요구사항 변경에 따라 새 상태 타입 추가하기 149

7.3 상태 기계   149
    7.3.1 왜 상태 기계를 사용할까요? 151
    7.3.2 TypeScript와 Kotlin으로 간단한 상태 기계를 구현하는 방법 151

7.4 타입으로 작업 흐름의 개별 단계 모델링하기   153
    7.4.1 검증 단계 153 / 7.4.2 가격 책정 단계 156
    7.4.3 주문 확인 단계 157 / 7.4.4 반환할 이벤트 생성 160

7.5 효과 문서화하기   162
    7.5.1 검증 단계의 효과 162 / 7.5.2 가격 산정 단계의 효과 164
    7.5.3 주문 확인 단계의 효과 165

7.6 개별 단계로부터 작업 흐름 합성하기   166

7.7 의존을 디자인에 포함시켜야 하나요?   167

7.8 완전한 파이프라인   169
    7.8.1 내부 단계 171

7.9 오래 수행하는 작업 흐름   175

7.10 마무리   176
    7.10.1 다음 장 안내 177

PART III 모델 구현하기

CHAPTER 8 함수 이해하기   181

8.1 함수, 함수 어디에나 함수   182

8.2 함수가 주인공   183
    8.2.1 주인공인 함수 184 / 8.2.2 입력으로서 함수 185
    8.2.3 출력으로서 함수 186 / 8.2.4 커링 187 / 8.2.5 부분 적용 188

8.3 완전 함수   189

8.4 함수 합성   192
    8.4.1 TypeScript와 Kotlin의 함수 합성 193
    8.4.2 전체 애플리케이션을 함수로 구성하기 195
    8.4.3 녹록지 않은 함수 합성 196

8.5 마무리   198

CHAPTER 9 구현: 파이프라인 조합하기   199

9.1 단순 타입 다루기   200
9.2 함수 타입으로 구현 가이드하기   202
9.3 유효성 검증 단계 구현   204
  9.3.1 유효한 주소 생성 207 / **9.3.2** 주문 항목 생성 209
  9.3.3 함수 어댑터 생성 211
9.4 나머지 단계 구현   214
  9.4.1 승인 단계 구현 218 / **9.4.2** 이벤트 생성 220
9.5 파이프라인 단계들 모두 모으기   224
9.6 의존 주입   227
  9.6.1 넘쳐 나는 의존 235
9.7 의존 테스트   237
9.8 조립한 파이프라인   240
9.9 마무리   244

CHAPTER 10 구현: 오류 처리하기   247

10.1 Either 타입으로 오류 드러내기   247
10.2 도메인 오류 다루기   249
  10.2.1 타입으로 도메인 오류 모델링하기 251
  10.2.2 코드를 어지럽히는 오류 처리 253
10.3 Either 타입을 출력하는 함수 연결하기   255
  10.3.1 어댑터 블록 구현 258 / **10.3.2** Either 함수들 관리하기 260
  10.3.3 함수 합성과 타입 검사 261 / **10.3.4** 공통 오류 타입으로 변환 262
10.4 flatMap과 map으로 파이프라인 조립하기   266
10.5 다른 유형의 함수들 이중 선로 모델에 적응시키기   269
  10.5.1 예외 처리 269 / **10.5.2** 막다른 길 함수 처리 273
10.6 복잡한 파이프라인 다루기   275
  10.6.1 fp-ts의 do 표기법 275 / **10.6.2** arrow-kt의 either 블록 277
  10.6.3 arrow-kt의 Raise 콘텍스트 278
  10.6.4 Either 타입으로 주문 검사하기 282
  10.6.5 Either 리스트의 유효성 검사 283
10.7 모나드와 기타 개념   286
  10.7.1 애플리케이티브로 병렬 합성하기 287
10.8 비동기 효과 추가하기   287
10.9 마무리   291

CHAPTER 11 직렬화 293

- 11.1 영속화와 직렬화 293
- 11.2 직렬화를 위한 디자인 294
- 11.3 작업 흐름에 직렬화 코드 연결하기 295
  - 11.3.1 경계 진 맥락 간 계약으로서 DTO 296
- 11.4 완전한 직렬화 예제 297
  - 11.4.1 JSON 직렬화 라이브러리 래핑하기 301
  - 11.4.2 완전한 직렬화 파이프라인 302
  - 11.4.3 직렬화 타입의 여러 버전 관리하기 306
- 11.5 도메인 타입을 DTO로 변환하는 방법 306
  - 11.5.1 단순 타입 306 / 11.5.2 옵셔널값 307 / 11.5.3 레코드 307
  - 11.5.4 컬렉션 308 / 11.5.5 열거형 310 / 11.5.6 튜플 311
  - 11.5.7 선택 타입 312 / 11.5.8 맵으로 레코드 및 선택 타입 직렬화 317
  - 11.5.9 제네릭 320
- 11.6 마무리 321

CHAPTER 12 영속화 323

- 12.1 영속화 코드를 가장자리로 밀어내기 324
  - 12.1.1 입력값을 토대로 한 의사 결정 329
  - 12.1.2 리포지터리 패턴은 어디에 있을까요? 330
- 12.2 갱신 명령과 조회 질의 분리하기 331
  - 12.2.1 명령-질의 책임 분리 334
  - 12.2.2 CQRS와 데이터베이스 분리 336
  - 12.2.3 이벤트 소싱 336
- 12.3 경계 진 맥락마다 독자 데이터 저장소 소유하기 337
  - 12.3.1 여러 도메인의 데이터를 사용하는 방법 337
- 12.4 문서형 데이터베이스로 작업하기 339
- 12.5 관계형 데이터베이스 작업하기 339
  - 12.5.1 선택 타입을 테이블에 매핑하기 341
  - 12.5.2 중첩 타입을 테이블에 매핑하기 344
  - 12.5.3 관계형 데이터베이스에서 읽기 345
  - 12.5.4 관계형 데이터베이스에서 선택 타입 읽기 352
  - 12.5.5 관계형 데이터베이스에 쓰기 355
- 12.6 트랜잭션 358
- 12.7 마무리 360

CHAPTER 13 깔끔하게 디자인 발전시키기 361

13.1 첫 번째 변경: 배송비 추가하기 ——————————————————— 362
    13.1.1 관심사 분리로 비즈니스 로직 단순하게 만들기 363
    13.1.2 작업 흐름에 새 단계 추가하기 364
    13.1.3 파이프라인에 새 단계를 추가한 또 다른 이유 368

13.2 두 번째 변경: VIP 고객 지원 추가하기 ——————————————— 368
    13.2.1 작업 흐름에 새로운 입력 추가하기 371
    13.2.2 작업 흐름에 무료 배송 규칙 추가하기 373

13.3 세 번째 변경: 프로모션 코드 지원 추가 ——————————————— 374
    13.3.1 도메인 모델에 프로모션 코드 추가하기 374
    13.3.2 가격 책정 로직 변경하기 376
    13.3.3 GetPricingFunction 구현하기 378
    13.3.4 주문 항목에 할인 문서화하기 379
    13.3.5 더 복잡한 가격 체계 381
    13.3.6 경계 진 맥락 간 계약 수정하기 382
    13.3.7 주문 인쇄하기 384

13.4 네 번째 변경: 영업시간 제약 추가 ——————————————————— 384
13.5 추가적인 요구사항 변경 처리하기 ——————————————————— 386
13.6 마무리 ——————————————————————————————————— 386
13.7 책 마무리 ————————————————————————————————— 387

찾아보기 ——————————————— 390

옮긴이 머리말

제가 스콧 블라신Scott Wlaschin의 《Domain Modeling Made Functional》을 처음 접한 것은 2021년 봄이었습니다. 2020년까지 Go로 대규모 플랫폼 개발을 했던 저는 새로운 회사로 이직하면서 전자의무기록(이하 EMR) 서비스의 백엔드를 개발하는 업무를 맡았습니다. 당시 단순함을 지향하는 Go는 Generic도 없었는데, 새로 합류한 프로젝트는 타입스크립트TypeScript의 현란한 타입 시스템과 fp-ts의 함수형 프로그래밍을 기반으로 GraphQL API를 설계하고 있었습니다. 게다가 EMR의 도메인이 복잡하고 엄격하며 자주 변하는 것으로 악명 높다는 것을 그때는 몰랐습니다. 시시각각 변해가는 엄격한 도메인 속에서 제품을 누더기로 기워내는 사태를 맞이하고 싶지 않다면, EMR은 그야말로 **도메인 주도 설계**domain-driven design, DDD가 필수적인 소프트웨어입니다. 서비스 백엔드 개발도, 도메인 주도 설계도, 함수형 프로그래밍도 전혀 아는 것이 없던 제게 이 책은 유일한 한 줄기 빛으로 다가왔습니다.

저에게 《Domain Modeling Made Functional》의 가장 큰 가치는 현학적이지 않고 친절하다는 점입니다. 간단한 예제를 디자인하고 구현하는 과정 안에서 실무에서 맞닥뜨릴 만한 거의 모든 개념을 다루고 있습니다. 불쑥 개념부터 소개하여 지레 겁먹게 하지 않고 술술 읽히는 문체로 친절하게 설명해주는 덕분에 그 많은 개념을 처음 접하는 저도 소화하는 데 문제가 없었습니다. 그래서 '원서만큼 친절한 역서가 되자'를 첫 번째 지침으로 삼아 번역을 진행해나갔습니다.

이 책은 도메인 주도 설계 개념을 충실히 소개하지만, 굳이 따지자면 DDD보다 함수형 프로그래밍이 중심을 차지하고 있습니다. DDD에 함수형 프로그래밍이 얼마나 적합한지, 어떻게 구현하면 되는지, 어떤 개념이 필요한지 소개합니다. 함수형 프로그래밍은 모든 문제를 순수 함수를 중심으로 해결하려는 방법론입니다. 하지만 실용적인 프로그램이라면 절대로 순수 함수로만 작성할 수 없습니다. 순수 함수가 아닌 부분을 함수형 프로그래밍 용어로 부수 효과라고 부르는데, 이런 부수 효과를 모든 함수에 뒤섞지 말고, 순수 함수인 부분과 부수 효과를 다루는 부분을 격리하는 것이 함수형 프로그래밍의 목적입니다. 그래야만 코드베이스를 예측하기가 훨씬 더 쉬울 뿐 아니라 재사용할 수 있고, 읽기 좋으며, 테스트하기 좋게 유지할 수 있기 때문입니다. 보통 부수 효과를 격리하는 패턴을 **효과 패턴**, 줄여서 효과라고 부릅니다. 실용적인 프로그램에서 자주 쓰이는 효과는 여덟 개 안팎입니다. 대다수 함수에서는 여러 종류의 효과를 내포합니다. 이렇게 다양한 효과가 비즈니스 로직과 뒤섞이지 않도록 특정 구역에서 처리하게 몰아내는 방식을 효과 시스템이라 부릅니다. 모나드Monad는 전통적으로 많이 사용해온 대표적인 효과 시스템입니다. 그러나 오늘날에는 모나드의 사용성 문제를 극복하기 위한 대안으로서, 여러 효과를 독립적으로 처리하는 대수적 효과 처리기가 각광받고 있습니다.

이 책이 세상에 나온 2018년에는 겨우 몇몇 언어에서만 대수적 효과 처리기를 소개했습니다. 그때만 해도 효과 시스템이라는 개념이 대중에 알려지기 전으로 순수 함수와 효과를 분리하기 위해서 모나드를 주로 사용했습니다. 하지만 번역서를 작성하는 2025년은 시대가 변했습니다. 거의 모든 메이저 언어는 라이브러리나 언어 기능으로 효과 처리기를 제공하고 있습니다.

원서는 F#으로 작성한 예시를 소개하고 있습니다. 그래서 한국 시장에서 주로 쓰이는 프로그래밍 언어로 예시를 재작성해야 했습니다. 타입스크립트는 effect-ts라는 훌륭한 대수적 효과 시스템이 있지만, 원서의 F# 예시를 존중하여 전통적인 모나드 방식의 fp-ts로 작성했습니다. 반면, 코틀린Kotlin은 특유의 DSL 형태로 사용성이 뛰어난 arrow-kt의 대수적 효과 처리기를 활용하여 현대적인 스타일로 예문을 작성했습니다. 웹 기반 애플리케이션에서 주로 쓰이는 타입스크립트, 그리고 네이티브 앱과 다양한 프레임워크에서 활용하는 코틀린 두 언어라면, 충분히 많은 개발자에게 실질적으로 도움이 되는 예시를 제공할 수 있겠다고 생각했습니다. 다만 그로 인해 독서의 친절함에서 조금은 멀어질 수도 있다는 걱정이 들었지만, 앞으로 대수적 효과 처리기를 당연히 받아들일 새로운 세대에게 외면받는 역서가 되지 않길 바라는 마음이 더 커서 욕심을 부렸으니 너그러이 양해해주기를 바랍니다.

첫 번역이라 감사할 사람을 떠올리면 한둘이 아닙니다만, 이 책 번역에 직접적인 도움을 준 분으로만 제한하여 감사 인사를 전하겠습니다. 아무것도 모르는 철부지를 데려와서 멍에와 기회와 당근과 채찍을 준 위버케어의 모든 구성원에게 감사드립니다. 이 책을 시작하게 해준 '그' 페기 구Peggy Gou, 너그러이 예문 변경을 허락해준 스콧 블라신과 The Pragmatic Programmer 관계자분들, 도전적인 번역을 허락해주신 제이펍 장성두 대표님께 감사드립니다. 시대를 앞서가는 선각자 김종균 님이 후원한 랩톱으로 번역을 무사히 마쳤습니다. 자신의 저작물처럼 초안 번역을 실시간으로 검토해준 우아한형제들 정환진 님이 없었다면 번역을 마무리하지 못했을 것입니다. 감사합니다. 이펙트 시스템과 모나드에 갇혀 방향성을 잃고 방황할 때 명확한 방향을 잡아준 위버케어 조성민 님께 감사드립니다. 바쁘신 와중에 베타리딩을 넘어 꼼꼼한 피드백을 제공해주신 네이버 문상철 님, 컨스택츠 김은민 님께 감사의 말씀 전합니다. 역서가 나오기까지 모든 과정에서 부족한 번역자를 기다리고 도와가며 이끌어주신 제이펍 송영화 편집자님께 감사드립니다. 돈벌이도 없이 긴 기간 번역에만 매달린 남편을 물심양면으로 지원해준 아내 임세원 님께 이 자리를 빌려 감사의 인사를 전합니다. 마지막으로 아무것도 모르고 들어선 이펙트 시스템이라는 길고 험난하고 깊은 골짜기를 포기하지 않고 우직하게 기어 나온 스스로에게 아낌없는 칭찬과 격려의 마음을 보냅니다.

박주형

추천사

이 책은 코드에 도메인 지식을 효과적으로 담는 방법을 설명합니다. 모든 코드는 결국 도메인 지식을 담게 되지만, 의식적으로 노력하지 않으면 도메인 지식과 관련 없는 코드가 두드러지게 됩니다. 그렇게 되면 코드를 수정하는 데 더 많은 시간이 들고, 잘못 수정해 큰 실수로 이어질 수도 있습니다. 따라서 가능하다면 코드에 도메인 지식이 명확히 드러나도록 만드는 것이 좋습니다.

도메인 지식을 잘 표현하면서 개발하는 방법론을 '도메인 주도 설계'라고 합니다. 도메인 주도 설계는 오래된 개념이기에 관련 자료가 풍부하지만, 대부분은 객체지향 개념을 중심으로 설명하고 있습니다. 이 책은 함수형 프로그래밍 개념을 사용해 도메인 지식을 표현한다는 점에서 특별합니다.

함수형 프로그래밍 개념은 좋은 코드를 작성하는 데 도움이 된다고 알려져 있습니다. 그래서 최근 프로그래밍 언어들은 대부분 함수형 프로그래밍 개념을 지원하며, 객체지향 언어를 사용하더라도 함수형 개념을 권장하는 분위기입니다. 복잡한 상탯값을 최소화하거나, 함수를 인수와 반환값으로 사용해 더 간결하고 유연한 코드를 작성하는 것도 모두 함수형 프로그래밍의 결투입니다. 함수형 프로그래밍을 사용하다 보면 도메인 주도 설계를 어떻게 적용할 수 있을지 고민하게 되지만, 관련 자료는 많지 않습니다. 이 책은 타입스크립트와 코틀린을 사용해 함수형 프로그래밍과 도메인 주도 설계를 연결하며, 특히 타입 시스템을 활용해 도메인 지식을 코드로 명확하게 표현하는 방법을 설명합니다.

원서는 대중적이지 않은 F# 언어로 작성되어 실무에 적용하기 어려운 점이 있었습니다. 하지만 옮긴이가 타입스크립트와 코틀린으로 예제를 다시 작성해 많은 개발자가 쉽게 활용할 수 있게 되었습니다. 이러한 노력 덕분에 이 책은 큰 소장 가치가 있다고 생각합니다.

더 나은 코드를 작성하고 싶은 모든 개발자에게 추천합니다.

김은긴, 컨스택츠 CTO

베타리더 후기

 권예지(마이리얼트립)

전통적인 레이어드 아키텍처의 한계를 짚어낸 뒤, 수직 슬라이스와 경계 설계로 해결책을 제시하는 접근이 인상적이었습니다. '개념→코드→리팩터링'으로 이어지는 매끄러운 전개 덕분에 실무 적용성이 좋다고 느꼈고, 팀의 코드 리뷰나 아키텍처 가이드 수립 시에도 꼭 추천하고 싶은 책입니다.

 김영익

이 책을 베타리딩하면서 상당한 충격을 받았습니다. IT 업계에서 오랫동안 일해왔지만 '선택과 집중'이라는 핑계로 도메인 관련 주제를 일부러 멀리했습니다. 구조적, 객체지향적인 사고에 익숙했던 제게 함수형 접근은 또 한 번의 강렬한 전환이었습니다. 조직에서 도메인 주도 설계가 필요하거나 이미 진행 중이라면, 개발자와 기획자를 포함한 모든 구성원이 이 책을 함께 읽으며 신선한 자극을 받길 바랍니다.

 김은민(컨스택츠)

타입 시스템은 컴파일러뿐 아니라 개발자에게도 큰 도움이 됩니다. 타입에 정보를 담아두면 코드의 의미를 더 쉽게 파악할 수 있고, 이는 동료나 미래의 나에게도 친절한 설계가 됩니다. 이 책은 함수형 프로그래밍 개념을 활용해 타입에 도메인 지식을 녹여내는 방법을 명확하게 설명합니다. 함수형 언어를 사용하지 않더라도, 타입 시스템으로 도메인을 더 잘 표현하고 싶은 개발자에게 추천합니다.

노민우

이 책은 단순히 번역을 넘어섭니다. 옮긴이가 실제 프로젝트에 적용하며 얻은 경험이 담겨 있고, 복잡한 도메인 문제를 이 방식으로 해결한 과정도 녹아 있습니다. F# 기반 원서를 코틀린고 타입스크립트로 정성스럽게 재작성한 점이 특히 인상적입니다. 도메인 주도 설계와 함수형 프로그래밍에 관심은 있지만 막막함을 느끼는 개발자라면, 이 책에서 실질적인 해법과 영감을 얻을 수 있을 것입니다.

 이석곤(아이알컴퍼니 부설연구소)

이 책은 함수형 프로그래밍과 도메인 주도 설계를 실용적으로 결합한 훌륭한 안내서입니다. 타입을 도메인의 언어로 삼아 코드가 곧 설계 문서가 되는 점이 인상 깊습니다. 타입스크립트와 코틀린 예제를 통해 실제 적용 과정을 자연스럽게 따라갈 수 있어, 복잡한 도메인을 체계적이고 유지보수하기 쉽게 구현하고 싶은 개발자에게 강력히 추천합니다.

이지영(애드팝콘)

이 책을 통해 도메인 주도 설계와 함수형 프로그래밍을 결합하는 방법과 그 이점에 대해 배울 수 있었습니다. 코드가 개발자만 이해할 수 있는 언어가 아니라, 도메인 전문가를 비롯한 다양한 참여자들과 소통할 수 있는 언어로 확장될 수 있음을 깨달았습니다.

정환진(우아한형제들)

도메인 주도 설계와 함수형 프로그래밍을 다양한 관점에서 소개하며 입문자에게 큰 도움이 되는 책입니다. 기존 책들이 어려운 전문 용어부터 시작했다면, 이 책은 실제 디자인을 확장해 나가면서 필요한 개념만 자연스럽게 설명합니다. 전반부의 도메인 모델링 내용은 모든 프로덕트 개발 관계자에게 많은 도움이 될 내용이며, 후반부는 개발자에게는 함수형 프로그래밍의 장점을 엿두는 기회를 제공합니다.

제이펍은 책에 대한 애정과 기술에 대한 열정이 뜨거운 베타리더의 도움으로
출간되는 모든 IT 전문서에 사전 검증을 시행하고 있습니다.

한국어판 서문

《Domain Modeling Made Functional》의 한국어판을 소개하게 되어 매우 기쁩니다.

이 책은 함수형 프로그래밍이 소프트웨어 설계, 특히 도메인 주도 설계에 어떻게 도움을 줄 수 있는지를 보여주기 위해 집필했습니다. 제 목표는 도메인 주도 설계와 함수형 프로그래밍을 어렵게 느끼게 하는 장벽을 낮추고, 복잡한 용어나 이론보다는 핵심 가치를 쉽게 전달하는 것이었습니다. 많은 분들이 이 책이 큰 도움이 되었다고 말씀해주셔서 제 노력이 의미 있었음을 느낍니다.

집필 초기에는 주제가 워낙 독특한 조합이어서 독자가 많지 않을 거라 생각했습니다. 그러나 예상과 달리 세계 여러 나라에서 큰 관심을 받았고, 영어권을 넘어 스페인어, 러시아어, 그리고 한국어로까지 꾸준히 읽히는 모습을 보며 큰 기쁨을 느꼈습니다.

이번 한국어판 출간으로 그동안 원서로 읽기 어려웠던 분들도 이 책을 만나실 수 있게 되어 정말 기쁩니다. 특히 번역을 맡아주신 박주형 님께 깊은 감사를 드립니다. 단순한 번역을 넘어, 책 속의 모든 예제를 타입스크립트와 코틀린으로 새롭게 옮기는 방대한 작업을 완수하셨습니다. 이는 실로 놀라운 노력이었고, 큰 찬사를 받을 만한 일입니다.

마지막으로 이 책을 손에 들어주신 독자 여러분께 진심으로 감사드립니다.

함수형 프로그래밍과 도메인 주도 설계의 세계를 즐겁게 탐험하시길 바랍니다.

스콧 블라신

서문

함수형 프로그래밍은 수학적 추상화와 난해한 코드로 악명이 높습니다. 이 책을 통해 함수형 프로그래밍이 악명과 다르게, 도메인을 모델링하는 훌륭한 방법론으로서 명확하고 간결한 디자인을 이끌어낸다는 점을 보여드리고자 합니다.

누구를 위한 책인가?

이 책은 프로그래밍 도구를 확장하고 싶은 경험 많은 소프트웨어 개발자를 대상으로 합니다. 다음과 같이 느꼈거나 경험했던 독자들에게 이 책을 추천합니다.

- 타입과 함수만으로 도메인을 모델링하고 구현하는 방법이 궁금하다.
- DDD를 간단히 배우고, 객체지향 디자인이나 데이터베이스 중심 디자인과 다른 점을 얻고 싶다.
- DDD의 경험은 있지만 함수형 프로그래밍이 왜 DDD와 잘 맞는지 이해하고 싶다.
- 수많은 이론과 추상화로 인해 함수형 프로그래밍 입문이 어려웠다.
- 타입스크립트와 코틀린, 그리고 함수형 프로그래밍이 실제 도메인에 어떻게 적용되는지 보고 싶다.

이 책에서는 입문서로서 소개할 만한 모든 주요 개념을 다루고 있으므로 도메인 주도 설계나 함수형 프로그래밍에 대한 사전 지식은 필요하지 않습니다.

책에서 다루는 내용

이 책은 세 부분으로 나뉩니다.

- 도메인 이해하기
- 도메인 모델링하기
- 모델 구현하기

각 부분은 앞선 내용을 바탕으로 진행하므로 순서대로 읽는 것이 가장 좋습니다.

1부 '도메인 이해하기'에서는 도메인 주도 설계의 개념과 모두가 똑같이 도메인을 이해하는 것이 얼마나 중요한지를 살펴봅니다. 공동의 도메인 이해에 도움이 되는 이벤트 스토밍 같은 테크닉을 간단히 살펴보고, 커다란 도메인을 독립적으로 구현하고 발전시키기 위해 더 작은 요소로 분해하는 방법을 다룹니다.

이 책은 도메인 주도 설계를 깊이 있게 탐구하려는 것이 아닙니다. 그 자체로서 방대한 주제인 DDD는 많은 훌륭한 책과 웹사이트에서 자세히 다루고 있습니다. 이 책의 목표는 함수형 도메인 모델링의 동반자로서 DDD를 소개하는 것입니다. 핵심 개념은 다루되 깊이 있는 논의보다는 도메인 전문가 및 비개발 팀원과의 소통의 중요성, 현실 세계의 개념을 기반으로 한 공유 도메인 모델의 가치를 강조할 것입니다.

2부 '도메인 모델링하기'에서는 도메인의 작업 흐름을 하나 골라서 함수형으로 모델링합니다. 도메인을 작은 함수로 세분화하는 함수형 스타일이 객체지향과 어떻게 다른지 알아보고, 타입으로 요구사항을 녹여내는 방법을 살펴봅니다. 결과적으로 읽기 쉬운 도메인 문서 역할을 하면서도 구현 시 기반이 되어주는 간결한 코드를 작성할 것입니다.

3부 '모델 구현하기'에서는 앞서 모델링한 작업 흐름을 구현합니다. 이 과정에서 합성, 부분 적용 그리고 공포의 '모나드'와 같은 함수형 프로그래밍 기법을 배우게 될 것입니다.

이 책은 함수형 프로그래밍에 대한 완전한 가이드를 제공하려는 것이 아닙니다. 도메인을 모델링하고 구현하는 데 필요한 정도만 소개하고 고급 기법은 다루지 않습니다. 그래도 책이 끝날 즈음에는 함수형 프로그래밍의 가장 중요한 개념을 익히고, 프로그래밍에 활용할 수 있는 도구를 갖추게 될 것입니다.

내일 해가 뜨는 것만큼이나 요구사항은 반드시 변하기 마련입니다. 마지막 장에서는 도메인이 발전해가는 전형적인 과정을 따라가보며 우리의 디자인을 어떻게 맞춰나가야 할지 살펴보겠습니다.

도메인 모델링을 하는 다른 방식들

이 책은 데이터를 구조화하고, 이를 처리하는 함수를 정의하는 '주류' 방식에 초점을 맞춥니다. 특정 상황에서는 다른 방식이 더 적합할 수 있습니다. 여기서는 두 가지를 간단히 언급하겠습니다.

- 반구조화 데이터를 중심으로 하는 도메인이라면, 이 책에서 다루는 엄격한 모델보다는 키-값 쌍을 저장하는 맵이나 사전 같은 유연한 구조를 사용하는 것이 좋습니다. Clojure 커뮤니티에는 이러한 방식의 훌륭한 사례가 많습니다.
- 도메인이 여러 요소를 결합하여 새로운 요소를 만드는 데 주안점을 둔다면, 데이터보다는 대수algebra라 부르는 합성composition 규칙에 집중하는 것이 유용합니다. 금융 계약부터 그래픽 디자인 도구까지 이런 도메인은 광범위하며, '모든 것을 합성으로'라는 원칙은 특히나 함수형 방식과 잘 맞습니다. 그러나 지면 제한으로 이 책에서는 다루지 않습니다.

이 책의 코드 활용하기

이 책에서는 함수형 프로그래밍 개념과 기법을 설명하기 위해 타입스크립트와 코틀린 프로그래밍 언어를 사용합니다.[1] 책의 코드는 TypeScript 5.7.2, Kotlin 2.2.0을 기준으로 작성했습니다. 이 책의 예시를 온전히 구현한 코드는 깃허브 저장소[2]에서 확인할 수 있습니다.

이 책에서는 타입스크립트와 코틀린의 일부 기능만 사용합니다. 두 언어의 문법 소개가 들쭉날쭉하니 책의 설명으로 부족한 부분은 문법을 소개하는 자료를 참고하기 바랍니다.

---

1 [옮긴이] 원서는 F#을 사용했습니다. 한국에서 주로 쓰이면서 함수형 스타일을 잘 지원하는 언어 두 가지로 타입스크립트와 코틀린을 선정하여 예제를 다시 작성하였습니다.
2 https://github.com/on-the-ground/domain-modeling-made-functional-typescript
https://github.com/on-the-ground/domain-modeling-made-functional-kotlin

감사의 말

모든 다이어그램은 저자가 잉크스케이프Inkscape로 제작하였으며, 클립아트는 openclipart.org에서 가져왔습니다. 다이어그램에 사용된 스크립트 서체 KitType[3]은 케네스 라머그Kenneth Lamug가 제작하였습니다.[4]

이 책의 리뷰어들인 지엔 베르사체Gien Verschatse, 마티아스 브란데빈더Mathias Brandewinder, 제레미 샤생Jérémie Chassaing, 클레망 부드로Clément Boudereau, 브라이언 쇼Brian Schau, 닉 맥기니스Nick McGinness, 티보르 시미치Tibor Simic, 비카스 만찬다Vikas Manchanda, 스티븐 울프Stephen Wolff, 콜린 예이츠Colin Yates, 가보르 하이버Gabor Hajba, 제이콥 채Jacob Chae, 누란 마흐무드Nouran Mhmoud와 베타리더들에게 깊은 감사의 뜻을 전합니다.

또한, 편집자 브라이언Brian MacDonald의 피드백과 지원에 감사드리며, 출판 과정을 원활하게 이끌어 주신 PragProg 팀에게도 감사드립니다.

마지막으로 이 책을 읽는 데 소중한 시간을 할애해주신 독자 여러분께 감사드립니다. 이 책이 여러분에게 유익하기를 바랍니다.

---

3 https://www.dafont.com/kittype.font
4 [편집자] 번역서는 독자의 가독성을 위해 서체를 모두 변경하였습니다.

PART I

도메인 이해하기

1부에서는 도메인 주도 설계 개념을 살펴보고 개발에 참여하는 모두가 도메인을 똑같이 이해하는 것이 얼마나 중요한지 알아봅니다. 공동의 도메인 이해에 도움이 되는 이벤트 스토밍 같은 테크닉들을 간단히 살펴봅니다. 그다음 커다란 도메인을 독립적으로 구현하고 발전시킬 수 있게 더 작은 요소로 분해하는 방법을 다룹니다.

CHAPTER 1 DDD 소개
CHAPTER 2 도메인 이해하기
CHAPTER 3 함수형 아키텍처

CHAPTER 1

DDD 소개

일반적으로 프로그래머가 하는 일이 코드를 작성하는 것이라고 생각하는 경우가 대부분일 것입니다. 하지만 저는 동의하지 않습니다. 프로그래머의 업무는 소프트웨어로 문제를 해결하는 것으로서, 코딩은 소프트웨어 개발의 한 측면일 뿐입니다. 좋은 디자인(설계)과 의사소통은 코딩 못지않게 중요합니다.

소프트웨어 개발을 요구사항이라는 입력을 받아서 최종 결과를 출력하는 프로세스로 생각해본다면, 여기에도 '쓰레기를 넣으면 쓰레기가 나온다garbage in, garbage out'는 법칙이 적용됩니다. 불분명한 요구사항이나 잘못된 디자인과 같은 옳지 않은 입력으로는 어떤 코드도 원하는 결과를 생성해내지 못합니다.

이 책을 여는 1부에서는 명확한 커뮤니케이션과 도메인 지식 공유를 위한 디자인 방법론인 **도메인 주도 설계**domain-driven design, DDD로 어떻게 '쓰레기를 넣는' 부분을 최소화할지 알아보겠습니다.

DDD 원칙을 먼저 논의한 뒤 이를 특정 도메인에 어떻게 적용하는지 살펴보는 시간과 함께 이 장을 시작합니다. DDD는 커다란 주제이기에 깊게 들어가진 않습니다.[1] 그래도 이 장이 끝나면 적어도 도메인 주도 설계를 어떻게 수행하고 데이터베이스 주도 설계, 객체지향 프로그래밍과 어떻게 다른지 감을 잡을 수 있을 것입니다.

---

1 DDD에 관한 더 자세한 정보는 https://www.dddcommunity.org/를 참고 바랍니다.

물론 도메인 주도 설계가 모든 소프트웨어 개발에 적합한 것은 아닙니다. 소프트웨어에는 시스템 소프트웨어, 게임 등 다양한 종류가 있으며, 각각 알맞은 방법을 택해 개발할 수 있습니다. 다만, 비즈니스와 기업용 소프트웨어같이 개발자가 다른 비개발팀들과 협력해야 하는 경우에는 DDD가 특히 유용합니다. 이 책은 그런 소프트웨어에 초점을 맞추고 있습니다.

1.1 공유 모델의 중요성

문제를 풀기에 앞서 문제를 바르게 이해하는 것이 중요합니다. 문제를 왜곡하거나 충분히 이해하지 못했다면 분명히 유용한 솔루션을 제공하지 못할 것입니다. 여기서 말하는 이해는 당연히 도메인 전문가가 아니라 제품에 반영되는 개발자의 이해를 가리킵니다.

그러면 개발자가 문제를 정말로 이해했는지는 어떻게 보장할 수 있을까요? 이를 해결하고자 몇몇 개발 방식에서는 소프트웨어 명세와 요구사항 문서로 문제의 모든 디테일을 담아내고자 합니다. 안타깝게도 이 방식은 문제를 가장 잘 이해한 사람부터 솔루션을 개발하는 사람까지의 거리를 종종 멀어지게 만들곤 합니다. 후자를 '개발팀'이라 부르는데, 단순히 개발자뿐만 아니라 UX, UI 디자이너, 테스터 등 개발에 참여한 모든 이들을 통칭합니다. 전자는 '도메인 전문가'라 지칭합니다. 도메인 전문가가 누구인지는 한눈에 알 수 있으므로, 여기서 정의 내리지는 않겠습니다.

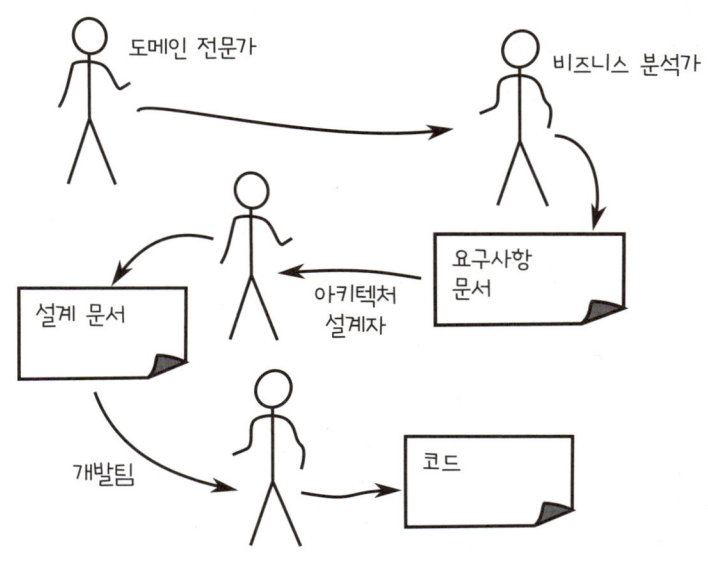

어린 시절 한 줄로 서서 메시지를 귓속말로 전달하는 '전화기' 놀이를 해본 적이 있을 것입니다. 한 사람을 거칠 때마다 메시지는 갈수록 왜곡되어 우스운 결과를 낳습니다. 재밌는 놀이와 달리 실제 개발 프로젝트에서 이런 일이 일어난다면 심각한 문제가 발생합니다. 개발자와 도메인 전문가가 서로 다르게 문제를 이해하면 프로젝트를 성공적으로 수행하기가 매우 어려워지기 마련입니다.

더 나은 방식은 중간 다리를 줄여서 도메인 전문가가 개발팀에게 직접 피드백하여 개발 과정에 긴밀히 참여하도록 유도하는 것입니다. 개발팀은 정기적으로 도메인 전문가에게 중간 산물을 조달하므로 잘못 이해한 부분을 조기에 바로잡을 수 있습니다.

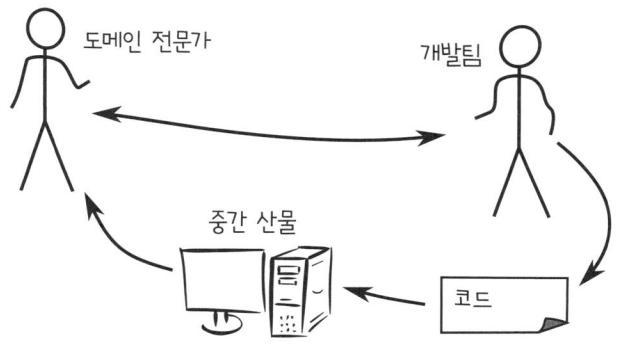

이런 식으로 개발 도중에 중간 산물로 도메인 전문가에게 지속적인 피드백을 받는 것이 애자일Agile 개발 프로세스의 핵심입니다. 이 방식마저도 문제는 있습니다. 개발자는 번역가가 되어 도메인 전문가의 인식 모델을 코드로 번역합니다. 여느 번역이 그렇듯 개발자는 번역 과정에서 중요하면서도 미묘한 사항들을 왜곡하고 누락할 수 있습니다. 코드가 도메인 개념을 제대로 반영하지 못하면, 도메인 전문가 없이 코드에만 의존하여 개발을 이어가야 하는 후속 개발자는 요구사항을 오해하여 오류를 범하기 십상입니다.

다행히 우리에겐 아직 세 번째 방법이 있습니다. 만약 도메인 전문가, 개발팀, 다른 관계자들, 그리고 제일 중요한 소스 코드까지 모두 **같은** 모델을 공유한다면 어떨까요? 이 경우엔 도메인 전문가의 요구를 코드로 번역하는 과정이 필요 없습니다. 대신 모두가 공유하는 인식mental 모델을 그대로 반영하여 코드를 디자인합니다. 이것이 바로 도메인 주도 설계의 목적입니다.

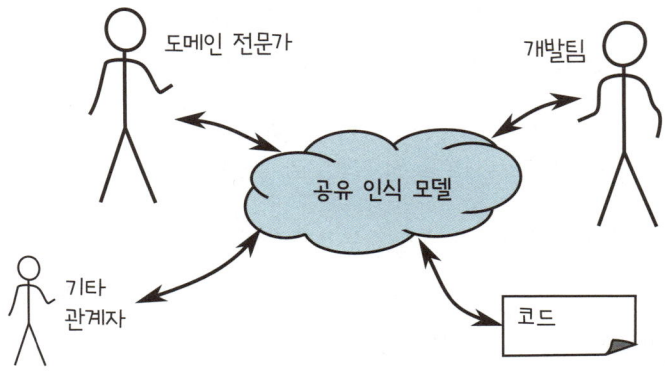

비즈니스 도메인과 소프트웨어를 일치시키면 여러 이점이 있습니다.

- **더 빠른 개발**: 도메인 전문가와 개발자가 인식 모델을 공유하여 코드베이스에 반영하면, 그 팀은 적합한 설루션을 빠르게 개발할 수 있습니다.
- **더 높은 비즈니스 가치**: 문제에 정확하게 부합하는 설루션은 고객의 만족도가 높을 뿐 아니라, 잘못된 길로 빠져들 가능성 또한 적습니다.
- **더 적은 낭비**: 요구사항을 분명히 할수록 잘못 이해하여 다시 작성하는 시간 낭비가 줄어듭니다. 더 나아가 명료한 요구사항은 프로그램의 고부가가치 요소를 드러내어 필요한 곳에 개발 공수를 집중시키고 그 외의 것에 대한 불필요한 노력을 줄여줍니다.
- **더 쉬운 유지 보수**: 코드 속 모델이 도메인 전문가의 인식 모델과 일치하면 코드를 쉽게 수정할 수 있고 오류 발생 요소도 줄어듭니다. 그뿐 아니라 새롭게 참여한 팀원도 더 빠르게 적응할 수 있습니다.

놀랍도록 효율적인 배포 환경

유명 개발자이자 행동 주도 개발 창시자인 댄 노스(Dan North)는 '애자일 가속하기'라는 연설에서 인식 모델 공유에 대한 경험을 언급했습니다. 그는 무역 회사의 작은 팀에 합류했는데, 그 팀은 그가 겪어본 모든 팀들 중에 말도 안 될 만큼 가장 효율적인 배포 머신이었다고 극찬했습니다. 거기서는 몇 안 되는 프로그래머들이 최첨단 거래 시스템을 몇 달, 몇 년이 아니라 몇 주 만에 생산하고 있었습니다.

댄 노스는 개발자들이 현직 트레이더들을 따라 트레이더가 되는 훈련을 받은 것을 그 팀의 성공 요인으로 꼽았습니다. 개발자 스스로 도메인 전문가가 되어간 것입니다. 그 덕분에 개발자와 트레이더는 공유 인식 모델을 바탕으로 효율적으로 소통함으로써 정확히 도메인 전문가(트레이더)들이 바라는 것을 구현할 수 있었습니다.

이렇듯 모두가 공유하는 인식 모델을 구축하는 것이 중요합니다. 어떻게 구축할 수 있을까요? 도메인 주도 디자인 커뮤니티는 다음과 같이 몇몇 도움되는 지침들을 개발해왔습니다.

- 자료구조보다 비즈니스 이벤트와 작업 흐름에 집중하라.
- 문제 도메인을 더 작은 하위 도메인들로 나누어라.
- 설루션에 각 하위 도메인별 모델을 만들어라.
- '공용어ubiquitous language'라 부르는 공통 언어를 개발하여 프로젝트 참여자 모두가 공유하고 코드 모든 곳에서 활용하라.

이 지침들을 하나씩 살펴봅시다.

1.2 비즈니스 이벤트로 도메인 이해하기

DDD 방식으로 요구사항을 수집할 때는 개발자와 도메인 전문가가 서로 공유하는 도메인 지식을 구축하는 것이 중요합니다. 어디서부터 시작하는 것이 좋을까요?

첫 번째 지침은 '자료구조보다 비즈니스 이벤트와 작업 흐름에 집중하라'입니다. 왜 그래야 할까요? 비즈니스에서 데이터는 그냥 머무르는 것이 아니라 어떤 식으로든 변환이 이루어집니다. 즉, 비즈니스 프로세스를 데이터와 문서 변환의 연속으로 생각할 수 있습니다. 비즈니스 가치는 변환 과정에서 창출되므로, 어떻게 변환해 나아가고 각 과정이 서로 어떻게 연관되어 있는지 이해하는 것이 매우 중요합니다.

쓰이지 못하고 그냥 머무르는 정적 데이터는 아무런 기여를 하지 못합니다. 그렇다면 무엇이 직원이나 자동화 프로세스로 하여금 데이터를 변환하여 가치를 창출하게 만들까요? 메일 수신이나 전화벨같이 외부에서 유발되기도 하지만, 매일 오전 10시처럼 시간에 기반하거나 '처리할 주문이 수신함에 없음'처럼 관측observation으로 유발될 수도 있습니다.

무엇이 데이터 변환을 촉발했든지 간에 이를 디자인에 포함시키는 것이 중요합니다. 이러한 작업을 **도메인 이벤트**domain event라 부릅니다. 도메인 이벤트는 우리가 모델링하려는 거의 모든 비즈니스 프로세스의 시작점입니다. 예를 들어 '새 주문서 받음'은 도메인 이벤트로서 주문 접수 프로세스를 촉발할 것입니다. 도메인 이벤트는 수정 불가한 이미 일어난 일이므로, 항상 '무슨 일이 발생함' 같은 과거형으로 씁니다.

1.2.1 이벤트 스토밍으로 도메인 탐색하기

도메인 속 이벤트들을 찾아내는 방법에는 여러 가지가 있지만 **이벤트 스토밍**event storming이 DDD에 특히 잘 어울립니다. 이는 비즈니스 이벤트와 이벤트가 수반하는 작업 흐름을 찾기 위해 모두가 협력하는 과정입니다.

이벤트 스토밍을 하려면 도메인의 서로 다른 부분들을 알고 있는 여러 사람들이 다 같이 워크숍에 모여야 합니다. 즉, 개발자와 도메인 전문가뿐만 아니라 프로젝트 성공에 관심이 있는 모든 이해관계자가 참석해야 합니다. 이벤트 스토머들이 말하는 것처럼 질문이 있는 사람과 답변이 있는 사람 모두가 참여합니다. 워크숍은 벽이 넓은 방에서 진행합니다. 참석자들이 스티커 노트를 붙이거나 그림을 그릴 수 있도록 종이나 화이트보드로 벽을 덮습니다. 세션을 완수하면 벽은 수백 개의 노트들로 채워질 것입니다.

워크숍 동안 사람들은 비즈니스 이벤트를 포스트잇에 써서 벽에 붙입니다. 다른 누군가는 이벤트로 일어난 비즈니스 작업 흐름을 요약한 노트를 붙일 것입니다. 이 작업 흐름은 또 다른 비즈니스 이벤트를 만들어냅니다. 더 나아가 노트들을 시간순으로 재구성하다 보면 더 논의해볼 것들이 생기기도 합니다. 이 방식은 참석한 모든 이들이 자신이 아는 것과 잘 모르는 부분에 대한 질문을 끄집어내는 장점이 있습니다. 이는 모두가 참여하여 깊이 상호작용하는 과정입니다.[2]

1.2.2 도메인 탐색하기: 주문 접수 시스템

이 책에서는 주문 접수 시스템이라는 현실의 비즈니스 문제를 두고 디자인, 도메인 모델링, 구현 과정들을 살펴볼 것입니다. 우리가 작은 제조업체 위젯Widgets Inc에서 주문을 받는 작업 흐름을 자동화하기로 했다고 가정해봅시다. 위젯 측 매니저 맥스가 설명합니다.

> **맥스**: "우리는 다른 회사들에 위젯widget, 기즈모gizmo 등의 부품을 납품하는 작은 제조업체입니다. 꽤 빠르게 성장한 결과, 지금까지 일해온 방식을 지속하기가 어렵습니다. 우리는 현재 모든 업무를 서류 기반으로 처리하고 있습니다만, 더 많은 주문량을 처리할 수 있도록 모든 작업을 전산화하고 싶습니다. 특히 발주, 주문 상태 확인 등 몇몇 업무는 셀프 서비스 웹사이트를 통해 고객들이 스스로 처리하면 좋겠습니다."

---

[2] 이벤트 스토밍을 적용하기 위해 더 자세한 내용이 알고 싶다면 창시자 알베르토 브란돌리니(Alberto Brandolini)의 책 《Event storming》(https://www.eventstorming.com)을 참고하세요.

자, 이제 무엇부터 시작해야 할까요? '자료구조보다 비즈니스 이벤트와 작업 흐름에 집중하라'는 첫 번째 지침을 토대로 이벤트 스토밍 세션을 가져봅시다. 다음은 위젯에서 일어나는 이벤트 스토밍 세션의 예시입니다.

> **개발팀**: "비즈니스 이벤트를 붙여주실 분 계실까요?"
>
> **올리**: "저는 주문접수팀의 올리입니다. 우리는 주로 들어오는 주문이나 견적 요청들을 처리합니다."
>
> **개발팀**: "어떤 이벤트로 인해 그 일을 시작하시나요?"
>
> **올리**: "고객이 보낸 요청서를 우편으로 받으면요."
>
> **개발팀**: "그럼 그 이벤트가 '주문서 받음' 혹은 '견적서 받음'이 될까요?"
>
> **올리**: "맞아요. 말씀하신 이벤트들을 벽에 붙일게요."
>
> **샘**: "저는 배송팀의 샘입니다. 주문을 승인하면 저희가 배송합니다."
>
> **개발팀**: "승인했는지는 어떻게 알 수 있나요?"
>
> **샘**: "주문접수팀에서 주문을 전해 받습니다."
>
> **개발팀**: "그 이벤트는 뭐라고 부르면 좋을까요?"
>
> **샘**: "'처리할 주문' 어때요?"
>
> **올리**: "주문접수팀에서 처리를 마쳐서 배송 대기 중인 주문은 '접수한 주문'이라 부릅니다. 이 용어로 통일하면 어떨까요?"
>
> **샘**: "그러면 저희가 기다리던 이벤트는 '주문 접수함'이 되겠네요. 그렇죠?"

감이 잡히시나요? 잠시 뒤에는 벽에 이런 이벤트들이 붙어 있을 것입니다.

- 주문서 받음
- 주문 접수함
- 주문 배송함
- 주문 변경 요청함
- 주문 취소 요청함
- 환불 요청함
- 견적서 받음
- 견적 발행함

- 신규 고객 등록 요청함
- 신규 고객 등록함

이벤트 스토밍 벽은 다음 그림과 같습니다.

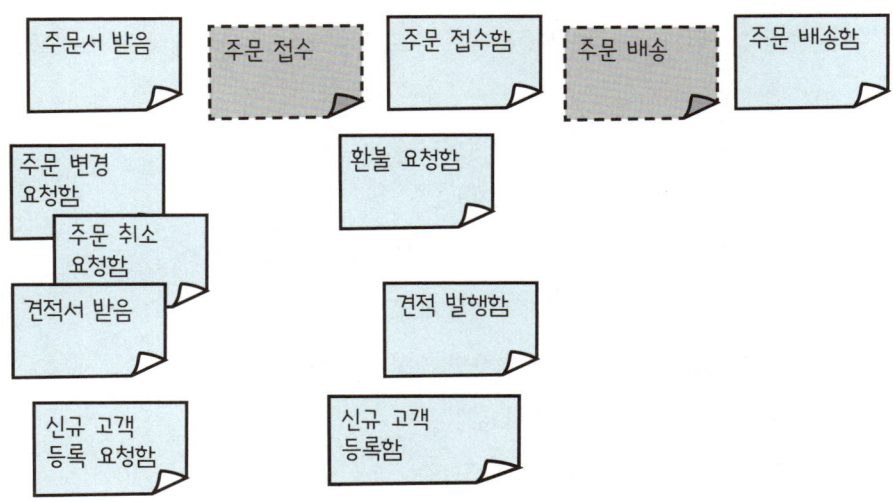

어떤 이벤트는 '주문 접수', '주문 배송' 같은 비즈니스 작업 흐름이 연달아 붙어 있는데, 이벤트들이 어떻게 연결되어 최상위 작업 흐름을 이루는지 조금씩 눈에 들어오기 시작합니다.

이벤트 스토밍 세션 전부를 자세히 다룰 순 없지만, 이벤트 스토밍이 요구사항 수집에 어떤 도움을 주는지 살펴봅시다.

공통의 비즈니스의 모델

이벤트 스토밍을 통해 이벤트들을 찾아나가며 얻는 가장 큰 이득은 모든 참석자들이 커다란 벽에 적혀 있는, 같은 것을 보며 공동의 비즈니스 인식을 만들어 공유한다는 점입니다. DDD처럼 이벤트 스토밍 또한 의사소통과 공유 인식 모델, 그리고 우리 편과 나머지로 대척하지 말 것을 강조합니다. 참석자들은 도메인의 잘 몰랐던 측면을 알게 될 뿐만 아니라, 다른 팀에 대해 잘못 가정한 것들을 알 수도 있고 비즈니스를 개선할 인사이트를 얻을 수도 있습니다.

모든 팀을 고려하기

때때로 자신들이 속한 비즈니스의 데이터 생성에만 집중한 나머지 이를 누가 소비하는지 잊곤 합니다. 만일 모든 관계자가 워크숍에 참여했다면 본인의 입장이 소외된 어느 누구라도 목소리를 낼 수 있습니다.

블레이크: "청구팀의 블레이크입니다. 저희 팀도 고려해주세요. 접수 마친 주문들을 저희도 알아야 고객에게 청구할 수 있습니다! 그러니 저희도 '주문 접수함' 이벤트를 받아야 합니다."

요구사항의 빈틈 찾기

이벤트들을 시간순으로 벽에 배치해보면 빠트린 요구사항들이 확연히 드러납니다.

맥스: "올리, 주문이 준비되면 고객에게 알리나요? 벽에 그런 내용이 안 보여서요."

올리: "아, 그렇네요. 깜빡했어요. 주문이 정상 접수되면 우리가 주문을 잘 받았고 곧 배송 예정임을 이메일로 고객에게 알립니다. 이것도 또 다른 이벤트이겠네요. '고객에게 주문 알림을 보냄'이라고 하면 될 것 같아요."

뾰족한 답이 안 나오는 질문이 있다면, 질문 그 자체를 벽에 붙여 후속 논의가 이뤄지게 해야 합니다. 그리고 프로세스의 어떤 부분에서 논쟁이나 의견 불일치가 생긴다면, 이러한 사항을 문제가 아닌 기회로 생각하십시오! 이런 애매한 영역들을 깊이 파고들다 보면 많은 것들을 배울 수 있습니다. 프로젝트 초기에는 요구사항이 불분명한 경우가 많아서 질문이나 쟁점들을 한눈에 보이도록 문서화하면 처리할 남은 작업들이 명확해지고 섣불리 개발 작업에 뛰어드는 것을 막을 수 있습니다.

팀 간 연결

이벤트들을 시간순으로 배치해보면 어느 팀의 출력이 다른 어느 팀의 입력이 되는지 명확하게 드러납니다. 예를 들어 주문접수팀이 주문 처리를 마치면 새로운 주문을 접수했음을 알려야 합니다. 이 '주문 접수함' 이벤트는 배송팀과 청구팀의 입력이 됩니다.

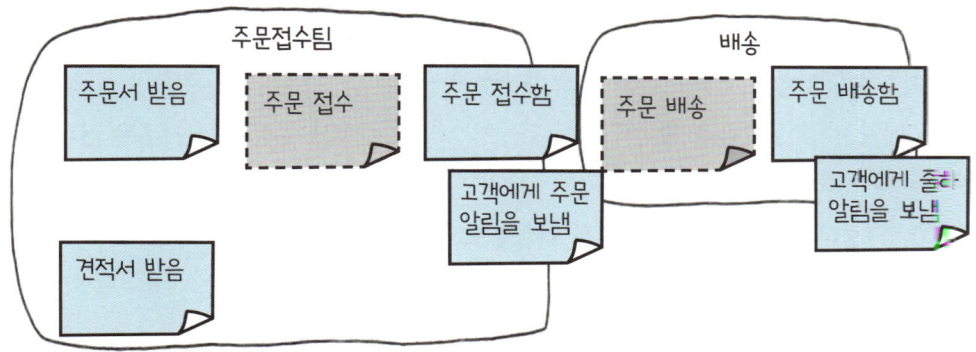

현재 단계에서는 여러 팀을 어떻게 연결할지 기술적인 세부 사항은 중요하지 않습니다. **메시지 큐** message queue 와 **데이터베이스**를 두고 장단점을 논하기보다는 도메인 자체에 집중하고자 합니다.

보고에 대한 요구사항 인식하기

도메인을 이해하려 할 때 데이터 처리나 변경에만 집중하기 쉬운데, 모든 비즈니스는 무슨 일이 일어났는지 확인할 수 있어야 합니다. 사용자에게 보고하는 것은 언제나 도메인의 일부입니다! 이벤트 스토밍 세션에서 보고 및 다른 읽기 전용 모델(예: UI용 뷰 모델)도 포함하도록 합시다.

> **작업 흐름, 시나리오, 유스 케이스**
>
> 비즈니스 활동을 가리키는 말로 작업 흐름, 시나리오, 유스 케이스, 프로세스 등 여러 표현이 존재합니다. 이들은 종종 유사한 의미로 쓰이곤 하는데, 이 책에서는 좀 더 명확하게 구분하고자 합니다.
>
> - **시나리오**는 고객 혹은 사용자가 달성하려는 목적(주문 접수하기 같은)을 가리킵니다. 애자일 개발에서 말하는 '스토리'와 유사합니다. **유스 케이스**는 시나리오를 구체화한 것으로 사용자 상호작용 및 목적을 달성하기 위해 사용자가 취할 단계들을 일반 용어로 묘사합니다. 시나리오와 유스 케이스 모두 사용자 중심 개념으로 사용자 관점에서 상호작용이 어떻게 일어나는지에 집중합니다.
> - **비즈니스 프로세스**는 사용자 개인이 아닌 비즈니스가 달성하려는 목적을 말합니다. 시나리오와 유사하지만 사용자가 아니라, 비즈니스 관점에 초점을 맞춥니다.
> - **작업 흐름**은 비즈니스 프로세스의 일부를 자세하게 풀어 쓴 것입니다. 즉, 담당자나 소프트웨어가 수행할 비즈니스 목표나 하위 목표들을 정확한 단계별로 나열한 것입니다. 작업 흐름은 한 사람이나 한 팀이 수행할 수 있는 범위를 넘지 않습니다. 주문 프로세스같이 비즈니스 프로세스가 여러 팀에 걸쳐 있으면 이를 일련의 더 작은 작업 흐름들로 나눌 수 있습니다.

1.2.3 끄트머리까지 이벤트 확장하기

일련의 이벤트를 따라 시스템 끝까지 최대한 멀리 나아가보는 것이 유용할 때가 있습니다. 먼저 시간 순으로 가장 먼저 일어난 왼쪽 끝 이벤트 이전에 일어날 만한 이벤트가 있는지 물어볼 수 있습니다.

개발자: "올리, '주문서 받음' 이벤트는 누가 유발하나요? 어디서 온 거죠?"

올리: "매일 아침 우편함을 확인해요. 고객들이 서면으로 보낸 주문서들을 주문 건과 견적 요청 건으로 분류합니다."

개발자: "그렇다면 '우편물 받음'이라는 이벤트도 필요해 보이네요?"

이런 식으로 배송 측 이벤트들도 확장해볼 수 있습니다.

개발자: "샘, 고객에게 배송하고 나서 발생할 만한 이벤트가 있나요?"

샘: "음… 주문 건이 '배송 수령 서명함' 상태라면 운송업체로부터 알림이 올 거예요. 그렇다면 '고객이 배송물 받음' 이벤트를 추가해둘게요."

가능한 이벤트를 양쪽으로 확장해보는 것은 빠트린 요구사항을 알아내기 좋은 방법 중 하나입니다. 당신이 생각하던 것보다 이벤트들이 더 길게 죽 늘어설지도 모릅니다.

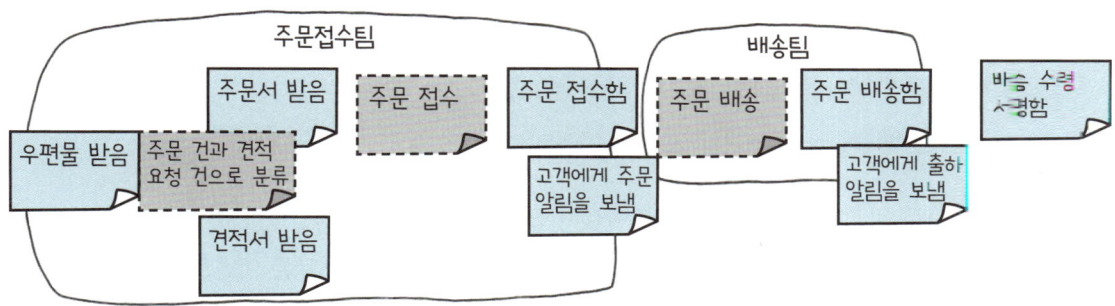

지금 도메인 전문가는 종이로 된 주문서와 우편물을 말하고 있다는 점을 놓치지 맙시다. 전산 시스템으로 이를 대체하는 것이 목적이지만, 서류 기반 시스템의 작업 흐름, 우선순위 지정, 특수한 케이스 등을 살펴보다 보면 많은 것을 배우게 됩니다. 지금 당장은 도메인을 이해하는 것이 우선입니다. 그런 다음 디지털 세상에서 이를 어떻게 구현할지를 고민해야 합니다.

실제로 대다수 비즈니스 프로세스는 종이, 디지털을 구별하는 것이 무의미합니다. 도메인의 개념을 추상화하여 이해하는 것은 구현 방식과는 전혀 무관합니다. 개념과 용어가 수백 년 동안 변하지 않은 회계 도메인이 좋은 예시입니다. 또한 서류 기반 시스템을 컴퓨터 시스템으로 변환할 때 모든 것을 한 번에 바꿀 필요는 없습니다. 시스템 전체를 살펴보아 가장 효과가 큰 부분만 먼저 바꾸는 것이 좋습니다.

1.2.4 명령 문서화하기

지금까지의 이벤트들이 붙은 벽을 보며 '이 도메인 이벤트들이 일어나게 한 것은 무엇일까?'라는 생각이 들 수 있습니다. 누군가 혹은 무언가는 어떤 일이 일어나길 바랐습니다. 예를 들어 그객이 우리가 주문서를 받기를 바라거나 상사가 당신이 무언가를 수행하길 바랄 수 있습니다. 이런 요청을 DDD 용어로는 **명령**command이라 합니다. 객체지향 프로그래밍의 명령 패턴과 헷갈리지 맙시다. 명령은 항상 '이 일을 해달라' 같은 명령형으로 작성합니다. 물론 모든 명령이 성공하는 것은 아닙니다. 우편 배달 도중에 주문서가 분실될 수도 있고, 더 중요한 일로 상사를 도울 여력이 없을 수도 있습니다. 명령에 성공하면 작업 흐름을 시작하여 또다시 그에 따른 도메인 이벤트를 생성합니다. 몇 가지 예시를 살펴봅시다.

- 'X를 일으켜라'라는 명령에 따라 작업 흐름이 X를 일으켰다면, 그에 따른 도메인 이벤트는 'X가 일어남'이 될 것입니다.
- '위젯에 주문서를 보내라'는 명령에 따라 작업 흐름이 주문을 보내면, 그에 따른 도메인 이벤트는 '주문서 보냄'이 될 것입니다.
- 명령 '주문을 접수하라' 도메인 이벤트: '주문 접수함'
- 명령 'ABC 고객에게 배송 보내라' 도메인 이벤트: '배송 보냄'

실제로 거의 모든 비즈니스 프로세스들은 이같이 모델링하게 됩니다. 이벤트가 명령을 발생시키고 명령은 어떤 비즈니스 작업 흐름을 시작합니다. 작업 흐름의 출력은 또 다른 이벤트들이며, 이들이 다시 그다음 명령들을 발생시킬 수 있습니다.

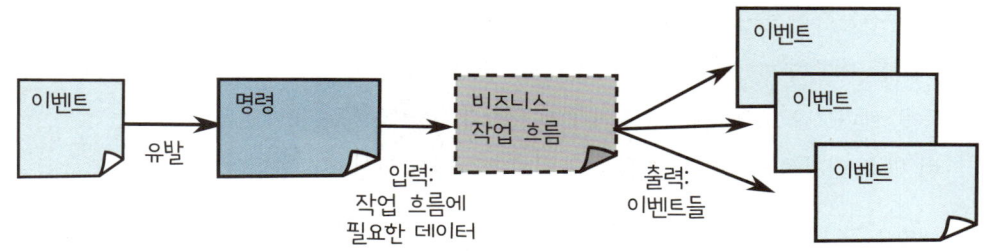

비즈니스 프로세스를 입출력이 있는 파이프라인으로 간주하는 방식은 나중에 소개할 함수형 프로그래밍 방식과 서로 잘 부합합니다. 이 방식을 주문 접수 프로세스에 적용하면 다음과 같습니다.

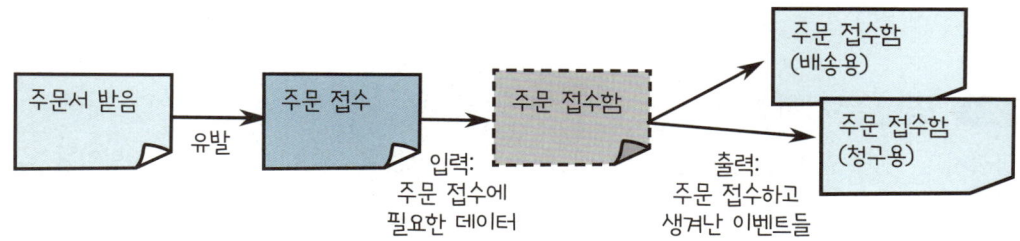

일단은 모든 명령이 성공하여 이벤트가 발생한다고 가정합시다. 나중에 10장에서 실패를 어떻게 모델링할지, 즉 무언가 잘못되어 명령을 완수하지 못하는 경우를 어떻게 다룰지를 살펴보겠습니다.

모든 이벤트가 명령으로 생겨난 것은 아닙니다. 일부 이벤트는 스케줄러나 모니터링 시스템에 의해 발생하기도 합니다. 예를 들어 회계 시스템에는 월말 마감 이벤트가, 창고 시스템의 경우 재고 부족 이벤트가 그렇습니다.

1.3 도메인을 하위 도메인들로 나누기

이벤트와 명령 목록들을 갖고 있는 상태에서 다양한 비즈니스 프로세스들 또한 잘 이해하고 있지만, 아직 전체적인 그림이 그려지지는 않을 것입니다. 코드 작성에 앞서 전체적인 그림을 명확히 해야 합니다. 이때 필요한 것이 두 번째 지침인 '문제 도메인을 더 작은 하위 도메인들로 나누어라'입니다. 커다란 문제를 마주하면 자연스레 각개격파 가능한 작은 요소들로 나누듯이 여기서도 마찬가지입니다. 우리에게 커다란 문제란 주문 접수를 둘러싼 이벤트들을 엮어내는 것입니다. 이 문제를 더 작은 조각으로 나눌 수 있을까요?

물론 가능합니다. '주문 접수 프로세스'는 주문 접수, 배송, 청구 등의 다양한 측면으로 충분히 나눌 수 있습니다. 알다시피 비즈니스는 이미 이런 영역에 맞게 팀을 구분해뒀으며, 이것은 솔루션 디자인에서도 동일한 방식으로 구분할 수 있다는 강력한 힌트입니다. 이러한 방식으로 세분화한 각 영역들을 도메인이라고 부를 것입니다.

도메인이라는 말은 여러 의미를 내포하지만 DDD 세상에서 도메인이란 '일관된 지식_{coherent knowledge} 영역'으로 정의합니다. 안타깝게도 언뜻 이 정의가 무슨 말인지 와닿지가 않습니다. 도메인을 직관적으로 달리 정의해보자면 다음과 같습니다. 도메인이란 쉽게 말해 '도메인 전문가'가 전문적으로 다루는 분야를 가리킵니다! 실상에서 이 정의를 훨씬 더 편하게 받아들일 수 있습니다. '청구'가 무엇인지 사전적 정의를 제공하려 애쓰는 대신, '청구'는 청구팀 사람들(청구 도메인 전문가들)이 하는 일이라고 간단히 말할 수 있습니다.

우리 모두는 '도메인 전문가'가 무엇인지 알고 있습니다. 우리 프로그래머들 또한 여러 도메인에서 도메인 전문가이기도 합니다. 예를 들어 특정 프로그래밍 언어 사용 전문가이거나 게임이나 과학 프로그래밍 같은 특정 프로그래밍 분야의 전문가일 수 있습니다. 또한 보안, 네트워킹, 저수준 최적화 같은 분야에 대한 지식을 갖췄을 수도 있습니다. 이러한 모든 것들이 '도메인'입니다.

한 도메인 안에서도 구분 지어지는 영역들이 존재합니다. 이를 하위 도메인이라 부르며, 큰 도메인 안에서 자체적인 전문 지식을 갖는 작은 부분을 말합니다. 예를 들어 '웹 프로그래밍'은 '일반 프로그래밍'의 하위 도메인이며, '자바스크립트 프로그래밍'은 '웹 프로그래밍'의 하위 도메인입니다(적어도 예전엔 그랬습니다). 다음은 프로그래밍 관련 도메인들을 보여주는 그림입니다.

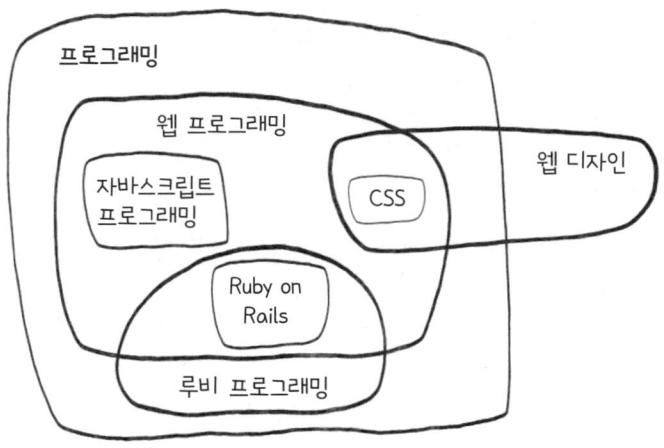

위 그림을 보면 도메인끼리 서로 겹치는 부분이 있습니다. 'CSS' 하위 도메인은 '웹 프로그래밍' 도메인의 일부인 동시에 '웹 디자인' 도메인의 일부이기도 합니다. 따라서 도메인을 더 작은 부분으로 분할할 때는 조심해야 하는데, 마음 같아서는 명확하고 깔끔한 경계를 짓고 싶겠지만 실세계의 그 경계란 생각보다 모호합니다. 도메인을 분할하는 방식을 주문 접수 시스템에 적용하면 다음 그림과 같습니다.

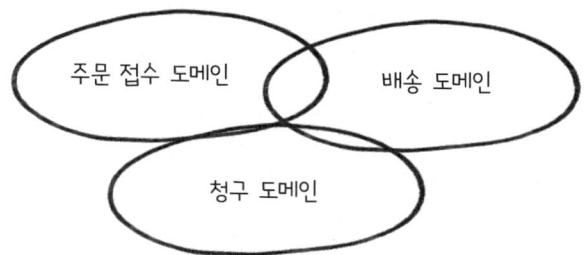

도메인들은 서로 약간씩 겹치기 마련입니다. 주문 접수 담당자는 청구팀과 배송팀이 어떻게 작동하는지 조금은 알아야 하고, 배송 담당자는 주문접수팀과 청구팀이 어떻게 작동하는지 약간이나마 알아야 합니다.

앞서 강조했듯이 솔루션을 효과적으로 개발하길 바란다면, 스스로가 어설프게라도 도메인 전문가가 되어야만 합니다. 이는 도메인 개발자로서 지금까지 해온 것보다 더 깊게 위 도메인을 이해하고자 노력해야 한다는 뜻입니다. 이와 관련한 사항은 일단 잠시 접어두고 솔루션 제작 지침으로 넘어가겠습니다.

1.4 경계 진 맥락을 활용한 솔루션 만들기

문제를 이해한다고 해서 솔루션을 만드는 것이 쉬운 것은 아닙니다. 현실의 도메인이 지닌 모든 정보를 솔루션에 녹여내는 것은 불가능합니다. 특정 문제를 푸는 데 관련한 정보만 솔루션에 담아내야 합니다. 그 외 모든 것들은 중요하지 않습니다. 따라서 '문제 공간'과 '솔루션 공간'을 구분 지을 필요가 있으며, 이 둘을 서로 다른 것으로 인식해야 합니다. 솔루션을 만들기 위해 먼저 문제 도메인을 모델링합니다. 도메인에서 문제와 관련 있는 부분만 추출해서 솔루션 공간에서 재구현해보면 다음 그림과 같습니다.

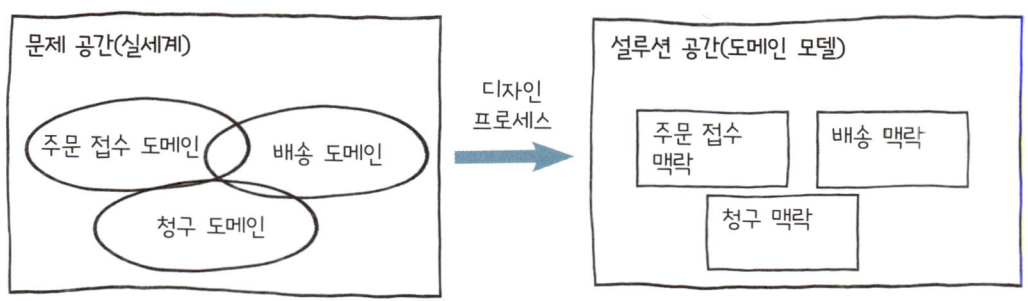

문제 공간에서 도메인과 하위 도메인은 솔루션 공간에서 DDD 용어로 **경계 진 맥락**bounded context이라 부르는 솔루션 하부 시스템에 대응합니다. 각 경계 진 맥락은 자체적으로 작은 도메인 모델입니다. 하부 시스템이라 지칭하지 않고 경계 진 맥락이라는 용어를 사용하는 까닭은, 솔루션을 디자인할 때 중요한 맥락과 그 경계를 의식하도록 도와주기 때문입니다.

왠 **맥락**일까요? 각 맥락은 솔루션 내에서 어떤 특화된 지식을 나타냅니다. 맥락 안에서는 언어가 통용되고 디자인이 동일하지만, 맥락이 없는 정보는 현실 세계에서도 그렇듯이 의미가 불분명하여 쓸모가 없습니다.

왜 **경계가 졌을까요?** 현실 세상에서 도메인은 경계가 모호하지만, 소프트웨어 세상에서만큼은 각 하부 시스템들이 서로 독립적으로 나아갈 수 있도록 상호 간의 유착을 낮추게끔 의도합니다. 하부 시스템 간에 명시적인 API를 만들거나 공유 코드 등의 의존을 줄이는 식의 일반적인 소프트웨어 해결책으로 상호 의존을 줄일 수 있습니다. 이 말은 아쉽게도 우리의 도메인 모델은 절대로 실세계의 모든 사항을 담지 못한다는 의미입니다. 그러나 덜 복잡하고 유지 보수가 쉬운 솔루션을 구현하기 위해서는 감내해야 합니다.

문제 공간의 도메인과 설루션 공간의 맥락이 늘 일대일 관계는 아닙니다. 이러저러한 이유로 단일 도메인이 여러 경계 진 맥락으로 나뉘기도 합니다. 또한 문제 공간의 여러 도메인을 설루션 공간에서 하나의 경계 진 맥락으로 모델링하는 경우도 많습니다. 이는 특히 레거시 소프트웨어 시스템과 통합할 때 주로 발생합니다.

예를 들어 가상 세계에서 위젯은 이미 주문 접수 및 청구를 단일 시스템으로 포함시킨 소프트웨어 패키지를 설치했을 수도 있습니다. 이 레거시 시스템과 통합할 경우에는 다음 그림과 같이 여러 도메인을 포함하더라도 하나의 경계 진 맥락으로 취급해야 합니다.

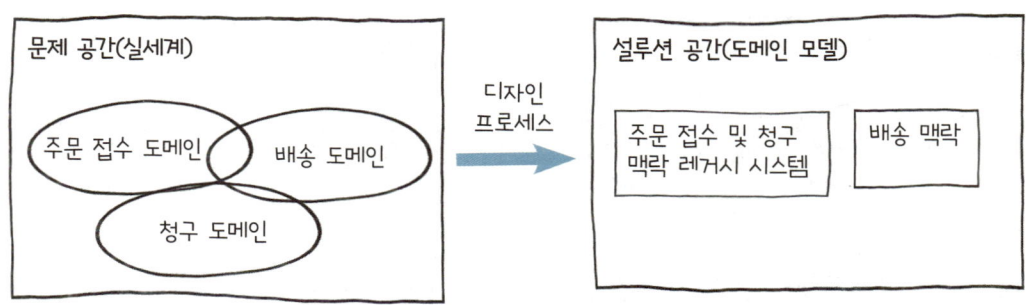

도메인을 어떻게 분할하든 간에 각각의 경계 진 맥락에는 명확한 책임이 있어야 합니다. 왜냐하면 모델을 구현할 때 경계 진 맥락은 특정 소프트웨어 구성 요소와 정확하게 대응하기 때문입니다. 이 구성 요소는 별도의 라이브러리, 독립 실행형 서비스, 혹은 단순한 네임스페이스로 구현할 수 있습니다. 지금은 세부 사항이 중요한 것이 아니라 올바로 구획을 나누는 것이 중요합니다.

1.4.1 맥락 바로잡기

경계 진 맥락을 정의하는 것은 언뜻 쉬워 보이지만 실제로는 까다로운 작업입니다. 도메인 주도 디자인에서 가장 쉽지 않은 부분이 맥락 경계를 올바로 잡는 것입니다. 이는 과학이 아닌 예술에 가까운 작업이라 할 수 있습니다. 도움이 될 만한 몇 가지 지침을 소개합니다.

- **도메인 전문가의 말에 귀 기울이기**: 그들이 모두 같은 언어를 사용하고 같은 문제에 집중한다면, 아마도 같은 하위 도메인에서 일할 것입니다. 이는 단일 경계 진 맥락에 대응합니다.
- **기존 팀 및 팀의 경계에 주의하기**: 이런 경계들은 기업이 무엇을 도메인으로, 혹은 하위 도메인으로 여기는지 보여주는 중요한 단서입니다. 물론 이 경계가 늘 옳은 것은 아니며, 같은 팀의 사

람들끼리 서로 다른 일을 할 수도 있습니다. 반대로 다른 팀 사람들과 매우 긴밀하게 협력한다면, 이는 결국 그들이 같은 도메인에서 일한다는 뜻일 수 있습니다.

- **경계 진 맥락의 '경계 진'이란 말을 명심하기**: 경계를 설정할 때 슬금슬금 경계가 늘어나는 것을 조심해야 합니다. 요구사항이 변하는 복잡한 프로젝트에서 경계 진 맥락의 '경계'를 지키는 데에서 단호해야 합니다. 너무 크거나 모호한 경계는 경계가 아예 없는 것과 매한가지입니다. 옛말처럼 좋은 담장이 좋은 이웃을 만듭니다.
- **자율성을 염두에 둔 디자인**: 두 그룹이 동일한 경계 진 맥락에 기여한다면, 결국에는 서로 다른 방향으로 디자인을 발전시켜나갈 수도 있습니다. 이인삼각 경기를 생각해보십시오. 두 선수가 발목이 묶여 있으면, 혼자 달리는 두 선수보다 훨씬 느립니다. 도메인 모델도 마찬가지입니다. 모든 사람을 만족시키는 하나의 거대한 맥락보다는 독립적으로 발전할 수 있는 개별적이고 자율적인 여러 경계 진 맥락들을 구성하는 것이 훨씬 바람직합니다.
- **막힘없는 비즈니스 작업 흐름 디자인하기**: 작업 흐름이 여러 경계 진 맥락들과 상호작용하느라 흐름이 막히거나 지연된다면, 디자인이 조금 '못생겨'지더라도 작업 흐름이 원활해지도록 맥락들을 **리팩터링**하는 것을 고려해봅시다. 즉, 항상 어떤 '순수한' 디자인보다는 비즈니스 및 고객 가치가 우선해야 합니다.

어떤 디자인도 고정된 것은 아니라는 것을 명심해야 합니다. 모든 모델은 시간에 따라 변하는 비즈니스 요구사항에 맞춰 발전해야 합니다. **13장**에서 이에 관한 내용을 더 자세히 논의하고 주문 접수 도메인이 새로운 요구사항에 적응해나가는 여러 방법을 살펴보고자 합니다.

1.4.2 맥락 지도 만들기

지금까지 경계 진 맥락들을 정의해왔다면, 이제 세부 사항이 드러나지 않은 큰 그림으로 맥락들 간의 상호작용을 드러내는 방식이 필요합니다. DDD 용어로 이런 그림들을 **맥락 지도**context map라 부릅니다.

여행용 길 안내 지도를 생각해봅시다. 길 안내 지도는 모든 세부 사항을 보여주지는 않습니다. 여행 계획을 수립할 수 있도록 주요 경로에만 초점을 맞춥니다. 다음 그림은 항공 노선 지도 스케치 예시입니다.

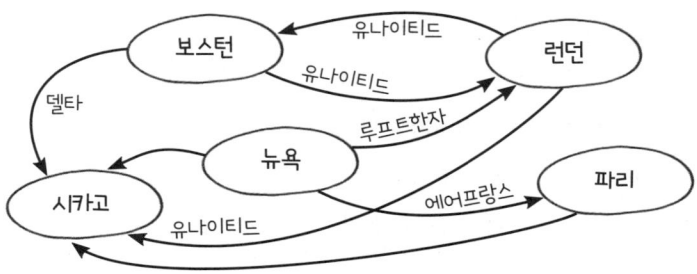

이 그림은 각 도시의 세부 사항이 아니라 각 도시 간 이용할 수 있는 노선만 보여줍니다. 이 지도의 유일한 목적은 사용자가 쉽게 항공편 계획을 세울 수 있도록 돕는 것입니다. 만약 뉴욕시 주변을 운전하는 등 다른 일을 하고 싶다면, 그에 적합한 세부 지도와 혈압약이 필요할 것입니다.

맥락 지도 또한 다양한 경계 진 맥락들과 그들의 관계를 추상화하여 보여줍니다. 모든 세부 사항을 녹여내는 것이 목표가 아니라 시스템 전체를 한눈에 볼 수 있게 하는 것입니다. 예를 들어 주문 접수 시스템을 나타낸 그림은 다음과 같습니다.

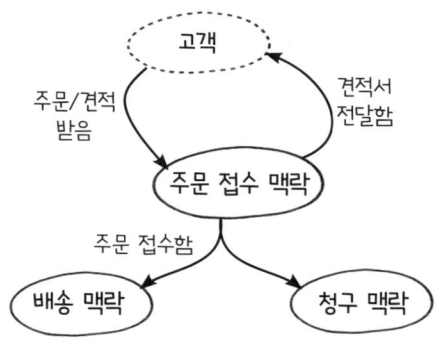

이 지도를 만들 때 배송 맥락의 내부 구조보다는 주문 접수 맥락으로부터 데이터를 받는 점만 고려합니다. 우리는 비공식 용어로 주문 접수 맥락을 **상류**upstream, 배송 맥락을 **하류**downstream라고 말합니다. 당연히 두 맥락은 그들 간에 공유하는 메시지 양식을 합의해야 합니다. 주로 상류 맥락이 메시지 양식에 더 많은 영향을 미치지만, 때로는 하류 맥락이 레거시 시스템 등의 이유로 유연하지 못한 경우가 있습니다. 이때 상류가 나서서 조정하거나 중개자 역할로서 번역기 같은 것이 필요합니다(이에 관한 내용은 3.3절에서 더 자세히 다룹니다).

마지막으로 예시 디자인은 모든 것을 단일 지도에 넣을 수 있다는 점을 짚고 넘어갑시다. 더 복잡한 디자인에서는 자연스레 개별 하위 시스템에 초점을 맞춘 여러 작은 지도들을 만들게 될 것입니다.

1.4.3 가장 중요한 맥락에 집중하기

지금까지 명확한 경계 진 맥락 몇 개를 알아보았습니다. 물론 앞으로 도메인 작업을 수행하나가며 더 많은 것을 발견할 수도 있습니다. 그렇다면 이 모든 맥락들이 똑같이 중요할까요? 개발을 시작할 때 어떤 맥락부터 집중해야 할까요? 분명 다른 도메인보다 더 중요한 특정 도메인이 존재합니다. 이러한 도메인을 가리켜 **핵심 도메인**core domain이라 하는데, 비즈니스 강점을 제공하며 수익을 창출해냅니다. 다른 도메인들도 필요하지만 핵심은 아닙니다. 이들을 **보조 도메인**supportive domain이라 하며, 특정 비즈니스에만 있는 것이 아닌 경우에는 **일반 도메인**generic domain이라 부릅니다.

예를 들어 위젯의 비즈니스 강점은 탁월한 고객 서비스이기 때문에 주문 접수 및 배송 도메인이 핵심이 될 수 있습니다. 청구 도메인은 보조 도메인으로 간주하며, 배송은 일반 도메인으로 안전하게 외주화할 수 있음을 의미합니다. 물론 현실은 그렇게 녹록지 않습니다. 때때로 예상치도 않았던 영역이 핵심 도메인이기도 합니다. 전자상거래 사업은 재고가 있고 즉시 배송 가능한 것이 고객 만족에 중요한 역할을 한다고 판단할 수 있습니다. 이 경우에 쓰기 편한 웹사이트만큼이나 재고 관리가 비즈니스 성공에 중요한 핵심 도메인이 됩니다.

때때로 서로가 생각하는 가장 중요한 도메인이 다를 수 있습니다. 각 팀은 각자의 도메인이 제일 중요하다고 생각할 수 있으며, 때로는 단순히 클라이언트가 수행해주길 바라는 것이 핵심 도메인이 될 수도 있습니다. 어떤 경우라도 우선순위를 먼저 정하는 것이 중요합니다. 그래야만 모든 경계 진 맥락들을 동시에 구현하려다 실패로 이어지는 일을 막을 수 있습니다. 먼저 가장 큰 가치를 가져다주는 경계 진 맥락에 집중하고 거기서 확장을 하는 것이 현명한 방법입니다.

1.5 공용어 만들기

앞서 말했듯이 코드와 도메인 전문가는 동일한 모델을 공유해야 합니다. 이 말인즉 우리가 디자인한 무언가는 도메인 전문가가 인식하는 실세계의 무언가를 나타내야 한다는 뜻입니다. 즉, 도메인 전문가가 무언가를 '주문'이라 한다면, 코드에도 이에 해당하는 `Order`라는 요소가 있어야 하고, 같은 방식으로 동작해야 합니다. 반대로 도메인 전문가의 모델에 없는 것을 디자인에 포함해서는 안 됩니다. 따라서 `OrderFactory`, `OrderManager`, `OrderHelper`와 같은 용어는 디자인 단계에서는 사용하지 말아야 합니다. 도메인 전문가는 이 단어들이 무엇을 말하는지 알 수 없습니다. 물론 코드 베이스 안에는 몇 가지 기술 용어가 있어야 하지만, 이를 디자인 일부로 노출하는 것은 피해야 합니다.

팀 전체가 공유하는 개념과 어휘 집합을 **공용어**ubiquitous language, 즉 '어디서나 통하는 언어'라고 합니다. 공용어는 비즈니스 도메인에서 공유하는 정신적 모델을 정의하는 언어입니다. 그리고 이름에서 알 수 있듯이 요구사항에서만 아니라 디자인, 제일 중요한 소스 코드를 넘어 프로젝트 **어디에서나** 사용해야 합니다.

공용어 제작은 도메인 전문가가 일방적으로 지시하는 단방향 프로세스가 아니라 팀 전체의 협업입니다. 또한 공용어 제작을 일회성으로 취급하지 않고 늘 수행하는 작업으로 인식해야 합니다. 디자인의 발전에 따라 새 용어와 개념이 나타납니다. 공용어 또한 이에 발맞춰 발전해나가야 합니다. 이 책에서 이런 과정을 다룰 것입니다.

마지막으로 모든 도메인과 맥락들을 포괄하는 단일 공용어는 있을 수 없음을 받아들여야 합니다. 각 맥락은 공용어의 '방언'을 가지며, 동일한 단어가 다른 방언에서는 다른 의미를 가질 수도 있습니다. 예를 들어 객체지향 프로그래밍 도메인에서 '클래스'는 어떤 무언가란 의미를 갖지만, CSS 도메인에서는 완전히 다른 것을 뜻합니다. '고객' 혹은 '제품'과 같은 단어를 서로 다른 맥락에서 같은 의미로 사용한다면, 잘해봐야 복잡한 요구사항에서 그치고 자칫 심각한 디자인 오류를 초래할 수도 있습니다.

실제로 이벤트 스토밍 세션은 바로 이 문제를 보여줍니다. 모든 참석자는 이벤트를 설명할 때 '주문'이라는 단어를 사용했습니다. 하지만 배송팀의 '주문' 정의는 청구팀의 정의와 미묘한 차이를 보입니다. 배송팀이 재고 수준, 품목 수량 등에 관심이 있는 반면, 아마도 청구팀은 가격과 금액을 더 중요하게 생각할 것입니다. 단어가 쓰이는 맥락 **없이** 모든 곳에서 동일한 '주문'이라는 단어를 사용하면 고통스러운 오해에 빠지기 십상입니다.

1.6 DDD 개념 요약

이번 장에서 다양한 새로운 개념과 용어들을 소개했습니다. 이것을 간략히 요약해봅시다.

- **도메인**domain: 우리가 해결하려는 문제와 관련된 지식 영역 또는 간단히 '도메인 전문가'가 전문적으로 다루는 영역을 말합니다.
- **도메인 모델**domain model: 도메인에서 특정 문제와 관련 있는 측면들을 단순화하여 나타낸 것들의 집합입니다. 도메인 모델은 설루션 공간의 일부이며, 그것이 나타내는 도메인은 문제 공간의 일부입니다.

- **공용어**ubiquitous language: 도메인과 관련된 개념 및 어휘 집합으로, 팀 구성원과 소스 코드 모두를 아울러 공유합니다.
- **경계 진 맥락**bounded context: 다른 하부 시스템과 구분되는 명확한 경계를 가진 솔루션 공간의 하부 시스템입니다. 경계 진 맥락은 종종 문제 공간의 하위 도메인에 대응하며 자체 개념 및 어휘 집합, 즉 공용어의 자체 방언을 가지고 있습니다.
- **맥락 지도**context map: 경계 진 맥락들과 그들 간의 관계를 추상화하여 보여주는 그림입니다.
- **도메인 이벤트**domain event: 시스템에서 발생한 일에 대한 기록입니다. 항상 과거 시제로 쓰이며 종종 추가적인 활동을 유발합니다.
- **명령**command: 프로세스 발생 요청이며 사람이나 다른 이벤트에 의해 생겨납니다. 프로세스가 성공하면 시스템 상태가 변하고 하나 이상의 도메인 이벤트가 발생합니다.

1.7 마무리

이 장에서는 개발팀과 도메인 전문가가 동일한 모델, 즉 도메인과 솔루션에 대한 공유 모델을 만드는 것의 중요함을 강조했습니다. 그리고 이를 달성하는 데 도움되는 네 가지 지침을 논의했습니다.

- 자료구조보다 비즈니스 이벤트와 작업 흐름에 집중하라.
- 문제 도메인을 더 작은 하위 도메인들로 나누어라.
- 솔루션에 각 하위 도메인별 모델을 만들어라.
- '공용어'라 부르는 공통 언어를 개발하여 프로젝트 참여자 모두가 공유하고 코드 모든 곳에서 활용하라.

주문 처리 도메인에 이를 어떻게 적용했는지 살펴봅시다.

1.7.1 이벤트와 프로세스

이벤트 스토밍 세션은 도메인에 속한 모든 주요 **도메인 이벤트**들을 빠르게 찾아냈습니다. 이를 들어 우편으로 주문서를 받으면 주문 접수 프로세스가 시작되며, 견적 처리, 신규 고객 등록 등 작업 흐름이 있다는 것을 알게 되었습니다. 또한 주문접수팀이 주문 접수를 마치면 이벤트가 발생하여 배송팀이 배송 프로세스를 시작하고 청구팀이 청구 프로세스를 촉발하는 것도 확인했습니다.

훨씬 더 많은 이벤트와 프로세스를 문서화할 수 있지만, 이 책의 나머지 부분에서는 주로 이 작업 흐름에 집중할 것입니다.

1.7.2 하위 도메인과 경계 진 맥락

지금까지 '주문 접수', '배송', '청구'라는 세 개의 하위 도메인을 찾아냈습니다. '도메인은 도메인 전문가가 전문적으로 다루는 영역'이라는 규칙으로 이를 검증해봅시다.

> **개발팀**: "올리, 청구 프로세스가 어떻게 작동하는지 알아?"
>
> **올리**: "대충 아는데 자세한 정보가 필요하면 청구팀에게 물어봐야 해."

청구가 별도의 도메인일까요? 그렇다는 사실을 확인했습니다! 그다음 이 하위 도메인에 해당하는 세 개의 **경계 진 맥락**들을 정의하고 이 세 맥락이 어떻게 상호작용하는지 보여주는 **맥락 지도**를 만들었습니다.

우리가 집중해야 할 **핵심** 도메인은 어느 것일까요? 자동화로 가장 큰 가치를 얻을 수 있는 곳을 결정하려면, 실제로는 매니저 맥스와 얘기해봐야 하지만 일단 주문 접수 도메인을 구현해보겠습니다. 필요한 경우 도메인의 출력을 종이 문서로 변환하여 다른 팀들로 인한 프로세스 중단 없이 계속 진행하도록 합시다.

1.7.3 공용어

지금까지 '주문서', '견적', '주문' 같은 용어들을 써왔습니다. 앞으로 디자인을 진행해나가면서 분명히 더 많은 용어들을 만나게 될 것입니다. 도메인에 관한 공통된 이해를 유지하기 위해 관련 용어와 정의를 정리한 위키 페이지를 작성해두는 것도 좋은 방안입니다. 이런 방식은 모든 사람들이 일관성을 유지하고 새 팀원이 빠르게 적응하는 데 도움이 됩니다.

1.7.4 다음 장 안내

지금까지 문제 개요와 설루션의 대략적인 형태를 살펴보았습니다. 그러나 실제로 구현 수준의 디자인을 하거나 코딩을 하기엔 미진한 부분들이 많이 남아 있습니다. 예를 들자면 다음과 같습니다.

주문 접수 작업 흐름에서 정확히 무슨 일이 일어날까요? 입력과 출력은 무엇인가요? 이 작업 흐름은 다른 맥락과 상호작용이 있을까요? 배송팀의 '주문' 개념은 청구팀의 개념과 어떻게 다른가요?

다음 장에서는 주문 접수 작업 흐름을 깊이 분석하고 위 질문들에 답해볼 것입니다.

CHAPTER 2

도메인 이해하기

이전 장에서는 큰 그림으로 도메인과 주요 비즈니스 이벤트를 소개하고 솔루션 공간을 여러 경계 진 맥락으로 나눴습니다. 그 과정에서 도메인 주도 설계와 모두가 공유하는 인식 모델이 얼마나 중요한지 배웠습니다. 이 장에서는 작업 흐름 하나를 특정하여 깊이 이해하고자 합니다. 정확히 무엇이 이 작업 흐름을 시작시키는지, 어떤 데이터가 필요한지, 협력할 다른 경계 진 맥락으로는 어떤 것들이 있는지 알아봅니다. 이 과정에서 주의 깊게 경청하는 것이 얼마나 중요한지 실감할 것입니다. 개발자의 선입견에 따라 색안경을 끼고 도메인을 파악하는 것은 피하고 싶습니다.

2.1 도메인 전문가 인터뷰하기

도메인을 충분히 이해하고자 주문접수팀의 도메인 전문가 올리와 심층 인터뷰를 해봅시다. 보통 도메인 전문가들은 현업이 너무 바쁜 나머지 개발자들에게 많은 시간을 할애하기 어려운 것이 대부분입니다. 이런 경우에 **커맨드/이벤트**command/event 방식은 하루 종일 진행하는 인터뷰 대신 개별 작업 흐름별로 인터뷰를 짧게 연이어 진행할 수 있다는 면에서 유리합니다. 따라서 이 방식으로 인터뷰는 도메인 전문가가 시간을 내기에 용이합니다. 인터뷰의 첫 부분에서는 깊게 들어가지 않고 작업 흐름의 입출력에만 집중할 것입니다. 이렇게 하면 디자인과 무관한 세부 사항으로 더러 빠져들지 않을 수 있습니다.

개발팀: "올리, 주문 접수 프로세스 하나만 이야기해보죠. 이 프로세스를 시작하려면 어떤 정보가 필요한가요?"

올리: "음… 모든 것은 고객이 작성한 종이 주문서를 우편으로 받으면 시작하지요. 전산화 시스템에서는 고객이 온라인으로 주문서를 작성하길 바라고 있어요."

올리는 다음과 같은 주문서를 보여줬습니다.

```
주문서

고객명: -----------------------------

청구 주소:                    배송 주소:
-----------------------------  -----------------------------
-----------------------------  -----------------------------
-----------------------------  -----------------------------

주문: ☐    견적: ☐    특송: ☐
```

제품 코드	수량	가격
	소계	
	배송비	
	총계	

이걸 보고 여러분은 이 시스템을 전형적인 전자상거래 모델로 간주할 수도 있습니다.

개발팀: "알겠습니다. 그럼 고객은 웹사이트에서 제품 페이지를 둘러본 뒤에 제품을 장바구니에 추가하고 결제하는 건가요?"

올리: "아니요, 전혀 그렇지 않아요. 우리 고객들은 이미 무엇을 주문할지 정확히 알고 있어요. 제품 코드와 수량을 입력할 수 있는 간단한 양식만 있으면 돼요. 한 번에 200~300개의 제품을 주문하기도 하는데, 제품 페이지에서 개별 제품을 일일이 찾아 클릭하는 것은 너무 느리고 비효율적입니다."

중요한 교훈을 얻었습니다. 도메인을 익힐 때에는 방금 고객의 시스템 사용 방식을 넘겨짚는 것처럼 무엇도 속단하지 않도록 자제해야 합니다. 좋은 인터뷰어가 되려면 많이 들어야 합니다. 도메인을 배우는 가장 좋은 방법은 인류학자가 되어서 어떤 선입견도 갖지 않는 것입니다. 제대로 한다면 디자인을 확정하기 전에 사람들의 업무 관찰, 사용성 테스트 등의 심층 연구를 해야 합니다. 하지만 여기서는 올리가 고객의 니즈를 충분히 이해하여 잘 전달해주리라 믿고 심층 연구는 건너뛰겠습니다.

2.1.1 비기능적 요구사항 이해하기

이제 한 발짝 물러나 작업 흐름의 맥락과 규모에 대해 논의하는 것이 좋겠습니다.

개발팀: "죄송합니다, 고객을 잘못 생각했네요. 배경 지식을 좀 더 여쭤볼 수 있을까요? 예를 들어 이 프로세스를 누가 얼마나 자주 사용하나요?"

올리: "우리는 B2B 회사[1]여서 저희 고객은 기업입니다. 고객사는 약 1000개 정도 되고 일반적으로 매주 한 번씩 주문을 합니다."

개발팀: "그러면 영업일 기준으로 하루에 약 200개의 주문이 들어오는군요. 성수기에는 그보다 훨씬 더 바빠지나요?"

올리: "아니요. 1년 내내 꽤 일정한 편이에요."

좋습니다. 대규모로 디자인할 필요도 없고, 갑작스러운 트래픽 급증에 대비해 디자인할 필요도 없다는 것을 알게 되었습니다. 그렇다면 고객은 시스템에 뭘 기대하고 있을까요?

개발팀: "고객들이 전문가라고 하셨죠?"

올리: "하루 종일 물건을 구매하는 사람들이라 이 도메인의 전문가라고 할 수 있죠. 원하는 것을 이미 알고 있으니 이를 얻어낼 효율적인 방법만 있으면 됩니다."

이 정보는 디자인에 대한 우리의 관점에 영향을 미칩니다. 비전문가용 시스템은 전문가용 시스템과 종종 매우 다릅니다. 고객이 전문가라면 이들의 작업을 늦출 만한 장애물이나 다른 불필요한 요소를 없애야 합니다.

개발팀: "응답시간은요? 얼마나 빨리 응답을 하길 바라나요?"

---

1 https://en.wikipedia.org/wiki/Business-to-business

> **올리**: "접수 당일 영업 종료 전까지는 주문 접수를 알려줘야 해요. 우리 사업에서는 속도보다 일관성이 더 중요합니다. 고객들은 예측 가능한 방식으로 우리가 응답하고 배송하기를 원해요."

이러한 요구사항은 B2B 애플리케이션에서 일반적입니다. 예측 가능성, 실패 없는 데이터 처리, 질문이나 분쟁에 필요한 모든 이벤트의 감사 및 추적과 같은 요구사항들 말입니다.

2.1.2 작업 흐름의 나머지 부분 이해하기

인터뷰를 계속 진행해봅시다.

> **개발팀**: "좋아요, 주문서는 어떻게 처리하나요?"
>
> **올리**: "먼저 제품 코드가 정확한지 확인부터 합니다. 때때로 오타가 있거나 제품이 없는 경우도 있거든요."
>
> **개발팀**: "제품이 없는지는 어떻게 알 수 있죠?"
>
> **올리**: "제품 카탈로그에서 찾아봅니다. 전 제품의 가격을 나열한 작은 책자가 있거든요. 매달 새로운 카탈로그가 나옵니다. 저기 제 책상 위에 최신 버전이 있네요."

제품 카탈로그는 또 다른 경계 진 맥락으로 보입니다. 나중에 자세히 살펴볼 수 있도록 메모를 작성해두고 지금은 건너뛰도록 합시다. 여기서는 이 제품 카탈로그로부터 전달받을 제품 목록과 가격 정보를 추적하도록 하겠습니다.

> **개발팀**: "그러고 나서는요?"
>
> **올리**: "제품 금액을 합산하여 하단의 총계 필드에 기입하고, 두 개의 사본을 만들어요. 하나는 배송팀용, 다른 하나는 청구팀용으로요. 원본은 우리 파일에 보관합니다."
>
> **개발팀**: "그러고 나서는요?"
>
> **올리**: "스캔한 주문서를 고객 이메일로 보내서 고객이 가격과 총액을 확인할 수 있게 합니다. 이것을 '주문 알림'이라고 해요."

지금까지의 과정은 문제없이 이해할 수 있을 것입니다. 검증은 어떻게 이루어지는지, 주문이 다른 팀으로 어떻게 전송되는지 등을 더 깊이 알고 싶겠지만, 그 전에 질문 하나 더 해봅시다.

> **개발팀**: "견적서에서 '견적'과 '주문' 네모 박스의 용도는 무엇인가요?"
>
> **올리**: "당연히 '주문'에 체크한 것은 주문이고, '견적'에 체크한 건 견적이죠."

개발팀: "그럼 견적과 주문의 차이점은 무엇인가요?"

올리: "견적은 고객이 가격만 추산해주길 바랄 뿐 제품 발송은 원치 않는 거예요. 견적의 경우 양식에 가격만 추가하여 고객에게 다시 보내죠. 배송 및 청구팀이 할 일은 없으므로 해당 팀에 사본을 보내지 않아요."

개발팀: "그렇군요. 주문과 견적은 비슷해서 같은 주문서를 사용하지만 작업 흐름은 다르군요."

2.1.3 입력 생각해보기

잠시 멈춰서 지금까지 알아낸 작업 흐름의 입출력을 정리해봅시다. 우선 입력은 분명히 주문서입니다(정확한 정의는 차차 다듬어야 합니다). 그렇다면 출력은 무엇일까요? 우리는 입력 주문서를 검증하고 가격을 계산한 주문을 완료한 주문이라 했습니다. 하지만 완료한 주문은 아무것도 유발하는 것이 없으므로, 출력으로 적절하지 않습니다. 그렇다면 '주문 알림'은 출력일까요? 아마도 아닐 것입니다. 고객에게 주문 알림을 보내는 것은 주문 배치 작업 흐름의 부수 효과일 뿐 출력은 아닙니다.

작업 흐름의 출력은 항상 작업 흐름이 생성한 이벤트로서 다른 경계 진 맥락의 동작을 유발시켜야 합니다. 주문 접수 작업 흐름의 출력은 '주문 접수함' 이벤트가 될 수 있으며, 이는 배송 및 청구 맥락으로 전달됩니다. 실제로 이벤트를 어떻게 해당 팀으로 전달하는지는 나중에 논의할 문제로서 지금 하는 디자인과는 무관합니다.

'주문 접수' 작업 흐름과 해당 입력 및 출력을 다이어그램으로 나타내면 다음과 같습니다.

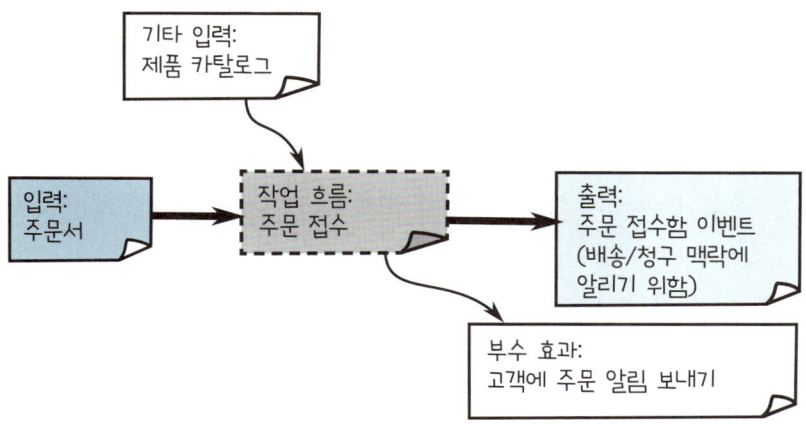

2.2 데이터베이스 중심 디자인 지양하기

이쯤 되면 대다수 개발자가 그렇듯이 바로 세부 디자인을 스케치하고 구현에 들어가고 싶은 충동을 참기 힘들어집니다. 예를 들어 주문서는 고객 정보, 주소, 주문 라인 목록 등으로 구성되어 있다는 것을 알 수 있습니다.

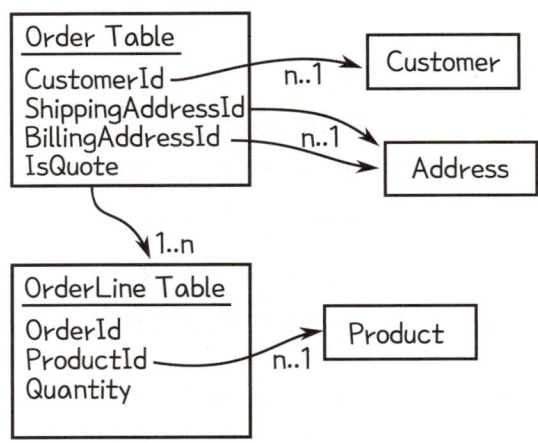

데이터베이스 경험을 능숙하게 다루는 개발자라면, 가장 먼저 테이블과 그들 사이의 관계에 대해 생각할 것입니다. `Order`, `OrderLine`, `Customer`, `Address`, `Product` 테이블들을 떠올릴 수 있습니다. 그리고 아마도 위의 그림과 같이 테이블 간 관계를 표현하고 싶을 것입니다. 하지만 이는 성급한 시도입니다. 도메인 주도 설계에서는 데이터베이스 스키마schema가 아니라 **도메인**이 디자인을 주도합니다.

특정 저장소 구현 방식과 무관한 도메인에서 작업하고 모델링하는 것이 좋습니다. 실세계의 종이 기반 시스템에는 데이터베이스가 없습니다. '데이터베이스'라는 개념은 명백히 공용어가 아닙니다. 사용자는 데이터를 어떻게 보관할지 신경 쓰지 않습니다. DDD 용어로 이것을 **영속화 무시**persistence ignorance라고 부릅니다. 이는 데이터를 데이터베이스에 어떻게 표현할지 걱정하지 않고 도메인을 정확하게 모델링하는 데 집중하게 만드는 중요한 원칙입니다. 이것이 왜 중요할까요? 데이터베이스 관점에서 모든 디자인을 하다 보면 종종 데이터베이스 모델에 맞춰서 디자인을 왜곡하기 때문입니다.

데이터베이스 중심 모델이 도메인을 왜곡한 예시를 들어보자면 위 다이어그램에서 이미 주문과 견적의 차이를 무시한 것을 들 수 있습니다. 물론 데이터베이스에서는 플래그flag로 구분할 수 있지만 비즈니스 규칙과 검증 규칙은 다릅니다. 예를 들어 주문에는 청구 주소가 있어야 하지만 견적에는 없어도 된다는 것을 나중에 알게 될 수도 있습니다. 이러한 것은 외래키로 모델링하기 어렵습니다. 데이터베이스 디자인에서는 서로 다른 두 유형의 관계에 동일한 외래키를 사용하기 때문에 이런 미묘한 차이가 누락된 것입니다. 물론 왜곡이 없도록 디자인을 수정할 수 있으며, 추후 12장에서 도메인 주도 설계를 관계형 데이터베이스로 어떻게 영속시키는지 살펴볼 것입니다. 하지만 지금은 편견 없이 요구사항을 듣는 데에 집중합시다.

2.3 클래스 중심 디자인 지양하기

만약 여러분이 노련한 객체지향 개발자라면 특정 데이터베이스 모델에 치우치지 않게 한다는 아이디어가 익숙할 것입니다. 실제로 **의존 주입**과 같은 객체지향 기법은 데이터베이스 구현체를 비즈니스 로직에서 분리하도록 권장합니다. 하지만 도메인보다는 객체 관점에서 생각한다면 여전히 편향된 디자인을 할 여지가 있습니다. 예를 들어 올리가 이야기하는 동안 여러분은 다음 그림과 같이 클래스를 머릿속에서 구상하고 있을지도 모릅니다.

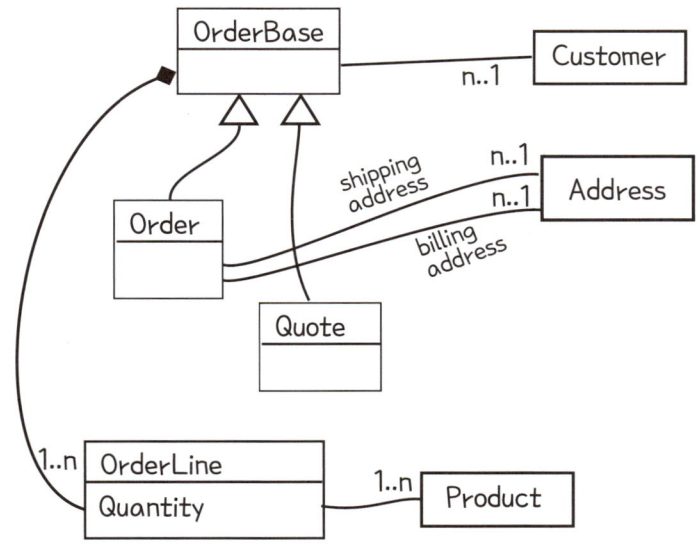

클래스가 디자인을 주도하는 것은, 데이터베이스가 디자인을 주도하는 것만큼이나 위험성을 내포하고 있습니다. 다시 말해, 여러분은 요구사항을 진정으로 듣고 있지 않았다는 소리입니다.

앞의 예비 디자인에서 우리는 주문과 견적을 분리했지만, 실세계에는 없는 `OrderBase`를 기반 클래스base class로 도입했습니다. 이는 도메인을 왜곡한 것입니다. 도메인 전문가는 `OrderBase`가 무엇인지 모릅니다.[2] 여기서 얻을 수 있는 교훈은 요구사항 수집 중에는 마음을 열고 우리만의 기술적 아이디어를 도메인에 강요해서는 안 된다는 점입니다.

2.4 도메인 문서화

기술에 치중하고 싶지 않지만 수집한 요구사항을 **어떤 식으로** 기록할 수 있을까요? UML과 같은 시각적 다이어그램을 사용할 수도 있지만 이러한 다이어그램은 작업하기 어려울뿐더러 도메인의 미묘한 차이점을 포착하기에는 충분히 상세하지 못할 때가 많습니다.

이 책의 후반부에서는 도메인 모델을 코드로 정확하게 작성하는 방법을 살펴보겠지만, 지금은 도메인 모델을 포착하는 데 쓸 만한 텍스트로 이루어진 간단한 언어를 만들어봅시다.

- 작업 흐름은 입력과 출력을 문서화하고 간단한 의사코드pseudo code로 비즈니스 로직을 표현합니다.
- 데이터 구조의 AND는 둘 다 모두 필요하다는 것을(예: 이름과 주소), OR은 둘 중 하나만 필요하다는 것을 의미합니다(예: 이메일이나 전화번호).

이 간단한 언어로 주문 배치 작업 흐름을 다음과 같이 문서화할 수 있습니다.

```
Bounded context: Order-taking

Workflow: Place order
    triggered by:
        'Order form received' event (when Quote is not checked)
    primary input:
        An order form
    other input:
        Product catalog
    output events:
        'Order Placed' event
    side-effects:
        An acknowledgment is sent to the customer,
        along with the placed order
```

---

2 옮긴이 이는 OrderBase를 코드 전역에서 없어야 한다는 뜻은 아닙니다. 비개발자들도 살펴볼 수 있는 디자인에 개발자만 인식하는 개념이 드러나서는 안 된다는 의미입니다.

그리고 작업 흐름 관련 데이터 구조를 다음과 같이 문서화할 수 있습니다.

```
Bounded context: Order-taking

data Order =
    CustomerInfo
    AND ShippingAddress
    AND BillingAddress
    AND list of OrderLines
    AND AmountToBill

data OrderLine =
    Product
    AND Quantity
    AND Price

data CustomerInfo = ???    // 아직 모름
data BillingAddress = ??? // 아직 모름
```

견적 제공 작업 흐름과 관련한 데이터 구조도 유사하게 문서화할 수 있습니다.

클래스 계층 구조나 데이터베이스 테이블을 만들려고 시도하지 않은 점에 주목해주세요. 단지 약간 구조화하여 도메인 그대로를 포착하고자 했습니다. 이런 식의 텍스트 기반 설계는 프로그래머가 아니라도 모두가 알아볼 수 있다는 장점이 있습니다. 따라서 도메인 전문가에게 이를 보여주고 함께 작업할 수 있습니다.

실제 코드 또한 위 설계 문서만큼이나 명료하게 구현하는 것이 또 다른 큰 과제입니다. 이는 5장에서 살펴보겠습니다.

2.5 주문 접수 작업 흐름을 깊이 파고들기

입력과 출력을 문서화했으니 이제 주문 접수 작업 흐름을 자세히 살펴봅시다.

개발팀: "올리, 주문서를 어떻게 처리하는지 자세히 설명해줄 수 있나요?"

올리: "아침에 우편물을 받으면 먼저 분류 작업부터 합니다. 주문서는 한쪽에, 그 외 서신은 다른 쪽에 쌓아요. 그다음 주문서에 견적 체크가 되었는지 확인하죠. 견적 표시가 있는 것들은 나중에 처리할 수 있도록 따로 보관해요."

개발팀: "왜 그렇게 하는 건가요?"

올리: "당연히 주문이 더 중요하니까요. 우리는 주문으로 돈을 벌지 견적으로 돈을 버는 것은 아니잖아요."

올리는 요구사항 수집 시 매우 중요한 점을 언급했습니다. 개발자들은 기술적인 문제에 집중하고 모든 요구사항을 동등하게 취급하는 경향이 있습니다. 그러나 비즈니스에선 그렇게 생각하지 않습니다. 돈을 벌거나 절약하는 것이 늘 개발 프로젝트의 원동력입니다. 무엇이 가장 중요한 우선순위인지 판단이 서지 않을 때엔 돈을 따라가십시오! 이 경우 돈이 되는 주문이 견적보다 우선하도록 시스템을 디자인해야 합니다. 계속 진행해봅시다.

개발팀: "주문서를 처리할 때 가장 먼저 하는 일은 무엇인가요?"

올리: "먼저 고객 이름, 이메일, 배송 주소, 청구 주소가 유효한지 확인해요."

올리와 더 얘기해보니 올리의 컴퓨터에 있는 별도 애플리케이션으로 주소를 확인한다는 것을 알게 되었습니다. 주소를 입력하면 해당 주소가 있는지 없는지 조회한 후, 있다면 배송에 용이한 표준 형식으로 주소를 변환하는 애플리케이션입니다. 새로운 정보를 또 알게 됐습니다. 작업 흐름은 맥락 바깥의 제삼자인 주소 확인 서비스와 통신이 필요합니다. 이벤트 스토밍에서 이러한 사항을 놓쳤으므로 메모해둬야 합니다. 이름이나 주소가 잘못됐으면 올리는 빨간색 펜으로 주문서의 해당 부분에 표시하고 잘못된 주문서들은 따로 빼둡니다. 그런 다음 고객에게 전화하여 해당 정보를 수정해달라고 요청합니다.

이제 우리는 우편함에 받은 주문서, 나중에 처리할 받은 견적, 나중에 처리할 잘못된 주문서, 총 세 개의 더미pile를 알게 되었습니다. 종이 더미는 대부분의 비즈니스 프로세스에서 매우 중요한 부분입니다. 그리고 다시 말하지만 어떤 더미는 다른 더미보다 더 중요하며, 이를 디자인에 반영하는 것을 잊어서는 안 됩니다. 구현 단계에서 '종이 더미'는 **큐**와 잘 어울리지만, 앞서 말했듯이 지금은 세부 기술과 거리를 둬야 합니다.

올리: "그다음 주문서의 제품 코드를 확인해요. 유효하지 않은 코드가 꽤 있거든요."

개발팀: "어떻게 알 수 있나요?"

올리: "코드에 특정 형식이 있어요. 위젯 코드는 W로 시작하는 네 자리 숫자이고, 기즈모 코드는 G로 시작하는 세 자리 숫자예요."

개발팀: "또 다른 유형의 제품 코드가 있나요? 아니면 곧 생겨날 예정인가요?"

올리: "아니요. 제품 코드 형식은 수년 동안 변경되지 않았어요."

개발팀: "유효한 제품 코드는 그대로 쓰나요? 실제로 있는 제품인지 확인하나요?"

올리: "맞아요. 제품 카탈로그에서 찾아보죠. 코드가 없으면 주문서에 오류를 표시하고 잘못된 주문 더미에 넣어둬요."

잠시 멈춰서 방금 나눈 대화를 살펴보겠습니다.

- 먼저 올리는 코드 형식을 확인합니다. W나 G로 시작하는지 등이죠. 프로그래밍 용어로 이는 순전히 구문 검사에 해당합니다. 제품 카탈로그에 액세스할 필요가 없습니다.
- 다음으로 올리는 코드가 제품 카탈로그에 있는지 확인합니다. 올리는 이 작업을 책자에서 찾아보는 식으로 수행합니다. 소프트웨어 시스템에서는 데이터베이스 조회가 될 것입니다.

개발팀: "바보 같은 질문인데, 제품팀에서 모든 질문에 즉각적으로 응답할 수 있다고 가정한다고 해도, 제품 카탈로그 사본이 필요할까요?"

올리: "네, 그래도 필요해요. 그 팀이 바쁘면 어떻게 하나요? 아니면 전화가 끊겼다면요? 속도가 아닌 통제 여부의 문제입니다. 어떤 경우에도 저희 일이 중단되는 것을 원하지 않습니다. 제품 카탈로그 사본이 있으면, 거의 모든 주문서를 제품팀에 의존하지 않고 처리할 수 있습니다."

따라서 이것은 성능 문제가 아니라 의존을 관리하려는 목적입니다. 우리는 앞서 경계 진 맥락의 자율성이 얼마나 중요한지 논의했습니다(맥락 바로잡기). 사본이 필요하다는 사실을 모델에 반영하는 것이 중요할 수도 있고 아닐 수도 있지만, 각 팀이 독립적으로 작업해야 한다는 요구사항을 알고 있어야 합니다.

개발팀: "좋아요, 이제 모든 제품 코드가 올바르다고 가정하죠. 그다음 작업은 무엇인가요?"

올리: "수량을 확인합니다."

개발팀: "수량은 정수예요, 실수예요?"

올리: "실수요? 실수했다는 말인가요?"

공용어 시간! 고수의 팁을 하나 공개하자면 도메인 전문가는 '실수$_{float}$' 같은 프로그래밍 용어를 사용하지 않는답니다.

개발팀: "그럼 그 숫자를 뭐라고 부르나요?"

올리: "주문 수량이라고 하죠, 나 원 참!"

좋아요, `OrderQuantity`가 `ProductCode`, `AmountToBill` 등과 함께 공용어에 포함되어야 하는군요. 계속 질문을 이어갑니다.

> **개발팀**: "주문 수량에 소수점이 있나요, 아니면 정수만 있나요?"
> **올리**: "때에 따라 달라요."

'때에 따라 다릅니다.' 이 말을 통해 상황이 복잡해지리란 것을 예측할 수 있습니다.

> **개발팀**: "무엇에 따라 달라지나요?"
> **올리**: "제품에 따라 다르죠. 위젯은 단위로 판매하지만, 기즈모는 킬로그램 단위로 판매가 이루어집니다. 누군가 1.5개의 위젯을 요청했다면 당연히 잘못 입력한 거예요."

열심히 받아 적읍시다.

> **개발팀**: "알겠습니다. 모든 제품 코드와 주문 수량이 올바르다면 그다음엔 뭘 하죠?"
> **올리**: "다음으로 각 라인별 가격을 입력하고 이들을 합산하여 청구 총액을 계산해요. 그다음 앞서 말씀드린 대로 주문서 사본 두 장을 만들어요. 원본을 보관하고 한 장은 배송 우편함에, 다른 한 장은 청구 우편함에 넣습니다. 마지막으로 스캔한 주문서를 알림 이메일에 첨부하여 고객에게 보냅니다."
> **개발팀**: "마지막 질문 드립니다. 주문서가 여기저기 널려 있는데, 처리한 것과 아직 검증하지 않은 것을 실수로 섞은 적도 있나요?"
> **올리**: "아니요. 매 처리마다 표시를 남깁니다. 예를 들어 양식을 검증하고 나면 여기 모퉁이에 표시를 해두므로 처리 여부를 알 수 있습니다. '총계' 상자가 채워져 있으면 가격을 계산했다는 것을 알 수 있죠. 이런 식으로 항상 다른 단계의 주문서를 구별해낼 수 있어요."

잠시 멈춰서 작업 흐름을 정리해봅시다.

2.6 복잡미묘한 도메인 모델링하기

하나의 작업 흐름을 깊이 파고들어보니 도메인 모델이 훨씬 복잡해졌습니다. 이것은 좋은 현상입니다. 코드 작성 중에 복잡성을 발견하는 것보다 지금 시간을 들여 이해하는 것이 더 좋습니다. '몇 시간의 계획이 몇 주간의 프로그래밍을 아낄 수 있다'는 말도 있지 않습니까?

지금까지 작업 흐름의 다이어그램은 다음과 같습니다.

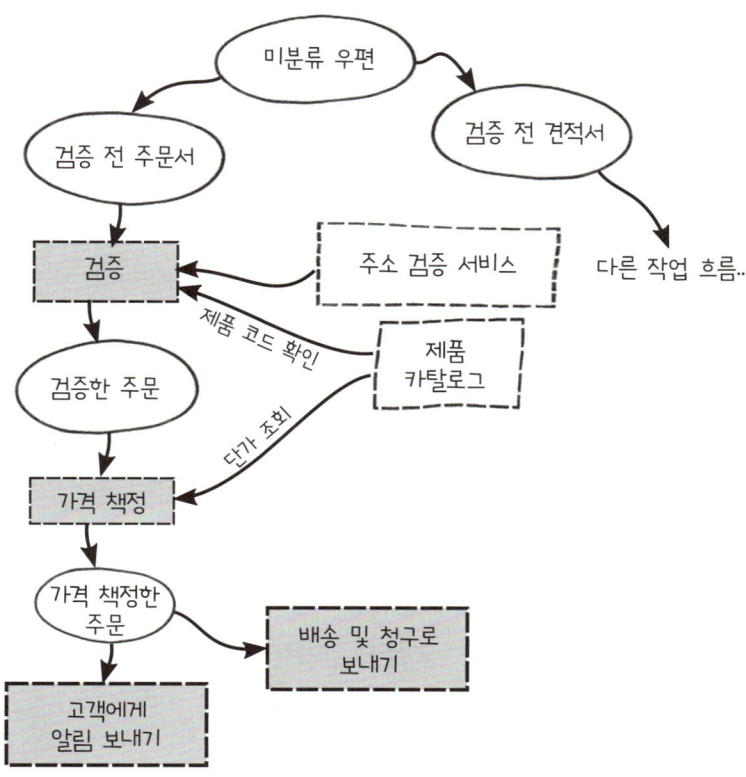

이 다이어그램은 우리가 파악한 모든 것을 반영하지는 않습니다. 새로 알아낸 모든 정보를 텍스트 기반 언어로 포착할 수 있는지 확인해봅시다.

2.6.1 제약 사항 표현하기

먼저 가장 기본값인 제품 코드와 수량부터 시작합니다. 이들은 단순한 문자열과 정수가 아니라 여러 제약 조건들이 붙어 있습니다.

```
Bounded context: Order-taking

data WidgetCode = string starting with "W" then 4 digits
data GizmoCode = string starting with "G" then 3 digits
data ProductCode = WidgetCode OR GizmoCode
```

이 의사코드 조각을 보면 올리가 사용한 `WidgetCode` 같은 단어는 디자인에서 활용하고 공용어에도 포함시켰습니다. 또한 `WidgetCode`와 `GizmoCode`에 대한 제약 조건을 문서화하고 `ProductCode`를 이 둘 중 어느 하나에 속하는 코드로 정의했습니다.

혹시 너무 엄격한 것은 아닐까요? 새로운 유형의 제품이 나타날 경우에는 어떻게 해야 할까요? 이는 우리가 자주 겪는 문제입니다. 너무 엄격하면 변경하기 어렵지만, 너무 자유롭다면 디자인이 전혀 없는 것이나 매한가지입니다.

늘 그렇듯이 정답은 경계 진 맥락에 달렸습니다. 보통 도메인 전문가의 관점으로 디자인을 포착하는 것이 중요합니다. 유형별 코드를 검사하는 것은 검증 과정에서 중요한 부분입니다. 따라서 도메인 디자인에 제약 사항을 표시함으로써 디자인 자체로 문서 역할을 해야 합니다. 그리고 여러 종류의 제품 코드를 모델로 문서화하지 않는다면, 다른 어딘가에 어떤 식으로든 문서화해야 한다는 것을 잊지 마십시오. 또한 요구사항은 **분명히** 변하고 우리가 디자인한 모델은 매우 쉽게 변경할 수 있습니다. 새로운 유형의 제품 코드를 포함시키려면 한 줄만 추가하면 됩니다.

빈틈없게 디자인하라는 말이 구현도 빈틈없게 하라는 뜻은 아닙니다. 예를 들어 검증 프로세스를 구현할 때 잘못된 코드가 주문에 포함되어도 주문 전체를 거절하는 대신, 문제 코드를 사람이 확인하게끔 표시만 해둘 수도 있습니다.

이제 수량에 대한 요구사항을 문서화해봅시다. 디자인은 대략 다음과 같을 것입니다.

```
data OrderQuantity = UnitQuantity OR KilogramQuantity

data UnitQuantity = integer between 1 and ?
data KilogramQuantity = decimal between ? and ?
```

제품 코드와 마찬가지로 `UnitQuantity`이거나 `KilogramQuantity`인 것을 `OrderQuantity`로 정의합시다. 작성하다 보니 `UnitQuantity`와 `KilogramQuantity`에 상한이 없다는 것을 알아차렸습니다. `UnitQuantity`가 수십억이 될 수는 없을 것입니다.

우리에게는 믿음직한 도메인 전문가가 있으니 즉시 확인해봅시다. 올리가 각각의 한계치를 알려줍니다.

- 주문 수량은 최대 1000개입니다.
- 최저 중량은 0.05kg, 최고 중량은 100kg입니다.

이런 제약 조건들은 디자인에 잘 반영해둬야 합니다. 단위가 실수로 음수가 되거나 중량이 수백 킬로톤이 되는 상황은 누구도 원치 않습니다. 제약 조건을 반영하여 수정한 사양은 다음과 같습니다.

```
data UnitQuantity = integer between 1 and 1000
data KilogramQuantity = decimal between 0.05 and 100.00
```

2.6.2 주문의 생애 주기 표현하기

이제 주문으로 넘어갈 차례입니다. 앞서 디자인 스케치를 할 때 주문을 간단히 정의했습니다.

```
data Order =
    CustomerInfo
    AND ShippingAddress
    AND BillingAddress
    AND list of OrderLines
    AND AmountToBill
```

이 디자인은 너무 단순해서 올리가 인식하는 주문을 제대로 반영하지 못하고 있습니다. 올리의 경험에 따르면 주문에는 생애 주기가 있습니다. 주문을 우편함에서 꺼내면 '검증 전' 상태로 시작하여 '검증'을 거쳐 '가격 책정'이 이루어집니다. 처음에는 주문에 가격이 없지만 결국에는 가격이 생깁니다. 위의 간단한 주문 정의에는 이러한 차이가 빠져 있습니다.

올리가 종이 주문서를 다룰 때에는 각 단계마다 주문서에 표시를 남겨 구분합니다. 따라서 검증되지 않은 주문을 검증된 주문과 즉시 구별할 수 있고, 검증된 주문은 가격이 책정된 주문과 구별할 수 있습니다.

단순히 읽기 좋으라고 각 단계를 도메인 디자인에 반영하는 것이 아닙니다. 예를 들어 가격이 책정되지 않은 주문은 배송팀으로 보내져서는 안 된다는 것을 명확히 하기 위하여 개별 단계를 도메인 디자인에 반영해야 합니다. 이를 가장 쉽게 수행하는 방법은 각 단계를 일컫는 `UnvalidatedOrder`, `ValidatedOrder` 같은 새로운 이름을 만드는 것입니다. 이렇게 하면 디자인이 길어지고 작성하기가 더 지루해지지만 모든 것이 명확해진다는 장점이 있습니다.

검증되지 않은 초기 주문과 견적부터 시작해봅시다. 다음과 같이 문서화할 수 있습니다.

```
data UnvalidatedOrder =
    UnvalidatedCustomerInfo
    AND UnvalidatedShippingAddress
    AND UnvalidatedBillingAddress
    AND list of UnvalidatedOrderLine

data UnvalidatedOrderLine =
    UnvalidatedProductCode
```

이 문서는 작업 흐름의 시작 시 `CustomerInfo`가 아직 검증되지 않았고 `ShippingAddress` 또한 아직 검증되지 않은 사실을 명확하게 보여줍니다.

다음은 주문을 검증하고 난 뒤의 단계입니다. 다음과 같이 문서화할 수 있습니다.

```
data ValidatedOrder =
    ValidatedCustomerInfo
    AND ValidatedShippingAddress
    AND ValidatedBillingAddress
    AND list of ValidatedOrderLine

data ValidatedOrderLine =
    ValidatedProductCode
    AND ValidatedOrderQuantity
```

이것은 모든 구성 요소를 검사했고 유효하다는 것을 보여줍니다.

다음 단계는 주문에 가격을 매기는 것입니다. `PricedOrder`는 `ValidatedOrder`와 비슷하지만 다음과 같은 차이가 있습니다.

- 각 주문 항목마다 가격이 있습니다. 즉, `PricedOrderLine`은 `ValidatedOrderLine`과 `LinePrice`의 합입니다.
- 주문 전체에는 항목 가격의 합계로 계산된 `AmountToBill`이 있습니다.

구현한 모델은 다음과 같습니다.

```
data PricedOrder =
    ValidatedCustomerInfo
    AND ValidatedShippingAddress
    AND ValidatedBillingAddress
```

```
        AND list of PricedOrderLine    // ValidatedOrderLine과 다름
        AND AmountToBill                // 새 정보

data PricedOrderLine =
    ValidatedOrderLine
    AND LinePrice // 새 정보
```

마지막 단계는 주문 알림을 생성하는 것입니다.

```
data PlacedOrderAcknowledgment =
    PricedOrder
    AND AcknowledgmentLetter
```

이 디자인으로 이미 많은 비즈니스 로직을 포착한 것을 알 수 있습니다. 예를 들어 다음과 같은 규칙을 포착했습니다.

- 검증하지 않은 주문에는 가격이 없습니다.
- 검증한 주문의 모든 라인은 일부가 아니라 모두 검증해야 합니다.

원래 생각했던 것보다 모델이 훨씬 복잡해지긴 했어도 비즈니스가 작동하는 방식 그대로를 반영한 것입니다. 모델이 이렇게 복잡하지 않다면 요구사항을 제대로 포착하지 못한 것입니다.

이제 이러한 차이점을 코드에도 녹여낼 수 있다면, 코드는 도메인을 정확하게 반영하고 적절한 '도메인 주도' 디자인이 될 것입니다.

2.6.3 작업 흐름의 단계 구체화하기

전체 작업 흐름은 검증, 가격 책정 등의 더 작은 단계로 명확히 나눌 수 있습니다. 이들 각 단계에도 똑같이 입력/출력 방식[3]을 적용해봅시다. 먼저 전체 작업 흐름의 출력은 처음에 생각했던 것보다 조금 더 복잡합니다. 원래는 '주문 접수' 이벤트가 유일한 출력이었지만, 이제는 다음과 같은 것들이 작업 흐름의 결과가 될 수 있습니다.

- 배송/결제에 '주문 접수함' 이벤트를 보냄
- 주문서를 잘못된 주문 더미에 넣고 나머지 단계를 건너뜀

---

[3] (옮긴이) 앞서 적용한 명령/이벤트 방식을 말합니다.

`ValidateOrder`와 같은 세부 단계로 분리하여 전체 작업 흐름을 의사코드로 문서화해봅시다.

```
workflow 'Place Order' =
    input: OrderForm
    output:
        OrderPlaced event (put on a pile to send to other teams)
        OR InvalidOrder (put on appropriate pile)

        // step 1
        do ValidateOrder
        If order is invalid then:
            add InvalidOrder to pile
            stop

        // step 2
        do PriceOrder

        // step 3
        do SendAcknowledgmentToCustomer

        // step 4
        return OrderPlaced event (if no errors)
```

전체 흐름을 문서화했으니 이제 각 하위 단계에 대한 세부 정보를 추가할 수 있습니다. 예를 들어 양식 검증 단계는 `UnvalidatedOrder`를 입력으로 받고, 출력은 `ValidatedOrder` 또는 `ValidationError`입니다. 단계별 의존 또한 문서화할 것입니다. 제품 카탈로그(`CheckProductCodeExists` 의존)와 외부 주소 확인 서비스(`CheckAddressExists` 의존) 입력이 필요합니다.

```
substep 'ValidateOrder' =
    input: UnvalidatedOrder
    output: ValidatedOrder OR ValidationError
    dependencies: CheckProductCodeExists, CheckAddressExists

    validate the customer name
    check that the shipping and billing address exist
    for each line:
        check product code syntax
        check that product code exists in ProductCatalog

    if everything is OK, then:
        return ValidatedOrder
    else:
        return ValidationError
```

가격 계산 단계는 `ValidatedOrder`를 입력으로 받고 제품 카탈로그(`GetProductPrice`)에 의존합니다. 출력은 `PricedOrder`입니다.

```
substep 'PriceOrder' =
    input: ValidatedOrder
    output: PricedOrder
    dependencies: GetProductPrice

    for each line:
        get the price for the product
        set the price for the line
    set the amount to bill ( = sum of the line prices)
```

마지막 단계는 `PricedOrder`를 입력으로 받아 주문 알림 메시지를 생성하여 전송하는 것입니다.

```
substep 'SendAcknowledgmentToCustomer' =
    input: PricedOrder
    output: None

    create acknowledgment letter and send it
    and the priced order to the customer
```

이제 요구사항 문서가 꽤나 코드같이 보이지만, 여전히 도메인 전문가가 읽고 확인할 수 있습니다.

2.7 마무리

이 책의 2부에서 모델링 단계로 넘어가면 작업할 요구사항이 넘쳐 나니 요구사항 수집은 여기에서 마무리하고, 이번 장에서 배운 내용을 되새겨봅시다.

디자인 단계에서는 구현 세부 사항에 깊이 파고들지 않는 것이 중요하다는 것을 살펴봤습니다. DDD는 데이터베이스 중심도 클래스 중심도 아닙니다. 대신 어떠한 가정이나 구현 방식과 무관하게 도메인 자체를 포착하는 데 집중했습니다.

또한 우리 예시 같은 비교적 단순한 시스템에서조차 도메인 전문가의 말을 주의 깊게 듣다 보면 복잡한 많은 것들이 드러나는 것을 확인했습니다. 예를 들어 처음에는 단일한 '주문'이 있을 것이라고 생각했지만, 더 자세히 조사해보니 주문이 생겨나서 완료되기까지 약간씩 다른 데이터와 동작으로 다양하게 변형되어가는 것을 발견했습니다.

2.7.1 다음 장 안내

곧 TypeScript와 Kotlin 타입 시스템으로 이 주문 접수 작업 흐름을 모델링하는 방법을 살펴볼 것입니다. 하지만 그 전에 한 발짝 물러서서 전체 그림을 다시 살펴보고 전체 시스템을 소프트웨어 아키텍처로 변환하는 방법에 대해 먼저 논의해보고자 합니다. 이것이 다음 장에서 다룰 주제입니다.

CHAPTER 3

함수형 아키텍처

지금까지 파악한 도메인을 어떻게 함수형 프로그래밍 아키텍처로 녹여낼 것인지가 다음 고지입니다. 여전히 시스템에 대해 모르는 것이 많은데 벌써부터 너무 깊게 아키텍처를 고민할 필요는 없습니다. 이벤트 스토밍, 인터뷰, 그리고 요구사항을 수집하는 다양한 방법들을 수행하여 잘 모르는 부분을 줄여나가면 시간을 아낄 수 있습니다.

반면에 도메인 모델을 소프트웨어로 어떻게 구현할지 훑어보기엔 적기입니다. 빠른 개발 사이클에서는 종종 도메인 전체를 파악하기도 전에 일부를 먼저 구현해야 하는 경우가 생기기도 합니다. 따라서 구성 요소들을 모두 만들기 전에 이들을 어떻게 결합해야 할지 고민해야 합니다. 전체 시스템이 어떻게 동작할지 보여주는 엉성한 프로토타입, '워킹 스켈레톤walking skeleton'을 만드는 것에 대해서도 할 얘기가 많습니다. 일찍이 무엇을 어떻게 구현할지 살펴보는 것은 아직 충분히 이해하지 못한 부분을 찾아내는 최선의 방법입니다.

이 장에서는 함수형 도메인 모델을 위한 소프트웨어 아키텍처를 간략하게 살펴볼 것입니다. **경계 진 맥락**이나 **도메인 이벤트** 같은 DDD 개념들이 소프트웨어로 어떻게 변환되는지 살펴보고, 이 책의 나머지 부분에서 통용할 구현 방식을 논의해보겠습니다.

소프트웨어 아키텍처 또한 그 자체로 하나의 도메인이므로, 앞서 권고했듯이 '공용어'로 이야기합시다. 우리는 사이먼 브라운Simon Brown의 **C4 접근법**[1]의 용어를 사용할 것입니다. 이 접근법에서

---

[1] http://static.codingthearchitecture.com/c4.pdf

소프트웨어 아키텍처는 다음의 네 가지 계층으로 이뤄집니다.

- '시스템 맥락'은 최상위 레벨로 전체 시스템을 나타냅니다.
- 시스템 맥락은 웹사이트, 웹서비스, 데이터베이스 등과 같은 배포 단위인 '컨테이너'들로 이뤄집니다.
- 다시 개별 컨테이너는 코드를 구성하는 주요소인 '컴포넌트'들로 이뤄집니다.
- 마지막으로 각 컴포넌트는 일련의 저수준 메서드나 함수를 포함하는 '클래스(함수형 아키텍처에서는 '모듈')'들로 이뤄집니다.

좋은 아키텍처의 목표는 컨테이너, 컴포넌트, 모듈 간의 다양한 경계를 정의하여 새로운 요구사항이 발생에 따른 '변경 비용'을 최소화하는 것입니다.

3.1 경계 진 맥락을 자율적인 소프트웨어 컴포넌트로

먼저 '경계 진 맥락'과 아키텍처와의 관계를 살펴보겠습니다. 앞서 설명했듯이 맥락은 **경계가 명확한 자율적인 하위 시스템**이어야 한다는 제약 사항이 붙지만, 이에 적용할 만한 아키텍처 스타일들이 여럿 있습니다.

시스템을 한 덩어리 배포 단위, 즉 C4 용어의 단일 컨테이너로 구현한 경우는 비교적 간단한데, 경계 진 맥락이 인터페이스가 명확한 별도 패키지에 대응합니다. 각 경계 진 맥락을 별도 컨테이너로 배포할 수도 있는데, 이는 전통적인 서비스 지향 아키텍처입니다. 또는 더 세분화하여 개별 **작업 흐름**별로 독립형 컨테이너를 만들면, **마이크로서비스 아키텍처**가 됩니다. 초기 단계에서 어떤 아키텍처를 따를지 미리 선언할 필요는 없습니다. 경계 진 맥락끼리 서로 분리되어 자율성을 유지하고 있다면 **논리적** 디자인과 **배포 가능 단위**를 어떻게 대응할지는 중요하지 않습니다.

앞서 경계를 올바르게 설정하는 것이 중요하다고 강조했지만, 프로젝트 초기에는 경계 설정이 어렵고 경계는 도메인을 알아가면서 변하기 마련입니다. **모놀리식**을 **리팩터링**하는 것이 훨씬 쉬우므로, 처음에는 시스템을 모놀리식으로 구축하고 필요에 따라 분리된 컨테이너로 리팩터링하는 것이 좋습니다. 마이크로서비스가 갖는 이점이 단점보다 확실히 크지 않다면, 프리미엄(운영에 대한 추가 부담)[2]을 지불하면서 곧장 마이크로서비스로 뛰어들 필요는 없습니다. 진정으로 분리된 마이크로서비

---

[2] https://www.martinfowler.com/bliki/MicroservicePremium.html

스 아키텍처를 만드는 것은 쉽지 않습니다. 마이크로서비스 구성 요소 하나를 내려서 다른 요소에 문제가 생긴다면, 그것은 마이크로서비스 아키텍처가 아니라 흩어진 **모놀리식** 아키텍처입니다!

3.2 경계 진 맥락 간의 소통

경계 진 맥락끼리는 어떻게 소통할까요? 예를 들어 주문 접수 맥락이 주문을 처리하면, 어떻게 배송 맥락에게 배송을 지시할까요? 앞서 살펴봤듯이 이벤트를 사용하며 다음과 같이 구현할 수 있습니다.

- 주문 접수 맥락의 주문 접수 작업 흐름은 `OrderPlaced` 이벤트를 방출한다.
- `OrderPlaced` 이벤트는 큐 queue 등에 게시한다.
- 배송 맥락은 `OrderPlaced` 이벤트를 수신한다.
- 이벤트를 수신하면 `ShipOrder` 명령이 생겨난다.
- `ShipOrder` 명령은 주문 배송 작업 흐름을 시작한다.
- 주문 배송 작업 흐름을 성공적으로 마치면 `OrderShipped` 이벤트를 방출한다.

이 과정을 다이어그램으로 나타내면 다음과 같습니다.

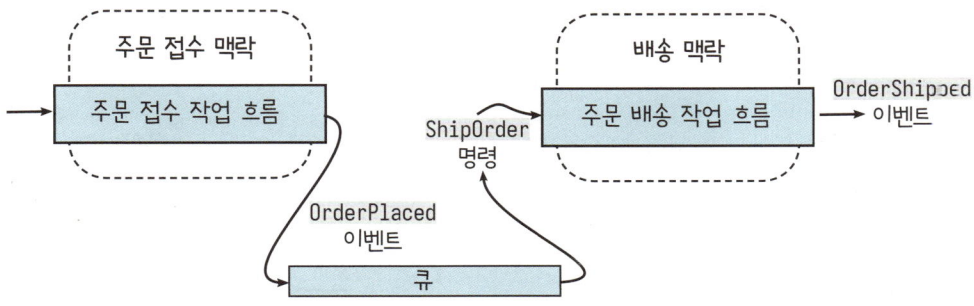

두 맥락이 완전히 분리된 것을 확인할 수 있습니다. 상류 맥락(주문 접수 하위 시스템)과 하류 맥락(배송 하위 시스템)은 서로를 인식하지 못하며 이벤트를 통해서만 통신합니다. 맥락의 완전한 자율성을 보장하려면, 이렇게 이벤트로 분리하는 것이 중요합니다.

맥락 간에 이벤트를 전송하는 방식은 아키텍처마다 다릅니다. 버퍼 비동기 통신에 적합한 **큐**는 마이크로서비스나 에이전트로 구현할 때 첫 번째 선택지가 됩니다. 모놀리식 시스템에서도 시스템 내부의 큐로 이벤트를 전송할 수도 있고, 상류 맥락에서 하류 맥락의 함수를 호출하여 직접 연결할 수도 있습니다. 맥락끼리 분리되도록 디자인했다면, 이벤트를 전송하는 방식을 지금 고민할 필요는 없습니다.

이벤트(예: `OrderPlaced`)를 명령(예: `ShipOrder`)으로 변환하는 핸들러handler는 하류 맥락 경계에 있을 수도 있고, 이벤트-커맨드 매칭의 위치와 아키텍처에 따라서 별도의 라우터router[3]나 인프라의 프로세스 관리자[4]가 수행할 수도 있습니다.

3.2.1 경계 진 맥락 간 데이터 전송

보통 맥락 간 통신에 쓰이는 이벤트는 단순 신호가 아니라 이벤트 처리에 필요한 모든 데이터를 포함하고 있습니다. 예를 들어 `OrderPlaced` 이벤트에는 접수한 주문 정보가 들어 있습니다. 이렇게 하면 하류의 배송 맥락은 `ShipOrder` 명령을 만드는 데 필요한 모든 정보를 받게 됩니다(이벤트에 넣기에는 데이터가 너무 크다면, 공유 데이터 저장소의 참조를 데이터 대신 전송할 수 있습니다).

맥락 간에 주고받는 데이터 객체는 맥락 내의 도메인 객체와 겉보기에 유사할 수 있지만 서로 다릅니다. 데이터 객체는 맥락을 잇는 **인프라**의 일부로서 데이터를 직렬화하여 맥락끼리 공유하는 데 적합하도록 디자인되었습니다. 이런 객체를 **데이터 전송 객체**data transfer object, DTO(이 용어는 DDD 외부에서 유래[5]했으나 DDD에서는 약간 다른 뜻으로 쓰임)라 부릅니다. 즉, `OrderPlaced` 이벤트에 포함된 `OrderDTO`는 대부분 `Order` 도메인 객체와 같은 정보를 가지고 있지만, 목적에 따라 구조가 다릅니다. 11장에서 DTO를 정의하는 방법에 대해 자세히 다룹니다.

상류 맥락 경계에서 도메인 객체를 DTO로 변환한 뒤 JSON, XML 등으로 직렬화합니다.

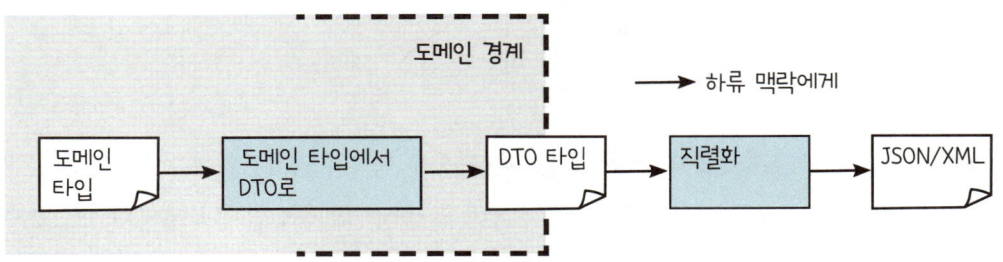

---

[3] http://www.enterpriseintegrationpatterns.com/patterns/messaging/MessageRouter.html
[4] https://www.slideshare.net/BerndRuecker/long-running-processes-in-ddd
[5] https://martinfowler.com/eaaCatalog/dataTransferObject.html

하류 맥락에서는 다음 그림과 같이 이 프로세스를 역순으로 진행합니다. JSON 또는 XML은 DTO로 역직렬화한 다음 도메인 객체로 변환합니다.

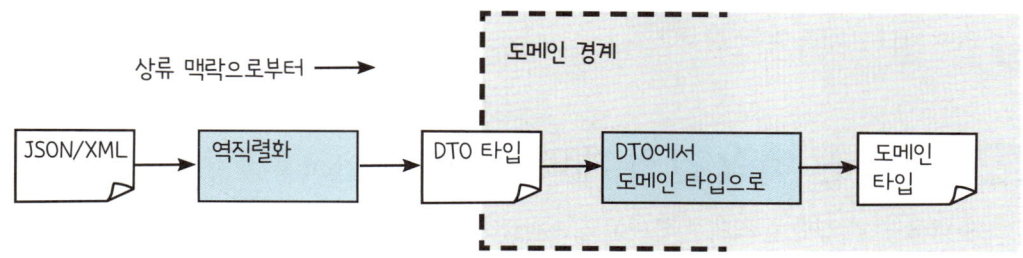

실제로는 최상위 DTO는 보통 이벤트 DTO입니다. 이 안에 `OrderDTO`와 같은 자식 DTO를 포함하며, 여기에는 추가로 자식 DTO(`OrderLinesDTO`)를 포함합니다.

3.2.2 신뢰 경계와 검증

경계 진 맥락의 테두리는 **신뢰 경계** 역할을 합니다. 경계 진 맥락 내 모든 것은 신뢰할 수 있고 유효한 반면, 경계 진 맥락 밖은 그 무엇도 신뢰할 수 없으며 잘못됐을 수 있습니다. 따라서 작업 흐름의 시작과 끝에 신뢰할 수 있는 도메인 내부와 신뢰할 수 없는 외부 세계를 중개하는 '출입구'를 추가합니다.

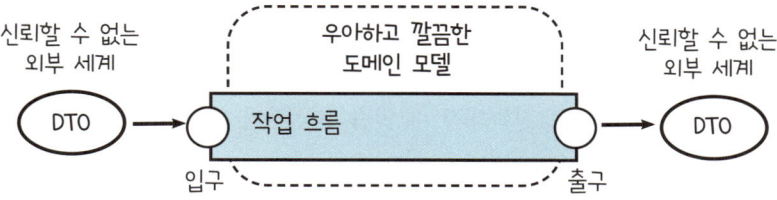

입구에서는 항상 작업 흐름 입력이 내부 도메인 모델의 제약을 준수하는지 검증합니다. 예를 들자면 주문의 특정 속성은 `null`이 아니어야 하고 50자 미만이어야 합니다. 맥락 밖에서 들어온 `Order DTO`에는 이러한 제약 조건이 없기에 어느 값이라도 포함할 수 있지만, 입구에서 검증을 통과하면 유효한 `Order` 도메인 객체로 확신할 수 있습니다. 검증에 실패하면 나머지 작업 흐름을 수행하지 않고 오류를 발생시킵니다(11장에서 이러한 DTO 검증에 대해 다룹니다.)

출구 역할은 다릅니다. 출구는 맥락 내부 정보를 외부로 유출하지 못하게 막아서 맥락 간의 결합을 미연에 방지하고 보안을 지키는 역할을 합니다. 예를 들어 배송 맥락에서 주문 결제한 신용카드 번호를 알 필요는 없습니다. 따라서 출구는 도메인 객체를 DTO로 변환하는 과정에서 의도적으로 정보(예: 카드 번호)를 '누락'합니다.

3.3 경계 진 맥락 간의 계약

경계 진 맥락 간의 결합을 최대한 줄이고 싶지만, 소통 양식을 서로 공유하려면 늘 약간의 결합이 뒤따르게 되기 마련입니다. 맥락끼리 주고받는 이벤트와 DTO는 모종의 계약을 만듭니다. 두 맥락이 올바로 소통하기 위해서는 공통 양식에 동의해야 합니다.

그렇다면 누가 계약을 주도할까요? 맥락 간에는 다양한 관계가 있는데, DDD 커뮤니티는 전형적인 관계를 일컫는 몇몇 용어를 개발했습니다.

- **공유 커널**shared kernel 관계는 두 맥락이 도메인 디자인 일부를 공유하는 경우로, 이와 관련한 팀들이 협력해야 합니다. 예를 들어 주문 접수 맥락과 배송 맥락은 두 맥락이 배송 주소를 공유하므로 디자인이 동일해야 합니다. 주문 접수 맥락은 주소를 수락하고 유효성을 검사하며, 배송 맥락은 패키지를 배송하기 위해 동일한 주소를 사용합니다. 이런 관계에서는 맥락 간 이벤트나 DTO를 변경하려면 영향을 받는 맥락들의 소유자와 합의를 거쳐 진행해야 합니다.
- **고객/공급자**customer/supplier 혹은 **소비자 주도 계약**consumer driven contract[6] 관계는 하류 맥락이 정의한 계약을 상류 맥락이 따르는 관계입니다. 상류 맥락이 하류 맥락이 정의한 계약을 준수하는 한, 두 도메인은 독립적으로 진화해갈 수 있습니다. 우리 도메인에서는 청구 맥락이 '고객에게 청구하기 위해 필요한 것'을 정의하면, 주문 접수 맥락이 정확히 그에 필요한 정보를 제공하는 것이 이 경우에 해당합니다.
- **순응**conformist 관계는 소비자 주도의 반대입니다. 하류 맥락은 상류 맥락이 정한 계약을 수락하고 자체 도메인 모델이 이를 따르도록 조정합니다. 우리 도메인에서는 주문 접수 맥락이 제품 카탈로그가 정의한 계약에 따라 제품 코드를 맞춰 사용한 경우가 그렇습니다.

---

[6] https://www.infoq.com/articles/consumer-driven-contracts

3.3.1 부패 방지 계층

외부 시스템과 소통하다 보면 외부 시스템이 제공하는 인터페이스가 맥락 내 도메인 모델과 전혀 일치하지 않을 때가 종종 있습니다. 이 경우 외부 시스템과 상호작용하는 방식이나 주고받는 데이터를 경계 진 맥락 내에서 사용하기에 적합한 형태로 변환해야 합니다. 이런 변환 과정이 없다면, 외부 시스템 모델에 따라 내부 도메인 모델이 훼손될 수 있습니다.

이렇게 맥락 간 분리를 강화하는 것을 DDD 용어로 **부패 방지 계층**anti-corruption layer, ACL이라고 합니다. 앞의 다이어그램에서 '입구'는 종종 ACL의 역할을 합니다. 외부 세계의 지식에 따라 내부의 순수한 도메인 모델이 '부패'하는 것을 방지합니다.

유효성 검사나 데이터 부패 방지 자체가 부패 방지 계층의 목적이라기보다 진정한 목적은 상류 맥락의 공용어를 하류 맥락의 공용어로 번역하는 것입니다. 주문 접수 예시에서 부패 방지 계층은 외부의 주소 확인 서비스와 소통하는 양식을 '배송' 어휘로 번역하여 주문 접수 맥락이 외부에 휘둘리지 않게 돕습니다.

3.3.2 맥락 간의 관계를 나타내는 맥락 지도

우리 예시의 맥락 간 관계를 다음과 같이 정립했다고 가정합시다.

- 주문 접수와 배송 맥락 간 관계는 '공유 커널'이 되어 통신 규약을 공동으로 소유하게 됩니다
- 주문 접수와 청구 간 관계는 '소비자 주도 계약' 관계로 청구 맥락이 계약을 결정하면, 주문 접수 시스템이 청구 맥락에 필요한 데이터만 공급합니다.
- 주문 접수와 제품 카탈로그 간 관계는 '순응' 관계로, 주문 접수 맥락이 제품 카탈로그의 모델을 따릅니다.
- 마지막으로 외부 주소 검사 서비스의 모델은 맥락 외부로부터 맥락 내 도메인 모델을 지키기 위해 명시적인 부패 방지 계층을 두고 상호작용합니다. 이는 제삼자가 만든 컴포넌트를 사용할 때 주로 쓰이는 패턴으로 벤더 종속성을 방지하고 추후 다른 서비스로 교체할 수 있게 돕습니다

방금 정리한 맥락 간 관계 유형들을 보여주는 도메인 맥락 지도는 다음과 같습니다.

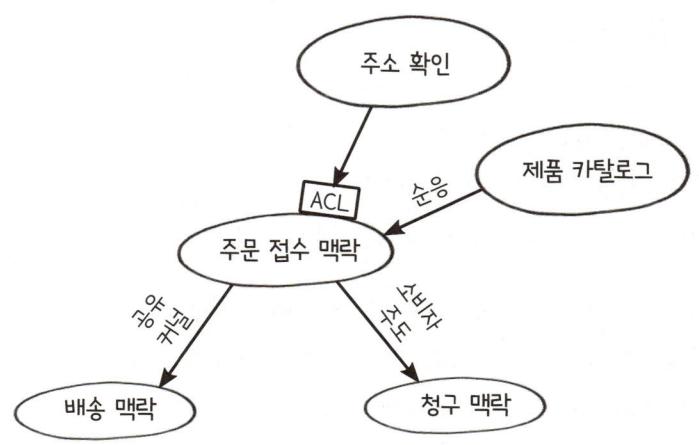

맥락 지도가 더 이상 단순히 기술적인 관계에서 그치지 않고 각 맥락을 소유한 팀 간의 관계도 드러내어 이들이 어떻게 협력(또는 비협력)할지도 보여줍니다. 도메인이 상호작용하는 방식을 결정하는 것은 종종 기술적인 과제를 넘어 조직 구성에 대한 과제이기도 합니다. 일부 팀은 소위 **역콘웨이**Inverse Conway **전략**[7]으로 조직 구조를 역으로 아키텍처에 맞춰 정렬합니다.

3.4 경계 진 맥락의 작업 흐름

앞서 도메인을 조사할 때, 우리는 비즈니스 작업 흐름을 명령을 받아서 한 개 이상의 도메인 이벤트를 생성하는 작은 프로세스로 간주했습니다. 함수형 아키텍처는 작업 흐름을 명령 객체를 입력받아서 이벤트 객체들을 출력하는 단일 함수로 구현합니다.

이 디자인을 그림으로 나타내면 작업 흐름은 입력과 출력이 있는 작은 파이프로 그려집니다. 외부에 공개된 작업 흐름, 즉 경계 진 맥락 외부에서 유발하는 작업 흐름은 오른쪽 그림과 같이 경계를 조금 '삐져나오게' 그립니다.

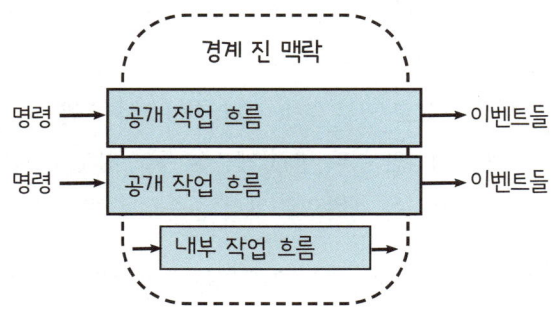

---

[7] http://bit.ly/InverseConwayManeuver

모든 작업 흐름은 반드시 단일 맥락에 속하며, 여러 맥락을 관통하는 '엔드 투 엔드'로 작업 흐름을 구현하지 않습니다. 7장에서 작업 흐름을 모델링하는 방법을 자세히 설명합니다.

3.4.1 작업 흐름 입력 및 출력

작업 흐름은 항상 명령 데이터를 입력받고 다른 맥락에 전달할 이벤트들을 출력합니다. 예를 들어 주문 접수 작업 흐름의 입력은 `PlaceOrder` 명령 데이터이고 출력은 `OrderPlaced` 같은 이벤트들입니다. 청구 맥락과의 관계를 '고객/공급자' 관계로 결정한 것을 떠올려봅시다. 즉, `OrderPlaced` 이벤트를 그대로 청구 맥락에 보내는 것이 아니라 청구 맥락이 요청한 정보만 보내는 것입니다. 예를 들어 청구 주소와 청구 총액은 필요한 정보일 수 있지만 배송 주소나 항목 목록은 그렇지 않습니다. 이는 작업 흐름에서 새로운 이벤트(예: `BillableOrderPlaced`)를 생성해야 한다는 뜻이며, 구조는 다음과 같습니다.

```
data BillableOrderPlaced =
    OrderId
    AND BillingAddress
    AND AmountToBill
```

`OrderAcknowledgmentSent` 이벤트도 생성할 수 있습니다. 변경 사항에 맞게 이전 다이어그램을 업데이트하면 다음과 같습니다.

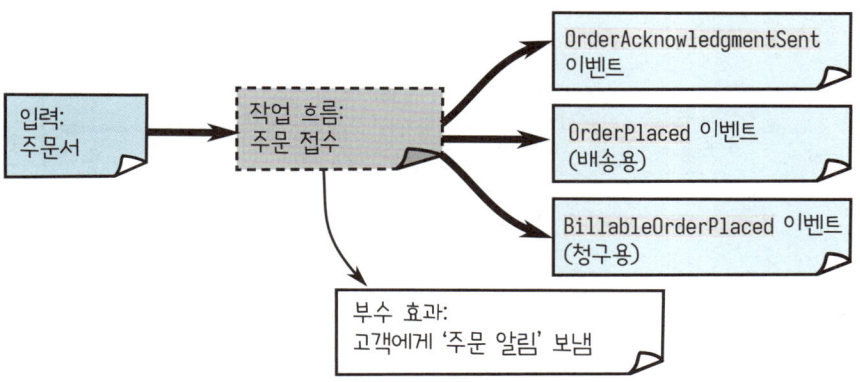

위 다이어그램에서 작업 흐름 함수가 도메인 이벤트를 어딘가에 직접 '게시'하지 않는 점을 주목합시다. 단순히 함수 호출 응답으로 이벤트들을 반환할 뿐 이 이벤트들을 어떻게 게시할지는 별개의 문제입니다.

3.4.2 경계 진 맥락 내 도메인 이벤트 금지

객체지향 디자인에서는 경계 진 맥락 안에서 내부 도메인 이벤트가 발생하는 것이 일반적입니다. 우리 예시를 객체지향으로 디자인해보면 작업 흐름 객체는 `OrderPlaced` 이벤트를 발생합니다. 그러면 한 핸들러는 이 이벤트를 수신하여 주문 확인을 보내고 다른 핸들러는 `BillableOrderPlaced` 이벤트를 생성하는 등의 작업을 수행합니다. 이러한 작업은 다음 그림과 같이 나타낼 수 있습니다.

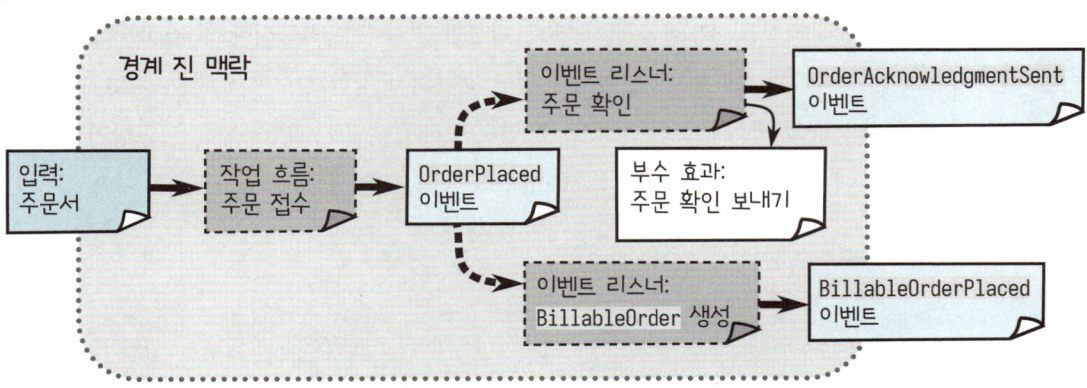

함수형 디자인에서는 이 접근법을 사용하지 않는 것이 좋습니다. 숨겨진 종속성을 만들기 때문입니다. 대신 이벤트에 대한 '리스너'가 필요한 경우 다음과 같이 작업 흐름 끝에 추가하면 됩니다.

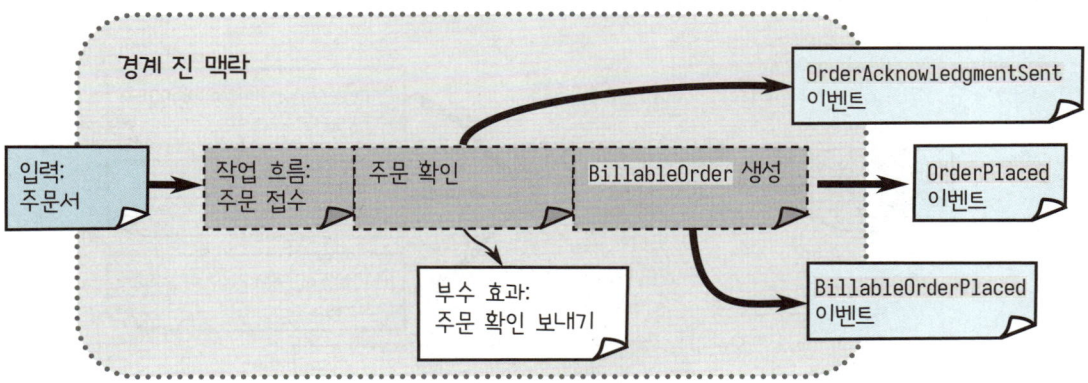

이 접근법은 더 명시적이며 가변 상태를 가진 글로벌 이벤트 관리자가 없으므로, 이벤트 생성 로직을 이해하고 유지 보수를 하는 데 용이합니다. 나중에 구현(9장)과 디자인 개선(13장)을 논의하는 장에서 이것이 실제로 어떻게 작동하는지 확인해볼 예정입니다.

3.5 경계 진 맥락의 코드 구조

이제 경계 진 맥락 안에서 코드를 어떻게 구조화하는지 살펴봅시다. 전통적인 **계층 아키텍처**에서 코드는 여러 계층으로 나뉩니다. 핵심 도메인 또는 비즈니스 로직 계층, 데이터베이스 계층, 서비스 계층 및 API 또는 사용자 인터페이스 계층이 있습니다. 작업 흐름은 다음 그림과 같이 최상위 계층에서 시작하여 데이터베이스 계층으로 내려가고 다시금 최상위 계층으로 되돌아갑니다.

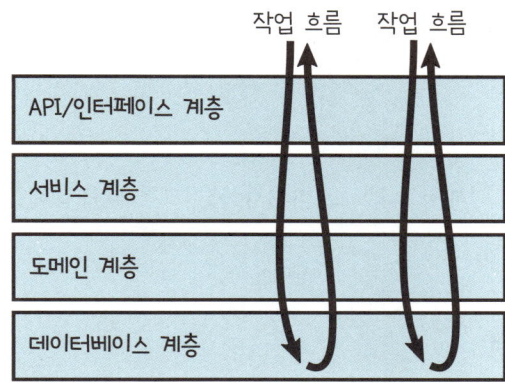

이 방식은 문제가 많습니다. 특히 중요한 디자인 원칙인 '같이 변경할 코드는 한데 모여 있어야 한다'를 위반합니다. 같은 계층, 즉 '수평' 방향으로 같은 위치에 있는 여러 작업 흐름의 코드들을 같이 모아두기 때문에 특정 작업 흐름을 수정하려면 모든 계층을 수정해야 합니다. 더 나은 낭식은 각 작업을 완료하는 데 필요한 모든 코드, 즉 '수직' 슬라이스로 모아두는 것입니다. 작업 흐름에 대한 요구사항 변경이 일어나면 해당 수직 슬라이스의 코드만 변경하면 됩니다.

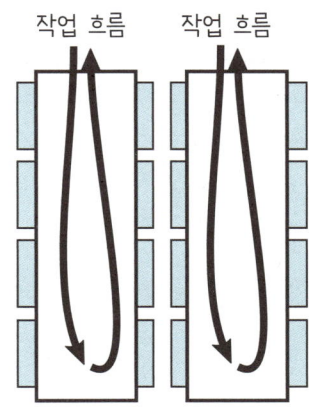

이 또한 아직 이상적이지는 않습니다. 왜 이상적이지 않은지 이해하기 위해 이 수직 슬라이스를 수평 방향 파이프 형태로 펴서 계층들을 늘어놓고 살펴봅시다.

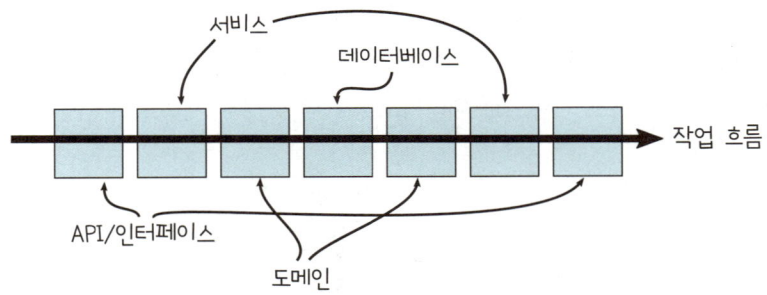

계층들이 뒤섞여서 로직을 이해하고 테스트하기가 불필요하게 복잡해졌다는 것이 명확히 드러납니다.

3.5.1 양파 아키텍처

이제 도메인 코드를 중심에 두고 그 외 측면들이 도메인을 에워싸게 배치해봅시다. 각 계층은 자신보다 안쪽 계층에만 의존하고 외부 방향으로는 의존하지 않는다는 규칙을 따르는 것입니다. 즉, 모든 의존 방향이 안쪽을 향하는 이 구조를 **양파 아키텍처**[8]라고 부릅니다. 이와 유사한 **육각형 아키텍처**[9]와 **클린 아키텍처**[10] 접근법도 있습니다.

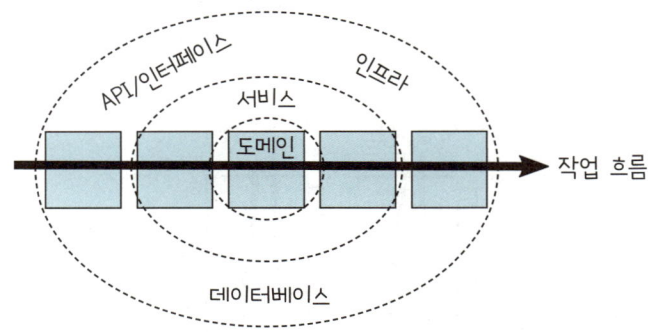

모든 의존 방향을 안쪽으로 모으기 위해서는 9장에서 다룰 함수형 스타일 **의존 주입**을 써야 합니다.

---

8   http://jeffreypalermo.com/blog/the-onion-architecture-part-1/
9   https://alistair.cockburn.us/hexagonal-architecture
10 https://8thlight.com/blog/uncle-bob/2012/08/13/the-clean-architecture.html

3.5.2 외부 입출력을 맥락 경계로 내몰기

함수형 프로그래밍의 주요 목표는 내부를 까보지 않고도 예측 가능하며 추론하기 쉬운 함수들로 프로그래밍하는 것입니다. 이를 위해 최대한 불변 데이터를 다루는 동시에 함수의 의존들을 숨기지 않고 드러낼 것입니다. 가장 중요한 것은 함수 내에서 부수 효과를 피하는 것입니다. 부수 효과는 무작위성, 함수 외부의 상태 변경, 그리고 모든 종류의 외부 입출력I/O을 포함합니다. 예를 들어서 데이터베이스나 파일 시스템에 읽거나 쓰는 함수는 '불순한' 것으로 간주하여 이러한 함수들은 코어 도메인에서 피하고자 합니다.

그렇다면 데이터는 대체 어떻게 읽거나 쓰는 것일까요? 답은 모든 외부 입출력을 양파의 가장자리로 밀어내는 것입니다. 예를 들어 데이터베이스에 접근하는 것은 작업 흐름의 시작이나 끝에서만 수행하고 작업 흐름 내부에서는 수행하지 않습니다. 이는 **관심사 분리**라는 추가적인 이점이 있습니다. 코어 도메인 모델은 비즈니스 로직만을 다루고, 영속화 및 기타 외부 입출력은 인프라적 관심사입니다.

실제로 외부 입출력과 데이터베이스 접근을 가장자리로 밀어내는 관행은 이전 장에서 소개한 지속 무시 개념과 매우 잘 들어맞습니다. 작업 흐름 내부에서 데이터베이스에 접근할 수 없다면 데이터베이스를 사용한 도메인 모델링 자체가 불가능합니다(12장에서 데이터베이스로 상태를 영속시키는 방법을 더 자세히 설명합니다).

3.6 마무리

이 장에서 소개한 몇 가지 새로운 DDD 관련 개념과 용어를 한데 요약해봅시다.

- **도메인 객체**는 데이터 전송 객체와 달리 경계 진 맥락 안에서만 사용하도록 디자인한 객체입니다.
- **데이터 전송 객체**는 직렬화하여 서로 다른 맥락끼리 공유하도록 디자인한 객체입니다.
- 경계 진 맥락 간의 여러 관계에는 **공유 커널**, **고객/공급자**, **순응**이 있습니다.
- **부패 방지 계층**은 맥락 간의 결합을 줄이고 도메인이 독립적으로 진화하도록 하나의 도메인에서 다른 도메인으로 개념을 번역해주는 구성 요소입니다.
- **영속화 무시**는 도메인 모델이 도메인 자체 개념에만 기반해야 하며 데이터베이스나 기타 영속화 메커니즘에 대한 인식을 도메인 모델에 반영하면 안 된다는 의미입니다.

3.6.1 다음 장 안내

이제 도메인을 이해하고 설루션을 디자인하는 방법론도 얻었으므로, 개별 작업 흐름을 모델링하고 구현하는 과제로 넘어갈 수 있습니다. 다음 몇 개의 장에서는 TypeScript, Kotlin 타입 체계로 작업 흐름과 관련 데이터를 정의하고, 도메인 전문가와 비개발자도 이해할 수 있는 컴파일 가능한 코드를 생성할 것입니다.

본격적으로 알아보기 전에 함수형 프로그래머에게 타입이란 무엇인지, 그리고 객체지향 디자인의 클래스와 어떻게 다른지부터 이해해야 합니다. 이것이 다음 장의 주제입니다.

PART II

도메인 모델링하기

이 책의 2부에서는 예시 도메인의 작업 흐름 하나를 골라 함수형으로 모델링합니다. 도메인을 작은 함수로 세분화하는 함수형 스타일이 객체지향과 어떻게 다른지 알아보고, 타입으로 요구사항을 모델링하는 방법을 살펴보겠습니다. 2부를 마칠 즈음에는 다음 두 가지 역할을 수행하는 간결한 코드를 작성하는 방법을 알게 될 것입니다. 코드는 그 자체로 누구나 읽을 수 있는 도메인 문서이면서도 나머지 구현들을 쌓아 올릴 컴파일 가능한 프레임워크가 될 것입니다.

CHAPTER 4 타입 이해하기
CHAPTER 5 타입으로 도메인 모델링하기
CHAPTER 6 도메인의 무결성과 일관성
CHAPTER 7 파이프라인으로 작업 흐름 모델링하기

CHAPTER 4

타입 이해하기

2장에서는 주문 접수 작업 흐름의 도메인 요구사항을 포착했습니다. 다음 과제는 이러한 비정형 요구사항을 컴파일 가능한 코드로 변환하는 것입니다. 우리는 TypeScript와 Kotlin의 **대수적 타입 시스템**algebraic type system으로 요구사항을 표현하려 합니다. 이 장에서는 대수적 타입이 무엇이고, 어떻게 정의하고 활용하는지 알아본 다음 도메인 모델을 대수적 타입으로 어떻게 나타낼 수 있는지 설명합니다. 이 장에서 배운 내용을 바탕으로 다음 장에서는 주문 접수 작업 흐름을 정확하게 모델링해보고자 합니다.

4.1 함수 이해하기

타입을 살펴보기 전에 먼저 함수형 프로그래밍의 가장 기본 개념인 함수부터 이해해야 합니다. 고등학교 수학 시간에 함수는 입력과 출력이 있는 블랙박스 같은 것이라고 배웠습니다. 이는 들어온 기차를 다른 기차로 바꾸는 기차 터널로 생각할 수 있습니다. 무언가 터널 한쪽으로 들어가면 어떻게든 변환되어 다른 쪽으로 나옵니다.

사과를 바나나로 바꾸는 어떤 함수를 가정해봅시다. 함수는 입력과 출력을 화살표로 연결하여 다음과 같이 나타낼 수 있습니다.

4.1.1 함수 이해하기

apple -> banana 같은 표현을 타입 시그니처 또는 **함수 시그니처**라 부릅니다. 방금 예로 든 시그니처는 간단하지만 때에 따라 매우 복잡해지기도 합니다. 함수 시그니처를 이해하고 활용하는 것은 함수형 코딩에서 중요한 부분이므로 어떻게 동작하는지 잘 이해해두어야 합니다.

다음 두 함수 add1은 단일 입력 x에 1을 더하고, add는 두 입력 x와 y를 더합니다.

```TypeScript
function add1(x: number): number {
    return x + 1;
}
function add(x: number, y: number): number {
    return x + y;
}
```

```Kotlin
fun add1(x: Int) = x + 1
fun add(x: Int, y: Int) = x + y
```

TypeScript와 Kotlin 모두 함수의 입출력 타입을 중요하게 생각합니다. 두 언어 모두 출력 타입은 컴파일러가 어느 정도 추론할 수 있지만, 코드의 안정성을 높이기 위해서 함수 시그니처를 명시적으로 드러내기를 권장합니다. TypeScript의 경우 화살표 함수를 활용하면, 추론 가능한 출력 타입은 함수 시그니처에서 생략할 수 있습니다.

```TypeScript
const add1 = (x: number) => x + 1;
const add = (x: number, y: number) => x + y;
```

```kotlin
fun add1(x: Int) = x + 1
fun add(x: Int, y: Int) = x + y
```

Kotlin은 함수를 정의하기 위해 함수 타입을 갖는 `value`로 선언하는 것이 다소 어색하게 느껴집니다. 람다Lambda 표현식이 더 적합한 경우가 아니라면 일반적인 방식으로도 간결하게 함수를 정의할 수 있습니다. 함수가 입출력으로 **여러** 타입을 다룬다면, 아래 `areEqual` 함수처럼 여러 타입들을 추상화하는 제네릭 타입을 활용합니다.

```typescript
const areEqual = <T>(x: T) => (y: T) => x === y;
```

```kotlin
fun <T>areEqual(x: T, y: T) = x == y
```

4.2 타입과 함수

함수형 프로그래밍에서 타입은 중요한 역할을 하는데, 이때 말하는 타입이 무엇인지 살펴봅시다. 함수형 프로그래밍의 타입은 객체지향 프로그래밍의 **클래스**와 달리 훨씬 간단합니다. 사실, 타입은 함수의 입력 또는 출력이 될 수 있는 값들의 집합을 지칭하는 이름에 불과합니다.

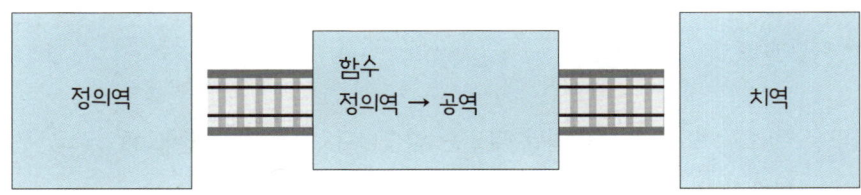

예를 들어 −32768에서 +32767까지의 범위의 정수 집합을 `int16`이라고 지칭할 수 있습니다. 타입에는 그 이상의 특별한 의미나 동작이 없습니다.

다음은 입력이 `int16`인 함수의 예시입니다.

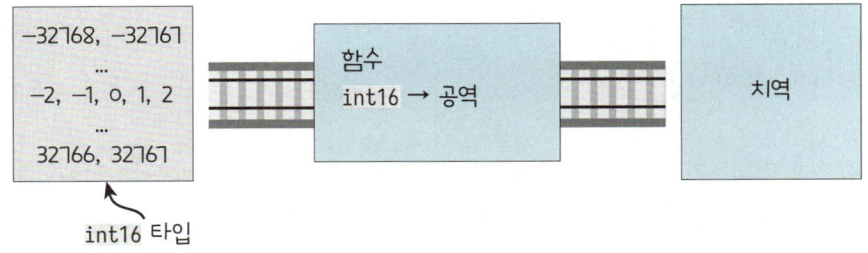

타입은 함수의 시그니처를 결정하므로 이 함수의 시그니처는 다음과 같습니다.

```
int16 -> 공역
```

다음은 모든 가능한 문자열들의 집합, 즉 `string`을 출력하는 함수의 예시입니다.

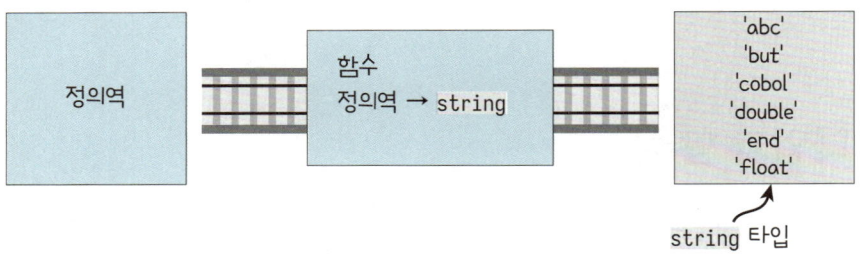

이 함수의 시그니처는 다음과 같습니다.

```
정의역 -> string
```

타입을 이루는 원소들이 꼭 **원시 타입**일 필요는 없습니다. 예를 들어 `Person`이라고 부르는 객체 집합을 다루는 함수가 있을 수 있습니다.

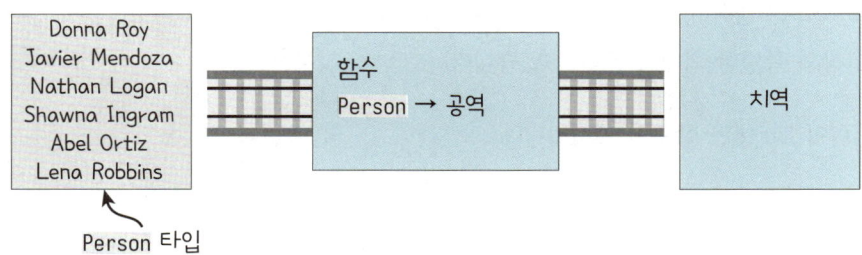

개념적으로 보자면 타입을 이루는 원소는 실제 혹은 가상의 무엇이든 될 수 있습니다. 다음은 과일을 출력하는 함수를 보여줍니다. 이것들이 실제 과일인지 가상 표현인지는 지금 중요하지 않습니다.

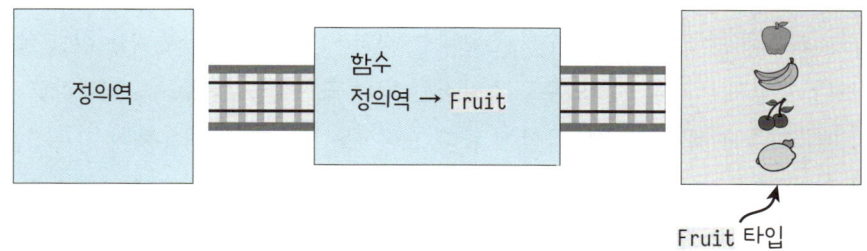

마지막으로 함수를 원소로 갖는 함수 집합 또한 타입이 될 수 있습니다. 다음 함수는 과일을 과일로 변환하는 함수를 출력합니다.

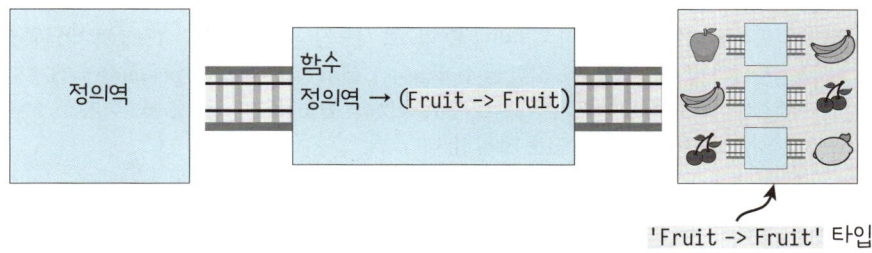

출력을 이루는 원소들이 `Fruit -> Fruit` 함수이므로 함수 전체 시그니처는 다음과 같습니다.

```
정의역 -> (Fruit -> Fruit)
```

TypeScript는 위와 같이 함수를 출력하는 함수를 화살표 함수로 손쉽게 나타낼 수 있습니다.

```TypeScript
const add = (x: number) => (y: number) => x + y;
```

Kotlin도 TypeScript의 화살표 함수와 유사한 람다 표현식이 있습니다. TypeScript가 출력이 함수인 함수, 다시 말해 입력을 여러 번 나누어 받는 함수를 표현하는 데 화살표 함수를 사용한다면 Kotlin은 입력을 함수로 받을 때 람다 표현식을 씁니다.

```kotlin
// fun ... either(block: Raise<Error>.() -> A): ...
either { ... }                          // 람다 표현식을 입력으로 받는 either 함수
```

예시의 `either` 함수는 마지막 매개변수가 함수인 것을 알 수 있습니다. 이런 경우에 Kotlin은 주로 매개변수 `block`과 타입이 같은 함수를 전달하는 것이 아니라, 람다 표현식을 직접 작성하는 것을 선호합니다. 이렇게 마지막 매개변수로 전달하는 람다 표현식을 **후행**trailing **람다**라고 부르며, 함수 호출 시 매개변수를 묶는 소괄호 바깥에 람다 표현식을 두는 것을 허용하여 가독성을 크게 증가시킵니다. 만약 후행 람다가 유일한 매개변수라면 위 `either` 예시처럼 아예 소괄호를 생략할 수 있습니다.

> **용어 주의: 값 vs. 객체 vs. 변수**
>
> 함수형 프로그래밍 언어에서는 대부분의 것을 '값'이라 부릅니다. 객체지향 언어에서는 대부분의 것을 '객체'라 부릅니다. 그렇다면 '값'과 '객체'의 차이점은 무엇일까요?
>
> 값은 단순히 타입이라는 집합의 원소이며 입력이나 출력으로 사용됩니다. 예를 들어 `1`은 `int` 타입의 값이고, `"abc"`는 `string` 타입의 값입니다. 함수도 값이 될 수 있습니다. `const add1 = (x: number) => x + 1;`과 같은 간단한 함수를 정의하면 `add1`은 그 타입의 형태가 `int->int`인 함숫값입니다. 값은 불변이기에 변수라고 할 수 없습니다. 또한 값은 관련 동작이 없는 단순 데이터입니다.
>
> 반면 객체는 데이터 구조와 관련 동작(메서드)을 캡슐화한 것입니다. 일반적으로 객체는 상태(즉, 가변성)를 가지며, 내부 상태를 변경하는 모든 작업은 객체가 점 표기법으로 직접 제공해야 합니다.
>
> 따라서 객체가 없는 함수형 프로그래밍 세계에서는 '변수' 또는 '객체' 대신 '값'이라는 용어를 사용해야 합니다.

4.3 타입 합성

함수형 프로그래밍에서는 **합성**composition이라는 단어를 자주 만나는데, 이는 함수형 디자인이 합성에 기반하기 때문입니다. 합성은 레고 블록들로 커다란 무언가를 만드는 것처럼 둘을 결합하여 더 큰 것을 만든다는 의미입니다. 함수형 프로그래밍에서는 합성을 써서 작은 함수에서 새로운 함수를 만들고, 작은 타입에서 새로운 타입을 만듭니다. 이 장에서는 타입 합성을 먼저 논의하고, 나중에 8장에서 함수 합성을 다루겠습니다.

함수형 프로그래밍에서는 다음 두 가지 방법으로 새로운 타입을 합성합니다.

- `AND`로 연결
- `OR`로 연결

4.3.1 AND 타입

`AND` 타입부터 만들어봅시다. 예를 들어 과일샐러드에는 사과와 바나나와 체리가 모두 필요합니다.

함수형 언어에서는 이를 **곱 타입**product type이라 부릅니다. 이 책에서는 곱 타입을 **레코드**라 하겠습니다. `FruitSalad` 레코드 정의는 다음과 같습니다.

```TypeScript
class FruitSalad {
  constructor (
    readonly apple: AppleVariety,
    readonly banana: BananaVariety,
    readonly cherries: CherryVariety,
  ) { }
}
```

```Kotlin
data class FruitSalad (
    val apple: AppleVariety,
    val banana: BananaVariety,
    val cherries: CherryVariety,
)
```

4.3.2 OR 타입

새로운 타입을 만드는 다른 방법은 `OR`를 쓰는 것입니다. 예를 들어 과일 간식으로 사과나 바나나 또는 체리가 필요할 수 있습니다.

FruitSnack = Choice of or or

이러한 종류의 **선택 타입**choice type이 모델링에 얼마나 유용한지 앞으로 확인하게 될 것입니다. 함수형 프로그래밍에서 이런 타입을 **합 타입**sum type이라 부릅니다. 다음은 선택 타입을 사용하는 `FruitSnack`의 TypeScript 정의입니다.

```TypeScript
type FruitSnack = AppleVariety | BananaVariety | CherryVariety;
type AppleVariety = "GoldenDelicious" | "GrannySmith" | "Fuji";[1]
type BananaVariety = "Cavendish" | "GrosMichel" | "Manzano";
type CherryVariety = "Montmorency" | "Bing";
```

TypeScript는 | 심벌로 구분하여 선택지들을 나열하는 것만으로 합 타입을 직관적으로 구현할 수 있게 지원하고 있습니다.

```Kotlin
sealed interface FruitSnack
enum class AppleVariety: FruitSnack { GoldenDelicious, GrannySmith, Fuji }
enum class BananaVariety: FruitSnack { Cavendish, GrosMichel, Manzano }
enum class CherryVariety: FruitSnack { Montmorency, Bing }
```

Kotlin은 합 타입을 직접 지원하지 않으므로 객체지향의 개념으로 에둘러 구현합니다. `sealed interface` 키워드로 선택 타입을 정의합니다. 이는 외부 모듈과 패키지에서 이를 구현하지 못하게 막아서 `FruitSnack`의 구현체를 `AppleVariety`, `BananaVariety`, `CherryVariety`만으로 한정하려는 의도입니다. 위 예시에서 볼 수 있듯이 선택 타입 아래에 선택지들을 묶어둘 수도 있고, 별도로 정의해둔 클래스를 선택 타입에 포함시킬 수도 있습니다.

`sealed class`를 써서 구현할 수도 있으며, 어떤 방식을 선택할지는 프로그래머 취향과 경우에 따라 다릅니다. `FruitSnack`은 자식 클래스들을 추상화한 속성이나 메서드가 있는 유의미한 추상 클래스가 아니라, 정말 단순히 사과, 바나나, 체리라는 선택지를 한 타입으로 묶고 싶은 것에 불과합

---

[1] (옮긴이) AppleVariety는 마치 변수에 바로 합 타입(union type)을 할당하는 것처럼 보일 수 있습니다. 이는 TypeScript의 리터럴 타입(literal type)을 활용한 것으로, 리터럴 타입은 "Fuji"와 같이 특정한 값만을 허용하는 타입을 의미합니다.

니다. 또한 다중 **상속**을 허용하지 않는 Kotlin에서 `FruitSnack`을 추상 클래스로 만들고 이를 상속받는 데에 한 번 뿐인 상속을 쓴다면 자유도를 제약할 수도 있습니다. 반면 여러 선택지들을 추상화한 개념을 드러내고 싶다면 `sealed class`가 더 적합할 것입니다.

선택 타입을 다른 말로 **태그한 유니언**tagged union 혹은 **구별 유니언**discriminated union이라 부릅니다. 이를 직접 지원하는 언어도 있지만, TypeScript는 프로그래머가 직접 구현해서 써야 합니다. 이 책에서 선택 타입이라고도 부르는 이유는, 도메인 모델링에서 선택 타입이 갖는 의미를 가장 잘 드러내기 때문입니다.

4.3.3 단순 타입

우리는 종종 다음 예시같이 단일 필드를 포함하는 **래퍼 타입**wrapper type을 정의합니다.

```TypeScript
type ProductCode = {readonly value: string} & {"ProductCode": never};
```

```Kotlin
@JvmInline[2]
value class ProductCode(val value: String)
```

도메인을 모델링하다 보면 원시 타입을 감싼 래퍼 타입을 많이 볼 수 있습니다. 이 책에서는 선택 타입이나 레코드 같은 복합 타입과 구분 짓기 위해 **단순 타입**simple type이라 명명하겠습니다. 이에 대한 자세한 내용은 5.3절에서 논의할 예정입니다.

4.3.4 대수적 타입 시스템

이제 **대수적 타입 시스템**algebraic type system을 정의할 수 있습니다. 이름은 거창하지만 더 작은 타입들을 곱 타입과 합 타입으로 연결하여 모든 복합 타입을 구성하는 시스템을 말합니다. TypeScript는 대부분의 함수형 언어처럼 대수적 타입 시스템을 지원합니다.

새로운 데이터 타입을 구축하기 위해 `AND`, `OR`를 사용하는 것에 익숙해야 합니다. 우리는 `AND`, `OR`만 사용하여 도메인을 문서화했습니다. 대수적 타입 시스템이 실제로 도메인을 모델링하는 데 탁월한 도구임을 곧 느끼게 될 것입니다.

---

[2] 옮긴이 https://kotlinlang.org/docs/inline-classes.html

4.4 TypeScript 및 Kotlin 타입 다루기

TypeScript와 Kotlin으로 타입을 정의하고 생성하는 방식을 살펴봅시다. 들어가기에 앞서 언급해 둘 것이 있습니다. 이 책에서는 TypeScript를 원서 F#처럼 전통적인 함수형 스타일로 예시를 구현하고 Kotlin은 독자적인 스타일로 구현하여 나타냈습니다. 따라서 예시가 각 언어의 표준적인 함수형 스타일을 대변하는 것은 아니니 주의 바랍니다.

다음은 `Person`이라는 레코드의 TypeScript 예시입니다.

```TypeScript
type Person = {
    first: string;
    last: string;
}
```

이제 레코드의 값을 어떻게 만드는지 살펴봅시다. 레코드가 하위 타입들을 `AND` 관계로 합성한 것이므로, 레코드의 값 또한 하위 타입들의 값들을 합성하면 됩니다.

```TypeScript
const alex: Person = {
    first: "Alex",
    last: "Adams",
};
```

레코드 정의에서 하위 타입이 있던 곳에 값을 넣으면 그대로 레코드의 값이 됩니다. 클래스나 오브젝트 같은 개념을 노출하지 않고 타입 정의에 따라 하위 타입의 값들을 합성하여 새로운 값을 만들었습니다.[3] 클래스라는 개념이 없는 함수형 언어에서 레코드는 레코드 양식에 맞게 하위 타입 값들을 묶어두는 것만으로 충분합니다. TypeScript는 클래스 기반 객체 할당도 지원하는데, 다음과 같이 구현할 수 있습니다.

```TypeScript
class Adams { // Person을 구현하지 않음
    readonly last = "Adams";
    constructor(readonly first: string) {}
```

---

[3] (옮긴이) 실제로는 클래스 선언 없이 레코드 형태에 부합하는 오브젝트를 만들어서 이를 재할당이 불가한 변수에 할당한 것입니다.

```
}
const bob: Person = new Adams("Bob");
```

TypeScript는 구조에 의한 서브타입을 지원하기 때문에 `Person`과 구조만 같다면 무엇이라도 할당할 수 있습니다.

다음은 Kotlin 예시입니다.

```Kotlin
data class Person(val first: String, val last: String)
val alex = Person("Alex", "Adams")
```

지금까지 하위 타입의 값들을 모아서 레코드의 값을 합성하는 방법을 살펴봤다면, 이번엔 반대로 레코드의 값에서 하위 타입의 값을 **분해**destructuring해내는 방법을 살펴봅시다.

TypeScript에서는 레코드의 값을 프로퍼티property 매칭을 통해 하위 타입의 값들로 분해할 수 있습니다.

```TypeScript
const {first, last}: Person = alex; // first === "Alex", last === "Adams"
```

하지만 Kotlin은 클래스를 분해하여 변수를 선언하는 것을 지원하지 않습니다. `componentN` 메서드로 억지로 클래스를 분해하여 변수를 선언할 수는 있으나, 어떤 프로퍼티가 어느 순서에 오는지 암묵적인 지식을 만들게 되므로 안티패턴anti-pattern에 가깝습니다.[4] 차라리 Kotlin에서는 약간 장황verbose할지라도 점 표기법을 활용해 명시적으로 할당하는 것이 합리적입니다.

```Kotlin
val first = alex.first
val last = alex.last
```

이제 선택 타입을 살펴봅시다. 먼저 TypeScript로 여러 하위 타입을 선택 타입으로 합성하는 방법을 알아보겠습니다.

---

4 [옮긴이] `data class`는 `componentN` 메서드를 별도로 정의하지 않아도 되지만 프로퍼티 이름을 매칭해서 분해해주는 것이 아니라, 여전히 클래스 내 프로퍼티 순서에 따라 할당되므로 암묵적인 지식에 의존하는 것은 마찬가지입니다.

```typescript
type OrderQuantity = UnitQuantity | KilogramQuantity;
```

TypeScript로 선택 타입의 값을 생성하는 방식은 하위 타입 중 하나로 객체를 만들어 할당하는 것입니다.

```typescript
const anOrderQtyInUnits: OrderQuantity = new UnitQuantity(10);
const anOrderQtyInKg: OrderQuantity = new KilogramQuantity(2.5);
```

TypeScript로 선택 타입의 값에서 하위 타입으로 **타입 좁히기**type narrowing 방식은 다음과 같습니다.

```typescript
import { match, P } from 'ts-pattern';
match(orderQuantity)
    .with(P.instanceOf(UnitQuantity), i => console.log(i.value))
    .with(P.instanceOf(KilogramQuantity), i => console.log(i.value))
    .exhaustive();
```

선택 타입의 값 어딘가에 표식tag을 남겨서 그 표식을 기반으로 `UnitQuantity`인지 `KilogramQuantity`인지 분별합니다. 이것이 선택 타입을 단순히 '유니언union'이라 하지 않고 '태그한 유니언'이라고 부르는 이유입니다.

F#은 프로그래머가 직접 태그를 구현할 필요 없도록 **구별 유니언**이라는 기능을 언어가 제공하여 아주 간편하게 선택 타입을 구성하고 하위 타입을 매칭해낼 수 있게 지원합니다. TypeScript는 선택 타입의 하위 타입을 구분하는 단서를 언어가 직접 관리하지는 않습니다. 따라서 주로 `__tag` 같은 프로퍼티를 개발팀이 약속하여 구분이 필요한 모든 오브젝트는 약속한 프로퍼티에 겹치지 않는 고유의 값을 달도록 합니다. 하지만 누군가 실수로 겹치는 값으로 `__tag`를 달 수도 있고 `__tag`가 아니라 `_tag`에 달면, 올바르게 매칭되지 않을 가능성이 있어 적절한 솔루션으로 보이진 않습니다. 차라리 위 예시처럼 클래스 자체를 태그로 활용하면 오인할 가능성이 없습니다.

Kotlin 구현도 살펴봅시다. 먼저 선택 타입 합성 방법 예시를 소개합니다.

```kotlin
sealed interface OrderQuantity {
    @JvmInline
    value class Unit(val value: Int): OrderQuantity

    @JvmInline
    value class Kilogram(val value: Double): OrderQuantity
}
```

Kotlin으로 선택 타입의 값을 생성하는 방식은 다음과 같습니다.

```kotlin
val anOrderQtyInUnits = OrderQuantity.Unit(10)
val anOrderQtyInKg = OrderQuantity.Kilogram(2.5)
```

Kotlin은 라이브러리를 쓰지 않고도 언어의 기능만으로 exhaustive 클래스 매치가 가능하여 훨씬 깔끔한 타입 좁히기가 가능합니다.

```kotlin
when (orderQuantity) {
    is OrderQuantity.Unit -> println(orderQuantity)      // orderQuantity는 Unit 타입
    is OrderQuantity.Kilogram -> println(orderQuantity)  // orderQuantity는 Kilogram 타입
}
```

4.5 타입으로 도메인 모델 만들기

타입 합성은 도메인 주도 설계를 수행하는 데 큰 도움이 됩니다. 타입들을 여러 방식으로 조합하여 복잡한 모델을 손쉽게 만들 수 있기 때문입니다. 전자상거래 사이트의 결제 도메인을 예로 들어 코드로 어떻게 스케치하는지 따라가봅시다.

먼저 원시 타입을 감싸는 래퍼 타입들부터 시작하겠습니다. 이들은 앞서 말한 '단순 타입'입니다. 단순 타입을 정의해두면 타입명에 의미가 드러나 나머지 도메인을 이해하기 쉽습니다.

```typescript
declare const checkNumber: unique symbol;
class CheckNumber {
    [checkNumber]!: never;
```

```
    constructor(readonly value: number) {}
}

declare const cardNumber: unique symbol;
class CardNumber {
    [cardNumber]!: never;
    constructor(readonly value: string) {}
}
```

TypeScript로 원시 타입을 감쌀 때 주의할 점이 있습니다. 위 예시에서 `[checkNumber]!: never;` 같은 낯선 부분이 눈에 띌 것입니다. 이 부분은 TypeScript의 **구조적 서브타입** 때문에 생긴 미봉책입니다. 단순 타입은 내부에 단일 원시 타입을 감싸므로 원시 타입이 같은 모든 단순 타입들은 동일한 구조를 가집니다. 예를 들어 `number`를 감싸는 래퍼는 그 타입이 `Kilogram`이건 `Pound`건 모두 `{ value: number }`라는 동일한 구조를 가집니다. 우리가 `number`를 쓰지 않고 `Kilogram`, `Pound` 이렇게 단순 타입을 정의한다는 것은, 서로 호환하지 못하게 타입으로 막으려는 의도입니다. 하지만 두 구조가 같으므로 TypeScript는 `Kilogram` 타입에 `Pound` 오브젝트를 넣는 것이 가능합니다. 따라서 원시 타입마다 `unique symbol`을 프로퍼티로 가지면 상호 호환을 막을 수 있습니다. 이렇게 동일한 구조를 가진 타입 간의 정적 호환을 막기 위한 일종의 타입 식별 장치를 추가하는 것을 **브랜딩**branding이라 합니다.

그렇다면 일반 클래스에서는 왜 브랜딩을 하지 않을까요? 그 이유는 단순 래퍼 클래스가 아닌 경우엔 클래스끼리 프로퍼티나 그 타입이 서로 하나라도 다르기 때문에 대다수 경우에 구조적으로 호환이 안 되기 때문입니다. 만약 래퍼 클래스가 아님에도 구조적으로 호환이 되는 클래스들은 주로 의도된 부모 자식 관계같이 호환이 되어도 문제가 없는 경우가 많습니다. 드물게 구분이 필요한 경우에는 클래스 안에 `unique symbol`을 심을 수도 있고 **팬텀 타입**phantom type을 붙이기도 합니다.[5]

반면 Kotlin은 이름에 의한 서브타입(**명목적 서브타입**)과 래퍼용 `inline value class`를 지원하므로 다음과 같이 간략한 형태로 구현할 수 있습니다.

```kotlin
@JvmInline
value class CheckNumber(val value: Double)
```

---

[5] (옮긴이) 클래스 안에 시그니처를 심든 팬텀 타입을 붙이든 둘 다 브랜딩입니다. 팬텀 타입은 코드 저장소에 예시가 있으니 참고 바랍니다.

```kotlin
@JvmInline
value class CardNumber(val value: String)
```

이어서 저수준 타입들을 구축하겠습니다. `CardType`은 선택 타입으로 `Visa` 또는 `Mastercard` 중 하나의 값을 가집니다. `CreditCardInfo`는 레코드로 `CardType` 및 `CardNumber`를 포함합니다.

```typescript
type CardType = "Visa" | "Mastercard";
class CreditCardInfo {
  constructor(
    readonly cardType: CardType,
    readonly cardNumber: CardNumber,
  ) { }
}
```

```kotlin
enum class CardType { Visa, Mastercard }
data class CreditCardInfo(
    val cardType: CardType,
    val cardNumber: CardNumber,
)
```

`PaymentMethod`라는 또 다른 선택 타입은 현금, 수표, 카드 중 하나를 선택합니다.

```typescript
type PaymentMethod = Cash | CheckNumber | CreditCardInfo;
```

```kotlin
sealed interface PaymentMethod {
    object Cash: PaymentMethod

    @JvmInline
    value class CheckNumber(val value: Double): PaymentMethod

    data class CreditCardInfo(val cardType: CardType, val cardNumber: CardNumber): PaymentMethod
}
```

`PaymentAmount` 및 `Currency` 정의는 다음과 같습니다.

```typescript
// TypeScript
declare const paymentAmount: unique symbol;
class PaymentAmount {
    [paymentAmount]!: never;
    constructor(readonly value: number) {}
}
type Currency = "EUR" | "USD";
```

```kotlin
// Kotlin
@JvmInline
value class PaymentAmount (val value: Double)

enum class Currency { EUR, USD }
```

마지막으로 최상위 타입인 `Payment`는 `PaymentAmount`, `Currency`, `PaymentMethod`를 포함하는 레코드입니다.

```typescript
// TypeScript
class Payment {
  ...
  readonly amount: PaymentAmount,
  readonly currency: Currency,
  readonly method: PaymentMethod,
  ...
}
```

```kotlin
// Kotlin
class Payment (
  val amount: PaymentAmount,
  val currency: Currency,
  val method: PaymentMethod,
)
```

얼마 안 되는 코드만으로 꽤나 유용한 타입 집합을 정의했습니다.

객체지향 모델과 달리 함수형 모델은 타입에 직접 붙어 있는 동작은 없습니다. 타입으로 수행 가능한 작업을 문서화하기 위해 함수 타입을 정의해봅시다. 예를 들어 `Payment`로 `UnpaidInvoice`를 지불하여 `PaidInvoice`로 만드는 방법을 표시하려면 다음과 같이 함수 타입을 정의해야 합니다.

`TypeScript`
```
type PayInvoice = (i: UnpaidInvoice, j: Payment) => PaidInvoice;
```

`Kotlin`
```
typealias PayInvoice = (UnpaidInvoice, Payment) -> PaidInvoice
```

이는 `UnpaidInvoice`와 `Payment`를 입력하면 `PaidInvoice`가 만들어진다는 시그니처입니다.

결제 통화를 변경하는 방법은 다음과 같습니다.

`TypeScript`
```
type ConvertPaymentCurrency = (i: Payment, j: Currency) => Payment;
```

`Kotlin`
```
typealias ConvertPaymentCurrency = (Payment, Currency) -> Payment
```

여기서 첫 번째 `Payment`는 입력이고, `Currency`는 변환할 통화이며, 두 번째 `Payment`는 변환을 마친 출력입니다.[6]

4.6 없어도 되는 값, 오류 및 컬렉션 모델링

도메인 모델링에서 종종 만나는 다음 이슈들을 살펴보고자 합니다. 이를 TypeScript와 Kotlin 타입 시스템으로 어떻게 나타낼지도 논의해봅시다.

- 없어도 되거나 누락된 값
- 오류
- 값을 반환하지 않는 함수
- 컬렉션

6　(옮긴이) 함수형 프로그래밍에 익숙한 독자들이 불편할 수 있는 시그니처입니다. 입력을 제외한 모든 의존을 앞쪽에 몰아두는 것을 선호하는데, 그 스타일은 함수에 필요한 의존과 입력을 구분하고 나서 소개하겠습니다.

4.6.1 없어도 되는 값 모델링

누락된 데이터나 없어도 되는 데이터를 어떻게 모델링할 수 있을까요? 누락된 데이터의 의미를 살펴보는 것이 지름길입니다. 이는 어떤 값이 존재하거나 전혀 존재하지 않음을 뜻합니다. 이를 `Option`이라는 선택 타입으로 모델링할 수 있으며, 다음과 같이 정의합니다.

```TypeScript
// from fp-ts
type Option<A> = None | Some<A>;
```

`Some`은 `A` 타입의 데이터가 들어 있음을 의미하고, `None`은 데이터가 없다는 의미입니다. `Option` 타입을 직접 정의할 필요가 없습니다. 이것은 TypeScript의 함수형 라이브러리로 가장 많이 쓰이는 fp-ts에서 제공하며, 이를 다루는 함수들도 같이 풍부하게 제공합니다. 예를 들어 `PersonalName` 타입이 있고 이름과 성은 필수이지만 중간 이름은 없어도 되면 다음과 같이 모델링할 수 있습니다.

```TypeScript
import { Option } from 'fp-ts/Option';
class PersonalName {
  readonly firstName: string,
  readonly middleInitial: Option<string>,
  readonly lastName: string,
}
```

TypeScript와 Kotlin 모두 언어 차원에서 ? 심벌로 명시적으로 `nullable` 타입을 선언할 수 있게 지원합니다. 그뿐 아니라 `nullable`값을 다루기 위한 안전장치도 두 언어 모두 다양하게 제공합니다. 특히 Kotlin 사용자들의 `nullable` 사랑은 각별합니다. Kotlin 함수형 라이브러리 `arrow-kt`의 공식 문서에서조차 '가능한 `Option` 타입보다는 `nullable` 타입을 활용하라'고 말할 정도로 Kotlin은 `null`값을 애용합니다. 따라서 앞으로 TypeScript는 전형적인 함수형 스타일을 따라 `Option`으로 타입을 감싸도록 구현하고 Kotlin은 언어가 지원하는 `nullable`으로 예시를 작성하겠습니다.

```Kotlin
data class PersonalName (
    val firstName: String,
    val middleInitial: String?,
    val lastName: String,
)
```

4.6.2 오류 모델링

결제에 성공하거나 카드가 만료되어 결제에 실패하는 프로세스를 가정해봅시다. 이것을 어떻게 모델링해야 할까요? 예외를 던질 수도 있지만 실패가 발생할 수 있다는 사실을 명시적으로 함수 시그니처에 문서화하고 싶을 때도 많습니다. 이를 위해 성공과 실패의 선택 타입이 필요하므로 `Either`라는 타입을 정의해봅시다.

```typescript
// TypeScript: fp-ts
type Either<E, A> = Left<E> | Right<A>;
```

```kotlin
// Kotlin: Arrow
public sealed class Either<out A, out B> {
    public data class Left<out A> constructor(val value: A) : Either<A, Nothing>() {...}
    public data class Right<out B> constructor(val value: B) : Either<Nothing, B>() {...}
}
```

함수 호출에 성공하여 반환값이 있을 때는 `Right`를 쓰고 함수가 실패하여 오류가 나면 `Left`를 사용합니다.

함수가 실패할 수 있음을 나타내려면 출력을 `Either` 타입으로 감쌉니다. 예를 들어 `PayInvoice` 함수가 실패할 수 있는 경우 다음과 같이 정의할 수 있습니다.

```typescript
// TypeScript
type PayInvoice = (i: UnpaidInvoice, j: Payment) => Either<PaymentError, PaidInvoice>;
```

```kotlin
// Kotlin
typealias PayInvoice = (UnpaidInvoice, Payment) -> Either<PaymentError, PaidInvoice>
```

이는 `PayInvoice` 수행에 성공하면 `PaidInvoice` 타입을 반환하고, 실패하면 `PaymentError`를 올린다는 뜻입니다. 그다음 `PaymentError`를 가능한 오류들의 선택 타입으로 정의할 수 있습니다.

```typescript
// TypeScript
type PaymentError = CardTypeNotRecognized | PaymentRejected | PaymentProviderOffline;
```

```kotlin
// Kotlin
sealed interface PaymentError
```

```
class CardTypeNotRecognized: PaymentError {...}
class PaymentRejected: PaymentError {...}
class PaymentProviderOffline: PaymentError {...}
```

10장에서 오류 문서화에 대한 이야기를 자세하게 다루도록 하겠습니다.

4.6.3 값 자체가 없음 모델링

대부분의 프로그래밍 언어에는 함수나 메서드가 아무것도 반환하지 않는다는 의미의 `void`라는 개념이 있습니다. TypeScript는 `void`를 지원합니다. 함수형 언어에서는 모든 함수가 무언가를 반환해야 하므로 `void`를 사용할 수 없습니다. 대신 `Unit`이라는 특수한 내장 타입을 사용하며, `Unit` 타입에는 특별한 값 하나만 있습니다. Kotlin의 경우 `Unit` 타입에는 `Unit`이라는 특별한 오브젝트 하나만 존재합니다.

> **TypeScript를 위한 변(辯): void, never, undefined**
>
> `void`는 말 그대로 없다는 뜻입니다. 그렇다면 대체 뭐가 없다는 것일까요? 만약 값이 없다는 뜻이라면 이는 `void`가 아니라 `never`입니다. 아무런 값이 없는 공집합을 TypeScript에서는 `never`라 부릅니다. 그렇다면 `void` 대신 `never`를 써서 어떤 오류가 나는지 확인해봅시다.
>
> ```
> function test(): never { return } // Type 'undefined' is not assignable to type 'never'.
> ```
>
> 아무 값도 반환하지 않는데 타입이 `undefined`로 잡힌 것을 볼 수 있습니다. 그리고 이는 `never` 타입의 하위 타입은 아닙니다. `undefined`는 JavaScript에서 받은 유산입니다. 관련 문서에서 `undefined`를 다음과 같이 소개합니다.
>
> > '선언한 후 값을 할당하지 않은 변수 혹은 값이 주어지지 않은 인수에 자동으로 할당됩니다.'[7]
>
> 벌써 변수, 인수와 같은 함수형 프로그래밍에 없는 용어들이 등장합니다. 함수형 언어들에겐 값, 값들의 집합인 타입밖에 없습니다. 어딘가에 할당한다는 개념 자체가 없습니다. 그러니 출력할 값이 없는데, 뭘 선언하고 타입을 말하는 것인지 이해할 수 없습니다.
>
> 반면에 저수준 언어에 익숙한 분들이라면 `undefined`를 자연스럽게 받아들일 것입니다. JavaScript 관점에서 보면 함수가 실제로 반환을 하든 안 하든 반환할 변수는 내부적으로 잡아뒀을 것이고, 무언가를 반환한다면 미리 잡아둔 변수에 할당하여 반환이 이뤄지리란 것을 짐작할 수 있습니다.
>
> 즉, 아무것도 반환하지 않더라도 '변수 공간은 잡았는데 값이 들어 있지 않아 타입이 없는 **상태**'를 말하는 `undefined` 타입을 반환합니다. 이는 함수형 언어에는 존재하지 않는 개념입니다. TypeScript도 JavaScript와의 이 호환성을 두고 고민이 깊었으리라 생각합니다. 결국은 `undefined`를 함수 반환이 없다는 뜻의 `void` 타입의 하위 타입으로 받아들여서 이 문제를 해결한 것으로 보입니다.

---

[7] 옮긴이 https://developer.mozilla.org/ko/docs/Glossary/Undefined

데이터베이스에 고객 정보를 업데이트하는 함수를 가정해봅시다. 입력은 고객 정보이지만 유의미한 출력은 없습니다. 이 경우 **타입 시그니처**를 다음과 같이 작성합니다(실제로는 이보다 더 복잡할 것입니다! 데이터베이스 작업에 대한 자세한 논의는 12장을 참고하십시오).

`TypeScript`
```
type SaveCustomer = (i: Customer) => void;
```

`Kotlin`
```
typealias SaveCustomer = (Customer) -> Unit
```

또는 입력은 없지만 출력은 있는 함수, 예를 들어 난수를 생성하는 함수를 가정해봅시다. 입력이 없을 땐 TypeScript와 Kotlin은 다음과 같이 입력을 생략합니다.

`TypeScript`
```
type NextRandom = () => number;
```

`Kotlin`
```
typealias NextRandom = () -> Int
```

시그니처에 입력이 없거나 출력이 `void` 혹은 `Unit` 타입이라면, 명백히 **부수 효과**side effect가 있다는 뜻입니다. 어딘가의 상태를 변경하면서도 드러내지 않고 있습니다. 일반적으로 함수형 프로그래머는 부수 효과를 없애거나 피할 수 없다면, 적어도 코드 내 제한 구역에 격리하려는 경향이 있습니다.

4.6.4 리스트 및 컬렉션 모델링

TypeScript와 Kotlin은 여러 가지 컬렉션 타입을 지원합니다. 길이와 구성 요소를 바꿀 수 있는지 여부에 따라 다양한 종류가 있으니 자세한 내용은 언어별 레퍼런스를 참고하기 바랍니다. `Map`과 `Set`을 제공하지만 도메인 모델링에 직접 사용하는 경우는 거의 없습니다. 언어별 구문syntax 소개가 목적은 아니지만 도메인 모델링에서 리스트를 자주 만나므로, 간단히 정리하고 넘어가겠습니다. 리스트 타입 정의는 다음과 같습니다.

```typescript
// TypeScript
type Order = {
    orderId: OrderId;
    lines: OrderLine[]; // Array<OrderLine>
}
```

```kotlin
// Kotlin
class Order(
    val orderId: OrderId,
    val lines: List<OrderLine>,
)
```

리스트의 값 생성은 다음과 같습니다.

```typescript
// TypeScript
const aList = [1, 2, 3];
```

```kotlin
// Kotlin
val aList = listOf(1, 2, 3)
```

다음과 같은 방법으로 기존 리스트에 값을 추가할 수 있습니다.

```typescript
// TypeScript
const aNewList = [0].concat(aList);
```

```kotlin
// Kotlin
val aNewList = listOf(0) + aList
```

리스트 요소에 액세스하기 위해 **패턴 매칭**을 다음과 같이 활용할 수 있습니다.

```typescript
// TypeScript
import { match, P } from 'ts-pattern';
const printList1 = (aList: number[]) => {
    const message = match(arr)
        .with([], () => 'list is empty')
        .with([P.any], elem => `list has one element: ${elem}`)
        .with([P.any, P.any], elems => `list has two elements: ${elems}`)
        .otherwise(() => 'list has more than two elements');
```

```
        console.log(message);
}

const printList2 = (aList: number[]) => {
    const message = match(arr)
        .with([], () => 'list is empty')
        .with([P.any, ...P.array()], ([first, rest]) => 'list is non-empty with the first
element: ${first}')
        .exhaustive();
    console.log(message);
}
```

Kotlin은 다음과 같이 구현할 수 있습니다.

```kotlin
fun printList1(aList: List<Int>) {
    val message = when (aList.size) {
        0 -> "list is empty"
        1 -> "list has one element: ${aList}"
        2 -> "list has two elements: ${aList}"
        else -> "list has more than two elements"
    }
    println(message)
}

fun printList2(i: List<Int>) {
    when {
        i.isEmpty() -> println("list is empty")
        else -> {
            val (first) = i
            println("list is non-empty with first element: $first")
        }
    }
}
```

4.7 마무리

이 장에서는 함수형 프로그래밍과 타입의 관계를 살펴봤습니다. TypeScript와 Kotlin의 대수적 타입 시스템으로 작은 타입에서 큰 타입을 생성하기 위해 타입을 합성하는 방법도 알아봤습니다. 데이터를 AND 관계로 묶는 레코드와 OR 관계로 묶는 선택 타입뿐만 아니라 Option 및 Either 같은 기타 타입도 소개했습니다.

이제 타입을 이해했으므로, 요구사항을 다시 살펴보고 배운 내용을 토대로 도메인을 문서화할 수 있습니다.

CHAPTER 5

타입으로 도메인 모델링하기

1장에서 인식 모델 공유의 중요성을 언급하면서 코드까지 그 모델이 그대로 반영되어야 하고 도메인 모델을 소스 코드로 번역할 때 손실이 발생해서는 안 된다고 강조했습니다. 소스 코드 자체가 문서 역할도 하는 것이 이상적인데, 이는 도메인 전문가와 비개발자가 코드를 검토하고 디자인을 확인할 수 있어야 한다는 뜻입니다. 이것이 현실적인 목표일까요? 이렇게 소스 코드를 직접 사용하면 UML 다이어그램 등이 필요하지 않을까요? 코드만 읽고도 비개발자가 디자인을 확인하는 것은 가능합니다. 이 장에서는 TypeScript와 Kotlin 타입 시스템으로 도메인 전문가를 포함한 비개발자가 읽고 이해할 만큼 정확하게 도메인 모델을 코드에 반영하는 방법을 알아봅니다. 타입으로 대부분의 문서를 대체하고 코드 자체가 디자인을 드러냄으로써 구현과 디자인이 늘 부합한다는 큰 장점을 강조합니다.

5.1 도메인 모델 다시 보기

앞서 만들었던 도메인 모델을 다시 살펴봅시다.

```
context: Order-Taking

// ----------------------
// Simple types
// ----------------------
```

```
// Product codes
data ProductCode = WidgetCode OR GizmoCode
data WidgetCode = string starting with "W" then 4 digits
data GizmoCode = ...

// Order Quantity
data OrderQuantity = UnitQuantity OR KilogramQuantity
data UnitQuantity = ...
data KilogramQuantity = ...

// ---------------------
// Order life cycle
// ---------------------

// ----- unvalidated state -----
data UnvalidatedOrder =
    UnvalidatedCustomerInfo
    AND UnvalidatedShippingAddress
    AND UnvalidatedBillingAddress
    AND list of UnvalidatedOrderLine

data UnvalidatedOrderLine =
    UnvalidatedProductCode
    AND UnvalidatedOrderQuantity

// ----- validated state -----
data ValidatedOrder = ...
data ValidatedOrderLine =  ...

// ----- priced state -----
data PricedOrder = ...
data PricedOrderLine = ...

// ----- output events -----
data OrderAcknowledgmentSent = ...
data OrderPlaced = ...
data BillableOrderPlaced = ...

// ---------------------
// Workflows
// ---------------------

workflow "Place Order" =
    input: UnvalidatedOrder
    output (on success):
        OrderAcknowledgmentSent
        AND OrderPlaced (to send to shipping)
        AND BillableOrderPlaced (to send to billing)
```

```
    output (on error):
        InvalidOrder

// etc
```

이번 장의 목표는 이 모델을 코드로 변환해내는 것입니다.

5.2 도메인 모델 속 패턴 찾기

도메인 모델들은 다양하지만 그 속에서 여러 패턴이 반복적으로 나타납니다. 몇 가지 전형적인 도메인 패턴을 살펴보고 우리 도메인 모델에 어떻게 적용할지 살펴봅시다.

- **단순값**: 기본 빌딩 블록으로서 문자열과 정수 같은 원시 타입을 갖지만 원시 타입 그 자체는 아닙니다. 도메인 전문가들은 `int`와 `string`이 아니라 `OrderId`와 `ProductCode`와 같은 공용어로 생각합니다.
- **값의 조합(AND)**: 밀접하게 연관된 데이터 그룹입니다. 종이 기반의 세계에서는 주로 문서나 이름, 주소, 주문 등의 문서 내 하위 요소에 해당합니다.
- **선택(OR)**: 우리 도메인에는 선택하는 것들이 있습니다. 예를 들어 주문(`Order`) 또는 견적(`Quote`), 단위 수량(`UnitQuantity`) 또는 킬로그램 수량(`KilogramQuantity`)이 있습니다.
- **작업 흐름**: 마지막으로 입력과 출력을 가지는 비즈니스 프로세스가 있습니다.

지금부터 이러한 다양한 패턴을 TypeScript와 Kotlin 타입으로 어떻게 표현하는지 살펴봅시다.

5.3 단순값 모델링

먼저 도메인의 기본 빌딩 블록인 단순값부터 알아보겠습니다. 도메인 전문가들은 일반적으로 `int`, `string`과 같은 데이터 타입 대신 `OrderId`, `ProductCode`와 같은 도메인 개념으로 생각합니다. 이때 `OrderId`와 `ProductCode`의 호환을 막는 것이 중요합니다. 두 값이 모두 `int`로 표현된다고 해서 서로 교환 가능한 것은 아닙니다. 따라서 이러한 타입들을 명확히 구분하고자 **원시 타입**을 감싸는 **래퍼 타입**을 생성합니다.

앞서 4장에서 언급했듯이, TypeScript는 래퍼 타입을 따로 지원하지는 않지만 클래스에 구조적 호환을 막는 **브랜드**를 붙여 래퍼 타입을 만듭니다.

```typescript
TypeScript
declare const customerId: unique symbol;
class CustomerId {
    [customerId]!: never; // 브랜드
    constructor(readonly value: number) {}
}
```

Kotlin은 `inline value class`로 래퍼 타입을 손쉽게 정의할 수 있도록 지원합니다.

```kotlin
Kotlin
@JvmInline
value class CustomerId (val value: Int)
```

이와 같이 원시 타입을 감싼 래퍼 타입을 **단순 타입**이라고 부르며 복합 타입이나 원시 타입과 구분됩니다. 우리 도메인의 단순 타입은 다음과 같습니다.

```typescript
TypeScript
declare const widgetCode: unique symbol;
class WidgetCode {
    [widgetCode]!: never;
    constructor(readonly value: string) {}
}

declare const unitQuantity: unique symbol;
class UnitQuantity {
    [unitQuantity]!: never;
    constructor(readonly value: number) {}
}

declare const kilogramQuantity: unique symbol;
class KilogramQuantity {
    [kilogramQuantity]!: never;
    constructor(readonly value: number) {}
}
```

```kotlin
Kotlin
@JvmInline
value class WidgetCode (val value: String)

@JvmInline
value class UnitQuantity (val value: Int)
```

```kotlin
@JvmInline
value class KilogramQuantity (val value: Double)
```

5.3.1 래퍼 타입 활용하기

다음과 같이 생성자로 값을 생성할 수 있습니다.

```TypeScript
const customerId = new CustomerId(42);
```

```Kotlin
val customerId = CustomerId(42)
```

이렇게 단순 타입을 생성하면 서로 다른 타입을 실수로 혼동하지 않도록 보장할 수 있습니다. 예를 들어 `CustomerId`와 `OrderId`를 생성하고 이들을 비교하면 TypeScript는 서로 다른 타입을 의도치 않게 잘못 비교한 것 같다는 경고 메시지를 띄웁니다.

```TypeScript
// This comparison appears to be unintentional because the types 'CustomerId' and 'OrderId'
have no overlap.
new CustomerId(42) === new OrderId(42);
```

반면 Kotlin은 아예 서로 다른 타입을 비교할 수 없다는 메시지와 함께 컴파일 오류를 발생합니다.

```Kotlin
// Operator '==' cannot be applied to 'CustomerId' and 'OrderId'.
CustomerId(42) == OrderId(42)
```

이번에는 동일한 원시 타입을 감싼 서로 다른 래퍼 타입끼리 호환하지 않는지 확인해봅시다. TypeScript는 심어둔 브랜드 덕에 호환하지 않음을 알 수 있습니다. 브랜드를 지우면 구조가 동일하므로 오류 없이 할당합니다.

```TypeScript
// Property '[customerId]' is missing in type 'OrderId' but required in type 'CustomerId'.
const temp: CustomerId = new OrderId(42);
```

Kotlin은 다음과 같이 타입 관련 컴파일 오류가 발생합니다.

```kotlin
// Initializer type mismatch: expected 'CustomerId', actual 'OrderId'.
// Type mismatch: inferred type is 'OrderId', but 'CustomerId' was expected.
val id: CustomerId = OrderId(42)
```

래퍼 타입이 감싸고 있는 내부 타입을 추출하려면 TypeScript는 **패턴 매칭**으로 래퍼 타입을 해체할 수 있습니다.

```typescript
const { value } = new OrderId(42); // value === 42
```

앞서 4장에서 얘기했듯이 Kotlin은 멤버를 직접 참조합니다.

```kotlin
@JvmInline
value class OrderId (val value: Int)

val rawId = OrderId(42).value // rawId == 42
```

5.3.2 제약 있는 값

단순 타입은 내포한 원시값이 특정 범위 안에 있어야 하거나 특정 패턴과 일치해야 하는 등의 제약이 늘 있기 마련입니다. 실제 도메인에서 제약 없는 정수나 문자열은 매우 드뭅니다. 이러한 제약을 어떻게 강제할 수 있는지는 다음 장에서 논의할 것입니다.

5.3.3 단순 타입의 성능 문제 완화하기

단순 타입으로 원시 타입을 감싸는 것은 타입 안전성을 보장하고 컴파일 시점에 많은 오류를 방지하는 훌륭한 방법이지만 메모리를 더 쓰는 데다가 성능은 낮아집니다. 이 정도의 성능 저하는 일반적인 비즈니스 애플리케이션에게는 영향을 주지 않지만 과학, 실시간 도메인과 같이 성능을 중시하는 분야에서는 주의해야 합니다. 예를 들어 `UnitQuantity`값을 포함한 큰 배열을 순회하는 것은 원시 `int` 배열을 순회하는 것보다 느릴 수 있습니다.

먼저 단순 타입 대신 타입 별칭type alias으로 도메인을 문서화할 수 있습니다. 이 방법은 성능 부담이 없지만 타입 안전성을 포기하는 것입니다.

```TypeScript
type UnitQuantity = number;
```

```Kotlin
typealias UnitQuantity = Int
```

Kotlin은 `inline value class`를 활용하면 런타임 오버헤드 없이 타입 안정성을 보장합니다.

```Kotlin
@JvmInline
value class UnitQuantity (val value: Int)
```

TypeScript로 큰 배열을 다룰 때, 단순 타입 배열 대신 원시 타입 배열 전체를 단일 타입으로 정의해봅시다.

```TypeScript
declare const unitQuantities: unique symbol;
class UnitQuantities {
    [unitQuantities]!: never;
    constructor(readonly value: number[]) {}
}
```

이렇게 하면 두 가지 장점을 모두 얻을 수 있습니다. 행렬 곱 같은 고성능을 요구하는 작업에서는 원시 데이터를 효율적으로 처리하면서도 고수준에서는 **타입 안전성**을 유지할 수 있습니다. 이러한 접근을 더 확장하면, 현대 게임 개발에서 사용하는 **데이터 지향 설계**data-oriented design[1]에 이르게 됩니다. 어쩌면 도메인에 이러한 컬렉션을 하나의 단위로 취급하는 단어가 있을 수도 있습니다. 예를 들어 'DataSample'이나 'Measurements'와 같은 용어가 있다면, 이를 활용합시다!

항상 그렇듯이, 성능은 복잡한 주제이며 특정 코드와 환경에 따라 달라집니다. 일반적으로는 도메인을 가장 직관적인 방식으로 모델링한 뒤에 튜닝과 최적화를 작업하는 것이 좋습니다.

---

[1] https://en.wikipedia.org/wiki/Data-oriented_design

5.4 복잡한 데이터 모델링

앞서 도메인을 문서화할 때 `AND`와 `OR`로 복잡한 모델을 표현했습니다. 4장에서 TypeScript와 Kotlin의 대수적 타입 시스템을 살펴보면서 `AND`와 `OR`로 단순 타입들을 조합하여 복잡한 타입을 생성했습니다.

이제 대수적 타입 시스템으로 도메인을 모델링해봅시다.

5.4.1 레코드 모델링

우리 도메인 데이터의 상당수는 `AND` 관계로 되어 있습니다. 예를 들어 초기에 만들었던 간단한 주문 `Order`는 다음과 같이 정의했습니다.

```
data Order =
    CustomerInfo
    AND ShippingAddress
    AND BillingAddress
    AND list of OrderLines
    AND AmountToBill
```

이는 TypeScript, Kotlin으로 그대로 옮길 수 있습니다.

```typescript
// TypeScript
class Order {
  constructor(
    readonly customerInfo: CustomerInfo,
    readonly shippingAddress: ShippingAddress,
    readonly billingAddress: BillingAddress,
    readonly orderLines: OrderLine[],
    readonly amountToBill: ...,
  ) {}
}
```

```kotlin
// Kotlin
class Order (
    val customerInfo: CustomerInfo,
    val shippingAddress: ShippingAddress,
    val billingAddress: BillingAddress,
    val orderLines: List<OrderLine>,
    val amountToBill: ...,
)
```

각 필드에는 이름(`customerInfo`, `shippingAddress`)과 타입(`CustomerInfo`, `ShippingAddress`)을 부여합니다.

코드로 옮겨보니 여전히 도메인에 애매모호한 구석이 눈에 띕니다. 예를 들어 현재로서는 `ShippingAddress`가 어떤 타입인지 알 수 없습니다. `BillingAddress`와는 같은 타입일까요? `AmountToBill`을 표현하기 위해서는 어떤 타입을 사용해야 할까요?

이상적인 상황에서는 **도메인 전문가**들에게 도움을 요청할 수 있습니다. 예를 들어 전문가들이 청구지 주소와 배송지 주소를 달리 취급한다면, 구조가 동일하더라도 이들을 구분하는 것이 좋습니다. 도메인 이해가 깊어지거나 요구사항이 변하는 것에 따라 서로 다르게 바뀔 수 있기 때문입니다.

5.4.2 잘 모르는 타입 모델링

디자인 초기 단계에서는 일부 모델링 질문에 명확히 답하지 못하는 경우가 많습니다. 예를 들어 도메인의 공용어를 정의했기에 모델링할 타입명은 알지만 내부 구조는 아직 모를 수 있습니다. 이것은 큰 문제는 아닙니다. 아직 잘 모르는 타입 구조를 최대한 추측해서 정의할 수도 있지만, 잘 모르는 타입을 일종의 플레이스 홀더로 명시적으로 모델링하는 것이 더 나은 방법입니다. 잘 모르는 타입을 모델링해두면 앞으로 디자인해가면서 이를 충분히 파악할 때까지 시간을 벌 수 있습니다.

아직 잘 알지 못해 구체적인 타입으로 모델링하지는 못하지만, 적당한 임의 타입으로 모델링을 진행하고 싶다면 `Undefined`라는 타입을 정의해서 활용합시다.

TypeScript는 `Undeifned` 타입을 정의하기 위해 공집합에 별칭을 붙이는 방법을 활용합니다.

```TypeScript
type Undefined = never;
```

이후 도메인을 디자인할 때 `Undefined` 별칭을 사용할 수 있습니다. `Undefined` 타입을 실제 타입으로 구현하는 것을 깜빡하고 컴파일을 실행하면 항상 오류가 발생하므로, 아직 구현하지 않은 타입을 쉽게 알아차리기 좋습니다.

```TypeScript
type CustomerInfo = Undefined;
type ShippingAddress = Undefined;
type BillingAddress = Undefined;
```

```
type OrderLine = Undefined;
type BillingAmount = Undefined;

class Order {
  constructor(
    readonly customerInfo: CustomerInfo,
    readonly shippingAddress: ShippingAddress,
    readonly billingAddress: BillingAddress,
    readonly orderLines: OrderLine[] ,
    readonly amountToBill: BillingAmount,
  ) {}
}
```

`Undefined`를 Kotlin이 지원하는 방식으로 정의하면 다음과 같습니다.

```Kotlin
interface Undefined
typealias CustomerInfo = Undefined
typealias ShippingAddress = Undefined
typealias BillingAddress = Undefined
typealias OrderLine = Undefined
typealias BillingAmount = Undefined

class Order (
    val customerInfo: CustomerInfo,
    val shippingAddress: ShippingAddress,
    val billingAddress: BillingAddress,
    val orderLines: List<OrderLine>,
    val amountToBill: BillingAmount,
)
```

이 방식을 사용하면 도메인을 타입으로 모델링하고 코드를 컴파일할 수 있습니다. 그러나 임시로 잡아둔 타입을 다루는 함수를 작성하기 전에는 `Undefined`가 아닌 실제 타입으로 대체해야 한다는 것을 잊지 말아야 합니다.

5.4.3 선택 타입 모델링

우리 도메인에는 다음과 같이 선택지가 많이 존재합니다.

```
data ProductCode =
    WidgetCode
    OR GizmoCode
```

```
data OrderQuantity =
    UnitQuantity
    OR KilogramQuantity
```

이 선택지들을 TypeScript와 Kotlin 타입 시스템으로 어떻게 표현할 수 있을까요? 당연히 선택 타입으로 표현할 수 있습니다.

`TypeScript`
```typescript
type ProductCode = WidgetCode | GizmoCode;
type OrderQuantity = UnitQuantity | KilogramQuantity;
```

`Kotlin`
```kotlin
sealed interface ProductCode {
    @JvmInline
    value class Widget(...): ProductCode

    @JvmInline
    value class Gizmo(...): ProductCode
}

sealed interface OrderQuantity {
    @JvmInline
    value class Unit(...): OrderQuantity

    @JvmInline
    value class Kilogram(...): OrderQuantity
}
```

5.5 함수로 작업 흐름 모델링하기

이제 도메인의 데이터, 즉 '무엇'을 모델링하는 방법을 익혔습니다. 그렇다면 '어떻게 처리하는지', 즉 비즈니스 프로세스는 어떻게 모델링해야 할까요? 이 책에서는 작업 흐름과 기타 프로세스를 함수 타입으로 모델링할 것입니다. 예를 들어 주문 양식을 검증하는 작업 흐름 단계를 가지고 있다면, 다음과 같이 문서화할 수 있습니다.

`TypeScript`
```typescript
type ValidateOrder = (i: UnvalidatedOrder) => ValidatedOrder;
```

```kotlin
typealias ValidateOrder = (UnvalidatedOrder) -> ValidatedOrder
```

`ValidateOrder`의 **함수 시그니처**를 통해 검증되지 않은 주문을 검증된 주문으로 변환하는 과정임을 알 수 있습니다.

5.5.1 복잡한 입력 및 출력 처리

함수형 프로그래밍에서 모든 함수는 하나의 입력과 하나의 출력만 가집니다. 그러나 일부 작업 흐름은 여러 입력과 출력을 가질 수 있습니다. 이를 어떻게 모델링할 수 있을까요? 출력부터 살펴봅시다. 만약 작업 흐름의 출력이 `outputA`와 `outputB`가 있다면, 이를 하나의 레코드로 만들 수 있습니다. 예를 들어 주문 접수 작업 흐름은 세 가지 서로 다른 이벤트를 출력하므로 레코드 하나로 묶을 수 있습니다.

```typescript
class PlaceOrderEvents {
  constructor (
    readonly acknowledgmentSent: AcknowledgmentSent,
    readonly orderPlaced: OrderPlaced,
    readonly billableOrderPlaced: BillableOrderPlaced,
  ) {}
}
```

```kotlin
data class PlaceOrderEvents (
    val acknowledgmentSent: AcknowledgmentSent,
    val orderPlaced: OrderPlaced,
    val billableOrderPlaced: BillableOrderPlaced,
)
```

주문 접수 작업 흐름이 레코드를 출력한다면 `UnvalidatedOrder`를 입력으로 받고 `PlaceOrderEvents`를 반환하는 함수 타입으로 작성할 수 있습니다.

```typescript
type PlaceOrder = (i: UnvalidatedOrder) => PlaceOrderEvents;
```

```kotlin
typealias PlaceOrder = (UnvalidatedOrder) -> PlaceOrderEvents
```

한편 작업 흐름이 outputA나 outputB를 출력한다면 선택 타입으로 둘을 포괄할 수 있습니다. 예를 들어 수신 우편물을 견적서와 주문서로 분류하는 과정을 생각해보면 이 과정에는 적어도 두 가지 출력 옵션이 있습니다.

```
workflow "Categorize Inbound Mail" =
  input: Envelope contents
  output:
    QuoteForm (put on appropriate pile)
    OR OrderForm (put on appropriate pile)
    OR ...
```

이 작업 흐름을 모델링하는 것은 간단합니다. 출력할 여러 선택지를 `CategorizedMail`이라는 서로운 타입으로 나타내고 `CategorizeInboundMail` 함수가 이를 반환하게 합니다. 우리의 모델은 다음과 같습니다.

TypeScript
```typescript
declare const envelopeContents: unique symbol;
class EnvelopeContents {
   [envelopeContents]!: never;
   constructor ( readonly value: string ) {}
}

type CategorizedMail = QuoteForm | OrderForm;
type CategorizeInboundMail = (i: EnvelopeContents) => CategorizedMail;
```

Kotlin
```kotlin
@JvmInline
value class EnvelopeContents ( val value: String )

sealed interface CategorizedMail {
    data class QuoteForm(...): CategorizedMail
    data class OrderForm(...): CategorizedMail
}

typealias CategorizeInboundMail = (EnvelopeContents) -> CategorizedMail
```

이제 입력을 모델링하는 방법을 살펴봅시다. 만약 작업 흐름이 여러 입력을 받는다면, 두 가지 방법 중 하나를 선택할 수 있습니다. 예를 들어 '가격 계산' 과정에서 입력으로 `OrderForm`과 `Product Catalog`가 모두 필요합니다.

```
"가격 계산":
  입력: 주문서, 제품 카탈로그
  출력: 가격이 계산된 주문서
```

먼저 가장 간단한 방법은 각 입력들을 개별 매개변수로 전달하는 것입니다.

```TypeScript
type CalculatePrices = (i: OrderForm) => (j: ProductCatalog) => PricedOrder;
```

```Kotlin
typealias CalculatePrices = (OrderForm, ProductCatalog) -> PricedOrder
```

또 다른 방법은 여러 입력들을 모두 포함하는 새로운 레코드를 매개변수로 전달하는 것입니다.

```TypeScript
class CalculatePricesInput {
  constructor (
    readonly orderForm: OrderForm,
    readonly productCatalog: ProductCatalog,
  ) {}
}
type CalculatePrices = (i: CalculatePricesInput) => PricedOrder;
```

```Kotlin
data class CalculatePricesInput (
    val orderForm: OrderForm,
    val productCatalog: ProductCatalog,
)
typealias CalculatePrices = (CalculatePricesInput) -> PricedOrder
```

어떤 접근이 더 나을까요? `ProductCatalog`가 '실제' 입력이 아닌 **의존**이라면 별도의 매개변수로 전달하는 방식이 더 좋습니다. 이는 함수형 프로그래밍에서 **의존 주입**과 같은 역할을 합니다. 반면에 두 입력이 항상 필요하고 서로 밀접하게 관련되어 있다면, 레코드로 명확하게 나타내는 것이 좋습니다(드물게 간단한 레코드 대신 튜플tuple을 활용할 수도 있지만 보통은 타입을 명시하는 것이 낫습니다).

5.5.2 함수 시그니처에서 효과 문서화하기

앞서 `ValidateOrder` 프로세스를 다음과 같이 작성했습니다.

```TypeScript
type ValidateOrder = (i: UnvalidatedOrder) => ValidatedOrder;
```

```Kotlin
typealias ValidateOrder = (UnvalidatedOrder) -> ValidatedOrder
```

하지만 이 시그니처는 모든 주문이 검증에 성공한다고 가정합니다. 실제로는 실패할 수도 있으므로, 함수 시그니처에 `Either` 타입을 사용해 실패 가능성을 나타내는 것이 더 좋습니다.

```TypeScript
type ValidateOrder = (i: UnvalidatedOrder) => Either<ValidationError[], ValidatedOrder>;
```

```Kotlin
typealias ValidateOrder = (UnvalidatedOrder) -> Either<List<ValidationError>, ValidatedOrder>
```

`ValidateOrder` 시그니처는 입력이 `UnvalidatedOrder`이고 성공하면 `ValidatedOrder`를 출력하지만 실패하면 `ValidationError`들을 반환한다는 것을 보여줍니다.

함수형 프로그래밍에서 **효과**effect는 함수가 기본 출력 외에 수행하는 다른 작업을 말합니다.[2] 여기서는 `Either`로 `ValidateOrder` 함수가 '오류 효과'가 생길 수 있음을 드러냈습니다. 함수가 항상 성공하는 것은 아니므로, 함수 호출자는 오류를 처리할 준비를 합니다.

마찬가지로 비동기로 실행되는 프로세스를 문서화하고 싶을 때도 있습니다. 어떤 방식을 채택하는 것이 좋을까요? 이 또한 적절히 타입으로 드러내면 됩니다.

TypeScript의 fp-ts에서는 `Task` 타입으로 **비동기 효과**를 나타냅니다. 따라서 `ValidateOrder` 함수에 비동기 효과와 오류 효과가 모두 있다면, 함수 타입은 다음과 같이 작성할 수 있습니다.

---

2 [옮긴이] 원문에서 부수 효과(side effect)와 효과(effect)를 엄밀히 구분하지는 않습니다. 실제로 통용하는 말이긴 하지만 출력 외 일어난 다른 모든 일은 부수 효과라는 말이 정확합니다. 효과는 부수 효과를 격리하는 패턴을 일컫는 용어로 부수 효과와 구분해서 사용합니다.

```typescript
TypeScript
type ValidateOrder = (i: UnvalidatedOrder) => Task<Either<ValidationError[],
ValidatedOrder>>;
```

Kotlin의 arrow-kt는 suspend로 비동기 효과를 드러내기를 권장합니다.[3] 앞으로 Kotlin 예시에서는 비동기 효과를 suspend로 모델링합니다.[4]

```kotlin
Kotlin
typealias ValidateOrder = suspend (UnvalidatedOrder) -> Either<List<ValidationError>,
ValidatedOrder>
```

이제 이 함수 시그니처는 함수가 즉시 반환하지 않으며 오류도 반환할 수 있음을 드러냅니다.

5.6 정체성에 관하여: 값 객체

지금까지 도메인 타입과 작업 흐름을 모델링하는 기본 방법을 살펴보았습니다. 이제 정체성 여부로 데이터를 분류하는 중요한 방법론을 알아봅시다. DDD 용어로 값이 변해도 정체성을 지속하는 데이터를 **엔터티**entity라고 하고, 정체성이 없는 데이터를 **값 객체**value object라고 합니다. 먼저 값 객체부터 논의해봅시다.

많은 경우 우리가 다루는 데이터 객체는 정체성이 없으며, 서로 교환 가능interchangeable합니다. 예를 들어 값이 `"W1234"`인 `WidgetCode`의 한 인스턴스는 값이 `"W1234"`인 다른 `WidgetCode`와 동일합니다. 각 데이터는 서로 동일하며 누구인지 식별할 필요가 없습니다. 이는 다음과 같이 나타낼 수 있습니다.

```typescript
TypeScript
const widgetCode1 = new WidgetCode("W1234");
const widgetCode2 = new WidgetCode("W1234");
assert.deepEqual(widgetCode1, widgetCode2);  // true
```

---

[3] (옮긴이) https://arrow-kt.io/learn/design/suspend-io/
[4] (옮긴이) TypeScript는 `async` 키워드로 비동기 효과를 이미 잘 드러내고 있습니다. 그럼에도 `Task` 출력 타입으로 비동기 효과를 표시하는 데는 이유가 있습니다. 10장에서 자세히 살펴보겠습니다.

```kotlin
// Kotlin
val widgetCode1 = WidgetCode("W1234")
val widgetCode2 = WidgetCode("W1234")
widgetCode1 == widgetCode2 // true
```

이처럼 '정체성이 없는 값'이라는 개념은 도메인 모델에서 자주 등장하며, 단순 타입뿐만 아니라 복합 타입에도 나타납니다. 예를 들어 `PersonalName` 레코드는 `firstName`과 `lastName`이라는 두 필드를 갖는 복합 타입입니다. 하지만 두 필드가 동일한 이름끼리는 서로 교환이 가능하므로 이 또한 값 객체입니다. 코드로 표현하면 다음과 같습니다.

```typescript
// TypeScript
const name1 = new PersonalName("Alex", "Adams");
const name2 = new PersonalName("Alex", "Adams");
assert.deepEqual(name1, name2);  // true
```

```kotlin
// Kotlin
val name1 = PersonalName("Alex", "Adams")
val name2 = PersonalName("Alex", "Adams")
name1 == name2  // true
```

주소 타입도 값 객체입니다. 동일한 거리 주소, 도시, 우편번호를 가지면 동일한 주소로 간주합니다.

```typescript
// TypeScript
const address1 = new Address("123 Main St", "New York", "90001");
const address2 = new Address("123 Main St", "New York", "90001");
assert.deepEqual(address1, address2);  // true
```

```kotlin
// Kotlin
val address1 = Address("123 Main St", "New York", "90001")
val address2 = Address("123 Main St", "New York", "90001")
address1 == address2  // true
```

누군가 크리스와 나는 이름이 같다고 말한다면 해당 도메인에서 이름을 값 객체로 인식한다는 뜻입니다. 즉, 크리스와 나는 다른 사람이지만 이름은 고유한 정체성 없이 같을 수 있습니다. 마찬가지로 팻과 나의 주소가 같다는 말은 두 사람의 주소 정보가 같으므로 주소도 같다는 뜻입니다.

5.6.1 값 객체의 같음

두 값 객체가 같은지 비교하려면 모든 하위 속성들의 값이 동일한지 비교해야 합니다. 이를 **구조적 동등**structural equality이라 합니다. 언어마다 구조적 동등을 지원하는 방식이 다릅니다. Kotlin은 객체를 비교하는 특수 메서드 `equals`을 통해 `==` 오퍼레이터가 암묵적으로 `equals`을 호출하여 객체를 비교합니다. Kotlin은 값 객체를 위한 `data class`가 별도로 있습니다. `data class`는 `equals`과 `hashCode` 메서드를 자동으로 생성하여 구조적 동등 비교를 기본으로 지원합니다.

```Kotlin
data class Class1( val v1: Int, val v2: String)
val obj1 = Class1(1, "a")
val obj2 = Class1(1, "a")
obj1 == obj2 // true
```

반면 TypeScript는 객체를 비교하는 특수 메서드가 없습니다. 다음과 같이 객체를 비교하는 `equals` 인터페이스를 도입하고 `ValueObject` 추상 클래스를 통해 구현할 수 있습니다.

```TypeScript
import * as assert from 'assert';

interface Equatable {
  equals(obj: unknown): boolean;
}

abstract class ValueObject implements Equatable {
  equals(obj: unknown): boolean {
    try {
      assert.deepStrictEqual(this, obj);
      return true;
    } catch {
      return false;
    }
  }
}

class Class1 extends ValueObject {
  constructor(readonly v1: number, readonly v2: string) {
    super();
  }
}

const obj1 = new Class1(1, "a");
```

```
const obj2 = new Class1(1, "a");
obj1.equals(obj2); // true
```

5.7 정체성에 관하여: 엔터티

우리는 현실 세계에서 고유한 정체성을 지닌 것을 종종 모델링하게 됩니다. 고유한 정체성이란 그 구성 요소가 변하더라도 동일한 대상으로 인식한다는 뜻입니다. 예컨대 사람의 이름이나 주소를 바꿔도 여전히 동일한 사람입니다. DDD 용어로 표현하면 **엔터티**라 합니다.

비즈니스 세상의 주문서, 견적서, 인보이스, 고객 프로필, 제품 설명서 등의 문서들이 엔터티에 해당합니다. 이들은 생애 주기를 가지며 다양한 비즈니스 프로세스에 의해 한 상태에서 다른 상태로 변해갑니다.

'값 객체', '엔터티' 여부는 맥락에 따라 변합니다. 예를 들어 휴대폰의 생애 주기를 생각해봅시다. 제조 중에는 각 휴대폰이 고유한 일련번호를 부여받아 고유한 정체성을 가지므로 이 경우 휴대폰은 엔터티로 모델링합니다. 그러나 핸드폰을 판매할 때는 일련번호가 중요하지 않고 사양이 동일하면 같은 휴대폰으로 취급하므로 값 객체로 모델링할 수 있습니다. 휴대폰이 고객에게 팔리면 내 휴대폰이라는 정체성이 다시 중요해지므로 엔터티로 모델링하는 것이 옳습니다. 고객은 화면이나 배터리를 교체하더라도 여전히 자신의 휴대폰으로 동일하게 인식하기 때문입니다.

5.7.1 엔터티의 ID

엔터티는 값이 변경되더라도 안정적인 정체성을 유지해야 합니다. 따라서 이를 모델링할 때 고유 ID, 혹은 주문 ID, 고객 ID 등의 식별자를 부여해야 합니다. 예를 들어 다음의 `Contact` 타입은 전화번호나 이메일 주소가 변경되더라도 `ContactId`는 동일하게 유지됩니다.

TypeScript
```
declare const contactId: unique symbol;
class ContactId {
  [contactId]!: never;
  constructor(readonly value: number) {}
}

class Contact {
  constructor(
```

```
    readonly contactId: ContactId,
    readonly phoneNumber: ... ,
    readonly emailAddress: ... ,
  ) {}
}
```

```kotlin
@JvmInline
value class ContactId ( val value: Int )

class Contact (
    val contactId: ContactId,
    val phoneNumber: ... ,
    val emailAddress: ... ,
)
```

이런 ID는 어디에서 오는 것일까요? 현실 세계 도메인에서 ID를 제공하기도 합니다. 종이 주문서나 송장에 항상 기재되어 있는 식별 번호 같은 것을 말합니다. 때로는 **UUID**universally unique identifier, 자동 증가 데이터베이스 테이블 또는 ID 생성 서비스로 인위적인 ID를 만들어야 할 수도 있습니다. 이 주제는 복잡하므로 이 책에서는 고객이 ID를 제공한다고 가정합니다.

5.7.2 데이터 정의에 ID 포함하기

어떤 도메인 모델을 엔터티로 식별했다면 ID를 어떻게 데이터 정의에 포함시킬까요? 레코드에 ID를 포함시키는 것은 간단합니다. 필드를 추가하기만 하면 됩니다. 그러나 선택 타입에 ID를 포함시킬 때는 어떻게 해야 할까요? ID를 선택 타입의 개별 경우들 속에 포함시킬까요? 혹은 개별 경우들과는 별개로 선택 타입 바깥에 두어야 할까요?

예를 들어 `Invoice`에 '지불 완료'와 '미지불'이라는 두 가지 선택이 있다고 가정해봅시다. 이를 '외부' 방식으로 모델링하면, 인보이스 ID를 포함하는 레코드가 있고, 그 레코드 안에 있는 선택 타입 `InvoiceInfo`에 각 유형의 인보이스에 대한 정보를 포함시킵니다. 코드는 다음과 같습니다.

```typescript
class UnpaidInvoiceInfo { ... }
class PaidInvoiceInfo { ... }
type InvoiceInfo = UnpaidInvoiceInfo | PaidInvoiceInfo;

class InvoiceId { ... }
```

```
class Invoice {
  constructor(
    invoiceId: InvoiceId,
    invoiceInfo: InvoiceInfo,
  ) {}
}
```

```kotlin
sealed interface InvoiceInfo {
    data class UnpaidInvoiceInfo( ... ): InvoiceInfo
    data class PaidInvoiceInfo( ... ): InvoiceInfo
}

@JvmInline
value class InvoiceId ( ... )

class Invoice (
    val invoiceId: InvoiceId,
    val invoiceInfo: InvoiceInfo,
)
```

이 방식은 `Invoice` 자체가 선택 타입이 아니므로 `InvoiceInfo` 선택 타입 안과 밖에 `Invoice` 데이터가 퍼져 있습니다. 그래서 **패턴 매칭**을 하여 데이터를 다루기가 어렵다는 문제가 있습니다. 따라서 ID를 각 선택 타입의 케이스 안에 포함시키는 것이 더 일반적입니다. 내부에 ID를 두면 두 개의 별도 타입(`UnpaidInvoice`와 `PaidInvoice`)을 만들고 두 타입 모두 고유한 `InvoiceId`를 갖게 됩니다. 그리고 `Invoice` 선택 타입이 위의 두 선택지를 포함하는 구조가 됩니다. 코드는 다음과 같습니다.

```typescript
type UnpaidInvoice = {
invoiceId: InvoiceId,
  ...
}
type PaidInvoice = {
invoiceId: InvoiceId,
  ...
}
type Invoice = UnpaidInvoice | PaidInvoice;
```

```kotlin
sealed interface Invoice {
```

```
    class Unpaid(
        val invoiceId: InvoiceId,
        ...,
    ): Invoice

    class Paid(
        val invoiceId: InvoiceId,
        ...,
    ): Invoice
}
```

이런 방식은 패턴 매칭을 하고 나서 ID를 포함한 모든 데이터에 접근할 수 있다는 이점이 있습니다.

`TypeScript`
```typescript
const invoice = new PaidInvoice(invoiceId, ...);
match(invoice)
  .with(P.instanceOf(UnpaidInvoice), ({invoiceId}) => console.log("The unpaid invoiceId is %A"))
  .with(P.instanceOf(PaidInvoice), ({invoiceId}) => console.log("The paid invoiceId is %A"))
  .exhaustive();
```

`Kotlin`
```kotlin
val invoice = PaidInvoice(invoiceId, ...)
when (invoice) {
    is Invoice.Unpaid -> println("The unpaid invoiceId is ${invoice.invoiceId}")
    is Invoice.Paid -> println("The paid invoiceId is ${invoice.invoiceId}")
}
```

5.7.3 엔터티의 같음

엔터티가 같은지 확인하기 위해선 오로지 ID만 비교해야 합니다.

`TypeScript`
```typescript
type RawId = string | number | bigint;

export abstract class Entity<ID extends RawId | ValueObject> implements Equatable {
  abstract readonly id: ID;
  protected abstract isSameClass<T extends Entity<ID>>(obj: unknown): obj is T;

  @bound
  equals(obj: unknown): boolean {
    if (!this.isSameClass(obj)) return false;
    const otherId = (obj as Entity<ID>).id;
```

```
      return this.id instanceof ValueObject
        ? this.id.equals(otherId)
        : this.id === otherId;
  }
}

class Contact extends Entity<ContactId> {
  contactId: ContactId; // WrapperId
  phoneNumber: PhoneNumber;
  emailAddress: EmailAddress;

  get id(): ContactId {
    return this.contactId;
  }

  isSameClass<Contact>(obj: unknown): obj is Contact {
    return obj instanceof Contact;
  }
}
```

Kotlin
```
abstract class Entity<T : Any> {
    abstract val id: T

    override fun equals(other: Any?): Boolean {
        return this === other || (
                other != null &&
                        this::class == other::class &&
                        other is Entity<*> &&
                        this.id == other.id
                )
    }

    override fun hashCode(): Int = id.hashCode()
}

class Contact(
    val contactId: ContactId,
    val phoneNumber: PhoneNumber,
    val emailAddress: EmailAddress,
): Entity<ContactId>() {
    override val id: ContactId
        get() = contactId
}
```

이제 다음과 같이 ID만으로 같은 엔터티인지 비교합니다.

```TypeScript
const contactId = new ContactId(1);
const contact1 = new Contact(
  contactId,
  new PhoneNumber("123-456-7890"),
  new EmailAddress("bob@example.com"),
);
const contact2 = new Contact(
  contactId,
  new PhoneNumber("123-456-7890"),
  new EmailAddress("robert@example.com"),
);
console.log(contact1.equals(contact2)); // true
```

```Kotlin
val contactId = ContactId("id")
val contact1 = Contact(
    contactId,
    PhoneNumber("123-456-7890"),
    EmailAddress("bob@example.com"),
)
val contact2 = Contact(
    contactId,
    PhoneNumber("123-456-7890"),
    EmailAddress("robert@example.com"),
)
println(contact1 == contact2) // true
```

5.7.4 불변성과 정체성

4장에서 살펴보았듯이 함수형 프로그래밍에서 값은 기본적으로 불변입니다. 즉, 생성된 값을 변경할 수 없다면 이는 디자인에 어떤 영향을 미칠까요?

- **값 객체**는 불변이어야 합니다.[5] 일상 언어에서 값 객체의 용례를 생각해봅시다. 예를 들어 '애플'에서 '애프르'로 이름 일부를 바꾼다면 같은 이름의 데이터가 변했다고 생각하지 않고 새 이름으로 간주합니다.

---

5 [옮긴이] Kotlin의 `data class`는 값 객체라는 인식이 깔려 있기에 보통 불변 속성을 갖습니다. 따라서 클래스 안에 변경 가능한 상태 필드를 두고 싶거나, 엔터티같이 동일한 구조가 아닌 다른 방식으로 객체를 비교하려면 일반 `class`를 사용합니다. 또한 `data class`는 `sealed class`가 아닌 일반 `abstract class`를 상속받을 수 없습니다. 이 세 가지 경우가 아니라면 Kotlin에서 값을 담는 상당수 클래스는 `data class`가 더 적합합니다.

- 반면 **엔터티**는 이야기가 다릅니다. 우리는 엔터티의 데이터가 시간에 따라 변할 것으로 기대합니다. 이것이 바로 엔터티에 **식별자**가 있는 이유입니다. 그렇다면 데이터를 변경할 수 없는 함수형 프로그래밍에서 엔터티는 어떻게 해야 데이터를 변경할 수 있을까요? 변경된 데이터로 엔터티의 복사본을 만들 때 식별자를 유지하면 됩니다. 이렇게 복사하는 것이 추가 작업이 많아 보일 수 있지만 실제로 큰 문제가 되지는 않습니다. 사실 이 책의 모든 곳에서 불변 데이터를 사용할 것이며, 불변성이 거의 문제가 되지 않음을 자연스레 알아차릴 것입니다.

다음은 엔터티를 업데이트하는 방법에 대한 예시입니다. 먼저 초깃값을 생성해보겠습니다.

```TypeScript
const initialPerson = new Person(new PersonId(42), "Joseph");
```

```Kotlin
val initialPerson = Person(PersonId(42), "Joseph")
```

일부 필드만 변경하면서 레코드를 복사할 때, TypeScript는 `immer` 라이브러리를 주로 사용합니다.

```TypeScript
import {produce} from "immer"
const updatedPerson = produce(initialPerson, draft => { draft.name = "Joe" });
```

Kotlin의 `arrow-optics`은 `copy` DSL을 제공하여 직관적으로 수정본을 만들 수 있게 지원합니다.

```Kotlin
import arrow.optics.copy
val updatedPerson = initialPerson.copy {
    draft.name set "Joe"
}
```

`updatedPerson`값은 `initialPerson`과 동일한 `PersonId`를 갖지만 `name`이 Joe로 변경됐습니다.

불변 데이터를 사용하면 모든 변경 명세가 함수 시그니처에 명시적으로 드러나는 이점이 있습니다. 예를 들어 `Person`의 `name` 필드를 변경하는 함수라면 다음과 같은 시그니처는 사용할 수 없습니다.

```typescript
// TypeScript
type UpdateName = (person: Person) => (name: string) => void;
```

```kotlin
// Kotlin
typealias UpdateName = (person: Person, name: String) -> Unit
```

이 함수는 출력이 없으므로 아무것도 변경하지 않았거나, `Person`을 부수 효과로 변경했다는 의미입니다. `Person`이 불변이라면 함수는 다음과 같이 값을 변경한 `Person` 타입을 출력해야만 합니다.

```typescript
// TypeScript
type UpdateName = (person: Person) => (name: string) => Person;
```

```kotlin
// Kotlin
typealias UpdateName = Person.(name: String) -> Person
```

따라서 `Person`과 `Name`을 입력받아 수정된 `Person`을 반환하는 것을 함수 시그니처로 명확히 드러내게 됩니다.

5.8 집합체

이제 디자인에서 특히 중요한 두 가지 데이터 타입, `Order`와 `OrderLine`을 좀 더 자세히 살펴봅시다. 먼저 `Order`는 엔터티일까요, 값 객체일까요? `Order`는 명백히 엔터티입니다. 시간이 지나며 주문 세부 사항이 바뀌어도 여전히 같은 `Order`입니다. 그렇다면 `OrderLine`은 어떨까요? 예를 들어 특정 `OrderLine`의 수량을 변경하면 `OrderLine` 역시 여전히 같을까요? 대체로 그렇습니다. 수량이나 가격이 시간에 따라 변하더라도 여전히 같은 `OrderLine`이라고 생각하는 것이 합리적입니다. 따라서 `OrderLine`도 자체 ID를 가진 엔터티입니다.

여기서 생각해볼 점이 하나 있습니다. `OrderLine`을 수정하면 해당 항목을 품고 있는 `Order`도 수정한 것일까요? 명백히 그렇습니다. 불변 데이터 구조에서는 한 `OrderLine`을 수정하면 전체 `Order` 수정을 피할 수 없습니다. `OrderLine`의 수정본을 만든다고 해서 `Order`에 반영되지는 않습니다. `Order`에 포함된 `OrderLine`을 변경하고자 한다면, `OrderLine` 수준이 아니라 `Order` 수준에서 변경해야 합니다.

다음은 `OrderLine`의 가격을 업데이트하는 의사코드입니다.

```TypeScript
import {produce} from "immer"
// 다음 세 가지 매개변수를 전달한다.
// * 최상위 Order
// * 변경하려는 OrderLine의 id
// * 새로운 가격
const changeOrderLinePrice = (order: Order, orderLineId: OrderLineId, newPrice: number) => {
  // 1. orderLineId로 변경할 orderLine을 찾는다.
  const orderLine = pipe(order.orderLines, findOrderLine(orderLineId));

  // 2. 새 가격을 반영한 새 OrderLine을 만든다.
  const newOrderLine = produce(orderLine, draft => { draft.price = newPrice; });

  // 3. 이전 항목을 새 항목으로 교체한 새 항목 리스트를 만든다.
  const newOrderLines = pipe(order.orderLines, replaceOrderLine(orderLineId, newOrderLine ));

  // 4. 새 리스트로 교체한 새 Order를 반환한다.
  return produce(order, draft => { draft.orderLines = newOrderLines; });
}
```

```Kotlin
// 다음 세 가지 매개변수를 전달한다.
// * 최상위 Order
// * 변경하려는 OrderLine의 id
// * 새로운 가격
fun changeOrderLinePrice(order: Order, orderLineId: OrderLineId, newPrice: number): Order {
    // 1. orderLineId로 변경할 orderLine을 찾는다.
    val orderLine = findOrderLine(orderLineId, order.orderLines)

    // 2. 새 가격을 반영한 새 OrderLine을 만든다.
    val newOrderLine = orderLine.copy {
      OrderLine.price set newPrice
    }

    // 3. 이전 항목을 새 항목으로 교체한 새 항목 리스트를 만든다.
    val newOrderLines = replaceOrderLine(orderLineId, newOrderLine, order.orderLines)

    // 4. 새 리스트로 교체한 새 Order를 반환한다.
    return order.copy {
        Order.orderLines set newOrderLines
    }
}
```

이 함수의 최종 결과는 가격을 수정한 `OrderLine`을 포함하는 새 `Order`입니다. 불변 데이터 구조에서는 한 계층 아래 요소를 변경하면 그 상위 요소도 변경해야만 파급 효과가 생깁니다. 따라서 하위 엔터티인 `OrderLine`만 변경하더라도 항상 `Order` 수준에서 작업해야 합니다.

이처럼 '최상위' 엔터티가 여러 엔터티들을 포괄하는 모습은 매우 전형적입니다. DDD에서는 이 엔터티들을 **집합체**aggregate[6]라 부르고, 최상위 엔터티를 **집합체 루트**aggregate root라고 합니다. 위 예시에서 집합체는 `Order`와 `OrderLine`으로 구성되며, 집합체 루트는 `Order`입니다.

5.8.1 일관성과 불변성을 책임지는 집합체

집합체는 데이터를 수정할 때 중요한 역할을 합니다. 집합체는 이에 속한 엔터티들의 일관성을 보장합니다. 집합체의 한 부분을 수정하면 다른 부분도 수정하여 일관성을 유지해야 합니다. 예를 들어 상위 엔터티 `Order`에 '총가격'을 추가한다고 가정해봅시다. 한 `OrderLine`의 가격을 수정하면 당연히 총가격도 수정하여 데이터가 일관되게 유지해야 합니다. 앞서 소개한 `changeOrderLinePrice` 함수에서 `OrderLine` 가격 수정 및 일관성 유지를 수행합니다. 데이터의 일관성을 유지하는 방법을 아는 유일한 구성 요소는 최상위 `Order`, 즉 집합체 루트이므로 무엇을 수정하든 `OrderLine` 수준이 아닌 `Order` 수준에서 수정해야 합니다.

또한 언제나 지켜야 하는 규칙들도 집합체가 강제합니다. 예를 들어 모든 `Order`에는 적어도 하나의 `OrderLine`이 있다는 규칙이 있다고 가정해봅시다. 이제 항목이 하나만 남았을 때 `OrderLine`을 삭제하려고 하면 집합체가 오류를 일으킵니다.

5.8.2 집합체 참조

`Order`에 관련 고객 정보를 추가해야 한다고 가정해봅시다. 단순히 생각하면 `Customer`를 필드로 추가하고 싶을 수 있습니다.

```typescript
class Order {
  constructor(
    readonly orderId: OrderId,
    readonly customer: Customer,   // 관련 고객에 대한 정보
    readonly orderLines: OrderLine[],
```

---

[6] (옮긴이) 통계 등에서 데이터를 쌓는다는 뜻의 동사 애그리게이트가 익숙할 수 있습니다만 DDD의 집합체는 명사 애그리거트라고 부릅니다.

```
        // 기타 등등
    ) {}
}
```

```kotlin
class Order (
    val orderId: OrderId,
    val customer: Customer,   // 관련 고객에 대한 정보
    val orderLines: List<OrderLine>,
    // 기타 등등
)
```

그러나 데이터가 불변이기에 고객 정보를 변경하면 `Order`도 변경해야 합니다. 우리는 이같이 모두가 뒤얽힌 수정을 바라지 않습니다. 더 나은 디자인은 `Customer` 자체가 아닌 참조만 저장하는 것입니다. 즉, `Order` 타입에 `CustomerId`만 저장하는 방식입니다.

```typescript
class Order {
  constructor(
    readonly orderId: OrderId,
    readonly customerId: CustomerId,  // 관련 고객에 대한 참조
    readonly orderLines: OrderLine[],
    // 기타 등등
  ) {}
}
```

```kotlin
class Order (
    val orderId: OrderId,
    val customerId: CustomerId,   // 관련 고객에 대한 참조
    val orderLines: List<OrderLine>,
    // 기타 등등
)
```

이 방식은 `Order` 관련 고객 정보가 필요할 때 `Order`에서 `CustomerId`를 얻어서 관련 고객 데이터를 별도로 조회합니다. 즉, `Customer`와 `Order`는 별도의 집합체입니다. 각자 내부 일관성을 따로 유지하며, 이들 간의 연결은 루트 객체의 ID로 이루어집니다.

집합체는 데이터를 저장하는 기본 단위입니다. 객체를 데이터베이스에서 불러오거나 저장할 때에는 전체 집합체 단위로 수행합니다. 각 데이터베이스 **트랜잭션**은 단일 집합체만 처리해야 하며, 여

러 집합체를 포함하거나 집합체를 넘어서는 안 됩니다. 마찬가지로 객체를 직렬화하여 네트워크로 전송하려는 경우에는 항상 전체 집합체를 전송해야 하며 일부만 전송해서는 안 됩니다.

다시 말하지만 집합체는 단순히 엔터티 모음이 아닙니다. 예를 들어 고객 리스트는 엔터티의 모음이지만 최상위 엔터티가 루트로 작동하지 않으며, 일관성을 유지하려는 시도가 없기 때문에 DDD의 집합체는 아닙니다.

집합체가 도메인 모델에서 중요한 역할을 하는 이유를 다음과 같이 요약할 수 있습니다.

- 집합체는 도메인 객체들의 모음으로 최상위 엔터티가 '루트'인 단일 구성 요소로 취급합니다.
- 집합체 내 객체의 모든 변경 사항은 집합체 루트에 적용해야 하며, 집합체는 내부 데이터가 일관성을 유지하도록 동시에 업데이트합니다.
- 집합체는 데이터 저장, 데이터베이스 트랜잭션, 데이터 전송의 원자적 단위입니다.

따라서 집합체 정의는 디자인 과정에서 중요한 부분입니다. 때때로 같이 사용하는 엔터티들이 `OrderLine`과 `Order`처럼 같은 집합체에 속할 수도 있고, `Customer`와 `Order`처럼 다른 집합체일 수도 있습니다. 이럴 때야말로 도메인 전문가와 함께하는 것이 중요합니다. 도메인 전문가만이 엔터티와 일관성 테두리와의 관계를 이해시켜줄 조력자입니다.

모델링 작업을 해나가다 보면 많은 집합체들을 만나게 될 것이므로 다음 용어에 익숙해지도록 합시다.

> **새로운 DDD 용어**
>
> 이 장에서 소개한 DDD 용어들입니다.
> - **값 객체**는 정체성이 없는 도메인 객체입니다. 동일한 데이터를 지닌 두 값 객체는 서로 같습니다. 값 객체의 일부가 변하면 이는 다른 값 객체가 되므로, 값 객체는 반드시 불변이어야 합니다. 값 객체의 예시로는 이름, 주소, 위치, 돈, 날짜 등이 있습니다. 우리 예시의 값 객체로는 검증 전 주문이 있습니다.
> - **엔터티**는 속성값에 무관하게 정체성을 유지하는 도메인 객체입니다. 엔터티 객체는 식별자를 가지며 식별자가 같은 두 엔터티는 동일한 객체로 간주합니다. 엔터티는 보통 생성되어 소멸되는 시점까지 변화해가는 도메인 객체(예: 문서)를 표현하는 데 쓰입니다. 우리 예시의 엔터티로는 고객, 주문, 제품, 송장이 있습니다.
> - **집합체**는 도메인 일관성과 데이터 트랜잭션의 원자성을 보장하기 위해 단일 요소로 취급하는 연관 객체들을 말합니다. 집합체에 속하지 않은 엔터티를 참조할 때엔 반드시 해당 엔터티가 속해 있는 집합체의 최상위 멤버, 즉 집합체 루트의 ID로만 참조해야 합니다.

5.9 모두 한데 모으기

지금까지 많은 타입을 만들어왔으니 각 타입들이 어떻게 아귀가 맞아 온전한 도메인 모델을 이루는지 살펴봅시다. 먼저 이 모든 타입을 `ordertaking.domain` 같은 별도 패키지에 둡니다. 이는 다른 패키지와 이 타입들을 분리하며 DDD의 경계 진 맥락을 나타냅니다. 다음으로 단순 타입을 추가합니다.

```typescript
// domain-modeling-made-functional-typescript/src/order-taking/common-types/simple-types.ts
// 제품 코드 관련
// 제약 조건: "W"로 시작한 후 네 자리 숫자
declare const widgetCode: unique symbol;
class WidgetCode {
    [widgetCode]!: never;
    constructor(readonly value: string) {}
}
// 제약 조건: "G"로 시작한 후 세 자리 숫자
declare const gizmoCode: unique symbol;
class GizmoCode {
    [gizmoCode]!: never;
    constructor(readonly value: string) {}
}
type ProductCode = WidgetCode | GizmoCode;

// Order 수량 관련
declare const unitQuantity: unique symbol;
class UnitQuantity {
    [unitQuantity]!: never;
    constructor(readonly value: number) {}
}
declare const kilogramQuantity: unique symbol;
class KilogramQuantity {
    [kilogramQuantity]!: never;
    constructor(readonly value: number) {}
}
type OrderQuantity = UnitQuantity | KilogramQuantity;
```

```kotlin
package org.ontheground.dmmf.ordertaking.common
sealed interface ProductCode {
    @JvmInline
    value class Widget (val value: String): ProductCode
```

```
    @JvmInline
    value class Gizmo (val value: String): ProductCode
}

sealed interface OrderQuantity {
    @JvmInline
    value class Unit (val value: Int): OrderQuantity

    @JvmInline
    value class Kilogram(val value: Double): OrderQuantity
}
```

이 타입들은 모두 값 객체이므로 ID가 필요하지 않습니다.

반면 `Order`는 속성을 변경해도 정체성을 유지하는 엔터티이므로 ID로 모델링해야 합니다. ID가 문자열, 정수 또는 UUID인지 알 수 없으므로, 지금은 임의로 Undefined로 사용합시다. 다른 ID도 동일하게 처리합니다.

TypeScript
```typescript
type OrderId = Undefined;
type OrderLineId = Undefined;
type CustomerId = Undefined;
```

Kotlin
```kotlin
typealias OrderId = Undefined
typealias OrderLineId = Undefined
typealias CustomerId = Undefined
```

`Order`와 그 구성 요소는 다음과 같이 스케치할 수 있습니다.

TypeScript
```typescript
type CustomerInfo = Undefined;
type ShippingAddress = Undefined;
type BillingAddress = Undefined;
type Price = Undefined;
type BillingAmount = Undefined;

class Order extends Entity<OrderId> {
  constructor(
    readonly orderId: OrderId,
    readonly customerId: CustomerId,  // 관련 고객에 대한 참조
```

```
    readonly orderLines: OrderLine[],
    readonly shippingAddress: ShippingAddress,
    readonly billingAddress: BillingAddress,
    readonly amountToBill: BillingAmount,
  ) { super() }
  ...
}

class OrderLine extends Entity<OrderLineId> {
  constructor(
    readonly orderLineId: OrderLineId,
    readonly orderId: OrderId,
    readonly productCode: ProductCode,
    readonly orderQuantity: OrderQuantity,
    readonly price: Price,
  ) { super() }
  ...
}
```

Kotlin

```
typealias CustomerInfo = Undefined
typealias ShippingAddress = Undefined
typealias BillingAddress = Undefined
typealias Price = Undefined
typealias BillingAmount = Undefined

class Order (
    val orderId: OrderId,
    val customerId: CustomerId,  // 관련 고객에 대한 참조
    val orderLines: List<OrderLine>,
    val shippingAddress: ShippingAddress,
    val billingAddress: BillingAddress,
    val amountToBill: BillingAmount,
) : Entity<OrderId>() { ... }

class OrderLine (
    val orderLineId: OrderLineId,
    val orderId: OrderId,
    val productCode: ProductCode,
    val orderQuantity: OrderQuantity,
    val price: Price,
) : Entity<OrderLineId>() { ... }
```

이제 작업 흐름을 마무리할 시간입니다. 작업 흐름 입력은 `Order` 양식을 그대로 받아들이는 `UnvalidatedOrder`로, `int` 및 `string`과 같은 원시 타입만 포함합니다.

```typescript
class UnvalidatedOrder extends ValueObject {
  constructor(
    readonly orderId: string,
    readonly customerInfo: ...,
    readonly shippingAddress: ...,
    ...
  ) { super() }
}
```

```kotlin
data class UnvalidatedOrder (
    val orderId: String,
    val customerInfo: ...,
    val shippingAddress: ...,
    ...
)
```

작업 흐름의 출력 타입은 두 개가 필요합니다. 첫 번째는 작업 흐름이 성공했을 때의 이벤트 타입입니다.

```typescript
class PlaceOrderEvents {
  constructor (
    readonly acknowledgmentSent: AcknowledgmentSent,
    readonly orderPlaced: OrderPlaced,
    readonly billableOrderPlaced: BillableOrderPlaced,
  ) {}
}
```

```kotlin
data class PlaceOrderEvents (
    val acknowledgmentSent: AcknowledgmentSent,
    val orderPlaced: OrderPlaced,
    val billableOrderPlaced: BillableOrderPlaced,
)
```

두 번째는 작업 흐름이 실패했을 때의 오류 타입입니다.

```typescript
type PlaceOrderError = ValidationError | ...  // 다른 오류들
```

```
declare const validationError: unique symbol;
class ValidationError extends Error {
  [validationError]!: never;
  constructor(message: string) {
    super(message);
  }

  static from(e: Error): ValidationError {
    return new ValidationError(e.message);
  }
}
```

`Kotlin`
```
sealed interface PlaceOrderError

@JvmInline
class ValidationError(val value: String): PlaceOrderError
```

마지막으로 주문 접수 작업 흐름을 나타내는 최상위 함수를 정의할 수 있습니다.

`TypeScript`
```
type PlaceOrder = (i: UnvalidatedOrder) => Either<PlaceOrderError, PlaceOrderEvents>;
```

`Kotlin`
```
typealias PlaceOrder = (UnvalidatedOrder) -> Either<PlaceOrderError, PlaceOrderEvents>
```

아직 다듬어야 할 세부 사항들이 분명히 많이 남아 있지만, 타입으로 도메인 모델링을 하는 과정을 통해 앞으로 무엇을 할지는 이제 명확해졌습니다.

주문 접수 작업 흐름 모델을 아직 완성한 것은 아닙니다. 예를 들어 '주문을 검증함', '가격을 책정함' 같은 상태들을 어떻게 모델링할지 등이 남아 있습니다.

5.9.1 다시 생각해보는 도전 과제: 정말 타입으로 문서를 대체할 수 있을까?

이번 장 초입에서 우리는 하나의 도전 과제를 언급했습니다. 도메인 요구사항을 타입 시스템으로 담아낼 수 있을까? 그리고 이 내용을 도메인 전문가나 비개발자들이 리뷰할 수 있도록 만들 수 있을까? 앞서 작성한 도메인 모델을 보면 만족할 만한 결과를 얻었다고 할 수 있습니다. 텍스트 대신

TypeScript와 Kotlin 타입으로 쓰여진 완전한 도메인 모델을 얻었고, 우리가 작성한 타입은 `AND`와 `OR` 표기법으로 구현한 도메인 문서와 거의 동일해 보입니다.

이제 비개발자가 된다고 상상해봅시다. 이 코드를 문서로서 이해하기 위해서는 무엇을 배워야 할까요? 단순 타입, 레코드, 선택 타입, 그리고 '입력 → 출력' 형태의 프로세스를 익혀야겠지만 그 외 다른 많은 것을 배울 필요는 없습니다. C#이나 Java와 같은 전통적인 프로그래밍 언어보다 확실히 눈에 더 잘 들어옵니다.

5.10 마무리

이 장에서는 TypeScript와 Kotlin 타입 시스템으로 도메인을 모델링하는 방법을 소개했습니다. 단순 타입, 레코드, 선택 타입을 활용했으며, 문자열이나 정수 같은 개발자 중심의 용어 대신 `ProductCode`, `OrderQuantity` 같은 도메인 공용어를 사용했습니다. 우리는 한 번도 `Manager`나 `Handler` 타입을 정의하지 않았습니다! 또한 다양한 종류의 ID, 값 객체, 엔터티로 모델링하는 방법도 알아보았습니다. 그리고 일관성을 보장하기 위한 집합체 개념을 살펴봤습니다.

앞선 장에서 작성했던, 텍스트로 이뤄진 도메인 문서와 매우 유사한 타입 집합을 만들었습니다. 가장 큰 차이점은 이 타입 정의는 컴파일 가능한 코드이며 애플리케이션 코드에 포함시킬 수 있다는 점입니다. 이는 애플리케이션 코드가 도메인 정의와 항상 동기화되어 도메인 정의를 변경하면 애플리케이션이 컴파일되지 않는다는 뜻입니다. 따라서 디자인을 코드와 동기화하려고 애쓸 필요가 없습니다. 디자인 자체가 코드니까요!

이 방식은 타입으로 도메인 디자인을 문서화하는 매우 전형적인 방법이며 다른 도메인에도 어떻게 적용할지 명확할 것입니다. 아직 세부 구현에 들어가지 않았으므로, 도메인 전문가와 협업하며 아이디어를 빠르게 검토해볼 수 있는 좋은 방법입니다. 텍스트 상태라 도메인 전문가가 특별한 도구 없이 쉽게 검토할 수 있고 직접 타입을 작성할 수도 있습니다!

그러나 몇 가지 디자인 이슈는 아직 다루지 않았습니다. 어떻게 단순 타입이 항상 제약을 따르게 만들까요? 집합체의 무결성은 어떻게 유지하나요? 주문의 여러 상태를 어떻게 모델링할까요? 이러한 주제는 다음 장에서 다룰 예정입니다.

CHAPTER 6

도메인의 무결성과 일관성

이전 장에서는 TypeScript와 Kotlin 타입 시스템으로 도메인을 모델링하는 기본 과정을 살펴봤습니다. 도메인을 충분히 드러내는 여러 타입을 구축했는데, 이는 컴파일 가능하며 구현체를 작성할 때 가이드 역할을 합니다.

지금까지 도메인을 올바르게 모델링하기 위한 노력을 해왔다면, 이제는 도메인의 모든 데이터가 유효하고 일관되도록 몇 가지 예방 조치가 필요합니다. 신뢰할 수 없는 외부 세계와 구분하여 **경계 진 맥락** 내에서는 신뢰하는 데이터만 있게 할 것입니다. 맥락 내 모든 데이터가 항상 유효하다고 확신할 수 있다면 깔끔한 구현은 물론, 불필요한 **방어 코드**를 피할 수 있습니다.

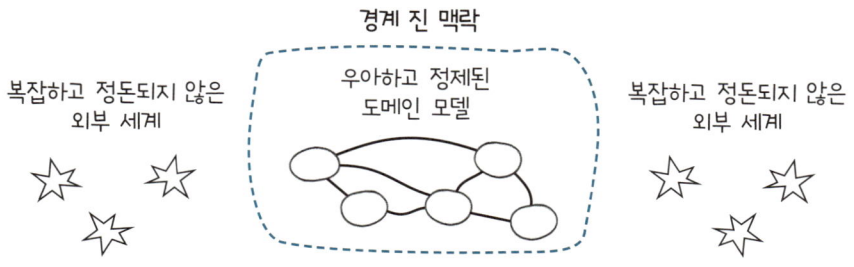

이 장에서는 신뢰할 수 있는 도메인의 두 가지 측면인 **무결성**integrity과 **일관성**consistency을 모델링하는 방법을 살펴봅니다. **무결성**(또는 유효성validity)이란 어떤 데이터가 비즈니스 규칙을 따른다는 의미입니다. 그 예시는 다음과 같습니다.

- `UnitQuantity`는 1에서 1000 사이라고 했습니다. 이 제약 사항을 여러 곳에서 계속 확인해야 할까요, 아니면 늘 준수한다고 가정할 수 있을까요?
- 주문에는 항상 하나 이상의 주문 항목이 있어야 합니다.
- 주문을 배송팀으로 보내기 전에는 주문에 올바른 배송 주소를 포함해야 합니다.

일관성은 도메인 모델의 여러 부분을 아울러 규칙을 따른다는 의미입니다. 다음은 몇 가지 예시입니다.

- 주문의 청구 총액은 주문에 포함된 모든 주문 항목 액수의 총합입니다. 총액이 맞지 않으면 데이터가 일관되지 않습니다.
- 주문을 접수하면 해당 청구서가 생성되어야 합니다. 주문은 있지만 청구서가 없으면 데이터가 일관되지 않습니다.
- 주문에 할인 바우처 코드를 사용하면 바우처 코드를 다시 사용하지 못하게 '사용함' 표시를 해야 합니다. 주문에 쓰인 바우처에 '사용함' 표시가 안 되어 있으면 데이터가 일관되지 않습니다.

이 장에서는 데이터의 무결성과 일관성을 어떻게 보장할지 살펴봅니다. 늘 그렇듯 타입 시스템으로 더 많은 정보를 드러낼수록 별도 문서 없이 올바르게 코드를 구현할 수 있습니다.

6.1 단순값의 무결성

앞서 단순값을 모델링할 때 단순값은 `string`이나 `int`로 표현해서는 안 되고, `WidgetCode` 또는 `UnitQuantity` 같은 도메인이 인식하는 타입으로 표현해야 한다고 설명했습니다. 실세계 도메인에서 무한한 정수나 무한 길이 문자열이 거의 없어서 도메인 타입으로 나타낸 것으로 타입을 완성한 것이 아닙니다. 거의 모든 단순값은 어떤 식으로든 제약이 붙습니다. `OrderQuantity`를 일반 정수로 표현할 수 있지만 비즈니스에서 주문 수량이 음수 개이거나 40억 개일 가능성은 매우 낮습니다. `CustomerName`을 문자열로 표현할 수는 있지만 탭 문자 또는 줄 바꿈을 포함할 수 있다는 의미는 아닙니다.

예시 도메인에서 이같이 제약 있는 타입 몇몇을 이미 만났습니다. `WidgetCode` 문자열은 특정 문자로 시작해야 하며, `UnitQuantity`는 1에서 1000 사이여야 했습니다. 다음은 앞에서 살펴본 예시의 제약 사항을 주석으로 달아서 타입을 정의한 코드입니다.

```typescript
// TypeScript
declare const widgetCode: unique symbol;
class WidgetCode {
    [widgetCode]!: never;
    constructor(readonly value: string) {} // 'W'로 시작한 다음 네 자리
}
declare const unitQuantity: unique symbol;
class UnitQuantity {
    [unitQuantity]!: never;
    constructor(readonly value: number) {}   // 1에서 1000 사이
}
declare const kilogramQuantity: unique symbol;
class KilogramQuantity {
    [kilogramQuantity]!: never;
    constructor(readonly value: number) {} // 0.05에서 100.00 사이
}
```

```kotlin
// Kotlin
@JvmInline
value class WidgetCode (val value: String) // 'W'로 시작한 다음 네 자리

@JvmInline
value class UnitQuantity (val value: Int) // 1에서 1000 사이

@JvmInline
value class KilogramQuantity (val value: Double) // 0.05에서 100.00 사이
```

타입 사용자가 주석에 쓰인 제약 조건을 읽게 하는 것이 아니라, 값 자체가 해당 타입의 제약 조건을 충족하지 않으면 생성되지 말아야 합니다. 제약 조건을 준수하여 생성되었다면 그 뒤로는 데이터를 변경할 수 없으므로 값이 올바른지 재차 확인할 필요가 없습니다.[1] 방어 코드 없이도 어디서나 `WidgetCode`와 `UnitQuantity`를 안전하게 사용할 수 있습니다.

유용한 기능이 아닐 수 없습니다. 그럼 생성 시 제약 조건을 따른다는 것은 어떻게 보장할 수 있을까요? 여타 프로그래밍 언어와 마찬가지로 먼저 기본 생성자를 비공개로 만든 다음 값이 유효할 때만 생성자를 호출해주고, 그렇지 않으면 오류를 반환하는 별도 함수를 두면 됩니다. 함수형 프로그래밍 커뮤니티에서는 이를 **스마트 생성자**라고 합니다. 다음은 스마트 생성자 접근법을 `UnitQuantity`에 적용하는 예시입니다.

---

[1] (옮긴이) 값을 변경할 수 있다면 수정할 때마다 수정한 값의 무결성을 따지고 집합체 루트 차원에서 예하 집합체의 모든 일관성을 확인해야 합니다.

```typescript
// TypeScript
declare const unitQuantity: unique symbol;
class UnitQuantity {
  [unitQuantity]!: never;
  private constructor(readonly value: number) {  }
}
```

```kotlin
// Kotlin
@JvmInline
value class UnitQuantity private constructor (val value: Int)
```

이제 비공개 생성자로 인해 `UnitQuantity` 객체를 직접 생성할 수 없습니다. 그러나 클래스 내에서는 생성자에 액세스할 수 있습니다. 이 방법으로 클래스의 인스턴스를 만드는 정적 메서드를 정의해봅시다. 정수를 받아 `Either` 타입(오류 모델링에서 논의함)을 반환하는 `create` 함수를 정의합니다.

```typescript
// TypeScript
class UnitQuantity {
  [unitQuantity]!: never;
  private constructor(readonly value: number) {
    super();
  }
  static create(i: number): E.Either<ErrPrimitiveConstraints, UnitQuantity> {
    if (num < 1) {
      return E.left(new ErrNumberLessThanMin(min));
    }
    if (1000 < num) {
      return E.left(new ErrNumberGreaterThanMax(max));
    }
    return E.right(new UnitQuantity(i));
  }
}
```

```kotlin
// Kotlin
@JvmInline
value class UnitQuantity private constructor(val value: Int) {
    companion object {
        operator fun invoke(i: Int): Either<ErrPrimitiveConstraints, UnitQuantity> =
            if (1 <= i) {
                ErrNumberLessThanMin(1).left()
```

```
            } else if (1000 < i) {
                ErrNumberGreaterThanMax(1000).left()
            } else UnitQuantity(i).right()
        }
}
```

이 검증 코드가 실제로 어떻게 무결성을 검증해내는지 살펴봅시다. 먼저 `UnitQuantity`를 직접 생성하려고 하면 컴파일 오류가 발생합니다.

`TypeScript`
```
// Constructor of class 'UnitQuantity' is private and only accessible within the class declaration.
const unitQty = new UnitQuantity(1);
```

`Kotlin`
```
// Cannot access '<init>': it is private in 'UnitQuantity'
val unitQty = UnitQuantity(1)
```

그러나 스마트 생성자를 대신 호출하면 `Either`를 반환하여 다음과 같이 패턴 매치를 할 수 있습니다.

`TypeScript`
```
const unitQtyEither = UnitQuantity.create(1);
match(unitQtyEither)
  .with(P.when(E.isLeft), (e)=>console.log(`Failure, Message is ${e}`))
  .with(P.when(E.isRight), (unitQty)=>console.log(`Success, Value is ${unitQty}, inner value is ${unitQty.right.value}`))
  .exhaustive();
```

`Kotlin`
```
val unitQtyEither = UnitQuantity.create(1)
when (unitQtyEither) {
    is Left -> println("Failure, Message is ${unitQtyEither.value}")
    is Right -> println("Success, Value is ${unitQtyEither.value}, inner value is ${unitQtyEither.value.value}")
}
```

이같이 스마트 생성자로 제약하는 타입들이 많으면, 생성자 보일러 플레이트를 모아둔 도우미 모듈로 반복을 줄일 수 있습니다. 여기서 소개할 수는 없지만 이 책의 샘플 코드 `simple-types.ts`[2]와 `SimpleTypes.kt`[3]의 예시를 참고하십시오.

6.2 측정 단위

수치를 모델링할 때 타입 안정성을 보장하면서 요구사항을 문서화하는 또 다른 방식으로는 원시 타입에 측정 단위units of measure를 달아두는 것입니다. 이는 원서의 프로그래밍 언어인 F#에서 제공하는 기능으로, 수치에 측정 단위를 주석으로 달 수 있고 측정 단위가 다르면 상호 호환하지 않도록 막는 기능입니다. TypeScript에서는 브랜드를 달아서 이 기능과 비슷하게 구현할 수 있습니다. 예를 들어 킬로그램과 미터를 모델링하기 위한 측정 단위를 다음과 같이 정의할 수 있습니다.

```typescript
declare const _kilogram: unique symbol;
type Kilogram = number & {[_kilogram]: never};      // _kilogram 브랜딩
function kilogram(i: number): Kilogram { return i as Kilogram }

declare const _meter: unique symbol;
type Meter = number & {[_meter]: never};            // _meter 브랜딩
function meter(i: number): Meter {return i as Meter }
```

다음과 같이 `number`에 측정 단위를 붙일 수 있습니다.

```typescript
let fiveKilos = kilogram(5.0);
let fiveMeters = meter(5.0);
fiveKilos = fiveMeters;

// following error message
// Type 'Meter' is not assignable to type 'Kilogram'.
// Property '[_kilogram]' is missing in type 'Number & { [_meter]: never; }' but required
// in type '{ [_kilogram]!: never; }'.
```

---

2   (옮긴이) https://github.com/on-the-ground/domain-modeling-made-functional-ts/blob/master/src/order-taking/common-types/simple-types.ts

3   (옮긴이) https://github.com/on-the-ground/domain-modeling-made-functional-kotlin/blob/main/src/main/kotlin/org/ontheground/dmmf/ordertaking/SimpleTypes.kt

Kotlin은 **애너테이션**annotation으로 측정 단위를 표기할 수는 있지만, 타입의 일부로 인식되지 않기에 애너테이션만으로 타입 안정성을 보장하지는 못합니다. 따라서 단순 타입처럼 `inline value class`를 활용하는 것이 유사하게 구현하는 방식입니다.

```kotlin
@JvmInline
value class Kilogram(val value: Double)

@JvmInline
value class Meter(val value: Double)
var fiveKilos = Kilogram(5.0)
var fiveMeters = Meter(5.0)
fiveKilos = fiveMeters

// following error message
// Assignment type mismatch: actual type is 'Meter', but 'Kilogram' was expected.
```

우리 도메인에서는 `KilogramQuantity`의 양이 킬로그램인 것을 보장하기 위해 다음 예시와 같이 측정 단위를 활용할 수 있을 것입니다.

```typescript
class KilogramQuantity { constructor(readonly value: Kilogram) { } }
```

```kotlin
@JvmInline
value class KilogramQuantity(val value: Kilogram)
```

위 구조를 통해 두 가지 검증을 마쳤습니다. `Kilogram` 측정 단위에서 수치가 정말 `kilogram` 단위를 갖는 것을 확인했고, `KilogramQuantity`를 통해서 최소 최대 범주 안에 들어온다는 것을 확인한 것입니다. 이런 디자인이 때에 따라 너무 과할 수 있지만, 어떤 경우에는 만일의 문제를 미리 막아 유용할 수 있습니다.

측정 단위는 꼭 물리적 단위에만 사용할 필요는 없습니다. 시간을 초와 밀리초로 헷갈리지 않도록 타임아웃의 올바른 단위를 문서화하거나, x축과 y축을 혼동하지 않도록 공간 차원에 대해, 또는 통화에 대해서도 사용할 수 있습니다.

측정 단위는 TypeScript, Kotlin 컴파일러만 인식하며 런타임에 오버헤드나 성능상 손해는 없습니다.

6.3 타입 시스템으로 불변성 강제하기

불변성은 무슨 일이 일어나든 항상 참인 명제를 말합니다. 예를 들어 이 장의 처음에 `UnitQuantity`가 항상 1과 1000 사이여야 한다고 명시했습니다. 이는 불변성의 한 예시입니다. 또한 `Order`에는 언제나 최소 하나의 `OrderLine`이 있어야 한다고 했습니다. `UnitQuantity`와는 달리 타입 시스템만으로 강제할 수 있는 불변성입니다. `OrderLine`이 비어 있지 않게 하려면 `NonEmptyArray`, `NonEmptyList` 타입으로 주문 항목을 정의하면 됩니다. 이 방법으로 `Order` 타입을 다시 작성합시다.

```typescript
import { NonEmptyArray } from 'fp-ts/NonEmptyArray'
class Order {
  readonly orderLines : NonEmptyArray<OrderLine>,
  ...
}
```

```kotlin
import arrow.core.NonEmptyList
class Order (
    val orderLines : NonEmptyList<OrderLine>,
    ...
)
```

이같이 수정하면 '주문에는 항상 적어도 하나의 주문 항목이 있어야 한다'는 제약 조건을 자동으로 따르게 할 수 있습니다. 타입 자체가 요구사항을 반영하므로 이를 검증하는 별도 단위 테스트를 작성할 필요가 없어졌습니다.

6.4 타입 시스템에 비즈니스 규칙 녹이기

또 다른 모델링 과제를 살펴봅시다. 타입 시스템만으로 비즈니스 규칙을 문서화할 수 있을까요? 즉, 데이터의 옳고 그름을 타입 시스템으로 나타내서 컴파일러가 정적 분석 때 이를 검사한다면 런타임 검사나 코드 주석에 의존하지 않고도 규칙을 유지하게 만들 수 있을까요?

다음 예시를 통해 알아보겠습니다. 위젯이라는 회사가 고객의 이메일 주소를 저장한다고 가정합시다. 그런데 모든 이메일 주소를 동일하게 처리하는 것은 아닙니다. 일부 이메일 주소는 고객이 확인 이메일을 받고 링크를 클릭하여 확인을 거친 것입니다. 반면 미확인 이메일 주소는 유효한 주소인지 확실하지 않습니다. 그리고 이메일 주소의 검증 여부에 기반한 비즈니스 규칙이 있다고 합시다. 예를 들면 다음과 같습니다.

- 기존 고객에게 스팸을 보내지 않기 위해 미확인 이메일 주소에만 확인 이메일을 보낸다.
- 보안 침해를 방지하기 위해 확인한 이메일 주소에만 비밀번호 재설정 이메일을 보낸다.

이 두 가지 상황을 타입으로 드러내려면 어떻게 디자인해야 할까요? 일반적인 방법은 확인 여부를 나타내는 **플래그**를 사용하는 것입니다. 예를 들면 다음과 같습니다.

```TypeScript
class CustomerEmail {
    constructor(
        readonly emailAddress : EmailAddress,
        readonly isVerified : boolean,
    ){}
}
```

```Kotlin
data class CustomerEmail (
    val emailAddress : EmailAddress,
    val isVerified : Boolean,
)
```

하지만 이 방식에는 여러 심각한 문제가 있습니다. 첫째, `isVerified` 플래그가 어떤 조건으로 설정/해제되는지 드러나지 않습니다. 예를 들어 고객의 이메일 주소가 변경되면 이 플래그는 다시 `false`로 설정되어야만 합니다. 새 이메일은 아직 확인되지 않았기 때문입니다. 하지만 디자인에 이 규칙이 드러나지 않으므로 개발자가 이메일 변경 시 플래그를 변경하는 것을 실수로 놓칠 수 있습니다. 심지어 주석 어딘가에 적힌 이 규칙을 전혀 인지하지 못할 수도 있습니다. 또한 보안 침해 가능성도 무시할 수 없습니다. 개발자가 의도치 않게 미확인 이메일에 `isVerified: true`로 설정하는 것이 가능하며, 이로 인해 비밀번호 재설정 이메일이 미확인 이메일로 전송될 수 있습니다.

그렇다면 더 나은 모델링 방법은 무엇일까요? 답은 항상 그렇듯이 도메인에 주목하는 것입니다. 도메인 전문가가 '확인된' 이메일과 '미확인' 이메일에 대해 이야기할 때, 이를 별개의 항목으로 모델링해야 합니다. 이 경우, 도메인 전문가가 '고객의 이메일은 확인되었거나 확인되지 않았다'고 말하면, 별도의 두 타입을 만들고 둘을 선택 타입으로 모델링해야 합니다. `VerifiedEmailAddress`라는 새로운 타입을 만들고, 이는 일반 `EmailAddress`와 다르게 처리합니다. 이제 우리의 선택은 다음과 같습니다.

```TypeScript
type CustomerEmail = EmailAddress | VerifiedEmailAddress;
```

```Kotlin
sealed interface CustomerEmail {
    data class EmailAddress: CustomerEmail
    data class VerifiedEmailAddress: CustomerEmail
}
```

여기서 중요한 부분은 `VerifiedEmailAddress`의 생성자를 `private`으로 막아 아무 데서나 이 타입의 값을 생성하지 못하게 하는 것입니다. 오직 이메일 확인 서비스만이 생성할 수 있습니다.

이것은 중요한 디자인 지침인 '잘못된 상태를 표현할 수 없게 만들기'의 예시입니다. 우리는 비즈니스 규칙을 타입 시스템에 녹여내려 합니다. 이 방식을 제대로 수행하면 코드에서 잘못된 상황이 발생할 수 없으며 단위 테스트를 작성할 필요도 없습니다. 단위 테스트를 대신할 '컴파일 타임' 정적 분석이 있는 것입니다.

이 방식은 도메인을 더 잘 문서화한다는 또 다른 중요한 이점이 있습니다. 단순히 `EmailAddress`가 두 가지 역할을 수행하는 대신 각기 다른 규칙을 가진 두 가지 개별 타입을 갖습니다. 보통 이렇게 더 세분화된 타입을 만들어두면 머지않아 활용할 곳이 생깁니다. 예를 들어 이제 비밀번호 재설정 메시지를 보내는 작업 흐름의 입력으로 `VerifiedEmailAddress`를 받아야 한다고 명시적으로 문서화할 수 있습니다.

```TypeScript
type SendPasswordResetEmail = (i: VerifiedEmailAddress) => ...
```

```Kotlin
typealias SendPasswordResetEmail = (VerifiedEmailAddress) -> ...
```

이 정의 덕분에 누군가가 실수로 일반 `EmailAddress`를 전달하여 비즈니스 규칙을 깰까 걱정할 필요가 없습니다.

또 다른 예시를 살펴봅시다. 고객에게 연락할 방법이 필요하다는 비즈니스 규칙이 있다고 가정해 봅니다. '고객은 이메일 또는 우편 주소를 가져야 합니다.' 이를 어떻게 표현할 수 있을까요? 가장 쉬운 방법은 이메일과 주소 속성을 가진 레코드를 만드는 것입니다.

```typescript
class Contact {
  constructor (
    readonly name: Name,
    readonly email: EmailContactInfo,
    readonly address: PostalContactInfo,
  ) { }
}
```

```kotlin
data class Contact (
    val name: Name,
    val email: EmailContactInfo,
    val address: PostalContactInfo,
)
```

그러나 이것은 잘못된 디자인입니다. 이 디자인은 이메일과 주소가 모두 필요하다는 것을 암시하므로 이들을 선택 타입으로 작성하는 것이 좋습니다.

```typescript
class Contact {
  constructor (
    readonly name: Name,
    readonly email: EmailContactInfo | null = null,
    readonly address: PostalContactInfo | null = null,
  ) { }
}
```

```kotlin
data class Contact (
    val name: Name,
    val email: EmailContactInfo? = null,
    val address: PostalContactInfo? = null,
)
```

6.4 타입 시스템에 비즈니스 규칙 녹이기

그러나 이것도 옳지 않습니다. 위 타입에서는 비즈니스 규칙에 맞지 않게 이메일과 주소가 모두 없을 수도 있습니다. 물론 이런 사태를 방지하기 위해 런타임 검증 검사를 추가할 수 있습니다. 혹시 타입 시스템에서 이를 표현할 수 있을까요? 네, 가능합니다! 방법은 규칙을 면밀히 살펴보는 것입니다. 규칙에 따르면 고객은 다음 경우에 해당합니다.

- 이메일 주소만 있는 경우
- 우편 주소만 있는 경우
- 이메일 주소와 우편 주소 둘 다 있는 경우

세 가지 경우뿐입니다. 이를 어떻게 표현할 수 있을까요? 당연히 선택 타입을 사용해야 합니다.

```typescript
class BothContactMethods {
  constructor(
    readonly email: EmailContactInfo,
    readonly address : PostalContactInfo,
  ) {}
}
type ContactInfo =
    | EmailContactInfo
    | PostalContactInfo
    | BothContactMethods;
```

```kotlin
sealed interface ContactInfo {
    data class BothContactMethods (
        val email: EmailContactInfo,
        val address : PostalContactInfo,
    ) : ContactInfo

    @JvmInline
    value class EmailContactInfo: ContactInfo

    @JvmInline
    value class PostalContactInfo: ContactInfo
}
```

그리고 이 선택 타입을 메인 `Contact` 타입에 사용할 수 있습니다.

```typescript
// TypeScript
class Contact {
  constructor(
    readonly name: Name,
    readonly contactInfo : ContactInfo,
  ) {}
}
```

```kotlin
// Kotlin
data class Contact (
    val name: Name,
    val contactInfo : ContactInfo,
)
```

다시 말하지만 위와 같이 세분화된 타입 정의는 개발자들에게 유용합니다. 연락 정보가 필요 없을 때는 건너뛰고, 필요한 경우엔 꼭 있도록 만들어서 불필요한 단위 테스트를 하나 줄였고, 디자인 측면에서도 명확해졌습니다. 이제 세 가지 경우만 가능하며, 그 세 가지 경우가 정확히 무엇인지 디자인에 명확하게 드러납니다. 문서를 볼 필요 없이 코드만 봐도 알 수 있습니다.

6.4.1 잘못된 상태가 생길 수 없게 예시 도메인 수정하기

우리 디자인에도 비즈니스 규칙을 타입으로 드러낼 부분이 있을까요? 앞선 이메일 유효성 검사 예시와 매우 유사한 부분이 떠오릅니다. 유효성 검사 과정에서 `UnvalidatedAddress`와 `ValidatedAddress`가 있다고 문서화한 바 있습니다. 이 두 가지 경우가 절대로 섞이지 못하게 하고, 유효성 검사 함수에서 주소를 검증하게 만들 수 있습니다.

- `UnvalidatedAddress`, `ValidatedAddress` 두 개 타입을 생성합니다.
- `ValidatedAddress` 생성자를 `private`으로 막고 `ValidatedAddress`는 주소 유효성 검사 서비스에서만 생성하게 합니다.

```typescript
// TypeScript
class UnvalidatedAddress {}
class ValidatedAddress {  private constructor ( ... ) {} }
```

```kotlin
// Kotlin
data class UnvalidatedAddress (...)
data class ValidatedAddress private constructor ( ... )
```

유효성 검사 서비스는 `UnvalidatedAddress`를 받아서 `Optional<ValidatedAddress>`를 반환합니다.

```TypeScript
type AddressValidationService = (i: UnvalidatedAddress) => Option<ValidatedAddress>;
```

```Kotlin
typealias AddressValidationService = (UnvalidatedAddress) -> ValidatedAddress?
```

주문을 배송팀으로 보내기 전에 유효성 검사를 마친 배송 주소가 필요하다는 규칙을 강제하려면 `UnvalidatedOrder`와 `ValidatedOrder`라는 두 개별 타입을 만들고, `ValidatedOrder` 레코드가 유효성 검사를 거친 `ValidatedAddress`를 포함하도록 합니다.

```TypeScript
class UnvalidatedOrder {
  readonly shippingAddress : UnvalidatedAddress,
  ...
}
class ValidatedOrder {
  readonly shippingAddress : ValidatedAddress,
  ...
}
```

```Kotlin
data class UnvalidatedOrder (
    val shippingAddress : UnvalidatedAddress,
    ...
)
class ValidatedOrder (
    val shippingAddress : ValidatedAddress,
    ...
)
```

이로써 테스트 한 줄 없이 `ValidatedOrder`의 주소는 주소 확인 서비스가 검증하도록 강제했습니다.

6.5 일관성

지금까지 도메인 내 데이터 무결성을 보장하는 방법을 살펴봤습니다. 이제 관련 개념인 **일관성**을 알아봅시다. 이 장을 시작하며 일관성 요구사항의 몇 가지 예를 소개했습니다.

- 주문의 청구 총액은 주문에 포함된 모든 주문 항목 액수의 총합입니다. 총액이 맞지 않으면 데이터가 일관되지 않습니다.
- 주문을 접수하면 해당 청구서가 생성되어야 합니다. 주문은 있지만 청구서가 없으면 데이터가 일관되지 않습니다.
- 주문에 할인 바우처 코드를 사용하면 바우처 코드를 다시 사용하지 못하게 '사용함' 표시를 해야 합니다. 주문에 쓰인 바우처에 '사용함' 표시가 안 되어 있으면 데이터가 일관되지 않습니다.

보다시피 일관성은 기술적 용어가 아니라 비즈니스 용어이며, 일관성의 의미는 항상 상황에 따라 달라집니다. 예를 들어 제품 가격 변동이 일어나면 아직 배송되지 않은 주문에 대해서도 즉시 가격을 업데이트해야 할까요? 고객의 기본 주소가 변경되면 배송되지 않은 주문 건도 즉시 새 주소로 업데이트해야 할까요? 이러한 질문에 대한 정답은 없으며, 비즈니스의 필요에 따라 다릅니다.

그러나 일관성은 디자인에 큰 부담을 줄 뿐 아니라 비용이 많이 들 수 있으므로, 가능한 한 이를 피하거나 지연시키는 것이 좋습니다. 프로젝트 책임자가 요구사항 수집 과정에서 바람직하지 않고 실행하기 어려운 수준의 일관성을 때때로 요구할 수 있습니다. 그러나 많은 경우 일관성이 꼭 필요한지 따져보면 피하거나 지연시킬 수 있습니다.

일관성은 데이터를 저장할 때 원자성과 밀접하게 연결되어 있습니다. 예를 들어 프로그램 안에서는 주문 집합체의 일관성을 유지하더라도, 주문 집합체를 한 번에 원자적으로 저장하지 못한다면 아무런 의미가 없습니다. 주문 일부분이 따로 저장되고 다른 부분의 저장이 이루어지지 않았다면, 이를 읽어 들인 누군가는 일관성이 깨진 주문을 읽는 셈입니다.

6.5.1 단일 집합체 내의 일관성

5장에서 집합체라는 개념을 소개하면서 집합체는 일관성 경계이자 영속화 단위가 되어준다고 설명했습니다. 실제로 이것이 어떻게 작동하는지 살펴보고자 합니다.

주문 총액은 개별 항목들의 합이어야 한다는 요구사항이 있다고 가정합시다. 일관성을 보장하는 가장 쉬운 방법은 데이터를 저장하지 않고 매번 원시 데이터로부터 계산하는 것입니다. 예시에서는 주문 총액이 필요할 때마다 주문 항목을 합산할 수 있습니다. 만약 우리가 상위의 주문 총액 `AmountToBill`을 저장해야 한다면, 이 데이터를 일관되게 유지해야 합니다. 즉, 주문 항목 중 하나를 변경하면 총액도 변경해야 데이터가 일관성을 유지할 수 있습니다. 이 상황에서 일관성을 유지할 수 있는 유일한 구성 요소는 상위의 주문입니다. 그렇기에 모든 변경을 항목 수준이 아닌 주문 수준에서 수행해야 합니다. 주문이 일관성 경계를 보장하는 집합체 루트이기 때문입니다. 다음 코드는 이것이 어떻게 작동하는지 보여줍니다.

```typescript
import {produce} from "immer"
const changeOrderLinePrice = (order: Order, orderLineId: OrderLineId, newPrice: number) => {
  // 1. orderLineId로 변경할 orderLine을 찾는다.
  const orderLine = pipe(order.OrderLines, findOrderLine(orderLineId));

  // 2. 새 가격을 반영한 새 OrderLine을 만든다.
  const newOrderLine = produce(orderLine, draft => { draft.price = newPrice; });

  // 3. 이전 항목을 새 항목으로 교체한 새 항목 리스트를 만든다.
  const newOrderLines = pipe(order.OrderLines, replaceOrderLine(orderLineId, newOrderLine ));

  // 4. 새 AmountToBill을 만든다.
  const newAmountToBill = newOrderLines.reduce((acc, cur) => acc + cur.price, 0);

  // 5. 새 리스트로 교체한 새 Order를 반환한다.
  return produce(order, draft => {
    draft.orderLines = newOrderLines;
    draft.amountToBill = newAmountToBill;
  });
}
```

```kotlin
fun Order.changeOrderLinePrice(orderLineId: OrderLineId, newPrice: number): Order {
    // 1. orderLineId로 변경할 orderLine을 찾는다.
    val orderLine = findOrderLine(orderLineId, this.orderLines)

    // 2. 새 가격을 반영한 새 OrderLine을 만든다.
    val newOrderLine = orderLine.copy {
        OrderLine.price[4] set newPrice
    }

    // 3. 이전 항목을 새 항목으로 교체한 새 항목 리스트를 만든다.
```

---

4 [옮긴이] OrderLine class에 @optics annotation이 붙어 있어야 이처럼 dsl를 활용할 수 있습니다.

```
    val newOrderLines = replaceOrderLine(orderLineId, newOrderLine, this.orderLines)

    // 4. 새 AmountToBill을 만든다.
    val newAmountToBill = newOrderLines.sumOf{ it.price }

    // 5. 새 리스트로 교체한 새 Order를 반환한다.
    return this.copy {
        Order.orderLines set newOrderLines
        Order.amountToBill set newAmountToBill
    }
}
```

집합체는 원자성의 단위이기도 하므로 주문을 관계형 데이터베이스에 저장할 경우, 주문 헤더와 주문 항목 모두 단일 트랜잭션에서 삽입 혹은 수정합니다.

6.5.2 다른 맥락 간의 일관성

여러 맥락에 걸쳐 조율이 필요한 경우는 어떻게 해야 할까요? 앞서 언급한 두 번째 일관성 예시를 다시 살펴봅시다.

- 주문을 접수하면 해당 청구서가 생성되어야 합니다. 주문은 있지만 청구서가 없으면 데이터가 일관되지 않습니다.

청구서 발행은 청구 도메인이 수행하므로 주문 접수 도메인의 일부가 아닙니다. 그렇다면 다른 도메인에 들어가서 그 객체를 조작해야 할까요? 당연히 아닙니다. 우리는 각 경계 진 맥락을 고립시키고 분리해야 합니다. 다음과 같이 청구 맥락의 공용 API를 사용하는 것은 어떨까요?

```
청구 맥락에 청구서 생성 요청
성공적으로 생성되면:
    주문 접수 맥락에서 주문 생성
```

이 방법은 생각보다 훨씬 더 까다롭습니다. 두 업데이트 중 하나가 실패할 경우를 처리해야 하기 때문입니다. **두 단계 커밋**two-phase commit같이 두 시스템 간 업데이트를 동기화하는 적합한 방법이 있지만 실무에서 이를 필요로 하는 경우는 드뭅니다. 그레고르 호페Gregor Hohpe는 기사 <Starbucks Does Not Use Two-Phase Commit>[5]에서 실세계 비즈니스는 모든 하위 시스템이

---

[5] https://www.enterpriseintegrationpatterns.com/ramblings/18_starbucks.html

한 단계가 끝날 때까지 기다리는 식으로 일사불란하게 진행될 필요가 없다는 점을 지적했습니다. 대신 비즈니스는 메시지를 사용해 비동기적으로 조정합니다. 때때로 오류가 발생할 수 있지만, 드물게 발생하는 오류를 처리하는 비용이 모든 것을 동기화하는 비용보다 훨씬 적습니다.[6]

예를 들어 청구서를 즉시 생성하는 대신, 청구 도메인에 메시지(또는 이벤트)를 보내고 나머지 주문 처리 작업을 계속 진행할 수 있습니다. 만약 메시지가 손실되어 청구서가 생성되지 않으면 어떻게 해야 할까요?

- 아무것도 하지 않는 것도 하나의 방법이 될 수 있습니다. 그런 경우 고객은 무료로 제품을 받게 되고, 비즈니스는 그 비용을 상각해야 합니다. 만약 오류가 드물고 비용이 적다면(예: 커피숍처럼) 이 방법이 적합할 수 있습니다.
- 또 다른 방법은 메시지가 손실되었는지 확인하고 다시 보내는 것입니다. 이것은 보통 조정 프로세스가 수행하는 작업입니다. 두 데이터 세트를 비교하고 일치하지 않으면 오류를 수정하는 것입니다.
- 세 번째 방법은 일부 수행한 작업을 '되돌리거나' 오류를 수정하는 보상 작업을 만드는 것입니다. 주문 접수 시나리오에서는 주문을 취소하고 고객에게 물건을 반송하도록 요청하는 것과 같습니다! 더 현실적으로는 보상 작업이 주문의 실수를 수정하거나 환불을 처리하는 데 사용될 수 있습니다.

세 가지 경우 모두, 경계 진 맥락 간의 엄격한 조율이 필요하지 않습니다.

6.5.3 같은 맥락의 집합체들 간 일관성

같은 **경계 진 맥락**의 서로 다른 집합체들 간의 일관성은 어떻게 보장할 수 있을까요? 두 개의 집합체가 서로 일관성을 가져야 한다고 가정해봅시다. 이 경우, 두 집합체를 같은 트랜잭션으로 업데이트해야 할까요, 아니면 **결과적 일관성**eventual consistency으로 따로 업데이트해야 할까요?

항상 그렇듯이 답은 '상황에 따라 다릅니다'. 일반적으로 유용한 지침은 '한 트랜잭션당 하나의 집합체만 업데이트하라'는 것입니다. 만약 하나 이상의 집합체가 관련되어 있다면, 앞서 설명한 것처럼 메시지와 결과적 일관성을 사용해야 합니다. 비록 두 집합체가 같은 경계 진 맥락 내에 있더라

---

6 옮긴이 저자가 1장에서 말했듯이 이 책에서 말하는 DDD는 실세계의 비즈니스 도메인을 반영하는 소프트웨어 디자인에 대한 이야기입니다. 이런 소프트웨어에서는 코너 케이스를 고려하여 일반 작업 흐름을 복잡하게 하는 것이 비용이 더 큽니다. 하지만 플랫폼이라면 이야기가 다릅니다. 불특정 다수의 서비스가 공유하는 제반 플랫폼을 제공해야 하므로, 한 번의 실수는 예측할 수 없는 손실을 일으킬 수 있기에 성능과 복잡성에서 비용을 치르더라도 드물게 발생 가능한 오류를 최대한 막는 것이 중요합니다.

도 말입니다. 하지만 때때로, 특히 비즈니스에서 해당 작업 흐름을 단일 트랜잭션으로 간주하는 경우에는 모든 관련 엔터티를 트랜잭션에 포함시키는 것이 좋을 수 있습니다. 두 개의 계좌 간 돈을 이체하는 것이 고전적인 예입니다.

```
트랜잭션 시작
계좌 A에 X 금액 추가
계좌 B에서 X 금액 차감
트랜잭션 커밋
```

계좌를 `Account` 집합체로 다루면 우리는 두 개의 다른 집합체를 같은 트랜잭션으로 업데이트해야 합니다. 이것이 꼭 문제가 되는 것은 아니지만, 도메인에 대해 더 깊은 통찰을 얻기 위해 **리팩터링**할 힌트가 될 수 있습니다. 예를 들어 이 트랜잭션에는 주로 고유한 식별자가 있으며, 이는 이 트랜잭션이 DDD 엔터티라는 것을 암시합니다. 그렇다면 이를 엔터티로 모델링하는 것은 어떨까요?

```typescript
class MoneyTransfer {
  constructor (
    readonly id: MoneyTransferId;
    readonly toAccount: AccountId;
    readonly fromAccount: AccountId;
    readonly amount: Money;
  ) {}
}
```

```kotlin
class MoneyTransfer (
    val id: MoneyTransferId,
    val toAccount: AccountId,
    val fromAccount: AccountId,
    val amount: Money,
)
```

이 변경 후에도 `Account` 엔터티는 여전히 존재하지만 더 이상 직접적으로 돈을 추가하거나 제거하는 책임을 지지 않습니다. 대신 계좌의 현재 잔액은 해당 계좌를 참조하는 `MoneyTransfer` 레코드를 따라가며 계산해냅니다. 우리는 단순히 디자인을 리팩터링한 것이 아니라, 도메인에 대해 새로운 것을 배운 것입니다. 또한 이 예시는 한 집합체를 꼭 여러 곳에 활용할 필요는 없다는 것을 보여줍니다. 만약 특정 용례에서 새로운 집합체 정의가 필요하다면 새롭게 정의하십시오.

6.5.4 동일한 데이터를 다루는 여러 집합체

집합체는 무결성 제약을 강제한다고 설명했습니다. 그렇다면 동일한 데이터를 다루는 여러 집합체가 있을 때 무결성을 일관되게 유지하려면 어떻게 해야 할까요? 예를 들어 `Account` 집합체와 `MoneyTransfer` 집합체가 둘 다 계좌 잔액을 다루고 있고, 둘 다 잔액이 음수가 되지 않도록 해야 할 수 있습니다.

이런 경우에 여러 집합체가 제약 조건을 공유할 수 있으며, 이를 타입으로 모델링할 수 있습니다. 예를 들어 계좌 잔액이 0 미만이 될 수 없다는 요구사항은 `NonNegativeMoney` 타입으로 모델링할 수 있습니다. 만약 이것으로 부족하다면 공통 검증 함수를 사용할 수 있습니다. 이는 함수형 모델이 객체지향 모델보다 나은 부분입니다. 검증 함수는 특정 객체에 연결되지 않고 전역 상태에 의존하지 않으므로, 다양한 작업 흐름에서 쉽게 재사용이 가능합니다.

6.6 마무리

이 장에서는 도메인 내에서 데이터의 신뢰성을 보장하는 방법을 살펴보았습니다. 단순 타입을 위한 '스마트 생성자'와, 복잡한 타입에 대해 '규칙에 어긋난 상태가 있을 수 없게 하기'를 결합하면 타입 시스템만으로 다양한 무결성 규칙을 적용할 수 있음을 확인했습니다. 이를 통해 더 많은 코드가 코드 자체로 문서 역할을 하도록 작성했으며, 단위 테스트가 덜 필요하다는 것도 확인했습니다.

또한 단일 경계 진 맥락 내에서, 그리고 여러 경계 진 맥락 사이에서 데이터를 일관되게 유지하는 방법을 살펴봤습니다. 단일 집합체 내에서 작업하는 경우를 제외하고는 당장의 일관성보다는 결과적 일관성을 고려하여 디자인해야 한다는 결론을 내렸습니다.

다음 장에서는 주문 처리 작업 흐름을 모델링하면서 이 모든 것을 실습해보는 시간을 갖고자 합니다.

CHAPTER 7

파이프라인으로 작업 흐름 모델링하기

앞선 두 개의 장에서는 타입으로 도메인을 모델링하는 일반적인 방법을 살펴봤습니다. 이번 장에서는 그 방법을 직접 주문 처리 작업 흐름에 적용해보며 작업 흐름을 모델링할 때 유용한 다양한 기법을 살펴보고자 합니다. 목표는 늘 그래왔듯이 도메인 전문가가 읽고 이해할 수 있는 코드를 작성하는 것입니다.

그럼 '주문 접수' 작업 흐름의 세부 단계를 다시 살펴봅시다. 우리가 모델링할 내용을 요약하면 다음과 같습니다.

```
workflow "Place Order" =
    input: UnvalidatedOrder
    output (on success):
        OrderAcknowledgmentSent
        AND OrderPlaced (to send to shipping)
        AND BillableOrderPlaced (to send to billing)
    output (on error):
        ValidationError

    // step 1
    do ValidateOrder
    If order is invalid then:
        return with ValidationError

    // step 2
    do PriceOrder
```

```
// step 3
do AcknowledgeOrder

// step 4
create and return the events
```

`ValidateOrder`, `PriceOrder` 등의 여러 하위 단계들로 이뤄져 있는 이 작업 흐름은 매우 전형적인 패턴입니다. 대다수 비즈니스 프로세스는 일련의 문서 변환 작업으로 간주할 수 있으며, 주문 접수 작업 흐름도 같은 방식으로 모델링합니다. 비즈니스 프로세스를 표현하는 **파이프라인**은 다시 작은 '파이프'들로 이뤄집니다. 개별적인 작은 파이프는 하나의 변환을 수행하며, 이 작은 파이프들을 이어 붙여 더 큰 파이프라인을 만들 것입니다. 이 프로그래밍 스타일은 종종 **변환 지향 프로그래밍** transformation-oriented programming이라 부릅니다.

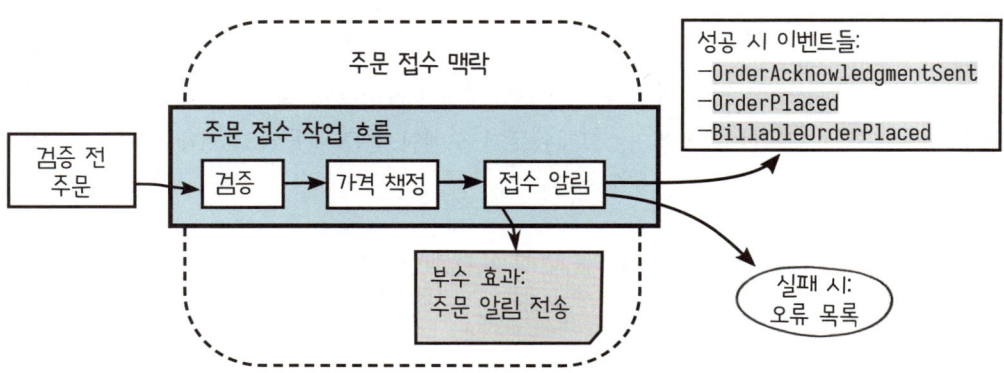

함수형 프로그래밍 원칙에 따라, 파이프라인의 각 단계를 상태나 부수 효과가 없도록 디자인할 것입니다. 이는 각 단계를 독립적으로 테스트하고 이해할 수 있다는 뜻입니다. 파이프라인의 조각들을 디자인해두면 손쉽게 구현하고 조립할 수 있습니다.

7.1 작업 흐름 입력

작업 흐름의 입력부터 살펴봅시다. 작업 흐름의 입력은 항상 도메인 객체여야 합니다. `Unvalidated Order`는 데이터 전송 객체를 역직렬화하여 미리 입력받았다고 가정합시다.

```typescript
// TypeScript
class UnvalidatedOrder {
  ...
  readonly orderId : string,
  readonly customerInfo : UnvalidatedCustomerInfo,
  readonly shippingAddress : UnvalidatedAddress,
  ...
}
```

```kotlin
// Kotlin
data class UnvalidatedOrder (
    val orderId : String,
    val customerInfo : UnvalidatedCustomerInfo,
    val shippingAddress : UnvalidatedAddress,
    ...
)
```

7.1.1 명령을 입력으로 사용하기

이 책 초반부에서 명령이 작업 흐름을 시작하는 것을 살펴봤습니다. 따지고 보면 작업 흐름의 진짜 입력은 사실 주문 양식이 아니라 명령입니다. 주문 처리 작업 흐름을 시작하는 명령을 `PlaceOrder`라고 합시다. 이 명령은 작업 흐름이 요청을 처리하는 데 필요한 모든 것을 포함해야 합니다. `PlaceOrder`가 필요한 정보는 `UnvalidatedOrder`입니다. 또한 누가 언제 명령했는지 나타내는 시간 기록 로그와 감사audit를 위한 메타데이터를 추적하고 싶을 수 있습니다. 따라서 명령 타입의 형태는 다음과 같습니다.

```typescript
// TypeScript
class PlaceOrder {
  constructor(
    readonly orderForm : UnvalidatedOrder,
    readonly timestamp: DateTime,
    readonly userId: string,
    // 기타 정보
  ) { }
}
```

```kotlin
// Kotlin
data class PlaceOrder (
    val orderForm : UnvalidatedOrder,
    val timestamp: DateTime,
```

```
    val userId: String,
    // 기타 정보
)
```

7.1.2 공통 구조 일반화하기

우리가 모델링할 명령은 물론 이뿐만이 아닙니다. 각 명령은 개별 작업 흐름에 필요한 데이터를 갖지만 `UserId`와 `Timestamp`같이 모두가 필요한 공통 필드를 공유할 것입니다. 동일한 필드를 매번 반복해서 구현해야 할까요? 이것들을 공유할 방법은 없을까요? 객체지향 디자인을 한다면 분명히 공통 필드를 포함한 기본base 클래스를 정의하고 개별 명령에 이를 **상속**하여 해결할 것입니다. 함수형 프로그래밍에서는 제네릭 타입으로 같은 목표를 달성할 수 있습니다. 먼저 모든 명령이 공유하는 필드와 명령별 데이터를 담을 `data` 필드의 `Command` 타입을 정의에 포함합시다. 예를 들면 다음과 같습니다.

```typescript
type Command<D> = {
  readonly data : D;
  readonly timestamp: DateTime;
  readonly userId: string;
  // 기타 정보
};
```

```kotlin
interface Command<D> {
    val data : D
    val timestamp: DateTime
    val userId: String
    // 기타 정보
}
```

이제 제네릭 타입 D에 들어갈 타입을 지정하여 작업 흐름에 맞는 명령을 만들 수 있습니다.

```typescript
class PlaceOrder implements Command<UnvalidatedOrder> {
    constructor(
        readonly data : UnvalidatedOrder,
        readonly timestamp: DateTime,
        readonly userId: string,
```

```
    ) {}
}
```

```kotlin
data class PlaceOrder(
    override val data: UnvalidatedOrder,
    override val timestamp: DateTime,
    override val userId: String,
) : Command<UnvalidatedOrder>
```

7.1.3 여러 명령을 단일 타입으로 묶기

경계 진 맥락 내의 모든 명령이 같은 입력 채널(예: 메시지 **큐**)을 공유하기도 하므로, 이들을 단일 데이터 구조로 통합할 방법이 필요합니다.

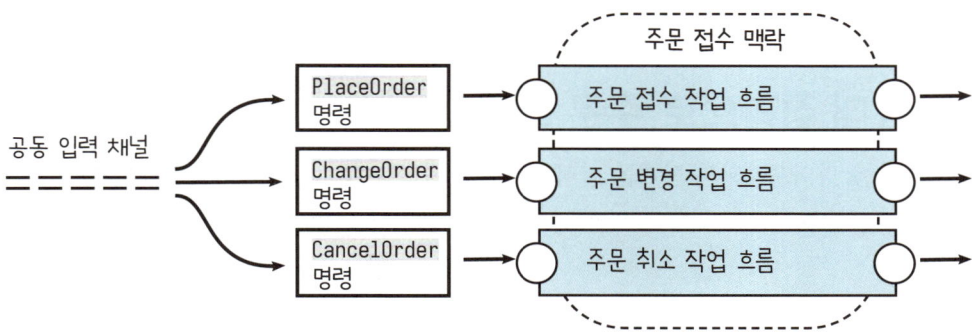

해결책은 모든 명령을 아우르는 선택 타입을 만드는 것입니다. 예를 들어 `PlaceOrder`, `ChangeOrder`, `CancelOrder`의 선택 타입은 다음과 같이 구현할 수 있습니다.

```typescript
type OrderTakingCommand = PlaceOrder | ChangeOrder | CancelOrder;
```

```kotlin
sealed interface OrderTakingCommand {
    data class PlaceOrder(...): OrderTakingCommand
    data class ChangeOrder(...): OrderTakingCommand
    data class CancelOrder(...): OrderTakingCommand
}
```

`PlaceOrder` 타입은 이미 정의했고 `ChangeOrder`와 `CancelOrder`는 각각 명령을 수행하는 데 필요한 정보를 포함하도록 정의할 것입니다. 이 선택 타입은 관련 DTO를 통해 입력 채널에서 직렬화 및 역직렬화가 됩니다. 경계 진 맥락의 가장자리에 해당하는 양파 아키텍처의 '인프라' 영역에 새로운 **라우팅** 또는 **디스패칭**dispatching 입력 단계를 추가하면 됩니다.

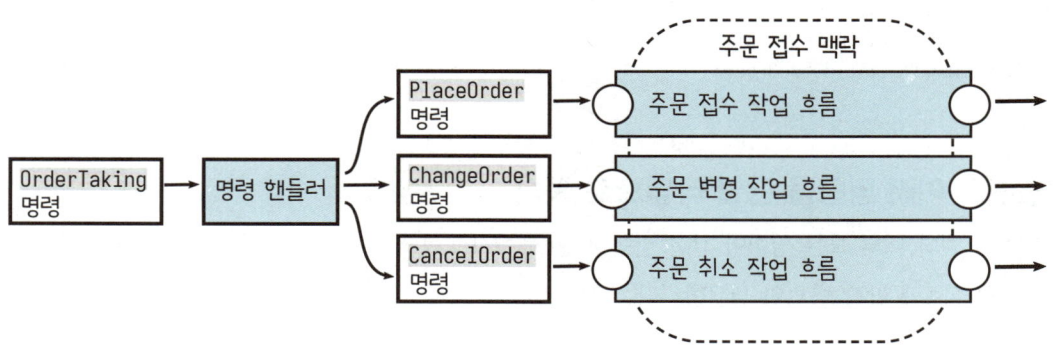

7.2 상태 집합으로 주문 모델링하기

이제 작업 흐름 파이프라인의 단계를 살펴봅시다. 앞서 살펴본 주문 접수 작업 흐름에 따르면, 주문은 단순한 정적 문서가 아니라 실제로 여러 상태를 전이하는 것(**상태 전이**)이 분명합니다.

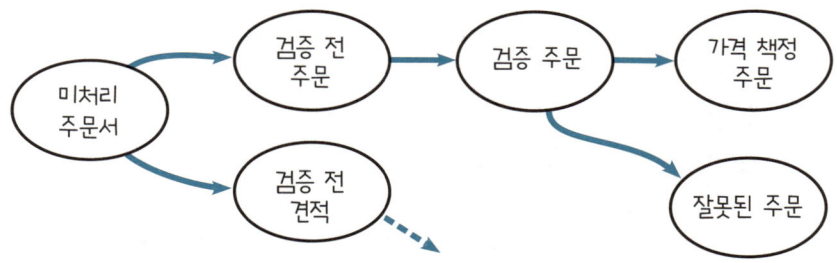

이러한 상태를 어떻게 모델링해야 할까요? 단순하게 생각하면 모든 상태를 플래그로 담고 있는 단일 레코드를 들 수 있습니다. 예를 들면 다음과 같습니다.

```
type Order = {
    OrderId : OrderId
    ...
    IsValidated : bool          // 검증 시 설정
    IsPriced : bool             // 가격 책정 시 설정
```

```
    AmountToBill : decimal option      // 가격 책정 시 설정
}
```

하지만 이러한 방식은 다음과 같은 여러 문제가 있습니다.

- 이 방식은 여러 플래그로 상태를 분명히 나타내고 있지만, 상태가 타입에 드러나지 않고 단일 타입 속 플래그로 숨어 있기 때문에 이를 다루기 위한 많은 조건문이 필요합니다.
- 다른 상태는 쓰지 않고 특정 상태만을 위한 데이터들을 한데 넣으면 디자인이 복잡해집니다. 예를 들어 `AmountToBill`은 '가격 책정됨' 상태에서 필요한 것일 뿐 다른 상태에서는 존재하지 않으므로, 해당 필드를 선택 타입으로 만들어야 합니다.
- 하위 데이터와 플래그 간의 연관성이 명확하지 않습니다. `IsPriced`를 설정하면 `AmountToBill` 도 설정해야 하지만, 플래그로 상태를 나타낸 디자인은 이를 강제하지 못하므로 데이터를 일관되게 유지해야 한다는 주석에 의존합니다.

도메인을 모델링하는 훨씬 나은 방법은 주문 상태별로 새로운 타입을 만드는 것입니다. 이렇게 하면 상태를 명시적으로 드러내고 조건부 필드를 제거할 수 있습니다. 이 타입들은 우리가 전에 만든 도메인 문서에서 정의를 그대로 가져올 수 있습니다. 예를 들어 다음은 `ValidatedOrder`에 대한 도메인 문서입니다.

```
data ValidatedOrder =
  ValidatedCustomerInfo
  AND ValidatedShippingAddress
  AND ValidatedBillingAddress
  AND list of ValidatedOrderLine
```

다음은 문서를 그대로 변환한 `ValidatedOrder` 타입 정의입니다. 작업 흐름 전반에 걸쳐 주문 식별자를 유지해야 하므로 `OrderId`를 추가했습니다.

```typescript
class ValidatedOrder {
  constructor (
    readonly orderId : OrderId,
    readonly customerInfo : CustomerInfo,
    readonly shippingAddress : Address,
    readonly billingAddress : Address,
    readonly orderLines : ValidatedOrderLine[],
```

```
    ) { }
}
```

```kotlin
class ValidatedOrder (
    val orderId : OrderId,
    val customerInfo : CustomerInfo,
    val shippingAddress : Address,
    val billingAddress : Address,
    val orderLines : List<ValidatedOrderLine>,
)
```

가격 관련 필드를 추가하여 `PricedOrder`도 동일한 방식으로 타입을 정의할 수 있습니다.

```typescript
class PricedOrder {
  constructor (
    readonly orderId : OrderId,
    readonly customerInfo : CustomerInfo,
    readonly shippingAddress : Address,
    readonly billingAddress : Address,
    // ValidatedOrder와 다른 부분
    readonly orderLines : PricedOrderLine[],
    readonly amountToBill : BillingAmount,
  ) { }
}
```

```kotlin
class PricedOrder (
    val orderId : OrderId,
    val customerInfo : CustomerInfo,
    val shippingAddress : Address,
    val billingAddress : Address,
    // ValidatedOrder와 다른 부분
    val orderLines : List<PricedOrderLine>,
    val amountToBill : BillingAmount,
)
```

마지막으로 모든 상태를 포괄한 최상위 타입을 구현할 수 있습니다.

```typescript
type Order = UnvalidatedOrder | ValidatedOrder | PricedOrder;
```

```kotlin
sealed interface Order
class UnvalidatedOrder(...): Order
class ValidatedOrder(...): Order
class PricedOrder(...): Order
```

이것이 주문 생애 주기의 모든 과정을 나타내는 객체입니다. 이 타입은 저장소에 저장하거나 다른 맥락과 통신할 때 사용할 수 있습니다. 여기서 견적(`quote`)은 이 선택 타입에 포함하지 않은 점을 주목합시다. `Quote`는 주문 상태가 아니라 완전히 다른 작업 흐름이기 때문입니다.

7.2.1 요구사항 변경에 따라 새 상태 타입 추가하기

각 상태별 타입을 사용하면 기존 코드를 깨뜨리지 않고 새로운 상태를 추가할 수 있다는 장점이 있습니다. 예를 들어 환불을 지원해야 한다는 요구사항이 생기면, 환불 정보를 포함하여 새로운 `RefundedOrder` 상태를 추가할 수 있습니다. 개별 상태들이 따로 정의되어 있으므로 상태별 수행 코드는 새 상태를 추가하여도 영향받지 않습니다.

7.3 상태 기계

7.2절에서는 플래그를 사용하는 단일 타입을 작업 흐름 단계별 타입들로 변환했습니다. 이메일 주소 예제와 같이 플래그를 사용한 디자인을 두 가지 선택 타입으로 바꾼 사례를 살펴봤습니다. 각 상태에 대해 '미확인(`Unverified`)'과 '확인됨(`Verified`)'이라는 두 가지 상태로 구현한 것을 확인했습니다. 이 같은 상황은 비즈니스 모델링에서 매우 흔합니다. 여기서 잠깐 모델링을 멈추고 '상태'를 도메인 모델링 도구로 사용하는 방법론을 살펴봅시다. 보통 문서나 레코드는 하나 이상의 상태에 있을 수 있으며, 명령에 따라 상태가 전이됩니다. 이를 **상태 기계**state machine라 부릅니다.

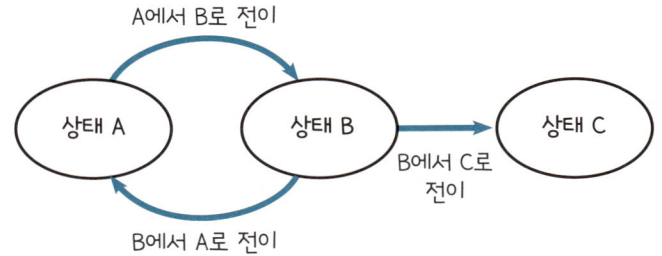

우리가 흔히 아는 복잡한 상태 기계, 예를 들어 수십 또는 수백 개의 상태를 가지는 언어 파서parser 나 정규 표현식에 사용하는 상태 기계와는 다릅니다. 여기서 다룰 상태 기계는 훨씬 간단하며 많아봐야 몇 개의 상태와 몇 안 되는 상태 전이로 이뤄집니다.

몇 가지 예시:

1. **이메일 주소**는 '미확인' 상태와 '확인됨' 상태가 있으며, 사용자가 확인 이메일의 링크를 클릭하면 '미확인' 상태에서 '확인됨' 상태로 전이됩니다.

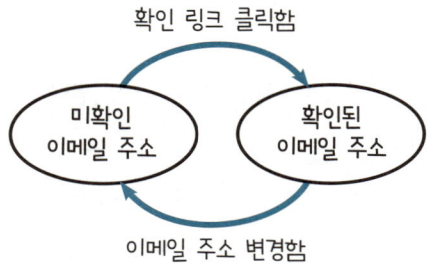

2. **쇼핑 카트**는 '비었음', '쇼핑 중', '결제함' 상태가 있으며, 아이템을 카트에 추가하면 '비었음' 상태에서 '쇼핑 중' 상태로 전이되고, 결제하면 '결제함' 상태로 전이됩니다.

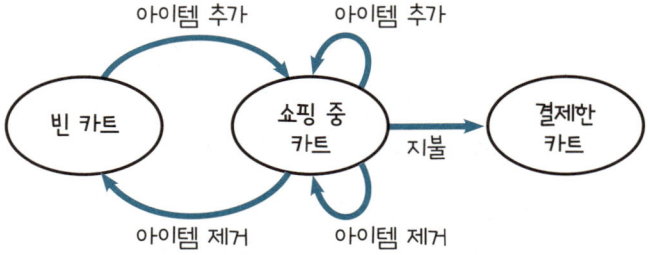

3. **택배**는 '배송 전', '배송 중', '배송 완료' 상태가 있으며, 택배가 배송 트럭에 실리면 '배송 전' 상태에서 '배송 중' 상태로 전이됩니다.

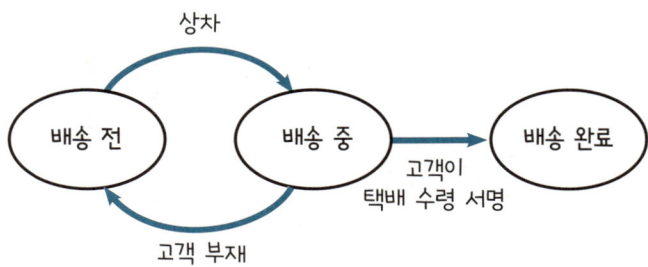

7.3.1 왜 상태 기계를 사용할까요?

위와 같은 경우에서 상태 기계를 사용하면 여러 이점이 있습니다.

- **각 상태별로 허용 가능한 동작이 구분됩니다.**

  예를 들어 '쇼핑 중 카트'만 결제할 수 있으며, '결제한 카트'에는 항목을 추가할 수 없습니다. 이메일의 '확인됨/미확인' 상태 예시에서는 '확인된' 이메일 주소에만 비밀번호 재설정 요청을 보낼 수 있는 규칙이 있습니다. 각 상태마다 개별 타입으로 이 비즈니스 규칙을 함수 시그니처에 직접 드러내므로 규칙을 준수하는지 컴파일 타임에 검증할 수 있습니다.

- **모든 상태를 타입으로 드러냅니다.**

  중요한 상태를 값으로 구별하면 상태가 드러나지 않습니다. 예를 들어 쇼핑 카트의 '비었음' 상태는 '쇼핑 중' 상태와 다른 동작을 하지만, 코드에서 이들이 서로 다른 타입으로 드러나는 경우는 드뭅니다.

- **모든 가능성을 따져보게 만드는 디자인 도구가 되어줍니다.**

  디자인 오류는 보통 특정 예외 케이스를 처리하지 않아서 발생합니다. 상태 기계는 이러한 모든 케이스를 고려하게 만듭니다. 예를 들어
  - 이미 확인한 이메일을 다시 확인하려면 어떻게 해야 할까요?
  - 빈 카트에서 항목을 제거하려면 어떻게 해야 할까요?
  - 이미 '배송 완료' 상태인 패키지를 다시 배송하려고 하면 어떻게 해야 할까요?

이런 질문은 상태를 중심으로 디자인하도록 함으로써 도메인 로직을 명확하게 합니다.

7.3.2 TypeScript와 Kotlin으로 간단한 상태 기계를 구현하는 방법

언어 파서 등에 사용하는 상태 기계는 규칙 집합이나 문법으로부터 생성되며 구현이 매우 복잡합니다. 그러나 앞서 설명한 비즈니스를 모델링하는 간단한 상태 기계는 특별한 도구나 라이브러리 없이도 직접 코딩할 수 있습니다.

간단한 상태 기계를 구현할 때 권장하는 방법은 각 상태별로 타입을 두고 해당 상태의 관련 데이터를 저장하는 것입니다. 전체 상태 집합은 개별 상태들을 포괄하는 선택 타입으로 나타낼 수 있습니다. 예를 들어 쇼핑 카트 상태 기계를 사용한 예시는 다음과 같습니다.

```ts
// TypeScript
class Item { ... }
class ActiveCart { unpaidItems: Item[]  }
class PaidCart { paidItems: Item[]; payment: number }
class EmptyCart {}
type ShoppingCart =
  | EmptyCart  // 데이터 없음
  | ActiveCart
  | PaidCart;
```

```kotlin
// Kotlin
class Item(...)

sealed interface ShoppingCart {
    data class Active ( val unpaidItems: List<Item> ): ShoppingCart
    data class Paid ( val paidItems: List<Item>, val payment: Double ): ShoppingCart
    object Empty: ShoppingCart
}
```

`ActiveCart`와 `PaidCart` 상태는 각각의 타입을 갖습니다. `EmptyCart` 상태는 관련 데이터가 없으므로 TypeScript는 빈 클래스를, Kotlin은 객체로 선언합니다. 명령 핸들러는 전이 가능한 상태들의 선택 타입을 입력으로 받아 같은 선택 타입을 출력하는 함수로 표현합니다. 예를 들어 카트에 항목을 추가하려면 `addItem` 함수에 `ShoppingCart` 매개변수와 추가할 항목을 전달하여 다음과 같이 상태 전이를 처리합니다.

```ts
// TypeScript
const addItem = (item: Item) => (cart: ShoppingCart) =>
  match (cart)
    .with( P.instanceOf(EmptyCart), _ =>
      new ActiveCart([item]))          // 항목이 하나 있는 새로운 활성화된 카트를 생성
    .with( P.instanceOf(ActiveCart), ({unpaidItems: existingItems}) =>
      new ActiveCart([item].concat(existingItems))) // 항목이 추가된 새로운 ActiveCart를 생성
    .with( P.instanceOf(PaidCart), i => i)           // 무시
    .exhaustive();
```

```kotlin
// Kotlin
fun ShoppingCart.addItem(item: Item): ShoppingCart =
    when (this) {
        is ShoppingCart.Empty -> Shopping.Cart(listOf(item))
        // 항목이 하나 있는 새로운 활성화된 카트를 생성
        is ShoppingCart.Active -> ShoppingCart.Active(listOf(item) + this.unpaidItems)
```

```
            // 항목이 추가된 새로운 ActiveCart를 생성
        is ShoppingCart.Paid -> this              // 무시
    }
```

결과는 새로운 `ShoppingCart`이며, 이 카트는 새로운 상태로 전이했을 수도 있고 그대로 머무를 수도 있습니다(기존 상태가 'PaidCart'인 경우). 또는 카트를 결제하려면 `makePayment` 함수에 `ShoppingCart` 매개변수와 결제 정보를 전달하여 다음과 같이 처리합니다.

```typescript
const makePayment = (payment: Payment) => (cart: ShoppingCart) =>
  match (cart)
    .with(P.instanceOf(ActiveCart), ({unpaidItems: existingItems}) =>
      new PaidCart(existingItems, payment))    // 결제 정보와 함께 새로운 PaidCart를 생성
    .otherwise( i => i );                      // Empty, Paid는 bypass
```

```kotlin
fun ShoppingCart.makePayment(payment: Payment): ShoppingCart =
    when (this) {
        is ShoppingCart.Active -> ShoppingCart.Paid(this.unpaidItems, payment)   // 결제 정보와 함께 새로운 PaidCart를 생성
        else -> this                                // Empty, Paid는 bypass
    }
```

결과는 새로운 `Paid` 상태의 `ShoppingCart`이거나 종전 상태에 머무를 수 있습니다(이미 `Empty` 또는 `Paid` 상태였던 경우).

이처럼 명령 호출자는 `ShoppingCart` 선택 타입으로 여러 상태를 다루지만 상태별로 따로 이벤트를 처리합니다.

7.4 타입으로 작업 흐름의 개별 단계 모델링하기

상태 기계 방식은 주문 처리 작업 흐름을 모델링하는 데 매우 적합합니다. 그러므로 이를 바탕으로 각 단계를 구체적으로 모델링해봅시다.

7.4.1 검증 단계

우선 주문 검증에 들어갑니다. 이전 논의에서 `ValidateOrder`를 다음과 같이 문서화했습니다.

```
substep "ValidateOrder" =
    input: UnvalidatedOrder
    output: ValidatedOrder OR ValidationError
    dependencies: CheckProductCodeExists, CheckAddressExists
```

입력 및 출력인 `UnvalidatedOrder`와 `ValidatedOrder`를 앞서 논의한 대로 타입으로 정의했다고 가정합시다. 또한 주문 검증에는 제품 코드가 존재하는지 확인하는 작업과 주소가 존재하는지 확인하는 작업 두 가지 의존이 필요하다는 것을 알 수 있습니다.

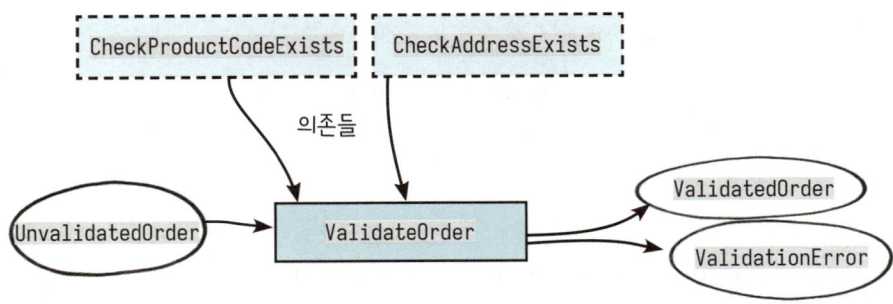

앞서 프로세스를 입력과 출력이 있는 함수로 모델링한다 했습니다. 그렇다면 이 의존들은 어떻게 타입으로 모델링할 수 있을까요? 간단합니다. 이들도 함수로 모델링하면 됩니다. 함수 시그니처가 우리가 나중에 구현할 '인터페이스'가 됩니다.

예를 들어 제품 코드가 존재하는지 확인하는 작업은 `ProductCode`를 받아서 제품 카탈로그에 존재하면 `true`를, 그렇지 않으면 `false`를 반환하는 함수입니다. 이를 나타내는 `CheckProductCodeExists` 타입을 다음과 같이 정의할 수 있습니다.

TypeScript
```typescript
type CheckProductCodeExists = (i: ProductCode) => boolean;
```

Kotlin
```kotlin
typealias CheckProductCodeExists = (ProductCode) -> Boolean
```

두 번째 의존으로 넘어가서, `UnvalidatedAddress`를 받아서 유효한 경우 확인한 주소를 반환하거나 유효하지 않으면 검증 오류를 반환하는 함수가 필요합니다. 또한 원격 주소 검증 서비스로부터 받은 `CheckedAddress`와 우리의 도메인 객체인 `Address`를 구분 지으려면, 어디선가 이 둘 간의 변환이 필요할 것입니다. 일단은 `CheckedAddress`가 `UnvalidatedAddress`의 래퍼라고 가정합시다.

```TypeScript
declare const checkedAddress: unique symbol;
class CheckedAddress {
  [checkedAddress]!: never;
  constructor(readonly value: UnvalidatedAddress) {}
}
```

```Kotlin
@JvmInline
value class CheckedAddress(val value: UnvalidatedAddress)
```

그다음으로 이 서비스는 `UnvalidatedAddress`를 입력으로 받고 성공 시 `CheckedAddress`값을, 실패 시 `AddressValidationError`값을 포함하는 `Either` 타입을 반환합니다.

```TypeScript
class AddressValidationError {
  constructor(readonly message: string) {}
}
type CheckAddressExists = (i: UnvalidatedAddress) => Either<AddressValidationError,
CheckedAddress>;
```

```Kotlin
sealed interface AddressValidationError
typealias CheckAddressExists = (UnvalidatedAddress) -> Either<AddressValidationError,
CheckedAddress>
```

이제 의존들을 정의했으니 `ValidateOrder` 단계를 정의할 수 있습니다. 이 함수는 주요 입력(`UnvalidatedOrder`), 두 가지 의존(`CheckProductCodeExists`와 `CheckAddressExists` 서비스)을 받아서 `ValidatedOrder` 또는 오류를 출력합니다. 함수 시그니처는 처음에는 복잡해 보이지만, 이것을 문장으로 생각하면 논리적으로 이해가 될 것입니다.

```TypeScript
type ValidateOrder =
  (d1: CheckProductCodeExists, d2: CheckAddressExists)  // 의존
    => (i: UnvalidatedOrder)                             // 입력
    => Either<ValidationError, ValidatedOrder>;          // 출력
```

```kotlin
typealias ValidateOrder = UnvalidatedOrder.          // 입력
    (CheckProductCodeExists, CheckAddressExists)     // 의존
    -> ValidatedOrder                                // 출력
```

전체 함수의 반환값은 `Either`여야 합니다. 왜냐하면 의존 중 하나인 `CheckAddressExists` 함수가 `Either`를 반환하기 때문입니다. `Either`가 한 번 사용되면 결국에 오류를 처리하는 함수까지의 모든 연산에 전파됩니다.

7.4.2 가격 책정 단계

다음으로 `PriceOrder` 단계를 디자인해봅시다. 도메인 문서는 다음과 같습니다.

```
substep "PriceOrder" =
    input: ValidatedOrder
    output: PricedOrder
    dependencies: GetProductPrice
```

주문에 가격을 매기는 함수도 제품 코드를 입력받아 해당 제품의 가격을 반환하는 함수가 필요합니다.

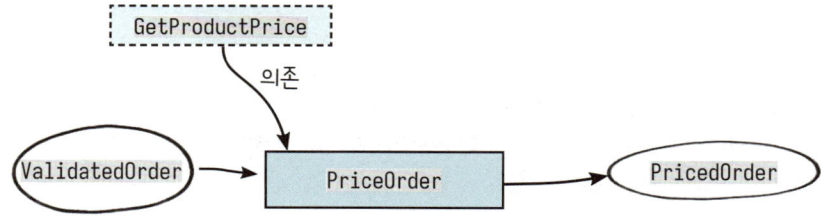

```typescript
type GetProductPrice = (i: ProductCode) => Price;
```

```kotlin
typealias GetProductPrice = (ProductCode) -> Price
```

여기서 주목할 점은 `PriceOrder` 함수에 제품 카탈로그 정보를 전달할 때 `IProductCatalog` 인터페이스 같은 무거운 객체를 전달하는 대신에, 이 단계에서 필요한 기능인 `GetProductPrice` 함수

만을 전달한다는 점입니다. 즉, `GetProductPrice`는 제품 카탈로그의 존재를 숨기고 우리가 필요한 기능만 추상화하여 노출합니다.

가격 책정 함수는 다음과 같이 정의합니다.

```typescript
type PriceOrder =
  (dep: GetProductPrice)         // 의존
    => (i: ValidatedOrder)       // 입력
    => PricedOrder;              // 출력
```

```kotlin
typealias PriceOrder = ValidatedOrder.(GetProductPrice) -> PricedOrder
```

이 함수는 항상 성공하므로 `Either`를 반환할 필요가 없습니다.

7.4.3 주문 확인 단계

다음 단계는 주문 확인 메일을 작성하고 고객에게 발송하는 것입니다. 우선 주문 확인 메일을 모델링해봅시다. 주문 확인 메일은 HTML 문자열을 전송합니다. HTML 문자열을 단순 타입으로 모델링하고 `OrderAcknowledgment`를 이메일 주소와 메일 내용을 포함한 레코드로 정의할 수 있습니다.

```typescript
declare const htmlString: unique symbol;
type HtmlString = string & { [htmlString]: never};
class OrderAcknowledgment {
  constructor (
    readonly emailAddress : EmailAddress,
    readonly letter : HtmlString,
  ) {}
}
```

```kotlin
@JvmInline
value class HtmlString (val value: String)

data class OrderAcknowledgment (
    val emailAddress : EmailAddress,
    val letter : HtmlString,
)
```

메일 내용은 고객 정보와 주문 세부 정보에 기반하여 템플릿template으로 생성할 가능성이 큽니다. 따라서 작업 흐름에 메일 생성 로직을 포함하지 않고, 서비스 함수가 생성한다고 가정합시다. `PricedOrder`를 입력으로 받아 HTML 문자열을 반환하는 `CreateOrderAcknowledgmentLetter` 타입의 함수를 의존으로 받습니다.

```typescript
type CreateOrderAcknowledgmentLetter = (i: PricedOrder) => HtmlString;
```

```kotlin
typealias CreateOrderAcknowledgmentLetter = (PricedOrder) -> HtmlString
```

이제 메일을 작성했으니 발송할 차례입니다. API를 직접 호출할지, 메시지 큐에 기록할지, 아니면 다른 방법을 사용할지에 대해서는 아직 결정할 필요가 없습니다. 지금은 인터페이스만 정의하면 됩니다. `OrderAcknowledgment`를 입력으로 받아 아무것도 반환하지 않는 `SendOrderAcknowledgment` 함수를 정의합니다.

```typescript
type SendOrderAcknowledgment = (i: OrderAcknowledgment) => void;
```

```kotlin
typealias SendOrderAcknowledgment = (OrderAcknowledgment) -> Unit
```

모종의 부수 효과가 있고 출력이 없음을 알리고자 `void`와 `Unit` 타입을 활용했습니다.

정녕 이것이 정말 올바른 디자인일까요? 우리는 주문 확인 메일을 보낸 후 `OrderAcknowledgment Sent` 이벤트를 생성하고 싶습니다. 하지만 이 디자인에서는 발송 여부를 알 수 없으니 수정해야 합니다. 발송 여부를 참, 거짓으로 반환하여 확인하게 하는 것이 합리적인 선택입니다.

```typescript
type SendOrderAcknowledgment = (i: OrderAcknowledgment) => boolean;
```

```kotlin
typealias SendOrderAcknowledgment = (OrderAcknowledgment) -> Boolean
```

그러나 참, 거짓은 정보가 빈약하여 좋은 디자인이 아닙니다. 대신 간단한 Sent/NotSent 선택 타입을 사용하는 것이 좋습니다.

```typescript
enum SendResult {
  Sent = "Sent",
  NotSent = "NotSent",
}
type SendOrderAcknowledgment = (i: OrderAcknowledgment) => SendResult;
```

```kotlin
enum class SendResult { Sent, NotSent }
typealias SendOrderAcknowledgment = (OrderAcknowledgment) -> SendResult
```

이 '주문 확인' 단계의 출력은 단순하게 '발송됨' 이벤트일 것입니다. 그 이벤트 타입을 정의해봅시다.

```typescript
class OrderAcknowledgmentSent {
  constructor (
    readonly emailAddress : EmailAddress,
    readonly orderId : OrderId,
  ) {}
}
```

```kotlin
data class OrderAcknowledgmentSent (
    val emailAddress : EmailAddress,
    val orderId : OrderId,
)
```

마지막으로 이 모든 것을 결합하여 주문 확인 단계의 함수 타입을 정의할 수 있습니다.

```typescript
type AcknowledgeOrder =
  (dep1: CreateOrderAcknowledgmentLetter, dep2: SendOrderAcknowledgment)   // 의존
    => (i: PricedOrder)                                                     // 입력
    => Option<OrderAcknowledgmentSent>;                                     // 출력
```

```kotlin
typealias AcknowledgeOrder = PricedOrder.                    // 입력
    (CreateOrderAcknowledgmentLetter, SendOrderAcknowledgment) // 의존
    -> OrderAcknowledgmentSent?                              // 출력
```

보다시피 이 함수는 옵셔널 이벤트를 반환합니다. 왜냐하면 확인 메일이 발송되지 않을 수도 있기 때문입니다.

7.4.4 반환할 이벤트 생성

이전 단계에서 `OrderAcknowledgmentSent` 이벤트를 생성했으나 여전히 배송용 `OrderPlaced` 이벤트와 청구용 `BillableOrderPlaced` 이벤트가 남아 있습니다. 이를 정의하는 것은 간단합니다. `OrderPlaced` 이벤트는 `PricedOrder`와 속성들이 동일하지만 이름만 다를 수 있고, `BillableOrderPlaced` 이벤트는 `PricedOrder` 속성의 일부입니다.

```typescript
// 배송 맥락으로 전송할 이벤트
class OrderPlaced {
  constructor(
    readonly orderId: OrderId,
    readonly customerInfo: CustomerInfo,
    readonly shippingAddress: Address,
    readonly billingAddress: Address,
    readonly amountToBill: BillingAmount,
    readonly lines: readonly PricedOrderLine[],
  ) {}
}

class BillableOrderPlaced {
  constructor (
    readonly orderId : OrderId,
    readonly billingAddress: Address,
    readonly amountToBill : BillingAmount,
  ) {}
}
```

```kotlin
// 배송 맥락으로 전송할 이벤트
data class OrderPlaced (
    val orderId: OrderId,
    val customerInfo: CustomerInfo,
```

```
    val shippingAddress: Address,
    val billingAddress: Address,
    val amountToBill: BillingAmount,
    val lines: List<PricedOrderLine>,
)

data class BillableOrderPlaced (
    val orderId : OrderId,
    val billingAddress: Address,
    val amountToBill : BillingAmount,
)
```

이벤트를 실제로 반환하기 위해서 이 이벤트들을 담을 특별한 타입을 생성할 수 있습니다.

`TypeScript`
```
class PlaceOrderResult {
  constructor (
    readonly orderPlaced : OrderPlaced,
    readonly billableOrderPlaced : BillableOrderPlaced,
    readonly orderAcknowledgmentSent : Option<OrderAcknowledgmentSent>,
  ) {}
}
```

`Kotlin`
```
data class PlaceOrderResult (
    val orderPlaced : OrderPlaced,
    val billableOrderPlaced : BillableOrderPlaced,
    val orderAcknowledgmentSent: OrderAcknowledgmentSent?,
)
```

하지만 작업 흐름은 시간이 흐르며 새로운 이벤트가 추가될 가능성이 큰데 특별한 레코드를 정의하면 변경이 어려워집니다. 대신 `OrderPlaced`, `BillableOrderPlaced` 또는 `OrderAcknowledgmentSent` 이벤트 목록을 작업 흐름이 반환하게 합시다. 즉, `OrderPlacedEvent`를 다음과 같이 선택 타입으로 정의합니다.

`TypeScript`
```
type PlaceOrderEvent =
  | OrderPlaced
  | BillableOrderPlaced
  | OrderAcknowledgmentSent;
```

```kotlin
sealed interface PlaceOrderEvent {
    data class OrderPlaced: PlaceOrderEvent
    data class BillableOrderPlaced: PlaceOrderEvent
    data class OrderAcknowledgmentSent: PlaceOrderEvent
}
```

그다음 작업 흐름의 최종 단계는 `PlaceOrderEvent`들을 반환하는 것입니다.

```typescript
type CreateEvents = (i: PricedOrder) => PlaceOrderEvent[];
```

```kotlin
typealias CreateEvents = (PricedOrder) -> List<PlaceOrderEvent>
```

나중에 새로운 이벤트가 필요해지면 작업 흐름을 그대로 두고 선택 타입의 선택 항목에만 추가하면 됩니다. 그리고 동일한 이벤트가 도메인의 여러 작업 흐름에서 나타난다면, 심지어 한 단계 위로 올라가서 이 도메인의 모든 이벤트를 아우르는 더 일반적인 선택 타입으로 `OrderTakingDomainEvent`를 만들 수도 있습니다.

7.5 효과 문서화하기

앞서 우리는 **타입 시그니처**에 효과를 드러내는 방법을 이야기했습니다. 이 함수는 어떤 효과를 가질 수 있을까요? 오류를 반환할 수도 있나요? 외부 입출력을 수행하나요? 이제 의존에 효과를 명시적으로 문서화할 필요가 있는지 빠르게 살펴봅시다.

7.5.1 검증 단계의 효과

검증 단계에는 `CheckProductCodeExists`와 `CheckAddressExists` 두 가지 의존이 있습니다. `CheckProductCodeExists` 먼저 살펴봅시다.

```typescript
type CheckProductCodeExists = (i: ProductCode) => boolean;
```

```kotlin
typealias CheckProductCodeExists = (ProductCode) -> Boolean
```

이 함수가 오류를 반환할 가능성이 있을까요? 비동기 함수를 호출할까요? 둘 다 아니라고 가정합시다. 즉, 제품 카탈로그의 로컬 캐시 복사본local cached copy 사용이 가능하고, 빠르게 접근할 수 있다고 가정합니다(2장에서 올리가 자율성에 대해 언급한 내용을 떠올려봅시다).

반면에 `CheckAddressExists` 함수는 도메인 내부가 아닌 원격 서비스를 호출하므로, 오류 효과 `Either`와 더불어 비동기 효과 `Task`를 함께 가져야 합니다. 사실, 비동기와 오류 효과는 매우 자주 함께 사용하므로 `TaskEither`라는 별칭으로 하나의 타입으로 묶어서 부릅니다.

```typescript
type TaskEither<E, T> = Task<Either<E, T>>;
```

`CheckAddressExists`의 반환 타입을 `Either`에서 `TaskEither`로 변경하여 이 함수가 비동기적이고 오류가 발생할 수 있음을 드러내었습니다.

```typescript
type CheckAddressExists =
  (i: UnvalidatedAddress) => TaskEither<AddressValidationError, CheckedAddress>;
```

```kotlin
typealias CheckAddressExists =
    suspend (UnvalidatedAddress) -> Either<AddressValidationError, CheckedAddress>
```

이제 타입 시그니처만으로 `CheckAddressExists` 함수가 외부 입출력을 수행하다 실패할 수 있음을 명확히 알 수 있습니다. 앞서 경계 진 맥락을 논의할 때, 자율성이 핵심 요소라고 언급한 바 있습니다. 그렇다면 주소 확인 서비스의 로컬 버전을 만들어야 할까요? 올리에게 물어보면, 이 서비스는 매우 높은 가용성을 가진다고 확신할 것입니다. 자율성을 원했던 주된 이유는 성능이 아니라, 늘 가용한 서비스를 제공하기 위해서입니다. 제삼자에게 의존하는 경우, 해당 서비스를 매우 신뢰할 수 있거나 외부 서비스에 문제가 생길 때 적절한 대응 방법이 필요합니다.

오류 효과와 마찬가지로 비동기 효과는 모든 코드로 전파됩니다. 따라서 `CheckAddressExists`를 `TaskEither`로 변경하면, 전체 `ValidateOrder` 단계 역시 `TaskEither`를 반환하도록 변경해야 합니다.

```typescript
// TypeScript
type ValidateOrder =
  (d1: CheckProductCodeExists, d2: CheckAddressExists)  // 의존
    => (i: UnvalidatedOrder)                             // 입력
    => TaskEither<ValidationError[], ValidatedOrder >;   // 출력
```

```kotlin
// Kotlin
typealias ValidateOrder = suspend UnvalidatedOrder.     // 입력
    (CheckProductCodeExists, CheckAddressExists)        // 의존
-> Either<List<ValidationError>, ValidatedOrder>        // 출력
```

7.5.2 가격 산정 단계의 효과

가격 산정 단계에는 `GetProductPrice`라는 단일 의존만 있습니다. 여기서도 제품 카탈로그가 로컬에 있다고 가정합시다(예: 메모리에 캐시). 따라서 비동기 효과는 없습니다. 또한 카탈로그에 접근할 때 오류가 발생할 가능성도 없다고 가정할 수 있습니다. 따라서 이 단계에는 별다른 효과가 없습니다.

그러나 `PriceOrder` 단계 자체는 오류를 반환할 가능성이 있습니다. 예를 들어 항목의 가격을 잘못 책정하여 총청구액이 매우 크거나 음수라면 잘못된 금액을 잡아내야 할 수 있습니다. 이런 일은 매우 드문 **에지 케이스**edge case일 수 있지만, 실제 세계에서 당혹스러운 사건의 상당수는 이러한 오류로 발생했습니다!

`Either`를 반환할 예정이므로 오류를 나타낼 타입이 필요합니다. 이를 `PricingError`라고 부를 것입니다. `PriceOrder` 함수는 이제 다음과 같습니다.

```typescript
// TypeScript
class PricingError {
  constructor(readonly message: string) {}
}
type PriceOrder =
  (dep: GetProductPrice)                    // 의존
    =>(i: ValidatedOrder)                   // 입력
    => Either<PricingError, PricedOrder>;   // 출력
```

```kotlin
// Kotlin
@JvmInline
value class PricingError(val value: String) : PlaceOrderError
typealias PriceOrder = ValidatedOrder.(GetProductPrice) -> Either<PricingError, PricedOrder>
```

7.5.3 주문 확인 단계의 효과

`AcknowledgeOrder` 단계에는 `CreateOrderAcknowledgmentLetter`, `SendOrderAcknowledgment` 두 가지 의존이 있습니다.

`CreateOrderAcknowledgmentLetter` 함수는 오류를 반환할 가능성이 있을까요? 로컬에 캐시해 둔 템플릿을 사용한다고 가정할 수 있기에 아마도 아닐 것입니다. 따라서 `CreateOrderAcknowledgmentLetter` 함수는 타입 시그니처에 드러낼 효과가 없습니다.

반면에 `SendOrderAcknowledgment`는 외부 입출력을 수행하므로 비동기 효과가 필요합니다. 오류는 어떻게 처리할까요? 이 경우는 어떤 오류가 발생했는지 관심이 없으며, 발생하더라도 계속해서 작업을 수행하기를 바랍니다. 따라서 수정된 `SendOrderAcknowledgment`는 오류 효과 없이 비동기 효과만 있으면 됩니다.

```TypeScript
type SendOrderAcknowledgment = (i: OrderAcknowledgment) => Task<SendResult>;
```

```Kotlin
typealias SendOrderAcknowledgment = suspend (OrderAcknowledgment) -> SendResult
```

물론 비동기 효과는 부모 함수로도 전파됩니다.

```TypeScript
type AcknowledgeOrder =
  (dep1: CreateOrderAcknowledgmentLetter, dep2: SendOrderAcknowledgment)   // 의존
    => (i: PricedOrder)                                                     // 입력
    => TaskOption<OrderAcknowledgmentSent>;                                 // 출력
```

```Kotlin
typealias AcknowledgeOrder = suspend PricedOrder.                           // 입력
    (CreateOrderAcknowledgmentLetter, SendOrderAcknowledgment)              // 의존
-> OrderAcknowledgmentSent?                                                 // 출력
```

7.6 개별 단계로부터 작업 흐름 합성하기

이제 모든 단계를 정의했으니, 각 단계별 구현을 마치면 한 단계의 출력을 다음 단계의 입력에 연결하여 전체 작업 흐름을 구축할 수 있습니다. 하지만 말처럼 간단하지는 않습니다! 이제 모든 단계의 정의를 한데 모아서 살펴봅시다. 의존을 제거하고 입력과 출력만 나열한 상태입니다.

```TypeScript
type ValidateOrder =
  (i: UnvalidatedOrder)                                 // 입력
    => TaskEither<ValidationError[], ValidatedOrder>;   // 출력

type PriceOrder =
  (i: ValidatedOrder)                                   // 입력
    => Either<PricingError, PricedOrder>;               // 출력

type AcknowledgeOrder =
  (i: PricedOrder)                                      // 입력
    => TaskOption<OrderAcknowledgmentSent>;             // 출력

type CreateEvents =
  (i: PricedOrder)                                      // 입력
    => PlaceOrderEvent[];                               // 출력
```

```Kotlin
typealias ValidateOrder =
    suspend UnvalidatedOrder.()                         // 입력
-> Either<List<ValidationError>, ValidatedOrder>        // 출력

typealias PriceOrder =
    ValidatedOrder.()                                   // 입력
-> Either<PricingError, PricedOrder>                    // 출력

typealias AcknowledgeOrder =
    suspend PricedOrder.()                              // 입력
-> OrderAcknowledgmentSent?                             // 출력

typealias CreateEvents =
    PricedOrder.()                                      // 입력
-> List<PlaceOrderEvent>                                // 출력
```

`PriceOrder` 단계에는 `ValidatedOrder`를 입력해야 하지만 `ValidateOrder`의 출력은 `TaskEither<…, ValidatedOrder>`로 서로 전혀 맞지 않습니다. `PriceOrder` 단계의 출력은 `AcknowledgeOrder`의

입력이 될 수 없으며, 다른 부분도 마찬가지입니다.

따라서 이러한 함수들을 조합하려면 입력과 출력 타입을 호환하게 조정하고 서로 연결 짓도록 해야 합니다. 이는 타입 주도 디자인을 할 때 흔히 겪는 도전 과제로 추후 구현하는 장에서 이를 해결하는 방법을 살펴봅니다.

7.7 의존을 디자인에 포함시켜야 하나요?

앞의 예시에서 `CheckProductCodeExists`와 `ValidateAddress`같이 다른 맥락에 호출하는 서비스를 시그니처에 의존으로 드러냈습니다. 각 하위 단계를 디자인하며 개별 단계들이 필요한 의존을 매개변수로 추가하여 명시적으로 나타냈습니다.

```TypeScript
type ValidateOrder =
  (d1: CheckProductCodeExists, d2: CheckAddressExists)    // 의존
    => (i: UnvalidatedOrder)                              // 입력
    => TaskEither<ValidationError[], ValidatedOrder>;     // 출력

type PriceOrder =
  (dep: GetProductPrice)                                  // 의존
    =>(i: ValidatedOrder)                                 // 입력
    => PricedOrder;                                       // 출력
```

```Kotlin
typealias ValidateOrder = suspend UnvalidatedOrder.       // 입력
    (CheckProductCodeExists, CheckAddressExists)          // 의존
-> Either<List<ValidationError>, ValidatedOrder>          // 출력

typealias PriceOrder = ValidatedOrder.                    // 입력
    (GetProductPrice)                                     // 의존
-> PricedOrder                                            // 출력
```

어떤 프로세스가 작업을 수행하는 데 필요한 의존은 숨겨야 한다고 주장할 수도 있습니다. 목표를 달성하기 위해 어떤 시스템들과 협업이 필요한지를 정말로 디자인에 드러내야 할까요? 의존이 드러나면 안 된다는 관점이라면 프로세스 정의는 입력과 출력만으로 단순해지며, 다음과 같이 나타낼 수 있습니다.

```typescript
// TypeScript
type ValidateOrder = (i: UnvalidatedOrder)              // 입력
    => TaskEither<ValidationError[], ValidatedOrder>;   // 출력

type PriceOrder = (i: ValidatedOrder)                   // 입력
    => Either<PricingError, PricedOrder>;               // 출력
```

```kotlin
// Kotlin
typealias ValidateOrder = suspend UnvalidatedOrder.()   // 입력
-> Either<List<ValidationError>, ValidatedOrder>        // 출력

typealias PriceOrder = ValidatedOrder.()                // 입력
-> Either<PricingError, PricedOrder>                    // 출력
```

어떤 방식이 더 나을까요? 디자인에서 항상 옳은 정답이 있는 것은 아니지만, 다음 가이드를 따르는 것이 좋습니다.

- 공개 API에 노출되는 함수의 경우, 호출자에게 의존 정보를 숨겨라.
- 내부적으로 사용되는 함수의 경우, 의존을 명시하라.

이 경우, 상위 레벨의 `PlaceOrder` 작업 흐름 함수에 대한 의존은 노출하지 않아야 합니다. 호출자가 알 필요가 없는 까닭입니다. 시그니처는 단순히 입력과 출력만을 나타내야 하며, 코드 표현은 다음과 같습니다.

```typescript
// TypeScript
type PlaceOrderWorkflow = (i: PlaceOrder)                   // 입력
    => TaskEither<PlaceOrderError , PlaceOrderEvent[]>;     // 출력
```

```kotlin
// Kotlin
typealias PlaceOrderWorkflow = suspend PlaceOrder.()        // 입력
-> Either<PlaceOrderError , List<PlaceOrderEvent>>          // 출력
```

하지만 작업 흐름의 각 내부 단계에서는 원래 디자인에서 했던 것처럼 의존을 명시적으로 드러내야 합니다. 이렇게 하면 각 단계에서 실제로 필요한 것이 무엇인지 문서화하는 데 도움이 됩니다. 만약 특정 단계의 의존을 변경하면, 해당 단계의 함수 정의를 변경해야 하며, 구현 또한 이에 맞춰 변경하도록 강제합니다.

7.8 완전한 파이프라인

디자인에 대한 첫 번째 초안을 만들었으니 지금까지 작업한 내용을 검토해봅시다. 먼저 공개 API에 대한 타입을 작성합니다. 이 타입들을 `DomainApi` 같은 한 파일에 모아보겠습니다. 입력 정의는 다음과 같습니다.

```TypeScript
// ---------------------
// 입력 data
// ---------------------

class UnvalidatedOrder {
  constructor(
    readonly orderId: string,
    readonly customerInfo: UnvalidatedCustomerInfo,
    readonly shippingAddress: UnvalidatedAddress,
  ) { }
}

class UnvalidatedCustomer {
  constructor(
    readonly name: string,
    readonly email: string,
  ) { }
}

type UnvalidatedAddress = ...

// ---------------------
// 입력 command
// ---------------------

type Command<D> = {
  readonly data: D;
  readonly timestamp: DateTime;
  readonly userId: string;
  // 기타 정보
};

class PlaceOrderCommand implements Command<UnvalidatedOrder> {
  constructor(
    readonly data: UnvalidatedOrder,
    readonly timestamp: DateTime,
```

```
    readonly userId: string,
  ) { }
}
```

```kotlin
// ---------------------
// 입력 data
// ---------------------

data class UnvalidatedOrder(
    val orderId : String,
    val customerInfo : UnvalidatedCustomerInfo,
    val shippingAddress : UnvalidatedAddress,
): Order

data class UnvalidatedCustomer (
    val name : String,
    val email : String,
)

data class UnvalidatedAddress (...)

// ---------------------
// 입력 Command
// ---------------------

interface Command<D> {
    val data : D
    val timestamp: DateTime
    val userId: String
    // 기타 정보
}

data class PlaceOrderCommand(
    override val data :  UnvalidatedOrder,
    override val timestamp: DateTime,
    override val userId: String,
) : Command<UnvalidatedOrder>
```

출력과 작업 흐름 정의는 다음과 같습니다.

```typescript
// TypeScript
// ----------------------
// Public API
// ----------------------

// Success output of PlaceOrder workflow
class OrderPlaced { ... }
class BillableOrderPlaced { ... }
class OrderAcknowledgmentSent { ... }
type PlaceOrderEvent =
  | OrderPlaced
  | BillableOrderPlaced
  | OrderAcknowledgmentSent;

// Failure output of PlaceOrder workflow
class PlaceOrderError { ... }

type PlaceOrderWorkflow = (i: PlaceOrderCommand) => TaskEither<PlaceOrderError, PlaceOrderEvent[]>
```

```kotlin
// Kotlin
// ----------------------
// Public API
// ----------------------

// Success output of PlaceOrder workflow
sealed interface PlaceOrderEvent {
    data class OrderPlaced(...): PlaceOrderEvent
    data class BillableOrderPlaced(...): PlaceOrderEvent
    data class OrderAcknowledgmentSent(...): PlaceOrderEvent
}

// Failure output of PlaceOrder workflow
class PlaceOrderError() Error: Error
typealias PlaceOrderWorkflow = suspend PlaceOrderCommand.() -> Either<PlaceOrderError, List<PlaceOrderEvent>>
```

7.8.1 내부 단계

내부 단계에 쓰이는 타입들은 `PlaceOrderWorkflow` 같은 별도 파일에 모아둡니다. 나중에 타입 정의 아래에 관련 구현체들을 추가할 것입니다. 주문 생애 주기를 표현하는 내부 상태들부터 시작하겠습니다.

TypeScript

```typescript
// ---------------------
// Order 생애 주기
// ---------------------

// 검증함
class ValidatedOrderLine { ... }
class ValidatedOrder {
  constructor(
    readonly orderId: OrderId,
    readonly customerInfo: CustomerInfo,
    readonly shippingAddress: Address,
    readonly billingAddress: Address,
    readonly orderLines: readonly ValidatedOrderLine[],
  ) { }
}
type OrderId = Undefined;
class CustomerInfo { ... }
class Address { ... }

// 가격 책정함
class PricedOrderLine { ... }
class PricedOrder { ... }

// 모든 상태들
type Order =
  | UnvalidatedOrder
  | ValidatedOrder
  | PricedOrder;
  // etc
```

Kotlin

```kotlin
// ---------------------
// Order 생애 주기
// ---------------------

// 검증함
class ValidatedOrderLine ( ... )
class ValidatedOrder (
    val orderId: OrderId,
    val customerInfo: CustomerInfo,
    val shippingAddress: Address,
    val billingAddress: Address,
    val orderLines: List<ValidatedOrderLine>,
): Order
```

```
@JvmInline
value class OrderId ( ... )

data class CustomerInfo ( ... )
data class Address ( ... )

// 가격 책정함
class PricedOrderLine ( ... )
class PricedOrder ( ... ): Order

// 모든 상태
sealed interface Order
```

내부 단계별 정의를 추가하면 다음과 같습니다.

```typescript
// ---------------------
// 내부 단계 정의
// ---------------------

// ----- 주문 검증 -----

// ValidateOrder가 의존하는 서비스
type CheckProductCodeExists = (i: ProductCode) => boolean;

class AddressValidationError { ... }
class CheckedAddress { ... }
type CheckAddressExists =
  (i: UnvalidatedAddress) => TaskEither< AddressValidationError , CheckedAddress>;

type ValidateOrder =
  (d1: CheckProductCodeExists, d2: CheckAddressExists)   // 의존
    => (i: UnvalidatedOrder)                             // 입력
    => TaskEither<ValidationError[], ValidatedOrder>;    // 출력
class ValidationError { ... }

// ----- 주문 가격 책정 -----

// PriceOrder가 의존하는 서비스
type GetProductPrice =  (i: ProductCode) => Price;

class PricingError { ... }
```

```
type PriceOrder =
  (d: GetProductPrice)      // 의존
    => (i: ValidatedOrder)  // 입력
    => Either< PricingError , PricedOrder >  // 출력

// etc
```

```kotlin
// ---------------------
// 내부 단계 정의
// ---------------------

// ----- 주문 검증 -----

// services used by ValidateOrder
typealias CheckProductCodeExists = (ProductCode) -> Boolean

sealed interface AddressValidationError
class CheckedAddress ( ... )
typealias CheckAddressExists =
    suspend (UnvalidatedAddress) -> Either< AddressValidationError , CheckedAddress>

typealias ValidateOrder =
    suspend UnvalidatedOrder.(CheckProductCodeExists, CheckAddressExists)
-> Either<List<ValidationError> ,ValidatedOrder>

@JvmInline
value class ValidationError(val value: String) : PlaceOrderError

// ----- 주문 가격 책정 -----

// PriceOrder가 의존하는 서비스
typealias GetProductPrice =  (ProductCode) -> Price

@JvmInline
value class PricingError(val value: String) : PlaceOrderError
typealias PriceOrder = ValidatedOrder.(GetProductPrice) -> Either<PricingError, PricedOrder>

// etc
```

자, 이제 모든 타입들을 한데 모았으니 구현 가이드의 준비는 다 마쳤습니다.

7.9 오래 수행하는 작업 흐름

구현에 들어가기 전에 파이프라인에 대한 중요한 가정을 다시 살펴봅시다. 우리는 원격 시스템을 호출하더라도 파이프라인이 짧은 시간, 즉 몇 초 내에 완료될 것으로 예상하고 있습니다. 하지만 만약 이러한 외부 서비스를 완료하는 데 시간이 훨씬 더 오래 걸린다면 어떨까요? 예를 들어 검증을 기계가 아닌 사람이 수행하고, 그 사람이 하루 종일 처리한다면 어떨까요? 혹은 가격 책정을 다른 팀에서 수행하고 그 팀에서도 시간이 오래 걸리는 것이 현실이라면 디자인에 어떤 영향을 미칠까요?

먼저 원격 서비스를 호출하기 전에 상태를 저장소storage에 저장해야 하며, 원격 서비스가 완료되었다는 메시지를 받으면, 저장소에서 상태를 다시 읽어 들인 후 작업 흐름의 다음 단계로 계속 나아가야 합니다. 이는 단순한 비동기 호출을 사용하는 것보다 훨씬 무겁습니다. 각 단계 사이에서 상태를 유지해야 하기 때문입니다.

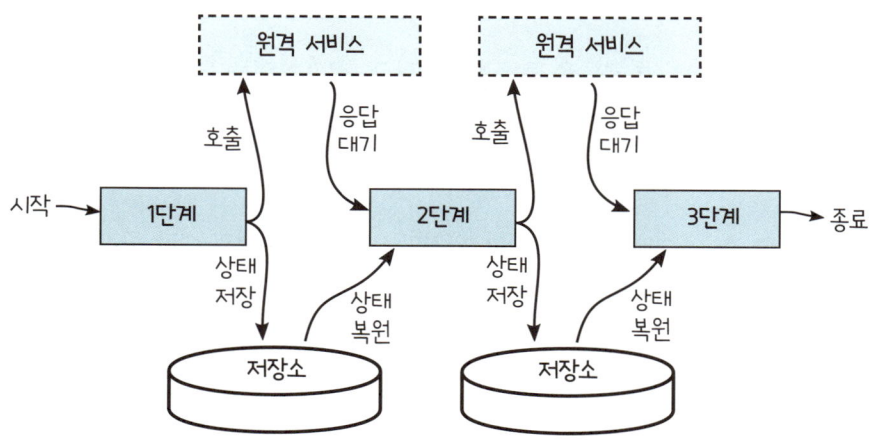

이런 식으로 원래 작업 흐름을 더 작고 독립적인 덩어리chunk로 나눕니다. 그리고 각 덩어리는 이벤트에 의해 트리거됩니다. 하나의 단일 작업 흐름이라기보다는 일련의 조그만 개별 작업 흐름이라고 생각할 수도 있습니다.

이것이 바로 상태 기계 모델이 시스템을 생각하는 데 유용한 프레임워크가 되는 지점입니다. 각 단계 전에 주문은 저장소에서 읽어 들이며, 여러 상태 중 하나로 보관되어 있었습니다. 미니 작업 흐름은 주문을 원래 상태에서 새로운 상태로 전이하며, 마지막에 새로운 상태를 다시 저장소에 보관합니다.

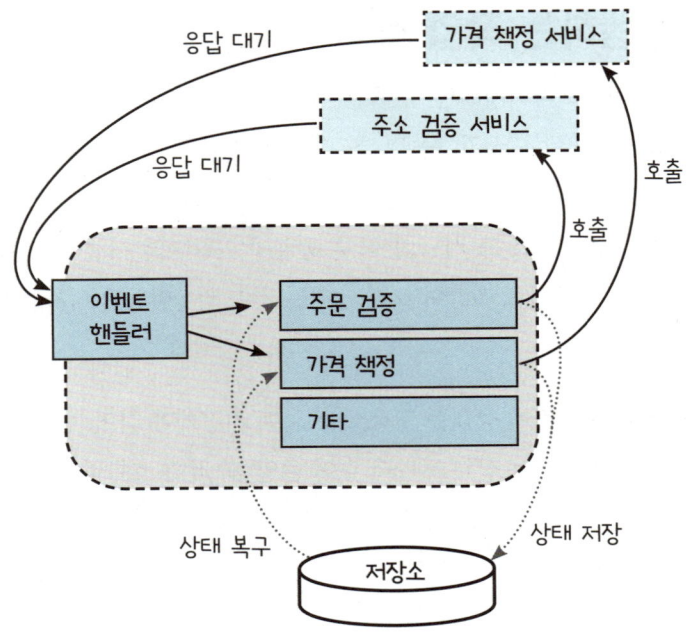

이러한 종류의 장기 실행 작업 흐름을 종종 **Saga**[1]라고 합니다. 이는 느린 사람이 관여할 때 자주 발생하지만, 작업 흐름을 서로 분절된 독립 조각들로 나누어 이벤트로 연결 지을 때도 사용할 수 있습니다(기침… 마이크로서비스[2]).

우리 예시에서 작업 흐름은 매우 간단합니다. 하지만 이벤트와 상태의 수가 증가하고 전이가 복잡해지면 프로세스 매니저라는 특수한 컴포넌트를 만들어야 할 수도 있습니다. 이 프로세스 매니저는 들어오는 메시지를 처리하고 현재 상태에 따라 어떤 작업을 해야 하는지 결정하여 적절한 작업 흐름을 트리거하는 역할을 맡습니다.

7.10 마무리

이 장에서 우리는 오직 타입만으로 작업 흐름을 모델링하는 방법을 살펴봤습니다. 제일 먼저 작업 흐름의 입력을 문서화하고 특히 명령을 모델링하는 방법을 알아보았습니다. 그리고 상태 기계로

---

[1] https://vasters.com/archive/Sagas.html
[2] 옮긴이 저자는 앞서 언급했듯이 마이크로서비스는 꼭 필요할 때 하는 것이지 섣불리 하는 것은 좋지 않다는 입장입니다. 그런데 지금 Saga 패턴을 설명하면서 작업 흐름을 여러 조각으로 독립시키고 이를 연결 지을 때 사용한다 했는데, 이는 마이크로서비스에 적합하다는 의미입니다. 아마도 마이크로서비스를 조장하고 싶지 않은 마음에 '기침…(cough…)'이 들어간 것으로 보입니다.

문서 및 라이프사이클을 가진 다른 엔터티를 모델링할 수 있는 방법도 논의했습니다. 상태에 대한 새로운 이해를 바탕으로 다시 작업 흐름으로 돌아와 각 하위 단계를 모델링하고 입력과 출력 상태를 나타내는 타입을 사용했으며, 각 단계의 종속성과 효과를 문서화하는 데도 많은 노력을 기울였습니다.

그 과정에서 수백 개의 타입(사실 약 서른 개)처럼 보이는 것들을 만들었습니다. 이것이 정말로 필요한 것이었을까요? 타입이 너무 많은 건 아닐까요? 많아 보일 수 있지만 실행 가능한 도메인 문서, 즉 도메인을 잘 반영한 코드를 만들려고 노력하고 있다는 점을 기억합시다. 만약 이렇게 촘촘히 타입들을 만들지 않았다면, 여전히 검증된 주문과 가격이 매겨진 주문, 또는 위젯 코드와 일반 문자열의 차이를 별도 문서로 기록했을 것입니다. 그럴 바에야 코드 자체에 도메인을 반영하는 것이 더 낫습니다.

물론 항상 균형이 필요합니다. 이 책에서는 모든 것을 타입으로 문서화하는 방식을 보여주려고 일부러 타입을 극단적으로 활용했습니다. 만약 이 방식이 여러분의 상황에서 과하다고 느껴지면 알맞게 줄일 것을 권합니다. 언제나 그렇듯이 도메인을 위해 무엇이 가장 유용한지에 따라 결정하십시오.

7.10.1 다음 장 안내

지난 네 개의 장을 거쳐오는 동안 줄곧 모델링만 다룬 끝에 드디어 모델링을 마치고 실제 구현에 들어갈 준비를 마쳤습니다. 여기서 한 가지 명확히 짚고 넘어가도록 하겠습니다. 이 책에서는 요구사항 수집, 모델링, 코딩을 각각의 별도 섹션으로 분리했습니다. 이것이 선형적인 '폭포수' 모델 개발을 권장하는 것처럼 보일 수 있으나 전혀 그런 의도가 아닙니다. 실제 프로젝트에서는 요구사항 수집과 모델링을, 모델링과 프로토타이핑을 지속적으로 혼합하여 가능한 한 빨리 고객이나 도메인 전문가에게 피드백을 제공해야 합니다. 사실 타입으로 모델링하는 주된 이유는 요구사항에서 모델링까지, 그리고 다시 되돌아오는 과정을 며칠이 아닌 몇 분 내에 진행하기 위함입니다. 이것이 가능한 이유는 도메인 전문가가 모델을 직접 읽을 수 있기 때문입니다.

이제 구현을 시작할 만반의 준비를 갖췄습니다. 첫 번째 단계로, 함수가 어떻게 작동하고 함수로 애플리케이션을 어떻게 구축하는지 확실히 이해하도록 합시다. 이것이 다음 장에서 다룰 내용입니다.

PART III

모델 구현하기

3부에서는 앞서 모델링한 작업 흐름을 구현할 것입니다. 이 과정에서 함수 합성, 부분 적용, 그리고 공포의 모나드 같은 일반적인 함수형 프로그래밍 기법들의 사용법을 공개합니다.

| CHAPTER 8 | 함수 이해하기
| CHAPTER 9 | 구현: 파이프라인 조합하기
| CHAPTER 10 | 구현: 오류 처리하기
| CHAPTER 11 | 직렬화
| CHAPTER 12 | 영속화
| CHAPTER 13 | 깔끔하게 디자인 발전시키기

CHAPTER 8

함수 이해하기

지금까지 주문 처리 작업 흐름에 대한 요구사항을 파악하고 타입으로 모델링했습니다. 이제 그 디자인을 함수형 프로그래밍 방식으로 구현하는 것이 다음 과제입니다.

본격적으로 들어가기에 앞서 함수형 프로그래밍이 무엇인지, 그리고 구현을 위해 필요한 도구와 전략을 이해하는 것이 중요합니다. 이 장을 마치면 함수형 프로그래밍의 핵심 개념이 확실히 자리 잡힐 것입니다. 이 개념들은 도메인 주도 설계뿐만 아니라 모든 종류의 프로그래밍에도 유용합니다.

이 책에서 함수형 프로그래밍의 모든 것을 설명할 수는 없으니 기본적인 개념에 초점을 맞추겠습니다. 함수란 무엇인지, 그리고 함수 합성을 어떻게 하는지에 대해 알아봅니다. 함수 합성은 함수형 프로그래밍의 가장 중요한 디자인 원칙입니다. 여기서 괴상하게 들릴 수 있는 모나드나 펑터 functor 같은 개념은 당장 논의하지 않습니다. 이러한 개념들은 나중에 필요해질 때 자연스럽게 다룰 것입니다. 또한 이 책에서 TypeScript와 Kotlin 문법까지 자세히 다루기에는 지면이 부족합니다. 이해하지 못하는 코드는 관련 자료를 검색해봅시다. 참고할 만한 레퍼런스를 소개합니다.[1]

---

[1] (옮긴이) Theo Despoudis의 《TypeScript 4 Design Patterns and Best Practices》(Packt Publishing, 2021), Alexey Soshin의 《Kotlin Design Patterns and Best Practices》(Packt Publishing, 2024)

8.1 함수, 함수 어디에나 함수

먼저 함수형 프로그래밍이 객체지향 프로그래밍과 왜 그렇게 다른지부터 살펴봅시다. 함수형 프로그래밍에 대한 정의는 여러 가지가 있지만 아주 간단한 정의를 사용하고자 합니다.

- 함수형 프로그래밍이란, 함수가 정말 중요하다고 여기는 프로그래밍입니다.

대부분의 현대 언어에서는 함수가 일급 객체first-class objects이지만, 함수나 람다를 사용하는 것만으로는 '함수형 프로그래밍을 한다'고 할 수 없습니다. 함수형 프로그래밍의 핵심은 프로그램 모든 곳에서 모든 문제를 함수로 해결한다는 점입니다.

예를 들어 큰 프로그램을 작은 구성 요소로 조립하고 싶다고 가정합니다.

- 객체지향에서는 구성 요소가 클래스와 객체일 것입니다.
- 함수형에서는 구성 요소가 함수입니다.

또는 프로그램의 어떤 부분을 전달받거나, 컴포넌트 간의 결합도를 줄이고 싶을 수도 있습니다.

- 객체지향에서는 인터페이스와 **의존 주입**dependency injection을 사용할 것입니다.
- 함수형에서는 함수 매개변수를 받습니다.

혹은 '중복을 피하라'는 원칙에 따라 여러 컴포넌트 간에 코드를 재사용하고 싶습니다.

- 객체지향에서는 **상속**이나 **데커레이터 패턴**decorator pattern 같은 기술을 사용할 수 있습니다.
- 함수형에서는 모든 재사용 가능한 코드를 함수로 만들고, 함수 합성을 통해 연결합니다.

이러한 이유로 함수형 프로그래밍은 단순히 스타일의 차이가 아니라 프로그래밍을 완전히 다르게 생각하는 방식입니다. 함수형을 처음 접한다면 **초심자의 마음**으로 배우는 것이 좋습니다. 즉, 다른 패러다임의 관점에서 '컬렉션을 어떻게 반복하지?' 혹은 '**전략 패턴**strategy pattern을 어떻게 구현하지?' 질문하는 것보다 근본적인 문제를 함수형으로 해결하는 방법을 질문하는 것이 좋습니다. '컬렉션의 각 요소마다 어떻게 작업을 수행할까?' 혹은 '동작을 어떻게 전달받을까?'처럼 말입니다.

프로그래머로서 직면하는 문제는 동일하지만, 함수형 프로그래밍에서 사용하는 해결책은 객체지향 프로그래밍에서 사용하는 것과 매우 다릅니다.

8.2 함수가 주인공

함수형 프로그래밍 패러다임에서는 함수 자체를 독립적인 주체로 간주합니다. 그리고 함수가 주인공이므로, 다른 함수에 입력값으로 전달할 수 있습니다.

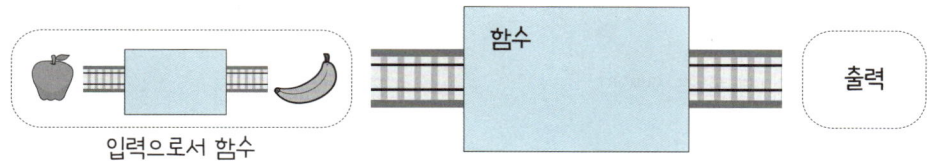

함수를 다른 함수의 출력으로 반환할 수도 있습니다.

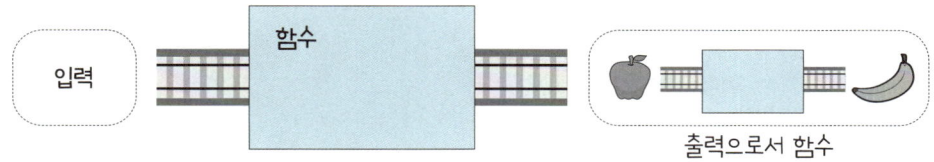

함수의 동작을 제어하기 위해 함수 매개변수로 전달할 수도 있습니다.

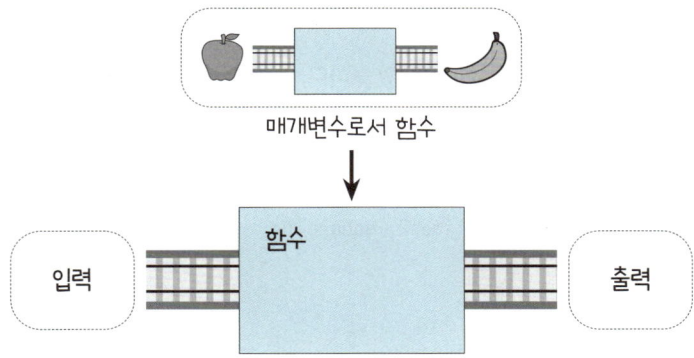

함수를 주인공으로 다루면 많은 가능성이 열립니다. 익숙지 않아서 처음에는 어색할 수 있지만, 이 기본 원칙만으로도 복잡한 시스템을 빠르게 구축할 수 있습니다.

> **용어 정리: 고차 함수(higher-order function)**
>
> 다른 함수를 입력 및 출력하거나 매개변수로 받는 함수를 고차 함수라 합니다.

8.2.1 주인공인 함수

'함수를 주인공으로 취급'하는 방식을 살펴봅시다. 다음은 네 가지 함수 정의입니다.

```TypeScript
function plus3(x: number): number {
    return x + 3;
}
function times2(x: number): number {
    return x * 2;
}
const square = (x: number) => x * x;
const addThree = plus3;
```

```Kotlin
fun plus3(x: Int) = x + 3
fun times2(x: Int) = x * 2
val square: (Int) -> Int = { it * it }
val addThree = ::plus3
```

첫 번째와 두 번째 정의는 기존 함수 정의와 같습니다. 세 번째 정의는 익명 함수(람다 표현식)에 `square`라는 이름을 붙입니다. 네 번째 정의는 `plus3` 함수에 `addThree`라는 이름을 붙입니다. 이 함수들은 모두 정수를 입력으로 받아 새로운 정수를 반환합니다.

함수가 주인공이니만큼 리스트에 넣을 수도 있습니다.

```TypeScript
// listOfFunctions : List<(i: number) => number>
const listOfFunctions = [addThree, times2, square];
```

```Kotlin
// listOfFunctions : List<(Int) -> Int>
val listOfFunctions = listOf(addThree, ::times2, square)
```

이제 리스트를 순회하며 각 함수를 평가할 수 있습니다.

```TypeScript
for (const fn of listOfFunctions ) {
    const result = fn(100);
```

```
            console.log(`If 100 is the input, the output is ${result}`);
        }
```

Kotlin
```
for (fn in listOfFunctions) {
    val result = fn(100)
    println("If 100 is the input, the output is $result")
}
```

결과는 다음과 같습니다.

```
If 100 is the input, the output is 103
If 100 is the input, the output is 200
If 100 is the input, the output is 10000
```

8.2.2 입력으로서 함수

함수를 주인공으로 다루는 것은 입력과 출력으로 사용할 수 있다는 뜻입니다. 실제로 어떻게 사용하는지 알아보겠습니다. 먼저 함수를 입력 매개변수로 사용하는 예부터 소개합니다. `evalWith5ThenAdd2`라는 함수는 함수 `fn`을 받아서, `5`를 입력값으로 호출한 후 `2`를 더합니다.

TypeScript
```
const evalWith5ThenAdd2 = (fn: (i: number) => number) => fn(5) + 2;
```

Kotlin
```
fun evalWith5ThenAdd2(fn: (Int) -> Int): Int = fn(5) + 2
```

이제 `add1`이라는 함수를 정의하고, `evalWith5ThenAdd2`에 전달해봅시다.

TypeScript
```
const add1 = (x: number) => x + 1;
evalWith5ThenAdd2(add1);
```

Kotlin
```
fun add1(x: Int) = x + 1
evalWith5ThenAdd2(add1)
```

결과는 예상대로 8입니다.

어떤 `Int -> Int` 함수도 매개변수로 사용할 수 있습니다. 이번에는 `square` 함수를 정의하고 매개변수로 전달해봅시다.

```TypeScript
const square = (x: number) => x * x;
evalWith5ThenAdd2(square);
```

```Kotlin
fun square(x: Int) = x * x
evalWith5ThenAdd2(square)
```

결과는 27입니다.

8.2.3 출력으로서 함수

함수를 출력으로 반환하는 큰 이유는 특정 매개변수를 함수에 고정bake in할 수 있기 때문입니다. 예를 들어 다음과 같이 세 가지 서로 다른 더하기 함수가 있다고 가정해봅시다.

```TypeScript
const add1 = (x: number) => x + 1;
const add2 = (x: number) => x + 2;
const add3 = (x: number) => x + 3;
```

```Kotlin
fun add1(x: Int) = x + 1
fun add2(x: Int) = x + 2
fun add3(x: Int) = x + 3
```

이 중복을 제거하려면 어떻게 할까요? '가산기 생성기adder generator'를 만들어 특정값을 미리 설정한 더하기 함수를 반환하면 됩니다. 코드는 다음과 같습니다.

```TypeScript
const adderGenerator = (numberToAdd: number) => (x: number) => numberToAdd + x;
```

```kotlin
fun adderGenerator(numberToAdd: Int): (Int) -> Int = { it + numberToAdd }
```

위 함수는 정수를 입력으로 받아 `Int -> Int` 함수를 반환합니다.

마지막으로 `adderGenerator`를 실제로 사용하는 방법을 봅시다.

```typescript
const add1 = adderGenerator(1);
add1(2);     // 결과 => 3
const add100 = adderGenerator(100);
add100(2);   // 결과 => 102
```

```kotlin
val add1 = adderGenerator(1)
add1(2)    // 결과 => 3
val add100 = adderGenerator(100)
add100(2) // 결과 => 102
```

8.2.4 커링

함수를 반환하는 이 트릭을 사용하면 여러 매개변수를 받는 함수를, 단일 매개변수를 연이어 받는 함수로 변환할 수 있습니다. 이 방법을 **커링**currying이라고 합니다. 예를 들어 두 개의 매개변수를 받는 add 함수가 있다고 가정해봅시다.

```typescript
// const add: (n: number) => (x: number) => number
const add = (n: number) => (x: number) => x + n;
// const add3: (x: number) => number
const add3 = add(3);
```

TypeScript의 화살표 함수는 단일 입력을 여러 번에 걸쳐 입력받는 함수형 스타일 함수를 태생적으로 잘 지원합니다. 따라서 별도의 커링 단계가 필요가 없습니다. 위 예시에서 보듯 `(n: number) => (x: number) => number` 화살표 함수에 첫째 매개변수로 3을 입력하면 `(x: number) => number` 함수를 출력합니다.

반면 Kotlin은 TypeScript처럼 여러 번에 나누어 입력을 받는 스타일을 언어 차원에서 지원하지는 않습니다. 다만, 커링 효과를 람다 표현식으로 쉽게 구현할 수 있습니다.

```kotlin
fun add(n: Int, x: Int): Int = x + n
fun addCurried(x: Int): (Int) -> Int = { add(it, x) }
// val add3: (Int) -> Int
val add3 = addCurried(3)
```

8.2.5 부분 적용

모든 함수가 커리 함수라면, 다중 매개변수 함수에 인수 하나만 전달해도 나머지 매개변수들을 입력받는 새로운 함수를 얻을 수 있다는 뜻입니다. 예를 들어 sayGreeting 함수는 두 개의 매개변수를 가집니다.

```typescript
const sayGreeting = (greeting: string) => (name: string) =>
console.log(`${greeting} ${name}`);
```

```kotlin
fun sayGreeting(greeting: String, name: String) =
    println("$greeting $name")
```

하지만 하나의 인수만 전달하여 새로운 함수를 만들 수 있습니다.

```typescript
const sayHello: (name: string) => void = sayGreeting("Hello");
const sayGoodbye: (name: string) => void = sayGreeting("Goodbye");
```

```kotlin
fun sayHello(name: String): Unit { sayGreeting("Hello", name) }
fun sayGoodbye(name: String): Unit { sayGreeting("Goodbye", name) }
```

이 함수들은 이제 하나 남은 매개변수인 name을 입력받아 화면에 출력합니다.

```
sayHello("Alex")      // 출력: "Hello Alex"
sayGoodbye("Alex")    // 출력: "Goodbye Alex"
```

이렇게 매개변수를 '고정bind'하는 방식(**매개변수 고정**)을 **부분 적용**partial application이라고 하며, 매우 중요한 함수형 패턴입니다.

8.3 완전 함수

수학 함수는 모든 가능한 입력을 출력으로 연결합니다. 함수형 프로그래밍에서도 같은 방식으로 함수를 디자인합니다. 즉, 모든 입력값에 해당하는 출력값이 존재하도록 말입니다. 이러한 함수를 **완전 함수**total function라고 합니다. 왜 이렇게 해야 할까요? 가능한 명확하게 표현하고 모든 효과를 **타입 시그니처**에 명시적으로 기록하기 위함입니다.

이 개념을 조금 우스꽝스러운 함수로 설명해보겠습니다. `twelveDividedBy`라는 함수는 12를 입력값으로 나눈 결과를 정수로 반환합니다. 의사코드로는 다음과 같이 구현할 수 있습니다.

```
fun twelveDividedBy(n: Int): Int =
    when(n) {
        6 -> 2
        5 -> 2
        4 -> 3
        3 -> 4
        2 -> 6
        1 -> 12
        0 -> ??? // 0인 경우에는 무얼까요?
        else -> ...
    }
```

이제 입력값이 0일 때 출력은 무엇일까요? 12를 0으로 나누는 것은 정의되지 않은 동작입니다. 가능한 모든 입력값에 출력값이 존재하지 않아도 된다면 0일 경우에는 예외를 발생시키면 됩니다. 예를 들어 다음과 같이 구현할 수 있습니다.

```typescript
const twelveDividedBy = (n: number) =>
  match(n)
    .with(6, _ => 2)
    ...
    .with(0, _ => { throw "Can't divide by zero." })
    .otherwise(...);
```

```kotlin
// Kotlin
fun twelveDividedBy(n: Int): Int =
    when(n) {
        6 -> 2
        ...
        0 -> throw ArithmaticError("Can't divide by zero.")
        else -> ...
    }
```

이렇게 정의한 함수의 시그니처는 다음과 같습니다.

```
// TypeScript
// const twelveDividedBy: (n: number) => number
```

```
// Kotlin
// val twelveDividedBy: (Int) -> Int
```

이는 거짓말입니다! 항상 정수를 반환하지 않고 때로는 예외를 발생시키기 때문입니다. 하지만 이러한 사항은 타입 시그니처에 드러나지 않았습니다.

타입 시그니처가 거짓말을 하지 않으면 더 좋습니다. 모든 입력값에 대해 유효한 출력값을 반환하며 예외가 발생하지 않는다면 더욱 좋습니다. 어떻게 하면 될까요?

한 가지 방법은 입력값을 제한하여 잘못된 값을 없애는 것입니다. 이 예시에서는 새로운 타입 `NonZeroInteger`를 만들어 0이 포함되지 않도록 할 수 있습니다. 즉, 0은 입력값에 포함되지 않으므로 처리할 필요가 없습니다.

```typescript
// TypeScript
// 제한된 입력값을 사용하는 함수
const twelveDividedBy = (n: NonZeroInteger) =>
  match(n)
    .with(6, _ => 2)
    ...
  // 0은 입력값에 없기 때문에 처리할 필요가 없음
```

```kotlin
// Kotlin
// 제한된 입력값을 사용하는 함수
fun twelveDividedBy(n: NonZeroInteger): Int =
```

```
when(n) {
    6 -> 2
    ...
    // 0은 입력값에 없기 때문에 처리할 필요가 없음
}
```

새로 정의한 함수 시그니처는 다음과 같습니다.

```TypeScript
// const twelveDividedBy: (n: NonZeroInteger) => number
```

```Kotlin
// val twelveDividedBy: (NonZeroInteger) -> Int
```

이전 버전보다 훨씬 낫습니다. 입력값에 대한 요구사항이 무엇인지 문서나 소스를 읽지 않아도 바로 알 수 있습니다. 이 함수는 거짓말을 하지 않습니다. 모든 것이 명확하게 표현되어 있습니다.

또 다른 방법은 출력값을 확장하는 것입니다. 이 방식에서는 0을 입력값으로 허용하지만 유의미한 정수와 정의되지 않은 값을 포괄하도록 출력값을 확장합니다. 다음은 `Option` 타입으로 구현한 코드입니다.

```TypeScript
// 확장된 출력값을 사용하는 함수
const twelveDividedBy = (n: number) =>
  match(n)
    .with(6, _ => Some(2))
    ...
    .with(0, _ => None)
    .otherwise(...);
```

```Kotlin
// 확장된 출력값을 사용하는 함수
fun twelveDividedBy(n: Int): Int? = when(n) {
    6 -> 2
    ...
    0 -> null
    else -> ...
}
```

새로 정의한 함수의 시그니처는 다음과 같습니다.

```TypeScript
// const twelveDividedBy: (n: number) => Option<number>
```

```Kotlin
// val twelveDividedBy: (Int) -> Int?
```

이 시그니처는 정수를 입력받아 유효한 입력값일 경우 정수를 반환할 수 있지만, 때에 따라 반환값이 없을 수 있다는 뜻입니다. 이 시그니처 또한 명확하며 사용자를 혼동시키지 않습니다.

이처럼 단순한 예시에서도 완전 함수를 사용하는 이점을 확인할 수 있습니다. 두 가지 방법 모두 함수 시그니처에 가능한 모든 입력값과 출력값을 명확하게 드러냅니다. 이 책의 뒷부분, 특히 10장에서는 실제로 함수 시그니처를 사용해 모든 가능한 출력값을 문서화하는 예를 더 많이 만날 것입니다.

8.4 함수 합성

타입 합성은 앞서 논의한 적이 있습니다. 여러 타입을 결합하여 새로운 타입을 만들어보았으니 이제는 함수 합성을 이야기해봅시다. 앞선 함수의 결과를 다음 함수의 입력으로 연결하여 함수를 결합하는 방식입니다.

예를 들어 여기 두 개의 함수가 있습니다. 첫 번째 함수는 사과를 입력받아 바나나를 출력하고, 두 번째 함수는 바나나를 입력받아 체리를 출력합니다. 첫 번째 함수의 출력 타입과 두 번째 함수의 입력 타입이 동일하므로, 두 함수를 다음과 같이 결합할 수 있습니다.

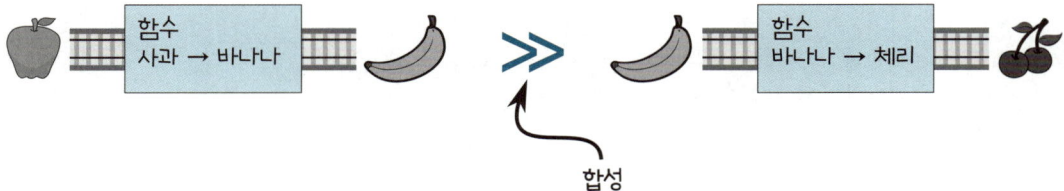

이 두 함수를 결합하면 새로운 함수가 생겨납니다.

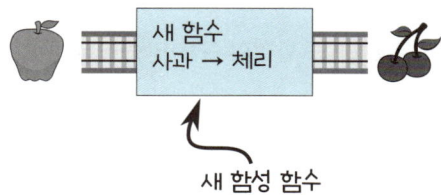

이러한 합성의 중요한 측면 중 하나는 **정보 은닉**information hiding입니다. 최종 합성된 함수가 더 작은 함수들로 이루어져 있다는 것을 알 수 없으며, 더 작은 함수들이 무엇을 처리했는지 알 수 없습니다. 이 예시에서는 바나나가 어디로 갔나요? 이 새로운 함수를 사용하는 사람은 도중에 바나나가 있었다는 사실조차 알지 못합니다. 합성한 함수 사용자에게 그 정보를 숨기는 데 성공했습니다.

8.4.1 TypeScript와 Kotlin의 함수 합성

두 함수의 첫 번째 함수 출력 타입이 두 번째 함수의 입력 타입과 동일하기만 하면 두 함수를 결합할 수 있습니다. 이를 일반적으로 **파이핑**piping이라고 부릅니다.

fp-ts에서의 파이핑은 시작값과 각 파이프 함수들을 순서대로 `pipe()` 인수로 전달합니다. `pipe` 함수는 시작값을 첫 번째 함수에 입력하고 첫 번째 함수의 출력을 두 번째 함수로 전달하는 식으로, 이전 파이프 출력을 다음 파이프 입력으로 계속 전달합니다. 마지막 파이프 출력이 전체 파이프라인의 출력이 됩니다.

```typescript
const add1 = (x: number) => x + 1;
const square = (x: number) => x * x;
const add1ThenSquare = (x: number) => pipe(x, add1, square);
add1ThenSquare(5);        // 결과는 36
```

`add1ThenSquare` 함수에 정의한 `x`라는 매개변수가 파이프라인의 첫 번째 함수인 `add1`에 전달되며 파이프라인을 통한 데이터 흐름이 시작됩니다.

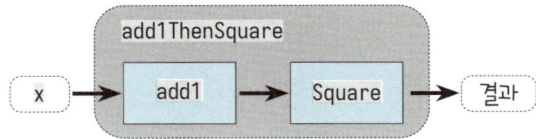

add1ThenSquare 함수 정의를 살펴보면 단지 add1에게 전달하기 위해 화살표 함수로 별도의 매개변수를 받아서 pipe()의 시작값으로 넣어주는 형태는 자주 발생하는 불필요한 보일러플레이트boilerplate입니다. 따라서 많은 경우 flow로 합성함수를 만듭니다.

```TypeScript
const add1ThenSquare = flow(add1, square); // 수학에서 add1·square와 동일
```

다른 예를 살펴봅시다. 첫 번째 isEven 함수는 (i: number) => boolean 함수이고, 두 번째 printBool 함수는 (i: boolean) => string 함수입니다. 이 둘을 결합하면 (i: number) => string 함수가 됩니다.

```TypeScript
const isEven = (x: number) =>  (x % 2) === 0;
const printBool = (x: boolean) => `value is ${x}`;
const isEvenThenPrint = flow(isEven, printBool);
isEvenThenPrint(2)            // 결과는 "value is true"
```

Kotlin은 **확장 함수**extension function를 활용하기 때문에 **메서드 꼬리물기**method chaining로 파이프라인을 구현합니다. 객체를 시작으로 첫 번째 메서드를 호출하고 그 출력 객체의 두 번째 메서드를 호출하는 식으로 객체들이 꼬리를 물고 이어집니다. 마지막 객체의 메서드 출력이 전체 파이프라인의 출력이 됩니다.

```Kotlin
fun Int.add1() = this + 1
fun Int.square() = this * this
val add1ThenSquare: (Int) -> Int = { it.add1().square() }
add1ThenSquare(5)        // 결과는 36

fun Int.isEven() =  (this % 2) == 0
fun Boolean.printBool() = "value is $this"
val isEvenThenPrint: (Int) -> String = { it.isEven().printBool() }
isEvenThenPrint(2)            // 결과는 "value is true"
```

8.4.2 전체 애플리케이션을 함수로 구성하기

이 합성 원칙은 전체 애플리케이션을 구성하는 데 적용할 수 있습니다. 예를 들어 애플리케이션의 가장 하위 레벨에서 기본 함수를 작성합니다.

그러고는 이 함수들을 결합하여 서비스 함수를 생성합니다.

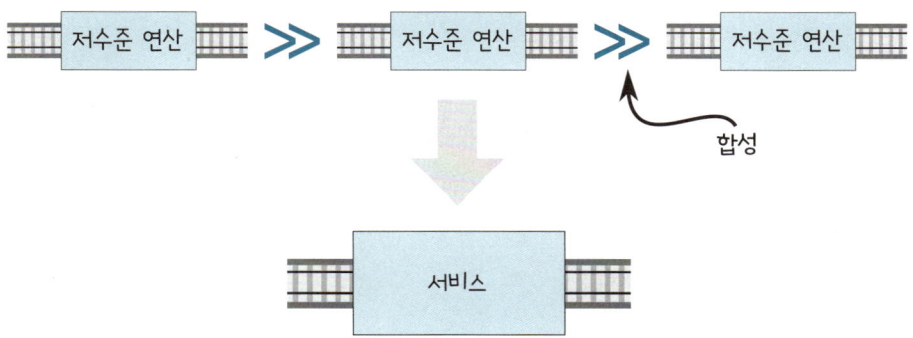

이제 이러한 서비스 함수들을 결합하여 전체 작업 흐름을 처리하는 함수를 만들 수 있습니다.

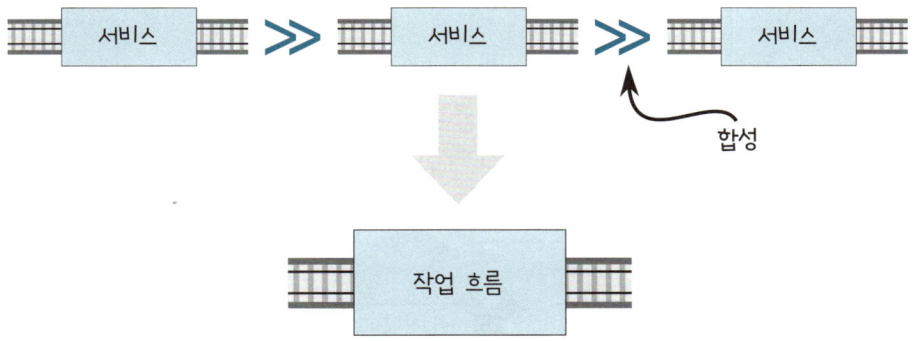

마지막으로 입력에 따라 특정 작업 흐름을 호출하는 컨트롤러/디스패처에 작업 흐름들을 병렬로 결합하여 애플리케이션을 구축할 수 있습니다.

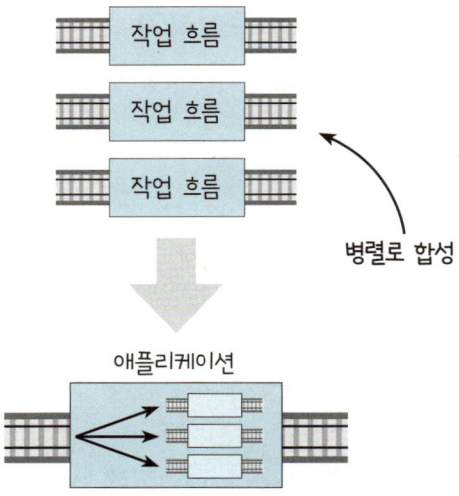

이것이 함수형 애플리케이션을 구축하는 방법입니다. 각 계층은 입력과 출력이 있는 함수로 구성되며 상위 계층으로 계속 함수를 쌓아 올립니다.

9장에서 이러한 아이디어들이 실제로 어떻게 작동하는지 살펴보고 더 작은 함수들을 결합하여 주문 처리 작업 흐름을 구현할 것입니다.

8.4.3 녹록지 않은 함수 합성

출력과 입력이 일치하는 두 함수 합성은 매우 간단합니다. 하지만 입출력이 쉽게 맞지 않을 때는 어떻게 해야 할까요? 기본적으로 입출력 타입은 통하지만 '모양'이 다른 경우가 일반적입니다. 예를 들어 앞 함수는 `Option<int>`를 출력하지만 그다음 함수는 `int`가 필요할 수 있습니다. 또는 반대로, 앞 함수가 `int`를 출력하지만 그다음 함수는 `Option<int>`를 입력받을 수 있습니다.

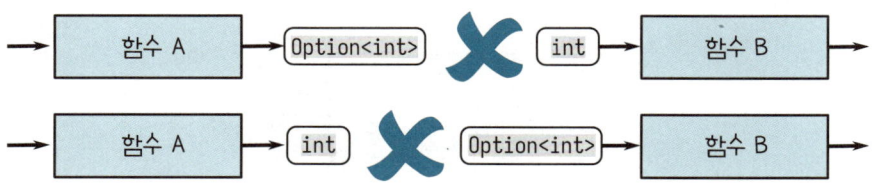

리스트, 성공/실패를 나타내는 `Either` 타입, 비동기 함수 등을 사용할 때도 유사한 불일치 문제가 발생합니다.

함수 합성에서 발생하는 많은 문제는 함수의 입력과 출력을 조정하여 맞추는 과정에서 일어납니다. 인기 있는 방식 중 하나는 양쪽을 동일한 타입으로 변환하는 것입니다. 즉, 양쪽 모두에서 공통적으로 사용할 수 있는 '최소공배수'를 찾아내는 것입니다.

예를 들어 출력이 `int`이고 입력이 `Option<int>`인 경우, 두 타입을 모두 포함하는 '가장 작은' 타입은 `Option`입니다. 함수 A의 출력을 `Some`으로 변환하면, 이제 그 값은 함수 B의 `Option` 입력으로 사용할 수 있으므로 합성이 가능합니다.

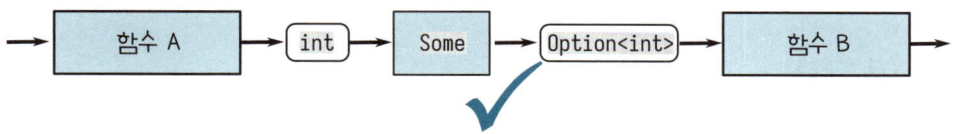

다음은 위 예시를 실제 코드로 나타낸 것입니다.

```TypeScript
const add1 = (x: number) => x + 1;
const printOption = (x: Option<number>) => match (x)
    .with(P.instanceOf(Some), i => console.log("The int is ", i))
    .with(P.instanceOf(None), _ => console.log("No value"))
    .exhaustive();
```

이 두 함수를 연결하기 위해서는 `add1`의 출력을 `Some`으로 변환한 후, 이를 `printOption`의 입력으로 넘겨주면 됩니다.

```TypeScript
pipe(5, add1, some, printOption);
```

Kotlin 예제는 `Option` 대신 `nullable`을 직접 다루기로 했으므로 다음과 같이 작성할 수 있습니다.[2]

2　[옮긴이] TypeScript는 JavaScript로부터 훌륭한 `nullable`을 처리 능력을 이어받았습니다. 언제 값이 `undefined`가 될지 모르는 JavaScript는 예로부터 `nullable` 속에서 살아남는 다양한 방법을 마련해두었습니다. 둘 중 한 언어로 `Option`을 다루는 예시를 보여주기 위해 TypeScript를 고른 것뿐입니다. 또 다른 이유라면 타입을 엄밀하게 사용하지 않는 JavaScript의 관습을 이어서 TypeScript의 `compilerOptions`에서 `strictNullChecks`를 꺼버리고 주고받는 값들이 `nullable` 범벅이 되는 불상사를 막고자 실무에서는 일부러 `Option`을 도입하기도 합니다. 필요한 경우에 통제하여 활용한다면 TypeScript 또한 `Option` 없이 `nullable` 타입만으로 안정적인 코드를 짤 수 있습니다.

```kotlin
Kotlin
fun add1(x: Int) = x + 1
fun Int?.printOptional() = println(this?.let { "The int is $it" } ?: "No value")
add1(10).printOptional() // "The int is 11" 출력
```

이것은 타입 불일치 문제의 매우 간단한 예시입니다. 우리는 주문 처리 작업 흐름을 모델링할 때 이미 더 복잡한 예를 살펴본 적이 있습니다. 구현과 관련하여 이어지는 두 개의 장에서는 합성이 가능하도록 함수들을 일관된 형태로 맞추는 데 긴 시간을 할애할 것입니다.

8.5 마무리

이 장에서는 함수형 프로그래밍의 기본 개념들을 TypeScript와 Kotlin으로 살펴봤습니다. 함수를 기본 단위로 서로 합성하여 디자인하는 법도 알아보았습니다. 이런 원칙들을 익혔으니 이제 실제로 코딩에 들어갈 수 있습니다. 다음 장에서는 주문 처리 작업 흐름을 파이프라인으로 구축하며 배운 개념들을 실제로 적용해봅시다.

CHAPTER 9

구현: 파이프라인 조합하기

지금까지 긴 시간을 들여 타입으로 도메인 모델링만 해왔습니다. 아직 아무것도 구현하지 않았다는 얘기입니다! 드디어 구현에 돌입할 시간이 왔습니다. 앞서 했던 디자인(7장)을 가져와서 함수형 스타일로 구현하려 합니다(두 개의 장에 걸쳐 진행합니다). 지난 디자인을 되새겨 보자면 작업 흐름이란 일련의 문서 변환으로서, 변환 파이프로 이뤄진 커다란 파이프라인으로 생각할 수 있습니다.

기술적인 관점에서 살펴보면 파이프라인에서는 다음 과정이 일어납니다.

- `UnvalidatedOrder`를 받아서 유효성 검사 성공 시 `ValidatedOrder`로 변환, 실패 시 오류 반환
- 앞 단계 출력 `ValidatedOrder`를 받아 추가 정보를 더해 `PricedOrder` 생성
- 앞 단계 출력 `PricedOrder`로 주문 확인 메일 작성 및 전송
- 관련 이벤트들 생성 및 반환

우리는 기술적인 세부 사항에 얽매이지 않고 원래의 요구사항을 유지한 채 코드로 변환하고자 합니다.

파이핑으로 단계별 함수들을 연결 지은 코드는 다음과 같습니다.

```TypeScript
const placeOrder = flow(
  validateOrder,
  priceOrder,
```

```
    acknowledgeOrder,
    createEvents,
);
```

```kotlin
fun UnvalidatedOrder.placeOrder() = this
    .validateOrder()
    .priceOrder()
    .acknowledgeOrder()
    .createEvents()
```

일련의 단계를 잘 보여주는 이 코드는 개발자가 아닌 누구라도 이해하기 좋습니다. 이제 이것을 어떻게 구현할지 살펴봅시다. 작업 흐름을 구현하는 과정은 먼저 개별 단계를 만드는 과정과 그 뒤에 이들을 결합하는 과정으로 나뉩니다.

파이프라인의 각 단계부터 독립적인 함수로 구현합니다. 상태나 부수 효과가 없도록 함수를 구현하여 독립적으로 테스트하고 추론할 수 있게 해야 합니다. 그다음으로 이 작은 함수들을 모아 하나의 큰 함수로 합성합니다. 말은 쉬운데 실제로 해보면 디자인한 함수들의 출력과 그다음 함수의 입력이 서로 맞지 않는 문제와 맞닥뜨리기 일쑤입니다. 이런 문제를 해결하려면 함수들이 조합 가능하도록 각 단계의 입력과 출력을 조작하는 법을 배워야 합니다.

다음과 같이 두 가지 이유로 함수들을 조합하지 못합니다.

- 일부 함수는 데이터 파이프라인에 속하지 않는 추가 매개변수, **의존**dependency이 필요합니다.
- 오류 **효과**를 함수 시그니처에 `Either` 타입으로 명시했듯이 효과가 포함된 함수 출력은 효과 없이 데이터만 받는 함수의 입력이 될 수가 없습니다.

이번 장에서는 함수형 방식으로 의존을 주입하여 의존 문제를 해결합니다. 효과를 처리하는 방법은 다음 장에서 다룹니다. 따라서 이번 장에서는 `Either`나 `Task` 같은 효과를 무시하고 기본적인 함수 조합에만 집중하여 각 단계들을 구현합니다.

9.1 단순 타입 다루기

작업 흐름 단계를 구현하기에 앞서 먼저 `OrderId`와 `ProductCode` 같은 '단순 타입'부터 구현해보겠습니다. 대다수 단순 타입은 어떤 식으로든 제약이 있으므로 앞서 살펴봤던 제약 타입처럼 구현해봅시다. 단순 타입 모두는 최소 두 가지 함수가 필요합니다.

- `String`이나 `Int` 같은 원시 타입에서 단순 타입을 생성해내는 `create` 함수. 예를 들어 `OrderId.create`는 정상 문자열이면 `OrderId` 생성, 잘못된 문자열이면 오류 발생
- 내부 원시값을 추출하는 `value` 함수

TypeScript, Kotlin 모두 객체지향 언어이므로 클래스를 활용하면 이런 헬퍼 함수를 타입에 가깝게 두는 것은 너무나 쉬운 일입니다. TypeScript는 `static` 메서드를, Kotlin은 `companion object`의 메서드를 활용하면 클래스에 헬퍼 함수를 포함시킬 수 있습니다.

`OrderId` 예시로 알아봅시다.

```typescript
// TypeScript
class OrderId {
  [orderId]!: never;
  // value를 통해 내부 값 접근
  private constructor(readonly value: string) {  }

  // OrderId의 "스마트 생성자" 정의
  // string -> OrderId
  static create: (s: string): OrderId {
    if (!str) {
      // 일단은 Either 대신 예외 사용
      throw Error(`must not be null or empty`);
    }
    if (50 < str.length) {
      throw Error(`must not be more than 50 chars`);
    }
    return new OrderId(str);
  }
}
```

```kotlin
// Kotlin
@JvmInline
value class OrderId private constructor(val value: String) {  // value를 통해 내부 값 접근
    companion object {
        // OrderId의 "스마트 생성자" 정의
        // String -> OrderId
        operator fun invoke(str: String): OrderId { // 일단은 Either 대신 예외 사용
            require(str.isNotEmpty()) { ErrEmptyString }
            require(str.length <= 50) { ErrStringTooLong(maxLen) }
            OrderId(str)
```

```
      }
}
```

`create` 함수는 가이드라인 버전과 비슷하지만 지금은 오류 효과를 의도적으로 생략하기로 했으니 `Either` 대신 예외를 발생시킵시다. Kotlin은 별도 `create` 함수 없이 `invoke` 연산자를 오버라이딩해서 구현합니다. `value`에 원시값을 보관하여 외부에서 접근할 수 있도록 구현했습니다.

9.2 함수 타입으로 구현 가이드하기

앞서 모델링할 때 작업 흐름 단계별 함수 타입을 정의했습니다. 구현이 함수 타입에 부합하는지는 어떻게 알 수 있을까요? 가장 간단한 방식으로는 함수 타입 정의를 생략하고 함수 본문을 작성한 뒤, 호출 시점에서야 타입 검사를 통해 오류를 확인하는 것입니다. TypeScript로 예를 들어 보자면 다음과 같이 `ValidateOrder` 타입 없이 `validateOrder` 함수를 정의해볼 수 있습니다.

`TypeScript`
```
const validateOrder = checkProductCodeExists => checkAddressExists => unvalidatedOrder => {
... }
```

F#이나 JavaScript 같은 언어에서는 함수 매개변수 타입을 이처럼 생략할 수도 있겠지만, TypeScript는 타입을 명확히 드러내도록 권고합니다. Kotlin은 더 나아가 반드시 함수 매개변수의 타입을 명시하도록 강제합니다.

`Kotlin`
```
fun UnvalidatedOrder.validateOrder(d1: CheckProductCodeExists, d2: CheckAddressExists):
ValidatedOrder { ... }
```

두 언어 모두 출력 타입은 추론이 가능하므로 생략할 수 있습니다. 그러나 특정 함수 타입을 구현한다는 것을 명확히 하고 싶다면, 함수 타입을 명시하고 람다로 함수 본문을 작성합니다.

`TypeScript`
```
type ValidateOrder = (
  dep1: CheckProductCodeExists,
  dep2: CheckAddressExists, // 의존
) => (
  i: UnvalidatedOrder,      // 입력
```

```
) => ValidatedOrder;        // 출력

const validateOrder: ValidateOrder =
  (checkProductCodeExists, checkAddressExists) =>
// CheckProductCodeExists와 CheckAddressExists로 타입 추론
  (unvalidatedOrder) => {   // UnvalidatedOrder로 타입 추론
   ...
   return ... // 출력 타입이 ValidatedOrder이어야 함
}
```

`Kotlin`
```
typealias ValidateOrder = UnvalidatedOrder.(    // 입력
    CheckProductCodeExists,
    CheckAddressExists,                          // 의존
    ) -> ValidatedOrder                          // 출력

val validateOrder: ValidateOrder = {
    checkProductCodeExists, checkAddressExists ->
    ...
    ...
    // 마지막 표현식 타입이 ValidatedOrder이어야 함
}
```

이 방식은 함수의 모든 매개변수와 출력 타입이 함수 타입에 따라 결정되므로 함수 구현 과정에서 실수를 하면 함수 정의 안에서 바로 오류 확인이 가능한 장점이 있습니다. 함수들을 결합할 때가 되어서야 잘못 구현한 것을 알아차리는 것보다는 미리 방지하는 편이 더 낫습니다. 예를 들어 첫 번째 인수인 `checkProductCodeExists`에 정수를 잘못 넣으면 다음과 같은 오류가 발생합니다.

`TypeScript`
```
// Argument of type 'number' is not assignable to parameter of type 'CheckProductCodeExists'.
validateOrder(42);
```

`Kotlin`
```
// Type mismatch.
// Required: CheckProductCodeExists
// Found:    Int
unvalidated.validateOrder(42, ...)
```

만약 함수 타입이 존재하지 않았다면 컴파일러가 `checkProductCodeExists`를 정수라고 추론하여 엉뚱한 곳에서 알 수 없는 컴파일 오류를 일으키게 됩니다.

9.3 유효성 검증 단계 구현

이제 유효성 검증 단계를 구현할 차례입니다. 유효성 검증 단계는 검증에 필요한 원시 정보를 담고 있는 `UnvalidatedOrder`를 받아서 모든 정보들을 검증하여 이로부터 유효한 주문 도메인 객체를 생성해냅니다. 이 단계를 함수 타입으로 모델링하자면 다음과 같습니다.

```typescript
type CheckAddressExists =
  (i: UnvalidatedAddress) => TaskEither<AddressValidationError, CheckedAddress>;

type ValidateOrder =
  (d1: CheckProductCodeExists, d2: CheckAddressExists)   // 의존
    => (i: UnvalidatedOrder)                              // 입력
    => TaskEither<ValidationError[], ValidatedOrder>;     // 출력
```

```kotlin
typealias CheckAddressExists =  suspend (UnvalidatedAddress) // 입력
    -> Either<AddressValidationError , CheckedAddress>       // 출력

typealias ValidateOrder = suspend UnvalidatedOrder.(         // 입력
    CheckProductCodeExists,
    CheckAddressExists,                                      // 의존
) -> Either<List<ValidationError>, ValidatedOrder>           // 출력
```

이번 장을 위해 효과를 제거하면 다음과 같이 시그니처를 바꿀 수 있습니다.

```typescript
type CheckAddressExists =  (i: UnvalidatedAddress) => CheckedAddress;

type ValidateOrder =
  (d1: CheckProductCodeExists, d2: CheckAddressExists)   // 의존
    => (i: UnvalidatedOrder)                              // 입력
    => ValidatedOrder;                                    // 출력
```

```kotlin
typealias CheckAddressExists = (UnvalidatedAddress) -> CheckedAddress

typealias ValidateOrder = UnvalidatedOrder.(             // 입력
    CheckProductCodeExists,
    CheckAddressExists,                                  // 의존
) -> ValidatedOrder                                      // 출력
```

이제 위 함수 시그니처를 구현해봅시다. `UnvalidatedOrder`는 다음 과정을 거쳐 유효한 주문으로 바뀝니다.

- `UnvalidatedOrder`의 `OrderId`에 해당하는 문자열로부터 `OrderId` 도메인 타입 생성
- `UnvalidatedOrder`의 `UnvalidatedCustomerInfo` 필드로부터 `CustomerInfo` 도메인 타입 생성
- `UnvalidatedOrder`의 `ShippingAddress` 필드로부터 `Address` 도메인 타입 생성
- `BillingAddress` 등 나머지 속성도 동일하게 처리
- `ValidatedOrder`의 모든 구성 요소를 준비하면 이들로 새 레코드를 생성

이 과정을 코드로 나타내면 다음과 같습니다.

```TypeScript
const validateOrder : ValidateOrder =
  (checkProductCodeExists, checkAddressExists) =>
  ({orderId, customerInfo, shippingAddress}) => {
    const orderId = OrderId.create(orderId);
    const customerInfo = toCustomerInfo(customerInfo);
    const shippingAddress = toAddress(shippingAddress);
    // UnvalidatedOrder의 다른 속성들도 동일하게 처리합니다.
    // 모든 필드를 준비한 후, 새 ValidatedOrder를 생성하고 반환합니다.
    return new ValidatedOrder(
      orderId,
      customerInfo,
      shippingAddress,
      ...,
    );
  }
```

```Kotlin
val validateOrder : ValidateOrder = { checkProductCodeExists, checkAddressExists ->
    val orderId = this.orderId.toOrderId()
    val customerInfo = this.customerInfo.toCustomerInfo()
    val shippingAddress = this.shippingAddress.toAddress()
    // UnvalidatedOrder의 다른 속성들도 동일하게 처리합니다.
    // 모든 필드를 준비한 후, 새 ValidatedOrder를 생성하고 반환합니다.
    ValidatedOrder(
        orderId = orderId,
        customerInfo = customerInfo,
        shippingAddress = shippingAddress,
        billingAddress = ...
        lines = ...
```

)
    }

앞의 예시에서 아직 정의하지 않은 `toCustomerInfo`, `toAddress`와 같은 헬퍼 함수들을 사용하고 있습니다. 이 함수들은 검증 전 타입으로부터 도메인 타입을 생성해냅니다. 예를 들어 `UnvalidatedAddress`를 도메인 `Address`로 변환하는 `toAddress`는 검증 전 주소값이 `null`이 아닌 50자 이하 문자열이라는 제약 조건을 충족하지 않으면 오류를 발생시킵니다. 이러한 헬퍼 함수들이 모두 준비되었다면 `UnvalidatedOrder` 같은 비도메인 타입을 도메인 타입으로 변환하는 로직은 단순해집니다. 도메인 타입의 각 필드들은 이에 대응하는 비도메인 타입의 필드를 찾아서 관련 헬퍼 함수로 변환하여 채울 수 있습니다.

주문의 구성 요소들을 변환할 때도 같은 방식을 사용할 수 있습니다. 예를 들어 `UnvalidatedCustomerInfo`에서 `CustomerInfo`를 생성하는 `toCustomerInfo` 구현은 다음과 같습니다.

TypeScript
```typescript
function toCustomerInfo ({firstName, lastName, emailAddress}: UnvalidatedCustomerInfo) :
CustomerInfo {
  // CustomerInfo의 각 속성을 생성 시 유효하지 않은 경우 예외 발생

  // PersonalName을 생성
  const name = new PersonalName(
    String50.create(firstName),
    String50.create(lastName),
  );

  // CustomerInfo를 생성 후 반환
  return new CustomerInfo(
    name,
    EmailAddress.create(emailAddress),
  );
}
```

Kotlin
```kotlin
fun UnvalidatedCustomerInfo.toCustomerInfo() : CustomerInfo {
    // CustomerInfo의 각 속성을 생성 시 유효하지 않은 경우 예외 발생

    // PersonalName을 생성
    val name = PersonalName(
        String50(this.firstName),
        String50(this.lastName),
```

```
  )

  // CustomerInfo를 생성 후 반환
  return CustomerInfo(
      name,
      EmailAddress(this.emailAddress),
  )
}
```

9.3.1 유효한 주소 생성

`toAddress` 함수는 조금 더 복잡한데 원시 타입을 도메인 객체로 변환하는 일 외에도 `Check AddressExists` 서비스로 실존하는 주소인지 확인해야 합니다. 다음과 같이 구현할 수 있습니다.

TypeScript
```
const toAddress = (checkAddressExists: CheckAddressExists) => (i: UnvalidatedAddress) => {
  // 원격 서비스를 호출하여 주소 확인
  const {addressLine1, addressLine2, addressLine3, addressLine4, city, zipCode} =
checkAddressExists(i);

  // Address 생성
  return new Address (
    String50.create(addressLine1),
    String50.createOption(addressLine2),
    String50.createOption(addressLine3),
    String50.createOption(addressLine4),
    String50.create(city),
    ZipCode.create(zipCode),
  );
}
```

Kotlin
```
fun UnvalidatedAddress.toAddress(checkAddressExists: CheckAddressExists): Address {
    // 원격 서비스를 호출하여 주소 확인
    val valid = checkAddressExists(this)

    // Address 생성
    return Address (
        String50(valid.addressLine1),
        valid.addressLine2?.let { String50(it) },
        valid.addressLine3?.let { String50(it) },
        valid.addressLine4?.let { String50(it) },
        String50(valid.city),
```

```
        ZipCode(valid.zipCode),
    )
}
```

TypeScript 예제는 `Option`을 활용하기로 했으므로 `String50.createOption`이라는 생성자를 사용했습니다. 이 함수는 `nullable` 문자열을 입력으로 받아서 `falsy`값이면 `None`을 반환합니다. Kotlin 예제는 안전 호출 연산자 `?.`와 `let` 함수를 활용했습니다.

`toAddress` 함수는 `checkAddressExists`를 호출하므로 이를 매개변수로 받았습니다. 따라서 `toAddress` 호출자인 `validateOrder`가 이 매개변수를 전달해줘야 합니다.

TypeScript
```typescript
const validateOrder : ValidateOrder =
    (checkProductCodeExists, checkAddressExists) =>
    (unvalidatedOrder) => {
    const orderId = ...
    const customerInfo = ...
    const shippingAddress = pipe(unvalidatedOrder.ShippingAddress,
toAddress(checkAddressExists));

    return new ValidatedOrder( ... );
}
```

Kotlin
```kotlin
val validateOrder : ValidateOrder = { checkProductCodeExists, checkAddressExists ->
    val orderId = ...
    val customerInfo = ...
    val shippingAddress = this.shippingAddress.toAddress(checkAddressExists)

    ValidatedOrder( ... )
}
```

위의 예시에서 TypeScript와 Kotlin이 서로 `toAddress` 함수에 매개변수를 전달하는 형태가 조금 다릅니다. 가장 큰 이유는 TypeScript는 파이핑 형태로 파이프라인을 구성하기 때문입니다. 파이핑은 함수들의 입력과 출력을 이어서 파이프라인을 구성하므로, 이 함수들이 단일 입력만 받도록 준비가 되어 있어야 합니다. 따라서 입력을 제외한 모든 의존들을 미리 부분 적용하여 고정해두어야 이전 함수의 출력을 입력으로 받을 수 있습니다.

반면 Kotlin은 함수 입력을 일부만 받아서 새로운 함수를 출력하는 스타일을 어색하게 생각합니다. 게다가 파이프라인도 파이핑이 아닌 확장 함수를 적극 활용하여 메서드 꼬리물기 형태로 구현합니다. 따라서 파이프라인을 구성하는 각 파이프의 함수 시그니처는 대략 `Input.(Dependencies) -> Output`과 같습니다.[1]

9.3.2 주문 항목 생성

주문 항목 목록을 생성하는 것은 조금 더 복잡합니다. 먼저 `UnvalidatedOrderLine` 하나를 `ValidatedOrderLine`으로 변환하는 방법이 필요합니다. 이를 `toValidatedOrderLine`이라고 부르겠습니다.

```typescript
// TypeScript
const toValidatedOrderLine =
    (checkProductCodeExists: CheckProductCodeExists) =>           // 의존
    ({orderLineId, productCode, quantity}: UnvalidatedOrderLine) =>  // 입력
    new ValidatedOrderLine(
        OrderLineId.create(orderLineId),
        pipe(productCode, toProductCode(checkProductCodeExists)),
        pipe(quantity, toOrderQuantity(productCode)),
    )
```

```kotlin
// Kotlin
fun UnvalidatedOrderLine.toValidatedOrderLine(checkProductCodeExists: CheckProductCodeExists) =
    ValidatedOrderLine(
        OrderLineId(this.orderLineId),
        this.productCode.toProductCode(checkProductCodeExists),
        this.quantity.toOrderQuantity(this.productCode),
    )
```

이는 앞서 설명한 `toAddress` 함수와 유사합니다. 여기에 쓰인 헬퍼 함수 `toProductCode`와 `toOrderQuantity`는 곧 설명하겠습니다. 이제 개별 `OrderLine`을 변환하는 방법이 준비되었으니 `map`으로 목록 전체를 변환할 수 있습니다. 이렇게 하면 `ValidatedOrderLines`를 생성하여

---

[1] [옮긴이] 확장 함수를 잘못 사용하는 대표적인 경우는 클래스를 약화시키는 것입니다. 마땅히 객체가 책임지는 것이 맞는 메서드를 확장 함수로 분리해내면, 메서드들이 어디 있는지 찾기도 어려울뿐더러 객체의 정체성도 흐려집니다. 확장 함수는 억지로 객체에 끼워 넣기에 알맞지 않은 함수를 메서드 체이닝(method chaining) 하기 좋게 하는 방편입니다. 대표적으로 `A.toB()` 같은 함수가 있습니다. A to B라는 흐름은 매우 잘 읽히지만, 생각해보면 B가 되기 위한 지식을 A의 메서드로 두는 것은 명백히 잘못된 설계입니다. 이럴 경우에 Kotlin은 확장 함수를 활용합니다. TypeScript같이 메서드 체이닝보다 파이핑을 선호하는 언어에서는 `pipe(a, B.fromA);` 같은 정적 메서드를 선호합니다.

`ValidatedOrder`에 사용할 수 있습니다.

```typescript
const validateOrder : ValidateOrder =
    (checkProductCodeExists, checkAddressExists) => (unvalidatedOrder) => {
    const orderId = ...
    const customerInfo = ...
    const shippingAddress = ...
    const orderLines = unvalidatedOrder.lines
        .map(toValidatedOrderLine(checkProductCodeExists));
    ...
}
```

```kotlin
val validateOrder : ValidateOrder = { checkProductCodeExists, checkAddressExists ->
    val orderId = ...
    val customerInfo = ...
    val shippingAddress = ...
    val orderLines = this.lines
        .map { it.toValidatedOrderLine(checkProductCodeExists) }
    ...
}
```

다음으로 `toOrderQuantity` 헬퍼 함수를 살펴보겠습니다. 이는 맥락 경계에서 수행하는 유효성 검사의 좋은 예시입니다. `UnvalidatedOrderLine`로부터 원시값을 입력받지만 `KilogramQuantity`와 `UnitQuantity`의 선택 타입인 `OrderQuantity`를 출력합니다. 코드는 다음과 같습니다.

```typescript
const toOrderQuantity = (productCode: ProductCode) =>
    (quantity: number) => match(productCode)
    .with(P.instanceOf(Widget), _ => UnitQuantity.create(quantity))
    .with(P.instanceOf(Gizmo), _ => KilogramQuantity.create(quantity))
    .exhaustive();
```

```kotlin
fun Double.toOrderQuantity(productCode: ProductCode) =
    when(productCode) {
        is Widget -> OrderQuantity.Unit(this.toInt())
        is Gizmo -> OrderQuantity.Kilogram(this)
    }
```

toOrderQuantity는 ProductCode 종류에 따라 다른 생성자를 호출하고 있습니다. 예를 들어 ProductCode가 Widget이면 수량을 정수로 변환하여 UnitQuantity를 생성하고 GizmoCode면 KilogramQuantity를 생성합니다. TypeScript는 별다른 조치 없이도 출력을 UnitQuantity | KilogramQuantity로 추론하므로 큰 문제가 되지 않습니다. 하지만 Kotlin은 선택 타입이라는 개념을 직접 지원하지 않기에 명시적으로 UnitQuantity와 KilogramQuantity가 OrderQuantity라는 선택 타입 인터페이스를 구현하도록 연결하지 않으면 컴파일 오류가 발생합니다.

다른 헬퍼 함수인 toProductCode는 얼핏 간단하게 구현할 수 있을 것같이 보입니다. 파이프라인 형태로 함수를 작성한 코드는 다음과 같습니다.

```TypeScript
const toProductCode = (checkProductCodeExists: CheckProductCodeExists) => flow(
    ProductCode.create,
    checkProductCodeExists,
); // 반환값은 boolean입니다 :(
```

```Kotlin
fun String.toProductCode(checkProductCodeExists: CheckProductCodeExists) =
    ProductCode(this).checkProductCodeExists()   // 반환값은 Boolean입니다 :(
```

하지만 문제가 생겼습니다. 우리는 toProductCode 함수가 ProductCode를 반환하기를 원하지만 파이프라인 마지막 단계인 checkProductCodeExists 함수는 boolean을 반환합니다. 따라서 전체 파이프라인 또한 boolean을 반환하게 되므로 checkProductCodeExists가 ProductCode를 반환하도록 만들어야 합니다. 이제 스펙을 변경해야 할까요? 다행히도 스펙을 변경하지 않고 해결하는 방법이 있습니다.

9.3.3 함수 어댑터 생성

우리는 ProductCode가 올바른지 검사하여 참 거짓을 출력하는 것이 아니라, 적합하다면 ProductCode를 그대로 반환하기를 바랍니다. 스펙을 변경하는 대신에 원래 함수를 입력받아 파이프라인에서 사용하도록 '바라던 모양'의 새 함수를 내보내는 **어댑터** 함수를 생성해보겠습니다.

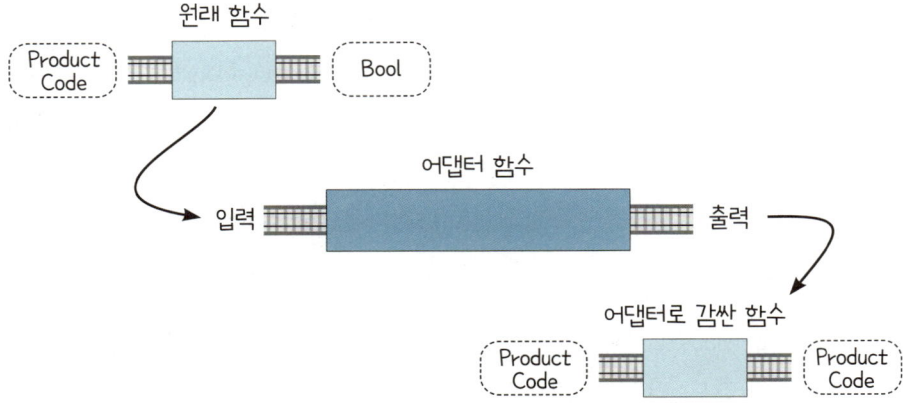

조건식predicate `checkProductCodeExists`와 입력값 `productCode`를 받아 `boolean`을 출력하는 온전한 구현체는 다음과 같습니다.

```TypeScript
const convertToPassthru =
    (checkProductCodeExists: (i: string) => boolean) =>
    (productCode: string): string => {
        if (!checkProductCodeExists(productCode)) throw "Invalid Product Code";
        return productCode;
    }
```

```Kotlin
fun String.convertToPassthru(checkProductCodeExists: (String) -> Boolean): String {
    require(checkProductCodeExists(this)) { "Invalid Product Code" }
    return this
}
```

위 코드를 작성하면서 우리는 의도치 않게 임의의 조건식을 파이프라인에 적합한 형태의 '패스스루pass through' 함수로 변환하는 범용 어댑터를 만든 것입니다. 이를 일반화한다면 `checkProductCodeExists`나 `productCode` 같은 이름이 더 이상 적절하지 않습니다. 많은 표준 라이브러리 함수들이 `f` 혹은 `g` 같은 짧은 함수 매개변수 이름을 사용하는 이유가 이것입니다. 이제 이 함수를 더 추상적인 이름으로 다시 작성해보겠습니다.

```TypeScript
const predicateToPassthru =
    <T>(f: (i: T) => boolean) =>
```

```
    (x: T): T => {
        if (!f(x)) throw "Invalid Product Code";
        return x;
    }
```

```kotlin
fun <T> T.predicateToPassthru(f: (T) -> Boolean): T {
    require(f(this)) { "Invalid Product Code" }
    return this
}
```

여전히 하드코딩된 오류 메시지가 신경 쓰이니 이를 매개변수로 처리해 작성한 최종 버전은 다음과 같습니다.

```typescript
const predicateToPassthru =
    <T>(errorMsg: string ,f: (i: T) => boolean) =>
    (x: T): T => {
        if (!f(x)) throw errorMsg;
        return x;
    }
```

```kotlin
fun <T> T.predicateToPassthru(errorMsg: String, f: (T) -> Boolean): T {
    require(f(this)) { errorMsg }
    return this
}
```

오류 메시지를 매개변수로 받아 부분 적용하게 했습니다. 이것을 해석하면, '오류 메시지와 `T -> bool` 타입 함수를 주면, 나는 당신에게 `T -> T` 타입의 함수를 돌려주겠다'가 됩니다. 이 `predicateToPassthru` 함수는 함수를 입력으로 넣으면 다른 함수로 변환해주는 '함수 변환기function transformer'입니다. 이 기법은 함수형 프로그래밍에서 매우 흔하게 사용하고 있으므로, 어떤 일이 벌어지는지 이해하여 코드 속에서 이 패턴을 인식하는 것이 중요합니다. 심지어 앞에서 지나쳤던 `Array.map` 함수조차도 `T -> U` 타입 함수를 `Array<T> -> Array<U>` 타입 함수로 변환하는 함수 변환기로 볼 수 있습니다.

이제 이 제네릭 함수로 `toProductCode`의 새 버전을 만들어 구현하는 데 활용할 수 있습니다.

```typescript
const toProductCode = (checkProductCodeExists: CheckProductCodeExists) => flow(
    ProductCode.create,
    predicateToPassthru(`Invalid: ${productCode}`, checkProductCodeExists),
);
```

Kotlin은 파이핑을 쓰지 않기에 `predicateToPassthru`는 과도한 추상화입니다. 다음과 같이 자연스럽게 작성할 수 있습니다.

```kotlin
val toProductCode: String.(CheckProductCodeExists) -> ProductCode = { checkProductCodeExists ->
    val code = ProductCode(this)
    require(checkProductCodeExists(code)) { "Invalid: $code" }
    return code
}
```

이제 `validateOrder` 구현의 기본 스케치를 작성할 수 있게 되었습니다. `OrderId`나 `ProductCode` 같은 단순 타입들의 생성자에 이미 유효성 검사가 내포되어 있습니다. 따라서 `ProductCode`가 W나 G로 시작하는지 같은 하위 타입들의 유효성을 주문 검증 함수에서 검사할 필요가 없습니다. 이처럼 생성자를 통해 값 생성에 성공했다는 것만으로 검증을 잘 통과한 신뢰할 만한 객체라는 자신감을 가질 수 있습니다.

9.4 나머지 단계 구현

`validateOrder`의 구현을 살펴봤으니 이제 동일한 기법으로 나머지 파이프라인 함수들도 구현할 수 있습니다.

다음은 효과를 포함한 가격 책정 단계 함수의 원래 디자인입니다.

```typescript
type PriceOrder =
  (d: GetProductPrice)                       // 의존
    => (i: ValidatedOrder)                   // 입력
    => Either<PlaceOrderError, PricedOrder>; // 출력
```

```kotlin
typealias PriceOrder = ValidatedOrder.(      // 입력
    GetProductPrice,                          // 의존
    ) -> Either<PlaceOrderError, PricedOrder> // 출력
```

하지만 이 또한 지금은 효과를 제거합시다.

```typescript
type GetProductPrice = (i: ProductCode) => Price;
type PriceOrder =
  (d: GetProductPrice)                // 의존
    => (i: ValidatedOrder)            // 입력
    => PricedOrder;                   // 출력
```

```kotlin
typealias GetProductPrice = (ProductCode) -> Price
typealias PriceOrder = ValidatedOrder.(      // 입력
    GetProductPrice,                          // 의존
    ) -> PricedOrder                          // 출력
```

그런 다음 각 `OrderLine`을 `PricedOrderLine`으로 변환하여 새 `PricedOrder`를 구성하는 `priceOrder`의 구현 개요는 다음과 같습니다.

```typescript
const priceOrder : PriceOrder =
  (getProductPrice) => ({orderId, customerInfo, shippingAddress, billingAddress, lines}) => {
    const pricedLines = lines.map(toPricedOrderLine(getProductPrice));
    const amountToBill = pipe(
      pricedLines.map(line => line.linePrice),
      BillingAmount.sumPrices,
    );
    return new PricedOrder(
      orderId,
      customerInfo,
      shippingAddress,
      billingAddress,
      pricedLines,
      amountToBill,
    );
}
```

```kotlin
val priceOrder : PriceOrder = { getProductPrice ->
    val pricedLines = this.lines.map { it.toPricedOrderLine(getProductPrice) }
    val linePriceList = pricedLines.map { it.linePrice }
    val amountToBill = BillingAmount.sumPrices(linePriceList)
    PricedOrder(
        this.orderId,
        this.customerInfo,
        this.shippingAddress,
        this.billingAddress,
        pricedLines,
        amountToBill,
    )
}
```

참고로 파이프라인의 여러 단계 중 아직 구현하고 싶지 않거나 구현 방법을 모를 때에는 "not implemented"라는 메시지로 실패하게 만들 수 있습니다. 예를 들어

```typescript
const priceOrder: PriceOrder = getProductPrice => validatedOrder => { throw "not implemented" }
```

이렇게 "not implemented" 예외를 사용하는 것은 아직 구현하지 않은 부분이 있더라도 프로젝트는 컴파일이 이루어지므로 구현을 스케치할 때 편리합니다. 예를 들어 아직 구현하지 않은 파이프라인 단계에 함수 타입만 맞춰둔 더미를 끼우면 나머지 단계들과 함께 사용할 수 있습니다.

```kotlin
val priceOrder: PriceOrder = { TODO() }
```

Kotlin은 `NotImplementedError`를 `throw`하는 `TODO` 함수를 제공하고 있습니다.

다시 `priceOrder`의 구현으로 돌아가보면 `toPricedOrderLine`과 `BillingAmount.sumPrices` 두 가지 새로운 헬퍼 함수를 도입했습니다. `BillingAmount.sumPrices` 함수는 단순히 가격 목록을 합산하고 이를 `BillingAmount`로 감쌉니다. 왜 `BillingAmount`라는 유형을 별도로 정의했을까요? 이는 `BillingAmount`가 `Price`와 검증 규칙이 다를 수 있기 때문입니다.

```typescript
// 가격 목록을 합산하여 청구 금액을 만듭니다.
// 총액이 범위를 벗어나면 예외를 발생시킵니다.
```

```
class BillingAmount {
  [billingAmount]: never;
  constructor(readonly value: number) {  }
  static create(i: number): BillingAmount { ... }
  static sumPrices(prices: Price[]) {
    return this.create( prices.sumBy(price => price.value) );
  }
}
```

> Kotlin

```kotlin
// 가격 목록을 합산하여 청구 금액을 만듭니다.
// 총액이 범위를 벗어나면 예외를 발생시킵니다.
@JvmInline
value class BillingAmount private constructor(val value: Double) {
    companion object {
        operator fun invoke(i: Double): BillingAmount { ... }
        fun sumPrices(prices: Array<Price>): BillingAmount = invoke(prices.sumOf { it.value })
    }
}
```

`toPricedOrderLine` 함수는 이전에 본 것과 유사합니다. 이는 단일 `ValidatedOrderLine`을 `PricedOrderLine`으로 변환하는 헬퍼 함수입니다.

> TypeScript

```typescript
// ValidatedOrderLine을 PricedOrderLine으로 변환합니다.
const toPricedOrderLine = (getProductPrice: GetProductPrice) => (i: ValidatedOrderLine) => {
  const price = getProductPrice(i.productCode);
  return new PricedOrderLine(
    i.orderLineId,
    i.productCode,
    i.quantity,
    price.multiply(i.quantity),
  );
};
```

> Kotlin

```kotlin
// ValidatedOrderLine을 PricedOrderLine으로 변환합니다.
val toPricedOrderLine: ValidatedOrderLine.(GetProductPrice) -> PricedOrderLine = {
getProductPrice ->
    val price = getProductPrice(this.productCode)
    PricedOrderLine(
        this.orderLineId,
        this.productCode,
```

```
        this.quantity,
        price.multiply(this.quantity),
    )
}
```

이 함수 내에서 또 다른 헬퍼 함수인 `Price.multiply`를 도입하여 가격에 수량을 곱합니다.

```typescript
// 가격에 소수점 수량을 곱합니다.
// 새로운 가격이 범위를 벗어나면 예외를 발생시킵니다.
class Price {
  ...
  multiply(qty: OrderQuantity): Price {
    return Price.create(qty.value * this.value);
  }
}
```

```kotlin
// 가격에 소수점 수량을 곱합니다.
// 새로운 가격이 범위를 벗어나면 예외를 발생시킵니다.
@JvmInline
value class Price private constructor(val value: Double) {
    ...
    fun multiply(qty: Double): Price =
        invoke(qty * this.value)
}
```

이로써 가격 책정 단계 구현을 마쳤습니다!

9.4.1 승인 단계 구현

다음은 효과를 제거한 승인 단계 디자인입니다.

```typescript
declare const htmlString: unique symbol;
class HtmlString {
  [htmlString]!: never;
  constructor(readonly value: string) {}
}

class OrderAcknowledgement {
  constructor(
```

```
    readonly emailAddress: EmailAddress,
    readonly letter: HtmlString,
  ) {}
}

type CreateOrderAcknowledgmentLetter = (i: PricedOrder) => HtmlString;

type SendResult = 'Sent' | 'NotSent';

type SendOrderAcknowledgment = (i: OrderAcknowledgment) => SendResult;

type AcknowledgeOrder = (
  dep1: CreateOrderAcknowledgmentLetter,
  dep2: SendOrderAcknowledgment, // 의존
) => (
  i: PricedOrder, // 입력
) => Option<OrderAcknowledgmentSent>; // 출력
```

```kotlin
@JvmInline
value class HtmlString(val value: String)

class OrderAcknowledgement (
    val emailAddress: EmailAddress,
    val letter: HtmlString,
) : PlaceOrderEvent

typealias CreateOrderAcknowledgmentLetter = (PricedOrder) -> HtmlString

enum class SendResult { Sent, NotSent }

typealias SendOrderAcknowledgment = (OrderAcknowledgment) -> SendResult

typealias AcknowledgeOrder = PricedOrder.(
    CreateOrderAcknowledgmentLetter,
    SendOrderAcknowledgment,
) -> OrderAcknowledgmentSent?
```

구현한 코드는 다음과 같습니다.

```typescript
const acknowledgeOrder: AcknowledgeOrder =
  (createAcknowledgmentLetter, sendAcknowledgment) => pricedOrder => pipe(
    createAcknowledgmentLetter(pricedOrder),
    letter => new OrderAcknowledgement(pricedOrder.customerInfo.emailAddress, letter),
```

```
    // 승인 메일이 성공적으로 전송되면 해당 이벤트를 반환, 그렇지 않으면 None 반환
    acknowledgment => match(sendAcknowledgment(acknowledgment))
      .with(Sent, () => O.some(
        new OrderAcknowledgmentSent(
          pricedOrder.orderId,
          pricedOrder.customerInfo.emailAddress,
        ),
      ))
      .with(NotSent, () => O.none)
      .exhaustive(),
);
```

```kotlin
val acknowledgeOrder: AcknowledgeOrder = { createAcknowledgmentLetter, sendAcknowledgment, ->
    val letter = createAcknowledgmentLetter(this)
    val acknowledgment = OrderAcknowledgement(
        this.customerInfo.emailAddress,
        letter,
    )
    // 승인 메일이 성공적으로 전송되면 해당 이벤트를 반환, 그렇지 않으면 null 반환
    when(sendAcknowledgment(acknowledgment)) {
        SendResult.Sent -> OrderAcknowledgmentSent(
            this.orderId,
            this.customerInfo.emailAddress,
        )
        SendResult.NotSent -> null
    }
}
```

구현은 간단합니다. 별도의 헬퍼 함수가 필요하지 않아서 쉽게 끝났습니다!

sendAcknowledgment 의존은 어떻게 할까요? 언젠가는 구현해야겠지만, 지금 당장은 놔둘 수 있습니다. 이것이 함수 형태의 의존을 매개변수로 받아서 얻는 큰 장점입니다. 즉, 마지막 순간까지 결정을 미룰 수 있으면서도 대부분의 코드를 빌드하고 조립할 수 있습니다.

9.4.2 이벤트 생성

마지막으로 작업 흐름이 반환할 이벤트들을 생성해야 합니다. 청구 가능한 금액이 0보다 클 때만 청구 이벤트가 전송되도록 요구사항을 추가해봅시다. 다음은 디자인입니다.

```typescript
// 배송 맥락으로 전송할 이벤트
class OrderPlaced {
  constructor(
    readonly orderId: OrderId,
    readonly customerInfo: CustomerInfo,
    readonly shippingAddress: Address,
    readonly billingAddress: Address,
    readonly amountToBill: BillingAmount,
    readonly lines: readonly PricedOrderLine[],
  ) {}
}

// 청구 맥락으로 전송할 이벤트
// 금액이 0이 아닌 경우에만 생성됩니다.
class BillableOrderPlaced {
  constructor(
    readonly orderId: OrderId,
    readonly billingAddress: Address,
    readonly amountToBill: BillingAmount,
  ) {}
}

type PlaceOrderEvent =
    | OrderPlaced
    | BillableOrderPlaced
    | OrderAcknowledgmentSent;
```

```kotlin
sealed interface PlaceOrderEvent {
    // 배송 맥락으로 전송할 이벤트
    data class OrderPlaced (
        val orderId: OrderId,
        val customerInfo: CustomerInfo,
        val shippingAddress: Address,
        val billingAddress: Address,
        val amountToBill: BillingAmount,
        val lines: List<PricedOrderLine>,
    ) : PlaceOrderEvent

    // 청구 맥락으로 전송할 이벤트
    // 금액이 0이 아닌 경우에만 생성됩니다.
    data class BillableOrderPlaced (
        val orderId: OrderId,
        val billingAddress: Address,
        val amountToBill: BillingAmount,
    ) : PlaceOrderEvent
```

```
    data class OrderAcknowledgmentSent (
        val emailAddress : EmailAddress,
        val orderId : OrderId,
    ) : PlaceOrderEvent
}
```

OrderAcknowledgmentSent 이벤트는 이전 단계에서 구현을 마쳐서 별다른 조치는 필요하지 않습니다. 나머지 두 이벤트 OrderPlaced와 BillableOrderPlaced를 생성하는 createOrderPlacedEvent, createBillingEvent 함수를 만들어보겠습니다. createBillingEvent는 청구 금액이 0이 아닌지 확인하여 옵셔널로 이벤트를 반환해야 합니다.

```typescript
const createOrderPlacedEvent = (i: PricedOrder) =>
  new OrderPlaced(
    i.orderId,
    i.customerInfo,
    i.shippingAddress,
    i.billingAddress,
    i.amountToBill,
    i.lines,
  );

const createBillingEvent = ({ orderId, billingAddress, amountToBill }: PricedOrder):
O.Option<BillableOrderPlaced> =>
  amountToBill.value > 0
    ? O.some(new BillableOrderPlaced(orderId, billingAddress, amountToBill))
    : O.none;
```

```kotlin
fun PricedOrder.createOrderPlacedEvent() = OrderPlaced(
    this.orderId,
    this.customerInfo,
    this.shippingAddress,
    this.billingAddress,
    this.amountToBill,
    this.lines,
)

fun PricedOrder.createBillingEvent(): BillableOrderPlaced? =
    if (this.amountToBill.value > 0) BillableOrderPlaced(this.orderId, this.billingAddress,
this.amountToBill)
    else null
```

이제 `OrderPlaced`, 옵셔널 `OrderAcknowledgmentSent`, 옵셔널 `BillableOrderPlaced` 이벤트 세 가지가 있습니다. 이를 어떻게 반환해야 할까요? 공통 타입으로 변환하여 모든 것을 처리하는 '최소공배수' 방식을 사용하겠습니다.

각 이벤트들을 먼저 생성해봅시다.

```TypeScript
const createEvents: CreateEvents = (pricedOrder, acknowledgmentEventOpt) => {
  const event1 = createOrderPlacedEvent(pricedOrder);
  const event2Opt = pipe(
    acknowledgmentEventOpt,
    O.map(e => new OrderAcknowledgmentSent(e.orderId, e.emailAddress)),
  );
  const event3Opt = createBillingEvent(pricedOrder);
}
```

```Kotlin
fun createEvents(pricedOrder: PricedOrder, acknowledgmentEventOpt: AcknowledgmentEvent?):
Unit {
    val event1 = pricedOrder.createOrderPlacedEvent()
    val event2Opt = acknowledgmentEventOpt?.let {
        OrderAcknowledgmentSent(it.orderId, it.emailAddress)
    }
    val event3Opt = pricedOrder.createBillingEvent()
}
```

모두 `PlaceOrderEvent` 이벤트들이지만 일부 이벤트가 옵셔널입니다. 이를 어떻게 처리할까요? 옵셔널인 이벤트와 아닌 이벤트 모두에 적합한 더 일반적인 타입, 리스트로 변환할 것입니다.

```TypeScript
// helper to convert an Option into a List
export const optionToList: <T>(opt: O.Option<T>) => Array<T> = O.match(
  () => [],
  (x) => [x],
);

const createEvents: CreateEvents = (pricedOrder, acknowledgmentEventOpt) => [
  pipe(
    pricedOrder,
    createOrderPlacedEvent,
  ),
  ...pipe(
```

```
    acknowledgmentEventOpt,
    O.map(e => new OrderAcknowledgmentSent(e.orderId, e.emailAddress)),
    optionToList,
  ),
  ...pipe(
    pricedOrder,
    createBillingEvent,
    optionToList,
  ),
];
```

```kotlin
fun <T> T?.toList(): List<T> = this?.let { listOf(it) } ?: emptyList()

fun createEvents(pricedOrder: PricedOrder, acknowledgmentEventOpt: AcknowledgmentEvent?) =
    pricedOrder.createOrderPlacedEvent().toList()
     + acknowledgmentEventOpt.toList().map { OrderAcknowledgmentSent(it.orderId,
it.emailAddress) }
     + pricedOrder.createBillingEvent().toList()
```

드디어 모든 이벤트를 반환할 준비를 마쳤습니다!

9.5 파이프라인 단계들 모두 모으기

이제 파이프라인의 각 단계를 구현하여 작업 흐름을 완성할 만반의 준비를 갖췄습니다. 우리는 코드가 대략 다음과 같은 모습이길 바랍니다.[2]

```typescript
const placeOrder = flow(
  validateOrder,
  priceOrder,
  acknowledgeOrder,
  createEvents,
);
```

```kotlin
val placeOrder: UnvalidatedOrder.() -> List<PlaceOrderEvent> = {
    this.validateOrder()
```

---

[2] 옮긴이 저자가 의도적으로 의존이 올바로 주입되지 않은 예시 코드를 먼저 보여주고 있습니다. 완전히 의존을 주입하기 전까지는 일부러 맞지 않는 코드를 보며 필요한 의존들을 끼워나갈 예정입니다.

```
        .priceOrder()
        .acknowledgeOrder()
        .createEvents()
}
```

하지만 문제가 있습니다. `validateOrder` 함수는 `UnvalidatedOrder` 입력 외에 두 가지 추가 매개변수가 필요합니다. 현재 상태로는 입력과 출력이 일치하지 않아서 `PlaceOrder` 작업 흐름의 입력을 `validateOrder` 함수와 연결할 수 있는 방법이 없습니다.

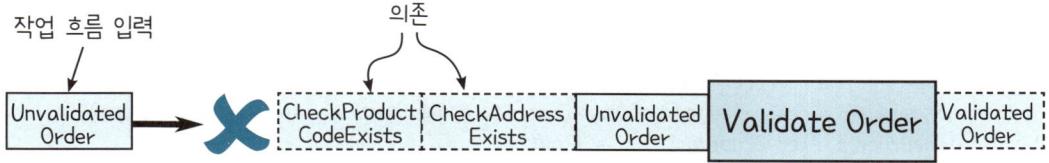

`priceOrder`도 매개변수와 입력을 가지고 있으므로, `validateOrder`의 출력과 연결 지을 수 없습니다.

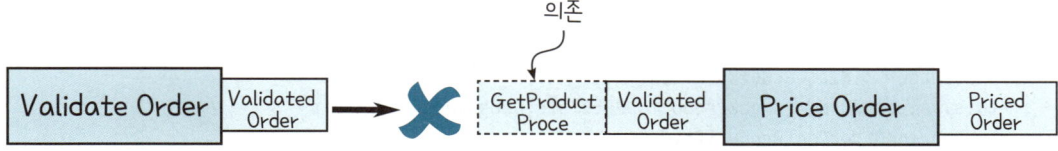

함수형 프로그래밍에서 이렇게 '형태'가 다른 함수를 조립하는 것이 주요 과제 중 하나입니다. 이 문제를 해결하기 위해 많은 기법이 등장했는데, 대부분의 해결책은 악명 높은 '모나드monad'를 수반합니다. 하지만 지금까지 다뤄온 비교적 간단한 방법인 부분 적용을 활용할 것입니다. 즉, `validateOrder`에 세 가지 매개변수 중 두 가지만 적용하여 입력 하나만 남는 새 함수를 만들어 구현하겠습니다.

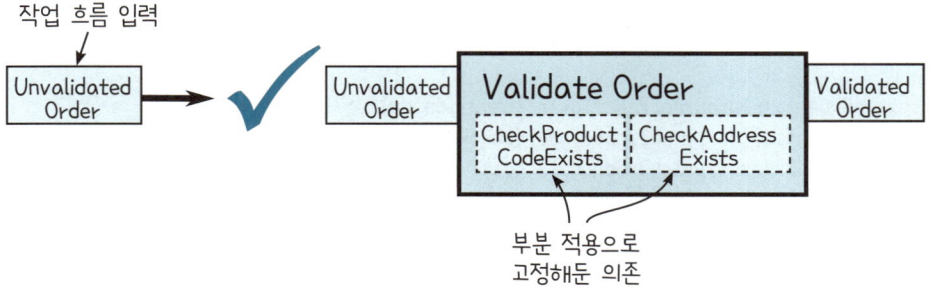

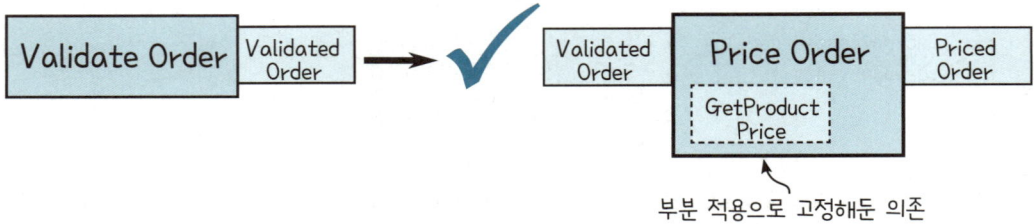

부분 적용으로 고정해둔 의존

`placeOrder`의 메인 작업 흐름 함수는 이제 다음과 같은 모습일 것입니다.

```TypeScript
const validate = validateOrder(checkProductCodeExists, checkAddressExists);
const price = priceOrder(getProductPrice)
const acknowledge = acknowledgeOrder(createAcknowledgmentLetter, sendAcknowledgment),
const placeOrder : PlaceOrderWorkflow = flow(
    validate,
    price,
    acknowledge,
    createEvents,
);
```

```Kotlin
val placeOrder : PlaceOrderWorkflow = {
    this.validateOrder(checkProductCodeExists, checkAddressExists)
        .priceOrder(getProductPrice)
        .acknowledgeOrder(createAcknowledgmentLetter, sendAcknowledgment)
        .createEvents()
}
```

때때로 이렇게 했는데도 함수들이 맞지 않을 수 있습니다. `acknowledgeOrder`의 출력은 이벤트일 뿐이며 이는 `createEvents`의 입력과 일치하지 않습니다. 이 문제를 해결하기 위해 작은 어댑터를 작성할 수도 있고, 각 단계의 출력을 명시적으로 값에 할당하는 좀 더 명령형 스타일의 코드를 사용할 수도 있습니다. 다음과 같은 방법으로 구현할 수 있습니다.

```TypeScript
const placeOrder : PlaceOrderWorkflow = (unvalidated) => {
    const validatedOrder = validateOrder(checkCode, checkAddress);
    const pricedOrder = priceOrder(getPrice);
    const ackOpt = acknowledgeOrder(createAck, sendAck)(priceOrder);
    return createEvents(pricedOrder)(ackOpt);
}
```

```kotlin
val placeOrder : PlaceOrderWorkflow = {
    val pricedOrder = it.validateOrder(checkProductCodeExists, checkAddressExists)
        .priceOrder(getProductPrice)
    createEvents(
        pricedOrder,
        pricedOrder.acknowledgeOrder(createAcknowledgmentLetter, sendAcknowledgment)
    )
}
```

파이프라인만큼 우아하지는 않더라도 여전히 이해 및 유지 관리가 쉽습니다.

이어서 `checkProductCodeExists`, `checkAddressExists`, `priceOrder` 및 기타 의존들이 어디서 오는지 살펴봅시다. 특정 함수가 필요한 의존을 무분별한 접근이 가능하게 전역 스코프scope에 정의하고 싶지 않으니, 이러한 의존을 '주입'하는 방법을 알아보겠습니다.

9.6 의존 주입

`toValidProductCode`가 그렇듯이 서비스 함수를 매개변수로 받는 저수준 헬퍼 함수들이 있습니다. 이들은 디자인 깊숙한 곳에서 호출되는데 어떻게 필요한 의존을 최상위로부터 전달받을 수 있을까요?

객체지향 프로그래밍에서는 **의존 주입**dependency injection이나 **IoC 컨테이너**를 사용할 것입니다. 하지만 함수형 프로그래밍에서는 의존을 명확히 드러내야 하므로, 이런 방식 대신에 의존을 명시적인 매개변수로 전달하여 드러내는 것이 중요합니다. 이런 작업을 함수형 프로그래밍에서 처리하는 방법은 여러 가지가 있습니다. '리더 모나드Reader Monad'나 '프리 모나드Free Monad' 같은 기법들이 있으나 입문서인 이 책에서는 가장 간단한 방법으로 접근할 것입니다. 즉, 모든 의존을 최상위 함수에서 준비하여 콜 스택call stack을 타고 필요한 곳까지 전달하는 방식입니다.

앞서 정의한 헬퍼 함수들이 구현되었다고 가정해봅시다.

```typescript
// 저수준 헬퍼 함수들
const toAddress = (d: CheckAddressExists) => (i: UnvalidatedAddress) =>  ...
const toProductCode = (d: CheckProductCodeExists) => (i: string) =>  ...
```

TypeScript 예시의 함수들은 의존을 매개변수로 분명하게 드러내고 있습니다.

Kotlin 예시에서는 Kotlin만의 독특한 의존 주입 방식을 소개하고자 합니다. Kotlin은 **암묵적 콘텍스트**ambient context를 명시적으로 다룰 방법을 콘텍스트 수신자context receiver라는 실험 기능을 거치며 오랫동안 고민해 왔습니다. 마침내 암묵적 콘텍스트를 함수 시그니처에 포함시켜서 **콘텍스트 매개변수**context parameter라는 이름으로 제공하게 되었습니다. Kotlin 2.2.0에서는 베타로, 2.3.0에서는 정식 기능으로 공개할 예정입니다.

context라는 키워드로 메시지를 위임할 대상을 지정하면, 콜 스택 상단에 바인딩된 수신 객체에게 메시지를 위임해주는 기능입니다. 함수 매개변수와 마찬가지로 콘텍스트 매개변수 또한 매개변수로서 함수 시그니처에 포함됩니다. 함수 매개변수와 다른 점은 의존이 필요한 곳까지 위에서부터 아래로 의존을 전달하지 않고, 의존이 필요한 아래쪽에서 무엇이 필요한지 선언만 한다는 점입니다. 콘텍스트 매개변수가 있는 함수를 호출하는 상위 함수는 필요한 콘텍스트 매개변수에 해당하는 객체를 만들어 바인딩하거나, 아니면 또다시 상위 함수에게 해당 의존이 필요하다고 동일한 콘텍스트 매개변수를 선언해야 합니다. 다음 예시를 보면 이해하기가 더 쉬울 것입니다.

```kotlin
interface Logger {
    fun log(message: String)
}

interface Repository {
    fun getData(): String
}

context(logger: Logger)
fun prepareOperation(operation: String) {
    logger.log("Executing: $operation")
    ...
}

context(repo: Repository)
fun fetchData() {
    val data = repo.getData()
    ...
}

context(_: Logger, _: Repository)
fun performTask(): Unit {
    prepareOperation("data fetch")
```

```
    val data = fetchData()
}

class ConsoleLogger : Logger {
    override fun log(message: String) = println("[LOG] $message")
}

class DataRepository : Repository {
    override fun getData() = "sample data"
}

fun runService() {
    val logger = ConsoleLogger()
    val repository = DataRepository()

    with(logger) {
        with(repository) {
            performTask()
        }
    }
}
```

위 예시에서 `prepareOperation` 함수는 `log()` 메서드를 구현한 객체가 필요하므로 콘텍스트 매개변수로 `Logger`를 받습니다. `fetchData()` 또한 콘텍스트 매개변수로 `Repository`를 받습니다. `prepareOperation()`, `fetchData()`를 호출하는 `performTask` 함수는 하위 함수들이 `Logger`, `Repository`가 필요하지만 직접 수신 객체를 바인딩하는 함수가 아닙니다. 따라서 콘텍스트 매개변수에 `Logger`, `Repository` 모두를 명세하여 외부에서 넣어주도록 명세합니다. 만약 자식 함수가 필요한 콘텍스트를 상위 함수가 바인딩 없이 생략하면 다음과 같은 컴파일 오류가 발생합니다.

```
No required context receiver found: Cxt { context(org.ontheground.dmmf.ordertaking.Logger)
public fun performTask(): Unit defined in org.ontheground.dmmf.ordertaking in file ...}
```

예시의 `runService` 함수에서 `with` 스코프 함수로 콘텍스트 수신 객체를 바인딩하여 `performTask()`를 호출하는 것을 확인할 수 있습니다. `runService()`는 `with`로 콘텍스트 수신 객체를 지정하므로 상위 함수에게 의존을 요청하지 않아도 됩니다. 정리하자면, 자식이 필요한 콘텍스트는 부모 함수도 콘텍스트 매개변수에 명시하거나, 콘텍스트 수신 객체를 예하 스코프에 바인딩해줘야 합니다. 따라서 의존이 필요한 함수부터 해당 객체를 바인딩하는 상위 함수까지의 모든 함수에 콘텍스트 매개변수 형태로 필요한 의존이 드러나게 됩니다.

어떤 의존은 함수 매개변수로 받고 어떤 것은 콘텍스트 매개변수로 표시해야 할까요? 큰 원칙이라면 내 **경계 진 맥락**의 도메인 로직에 포함된 의존은 모두 함수 매개변수로 명시적으로 드러내라는 것입니다.

```kotlin
// 저수준 헬퍼 함수들
interface AddressValidator {
    checkAddressExists: CheckAddressExists
}
context(av: AddressValidator)
fun UnvalidatedAddress.toAddress(): Address = ...

fun String.toProductCode(checkProductCodeExists: CheckProductCodeExists): ProductCode = ...
```

위 예시에서 만약 `checkAddressExists`를 주문 접수 맥락에서 직접 수행한다면, 이는 매개변수에 포함했어야 합니다. 하지만 외부 서비스를 통해 주소를 검증한다고 했기 때문에 콘텍스트 매개변수로 받게 했습니다. 반면 `ProductCatalog`를 주문접수팀이 직접 관리하므로 `checkProductCodeExists`는 콘텍스트 매개변수보다 함수 매개변수가 적합합니다. 핵심 도메인에 해당하지 않는 저장소, 인프라, 권한 관리 등의 서비스들은 주로 콘텍스트 매개변수로 주입받습니다.

그렇다면 TypeScript 예시에서는 핵심 도메인과 무관한 의존을 숨길 수 없을까요? 물론 가능합니다. **리더 모나드**를 활용하면 의존을 주입받지 않고도 함수들을 합성할 수 있습니다. 다만, 앞서 원저자가 명시하였듯이 이 책에서는 리더 모나드를 의도적으로 소개하지 않습니다. 전통적인 함수형 프로그래밍에서는 의존을 드러낼 때는 함수 매개변수로, 의존을 숨길 때는 리더 모나드를 쓴다는 것만 알고 넘어갑시다.

다음 TypeScript 예시에서는 `toValidatedOrderLine` 함수가 `OrderLine`을 생성합니다. `OrderLine`을 생성하기 위해 `toProductCode`를 호출하여 `ProductCode`를 생성하는데, `toProductCode`를 수행하기 위해 `checkProductCodeExists` 의존 함수가 필요하므로 `toValidatedOrderLine` 함수가 이를 매개변수로 받아서 전달해줘야 합니다.

```typescript
// 헬퍼 함수
const toValidatedOrderLine =
  (checkProductExists: CheckProductExists) =>  //  toProductCode에 필요한 매개변수
  (i: UnvalidatedOrderLine) => {
```

```
  // 라인의 구성 요소 생성
  const orderLineId = ...
  const productCode = pipe(
    i.productCode,
    toProductCode(checkProductExists),   // 서비스 사용
  ...
}
```

Kotlin
```kotlin
// 헬퍼 함수
fun UnvalidatedOrderLine.toValidatedOrderLine(checkProductExists: CheckProductCodeExists) =
    ValidatedOrderLine(
        orderLineId = ... ,
        productCode = this.productCode.toProductCode(checkProductExists),
        ...
    )
```

`validateOrder` 구현은 다음과 같습니다.

TypeScript
```typescript
const validateOrder: ValidateOrder = (checkProductCodeExists, checkAddressExists) =>
(unvalidatedOrder) => {
  ...
  const shippingAddress = toAddress(checkAddressExists)(unvalidatedOrder.shippingAddress);
  const lines = pipe(unvalidatedOrder.lines, A.map(toValidatedOrderLine(checkProductCodeExists)));
  ...
  return new ValidatedOrder(..., shippingAddress, lines);
};
```

Kotlin
```kotlin
context(_: AddressValidator)
fun UnvalidatedOrder.validateOrder(checkProductCodeExists: CheckProductCodeExists) =
ValidatedOrder(
    ...,
    shippingAddress = this.shippingAddress.toAddress(),
    lines = this.lines.map { it.toValidatedOrderLine(checkProductCodeExists) },
)
```

상위 함수로부터 필요한 의존을 전달받다 보면 결국 모든 서비스를 설정하는 최상위 함수까지 이르게 됩니다. 객체지향 디자인에서는 이러한 최상위 함수를 일반적으로 **컴포지션 루트**composition root라고 부르므로 여기서도 그 용어를 사용하겠습니다.

9.6 의존 주입 **231**

그렇다면 `validateOrder`를 호출하는 `placeOrder` 작업 흐름 함수가 컴포지션 루트 역할을 해야 할까요? 그렇지 않습니다. 서비스를 설정하는 작업은 보통 설정을 읽어오는 등의 과정이 필요하기 때문에 `placeOrder` 작업 흐름 자체는 필요한 서비스들을 매개변수로 받아야 합니다.

```typescript
const placeOrder: (
  checkCode: CheckProductCodeExists, // 의존
  checkAddress: CheckAddressExists,  // 의존
  getPrice: GetProductPrice,          // 의존
  createAck: CreateOrderAcknowledgmentLetter, // 의존
  sendAck: SendOrderAcknowledgment,   // 의존
) => PlaceOrderWorkflow = flow(
    command => command.data,
    validateOrder(checkCode, checkAddress),
    priceOrder(getPrice),
    (pricedOrder) => pipe(
        (pricedOrder),
        acknowledgeOrder(createAck, sendAck),
        createEvents(pricedOrder),
    )
);
```

Kotlin은 콘텍스트 매개변수로 나타낸 의존들은 함수 매개변수로 일일이 전달하지 않아서 간략합니다.

```kotlin
context(_: AcknowledgmentSender, _ :AddressValidator)
fun PlaceOrderCommand.placeOrder(
    checkCode: CheckProductCodeExists,
    getPrice: GetProductPrice,
    createAck: CreateOrderAcknowledgmentLetter,
): List<PlaceOrderEvent> {
    val validatedOrder = this.data.validateOrder(checkCode)
    val pricedOrder = validatedOrder.priceOrder(getPrice)
    val acknowledgementOption = pricedOrder.acknowledgeOrder(createAck)

    return createEvents(pricedOrder, acknowledgementOption)
}
```

두 방식 모두 쉽게 가짜 의존을 만들어 테스트할 수 있다는 장점이 있습니다.

컴포지션 루트 함수는 애플리케이션의 진입점과 최대한 가까워야 합니다. 콘솔 앱에서는 메인 함수, 웹서비스 같은 장기 실행 애플리케이션에서는 `OnStartup`, `Application_Start` 같은 핸들러가 컴포지션 루트가 됩니다.

다음은 `Marble.js`[3]와 `Ktor`[4] 프레임워크를 사용하는 웹서비스의 컴포지션 루트 예시입니다. 먼저 서비스들을 설정하고, 그다음에 작업 흐름에 필요한 의존들을 전달한 후, 마지막으로 라우팅을 설정하여 입력을 적절한 작업 흐름으로 연결합니다.

먼저 함수형 `Node.js` 프레임워크인 `Marble.js` 예시입니다.

```TypeScript
import { bodyParser$ } from '@marblejs/middleware-body';
import { createServer, combineRoutes, httpListener, r } from '@marblejs/http';
import { IO } from 'fp-ts/lib/IO';

const placeOrder$ = r.pipe(
  r.matchPath('/'),
  r.matchType('POST'),
  r.useEffect((req$, ask) => {
    const dep1 = useContext(dep1Token)(ask);
    /**** 의존 준비 및 부분 적용 ****/

    return req$.pipe(
      validateRequest,
      map(req => req.body),
      mergeMap(deserializePlaceOrderCommand),
      mergeMap(placeOrder),
      mergeMap(postEvents),
      map(toHttpResponse),
    );
  }),
);

const changeOrder$ = r.pipe(
  r.matchPath('/'),
  r.matchType('PUT'),
  r.useEffect(req$ => req$.pipe( ... )),
);

const cancelOrder$ = r.pipe(
  r.matchPath('/'),
```

---

3 [옮긴이] https://docs.marblejs.com/
4 [옮긴이] https://ktor.io/

```
    r.matchType('DELETE'),
    r.useEffect(req$ => req$.pipe( ... )),
);

const order$ = combineRoutes('/order', [
  placeOrder$,
  changeOrder$,
  cancelOrder$,
]);

const api$ = combineRoutes('/api/v1', [
  root$,
  order$,
]);

const middlewares = [bodyParser$(), ...];
const effects = [api$, ...];

const server = createServer({
  ...
  listener: httpListener({
    middlewares,
    effects,
  }),
});

const main: IO<void> = async () =>
  await (await server)();

main();
```

다음은 Kotlin의 `Ktor` 프레임워크로 작성한 예시입니다.

```kotlin
import arrow.core.Either
import io.ktor.http.*
import io.ktor.server.application.*
import io.ktor.server.request.*
import io.ktor.server.response.*
import io.ktor.server.routing.*
import arrow.core.raise.either

fun Application.module() {
    /*** Preparing Depedencies(IO, Service) ***/
    with(...Dependencies...) {
        configureRouting()
    }
```

```kotlin
}
fun Application.configureRouting() {
    routing {
        post("/order") {
            val cmd = call.receive<PlaceOrderCommand>()
            val placeOrderResult = either<Throwable, List<OrderPlacedEvent>> {
                cmd.placeOrder()
            }
            when (placeOrderResult) {
                is Either.Left -> {
                    when (placeOrderResult.value) {
                        is IOException -> call.respond()
                        else -> call.respond(HttpStatusCode.InternalServerError)
                    }
                }
                is Either.Right -> {
                    postEvents(placeOrderResult.value)
                    call.respond(HttpStatusCode.OK)
                }
            }
        }
        put("/order") { ... }
        delete("/order") { ... }
    }
}
```

`/order` 경로로 POST 요청이 들어오면 '주문 처리' 프로세스를 시작합니다. 입력을 역직렬화하고 `placeOrder` 파이프라인을 호출하여 이벤트를 게시한 후 출력값을 HTTP 응답으로 변환합니다. 나머지 함수들은 별도로 다루지 않으나 역직렬화 기술은 추후 11장에서 논의합니다.

9.6.1 넘쳐 나는 의존[5]

`validateOrder`는 의존이 두 개입니다. 만약 네다섯 개 이상 의존이 필요하면 어떻게 할까요? 그리고 다른 단계들도 여러 의존이 필요하면 상위 함수 의존이 폭발적으로 증가할 수 있습니다. 이럴 경우에는 어떻게 해야 할까요?

먼저 해당 함수가 너무 많은 일을 하는지 살펴보고 더 작은 조각으로 나눠봅시다. 불가능하다면 의존을 단일 레코드로 묶어서 하나의 매개변수로 전달할 수 있습니다.

---

5   [옮긴이] 함수 매개변수로 의존을 전달하는 방식에 대한 내용이므로 `context`에 기반하여 불필요한 매개변수를 생략하는 Kotlin 예제는 적합하지 않기에 따로 작성하지 않습니다.

자식 함수들의 의존이 복잡한 경우가 종종 있습니다. 예를 들어 `checkAddressExists` 함수가 웹서비스와 통신을 하는 데 URI 엔드포인트endpoint와 자격 증명credentials이 필요하다고 가정해봅시다.

```typescript
const checkAddressExists = (d1: Endpoint, d2: Credentials) => (i: UnvalidatedAddress) =>
  ...
```

이 두 개의 매개변수를 `checkAddressExists` 상위 함수인 `toAddress`의 호출자에게도 매개변수로 받게 만들어야 할까요?

```typescript
const toAddress = (d1: CheckAddressExists, d2: Endpoint, d3: Credentials) => (i:
UnvalidatedAddress) => { // Endpoint, Credentials 두 매개변수는 checkAddressExists만 필요
  // 원격 서비스를 호출
  const checkedAddress = checkAddressExists(d2, d3)(unvalidatedAddress);
  // 두 매개변수 추가 전달
  ...
```

그렇다면 이 매개변수들을 계속 위로 전파해야 할까요? 그렇지 않습니다. 이러한 중간 함수들은 `checkAddressExists` 함수의 의존에 대해 알 필요가 없어야 합니다. 훨씬 나은 방법은 최상위 함수 외부에서 의존을 부분 적용하여 그 자식 함수를 내려보내는 것입니다.

다음 예시를 보면, 설정의 URI와 자격 증명을 `checkAddressExists` 함수에 미리 고정해서 필요 시 해당 함수만 매개변수로 받도록 했습니다. 의존을 요구하지 않는 이 함수는 다시 어디에나 전달하기 용이해졌습니다.

```typescript
const placeOrder : PlaceOrderWorkflow = (unvalidatedOrder) => {
   // 정보 초기화 (예: 설정에서 가져오기)
   const endPoint = ...
   const credentials = ...

   // 자격 증명을 미리 고정한 checkAddressExists의 새로운 버전 생성
   const checkAddressExists_ = checkAddressExists(endpoint, credentials)

   // 새로운 checkAddressExists_는
   // 이제 하나의 매개변수만 받는 함수

    const validatedOrder = validateOrder(checkProductCodeExists, checkAddressExists_)
```

```
    (unvalidatedOrder);
        ....
}
```

이와 같이 매개변수를 '미리 고정해둔' 헬퍼 함수를 전달하는 방식은 불필요하게 복잡한 부분들을 은닉하기 위해 주로 사용하는 기법입니다. 한 함수가 다른 함수에 전달될 때 해당 함수의 시그니처는 모든 의존을 가린 채 가능한 간략해야 합니다.

이 설명이 약간 모순적으로 들릴 수 있습니다. 앞서 모든 의존을 함수 매개변수 형태로 명시적으로 드러내자고 했는데, 지금은 모든 의존을 가려서 함수 시그니처를 간략하게 유지하자고 하니 혼란스러울 수 있습니다. 정리하자면 함수를 수행하기 위해 입력 외 어떤 의존이 필요한지 명확하게 함수 매개변수로 드러내는 것이 좋지만, 내가 필요한 것이 아니라 내가 의존하는 함수가 필요한 의존도 매개변수로 받아서, 마치 내 의존인 것처럼 함수 시그니처에 드러내지 말라는 뜻입니다.

9.7 의존 테스트

의존 함수를 매개변수로 전달하는 방식은 테스트 대상 함수를 매우 쉽게 테스트할 수 있다는 큰 장점이 있습니다. 별도 **모킹**mocking 라이브러리에 의지하지 않아도 작동하는 가짜 의존을 쉽게 주입할 수 있기 때문입니다.

예를 들어 제품 코드 유효성 검사가 잘 작동하는지 테스트하는 상황을 가정해봅시다. 첫 번째 테스트는 `checkProductCodeExists`가 성공하면 전체 유효성 검사가 성공하는지 확인해야 합니다. 그리고 두 번째 테스트는 `checkProductCodeExists`가 실패하면 전체 유효성 검사가 실패하는지를 확인해야 합니다. 이제 이러한 테스트를 작성하는 방법을 살펴보겠습니다.

다음은 성공 케이스에 대한 예시 코드입니다.

```TypeScript
it("If product exists, validation succeeds", () =>{
  // arrange: 서비스 의존의 스텁 버전 설정
  const checkAddressExists: CheckAddressExists = address => new CheckedAddress(address);
  // 성공
  const checkProductCodeExists: CheckProductCodeExists = _ => true;           // 성공

  // arrange: 입력 설정
  const unvalidatedOrder = ...
```

```
    // act: validateOrder 호출
    const result = validateOrder(checkProductCodeExists, checkAddressExists) ...

    // assert: 결과가 ValidatedOrder인지 확인, 오류가 아님
    ...
})
```

```kotlin
it("If product exists, validation succeeds") {
    // arrange: 서비스 의존의 스텁 버전 설정
    val mockDependencies = object: Dependencies {
        val checkAddressExists: CheckAddressExists = { CheckedAddress(it) }    // 성공
    }
    val checkProductCodeExists: CheckProductCodeExists = { true }              // 성공

    // arrange: 입력 설정
    val unvalidatedOrder = ...

    // act: validateOrder 호출
    val result = with(mockDependencies) { // 콘텍스트로 의존 주입
        unvalidatedOrder.validateOrder(checkProductCodeExists)
    }

    // assert: 결과가 ValidatedOrder인지 확인, 오류가 아님
    ...
}
```

예시를 살펴보면 checkAddressExists와 checkProductCodeExists 함수(서비스를 나타냄)의 **스텁** stub을 작성하는 것이 매우 간단하여 테스트 내에서 바로 정의한 것을 확인할 수 있습니다.

실패하는 경우를 테스트하려면 checkProductCodeExists 함수를 모든 제품 코드에 대해 실패하도록 변경하면 됩니다.

```typescript
const checkProductCodeExists: CheckProductCodeExists = _ => false;    // 실패
```

```kotlin
val checkProductCodeExists: CheckProductCodeExists = { false }    // 실패
```

전체 테스트 코드는 다음과 같습니다.

```TypeScript
it("If product exists, validation succeeds", () =>{
  // arrange: 서비스 의존의 스텁 버전 설정
  const checkAddressExists: CheckAddressExists = address => new CheckedAddress(address);
  // 성공
  const checkProductCodeExists: CheckProductCodeExists = _ => false;          // 실패

  // arrange: 입력 설정
  const unvalidatedOrder = ...

  // act: validateOrder 호출
  const result = validateOrder(checkProductCodeExists, checkAddressExists) ...

  // assert: 결과가 실패인지 확인
  ...
})
```

```Kotlin
it("If product exists, validation succeeds") {
    // arrange: 서비스 의존의 스텁 버전 설정
    val mockDependencies = object: Dependencies {
        val checkAddressExists: CheckAddressExists = { CheckedAddress(it) }     // 성공
    }
    val checkProductCodeExists: CheckProductCodeExists = { false }              // 실패


    // arrange: 입력 설정
    val unvalidatedOrder = ...

    // act: validateOrder 호출
    val result = with(mockDependencies) { // 콘텍스트로 의존 주입
        unvalidatedOrder.validateOrder()
    }

    // assert: 결과가 실패인지 확인
    ...
}
```

물론 이 장에서는 예외를 던져서 서비스를 실패시켰지만 이런 방식은 피하는 것이 좋습니다. 다음 장에서 다른 방식으로 서비스 실패를 다루도록 수정해보겠습니다.

작은 예시를 통해 함수형 프로그래밍 원칙을 테스트에 적용하여 얻는 이점을 확인해보았습니다.

- `validateOrder` 함수는 상태가 없습니다. 아무것도 변형하지 않으며 동일한 입력으로 호출하면 동일한 출력이 나옵니다. 이것은 테스트를 단순하게 만듭니다.
- 모든 의존은 명시적으로 전달되므로 함수가 어떻게 작동하는지 이해하기 쉽습니다.
- 모든 부수 효과는 함수 자체에서 발생하지 않고 매개변수로 전달받는 의존에 가둬둡니다. 이 역시 테스트를 단순하게 만들고 효과를 쉽게 제어하도록 도와줍니다.

테스트는 매우 큰 주제이므로 여기서 자세히 다루지는 않겠습니다.

9.8 조립한 파이프라인

지금까지 코드를 여러 조각으로 나눠서 살펴봤습니다. 이제 전체 파이프라인을 어떻게 구성하는지 모아서 살펴보고자 합니다.

1. 특정 작업 흐름을 구현하는 모든 코드는 해당 작업 흐름의 이름을 따서 같은 모듈에 모아둡니다(예: `place-order.workflow.ts`, `PlaceOrderWorkflow.kt`).
2. 파일의 맨 위에는 타입 정의를 작성합니다.
3. 그 후 각 단계의 구현 코드를 작성합니다.
4. 파일의 맨 아래에 각 단계를 모아 주요 작업 흐름 함수로 조립합니다.

지면 한계상 파일 내용의 개요만 소개하고 넘어가고자 합니다. 전체 파일을 보고 싶다면 각주로 남겨둔 코드 저장소를 참고 바랍니다.[6] 먼저 타입부터 살펴보겠습니다. 작업 흐름 호출자와 약속되어 있는 작업 흐름의 '공개' 타입은 API 모듈 등 다른 곳에서 정의할 예정입니다. 이 파일에는 작업 흐름의 내부 단계를 나타내는 타입만 포함하면 됩니다(7장 참고).

```
// ===============================
// Part 1: Design
// ===============================

// NOTE: PlaceOrderWorkflow나 UnvalidtedOrder같이
```

---

[6] (옮긴이) https://github.com/on-the-ground/domain-modeling-made-functional-typescript
https://github.com/on-the-ground/domain-modeling-made-functional-kotlin

```typescript
// 작업 흐름에서 외부로 드러난 API 부분은 다른 곳에 정의합니다.
// 이하 타입은 작업 흐름 안에서 쓰이는 것들입니다.
```

```typescript
// ----- Validate Order -----
declare const checkedAddress; unique symbol;
class CheckedAddress {
  [checkedAddress]!: never;
  constructor(readonly value: UnvalidatedAddress) {}
}

type CheckProductCodeExists = (i: ProductCode) => Boolean
type CheckAddressExists = (i: UnvalidatedAddress) => CheckedAddress
type ValidateOrder = (d1: CheckProductCodeExists, d2: CheckAddressExists)    // 의존
      => (i: UnvalidatedOrder)    // 입력
      => ValidatedOrder           // 출력


// ----- Price order -----

type GetProductPrice = ...
type PriceOrder = ...
// etc
```

```kotlin
// ----- Validate Order -----
@JvmInline
value class CheckedAddress(val value: UnvalidatedAddress)

typealias CheckAddressExists = (UnvalidatedAddress) -> CheckedAddress

interface AddressValidator {
    val checkAddressExists: CheckAddressExists
}

typealias CheckProductCodeExists = (ProductCode) -> Boolean

typealias ValidateOrder = context(AddressValidator)
UnvalidatedOrder.(CheckProductCodeExists) -> ValidatedOrder

// ----- Price order -----

typealias GetProductPrice = ...
typealias PriceOrder = ...
// etc
```

타입을 정의해둔 파일에 연이어 타입들을 구현하는 코드를 작성합니다. 첫 번째 단계 `validate Order`를 TypeScript로 구현한 예시입니다.

```
// ==============================
// Part 2: Implementation
// ==============================
// ------------------------------
// ValidateOrder implementation
// ------------------------------
```

```typescript
const toCustomerInfo = (i: UnvalidatedCustomerInfo) => ...

const toAddress = (checkAddressExists:CheckAddressExists) => (i: unvalidatedAddress) => ...

const predicateToPassthru = ...

const toProductCode = (checkProductCodeExists:CheckProductCodeExists) => (i: string) => ...

const toOrderQuantity = (i1: ProductCode, i2 : Quantity) => ...

const toValidatedOrderLine = (checkProductExists: CheckProductExists) =>
(i:UnvalidatedOrderLine) => ...

 // Implementation of ValidateOrder step

const validateOrder: ValidateOrder = (checkProductCodeExists, checkAddressExists) =>
(unvalidatedOrder) => {
const orderId = OrderId.create(unvalidatedOrder.orderId);
  ...
const shippingAddress = toAddress(checkAddressExists)(unvalidatedOrder.shippingAddress);
const lines = unvalidatedOrder.lines.map(toValidatedOrderLine(checkProductCodeExists));
  return new ValidatedOrder(orderId, ..., shippingAddress, ..., lines);
};
```

Kotlin에서 콘텍스트 매개변수로 **의존 주입**을 할 때는 항상 핵심 비즈니스 로직을 숨기면 안 된다는 것을 명심해야 합니다. 콘텍스트 매개변수는 의존을 함수 단위가 아니라 의존들을 내포한 인터페이스로 드러냅니다. 따라서 이 세상 모든 의존을 다 알고 있는 `WhoKnowsEverything` 같은 거대 단일 인터페이스를 콘텍스트로 요청하는 것은 결국 의존을 숨겨버리는 일이 됩니다. 대신 내가 필요한 메서드를 정확히 드러내는 인터페이스를 콘텍스트로 받는 것이 더 명확합니다. 혹은 함수의 입력마저도 콘텍스트로 받아서 암묵적으로 숨겨서는 안 됩니다. 어떤 수단을 활용하더라도 그 목적을 잊어서는 안 되고 우리의 목적은 항상 타입을 통해 최대한 많은 정보를 명확하게 드러내는 것입니다.

```kotlin
fun UnvalidatedCustomerInfo.toCustomerInfo() = ...

interface AddressValidator {
    checkAddressExists: CheckAddressExists
}
context(av: AddressValidator)
fun UnvalidatedAddress.toAddress(): Address = ...

fun String.toProductCode(checkProductCodeExists: CheckProductCodeExists): ProductCode = ...

fun toOrderQuantity(i1: ProductCode, i2 : Quantity) = ...

fun UnvalidatedOrderLine.toValidatedOrderLine(checkProductExists: CheckProductExists) = ...

val validateOrder: ValidateOrder = { checkCodeExists ->
    ValidatedOrder(
        orderId = this.orderId.toOrderId(),
        ...,
        shippingAddress = this.shippingAddress.toCheckedAddress().toAddress(),
        lines = this.lines.map { it.toValidatedOrderLine(checkCodeExists) },
    )
}
```

나머지 단계들의 구현은 건너뛰겠습니다. 필요 시 각주에 남겨둔 저장소를 참고하세요. 파일의 가장 아래로 내려가서 최상위 `PlaceOrder` 함수 구현을 살펴봅시다.

```typescript
// ----------------------------
// The complete workflow
// ----------------------------

const toPlaceOrderEvents =
  (
    createAck: CreateOrderAcknowledgmentLetter,
    sendAck: SendOrderAcknowledgment,
  ) =>
    (pricedOrder: PricedOrder): PlaceOrderEvent[] => pipe(
```

```
    pricedOrder,
    acknowledgeOrder(createAck, sendAck),
    createEvents(pricedOrder),
  );

const placeOrder = (
  checkCode: CheckProductCodeExists,
  checkAddress: CheckAddressExists,
  getPrice: GetProductPrice,
  createAck: CreateOrderAcknowledgmentLetter,
  sendAck: SendOrderAcknowledgment,
): PlaceOrderWorkflow => flow(
    validateOrder(checkCode, checkAddress),
    priceOrder(getPrice),
    toPlaceOrderEvents(createAck, sendAck),
);
```

> Kotlin
```
context(_: AcknowledgmentSender)
fun PricedOrder.toPlaceOrderEvents(createAck: CreateOrderAcknowledgmentLetter):
List<PlaceOrderEvent> =
    createEvents(this, this.acknowledgeOrder(createAck))

context(_: AddressValidator, _: AcknowledgmentSender)
fun UnvalidatedOrder.placeOrder(
    checkCode: CheckProductCodeExists,
    getPrice: GetProductPrice,
    createAck: CreateOrderAcknowledgmentLetter,
) = this
    .validateOrder(checkCode)
    .priceOrder(getPrice)
    .toPlaceOrderEvents(createAck)
```

9.9 마무리

이번 장에서는 파이프라인의 각 단계를 구현하며 의존을 다루는 데 집중했습니다. 단계별 구현은 하나의 작은 변환만 수행하는 데 초점을 맞췄으며, 독립적이고 테스트하기 쉽도록 구성했습니다. 각 단계를 조합하려고 보니, 전후 단계의 입출력 타입이 달랐습니다. 따라서 타입 불일치를 해소하기 위해 중요한 함수형 프로그래밍 기법을 도입했습니다.

- '어댑터 함수'로 한 함수의 '모양'을 다른 모양으로 변환했습니다. 예시에서는 `checkProductCodeExists`의 출력을 `bool`에서 `ProductCode`로 변경했습니다.
- 서로 다른 타입을 공통 타입으로 '승격'시켰습니다. 이벤트에서 했던 것처럼, 모든 이벤트를 공통의 `PlaceOrderEvent` 타입으로 변환했습니다.
- 부분 적용으로 의존을 함수에 미리 주입해 넣음으로써 함수를 더 쉽게 조합하여 호출자에게 불필요한 구현 세부 사항을 숨겼습니다.
- Kotlin 예시를 통해 암묵적 콘텍스트를 활용하여 핵심 도메인과 무관한 의존을 숨기는 방법을 살펴보았습니다.

이 책의 뒷부분에서도 이러한 기법들을 계속 사용할 것입니다.

한 가지 다루지 않은 부분이 있습니다. 이번 장에서는 의도적으로 오류가 발생하는 상황을 명시적으로 다루지 않았습니다. 파이프라인 조합 및 의존 주입에 집중하기 위해 불가피한 조치였지만 코드 스스로가 디자인을 명세하고 드러낸다는 목적에 맞지 않는 선택입니다. 이로 인해 함수 시그니처가 실제와 달라 오해하기 좋은 형태가 되었으며, 함수형 프로그래밍이 선호하는 명시적인 시그니처가 사라졌습니다. 다음 장에서는 이 문제를 해결할 것입니다. 함수 타입에 다시 `Either` 타입을 추가하고, 이를 다루는 방법을 알아볼 예정입니다.

CHAPTER 10

구현: 오류 처리하기

제품 코드가 잘못된 형식이거나 고객 이름이 너무 길거나 주소 검증 서비스가 오랫동안 응답하지 않아서 실패한다면 어떻게 할까요? 어떤 시스템에서도 오류는 발생하기 마련이며 이를 어떻게 처리하는지가 중요합니다. 실부하를 받는 시스템은 반드시 일관되고 투명하게 오류를 처리해야 합니다.

이전 장에서는 오류 효과(Either 타입)를 의도적으로 배제하고, 파이프라인 조합과 의존 주입에 집중했습니다. 그러나 오류 효과는 여전히 중요합니다. 이번 장에서는 **타입 시그니처**에 효과를 복원하고 이를 다루는 방법을 배울 것입니다.

좀 더 넓게 보자면, 함수형 프로그래밍에서 오류를 처리하는 방식을 살펴보고, 어지러운 조건문과 `try-catch` 문 없이도 오류를 우아하게 포착하는 기법을 개발해볼 것입니다. 또한, 특정 오류를 도메인 오류로 취급하여 도메인 주도 설계의 다른 요소들만큼 중요하게 다뤄야 하는 이유도 살펴보겠습니다.

10.1 Either 타입으로 오류 드러내기

함수형 프로그래밍은 가능한 모든 것을 명확하게 드러내는 것을 중요하게 생각하는데, 오류 처리도 마찬가지입니다. 함수의 성공 여부와 실패 시 발생할 오류를 명확하게 드러내는 함수를 만들고자 합니다. 너무나 많은 코드에서 오류를 부수 요소로 취급합니다. 하지만 프로덕션에 적합한 견고한 시스템을 만들기 위해서는 오류를 최우선으로 다뤄야 합니다. 특히, 도메인에 속한 오류라면 더욱 그러합니다.

이전 장에서는 예외를 발생시켜 오류를 처리했습니다. 이 방법은 간편하기는 하지만 모든 함수 시그니처와 실제 동작이 다른 문제가 생겼습니다. 다음은 주소를 검증하는 함수의 시그니처를 나타낸 것입니다.

```typescript
type CheckAddressExists = (i: UnvalidatedAddress) => CheckedAddress;
```

```kotlin
typealias CheckAddressExists = UnvalidatedAddress.() -> CheckedAddress
```

이는 무엇이 잘못될 수 있는지를 전혀 드러내지 않았으므로 매우 비효율적입니다. 이렇게 오류를 처리하는 것이 아니라, 오류 상황을 포함한 모든 가능한 결과를 타입 시그니처에 드러내는 **완전 함수**를 바라는 것입니다. 앞서 오류 모델링에서 배웠듯이 `Either` 타입으로 함수의 성공, 실패를 명확히 드러낸 시그니처는 다음과 같습니다.

```typescript
type AddressValidationError = "InvalidFormat" | "AddressNotFound" ;
type CheckAddressExists = (i: UnvalidatedAddress) => Either<AddressValidationError, CheckedAddress>;
```

```kotlin
sealed interface AddressValidationError
object InvalidFormat : AddressValidationError
object AddressNotFound : AddressValidationError

typealias CheckAddressExists = UnvalidatedAddress.() -> Either<AddressValidationError, CheckedAddress>
```

이 함수 시그니처는 다음과 같은 중요한 사항들을 알려줍니다.

- 입력값은 `UnvalidatedAddress`입니다.
- 검증 성공 시 출력은 `CheckedAddress`입니다.
- 형식이 잘못되었거나 주소를 찾을 수 없을 때 검증에 실패합니다.

이처럼 함수 시그니처가 문서 역할을 할 수 있습니다. 다른 개발자가 이 함수를 사용할 때 시그니처만 봐도 많은 정보를 얻을 수 있을 것입니다.

10.2 도메인 오류 다루기

소프트웨어 시스템은 꽤나 복잡해서 모든 발생 가능 오류를 타입으로 처리할 수는 없으며 그러고 싶지도 않을 겁니다. 그러니 먼저 오류를 분류하고, 그중 특정 오류들만 처리하는 일관된 원칙을 세워봅시다. 오류는 세 개 그룹으로 분류할 수 있습니다.

- **도메인 오류**: 비즈니스 프로세스가 발생시킨 오류. 예를 들어 '결제팀에서 거부한 주문'이나 '잘못된 제품 코드가 포함된 주문' 같은 오류를 말합니다. 비즈니스 측에서는 이미 이들 오류를 처리할 절차가 마련되어 있으므로 코드도 이 프로세스를 반영해야 합니다.
- **패닉**: 시스템이 알 수 없는 상태에 빠지는 오류. 예를 들어 '메모리 부족'과 같은 다루기 힘든 시스템 오류나 '0으로 나누기' 또는 '널 참조'와 같은 프로그래머의 실수로 발생하는 오류를 말합니다.
- **인프라 오류**: 아키텍처에서 발생한 오류. 비즈니스 프로세스의 일부가 아니고 도메인에도 포함되지 않는 오류입니다. 예를 들어 네트워크 타임아웃이나 인증 실패 등이 있습니다.

어떤 오류가 도메인 오류인지 명확하지 않을 때도 있습니다. 확실하지 않다면 도메인 전문가에게 물어보세요.

> **나**: "올리, 로드 밸런서에 접근할 때 연결이 끊어지는 문제가 생기면 심각한 건가요?"
>
> **올리**: "???"
>
> **나**: "알겠어요. 그럼 인프라 오류로 분류하고, 사용자에게 나중에 다시 시도하게 합시다."

오류는 유형마다 각기 다른 방식으로 구현해야 합니다. 도메인 오류는 도메인의 일부로서 다른 도메인 항목들과 마찬가지로 도메인 모델링에 포함해야 합니다. 도메인 전문가와 논의하여 최대한 타입 시스템으로 도메인 오류를 드러내야 합니다. 패닉은 예외를 발생시켜서 작업 흐름을 중단하고 애플리케이션의 메인 함수 같은 최상단 함수에서 예외를 포착하도록 처리하는 것이 좋습니다. 예를 들면 다음과 같습니다.

```typescript
// 잘못된 입력을 받으면 패닉하는 작업 흐름
const workflowPart2 = (input: Input) => {
  if (input === 0)
    throw Error("DivideByZeroError");
  ...
}
```

```
// 애플리케이션의 최상위 함수
// 모든 작업 흐름에서 발생한 예외를 포착합니다.
function main() {
  // 모든 작업 흐름을 try-catch 블록으로 감쌉니다.
  try {
    const result1 = workflowPart1();
    const result2 = workflowPart2(result1);
    console.log(`the result is ${result2}`);
} catch(e) {
    match(e)
      .with(P.instanceOf(OutOfMemoryException), () => console.log("exited with OutOfMemoryException"))
      .with(P.instanceOf(DivideByZeroException), () => console.log("exited with DivideByZeroException"))
      .otherwise(() => console.log("exited with " + e.message));
  }
}
```

Kotlin
```kotlin
// 잘못된 입력을 받으면 패닉하는 작업 흐름
val workflowPart2 = {
    input: Input ->
    if (input == 0)
        throw DivideByZeroException()
    ...
}

// 애플리케이션의 최상위 함수
// 모든 작업 흐름에서 발생한 예외를 포착합니다.
fun main() {
    // 모든 작업 흐름을 try-catch 블록으로 감쌉니다.
    try {
        val result1 = workflowPart1()
        val result2 = workflowPart2(result1)
        println("the result is $result2")
    } catch(e: OutOfMemoryException) {
        println("exited with OutOfMemoryException")
    } catch(e: DivideByZeroException) {
        println("exited with DivideByZeroException ")
    } catch(e: Exception) {
        println("exited with " + e.message)
    }
}
```

인프라 오류는 이 두 방식 중 하나로 처리할 수 있습니다. 어떤 방식이 적합할지는 아키텍처에 따라 달라집니다. 여러 작은 서비스로 구성된 코드라면 예외 처리가 더 깔끔하고, **모놀리식**monolithic한 앱이라면 명시적인 오류 처리를 하는 것이 좋을 수 있습니다. 실제로 많은 인프라 오류를 도메인 오류처럼 취급하는 것이 유용할 때가 많습니다. 이는 개발자가 어떤 문제가 발생할 수 있는지를 생각하게 해주기 때문입니다. 예를 들어 원격 주소 검증 서비스가 사용 불가능할 때 비즈니스 프로세스가 어떻게 바뀌어야 하는지, 고객에게는 어떤 안내를 해야 하는지와 같은 질문은 개발팀만으로 해결할 수 없고, 도메인 전문가 및 제품 소유자와 같이 논의해야 합니다.

다음 장에서는 명시적으로 도메인의 일부로 모델링하는 오류에만 집중할 것입니다. 모델링하고 싶지 않은 패닉과 오류는 예외를 발생시켜서 이 예시처럼 최상단 함수에서 포착하면 됩니다.

10.2.1 타입으로 도메인 오류 모델링하기

도메인을 모델링할 때 `string` 같은 원시 타입 대신 도메인 공용어로 도메인에 특화된 타입을 생성했습니다. 오류 또한 똑같이 다뤄야 합니다. 도메인을 논의하다가 특정 유형의 오류가 언급된다면 다른 도메인 요소와 똑같이 모델링해야 합니다. 일반적으로 오류는 선택 타입으로 모델링하고 오류 유형별로 개별 래퍼를 생성합니다. 예를 들어 주문 처리 작업 흐름 오류는 다음과 같이 모델링할 수 있습니다.

```typescript
type PlaceOrderError =
  | ValidationError
  | ProductOutOfStock
  | RemoteServiceError;

class ValidationError extends Error {
    constructor(readonly details: string, message?: string) {
        super(message);
    }
}

class ProductOutOfStock extends Error {
    constructor(readonly details: ProductCode, message?: string) {
        super(message);
    }
}

class RemoteServiceError extends ValueObject {
```

```
  constructor(
    readonly service: ServiceInfo,
    readonly exception: Error,
  ) { super() }
}
```

```kotlin
sealed interface PlaceOrderError

@JvmInline
value class ValidationError(val value: String) : PlaceOrderError

@JvmInline
value class ProductOutOfStock (val value: String) : PlaceOrderError

data class RemoteServiceError(
    val service: ServiceInfo,
    val exception: Throwable,
) : PlaceOrderError
```

- `ValidationError`는 길이나 형식 등의 제약 사항 검증 실패 시 발생하는 오류입니다.
- `ProductOutOfStock`은 재고가 없는 제품을 구매할 때 발생합니다. 이를 처리하는 별도 비즈니스 프로세스가 있을 수 있습니다.
- `RemoteServiceError`는 인프라 오류에 해당하는데 예외를 발생시키되 일정 횟수만큼 재시도하여 실패 시 포기하는 방식으로 처리할 수 있습니다.

이렇게 선택 타입으로 코드 내에서 발생할 수 있는 모든 오류를 명확히 문서화할 수 있습니다. 오류에 관련된 추가 정보도 명시적으로 표시됩니다. 또한 요구사항 변경 시 쉽고 안전하게 선택 타입을 확장 및 축소할 수 있습니다. 컴파일러가 이 선택 타입을 **패턴 매칭**하는 코드에서 모든 케이스를 커버하지 못하면 경고나 오류를 발생해주기 때문입니다.[1]

7장에서 작업 흐름을 디자인할 때 오류가 발생할 수 있다는 사실을 알고 있었지만, 일부러 그 오류가 무엇인지 깊이 파고들지는 않았습니다. 디자인 파이프라인 단계별로 모든 가능한 오류를 미

---

1 (옮긴이) 모든 입력 타입을 커버하도록 패턴 매칭하는 것을 완전한 매칭(exhaustive matching)이라 부릅니다. Kotlin 같은 상당수 현대 언어들은 기본 패턴 매칭 함수가 완전한 매칭을 지원합니다. TypeScript는 `switch` 문 스스로가 완전한 매칭을 강제하지는 않습니다. 다만, 강력한 타입 추론을 바탕으로 커버하지 못한 케이스를 추론해주기에 `default` 케이스의 타입을 `never`, 즉 공집합이도록 작성하면 컴파일 오류가 발생하여 완전한 매칭이 됩니다. 예시에서 기본 `switch` 문 대신 `ts-pattern`을 활용하는 이유는 다양한 패턴을 쉽고 간편하게 매칭해주기 때문입니다.

리 정의할 필요는 없습니다. 일반적으로 오류 종류는 애플리케이션을 개발하는 중에 드러납니다. 도메인 오류로 다루기로 결정한 오류들은 전체 오류 선택 타입에 추가할 수 있습니다.

선택 타입에 새 케이스를 추가하면 일부 코드에서 모든 케이스를 처리하지 않았다는 경고가 뜰 것입니다. 이는 좋은 신호입니다. 이제 도메인 전문가나 제품 소유자와 해당 케이스를 어떻게 처리할지 논의해야 하기 때문입니다. 선택 타입을 이렇게 사용하면 **에지 케이스**를 실수로 간과할 위험이 줄어듭니다.

10.2.2 코드를 어지럽히는 오류 처리

예외의 좋은 점 중 하나는 '행복한 경로happy path' 코드를 깔끔하게 유지할 수 있다는 것입니다. 예를 들어 이전 장에서 살펴본 `validateOrder` 함수의 의사코드는 다음과 같습니다.

```typescript
const validateOrder = (i: UnvalidatedOrder) => {
  const orderId = ... create order id (or throw exception)
  const customerInfo = ... create info (or throw exception)
  const shippingAddress = ... create and validate shippingAddress...
  // etc
}
```

```kotlin
val validateOrder = UnvalidatedOrder.() -> ValidatedOrder = {
    val orderId = ... create order id (or throw exception)
    val customerInfo = ... create info (or throw exception)
    val shippingAddress = ... create and validate shippingAddress...
    // etc
}
```

각 단계에서 오류를 반환하면 코드가 훨씬 더 복잡해집니다. 보통 각 잠재적 오류 뒤에 조건문을 두거나, 예외를 포착하는 `try-catch` 블록을 추가해야 합니다. 다음은 이것을 나타낸 의사코드입니다.

```typescript
const validateOrder = (i: UnvalidatedOrder) => {
  const orderIdEither = ... create order id (or return Error)
  if (orderIdEither instanceOf Error)
      return
```

```
    const customerInfoEither = ... create name (or return Error)
    if (customerInfoEither instanceOf Error)
        return

    try {
        const shippingAddressEither = ... create valid address (or return Error)
        if (shippingAddress instanceOf Error)
            return
        // ...
    } catch(e) {
      return match(e)
        .with(P.instanceOf(TimeoutException), () => Error("service timed out"))
        .with(P.instanceOf(AuthenticationException), () => Error("bad credentials"))
        .run();
      // etc
}
```

```kotlin
val validateOrder = UnvalidatedOrder.() -> ValidatedOrder = {
    val orderIdEither = ... create order id (or return Exception)
    if (orderIdEither is Exception)
        return

    val customerInfoEither = ... create name (or return Exception)
    if (customerInfoEither is Exception)
        return

    try {
        val shippingAddressEither = ... create valid address (or return Exception)
        if (shippingAddress is Exception)
          return
        // ...
    } catch(e: TimeoutException) {
        return Exception("service timed out")
    } catch(e: AuthenticationException) {
        return Exception("bad credentials")
    }
    // etc
}
```

이 방식의 문제는 코드의 2/3가 오류 처리에 할애되면서 원래의 단순하고 깔끔했던 코드가 망가졌다는 점입니다. 적절한 오류 처리를 도입하면서도 파이프라인 모델의 우아함을 유지할 방법을 찾아야 합니다.

10.3 Either 타입을 출력하는 함수 연결하기

구체적인 예시를 다루기에 앞서 먼저 큰 그림을 살펴봅시다. 일반적으로 `Either`를 생성하는 여러 함수가 있다고 할 때, 이 함수들을 어떻게 깔끔하게 조합할 수 있을까요?

문제를 시각적으로 표현해보겠습니다. 일반적인 함수는 철로 같은 하나의 선로로 나타낼 수 있습니다.

`Either`값을 출력하는 함수는 두 갈래로 나뉜 철로로 나타낼 수 있습니다.

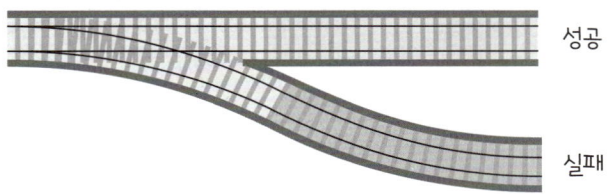

성공

실패

이런 종류의 함수를 철로 비유에 따라 **스위치 함수**switch function라고 부를 것입니다. 보통 이 함수들을 **모나딕 함수**monadic function라고도 합니다.

> **전문가 TIP   스위치 함수 ∈ 모나딕 함수**
>
> 역자도 저자의 철도 비유를 좋아합니다. 이 비유가 아니었다면 함수형 프로그래밍에 관심 가질 생각도 없었을 테니 말이지요. 스위치 함수가 모나딕 함수인 것은 맞으나 오해의 소지가 있는 말입니다. 마치 두 갈래를 가르는 스위치처럼 생겨야 모나딕하다고 생각할 위험이 있어서 그렇습니다. 모나딕 함수란, 모나드 타입을 출력하는 함수입니다. 엄밀한 정의를 피한 개념적인 모나드란, 앞선 함수의 출력에 효과가 있을 때, 효과가 없는 입력을 받는 다음 함수로 연결할 방법을 아는 것을 말합니다.
>
> 예를 보면 이해하기가 더 쉽습니다.
>
> ```
> 바나나 하나 주면 사과 하나 줄게.              // 바나나 → 사과
> 주긴 주는데 준비가 되면 줄게.                 // 바나나 → Promise<사과>
> 사과 하나 주면 준비되는 대로 배 하나 줄게.    // 사과 → Promise<배>
>
> 바나나를 받아서 배를 준비해서 전달하려면,     // 바나나 → Promise<배>
> 입력받은 바나나를 주고 사과를 약속받아서,
> 준비되길 기다렸다가 사과를 받거든,
> ```

> 그 사과를 주고 배를 약속받고,
> 준비되길 기다려서 배를 받으면 그 배를 반환합니다.
>
> 위 경우에서 Promise를 개념적으로 모나드라 할 수 있습니다. 먼저 '준비가 되면 줄게'라는 효과를 Promise가 대변하고 있습니다. 그리고 사과가 준비되기를 기다렸다가 사과를 받아서 입력으로 사과를 받는 함수에게 전달했습니다. 즉, 효과가 없는 입력을 받는 함수에게 연결할 방법을 알고 있는 것입니다. 이를 모나드라 하고, 모나드를 출력하는 함수를 모나딕 함수라 합니다.

이 '스위치' 함수 두 개를 어떻게 연결해야 할까요? 성공적인 결과는 그다음 함수로 입력되길 바라고, 오류가 발생하면 파이프라인의 나머지 함수들을 모두 통과해야 합니다. 그림으로 나타내면 다음과 같습니다.

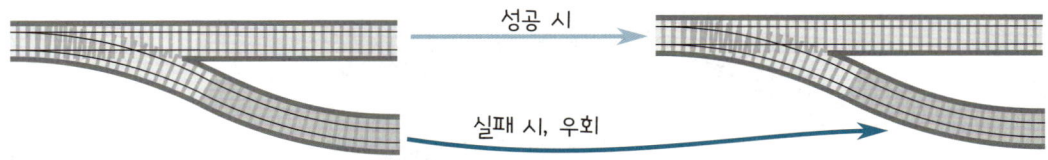

두 스위치를 결합하여 실패 경로도 연결하려면 어떻게 해야 할까요? 방법은 당연히 다음과 같습니다.

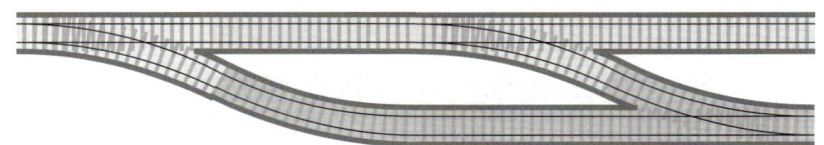

모든 단계들을 파이프라인으로 연결하는 이 방식을 **'이중 선로' 오류 처리 모델** 또는 **'철로 지향 프로그래밍'**이라고 부릅시다. 그림은 다음과 같습니다.[2]

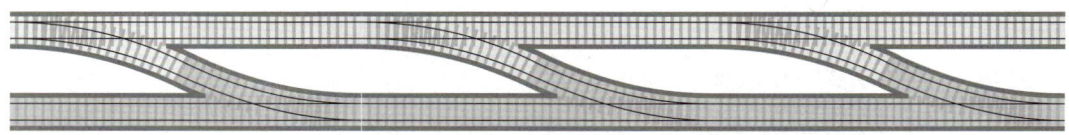

---

2 [옮긴이] 철로 지향 프로그래밍 스타일로 오류를 처리하는 방식은 오래된 패턴입니다. 다만, 이 패턴을 철도 메타포로 풀어나가는 것은 이 책의 저자 스콧 블라신이 2013년 처음 제창한 것으로 알려져 있습니다.
https://fsharpforfunandprofit.com/rop/

이 방식에서 상단 선로는 성공 경로, 하단 선로는 실패 경로입니다. 성공적으로 시작하면 끝까지 성공 경로를 유지합니다. 오류가 발생하면 실패 경로로 전환하여 나머지 단계를 지나갑니다.

이 방식은 좋아 보이지만 큰 문제가 있습니다. 다음 그림과 같이 `Either`를 출력하는 함수를 조합할 수 없습니다. 이것이 바로 이중 선로 출력의 타입이 단일 선로 입력의 타입과 같지 않은 까닭입니다.

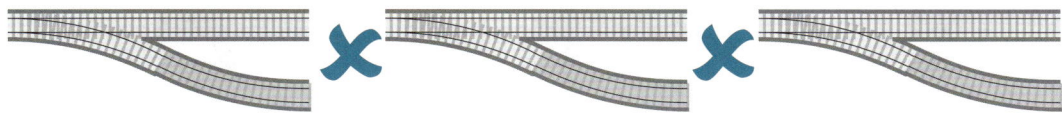

이 문제의 해결 방법은 무엇일까요? 이중 선로 출력을 단일 선로 입력과 연결하려면 어떻게 해야 할까요? 두 번째 함수가 이중 선로를 입력받으면 됩니다.

따라서 '스위치' 함수를 이중 선로 함수로 변환해야 합니다. 이를 위해 '어댑터 블록'이라는 특별한 블록을 만들어 스위치 함수를 이중 선로 함수로 변환해봅시다.

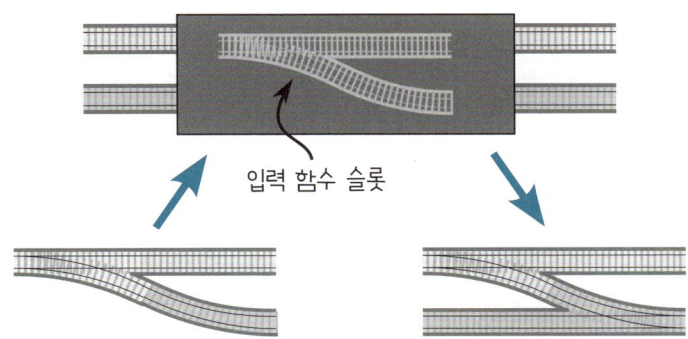

모든 단계를 이중 선로 함수로 변환하면, 변환 후 이 함수들을 깔끔하게 조합할 수 있습니다.

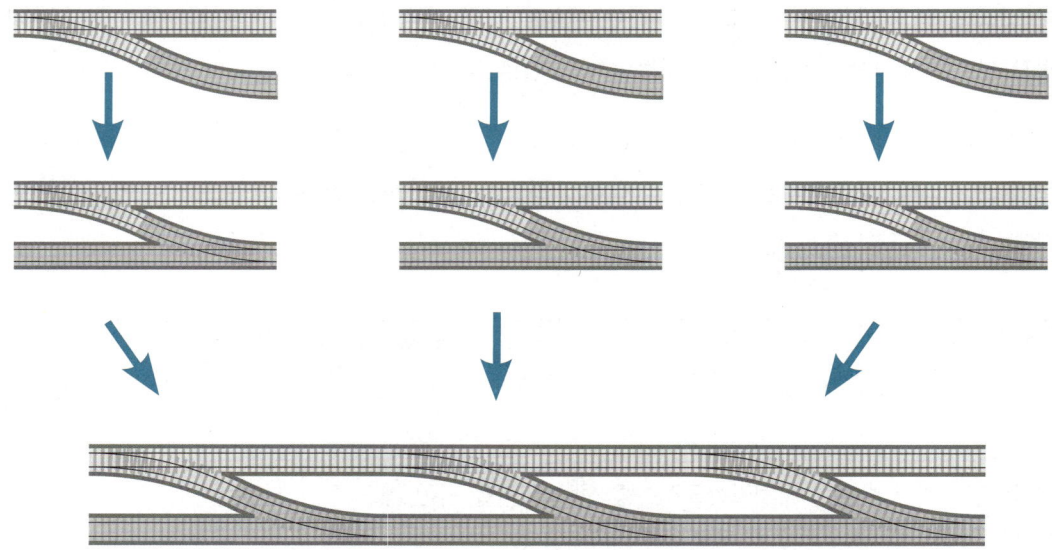

결과적으로 성공 경로와 실패 경로가 있는 이중 선로 파이프라인이 완성됩니다.

10.3.1 어댑터 블록 구현

이제 '스위치' 함수를 이중 선로 함수로 변환하는 어댑터를 구현해보겠습니다. 이러한 어댑터는 함수형 프로그래밍에서 매우 중요하며 보통 `flatMap`이라고 불립니다. 구현은 다음과 같이 간단합니다.

- 입력은 스위치 함수입니다. 출력은 이중 선로 입력과 이중 선로 출력을 가진 새로운 이중 선로 전용 함수로 나타냅니다.
- 성공 선로로 입력이 들어오면 그 입력을 스위치 함수로 전달합니다. 스위치 함수의 출력은 이중 선로의 값이므로 추가 작업이 필요 없습니다.
- 실패 선로로 입력이 들어오면 스위치 함수를 건너뛰고 실패값을 반환합니다.

코드로 구현하면 다음과 같습니다.[3]

```typescript
const flatMap = <T, E, U>(switchFn: (i: T) => E.Either<E, U>) => (twoTrackInput: E.Either<E, T>) =>
  match(twoTrackInput)
```

---

[3] 옮긴이 지금부터 다양한 어댑터 블록들을 소개합니다. 이들 예시를 TypeScript와 Kotlin으로 작성했으나 Kotlin은 효과를 처리하는 방식이 달라서 어댑터 블록을 거의 쓰지 않습니다. 의미만 참고 바랍니다.

```
    .with({ _tag: 'Right' }, i => switchFn(i.right))
    .with({ _tag: 'Left' }, i => i)
    .exhaustive();
```

```kotlin
fun <A, B, C> Either<A, B>.flatMap(switchFn: B.() -> Either<A, C>): Either<A, C> =
    when(this) {
        is Either.Right -> this.value.switchFn()
        is Either.Left -> this
    }
```

단일 선로 함수를 이중 선로 함수로 변환하는 다른 유용한 어댑터 블록도 있습니다. 이를 `map`이라 부릅니다. 작동 방식은 다음과 같습니다.

- 입력은 단일 선로 함수와 이중 선로의 값(`Either`)입니다.
- 입력 `Either`가 `Right`인 경우, 그 값을 단일 선로 함수에 넣어 반환하는 출력을 다시 `Right`로 래핑하면 이중 선로의 위 선로가 됩니다.
- 입력 `Either`가 실패할 경우, 함수 실행을 우회하여 아래 선로가 됩니다.

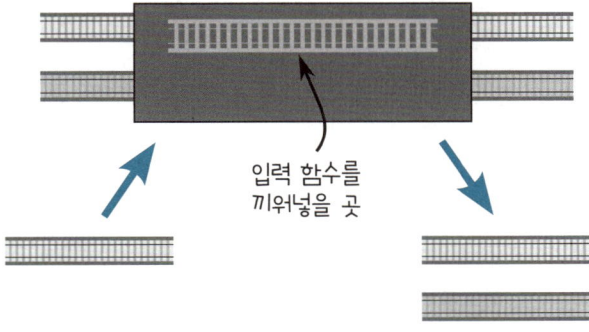

입력 함수를 끼워넣을 곳

코드 구현은 다음과 같습니다.

```typescript
const map = <T, E, U>(f: (i: T) => U) => (twoTrackInput: E.Either<E, T>) =>
  match(twoTrackInput)
    .with({ _tag: 'Right' }, i => pipe(i.right, f, right))
    .with({ _tag: 'Left' }, i => i)
    .exhaustive();
```

```kotlin
// Kotlin
fun <A, B, C> Either<A, B>.map(f: B.() -> C): Either<A, C> =
    when(this) {
        is Either.Right -> this.value.f().right()
        is Either.Left -> this
    }
```

`flatMap`, `map` 등 몇 가지 어댑터 함수는 다양한 형태의 함수들을 조합할 수 있는 강력한 도구 세트인 셈입니다.

10.3.2 Either 함수들 관리하기

새로운 어댑터 함수들을 코드에 어떻게 관리해야 할까요? 표준 방식은 타입 이름과 같은 이름을 가진 모듈에 함수들을 넣는 것입니다. 이 경우 `Either` 모듈을 만들면 다음과 같습니다.

```typescript
// TypeScript
// Either 타입 정의
type Either<Failure , Success> =
    | Right<Success>
    | Left<Failure>;
type Left<T> = {
  _tag: 'Left',
  left: T,
};
type Right<T> = {
  _tag: 'Right',
  right: T,
};

// Either를 위한 함수들
const flatMap = <T, E, U>(switchFn: (i: T) => E.Either<E, U>) => (twoTrackInput: E.Either<E, T>) => ...
const map = <T, E, U>(f: (i: T) => U) => (twoTrackInput: E.Either<E, T>) => ...
```

```kotlin
// Kotlin
sealed class Either<A, B> {
    // Either 타입 정의
    class Left<A>(val value: A): Either<A, Nothing>()
    class Right<B>(val value: B): Either<Nothing, B>()

    // Either를 위한 함수들
    fun <C>flatMap(f: B.() -> Either<A, C>): Either<A, C> { ... }
```

```
    fun <C>map(f: B.() -> C): Either<A, C> { ... }
}
```

`Either` 타입 관련 함수들은 도메인 전체에서 사용되기 때문에 새로운 유틸리티 모듈을 생성하고 도메인 타입들보다 상단에 배치하는 것이 일반적입니다. 실무에서는 직접 `flatMap`, `map`을 구현하기보다는 `fp-ts` / `arrow-kt`에 정의되어 있는 함수들과 타입들을 불러와서 활용합니다.

10.3.3 함수 합성과 타입 검사

지금까지 함수들의 '형태'가 일치하도록 변환하는 데 중점을 두었습니다. 하지만 함수 합성이 원활히 이뤄지려면 타입도 일치해야 합니다.

성공 경로에서는 단계별로 타입이 변할 수 있지만, 각 단계의 출력 타입이 다음 단계의 입력 타입과 일치해야 합니다. 예를 들어 다음 세 함수는 `flatMap`을 사용해 파이프라인으로 조합할 수 있습니다.

TypeScript
```typescript
type FunctionA = (i: Apple) => Either<..., Bananas>;
type FunctionB = (i: Bananas) => Either<..., Cherries>;
type FunctionC = (i: Cherries) => Either<..., Lemon>;
```

Kotlin
```kotlin
typealias FunctionA = Apple.() -> Either<..., Bananas>
typealias FunctionB = Bananas.() -> Either<..., Cherries>
typealias FunctionC = Cherries.() -> Either<..., Lemon>
```

`flatMap`은 다음과 같이 사용할 수 있습니다.

TypeScript
```typescript
const functionA : FunctionA = ...
const functionB : FunctionB = ...
const functionC : FunctionC = ...

const functionABC = flow(
  functionA,
  Either.flatMap(functionB),
  Either.flatMap(functionC),
);
```

```kotlin
val functionA : FunctionA = ...
val functionB : FunctionB = ...
val functionC : FunctionC = ...

fun Apple.functionABC(): Lemon = this
    .functionA()
    .flatMap(functionB)
    .flatMap(functionC)
```

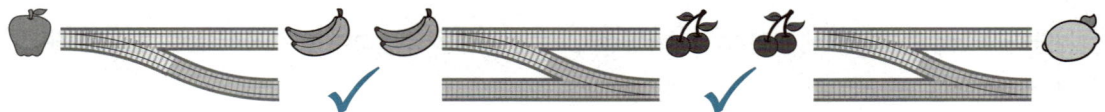

반면 성공적인 경로와 달리 오류 경로에서는 오류 타입이 일관되게 유지되어야 합니다. 이를 위해 오류 타입을 조정해 서로 호환 가능하도록 만들 수 있습니다.

10.3.4 공통 오류 타입으로 변환

성공 경로와는 달리, 오류 경로에는 변환 함수가 없는 우회로이므로 각 단계에서 타입이 변하지 않고 동일한 타입이 유지됩니다. 즉, 파이프라인에 있는 모든 함수가 동일한 오류 타입을 가져야 합니다. 많은 경우, 이 오류 타입들이 서로 호환하도록 조정할 필요가 있습니다. 이를 위해, `map`과 비슷하지만 실패 트랙에 있는 값을 처리하는 함수를 하나 만들겠습니다. 이 함수는 `mapLeft`라고 불리며 다음과 같이 구현할 수 있습니다.

```typescript
// TypeScript fp-ts
export const mapLeft: <E, G>(f: (e: E) => G) => <A>(fa: Either<E, A>) => Either<G, A> = (f)
  => (fa) =>
    isLeft(fa) ? left(f(fa.left)) : fa
```

```kotlin
// Kotlin arrow
public inline fun <C> mapLeft(f: (A) -> C): Either<C, B> {
    ...
```

```
    return when (this) {
        is Left -> Left(f(value))
        is Right -> Right(value)
    }
}
```

예를 들어 `AppleError`와 `BananaError`를 사용하는 두 함수가 있다고 합시다.

`TypeScript`
```
type FunctionA = (i: Apple) => Either<AppleError, Bananas>;
type FunctionB = (i: Bananas) => Either<BananaError, Cherries>;
```

`Kotlin`
```
typealias FunctionA = Apple.() -> Either<AppleError, Bananas>
typealias FunctionB = Bananas.() -> Either<BananaError, Cherries>
```

오류 타입이 다르기에 두 함수를 그대로 연결할 수 없습니다. 이를 해결하기 위해 `AppleError`와 `BananaError`를 아우르는 새로운 선택 타입 `FruitError`를 만듭시다.

`TypeScript`
```
type FruitError = AppleError | BananaError;
```

`Kotlin`
```
sealed interface FruitError
object AppleError: FruitError
object BananaError: FruitError
```

TypeScript의 유니언 타입과 Kotlin의 인터페이스 구현체만으로도 `FruitError`로 오류를 통일할 수 있습니다. 하지만 선택 타입을 만들지 않고 새로운 오류로 변환하고 싶을 때도 있습니다.

이제 functionA가 `Either<FruitError, …>` 타입을 출력하도록 다음과 같이 변환할 수 있습니다.

`TypeScript`
```
const functionAWithFruitError = flow(
    functionA,
    E.mapLeft(e => new FruitError(e.message)),
);
```

```kotlin
// Kotlin
fun Apple.functionAWithFruitError() = this
    .functionA()
    .mapLeft { FruitError(it.toString()) }
```

다음은 위 변환을 설명하는 다이어그램입니다.

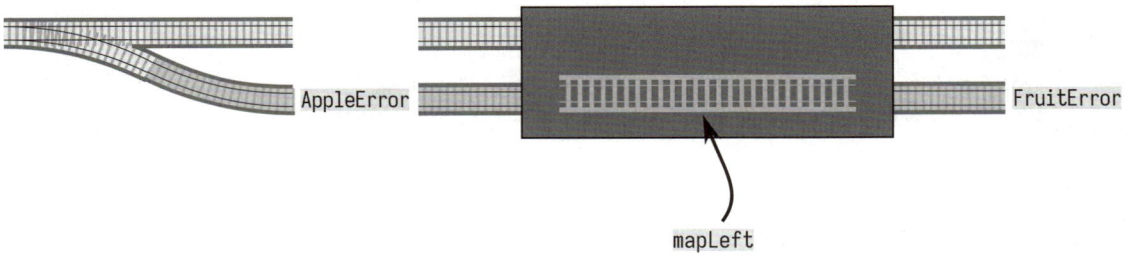

functionA와 functionAWithFruitError의 시그니처를 살펴보면 우리가 바란 대로 오류 경로의 타입이 달라진 것을 확인할 수 있습니다.

```
// TypeSript
// functionA의 타입
type FunctionA = (i: Apple) => Either<AppleError, Bananas>;

// functionAWithFruitError의 타입
type FunctionAWithFruitError = (i: Apple) => Either<FruitError, Bananas>;
```

```kotlin
// Kotlin
// functionA의 타입
typealias FunctionA = Apple.() -> Either<AppleError, Bananas>

// functionAWithFruitError의 타입
typealias FunctionAWithFruitError = Apple.() -> Either<FruitError, Bananas>
```

functionB의 오류 또한 FruitError로 맞출 수 있습니다. 전체 코드는 다음과 같습니다.

```
// TypeScript
const functionA : FunctionA = ...
const functionB : FunctionB = ...

// functionA를 "FruitError"를 사용하도록 변환
```

```
const functionAWithFruitError = flow(
    functionA,
    E.mapLeft(e => new FruitError(e.message)),
);

// functionB를 "FruitError"를 사용하도록 변환
const functionBWithFruitError = flow(
    functionB,
    E.mapLeft(e => new FruitError(e.message)),
);

// 이제 이 두 함수를 "flatMap"으로 합성할 수 있습니다
const functionAB = flow(
    functionAWithFruitError,
    E.flatMap(functionBWithFruitError),
);
```

`Kotlin`
```
val functionA : FunctionA = ...
val functionB : FunctionB = ...

// functionA를 "FruitError"를 사용하도록 변환
fun Apple.functionAWithFruitError() = this
    .functionA()
    .mapLeft { FruitError(it.toString()) }

// functionB를 "FruitError"를 사용하도록 변환
fun Bananas.functionBWithFruitError() = this
    .functionB()
    .mapLeft { FruitError(it.toString()) }

// 이제 이 두 함수를 "flatMap"으로 합성할 수 있습니다
fun Apple.functionAB() = this
    .functionAWithFruitError()
    .flatMap { it.functionBWithFruitError() }
```

결과적으로 `functionAB`의 시그니처는 다음과 같습니다.

`TypeScript`
```
const functionAB : (i: Apple) => Either<FruitError, Cherries>
```

`Kotlin`
```
val functionAB : Apple.() -> Either<FruitError, Cherries>
```

10.4 flatMap과 map으로 파이프라인 조립하기

이제 개념을 이해했으니 예시 도메인을 구현해봅시다. 오류가 발생할 수 있는 함수들을 조합하여 작업 흐름 파이프라인을 구성하고, 각 함수가 잘 연결되도록 살짝 조정해보겠습니다. 파이프라인의 구성 요소들을 간단히 살펴볼 텐데 `Either` 효과만 다루기 위해 잠깐 비동기 효과나 의존 서비스는 무시하겠습니다. 먼저 `ValidateOrder`는 입력받은 주문 데이터 형식이 올바르지 않을 경우 오류를 반환하는 '스위치' 함수입니다. 함수 시그니처는 다음과 같습니다.

```TypeScript
type ValidateOrder = (i: UnvalidatedOrder) => Either<ValidationError, ValidatedOrder>;
```

```Kotlin
typealias ValidateOrder = UnvalidatedOrder.() -> Either<ValidationError, ValidatedOrder>
```

`PriceOrder` 단계도 여러 이유로 실패할 수 있으므로 시그니처는 다음과 같습니다.

```TypeScript
type PriceOrder = (i: ValidatedOrder) => Either<PricingError, PricedOrder>;
```

```Kotlin
typealias PriceOrder = ValidatedOrder.() -> Either<PricingError, PricedOrder>
```

`AcknowledgeOrder`와 `CreateEvents` 단계는 항상 성공하므로 시그니처는 다음과 같습니다.

```TypeScript
type AcknowledgeOrder = (i: PricedOrder) => Option<OrderAcknowledgmentSent>;
type CreateEvents = (i1: PricedOrder, i2: Option<OrderAcknowledgmentSent>)
    => PlaceOrderEvent[];
```

```Kotlin
typealias AcknowledgeOrder = PricedOrder.() -> OrderAcknowledgmentSent?
typealias CreateEvents = (PricedOrder, OrderAcknowledgmentSent?) -> List<PlaceOrderEvent>
```

우선 `ValidateOrder`와 `PriceOrder`를 결합해봅시다. `ValidateOrder`의 오류 타입은 `ValidationError`이고 `PriceOrder`의 오류 타입은 `PricingError`입니다. 앞서 보았듯이 오류 타입이 다르면 두

함수를 직접 결합할 수 없습니다. 파이프라인 전체에서 사용할 공통 오류 타입을 정의해 두 함수가 동일한 오류 타입을 반환하게 바꿔야 합니다. 이 공통 오류 타입을 `PlaceOrderError`라고 하겠습니다. `PlaceOrderError`는 다음과 같이 정의할 수 있습니다.

```typescript
type PlaceOrderError = ValidationError | PricingError;
```

```kotlin
@JvmInline
value class ValidationError(val value: String) : PlaceOrderError

@JvmInline
value class PricingError(val value: String) : PlaceOrderError
```

이제 `flatMap`으로 두 함수를 연결할 수 있습니다.

```typescript
const placeOrder = flow(
  validateOrder,
  Either.flatMap(priceOrder),
);
```

```kotlin
fun UnvalidatedOrder.placeOrder(): Either<PlaceOrderError , List<PlaceOrderEvent>> =
    this.validateOrder().flatMap(priceOrder)
```

파이프라인의 첫 번째 단계인 `validateOrder` 앞에는 `flatMap`이 필요하지 않습니다.

다음으로 오류가 발생하지 않는 `acknowledgeOrder`와 `createEvents` 함수를 살펴보겠습니다. 이 함수들은 '단일 선로' 함수이기 때문에 `Either.map`으로 '이중 선로' 함수로 변환할 수 있습니다.

```typescript
const placeOrder = flow(
  validateOrder,
  Either.flatMap(priceOrder),
  Either.map(acknowledgeOrder),
  Either.map(createEvents),
);
```

```kotlin
val placeOrder: UnvalidatedOrder.() -> Either<PlaceOrderError , List<PlaceOrderEvent>> = {
    this.validateOrder()
        .flatMap(priceOrder)
        .map(acknowledgeOrder)
        .map(createEvents)
}
```

이 `placeOrder` 함수의 시그니처는 다음과 같습니다.

```typescript
(i: UnvalidatedOrder) => Either<PlaceOrderError, Array<PlaceOrderEvent>>;
```

```kotlin
UnvalidatedOrder.() -> Either<PlaceOrderError , List<PlaceOrderEvent>>
```

우리가 바라는 시그니처에 거의 근접한 형태가 나타났습니다. 새로 만든 이 작업 흐름 파이프라인을 분석해봅시다.

- 파이프라인의 각 함수는 오류가 발생할 수 있으며, 발생 가능한 오류는 함수의 시그니처에 드러납니다. 각 함수를 개별적으로 테스트할 수 있고, 전체로 조립하더라도 예상치 못한 동작이 발생하지 않음을 확신할 수 있습니다.
- 함수들이 여전히 체인으로 연결되어 있지만 이제 이중 선로 모델을 사용합니다. 하나의 단계에서 오류가 발생하면 나머지 단계는 건너뜁니다.
- 최상위의 `placeOrder` 함수의 전체 흐름은 여전히 깔끔하며 별다른 조건문이나 `try-catch` 블록이 필요하지 않습니다.

하지만 이 `placeOrder` 구현은 실제로 컴파일되지 않습니다! `flatMap`과 `map`을 사용하더라도 함수들이 항상 맞아떨어지는 것은 아닙니다. 잘 보면 `acknowledgeOrder`의 출력이 `createEvents`의 입력과 일치하지 않는 문제가 있습니다. `acknowledgeOrder`의 출력에는 `PricedOrder`가 포함되지 않습니다. 이 문제를 해결하는 방법을 곧 살펴보겠습니다.

10.5 다른 유형의 함수들 이중 선로 모델에 적응시키기

지금까지는 단일 선로 함수와 '스위치' 함수라는 두 가지 '모양'의 함수로만 파이프라인을 구축해 봤습니다. 하지만 그 외의 여러 종류의 함수들도 다뤄야 할 수 있습니다. 이번에는 두 가지 유형의 함수를 살펴보겠습니다.

- 예외를 발생시키는 함수
- 아무것도 반환하지 않는 '막다른 길dead-end' 함수

10.5.1 예외 처리

우리는 코드 안에서는 예외가 발생하지 않도록 코드를 작성했습니다. 라이브러리나 외부 서비스같이 통제할 수 없는 코드에서 예외를 발생시키면 어떻게 할까요? 앞서 설명했듯이 예외의 상당수는 도메인 디자인의 일부가 아니므로 최상위 함수에서만 예외를 잡아서 처리하면 됩니다. 하지만 예외를 도메인의 일부로 취급하고자 할 때는 어떻게 해야 할까요? 해결책은 간단합니다. 예외를 발생시키는 함수를 `Either`를 반환하는 함수로 변환하는 '어댑터 블록' 함수로 만들면 됩니다.

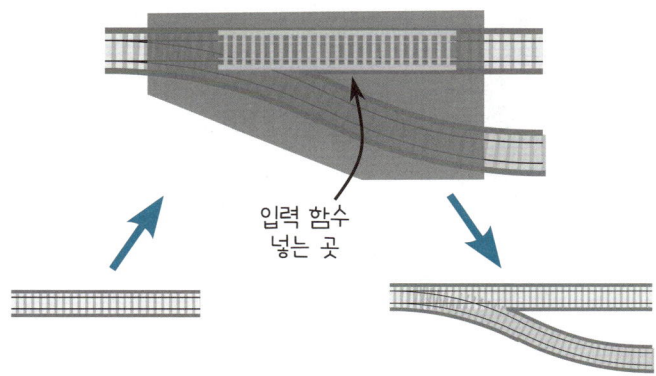

예를 들어 원격 서비스에서의 타임아웃을 `RemoteServiceError`로 변환하려고 한다고 가정합시다. 여러 서비스와 작업할 것이므로, 오류를 일으킨 서비스를 추적할 수 있도록 먼저 `ServiceInfo`를 정의합시다.

```TypeScript
class ServiceInfo {
  constructor (
    readonly name : string,
```

```
    readonly endpoint: Uri,
  ) {}
}
```

```kotlin
class ServiceInfo (
    val name : String,
    val endpoint: Uri,
)
```

그리고 그것을 바탕으로 오류 타입을 정의합니다.

```typescript
class RemoteServiceError extends Error {
    constructor(readonly service: ServiceInfo, readonly cause: unknown, message?: string) {
        super(message, { cause });
    }
}
```

```kotlin
data class RemoteServiceError(
    val service: ServiceInfo,
    val exception: Throwable,
) : PlaceOrderError
```

이제 서비스 정보와 원래 서비스 함수를 어댑터 블록에 전달하여 일부 예외를 포착하고 그 경우에 `Either`를 반환하도록 합니다. 다음은 단일 매개변수를 받는 서비스 함수에 대한 예제입니다.

```typescript
const serviceExceptionAdapter = <T>(info: ServiceInfo, fn: (i: T) => U) =>
  (i: T): Either<RemoteServiceError, U> => {
  try {
    return pipe(i, fn, E.right);
  } catch(e) {
    return match(e)
      .with(P.instanceOf(TimeoutException), () => RemoteServiceError(info, e))
      .with(P.instanceOf(AuthenticationException), () => RemoteServiceError(info, e))
      .run();
  }
}
```

```kotlin
fun <A, C> serviceExceptionAdapter(serviceInfo: ServiceInfo, fn: (A) -> C) = { i: A ->
    try {
        fn(i).right()
    } catch (e: TimeoutException) {
        RemoteServiceError(serviceInfo, e).left()
    } catch (e: AuthenticationException) {
        RemoteServiceError(serviceInfo, e).left()
    }
}
```

모든 예외를 포착하는 것이 아니라 도메인과 관련된 예외만 포착합니다.

서비스 함수에 두 개의 매개변수가 있는 경우, 해당 상황을 지원하기 위한 또 다른 어댑터를 정의해야 합니다.

```typescript
const serviceExceptionAdapter2 = <T, K>(info: ServiceInfo, fn2: (i1: T, i2: K) => U) =>
  (i1: T, i2: K): E.Either<RemoteServiceError, U> => {
    try {
      return E.right(fn2(i1, i2));
    } catch(e) {
      return match(e)
        .with(P.instanceOf(TimeoutException), () => RemoteServiceError(info, e))
        .with(P.instanceOf(AuthenticationException), () => RemoteServiceError(info, e))
        .run();
    }
  }
```

```kotlin
fun <A, B, C> serviceExceptionAdapter(serviceInfo: ServiceInfo, fn2: (A, B) -> C) = { i1: A,
i2: B ->
    try {
        fn2(i1, i2).right()
    } catch (e: TimeoutException) {
        RemoteServiceError(serviceInfo, e).left()
    } catch (e: AuthenticationException) {
        RemoteServiceError(serviceInfo, e).left()
    }
}
```

이러한 어댑터 블록은 어느 함수나 받을 수 있는 범용적인 블록입니다. 때로는 특정 서비스에 맞게 커스텀 어댑터 블록을 작성하는 것이 좋을 수 있습니다. 예를 들어 데이터베이스 예외를 '레코드가 없음', '중복 키' 같은 도메인 친화적인 오류들의 선택 타입인 `DatabaseError`로 변환하는 경우입니다.

이 어댑터를 사용하려면 `ServiceInfo`를 생성한 후 서비스 함수를 전달하면 됩니다. 예를 들어 서비스 함수가 주소 확인 함수인 경우 코드는 다음과 같습니다.

```TypeScript
const serviceInfo = new ServiceInfo("AddressCheckingService", ...);

// 예외를 발생시키는 서비스
const checkAddressExists = (i: UnvalidatedAddress): CheckedAddress => ...

// Either를 반환하는 서비스
const checkAddressExistsE = serviceExceptionAdapter(serviceInfo, checkAddressExists);
```

```Kotlin
val serviceInfo = ServiceInfo("AddressCheckingService", ...)

// 예외를 발생시키는 서비스
val checkAddressExists: UnvalidatedAddress.() -> CheckedAddress = ...

// Either를 반환하는 서비스
val checkAddressExistsE = serviceExceptionAdapter(serviceInfo, checkAddressExists)
```

어댑터를 씌운 함수의 시그니처가 바라던 대로 `Either` 래퍼를 출력하는지 확인해봅시다. 원래 함수는 항상 `CheckedAddress`를 반환한다고 명시했습니다.

```TypeScript
const checkAddressExists: (i: UnvalidatedAddress) => CheckedAddress;
```

```Kotlin
public val UnvalidatedAddress.checkAddressExists() -> CheckedAddress
```

하지만 이 시그니처는 예외를 발생하는 함수의 동작과 다릅니다. 어댑터를 씌운 새 함수의 시그니처는 어떤 오류가 발생할 수 있는지 더 자세히 서술하고 있습니다.

```
TypeScript
const checkAddressExistsE: (i: UnvalidatedAddress) => E.Either<RemoteServiceError,
CheckedAddress>;
```

```
Kotlin
public val UnvalidatedAddress.checkAddressExistsE() -> Either<RemoteServiceError,
CheckedAddress>
```

오류 타입이 `RemoteServiceError`이므로 이 함수를 파이프라인에서 사용하려면, `PlaceOrderError` 타입에 원격 오류에 대한 케이스를 추가해야 합니다.

```
TypeScript
type PlaceOrderError =
  | ValidationError
  | PricingError
  | RemoteServiceError;
```

```
Kotlin
@JvmInline
value class ValidationError(val value: String) : PlaceOrderError

@JvmInline
value class PricingError(val value: String) : PlaceOrderError

data class RemoteServiceError(
    val service: ServiceInfo,
    val exception: Throwable,
) : PlaceOrderError

sealed interface PlaceOrderError
```

10.5.2 막다른 길 함수 처리

또 다른 일반적인 유형의 함수는 '막다른 길' 또는 **실행 후 무시**fire-and-forget 함수입니다. 이 함수는 입력을 받아들이지만 출력을 반환하지 않습니다. 이런 함수 대다수는 외부 세계로 출력하는 것입니다. 예를 들어 다음 로그 함수는 아무런 출력이 없습니다.

```
TypeScript
// string -> void
const logError = (msg: string) => console.log("ERROR ", msg);
```

```kotlin
// Kotlin
// String -> Unit
fun logError(str: String): Unit { println("ERROR $str") }
```

또 다른 예로는 데이터베이스에 쓰기, 큐에 게시하기 등이 있습니다.

이와 같은 막다른 길 함수를 이중 선로 파이프라인에 포함시키려면 또 다른 어댑터 블록이 필요합니다. 이를 구성하려면 먼저 받은 입력으로 막다른 길 함수를 호출하고 그 입력을 그대로 반환하는 '통과' 함수를 작성해야 합니다. 이를 tee 함수라고 하겠습니다.

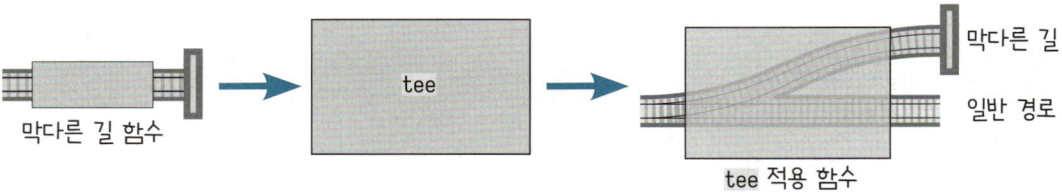

```typescript
// TypeScript
const tee = <T>(f: (i: T) => void) => (x: T) => {
  f(x);
  return x;
}
```

```kotlin
// Kotlin
fun <T> T.tee(f: (T) -> Unit): T {
    f(this)
    return this
}
```

예시의 시그니처를 통해 어떤 unit 출력 함수를 받아서 일직선 함수로 바꾸는 것을 확인할 수 있습니다. 그다음 Either.map으로 tee의 출력을 이중 선로 함수로 변환할 수 있습니다.

```typescript
// TypeScript
const adaptDeadEnd = <T, E>(f: (i: T) => void) => (x: Either<E, T>): Either<E, T> =
    pipe(f, tee, Either.map);
```

```kotlin
// Kotlin
fun <T, E> Either<E, T>.adaptDeadEnd(f: (T) -> Unit): Either<E, T> =
    this.tee({ it.map(f) })
```

이제 `logError` 같은 막다른 길 함수를 이중 선로 함수로 바꿔서 파이프라인에 끼울 방법이 생겼습니다.

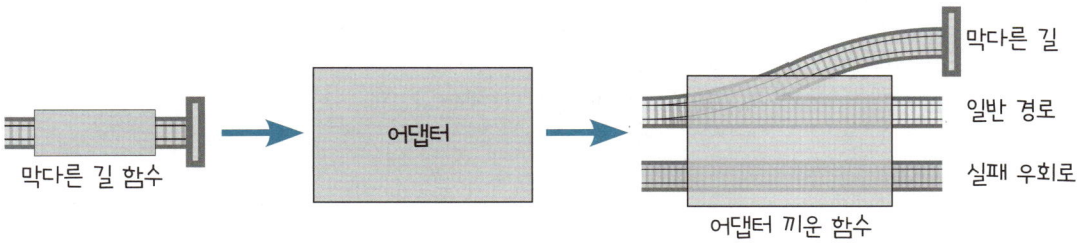

10.6 복잡한 파이프라인 다루기

지금까지는 간단한 오류 처리 로직을 다뤘습니다. `Either`를 생성하는 함수들을 `flatMap`으로 연결하고 이중 선로가 아닌 함수들에 다양한 '어댑터'들을 붙여 이중 선로 모델에 맞도록 수정했습니다.

하지만 조건문이나 루프 안에서 작업해야 하거나, 깊게 중첩된 `Either` 생성 함수들과 작업할 때와 같이 작업 흐름 로직이 더 복잡할 때가 있습니다. 이처럼 복잡한 상황을 다루기 위한 방편을 언어마다 제공합니다. fp-ts는 하스켈Haskell과 유사한 **do 표기법**do-notation을 제공하고, arrow-kt는 **계산 블록**computation block과 DSL을 제공합니다. 이런 방식은 `flatMap`으로 파이프라인을 이어가는 방식보다 코드가 더 깔끔합니다. 지금부터 이런 방법들로 코드를 어떻게 단순화할 수 있는지 살펴보겠습니다. fp-ts와 arrow-kt가 접근하는 방식이 매우 달라서 각자 따로 소개하겠습니다.

10.6.1 fp-ts의 do 표기법

다음은 신뢰할 수 없는 외부 세계로부터 넘어온 `CustomerInfoDto`를 검증하여 도메인 모델 `CustomerInfo`로 만드는 파이프라인입니다.

```
import * as E from 'fp-ts/Either'
```

```typescript
const toCustomerInfo = ({
    firstName,
    lastName,
    emailAddress,
```

```
}: CustomerInfoDto): E.Either<ErrPrimitiveConstraints, CustomerInfo> => pipe(
  E.Do,
  // DTO로부터 단순값들을 추출 및 검증하여 성공하면 바인딩, 실패 시 바로 오류 처리
  E.bind('first', () => String50.create(firstName)),
  E.bind('last', () => String50.create(lastName)),
  E.bind('email', () => EmailAddress.create(emailAddress)),
  // 도메인 객체를 만들기 위해 요소들 묶기
  E.let('name', ({ first, last }) => new PersonalName(first, last)),
  E.map(scope => new CustomerInfo(scope.name, scope.email)),
);
```

코드 동작을 간단히 설명해보겠습니다.

- `E.Do`로 파이프를 시작합니다. `E.Do`는 `right({})`, 즉 `Either<never, {}>`와 같습니다. 처음에 넣는 빈 객체가 모든 파이프의 입력과 출력이 되어 내려가며 파이프라인을 가로지르는 `scope` 객체가 되어줍니다.

- `E.bind('last', () => String50.create(lastName))`와 같은 `bind` 파이프를 지납니다. `bind` 함수의 역할은 실패할 수 있는 함수를 수행하여, 성공한 경우에만 `scope`에 값을 등록하고 그렇지 않으면 즉시 실패시키는 역할을 합니다. `bind` 함수는 인수를 두 개 받는데, 첫째는 `scope`에 등록할 키가 되고 둘째는 등록할 값을 얻을 수 있는 `lazy` 함수를 받게 됩니다. 오류 효과가 있는 함수를 수행해서 즉시 실패시키거나 성공 값을 등록하는 것이 목적이므로, 둘째 인수로 받은 `lazy` 함수는 반드시 `Either` 타입을 출력해야 합니다. 이 설명을 코드로 나타내면 다음과 같습니다.

```
(scope: Object) => {
  const lastE = String50.create(lastName);
  if (E.isLeft(lastE)) return lastE;
  scope['last'] = lastE.right;
  return scope; // 입력 scope 객체가 그대로 출력이 됩니다.
}
```

- `E.let('name', ({ first, last }) => new PersonalName(first, last)` `let`은 `bind`와 똑같이 프로퍼티에 값을 세팅하는데 `bind`와 다른 점은 둘째 인수 `lazy` 함수의 출력이 `Either`가 아니라서 벗길 필요 없이 출력을 그대로 세팅하는 것입니다. 이 로직을 풀어서 써보면 다음과 같습니다.

```
(scope: Object) => {
  scopeObject['name'] = new PersonalName(first, last);
  return scope;
}
```

- 파이프라인 마지막까지 내려온 `scope`는 `{ first: ..., last: ..., email: ..., name: ... }` 과 같습니다. 이 `scope`로 `CustomerInfo`를 생성하는 로직을 `E.map`으로 감싸서 오류가 없는 경우에만 수행합니다.

위 함수를 수행하는 과정에서 필요한 의존 관계를 따져봅시다. `CustomerInfo`를 만들기 위해서는 `EmailAddress` 모델과 `PersonalName` 모델, 이 두 가지가 필요합니다. 이 말인즉 파이프라인을 통해 두 정보를 모두 전달해야 한다는 뜻입니다. 게다가 `PersonalName`을 만들기 위해서는 유효성 검증을 마친 `firstName`, `lastName`이 모두 필요합니다. 모두 상위 파이프에서 유효성을 검증하여 전달받아야 합니다.

이같이 파이프라인 단계별로 여러 정보를 생성하여 하위 파이프까지 전달할 경우에는 정보들을 `scope` 객체에 담아서 내려줄 수밖에 없습니다. 왜냐하면 파이프라인을 이루는 개별 파이프 함수들은 순수 함수이기에 외부의 상태가 아니라 오로지 입력에만 의존하기 때문입니다. 게다가 중괄호로 둘러싼 블록 안에서는 같은 `scope`에 정의한 변수를 참조할 수 있지만, 파이프라인 안에서는 입력 외에 참조할 수 있는 변수는 없습니다. 필요한 것이 있다면 입력을 통해 받아야 합니다. 그래서 do 표기법에서 파이프라인을 관통하는 객체 이름이 `scope`인 것입니다. 마치 블록으로 지정한 스코프처럼 필요한 정보를 담아서 내려가며 다른 파이프들이 참조할 수 있게 해줍니다.

10.6.2 arrow-kt의 either 블록

앞의 예시와 동일한 예시를 `arrow-kt`의 `either` 블록으로 구현하면 다음과 같습니다.

```kotlin
val toCustomerInfo: CustomerInfoDto.(): Either<ErrPrimitiveConstraints, CustomerInfo> = either {
    // DTO로부터 단순값들을 추출 및 검증하여 성공하면 바인딩, 실패 시 바로 오류 처리
    val first = String50(this.firstName).bind()
    val last = String50(this.lastName).bind()
    val email = EmailAddress(this.emailAddress).bind()
    // 도메인 객체를 만들기 위해 요소들 묶기
    val name = PersonalName(first, last)
    return CustomerInfo(name, email)
}
```

arrow-kt가 제공하는 `either` 블록을 활용하면 위와 같이 깔끔하면서 우리에게 익숙한 스타일의 코드를 작성할 수 있습니다. fp-ts의 do 표기법이 파이프라인의 `scope` 객체로 어색하게 정보를 공유했다면, `either` 계산 블록은 우리가 늘 활용하던 블록의 로컬 변수로 정보를 공유합니다.

bind() 확장 함수는 do 표기법의 bind와 같은 일을 합니다. 즉, Either를 벗겨서 실패면 그 자리에서 Left를 반환하고, 성공이면 성공값을 추출하여 변수에 할당하는 역할입니다. 이곳에서는 let은 필요 없습니다. 파이프라인이 아니기에 Either 출력하는 것들만 bind()를 호출하면 됩니다. 그리고 마지막 return을 Either로 감싸지 않아도 이 람다 표현식을 전달받은 either가 결과를 래핑해줍니다. 따라서 우리가 구현하는 함수 본문의 형태는 bind()를 덧붙인 것 배고는 전형적으로 throw[4]하는 모습에 가깝게 됩니다.

이렇게 코드가 throw하던 모습에 가까워질 때마다 꼭 되새겨야 할 질문이 있습니다. 우리는 왜 Either를 쓴 것일까요? 바로 함수 시그니처에 어떤 오류가 발생하는지 드러내기 위해서입니다. 자, 그럼 either 계산 블록을 활용했더니 Either가 함수 시그니처에서 사라졌나요? 그렇지 않습니다. 본문 작성이 편해졌을 뿐 여전히 명시적으로 발생할 오류를 Either 안에 잘 가둬두고 있습니다.

문득 한 가지 생각이 머릿속을 스쳐 지나갑니다. 어떻게 bind()도 없앨 수는 없을까요?

10.6.3 arrow-kt의 Raise 콘텍스트

다음 코드는 콘텍스트 매개변수를 활용한 예시입니다. 눈을 크게 뜨고 잘 살펴주세요.

```kotlin
context(_: Raise<ErrPrimitiveConstraints>)
fun CustomerInfoDto.toCustomerInfo(): CustomerInfo {
    // get each (validated) simple type from the DTO as a success or failure
    val first = String50(this.firstName)
    val last = String50(this.lastName)
    val email = EmailAddress(this.emailAddress)
    // combine the components to create the domain object
    val name = PersonalName(first, last)
    return CustomerInfo(name, email)
}
```

대체 무슨 일이 일어났나요! 함수 본문뿐만 아니라 시그니처마저도 throw하던 코드와 완전히 동일해졌습니다. 이 코드를 보면 놀라움보다 두려움이 앞섭니다. 왜냐하면 함수 시그니처에서 Either가 빠졌기 때문입니다.

---

4 [옮긴이] throw와 raise는 적어도 이 책에선 완전히 다른 개념입니다. 물론 그 둘은 비슷한 역할을 하기에 업계에서 혼용하는 용어입니다. 둘 다 throw/raise하는 시점에서 이를 catch/recover하는 위치까지 즉시 스택을 접고 제어 흐름을 넘긴다는 공통점이 있습니다. 하지만 명시성에서 둘은 다릅니다. 대다수 언어에서 throw는 어떤 오류 효과가 있는지 타입에 전혀 드러내지 않습니다. raise는 명백히 오류 효과를 명시하여 컴파일 타임 타입 안정성을 제공합니다.

그 대신 콘텍스트 매개변수가 Raise<ErrPrimitiveConstraints>을 콘텍스트로 주입받고 있습니다. ErrPrimitiveConstraints이라는 오류 정보를 명시하고는 있습니다만, 콘텍스트를 주입받은 것만으로 어떻게 오류를 처리할까요? 오류를 발생시키는 함수까지 내려가보겠습니다.

```kotlin
@JvmInline
value class String50 private constructor(val value: String) {
    companion object {
        // Create a String50 from a string
        // Raise ErrPrimitiveConstraints if input is null, empty, or length > 50
        context(_: Raise<ErrPrimitiveConstraints>)
        operator fun invoke(str: String): String50 =
            ConstrainedType.ensureStringMaxLen(50, str) { String50(str) }
    }
}

object ConstrainedType {
    context(r: Raise<ErrPrimitiveConstraints>)
    fun <T> ensureStringMaxLen(
        maxLen: Int,
        i: String,
        ctor: () -> T,
    ): T {
        r.ensure(i.isNotEmpty()) { ErrEmptyString }
        r.ensure(i.length <= maxLen) { ErrStringTooLong(maxLen) }
        return ctor()
    }
}
```

따라 내려가보니 모든 호출 함수들이 Raise<ErrPrimitiveConstraints>과 같이 해당 함수에서 발생하는 오류를 콘텍스트 매개변수로 명시하고 있습니다. 제일 아래에는 ensure 함수가 특정 조건을 충족하지 않으면 ErrPrimitiveConstraints를 raise하고 있습니다. ensure는 require와 동일한데 조건에 부합하지 않으면 throw가 아니라 raise하는 함수입니다.

그러면 throw 코드와 다른 점이 뭘까요? 앞서 했던 질문을 다시 꺼낼 시간입니다. 우리는 왜 Either를 썼나요? 함수 시그니처에 오류 효과를 드러내기 위함입니다. 한데 지금 시그니처에서 Either는 사라졌습니다. 그렇다면 Raise는 어떤 오류 효과가 있는지 올바로 드러내고 있을까요? Raise 콘텍스트의 오류 클래스를 Error로 바꿔봅시다. 그러면 다음과 같은 컴파일 오류가 발생합니다.

```
// Type mismatch.
// Required:
Kotlin.Error /* = java.lang.Error */
// Found:
Kotlin.ErrPrimitiveConstraints /* = java.lang.ErrPrimitiveConstraints */

context(r: Raise<Error>)
    fun <T> ensureStringMaxLen(...): T {
        r.ensure(i.isNotEmpty()) { ErrPrimitiveConstraints(...) }
        ...
```

아, `raise`하는 오류와 `Raise` 콘텍스트에 표시해둔 오류 타입이 일치해야 하는군요. 좋습니다.

또 의문이 드는 점이 있습니다. 올바른 효과 시스템이라면 `Either`가 그렇듯이 콜 스택을 따라 상위 함수들에 모두 효과가 드러나야 합니다. 시험 삼아 `String50` 생성자의 콘텍스트 매개변수를 지워보면 다음과 같은 컴파일 오류를 확인할 수 있습니다.

```
No required context receiver found: Cxt { context(arrow.core.raise.Raise<kotlin.
ErrPrimitiveConstraints /* = java.lang.ErrPrimitiveConstraints */>) public final fun <T>
ensureStringMaxLen(maxLen: kotlin.Int, i: kotlin.String, ctor: () -> T): T defined in
org.ontheground.dmmf.ordertaking.common.
ConstrainedType[SimpleFunctionDescriptorImpl@abfa2c9] }
```

9장에서 의존을 다루며 이미 논의했듯이 하위 함수가 필요한 콘텍스트는 직접 바인딩해주거나 동일한 콘텍스트를 매개변수로 명시해야 합니다. 이를 `Raise` 콘텍스트에 적용해보면 `either`, `recover` 등의 연산 블록으로 `Raise` 콘텍스트를 바인딩해주거나 콘텍스트 매개변수에 동일한 `Raise` 효과를 명시해야 합니다.

지금까지 `Raise<Error>` 콘텍스트 매개변수에 대해 논의한 내용을 정리해보겠습니다.

- `Raise`는 함수의 출력에 부수 효과를 격리하는 대신 `raise`, `ensure` 같은 DSL로 효과를 선언합니다. 함수 시그니처의 입출력 부분은 `Either`를 도입하기 전과 동일해졌습니다. 출력에 드러나던 오류 부수 효과는 이제 콘텍스트 매개변수로 드러납니다.
- `Raise` 콘텍스트에 명시한 오류와 `raise`로 올리는 오류 타입이 다르면 컴파일 오류가 발생하므로 코드에서 발생하는 오류를 올바로 드러내고 있습니다.

- 바인딩된 `Raise<Error>` 콘텍스트는 `raise`, `ensure` 같은 DSL 메시지를 수신합니다. DSL 호출로 효과를 선언하면 이를 처리하는 곳, 즉 `Raise<Error>` 콘텍스트를 제공하는 `either` 같은 연산 블록에게 전달하여 발생한 예외를 처리합니다.

생김새만 놓고 보면 `throw`로 예외를 던져서 부수 효과를 일으킬 때만큼이나 함수 본문이 직관적이면서도 발생하는 오류를 명확히 드러내고 오류를 통제하는 새로운 방법을 얻었습니다. 전통적으로 함수형 언어에서 출력 타입으로 미뤄진 효과를 드러내고 전파해왔다면, arrow-kt는 DSL로 효과를 선언한 즉시 콘텍스트 매개변수에 해당하는 핸들러에게 위임하여 부수 효과를 처리합니다.[5]

`raise` DSL 대신 개발자가 `throw`를 쓰면 어떻게 할까요? 이것은 사실 `Either`로 처리할 때도 똑같이 문제가 됩니다. 누군가가 `Either`를 출력하는 함수에서 슬쩍 `throw`하는 로직을 끼워 넣으면 `throw`한 오류가 격리되지 못합니다. 출력 타입이 `Either`일 때는 이를 파이프로 연결하는 `map`, `flatMap`, `bind` 함수에 람다 표현식을 전달하며 의식적으로 `throw`하면 안 되겠다는 느낌을 받습니다. 하지만 `raise` DSL을 활용하는 코드는 그 생김새가 `throw`할 때와 매우 비슷하기에 자칫 `throw`하기가 쉽습니다. 따라서 `Raise`를 콘텍스트 매개변수에 포함했다면 코드 작성과 리뷰, 테스트할 때 모두들 주의 깊게 DSL로 올바로 부수 효과를 격리하고 있는지 따져봐야 합니다.

`Either`, `Raise` 모두 오류 부수 효과가 발생하는 함수임을 드러냅니다. 그리고 둘 다 오류가 발생하면 어떻게 처리할지를 명세합니다. `Either`가 출력 타입과 `map`, `flatMap`, `bind` 등으로 철도를 놓듯이 성공, 실패 경로를 정적으로 연결하는 방식이라면, `Raise`는 `try-catch`처럼 성공 케이스만 코드에 남기고 오류가 발생하면 동적으로 핸들러에 명세한 오류 처리 로직으로 프로그램 실행 흐름을 변경(**비지역적 제어 흐름**non-local control flow)합니다. 전통적으로 오류 효과에 한정하여 쓰였던 `try-catch`를 임의 효과로 확장하고 상위 스택에 바인딩한 핸들러를 통해 미루지 않고 즉각 처리하는 방식을 **대수적 효과 처리기**algebraic effect handler라 부릅니다. TypeScript도 효과 시스템을 구현한 라이브러리 `effection`,[6] `effect-ts`[7]가 있습니다. 오늘날에는 부수 효과를 격리하는 방식으로 대수적 효과 처리기가 더 인기를 얻고 있습니다.

---

5 (옮긴이) https://arrow-kt.io/learn/typed-errors/working-with-typed-errors/#concepts-and-types
6 (옮긴이) https://frontside.com/effection
7 (옮긴이) https://effect.website

앞으로 Kotlin 예시는 arrow-kt의 권고를 따라 `Raise` 콘텍스트를 활용한 대수적 효과 처리기 스타일로 작성하고자 합니다.[8] TypeScript 예시는 저자가 F#으로 작성한 원래 예시의 스타일과 의도를 최대한 반영하여 출력에 효과를 드러내고 do 표기법으로 구현하겠습니다.

10.6.4 Either 타입으로 주문 검사하기

TypeScript로 `Either` 타입 없이 작성한 `validateOrder` 함수는 다음과 같습니다.

```typescript
const validateOrder: ValidateOrder = (checkProductCodeExists, checkAddressExists) => ({
  orderId,
  customerInfo,
  lines,
  shippingAddress,
  billingAddress,
}: UnvalidatedOrder) => {
  const orderId = OrderId.create(orderId);
  const customerInfo = pipe(customerInfo, toCustomerInfo);
  const shippingAddress = pipe(shippingAddress, toAddress(checkAddressExists));
  const billingAddress = pipe(billingAddress, toAddress(checkAddressExists));
  const lines =lines.map(toValidatedOrderLine(checkProductCodeExists));
  return new ValidatedOrder(orderId, customerInfo, shippingAddress, billingAddress, lines);
}
```

위와 같이 작성한 함수는 문제없이 작동하지만, 이제 각 헬퍼 함수들이 `Either`를 반환하도록 수정할 경우 코드가 달라지게 됩니다. 예를 들어 `OrderId.create` 함수가 단순한 `OrderId` 대신 `Either<..., OrderId>`을 반환하게 됩니다. do 표기법으로 수정한 구현은 다음과 같습니다.

```typescript
const validateOrder: ValidateOrder = (checkProductCodeExists, checkAddressExists) => ({
  orderId,
  customerInfo,
  lines,
  shippingAddress,
  billingAddress,
}: UnvalidatedOrder) => pipe(
  E.Do,
  E.bind('validId', () => pipe(orderId, OrderId.create, E.mapLeft(ValidationError.from))),
```

---

[8] (옮긴이) https://arrow-kt.io/learn/typed-errors/from-either-to-raise/#either-and-bind-no-more

```
    E.bind('validInfo', () => toCustomerInfo(customerInfo)),
    E.bind('validLines', () => lines.map(toValidatedOrderLine(checkProductCodeExists))),
    E.bind('validShipAdr', () => pipe(shippingAddress, toAddress(checkAddressExists))),
    E.bind('validBillingAdr', () => pipe(billingAddress, toAddress(checkAddressExists))),
    E.map((scope) => new ValidatedOrder(scope.validId, scope.validInfo, scope.validShipAdr,
  scope.validBillingAdr, scope.validLines)),
);
```

`OrderId.create`같이 `ValidationError`가 아닌 오류를 발생하는 경우 `mapLeft`를 사용해 `ValidationError`로 변환해야 합니다.

다음은 Raise<ValidationError> 콘텍스트를 활용한 Kotlin 예시입니다.

```Kotlin
context(_: Raise<ValidatoinError>, _: AddressValidator)
fun UnvalidatedOrder.validateOrder(checkCodeExists: CheckProductCodeExists) = ValidatedOrder(
    orderId = r.withError({ ValidationError(it.toString()) }) {
        OrderLineId(this@validateOrder)
    },
    customerInfo = this.customerInfo.toCustomerInfo(),
    shippingAddress = this.shippingAddress.toCheckedAddress().toAddress(),
    billingAddress = this.billingAddress.toCheckedAddress().toAddress(),
    lines = this.lines.map { it.toValidatedOrderLine(checkCodeExists) },
)
```

`Either.mapLeft()`가 `Either.Left`의 오류 타입을 변환해줬듯이 `withError()`로 `raise`되어 올라온 오류 타입을 변환하여 `raise`할 수 있습니다. 위 예시에서 확인할 수 있듯이, `withError`의 첫째 인수는 오류를 새 타입으로 변환하는 로직입니다. `mapLeft`에 해당하는 부분입니다. 그리고 후행 람다 표현식에 오류를 `raise`하는 함수를 작성하면 됩니다.

10.6.5 Either 리스트의 유효성 검사

오류 효과가 없을 때에는 `lines`의 유효성 검사를 할 때 `Array.map`으로 수행했습니다.

```TypeScript
unvalidatedOrder.lines.map(toValidatedOrderLine(checkProductCodeExists))
```

그러나 `toValidatedOrderLine` 함수가 `Either` 타입을 반환하면 `Array.map` 결과가 `Array<Either<..., ValidatedOrderLine>>`가 되며, `ValidatedOrder.Lines`에 필요한 `Array<ValidatedOrderLine>`과 불일치가 발생합니다. 이와 같이 `Array<Either<..., a>>`를 `Either<..., Array<a>>`로 변환하는 함수를 시퀀스sequence라 하는데 fp-ts도 `Either.sequenceArray` 함수를 제공합니다.

이제 `Either.sequenceArray` 함수로 `ValidatedOrder`를 구성할 수 있습니다.

```TypeScript
const validateOrder: ValidateOrder = (checkProductCodeExists, checkAddressExists) => ({
  orderId,
  customerInfo,
  lines,
  shippingAddress,
  billingAddress,
}: UnvalidatedOrder) => pipe(
  E.Do,
  E.bind('validId', () => ...),
  E.bind('validInfo', () => ...),
  E.bind('validLines', () => pipe(lines.map(toValidatedOrderLine(checkProductCodeExists)),
E.sequenceArray)),
  E.bind(validShipAdr, () => ...),
  E.bind('validBillingAdr', () =>...),
  E.map((scope) => new ValidatedOrder(scope.validId, scope.validInfo, scope.validShipAdr,
scope.validBillingAdr, scope.validLines)),
);
```

성능을 중요하게 생각한다면 `Array.map` 다음에 `Either.sequenceArray`를 사용하는 것을 하나의 함수로 결합하여 더 효율적으로 만들 수 있습니다. 일반적으로 이 함수를 `traverse`라고 부르는데, 여기서는 그것에 대해 깊이 다루지 않겠습니다.[9]

Kotlin은 오류 효과를 출력 타입에 드러내지 않으므로 별다른 조치가 필요하지 않습니다. 바로 이점이 효과 처리를 미루지 않고 즉시 위임하는 방식의 장점입니다.

이제 거의 막바지에 다다랐습니다. 하지만 아직 마지막으로 해결해야 할 문제가 하나 있습니다. `validateOrder`의 출력에서 오류 케이스는 `ValidationError` 타입입니다. 그러나 메인 파이프라인에서는 오류 케이스가 `PlaceOrderError` 타입이어야 합니다. 따라서 이제 `placeOrder` 함수 안에서

9　옮긴이 https://fsharpforfunandprofit.com/posts/elevated-world-4/

Either<ValidationError, ValidatedOrder> 타입을 Either<PlaceOrderError, ValidatedOrder> 타입으로 변환해야 합니다. 이전에 했던 것처럼, 오룻값을 mapError로 변환할 수 있습니다. 비슷하게 priceOrder의 출력도 PricingError를 PlaceOrderError로 변환해야 합니다.

다음은 validateOrder를 호출하는 최상위 placeOrder 파이프라인 구현입니다.

`TypeScript`
```typescript
const placeOrder = (
  checkCode: CheckProductCodeExists, // 의존
  checkAddress: CheckAddressExists,  // 의존
  getPrice: GetProductPrice,         // 의존
  createAck: CreateOrderAcknowledgmentLetter, // 의존
  sendAck: SendOrderAcknowledgment,  // 의존
): PlaceOrder => flow(
  validateOrder(checkCode, checkAddress),
  E.flatMap(priceOrder(getPrice)),
  E.map(placeOrderEvents(createAck, sendAck)),
);
```

`Kotlin`
```kotlin
context(r: Raise<PlaceOrderError>, _: AddressValidator, _: AcknowledgmentSender)
fun UnvalidatedOrder.placeOrder(
    checkCode: CheckProductCodeExists,
    getPrice: GetProductPrice,
    createAck: CreateOrderAcknowledgmentLetter,
): List<PlaceOrderEvent> {
    val validatedOrder = r.withError({ ValidationError(it.toString()) }) {
        this@placeOrder.validateOrder(checkCode)
    }

    val pricedOrder = r.withError({ PricingError(it.toString()) }) {
        validatedOrder.priceOrder(getPrice)
    }

    return pricedOrder.toPlaceOrderEvents(createAck)
}
```

10.7 모나드와 기타 개념

이 책에서 지나친 전문 용어를 쓰지 않으려 노력하고 있지만, 함수형 프로그래밍에서 자주 등장하는 단어가 바로 모나드입니다. 잠시 멈추고 모나드에 대해 이야기해보겠습니다. 모나드의 '모'만 들어도 괜히 어렵고 두렵게 느껴지지만, 사실 여러분은 이번 장에서 이미 모나드 하나를 만들고 사용했습니다!

모나드는 단순히 모나딕 함수들을 줄지어 꼬리 물게 해주는 프로그래밍 패턴입니다. 그렇다면 모나딕 함수는 무엇일까요? 이는 '일반' 값을 받아서 출력을 '확장한' 값을 반환하는 함수입니다. 이 장에서 다뤘던 오류 처리에서는 `Either`로 출력을 감싼 것이 '확장한' 값이므로 `Either`를 생성하는 스위치 함수가 정확히 모나딕 함수에 해당합니다.

기술적으로 모나드는 세 가지 요소로 이루어져 있습니다.

- 데이터 구조
- 관련 함수
- 관련 함수가 어떻게 동작해야만 한다는 규칙

우리의 경우 데이터 구조는 `Either` 타입입니다. 모나드가 되려면 이 데이터 타입에는 `pure`와 `flatMap`이라는 두 개의 관련 함수가 필요합니다.

- `return`(또는 `pure`) 함수는 일반 값을 모나딕 타입으로 변환하는 함수입니다. 일반 값을 `Either` 타입으로 변환하는 `return` 함수는 단순히 `Right` 생성자입니다.
- `bind`(또는 `flatmap`) 함수는 모나딕 함수들을 꼬리 물게 합니다. 이 장의 앞부분에서 `Either`에 대한 `flatMap` 함수를 구현하는 방법을 살펴봤습니다.

이 함수들의 동작에 관한 규칙을 **모나드 법칙**monad law이라고 합니다. 뭔가 거창하게 보여도 사실 올바르게 구현되었는지 확인하기 위한 상식적인 지침일 뿐입니다. 이 책에서는 모나드 법칙에 대해 깊이 다루지 않지만, 인터넷에서 쉽게 찾아볼 수 있습니다. 다시금 강조하건대 모나드는 그리 신비로운 개념이 아닙니다.

10.7.1 애플리케이티브로 병렬 합성하기

이제 관련 패턴인 **애플리케이티브**applicative에 대해서도 잠깐 이야기해보겠습니다. 애플리케이티브는 모나드와 유사하지만, 모나딕 함수를 줄지어 잇기보다는 모나딕값을 병렬로 결합하게 해줍니다. 예를 들어 특정 연산에서 발생한 모든 오류를 수집해야 하는 상황에서는, 첫 번째 오류만 유지하는 것이 아니라 발생한 모든 오류를 취합하기 위해 애플리케이티브 방식을 사용할 가능성이 큽니다. 이 책에서는 애플리케이티브에 대해 깊이 다루지 않지만, 더 알아보고 싶다면 상세한 논의를 다루는 사이트를 참고하기 바랍니다.[10]

이 책에서는 모나드나 애플리케이티브라는 용어를 자주 쓰지 않겠지만, 여러분이 이러한 용어를 접하면 어떤 의미인지 알아차릴 수 있을 것입니다.

> **용어 정리**
>
> 이번 장에서 소개한 용어들을 정리해보면 다음과 같습니다.
> - 오류 처리에서 `flatMap` 함수는 출력이 `Either`인 함수를 입력도 `Either`를 받는 이중 선로 함수로 변환합니다. `Either`를 생성하는 함수들끼리 꼬리 물기 위해 사용합니다. `Either`뿐만 아니라 어느 모나드라도 `flatMap` 함수는 핵심 요소입니다.
> - 오류 처리에서 `map` 함수는 단일 선로 함수를 이중 선로로 변환합니다.
> - 모나드는 `flatMap`으로 함수들을 줄지어 결합합니다.
> - 애플리케이티브는 함수들을 병렬로 결합합니다.

10.8 비동기 효과 추가하기

최초 디자인을 생각해보면 효과에 단순히 오류 효과만 있지는 않았습니다. 대부분의 파이프라인에서는 **비동기 효과**async effect도 같이 있었습니다. 효과를 결합하는 것이 다소 까다로울 수 있지만, 비동기와 오류 두 효과는 자주 함께 나타나기에 TypeScript와 Kotlin 예시를 통해 어떻게 다루는지 살펴봅시다. 지면 한계상 이 책에 모든 구현을 넣을 수는 없으니 전체 코드는 저장소에서 확인하기 바랍니다.

---

[10] https://fsharpforfunandprofit.com/posts/elevated-world-3/#validation

fp-ts의 `TaskEither<Error, T>`는 `Task<Either<Error, T>>`와 같습니다. `Task`는 비동기 효과를 담고 있는 컨테이너입니다. fp-ts의 `Task` 정의를 살펴보면 다음과 같습니다.

```TypeScript
export interface Task<A> {
  (): Promise<A>
}
```

호출 시 `Promise`를 반환하는 성크thunk, 즉 지연lazy 함수입니다. 다음은 익숙한 `Promise`와 어떤 점이 다른지 비교하는 간단한 예시입니다.

```TypeScript
async function printNowAsync(): Promise<void> {
  console.log("Evaluated at ", Date.now());
}

const thinkFor = async (ms: number) =>
  new Promise<void>((resolve) =>
    setTimeout(() => {
      resolve();
    }, ms)
  );

async function lazyEval() {
  console.log("Promise: ", Date.now());
  const promise = printNowAsync();      // Promise의 경우 now()는 호출 즉시 평가
  await thinkFor(1000);
  await promise;
  console.log("Promise: ", Date.now());

  console.log("Thunk: ", Date.now());
  const thunk = () => printNowAsync();
  await thinkFor(1000);
  await thunk();                         // Thunk의 경우 1초 지난 thunk 평가 시점에 now()도 평가
  console.log("Thunk: ", Date.now());
}
```

예문을 보면서 당연한 이야기라고 생각할 수 있습니다. 맞습니다, 당연한 이야기를 하고 있습니다. `Promise`를 반환하는 함수는 호출 즉시 함수를 수행하여 `Promise`를 반환하게 되고, 성크 스타일은 아직 `Promise` 반환 함수는 호출하지 않다가 1초 뒤 `await`하는 시점에 평가를 시작할 테니 당연한 결과입니다. 따라서 함수 호출과 동시에 **즉시 평가**eager evaluation하는 `async` 함수를 **지연 평가**

lazy evaluation하기 위한 의도로 fp-ts가 성크 스타일을 활용하는 것입니다. fp-ts는 파이프라인을 `pipe`, `flow` 함수로 구축하는데 이들은 동기 함수이므로 전달하는 개별 파이프들 또한 `async` 함수일 수 없습니다.[11] 따라서 파이프라인을 합성할 수 있게 `async` 함수를 성크로 감쌌을 것입니다.

그리고 앞서 다뤘던 `Either`와 마찬가지로 한 번 감싼 부수 효과는 비즈니스 도메인 안에서 바깥으로 나오기를 원치 않습니다. 그 말인즉 어디선가 밑에서 올라온 `Task` 효과를 부수 효과를 일으켜 값으로 변환하지 않고, 경계 진 맥락을 벗어나는 최상단 호출 지점까지 `Task`로 감싸서 쭉 전파해야 한다는 뜻입니다.

`validateOrder`에 비동기 효과를 포함하여 `TaskEither`를 적용한 fp-ts 예시는 다음과 같습니다.

```typescript
const validateOrder: ValidateOrder = (checkProductCodeExists, checkAddressExists) => ({
  orderId,
  customerInfo,
  lines,
  shippingAddress,
  billingAddress,
}: UnvalidatedOrder) => pipe(
  E.Do,
  E.bind('validId', () => toOrderId(orderId)),
  E.bind('validInfo', () => toCustomerInfo(customerInfo)),
  E.bind('validLines', () => pipe(lines, A.map(toValidatedOrderLine(checkProductCodeExists)), E.sequenceArray)),
  // 이 위는 Either<ValidationError, Scope>
  TE.fromEither,
  //아래부터는 TaskEither<ValidationError, Scope>
  TE.bind('checkedShippingAddress', () => pipe(shippingAddress, toCheckedAddress(checkAddressExists))),
  TE.bind('validShipAdr', ({ checkedShippingAddress }) => pipe(checkedShippingAddress, toAddress, TE.fromEither)),
  TE.bind('checkedBillingAddress', () => pipe(billingAddress, toCheckedAddress(checkAddressExists))),
  TE.bind('validBillingAdr', ({ checkedBillingAddress }) => pipe(checkedBillingAddress, toAddress, TE.fromEither)),
  TE.map(scope => new ValidatedOrder(scope.validId, scope.validInfo, scope.validShipAdr, scope.validBillingAdr, scope.validLines)),
);
```

---

11 (옮긴이) `async` 함수는 `async` 안에서만 쓰일 수 있습니다. 이는 컴파일러가 비동기 연산을 마치고 후속문(continuation)을 재개(resume)할 때 기존 콜 스택 보존과 관련이 있습니다. 마치 함수를 비동기와 아닌 것들로 편 가르기 하는 것 같다고 하여 함수 색깔론(function coloring) 문제라 부릅니다.

async 함수가 아닌 toOrderId, toCustomerInfo, toValidatedOrderLine은 비동기 효과 없이 Either를 출력하는 함수입니다. 하지만 do 표기법이 내려보내는 scope는 한 가지 효과 타입으로 흘러가므로 최종 효과가 TaskEither라면 모든 bind의 콜백 함수들은 TaskEither를 출력해야 합니다. 그 경우에 비동기가 아닌 Either 출력 함수는 TaskEither.fromEither로 감싸서 출력 타입을 TaskEither로 맞춰야 합니다. 이 예시에서는 그것이 번잡하다고 생각하여 Either.Do로 시작하여 Either.bind로 먼저 비동기 효과가 없는 함수들의 결과를 바인딩합니다. 그러고 나서 do 표기법의 효과를 Either에서 TaskEither로 바꾸어 진행하는 모습을 볼 수 있습니다.

모든 효과를 다시 추가해보니 CheckAddressExists 함수가 TaskEither를 반환하고 있었습니다. 따라서 주소 검증을 두 부분으로 나누었습니다.

```TypeScript
type CheckAddressExists = (i: UnvalidatedAddress) => TaskEither<AddressValidationError, CheckedAddress>;
```

이 함수는 우리의 작업 흐름의 오류 타입과 맞지 않는 오류를 발생하므로, 서비스의 전용 오류(AddressValidationError)를 자체 도메인 오류(ValidationError)로 매핑하여 처리하는 헬퍼 함수(toCheckedAddress)를 만들어보겠습니다.

```TypeScript
// checkAddressExists를 호출하고 오류를 ValidationError로 변환
const toCheckedAddress = (
  checkAddress: CheckAddressExists,
): ((address: UnvalidatedAddress) => TE.TaskEither<ValidationError, CheckedAddress>) =>
  flow(
    checkAddress,
    TE.mapLeft((addrError) =>
      match(addrError)
        .with(P.instanceOf(AddressNotFound), () => new ValidationError('Address not found'))
        .with(P.instanceOf(InvalidFormat), () => new ValidationError('Address has bad format'))
        .exhaustive()
    ),
  );
```

toCheckedAddress 함수의 출력은 TaskEither<ValidationError, CheckedAddress>이므로 TaskEither.bind로 CheckedAddress값을 추출할 수 있으며, 이를 scope에 실어 주소 검증 단계

(toAddress)로 전달할 수 있습니다. 나머지 파이프라인 코드 구현은 코드 저장소에서 확인할 수 있습니다.

Kotlin 예시를 한번 봅시다. 출력으로 효과를 드러내지 않는 스타일에서는 어떻게 비동기를 드러낼까요?

```kotlin
context(_: Raise<ValidationError>, _: AddressValidator)
suspend fun UnvalidatedOrder.validateOrder(checkCodeExists: CheckProductCodeExists) =
    ValidatedOrder(
        orderId = this.orderId.toOrderId(),
        customerInfo = this.customerInfo.toCustomerInfo(),
        shippingAddress = this.shippingAddress.toCheckedAddress().toAddress(),
        billingAddress = this.billingAddress.toCheckedAddress().toAddress(),
        lines = this.lines.map { it.toValidatedOrderLine(checkCodeExists) },
    )
```

바뀐 부분은 `fun` 앞에 `suspend`가 붙은 것이 전부입니다. 사실 `validateOrder`뿐 아니라 비동기 효과가 있는 모든 함수들 앞에 `suspend`가 붙었습니다. 하지만 효과를 출력에 드러내지 않으니 달라진 효과들을 연결하기 위해 이곳저곳 코드를 바꾸진 않아도 됩니다.

10.9 마무리

지금까지 오류 및 비동기 효과를 통합한 파이프라인을 타입으로 안전하게 수정하여 구현하는 작업을 살펴보았습니다. `placeOrder` 구현은 여전히 깔끔하면서도 오류 처리로 기본 흐름을 방해하지 않는 장점이 있습니다. 물론 파이프들의 타입을 올바르게 맞추느라 변환이 다소 어색해지긴 했지만, 파이프라인의 모든 구성 요소가 다 같이 매끄럽게 동작한다는 확신을 가질 수 있기에 충분한 가치가 있습니다.

다음 장부터는 도메인과 외부 세계의 상호작용을 구현합니다. 데이터의 직렬화 및 역직렬화, 그리고 상태를 데이터베이스에 영구적으로 저장하는 방법을 살펴볼 것입니다.

CHAPTER 11

직렬화

우리는 지금까지 명령을 입력으로 받아 이벤트를 출력하는 작업 흐름 함수를 예제를 따라서 구현했습니다. 그렇다면 입력받은 명령은 어디에서 왔을까요? 그리고 출력한 이벤트는 어디로 가는 걸까요? 이들은 경계 진 맥락 바깥의 메시지 **큐**나 웹 요청 등의 **인프라**에서 오고 갑니다. 이 인프라는 도메인을 알지 못하므로, 도메인 모델을 인프라가 이해하는 JSON, XML 또는 바이너리 형식인 protobuf[1] 등으로 변환해야 합니다. 또한, 주문의 현재 상태처럼 작업 흐름에서 필요한 내부 상태를 추적할 방법이 필요하므로, 데이터베이스 같은 외부 서비스를 사용할 가능성이 큽니다. 따라서 외부 인프라와 함께 작업할 때에는 도메인 모델을 쉽게 **직렬화**serialization하고 **역직렬화**deserialization 할 수 있는 형식으로 변환하는 것이 중요합니다.

이 장에서는 직렬화, 역직렬화 방법을 소개합니다. 직렬화 전용 타입을 어떻게 디자인하는지 먼저 살펴보고, 도메인 객체를 해당 타입으로 변환하는 방법과 그 반대의 경우도 살펴보겠습니다.

11.1 영속화와 직렬화

먼저 몇 가지 개념부터 정의합시다. **영속화**persistency는 생성된 프로세스가 종료된 이후에도 상태를 유지하는 것을 말합니다. 반면 **직렬화**는 도메인 특화 표현을 인프라가 받기 쉬운 바이너리, JSON 또는 XML과 같은 형식으로 변환하는 과정을 말합니다.

---

1 https://protobuf.dev/

예를 들어 주문 접수 작업 흐름은 '주문서가 도착했다'는 이벤트가 발생할 때마다 작업 흐름을 새로 수행합니다. 작업 흐름을 마치면 그 출력이 사라지는 것이 아니라, 어떻게든 남아서 다른 비즈니스에서 활용되기를 바랍니다. 여기서 '남는다'는 말이 꼭 데이터베이스에 저장해야 한다는 뜻은 아닙니다. 파일에 저장하거나 큐에 넣을 수도 있습니다. 또한, 데이터가 얼마나 유지될지 가정하면 안 됩니다. 큐에서 몇 초간만 유지될 수도 있고, 데이터 웨어하우스에서 수십 년 동안 유지될 수도 있습니다.

이 장에서는 직렬화에 집중하고, 다음 장에서 지속에 대해 논의해보고자 합니다.

11.2 직렬화를 위한 디자인

3.2절에서 다룬 것처럼, 여러 타입이 선택 타입을 이루며 제약 조건까지 복잡하게 섞인 도메인 타입들은 직렬화하기에 적합하지 않습니다. 직렬화를 더 쉽게 하기 위해서는, 도메인 객체를 직렬화하기 위한 별도의 타입인 **데이터 전송 객체**data transfer object, DTO로 변환하고, 도메인 타입이 아닌 이 DTO를 직렬화하는 것이 중요합니다.

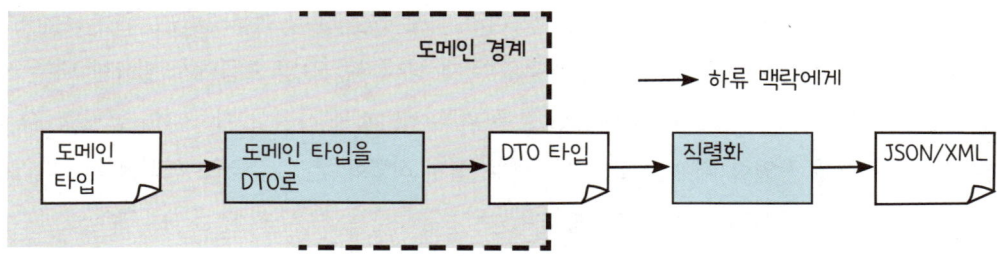

역직렬화에서도 동일한 작업을 반대로 수행합니다.

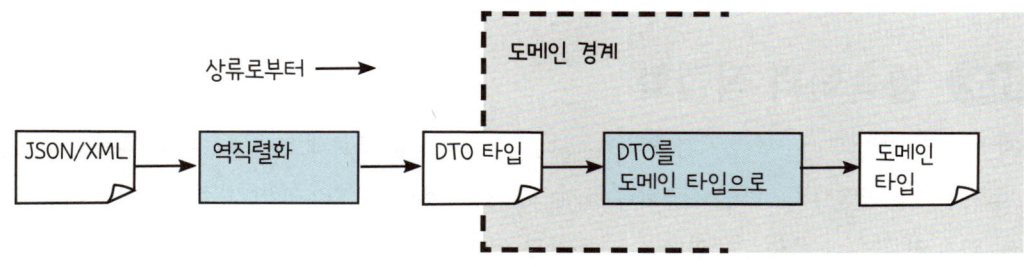

가능한 역직렬화가 깔끔하게 이루어지도록 하는 것이 중요합니다. 데이터가 손상된 경우가 아니라면 역직렬화가 항상 성공하게 만들어야 한다는 뜻입니다. `OrderQty`의 정수 범위 검증, `ProductCode` 유효성 검사 같은 도메인 유효성 검사는 DTO에서 도메인 타입으로의 변환 과정에서 수행해야 합니다. 다시 말해 검사 도중 발생한 오류를 더 통제하기 좋은 경계 진 맥락 안에서 수행해야 합니다.

11.3 작업 흐름에 직렬화 코드 연결하기

직렬화 과정은 작업 흐름 파이프라인에 추가할 수 있는 컴포넌트입니다. 작업 흐름 시작 부분에는 역직렬화 단계를, 끝부분에는 직렬화 단계를 추가합니다.

예를 들어 다음과 같은 작업 흐름이 있다고 가정해봅시다. 여기서는 오류 처리나 결괏값 처리는 무시하겠습니다.

```TypeScript
type Workflow = (i: MyInputType) => MyOutputType;
```

```Kotlin
typealias Workflow = MyInputType.() -> MyOutputType
```

그렇다면 역직렬화 단계의 함수 시그니처는 다음과 같습니다.

```TypeScript
type JsonString = string;
type DeserializeInputDto = (i: JsonString) => MyInputDto;
type InputDtoToDomain = (i: MyInputDto) => MyInputType;
```

```Kotlin
typealias JsonString = String
typealias DeserializeInputDto = JsonString.() -> MyInputDto
typealias InputDtoToDomain = MyInputDto.() -> MyInputType
```

마찬가지로 직렬화 단계는 다음과 같이 정의할 수 있습니다.

```typescript
// TypeScript
type OutputDtoFromDomain = (i: MyOutputType) => MyOutputDto;
type SerializeOutputDto = (i: MyOutputDto) => JsonString;
```

```kotlin
// Kotlin
typealias OutputDtoFromDomain = MyOutputType.() -> MyOutputDto
typealias SerializeOutputDto = MyOutputDto.() -> JsonString
```

이들은 파이프라인으로 연결하여 다음과 같이 쓰일 수 있습니다.

```typescript
// TypeScript
const workflowWithSerialization = flow(
  deserializeInputDto,      // JSON에서 DTO로 변환
  inputDtoToDomain,         // DTO에서 도메인 객체로 변환
  workflow,                 // 도메인의 핵심 작업 흐름 실행
  outputDtoFromDomain,      // 도메인 객체에서 DTO로 변환
  serializeOutputDto,       // DTO에서 JSON으로 변환
)                           // 최종 출력은 JsonString
```

```kotlin
// Kotlin
val workflowWithSerialization: JsonString.() -> JsonString = {
    this.deserializeInputDto()   // JSON에서 DTO로 변환
        .inputDtoToDomain()      // DTO에서 도메인 객체로 변환
        .workflow()              // 도메인의 핵심 작업 흐름 실행
        .outputDtoFromDomain()   // 도메인 객체에서 DTO로 변환
        .serializeOutputDto()    // DTO에서 JSON으로 변환
)                                // 최종 출력은 JsonString
```

이제 `workflowWithSerialization` 함수를 인프라에 노출합니다. 이 함수의 입력과 출력은 `JsonString` 같은 단순한 형식이므로 인프라가 도메인에 영향받지 않도록 격리되었습니다. 물론 오류 처리와 비동기 작업도 고려해야 하므로, 실제 구현은 이보다 복잡하지만 기본 개념은 동일합니다.

11.3.1 경계 진 맥락 간 계약으로서 DTO

작업 흐름이 소비하는 명령은 다른 경계 진 맥락의 출력에서 생겨나며, 우리 작업 흐름이 생성하는 이벤트는 다른 경계 진 맥락의 입력이 됩니다. 이러한 이벤트와 명령은 경계 진 맥락이 준수해야 하는 일종의 계약을 형성합니다. 이 계약은 비교적 느슨하므로, 경계 진 맥락 간의 긴밀한 결합은 피할 수 있습니다. 그럼에도 이벤트와 명령의 직렬화 양식, 즉 DTO는 신중히 변경해야 합니다.

따라서 직렬화 양식은 프로그램에서 항상 완벽히 통제해야 하며, 라이브러리가 자동으로 직렬화/역직렬화를 하도록 방치해서는 안 됩니다.

11.4 완전한 직렬화 예제

도메인 객체를 JSON으로 직렬화하고 역직렬화하는 과정을 예제로 설명해보겠습니다. 예를 들어 다음과 같이 정의된 도메인 타입 `Person`을 저장한다고 가정해봅시다.

```TypeScript
// 도메인에 정의된 타입들

// null이 아니고 50자 이하로 제한된 문자열
class String50 {
  [string50]!: never;
  constructor(readonly value: string) { ... }
}

// 1900년 1월 1일 이후이며 오늘 날짜보다 이전인 날짜로 제한된 타입
class Birthday {
  [birthday]!: never;
  constructor(readonly value: Date) { ... }
}

// 도메인 타입
class Person {
constructor(
    readonly first: String50,
    readonly last: String50,
    readonly birthdate: Birthdate,
  ) { }
}
```

```Kotlin
// 도메인에 정의된 타입들

// null이 아니고 50자 이하로 제한된 문자열
@JvmInline
value class String50 (val value: String) { ... }

// 1900년 1월 1일 이후이며 오늘 날짜보다 이전인 날짜로 제한된 타입
@JvmInline
value class Birthdate(val value: LocalDate) { ... }
```

```
// 도메인 타입
data class Person (
    val first: String50,
    val last: String50,
    val birthdate: Birthdate,
)
```

`String50`과 `Birthdate` 타입은 직접 직렬화할 수 없기 때문에, 모든 필드가 원시 자료형으로 구성된 DTO 타입 `Dto.Person`을 정의하여 대체해야 합니다.

TypeScript
```
// DTO 관련 타입과 함수를 모아두는 모듈
class PersonDto {
  constructor(
    readonly first: string,
    readonly last: string,
    readonly birthdate: Date,
  ) { }
}
```

Kotlin
```
// DTO 관련 타입과 함수를 모아두는 모듈
data class PersonDto (
    val first: string,
    val last: string,
    val birthdate: LocalDate,
)
```

이제 도메인 객체를 DTO로 변환하는 `fromDomain` 함수와 DTO를 도메인 객체로 변환하는 `toDomain` 함수를 정의해야 합니다. 도메인은 DTO에 대한 정보를 가지지 않으므로, 이러한 함수들은 DTO 모듈 내에서 정의하는 것이 좋습니다.

TypeScript
```
// DTO 관련 타입과 함수를 모아두는 모듈
class PersonDto {
  constructor(
    readonly first: string,
    readonly last: string,
    readonly birthdate: Date,
  ) { }
```

```
    toDomain(): Either<ErrPrimitiveConstraints, Person> { ... }
    static fromDomain(person: Person): PersonDto { ... }
}
```

```kotlin
// DTO 관련 타입과 함수를 모아두는 모듈
data class PersonDto (
    val firstName: String,
    val lastName: String,
    val birthdate: LocalDate,
) {
    context(_: Raise<...>)
    fun toDomain() = Person ( ... )
}

fun Person.toDto() = PersonDto ( ... )
```

fromDomain 함수는 항상 성공하기 때문에 Either 타입이 필요하지 않으며, 복잡한 도메인 타입을 오류 없이 DTO로 변환할 수 있습니다.

```typescript
// DTO 관련 타입과 함수를 모아두는 모듈
class PersonDto {
  ...
  static fromDomain(person: Person): PersonDto {
    return new PersonDto(
      person.first.value,
      person.last.value,
      person.birthdate.value,
    );
  }
}
```

```kotlin
// DTO 관련 타입과 함수를 모아두는 모듈
data class PersonDto (...)

fun Person.toDto() = PersonDto(
    this.firstName.value,
    this.lastName.value,
    this.birthdate.value,
)
```

반대로 `toDomain` 함수는 DTO를 도메인 타입으로 변환하며, 유효성 검사나 제약 조건에 실패할 수 있으므로 `Either<ErrPrimitiveConstraints, Person>` 타입을 반환합니다.

```TypeScript
// DTO 관련 타입과 함수를 모아두는 모듈
class PersonDto {
  ...
  toDomain(): Either<ErrPrimitiveConstraints, Person> {
    return pipe(
      E.Do,
      E.bind('first', () => String50.create(this.firstName)),
      E.bind('last', () => String50.create(this.lastName)),
      E.bind('birthdate', () => Birthdate.create(this.birthdate)),
      E.map(scope => new Person(scope.first, scope.last, scope.birthdate)),
    );
  }
}
```

```Kotlin
// DTO 관련 타입과 함수를 모아두는 모듈
data class PersonDto (
    val first: string,
    val last: string,
    val birthdate: LocalDate,
) {
    context(_: Raise<ErrPrimitiveConstraints>)
    fun toDomain() = Person(
        first = String50(this.first),
        last = String50(this.last),
        birthdate = Birthdate(this.birthdate),
    )
}
```

위 코드에서 `Either` 표현식으로 오류 흐름을 처리합니다. 이 예제에서는 유효성 검사가 실패할 경우 적절한 오류 메시지를 반환하기 위해 `fieldName`을 매개변수로 포함하여 `String50.create`를 구현할 수 있습니다.

```TypeScript
class String50 {
  [string50]!: never;
  constructor(readonly value: string) {
    super();
```

```
    }
    static create = (s: string): E.Either<ErrPrimitiveConstraints, String50> => {
      if (!s) {
        return return E.left(ErrEmptyString);
      }
      if (50 < s.length) {
        return E.left(new ErrStringTooLong(maxLen));
      }
      return E.right(new String50(s));
    }
}
```

```kotlin
@JvmInline
value class String50 private constructor(val value: String) {
    companion object {
        context(r: Raise<ErrPrimitiveConstraints>)
        operator fun invoke(str: String): String50 {
            r.ensure(str.isNotEmpty()) { ErrEmptyString }
            r.ensure(str.length <= 50) { ErrStringTooLong(50) }
            return String50(str)
        }
    }
}
```

11.4.1 JSON 직렬화 라이브러리 래핑하기

TypeScript는 ECMAScript 라이브러리의 JSON.stringify, JSON.parse를 활용합니다. 다만 역직렬화는 라이브러리에서 발생하는 예외를 Either 형태로 바꾸고 일반 객체에 프로토타입prototype(**객체 프로토타입**)을 세팅하는 작업이 필요합니다.

```typescript
namespace Json {
  export const serialize = JSON.stringify
  export const deserialize = <T extends object>(cls: { prototype: T }) => E.tryCatchK(
    flow(
      JSON.parse,
      obj => Object.setPrototypeOf(obj, cls.prototype) as T,
    ),
    e => e,
  )
}
```

Kotlin은 `org.jetbrains.kotlinx:kotlinx-serialization-json` 라이브러리가 JSON 직렬화/역직렬화를 담당합니다.

```Kotlin
import kotlinx.serialization.Serializable
import kotlinx.serialization.json.Json
import kotlinx.serialization.encodeToString

context(r: Raise<DeserializationError>)
inline fun <reified T> JsonString.toDto(): T = try {
    Json.decodeFromString<T>(this)
} catch (e: IllegalArgumentException) {
    r.raise(DeserializationError(e.toString()))
}

context(r: Raise<SerializationError>)
inline fun <reified T> T.toJson(): JsonString = try {
    Json.encodeToString(this)
} catch (e: IllegalArgumentException) {
    r.raise(SerializationError(e.toString()))
}
```

11.4.2 완전한 직렬화 파이프라인

이제 DTO-도메인 변환기와 직렬화 함수로 도메인 타입인 `Person`을 JSON 문자열로 변환할 수 있습니다.

```TypeScript
// Person을 JSON 문자열로 직렬화
const jsonFromPerson = flow(
  Dto.Person.fromDomain,
  Json.serialize,
);
```

이 파이프라인을 사용해 테스트하는 것이 가능합니다.

```TypeScript
// 테스트 입력
const person = new Domain.Person(
  new String50("Alex"),
  new String50("Adams"),
```

```
    new Birthdate(new Date(1980,1,1)),
);

// 직렬화 파이프라인 사용
console.log(jsonFromPerson(person));

// 출력 결과
// "{"First":"Alex","Last":"Adams","Birthdate":"1980-01-01T00:00:00.000Z"}"
```

```kotlin
val person = Domain.Person(
    first = String50("Alex"),
    last = String50("Adams"),
    birtdate = LocalDate(1980,1,1),
)

val json = person.toDto().toJSON()

println(json)

// 출력 결과
// "{"First":"Alex","Last":"Adams","Birthdate":"1980-01-01"}"
```

역직렬화 파이프라인에서는 `Either`가 반환될 수 있으므로 다소 복잡합니다. `Either.mapLeft`로 오류를 공통 오류 타입으로 변환하고, 결과 표현식을 통해 오류를 처리합니다.

```typescript
type DtoError = ValidationError | DeserializationError;

// JSON 문자열을 Person으로 역직렬화
const jsonToDomain = (jsonString: JsonString): Either<DtoError, Domain.Person > => pipe(
  E.Do,
  E.bind('deserializedValue', () => pipe(
    jsonString,
    Json.deserialize,
    E.mapLeft(DeserializationError.from),
  )),
  E.flatMap(({deserializedValue}) => pipe(
      deserializedValue,
      Dto.Person.toDomain,
      E.mapLeft(ValidationError.from),
  )),
);
```

이 로직을 오류가 발생하지 않는 정상 범주의 입력으로 테스트해보면 `Right`로 감싸인 `Person` 도메인 객체가 정상적으로 생성되는 것을 확인할 수 있습니다.

```typescript
// JSON string to test with
const jsonPerson = `{
"first":"Alex",
"last":"Adams",
"birthdate":"1980-01-01T00:00:00.000Z"
}`;

// call the deserialization pipeline
console.log(jsonToPerson(jsonPerson));

// 출력 결과
// {
//   _tag: 'Right',
//   right: Person {
//     first: String50 { value: 'Alex', [Symbol()]: undefined },
//     last: String50 { value: 'Adams', [Symbol()]: undefined },
//     birthdate: Birthdate { value: '1980-01-01T00:00:00.000Z' }
//   }
// }
```

```kotlin
val jsonPerson = """{
  |"firstName":"Alex",
  |"lastName":"Adams",
  |"birthdate":"1980-01-01T00:00:00.000Z"
|}""".trimMargin()

val person = either { CustomerInfoDto.fromJSON(jsonPerson).toDomain() }

println(person)

// 출력 결과
// Either.Right(
//   Person(
//     first=String50(value=Alex),
//     last=String50(value=Adams),
//     birthdate=Birthdate(value=1980-01-01)
//   )
// )
```

Kotlin은 오류 효과를 `Raise` 콘텍스트로 처리한 것을 기억합시다. 이 예시처럼 더 이상 `raise`하지 않고 그 결과를 확인하고 싶다면 `either` 계산 블록 안에서 수행하면 됩니다. 그렇게 하면 결과를 `Either`로 변환하여 보여줍니다.

오류가 있는 JSON 문자열을 테스트할 때, 비어 있는 이름과 잘못된 날짜가 포함된 JSON을 사용하면 다음과 같은 오류가 발생합니다.

```typescript
const jsonPersonWithErrors = `{
"first":"",
"last":"Adams",
"birthdate":"1776-01-01T00:00:00.000Z"
}`;

console.log(jsonToPerson(jsonPersonWithErrors));

// 출력 결과
// {
//   _tag: 'Left',
//   left: ValidationError {
//     message: "First must be non-empty"
//   }
// }
```

```kotlin
val jsonPerson = """{
   |"firstName":"",
   |"lastName":"Adams",
   |"birthdate":"1776-01-01"
|}""".trimMargin()

val person = either { CustomerInfoDto.fromJSON(jsonPerson).toDomain() }

println(person)

// 출력 결과
// Either.Left(
//     org.ontheground.dmmf.ordertaking.common.EmptyString
// )
```

유효성 검사 오류 메시지를 포함한 `Left`를 받는 것을 볼 수 있습니다. 실제 애플리케이션에서는 이를 로그에 남기거나 호출자에게 오류를 반환할 수 있습니다. 이 구현에서는 첫 번째 오류만 반환합니다. 모든 오류를 반환하는 방법은 10.7.1절을 참조하십시오.

역직렬화 오류는 오류를 아예 처리하지 않고 예외를 발생할 수도 있습니다. 어느 방식을 취할지는 역직렬화 오류를 예상 가능한 상황으로 다룰지, 아니면 전체 파이프라인을 중단하는 '패닉' 상황으로 다룰지에 따라 달라집니다. 이는 API가 얼마나 공개되어 있는지, 호출자를 얼마나 신뢰할 수 있는지, 이와 같은 오류에 대해 호출자에게 얼마나 많은 정보를 제공할 것인지에 따라 결정합니다.

11.4.3 직렬화 타입의 여러 버전 관리하기

디자인이 발전해감에 따라 도메인 타입에 필드가 추가 및 삭제되거나 이름이 변경될 수 있습니다. 그에 따라 DTO 타입 역시 영향을 받을 수 있습니다. DTO 타입은 경계 진 맥락 간의 계약이므로, 계약을 깨지 않는 것이 중요합니다. 달리 말해 DTO의 여러 버전을 지원해야 할 수도 있습니다. 이를 위한 여러 방법이 있지만, 여기서 다루기에는 지면이 부족합니다. 그레그 영Greg Young의 책 《Versioning in an Event Sourced System》[2]에서 다양한 방식을 다루고 있으니 참고하기 바랍니다.

11.5 도메인 타입을 DTO로 변환하는 방법

도메인 타입은 복잡할 수 있지만, 그에 대응하는 DTO 타입은 원시 자료형만 포함하는 단순한 구조여야 합니다. 다양한 도메인 타입에 맞게 DTO를 디자인하는 지침들을 살펴보겠습니다.[3]

11.5.1 단순 타입

이 책에서 '단순 타입'이라고 부르는 래퍼 타입을 DTO로 변환할 때는 래퍼가 내포한 원시 타입으로 변환합니다. 예를 들어 `ProductCode`가 다음과 같이 `string`의 래퍼라면, 해당 DTO 타입은 `string`이 됩니다.

```typescript
declare const productCode: unique symbol;
class ProductCode {
  [productCode]!: never;
  constructor(readonly value: string) { }
}
```

---

2 https://leanpub.com/esversioning
3 [옮긴이] JSON 같은 특정 직렬화 방식에 맞추지 않고 어느 방식에서나 직렬화/역직렬화에 용이한 DTO 구조를 설명합니다.

```kotlin
// Kotlin
@JvmInline
value class ProductCode (val value: String)
```

11.5.2 옵셔널값

TypeScript의 경우 `Option<T>`는 `T | null`로 변환합니다. Kotlin은 도메인 모델도 `nullable`로 모델링했으니 상응하는 DTO 또한 `nullable`이 될 것입니다.

11.5.3 레코드

도메인 타입이 레코드라면 DTO 또한 레코드로 유지하되 개별 필드들을 해당 DTO 타입으로 변환하면 됩니다. 단순 타입, 옵셔널값, 레코드 타입을 활용한 예제는 다음과 같습니다.

```typescript
// TypeScript
declare const orderLineId: unique symbol;
class OrderLineId {
  [orderLineId]!: never;
  constructor(readonly value: number) { }
}

declare const orderLineQty: unique symbol;
class OrderLineQty {
  [orderLineQty]!: never;
  constructor(readonly value: number) { }
}

// 도메인 타입
class OrderLine {
  constructor(
    readonly orderLineId : OrderLineId,
    readonly productCode : ProductCode,
    readonly quantity : Option<OrderLineQty>,
    readonly description : Option<string>,
  ) { }
}

// 해당하는 DTO 타입
class OrderLineDto {
  constructor(
    readonly orderLineId : number,
    readonly productCode : string,
    readonly quantity: number | null = null,
```

```
    readonly description: string | null = null,
  ) { }
}
```

```Kotlin
// 도메인 타입
@JvmInline
value class OrderLineId (val value: Int)

@JvmInline
value class OrderLineQty (val value: Int)

class OrderLine (
    val orderLineId : OrderLineId,
    val productCode : ProductCode,
    val quantity : OrderLineQty?,
    val description : String?,
)

// 해당하는 DTO 타입
data class OrderLineDto (
    val orderLineId : Int,
    val productCode : String,
    val quantity : Int? = null,
    val description : String? = null,
)
```

DTO에서 `nullable` 필드는 직렬화 데이터에 해당 필드가 없을 수 있으므로, 역직렬화가 실패하지 않도록 `null`로 초기화합니다.

11.5.4 컬렉션

`List`, `Sequence`, `Iteratable` 같은 컬렉션들은 모든 직렬화 형식이 지원하는 배열로 변환합니다.

```TypeScript
// 도메인 타입
class Order {
  ...
  readonly lines : Iteratable<OrderLine>
}

// 해당하는 DTO 타입
class OrderDto {
  ...
```

```
  readonly lines : OrderLineDto[]
}
```

Kotlin
```kotlin
// 도메인 타입
class Order(
  ...
  val lines : Sequence<OrderLine>
)

// 해당하는 DTO 타입
data class OrderDto (
  ...
  val lines : List<OrderLineDto>
)
```

맵과 같은 복잡한 컬렉션의 경우, 직렬화 형식에 따라 방식이 달라집니다. TypeScript는 튜플 배열이나 단순 객체로 바꿔서 직렬화합니다. Kotlin의 JSON 직렬화는 맵을 JSON 객체로 직렬화할 수 있으나, 여타 직렬화 방식에서는 맵을 표현하기 위해 키-값 쌍 배열 같은 특별한 표현이 필요할 수 있습니다.

TypeScript
```typescript
// 도메인 타입
class Price {
  constructor(readonly value: number) {}
}
type PriceLookup = Map<ProductCode, Price>;

// 맵을 표현하는 DTO 타입
type PriceLookupPair = [string, number] as const;
class PriceLookupDto {
  constructor(readonly kvPairs : PriceLookupPair[]) {}
}
```

Kotlin
```kotlin
// 도메인 타입
data class Price (val value: Double)
typealias PriceLookup = Map<ProductCode, Price>

// 맵을 표현하는 DTO 타입
typealias PriceLookupPair = Pair<String, Double>
data class PriceLookupDto (val kvPairs : List<PriceLookupPair>)
```

11.5.5 열거형

오늘날 열거형은 주로 문자열 열거형을 많이 씁니다. 정수 열거형은 가독성이 낮을 뿐 아니라, 다른 직렬화 모델으로도 잘못 직렬화/역직렬화할 위험이 있습니다. Protobuf, JSON, Avro 등 오늘날 흔히 사용하는 프로토콜들은 문자열 열거형을 지원합니다. 다만, 레거시 시스템과 연동하거나 가능한 전송 데이터 크기를 줄이고 싶을 때 다음과 같이 정수 열거형으로 변환할 수 있습니다.

```TypeScript
// 도메인 타입
enum Color {
  Red = "Red",
  Green = "Green",
  Blue = "Blue",
}

// 관련 DTO
enum ColorDto {
  Red = 1,
  Green,
  Blue,
}
```

```Kotlin
// 도메인 모델
enum class Color {
    RED, GREEN, BLUE
}

// 관련 DTO
@Serializable
enum class ColorDto(val rgb: Int) {
    RED(1),
    GREEN(2),
    BLUE(3)
}
```

역직렬화할 때 유효하지 않은 열거형 값의 예외 처리에 신경 써야 합니다.

```TypeScript
const toDomain = (dto: string) : Either<_, Color> => match(dto)
  .with(P.Union(ColorDto.Red, ColorDto.Green, ColorDto.Blue), i => E.right(i))
  .otherwise(() => E.left(Error(`Color ${dto} is not one of Red,Green,Blue`)));
```

```kotlin
@Serializable
enum class Color(val info: String) {
    @SerialName("red") RED("red")
    @SerialName("green") GREEN("green")
    @SerialName("blue") BLUE("blue")
}
```

또한, 열거형의 케이스 이름을 직렬화하는 값으로 사용할 수도 있지만, 이 경우 케이스 이름을 변경하면 역직렬화에 실패하는 등의 문제가 발생할 수 있습니다.

11.5.6 튜플

도메인에서 튜플을 자주 사용하지는 않습니다. 직렬화 형식에서 튜플을 일반적으로 지원하지 않기에 필요한 경우 별도의 레코드로 표현해야 합니다. 다음 예제에서 도메인 타입 `Card`는 튜플이지만, 대응하는 `CardDto` 타입은 레코드입니다.

```typescript
// 튜플의 구성 요소
enum Suit { Heart, Spade, Diamond, Club }
enum Rank { Ace, Two, Queen, King }

// 튜플
type Card = [Suit, Rank] as const;

// 해당하는 DTO 타입
enum SuitDto { Heart = 1, Spade, Diamond, Club }
enum RankDto { Ace = 1, Two, Queen = 12, King }
class CardDto {
  constructor (
    readonly suit : SuitDto,
    readonly rank : RankDto,
  ) { }
}
```

```kotlin
// 튜플의 구성 요소
enum class Suit { Heart, Spade, Diamond, Club }
enum class Rank { Ace, Two, Queen, King }

// 튜플
typealias Card = Pair<Suit, Rank>
```

```
// 해당하는 DTO 타입
enum class SuitDto(val suit: Int) { Heart(1), Spade(2), Diamond(3), Club(4) }
enum class RankDto(val rank: Int) { Ace(1), Two(2), Queen(12), King(13) }
class CardDto (
    val suit : SuitDto,
    val rank : RankDto,
)
```

11.5.7 선택 타입

선택 타입에 속한 개별 타입들은 레코드로 나타낼 수 있는데, 어떤 타입인지 구분하기 위한 '태그'와 타입별 데이터를 담기 위한 필드들을 포함합니다. 선택 타입의 DTO는 선택 타입에 속한 어느 타입의 데이터라도 저장할 수 있도록 각 타입의 필드를 모두 포함합니다. 선택 타입의 특정 타입을 DTO로 변환하면, 해당 타입 관련 데이터 필드는 채워져 있고 나머지 필드들은 `null`이나 빈 배열로 채워지게 됩니다.

경우에 따라 선택 타입 직렬화를 지원하는 도구도 있습니다만, 경계 진 맥락마다 서로 다른 직렬화 도구로 때에 따라 이를 해석하지 못하는 문제가 생길 수 있습니다. DTO는 계약의 일부이므로 모두가 해석할 수 있는 양식으로 명확히 통제하는 것이 좋습니다.

다음은 네 가지 정수를 포함하는 선택 타입 `Example`의 예입니다.

- A로 태그한 빈 케이스
- B로 태그한 정수
- C로 태그한 문자열 리스트
- D로 태그한 `Name` 타입

```TypeScript
// 도메인 타입
class Name {
  constructor(
    readonly first: String50,
    readonly last: String50,
  ) { }
}

class A { }
```

```
class B { constructor(readonly value: number) { } }
class C { constructor(readonly value: string[]) { } }
class D { constructor(readonly value: Name) { } }

type Example =  A | B | C | D;
```

Kotlin
```
// 도메인 타입
class Name(val first: String50, val last: String50)

sealed interface Example {
    class A: Example

    @JvmInline
    value class B (val value: Int) : Example

    @JvmInline
    value class C (val value: List<String>) : Example

    @JvmInline
    value class D (val value: Name) : Example
}
```

위의 선택 타입을 아우르는 DTO 타입은 다음과 같습니다. `Int`는 `nullable`로, `Name`은 `NameDto`로 변환했습니다.

TypeScript
```
class NameDto {
  constructor(
    readonly first: string,
    readonly last: string,
  ) { }
}

class ExampleDto {
  ...
  readonly tag : "A" | "B" | "C" | "D",
  // A 케이스에는 데이터가 없음
  readonly bData: number | null = null,    // B 케이스의 데이터
  readonly cData : string[] = [],          // C 케이스의 데이터
  readonly dData : NameDto | null = null,  // D 케이스의 데이터
  ...
}
```

```kotlin
// Kotlin
@Serializable
data class NameDto(val first: String, val last: String)

enum class ExampleDtoTag { A, B, C, D }

@Serializable
data class ExampleDto (
    tag : String,
    // A 케이스에는 데이터가 없음
    bData : Int? = null,              // B 케이스의 데이터
    cData : List<String> = emptyList(),  // C 케이스의 데이터
    dData : NameDto? = null,          // D 케이스의 데이터
)
```

직렬화는 간단합니다. 선택된 케이스에 대한 데이터를 변환하고, 다른 케이스의 데이터는 모두 `null`로 설정하기만 하면 됩니다.

```typescript
// TypeScript
class NameDto {
  ...
  static fromDomain({first, last}: Name): NameDto {
    return new NameDto(first.value, last.value);
  }
}

class ExampleDto {
  constructor(
    tag : "A" | "B" | "C" | "D",
    // A 케이스에는 데이터가 없음
    bData: number | null = null,     // B 케이스의 데이터
    cData : string[] = [],           // C 케이스의 데이터
    dData: NameDto | null = null,    // D 케이스의 데이터
  ) { }

  static fromDomain(domainObj: Example): ExampleDto {
    return match(domainObj)
      .with(P.instanceOf(A), () => new ExampleDto("A", null, [], null))
      .with(P.instanceOf(B), ({value}) => new ExampleDto("B", value, [], null))
      .with(P.instanceOf(C), ({value}) => new ExampleDto("C", null, value, null))
      .with(P.instanceOf(D), ({value}) => new ExampleDto("D", null, [], NameDto.fromDomain(value)))
      .exhaustive();
  }
}
```

```kotlin
@Serializable
data class NameDto(val first: String, val last: String) {
    companion object {
        fun fromDomain(name: Name) = NameDto(
            first = name.first.value,
            last = name.last.value,
        )
    }
}

@Serializable
data class ExampleDto (
    val tag : String,
    // A 케이스에는 데이터가 없음
    val bData : Int? = null,                    // B 케이스의 데이터
    val cData : List<String> = emptyList(),     // C 케이스의 데이터
    val dData : NameDto? = null,                // D 케이스의 데이터
) {
    companion object {
        fun fromDomain(domainObj: Example) = when(domainObj) {
            is Example.A -> ExampleDto(tag="A")
            is Example.B -> ExampleDto(tag="B", bData=domainObj.value)
            is Example.C -> ExampleDto(tag="C", cData=domainObj.value)
            is Example.D -> ExampleDto(tag="D", dData=NameDto.fromDomain(domainObj.value))
        }
    }
}
```

이러한 태그를 가진 선택 타입을 역직렬화할 때는 '태그' 필드를 기반으로 각 케이스를 구분하여 처리하며, 역직렬화를 시도하기 전에 태그와 관련된 데이터가 null이 아닌지 항상 확인해야 합니다.

```typescript
class NameDto {
  ...
  toDomain(): Either<ErrPrimitiveConstraints, Name > {
    return pipe(
      E.Do,
      E.bind('first', () => String50.create(i.first)),
      E.bind('last', () => String50.create(i.last)),
      E.map(({first, last}) => new Name(first, last)),
    );
  }
}
```

```
class ExampleDto {
  ...
  toDomain(): Either<ErrPrimitiveConstraints, Example > {
    return match(dto)
      .with({tag: "A"}, () => E.right(new A()))
      .with({tag: "B"}, ({bData}) => bData
        ? E.right(new B(bData))
        : E.left(Error("B data not expected to be null"))
      )
      .with({tag: "C"}, ({cData}) => cData
        ? E.right(new C(cData))
        : E.left(Error("C data not expected to be null"))
      )
      .with({tag: "D"}, ({dData}) => dData
        ? dData.toDomain()
        : E.left(Error("D data not expected to be null"))
      )
      .otherwise(({tag}) => E.left(Error(`Tag ${tag} not recognized`)));
  }
}
```

Kotlin
```
@Serializable
data class NameDto(val first: String, val last: String) {
    ...
    context(_: Raise<ErrPrimitiveConstraints>)
    fun toDomain() = Name(
        first = String50(this.first),
        last = String50(this.last),
    )
}

@Serializable
data class ExampleDto(
    val tag: String,
    // A 케이스에는 데이터가 없음
    val bData: Int? = null,              // B 케이스의 데이터
    val cData: List<String> = emptyList(), // C 케이스의 데이터
    val dData: NameDto? = null,          // D 케이스의 데이터
) {
    ....
    context(r: Raise<InvalidDto>)
    fun toDomain(): Example = when (this.tag) {
        "A" -> Example.A()
        "B" -> {
            r.ensure(this.bData != null) { InvalidDto("B data not expected to be null") }
```

```
            Example.B(this.bData)
        }
        "C" -> {
            r.ensure(!this.cData.isEmpty()) { InvalidDto("C data not expected to be null") }
            Example.C(this.cData)
        }
        "D" -> {
            r.ensure(this.dData != null) { InvalidDto("D data not expected to be null") }
            withError({InvalidDto(cause = it)}) {
                Example.D(it.toDomain())
            }
        }
        else -> InvalidDto("Tag ${this.tag} not recognized ")
    }
}
```

'B'와 'C' 케이스에서는 입력 데이터가 `null`이 아니라면 도메인값으로 오류 없이 변환이 수행되며, 'D' 케이스에서는 `NameDto`에서 `Name`으로의 변환이 실패할 수 있으므로 `Either`를 반환하거나 오류를 `raise`합니다.

11.5.8 맵으로 레코드 및 선택 타입 직렬화

레코드와 선택 타입은 맵으로 직렬화할 수 도 있습니다. 이 방식은 JSON 형식에서 유용하며, JSON 객체와 잘 맞습니다. 키–값 맵으로 직렬화 하기 위해서는 Kotlin은 `Map`을, TypeScript는 단순 객체를 직렬화 합니다.

이 방법의 장점은 경계 진 맥락 간에 DTO 구조로 묶인 '계약'이 없다는 점입니다. 키–값 맵은 무엇이든 포함할 수 있으므로, 두 맥락이 서로 의존하지 않습니다. 하지만 바로 이 '계약'이 전혀 없다는 점이 단점이기도 합니다! 이는 두 맥락이 서로 다른 DTO를 생성하고 소비할 때 이 불일치를 확인하기 어렵다는 뜻입니다. 때때로 약간의 결합이 유용할 수 있습니다.

이 방식을 사용하면 `Name` 레코드는 다음과 같이 직렬화할 수 있습니다.

```TypeScript
const nameDtoFromDomain = ({first, last}: Name) => Object.fromEntries([
  ["first", first.value],
  ["last", last.value],
]);
```

```kotlin
fun Name.toDto() = mapOf(
    first to this.first.value,
    last to this.last.value,
)
```

이같이 맵을 JSON 직렬화하면 `NameDto` 타입을 생성하여 직렬화한 것과 동일한 결과가 나타납니다.

선택 타입의 DTO를 맵으로 구현할 때에 맵은 선택 타입 중 정확히 한 타입에 대응하며, 키값은 어느 타입인지에 따라 다릅니다. 예를 들어 `Example` 타입을 직렬화하면 키는 'A', 'B', 'C' 또는 'D' 중 하나가 됩니다.

```typescript
const exampleDtoFromDomain = (domainObj: Example) => Object.fromEntries([
  match(domainObj)
    .with(P.instanceOf(A), () => ["A", null] as const)
    .with(P.instanceOf(B), ({bData}) => ["B", bData] as const)
    .with(P.instanceOf(C), ({cData}) => ["C", cData] as const)
    .with(P.instanceOf(D), ({dData}) => ["D", nameDtoFromDomain(dData)] as const)
    .exhaustive(),
]);
```

```kotlin
fun Example.toDto() = mapOf(
    when(domainObj) {
        is Example.A -> "A" to null
        is Example.B -> "B" to domainObj.bData
        is Example.C -> "C" to domainObj.cData
        is Example.D -> "D" to domainObj.dData.toDto()
    }
)
```

선택 타입인 `Example`을 직렬화하는 위 코드는 레코드인 `Name` 직렬화와 유사한 방식을 보여줍니다. 각 케이스에서 데이터를 직렬화 형식으로 변환하는데, 'D' 케이스에서는 데이터가 `Name`이므로, 직렬화 형식은 `Name`에 대응하는 또 다른 맵이 됩니다.

이제 `Name`을 역직렬화하는 방법을 살펴보겠습니다. 먼저 'first' 키에서 값을 가져와야 하며(이 과정에서 오류가 발생할 수 있음), 성공하면 `String50.create`을 호출하여 `first` 필드를 얻습니다(역시 오류가 발생할 수 있음). 'last' 키와 `last` 필드도 동일한 방식으로 처리합니다. 항상 `Either` 표현식으로 처리를 단순화합니다.

TypeScript
```
const nameDtoToDomain = (i: Object): E.Either<ErrPrimitiveConstraints, Name> => pipe(
    E.Do,
    E.bind("first", () => ""String50.create(i["first"])""),
    E.bind("last", () => ""String50.create(i["last"])""),
    E.map(scope => new Name(scope.first, scope.last)),
);
```

Kotlin
```
context<Raise<ErrPrimitiveConstraints>>
fun nameDtoToDomain(i: Map<String, Any>) = Name(
    first = String50(i["first"]),
    last = String50(i["last"]),
)
```

Example과 같은 선택 타입을 역직렬화하려면, 각 케이스에 대해 키가 있는지 확인해야 합니다. 키가 있으면 이를 가져와 도메인 객체로 변환할 수 있습니다. 각 케이스마다 오류가 발생할 가능성이 많으므로, 각 케이스에 대해 `Either` 표현식을 사용합니다.

TypeScript
```
const exampleDtoToDomain = (i: Object): E.Either<Error, Example> => {
    if(i["A"]) return E.right(A.create());
    if(i["B"]) return B.create(i["B"]);
    if(i["C"]) return C.create(i["C"]);
    if(i["D"]) return pipe(nameDto, nameDtoToDomain);
    return E.left(Error("No union case recognized"));
}
```

Kotlin 예시는 다음과 같습니다.

Kotlin
```
context<r: Raise<...>>
fun exampleDtoToDomain(dto: Map<String, Any>) = when{
    dto.contains("A") -> A()
    dto.contains("B") -> B(dto["B"])
    dto.contains("C") -> C(dto["C"])
    dto.contains("D") -> D(nameDtoToDomain(dto["D"]))
    else -> r.raise(InvalidUnionCase(i.toString()))
}
```

11.5.9 제네릭

많은 경우 도메인 타입은 제네릭입니다. 직렬화 라이브러리가 제네릭을 지원하는 경우, 제네릭으로 DTO를 만들 수 있습니다. 예를 들어 `Either` 타입은 제네릭이며 다음과 같이 제네릭 `EitherDto`로 변환할 수 있습니다.

```TypeScript
class EitherDto<T, E> {
  constructor(
    readonly isLeft: boolean,
    readonly right: T | null = null,
    readonly left: E | null = null,
  ) { }
}
```

```Kotlin
data class EitherDto<T, E>(
    val isLeft: Boolean,
    val right: T?,
    val left: E?,
)
```

제네릭 타입인 `T`와 `E`는 해당 JSON 객체에서 누락되거나 `null`일 수 있기 때문에 `nullable`이라는 점을 주의합시다. 만약 직렬화 라이브러리가 제네릭을 지원하지 않는다면, 구체적인 케이스마다 DTO를 준비해야 합니다. 번거로워 보일 수 있으나 실제로는 직렬화가 필요한 제네릭 타입이 거의 없다는 것을 알게 될 것입니다.

예를 들어 주문 처리 작업 흐름에서 `Either` 타입을 제네릭 타입 대신 구체 타입으로 변환하는 예시는 다음과 같습니다.

```TypeScript
class PlaceOrderEitherDto {
  constructor(
    readonly isLeft: boolean,
    readonly right: PlaceOrderEventDto[] = [],
    readonly left: PlaceOrderErrorDto | null = null,
  ) { }
}
```

```kotlin
data class PlaceOrderEitherDto(
    val isLeft: Boolean,
    val right: List<PlaceOrderEventDto> = emptyList(),
    val left: PlaceOrderErrorDto? = null,
)
```

11.6 마무리

이번 장에서는 경계 진 맥락이라는 깨끗한 도메인 세상을 떠나 복잡한 인프라 세계에 발을 디뎠습니다. 경계 진 맥락과 외부 세계 간의 중간 매개체 역할을 하는 직렬화 가능한 데이터 전송 객체를 디자인하는 방법을 논의하고 이를 구현할 때 도움이 될 만한 여러 지침을 살펴봤습니다.

직렬화는 외부 세계와 상호작용하는 방법 중 하나에 불과하며, 대부분의 애플리케이션은 어떤 식으로든 데이터베이스와 소통이 필요합니다. 다음 장에서는 도메인 모델을 관계형 데이터베이스와 NoSQL 데이터베이스로 다루는 영속화 기술과 그에 따른 과제를 다루겠습니다.

CHAPTER 12

영속화

지금까지 우리는 도메인 모델을 영속화 방식과 무관하게(**영속화 무시**persistence ignorant) 디자인해왔습니다. 즉, 데이터를 어떻게 저장할지, 다른 서비스와 어떻게 상호작용할지 구현하는 방식에 맞춰 왜곡하지 않도록 디자인했습니다.

하지만 대다수 애플리케이션은 프로세스나 작업 흐름이 끝나더라도 더 길게 상태를 영속시켜야 합니다. 따라서 파일 시스템이나 데이터베이스와 같이 상태를 영속시키는 어떤 메커니즘에 의존해야 합니다. 완벽하게 순수한 도메인 모델에서 복잡하고 지저분한 **인프라** 세계로 이동할 때에는 안타깝게도 어느 정도의 불일치는 늘 발생합니다.

이 장에서는 도메인 모델을 어떻게 영속시킬지 설명합니다. 먼저 **명령-질의 분리**command-query separation와 같은 일반 원칙을 논의한 뒤 구현 디테일을 살펴봅시다. 특히, 도메인 모델을 NoSQL 문서형 데이터베이스와 전통적인 SQL 데이터베이스에 영속시키는 두 가지 구현 방식을 알아봅니다. 이 장을 마치면 영속화 메커니즘 연동에 필요한 모든 지식을 갖추게 될 것입니다.

구체적인 영속화 메커니즘을 알아보기 전에, 도메인 주도 설계 관점에서 지속에 관한 몇 가지 일반 지침부터 살펴봅시다.

- 영속화 코드를 가장자리로 밀어내기
- 갱신 명령과 조회 질의 분리하기
- 경계 진 맥락마다 독자 데이터 저장소 소유하기

12.1 영속화 코드를 가장자리로 밀어내기

이전에 논의했듯이, 이상적으로는 모든 함수가 **순수**하길 원합니다. 이렇게 하면 함수를 이해하고 테스트하기에 더 쉬워집니다. 외부 세계에서 데이터를 읽거나 쓰는 함수는 순수할 수 없기에[1] 작업 흐름 안에 입출력이나 영속화 로직을 섞지 않는 것이 좋습니다. 따라서 작업 흐름을 두 부분으로 분리합시다.

- 비즈니스 로직을 포함하는 도메인 중심 부분
- 입출력 관련 코드를 포함하는 가장자리 부분

예를 들어 지불 작업 흐름을 구현한다고 가정해봅시다. 도메인 로직과 입출력이 혼합된 구현 예시는 다음과 같습니다.

- 데이터베이스에서 송장 불러오기
- 지불 내역 적용
- 송장을 모두 지불하면 데이터베이스에 '모두 지불함'으로 표시 및 `InvoicePaid` 이벤트 게시
- 송장을 모두 지불하지 않았다면 데이터베이스에 '일부 지불함'으로 표시, 이벤트 미게시

이를 코드로 나타내면 다음과 같습니다.

```TypeScript
// 도메인 로직과 입출력이 혼합된 작업 흐름
const payInvoice = (invoiceId: InvoiceId) => async (payment: Payment):
Promise<InvoicePaidEvent | null> => {
  // 데이터베이스에서 읽어 들임
  const invoice = await loadInvoiceFromDatabase(invoiceId);

  // 지불 적용
  await invoice.applyPayment(payment);

  // 결과 처리
  if (invoice.IsFullyPaid) {
    await markAsFullyPaidInDb(invoiceId);
```

---

[1] (옮긴이) 순수 함수라 불리기 위해선 두 가지 속성, 함수 범위 추론(local reasoning)과 참조 투명성(referential transparency)을 충족해야 합니다. 함수 범위 추론은 함수 스코프 바깥의 무엇도 참조하지 않고 함수 동작을 추론할 수 있다는 뜻이고, 참조 투명성은 함수 출력으로 함수 호출을 치환 가능한지 여부입니다. 그 밖의 함수 호출 시 일어나는 모든 일은 효과라 부릅니다. 입력 함수는 외부 입력에 따라 출력이 바뀌므로 이는 효과입니다. 입출력 함수 모두 함수 호출을 출력값으로 치환하면 외부로 입출력이 일어나지 않으므로 이 또한 효과입니다.

```
      return postInvoicePaidEvent(invoiceId);
  } else {
      await markAsPartiallyPaidInDb(invoiceId);
      return null;
  }
}
```

```kotlin
// 도메인 로직과 입출력이 혼합된 작업 흐름
val payInvoice: suspend (invoiceId, payment): InvoicedPaidEvent? = {
    // 데이터베이스에서 읽어 들임
    val invoice = loadInvoiceFromDatabase(invoiceId)

    // 지불 적용
    invoice.applyPayment(payment)

    // 결과 처리
    if (invoice.IsFullyPaid) {
        markAsFullyPaidInDb(invoiceId)
        return postInvoicePaidEvent(invoiceId)
    } else {
        markAsPartiallyPaidInDb(invoiceId)
        return null
    }
}
```

이 함수는 순수하지 않아서 테스트하기 어렵습니다.

데이터베이스 조작 없이 지불 내역을 적용한 결과를 반환하는 순수한 `applyPayment` 함수로 비즈니스 로직을 분리해봅시다. 이 함수는 `InvoicePaymentResult`라는 타입을 반환합니다.

```typescript
type InvoicePaymentResult =
  | "FullyPaid"
  | PartiallyPaid

// 도메인 작업 흐름: 순수 함수
const applyPayment = (payment: Payment) => (unpaidInvoice: UnpaidInvoice):
InvoicePaymentResult => {
  // 지불 적용
  const updatedInvoice = unpaidInvoice.applyPayment(payment);

  // 결과 처리
  return isFullyPaid(updatedInvoice)
```

```
        ? "FullyPaid"
        : PartiallyPaid(updatedInvoice);
}
```

```kotlin
sealed class InvoicePaymentResult {
    object FullyPaid: InvoicePaymentResult()
    class PartiallyPaid( ... ): InvoicePaymentResult()
}

// 도메인 작업 흐름: 순수 함수
val applyPayment: (UnpaidInvoice, Payment) -> InvoicePaymentResult = { unpaidInvoice,
payment ->
    // 지불 적용
    val updatedInvoice = unpaidInvoice.applyPayment(payment)

    // 결과 처리
    if updatedInvoice.isFullyPaid
        InvoicePaymentResult.FullyPaid
    else
        InvoicePaymentResult.PartiallyPaid(updatedInvoice)
}
```

이 함수는 완전히 순수합니다. 데이터를 불러오거나 저장하지 않고 필요한 데이터는 모두 매개변수로 받습니다. 의사 결정을 내린 결과를 선택 타입 형태로 반환할 뿐 그에 따른 입출력 로직을 즉각 수행하지 않습니다. 그렇기에 함수가 기대한 대로 수행하는지 테스트하기가 쉽습니다.

순수 함수 `applyPayment`를 입출력이 허용되는 맥락 경계의 명령 핸들러에서 활용하면 다음과 같습니다.

```typescript
class PayInvoiceCommand {
  ...
  readonly invoiceId : ...
  reaonly payment : ...
  ...
}

// 경계 진 맥락 가장자리의 명령 처리기
const payInvoice = async ({invoiceId, payment}: PayInvoiceCommand) => {
  // 데이터베이스에서 읽어 들임
  const unpaidInvoice = await loadInvoiceFromDatabase(invoiceId); // 입출력
```

```
  // 순수 도메인 호출
  const paymentResult = pipe(unpaidInvoice, applyPayment(payment)) // 순수

  // 결과 처리
  switch(paymentResult) {
  case "FullyPaid":
    await markAsFullyPaidInDb(invoiceId);   // 입출력
    await postInvoicePaidEvent(invoiceId); // 입출력
  default:
    await updateInvoiceInDb(paymentResult.updatedInvoice); // 입출력
  }
}
```

```kotlin
class PayInvoiceCommand (
    val invoiceId : ...
    val payment : ...
)

// 경계 진 맥락 가장자리의 명령 처리기
suspend fun payInvoice(cmd: PayInvoiceCommand): Unit {
    // 데이터베이스에서 읽어 들임
    val unpaidInvoice = loadInvoiceFromDatabase(cmd.invoiceId)   // 입출력

    // 순수 도메인 함수 호출
    val paymentResult = applyPayment(unpaidInvoice, cmd.payment) // 순수

    // 결과 처리
    when (paymentResult) {
        InvoicePaymentResult.FullyPaid -> {
            markAsFullyPaidInDb(cmd.invoiceId)  // 입출력
            postInvoicePaidEvent(cmd.invoiceId) // 입출력
        }
        is InvoicePaymentResult.PartiallyPaid ->
            updateInvoiceInDb(paymentResult.updatedInvoice)      // 입출력
    }
}
```

이 명령 핸들러는 스스로 어떤 결정을 내리는 것이 아니라, 내부 도메인 함수가 내린 결정에 따라 입출력 처리만 하는 점을 주목합시다. 결과적으로 이 함수는 단위 테스트로 테스트할 필요는 없습니다. 왜냐하면 딱히 테스트로 검증할 만큼 복잡한 로직이 영속화 코드에는 들어 있지 않기 때문입니다. 그렇다고 해서 테스트하지 말라는 의미는 아니지만, 엔드 투 엔드 통합 테스트의 일부로 테스트하는 것이 더 나을 수 있습니다.

이 복합 함수를 샌드위치로 생각해볼 수 있습니다. 순수한 도메인 중심부를 앞뒤로 입출력 부분이 감싸는 구조이므로 다음 그림과 같이 나타낼 수 있습니다.

이 함수를 격리하여 테스트하고 싶다면 호출할 입출력 작업을 함수 매개변수로 받으면 됩니다. 예를 들면 다음과 같습니다.

```TypeScript
// 경계 진 맥락 가장자리에서의 명령 핸들러
const payInvoice = (
  loadUnpaidInvoiceFromDatabase: loadUnpaidInvoiceFromDatabase,
  markAsFullyPaidInDb: MarkAsFullyPaidInDb,
  updateInvoiceInDb: UpdateInvoiceInDb,
) => async ({invoiceId, payment}: PayInvoiceCommand) => {
  // 데이터베이스에서 읽어 들임
  const unpaidInvoice = await loadInvoiceFromDatabase(invoiceId); // 입출력

  // 순수 도메인 호출
  const paymentResult = pipe(unpaidInvoice, applyPayment(payment)) // 순수

  // 결과 처리
  switch(paymentResult) {
  case "FullyPaid":
    await markAsFullyPaidInDb(invoiceId);  // 입출력
    await postInvoicePaidEvent(invoiceId); // 입출력
  default:
    await updateInvoiceInDb(paymentResult.updatedInvoice); // 입출력
  }
}
```

```Kotlin
// 경계 진 맥락 가장자리의 명령 처리기
context(InvoiceRepository)
suspend fun payInvoice(cmd: PayInvoiceCommand): Unit {
    // 데이터베이스에서 읽어 들임
    val unpaidInvoice = loadInvoiceFromDatabase(cmd.invoiceId) // 입출력
```

```
    // 순수 도메인 호출
    val paymentResult = applyPayment(unpaidInvoice, cmd.payment) // 순수

    // 결과 처리
    when (paymentResult) {
        InvoicePaymentResult.FullyPaid -> {
            markAsFullyPaidInDb(cmd.invoiceId)  // 입출력
            postInvoicePaidEvent(cmd.invoiceId) // 입출력
        }
        is InvoicePaymentResult.PartiallyPaid ->
          updateInvoiceInDb(paymentResult.updatedInvoice) // 입출력
    }
}
```

이제 매개변수나 콘텍스트로 스텁stub을 넣어서 이 함수를 쉽게 테스트할 수 있습니다. 이와 같이 입출력을 수행하는 복합 함수는 애플리케이션의 최상위 레벨에 위치해야 합니다. 예를 들어 **컴포지션 루트**나 컨트롤러에 있어야 합니다.[2]

12.1.1 입력값을 토대로 한 의사 결정

위의 예제에서는 모든 데이터를 도메인 함수 밖에서 입력받아 전달할 수 있다고 가정했습니다. 그러나 데이터베이스에서 읽어 들인 내용을 토대로 **순수한** 코드 한가운데에서 결정을 내려야 한다면 어떻게 할까요? 해결책은 의사 결정 로직들은 순수 함수로 유지하되 입출력 효과를 이들 사이에 끼워 넣는 것입니다. 다음과 같은 구조로 말이지요.

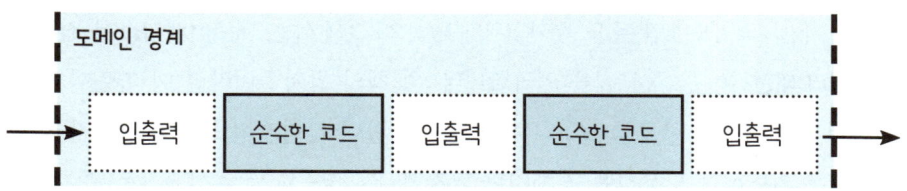

순수 함수는 비즈니스 로직을 포함하며 결정을 내리고, 입출력 함수는 데이터를 읽고 씁니다. 예를 들어 지불 내역들을 처리하고 나서 총미납 금액을 계산하고, 너무 큰 경우 고객에게 경고 메시지를 보내는 경우를 가정해봅시다. 추가 요구사항을 반영한 파이프라인 세부 단계는 다음과 같습니다.

---

2 〔옮긴이〕 9장에서 비슷한 내용이 나왔습니다. 의존을 주입하는 로직은 컴포지션 루트에 있어야 한다는 것입니다. 지금은 입출력을 수행하는 로직은 컴포지션 루트에 있어야 한다고 합니다. 효과를 밖으로 몰아낸다는 의미가 바로 이것입니다! 의존 주입, 입출력 수행 등의 수많은 효과들은 최상단 함수, 즉 맥락 경계로 모두 몰아내서 경계 진 맥락 내부를 순수 함수들의 파이프라인으로 정리하는 방법입니다.

```
--- 입출력 ---
DB에서 송장 불러오기

--- 순수 ---
지불 로직 처리

--- 입출력 ---
결과 선택 타입 패턴 매칭:
    "FullyPaid"일 경우 -> DB에서 송장을 '완납'으로 표시
    "PartiallyPaid"일 경우 -> 업데이트된 송장을 DB에 저장

--- 입출력 ---
DB에서 모든 미납 송장의 금액 불러오기

--- 순수 ---
금액 합산 후 금액이 너무 큰지 여부 결정

--- 입출력 ---
결과 선택 타입 패턴 매칭:
    "OverdueWarningNeeded"일 경우 -> 고객에게 메시지 전송
    "NoActionNeeded"일 경우 -> 아무 작업도 하지 않음
```

입출력과 도메인 로직이 빈번하게 섞이면 간단한 '샌드위치'가 아니라 '밀크레이프'처럼 될 수 있습니다. 이런 경우에는 7.9절에서 논의했듯이 더 작은 작업 흐름들로 나누는 것이 좋습니다. 이렇게 하면 각 작업 흐름들을 작고 단순한 샌드위치같이 유지할 수 있습니다.

12.1.2 리포지터리 패턴은 어디에 있을까요?

에릭 에반스Eric Evans의 《도메인 주도 설계》(위키북스, 2023)에서는 데이터베이스에 접근하는 패턴으로 **리포지터리 패턴**repository pattern을 언급합니다. 위 책의 독자들이라면 이 패턴이 함수형 디자인에서 어떻게 들어맞는지 궁금할 것입니다. 답은 간단합니다. 함수형 스타일과 맞지 않습니다. 리포지터리 패턴은 가변성을 활용하는 객체지향 디자인에서 영속화를 추상화하는 훌륭한 방법입니다. 하지만 모든 것을 함수로 모델링하고 영속화 코드를 가장자리로 밀어내면, 리포지터리 패턴은 더 이상 필요하지 않습니다.

함수 형태로 영속화 코드를 밀어내는 방식은 유지 관리 측면에서도 이점이 있습니다. 여러 메서드를 한데 모은 입출력 인터페이스를 사용하지 않고, 각 특정 입출력 접근을 위한 개별 함수를 정의하고 필요한 경우에만 사용하는 장점이 있습니다.

12.2 갱신 명령과 조회 질의 분리하기

다음으로 살펴볼 원칙은 **명령-질의 분리** command-query separation, CQS입니다. 함수형 도메인 모델링에서는 모든 대상을 불변으로 디자인합니다. 저장 시스템 또한 불변으로 간주할 수 있습니다. 즉, 저장 시스템의 데이터를 변경할 때마다 새로운 버전으로 변환된다고 생각할 수 있습니다. 예를 들어 함수형 스타일로 레코드를 삽입하려면 삽입 함수가 삽입할 데이터와 데이터 저장소의 기존 상태를 매개변수로 받고, 삽입 완료 후에는 데이터가 추가된 새로운 데이터 저장소를 반환한다고 생각할 수 있습니다.

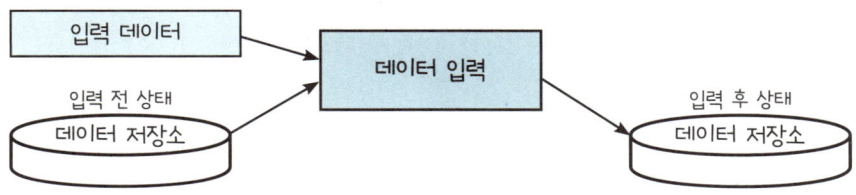

코드로 표현하면 다음과 같은 **타입 시그니처**로 모델링할 수 있습니다.

```typescript
type InsertData = (d: Data) => (s: DataStoreState) => NewDataStoreState;
```

```kotlin
typealias InsertData = DataStoreState.(Data) -> NewDataStoreState
```

데이터 저장소와 상호작용하는 기본 방식은 생성, 조회, 수정, 삭제 네 가지가 있습니다.

방금 살펴본 생성 외의 다른 것들도 다이어그램으로 표현해봅시다.

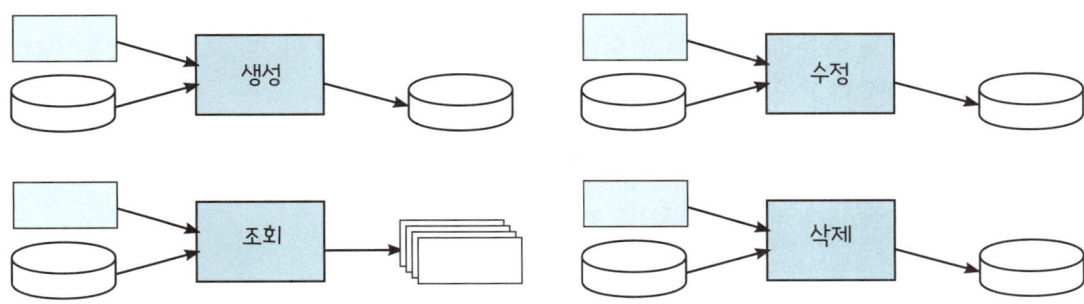

코드로 표현하면 다음과 같습니다.

```typescript
// TypeScript
type InsertData = (d: Data) => (s: DataStoreState) => NewDataStoreState;
type ReadData = (q: Query) => (s: DataStoreState) => Data;
type UpdateData = (d: Data) => (s: DataStoreState) => NewDataStoreState;
type DeleteData = (k: Key) => (s: DataStoreState) => NewDataStoreState;
```

```kotlin
// Kotlin
typealias InsertData = DataStoreState.(Data) -> NewDataStoreState
typealias ReadData = DataStoreState.(Query) -> Data
typealias UpdateData = DataStoreState.(Data) -> NewDataStoreState
typealias DeleteData = DataStoreState.(Key) -> NewDataStoreState
```

위 연산에서 하나는 나머지와 다릅니다. 서로 다른 두 가지 다른 종류의 작업을 명확히 구분할 수 있습니다.

- 생성, 수정, 삭제 작업은 데이터베이스의 상태를 변경하며 (일반적으로) 유용한 데이터를 반환하지 않습니다.
- 조회 작업은 데이터베이스의 상태를 변경하지 않으며, 네 가지 중 유일하게 유용한 결과를 반환합니다.

명령-질의 분리 원칙은 이러한 차이에 기반을 두고 있습니다. 이 원칙은 데이터를 반환하는 질의 코드가 데이터를 업데이트하는 명령 코드와 섞여서는 안 된다고 명시합니다. 쉽게 말해 질의로 답이 수정되어서는 안 됩니다.

CQS 원칙을 함수형 프로그래밍에 적용한다면 다음과 같이 제안합니다.

- 데이터를 반환하는 함수는 저장소의 상태를 변경하는 부수 효과를 가지면 안 됩니다.
- 상태를 변경하는 부수 효과가 있는 함수는 데이터를 반환해서는 안 됩니다. 즉, 이 함수는 `Unit`을 반환해야 합니다.

이 원칙은 우리가 디자인 전반에서 이미 사용하고 있는 내용이지만, 이것을 데이터베이스에 구체적으로 적용해보겠습니다. 타입 시그니처를 조금 더 다듬어봅시다.

- 입력에서 `DataStoreState`를 `DbConnection`과 같은 데이터 저장소에 대한 핸들로 대체할 수 있습니다.

- 출력 `NewDataStoreState`는 실제 데이터 저장소와는 관련이 없습니다. 데이터 저장소는 가변적이고 새로운 상태를 반환하지 않기 때문입니다.[3] 따라서 이 타입을 `Unit` 타입으로 대체할 수 있습니다.

우리의 시그니처는 이제 다음과 같이 보일 것입니다.

```typescript
type InsertData = (i: DbConnection) => (j: Data) => Unit;
type ReadData = (i: DbConnection) => (j: Query) => Data;
type UpdateData = (i: DbConnection) => (j: Data) => Unit;
type DeleteData = (i: DbConnection) => (j: Key) => Unit;
```

```kotlin
typealias InsertData = DbConnection.(Data) -> Unit
typealias ReadData = DbConnection.(Query) -> Data
typealias UpdateData = DbConnection.(Data) -> Unit
typealias DeleteData = DbConnection.(Key) -> Unit
```

`DbConnection` 타입은 특정 데이터 저장소에 의존적이므로, 호출자로부터 이 종속성을 숨기기 위해 부분 적용 등의 기술을 사용할 수 있습니다(8.2.5절 참고). 이렇게 불필요한 종속성까지 숨기면, 도메인 코드에서 본 우리의 영속화 관련 함수는 데이터베이스에 종속되지 않고 다음과 같은 시그니처를 갖게 됩니다.

```typescript
type InsertData = (i: Data) => Unit;
type ReadData = (i: Query) => Data;
type UpdateData = (i: Data) => Unit;
type DeleteData = (i: Key) => Unit;
```

```kotlin
typealias InsertData = (Data) -> Unit
typealias ReadData = (Query) -> Data
typealias UpdateData = (Data) -> Unit
typealias DeleteData = (Key) -> Unit
```

---

3 (옮긴이) ORM은 보통 수정 결과를 별도 질의하여 반환해줍니다. ORM 없이 SQL이나 DB API로 수정하는 경우를 생각해보면 수정 명령 시 수정 결과를 별도로 반환하지 않습니다.

이전 장에서 본 내용과 동일할 것입니다. 물론 입출력과 가능한 오류를 처리하기 때문에 실제 시그니처는 일부 효과를 포함해야 합니다. `Either` 타입과 가능하다면 `Async`를 포함하는 `DataStoreResult` 또는 `DbResult`와 같은 별칭을 생성하는 것이 일반적이며, 시그니처는 다음과 같을 것입니다.

```TypeScript
type DbError = ...
type DbResult<T> = TaskEither<DbError, T>;

type InsertData = (i: Data) => DbResult<Unit>;
type ReadData = (i: Query) => DbResult<Data>;
type UpdateData = (i: Data) => DbResult<Unit>;
type DeleteData = (i: Key) => DbResult<Unit>;
```

```Kotlin
class DbException { ... }

typealias InsertData = suspend context(Raise<DbException>) (Data) -> Unit
typealias ReadData = suspend context(Raise<DbException>) (Query) -> Data
typealias UpdateData = suspend context(Raise<DbException>) (Data) -> Unit
typealias DeleteData = suspend context(Raise<DbException>) (Key) -> Unit
```

12.2.1 명령-질의 책임 분리

저장소에 저장하는 객체와 읽는 객체를 똑같이 맞추려는 유혹이 자주 발생합니다. 예를 들어 `Customer` 레코드를 저장소에 저장하고 불러올 때 다음과 같은 부수 효과 함수로 처리할 수 있습니다.

```TypeScript
type SaveCustomer = (i: Customer) => DbResult<Unit>;
type LoadCustomer = (i: CustomerId) => DbResult<Customer>;
```

```Kotlin
typealias SaveCustomer = suspend context(Raise<DbException>) (Customer) -> Unit
typealias LoadCustomer = suspend context(Raise<DbException>) (CustomerId) -> Customer
```

그러나 동일한 타입으로 읽고 쓰는 것은 여러 이유로 바람직하지 않습니다.

첫째, 읽는 데이터는 쓰여질 때 필요한 데이터와 종종 다릅니다. 예를 들어 정규화된 쓰기 데이터와 달리 읽을 때는 비정규화된 데이터나 계산된 값을 질의하기도 합니다. 또한 새 레코드를 생성할 때는 생성된 ID나 버전과 같은 필드가 없지만 질의하면 같이 반환됩니다. 하나의 데이터 타입으로 여러 목적을 충족시키려고 하기보다는, 각 데이터 타입을 특정 용도에 맞게 디자인하는 것이 더 좋습니다.

둘째, 질의와 명령은 독립적으로 진화하는 경향이 있으므로 결합되어서는 안 됩니다. 예를 들어 시간이 지남에 따라 동일한 데이터에 대해 세 개 또는 네 개의 다른 형태로 질의를 할 수 있지만, 업데이트 명령은 하나만 필요한 경우가 있습니다. 질의 타입과 명령 타입이 동일해야 한다면 이런 경우에 어색해집니다.

마지막으로 일부 질의는 성능상의 이유로 한 번에 여러 엔터티를 반환해야 할 수도 있습니다. 예를 들어 주문을 읽어 들일 때 해당 주문과 관련된 고객 데이터를 한 번에 올리려고 할 수 있습니다. 데이터베이스에 여러 번 요청하는 대신 말입니다. 물론, 주문을 저장할 때는 `Customer`에 대한 참조로 `CustomerId`만 저장하고 전체 `Customer`를 저장하지 않을 것입니다.

이러한 관찰을 바탕으로, 질의와 명령은 도메인 모델링 관점에서 거의 항상 다르며, 따라서 다른 타입으로 모델링해야 합니다. 질의 타입과 명령 타입의 분리는 자연스럽게 이들이 서로 독립적으로 진화할 수 있도록 다른 모듈로 분리하는 디자인으로 이어집니다. 하나의 모듈은 질의(읽기 모델)를 담당하고, 다른 모듈은 명령(쓰기 모델)을 담당합니다. 이를 **명령-질의 책임 분리**command-query responsibility segregation, CQRS라고 합니다.

예를 들어 고객에 대해 별도의 읽기와 쓰기 모델을 정의하려면 `WriteModel.Customer` 타입과 `ReadModel.Customer` 타입을 정의할 수 있으며, 데이터 액세스 함수는 다음과 같을 것입니다.

```typescript
type SaveCustomer = (i: WriteModel.Customer) => DbResult<Unit>;
type LoadCustomer = (i: CustomerId) => DbResult<ReadModel.Customer>;
```

```kotlin
typealias SaveCustomer = suspend context(Raise<DbException>> (WriteModel.Customer) -> Unit
typealias LoadCustomer = suspend context(Raise<DbException>> (CustomerId) -> ReadModel.Customer
```

12.2.2 CQRS와 데이터베이스 분리

CQRS 원칙은 데이터베이스에도 적용할 수 있습니다. 이 경우 쓰기에 최적화된 데이터 저장소(인덱스 없음, 트랜잭셔널 등)와 질의에 최적화된 데이터 저장소(비정규화, 인덱스 많음 등) 두 가지를 사용할 수 있습니다.

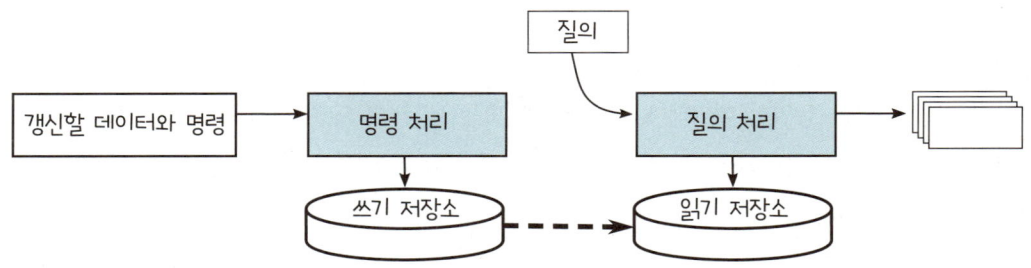

위의 그림은 **논리적** 뷰입니다. 반드시 두 개의 물리적 데이터베이스가 필요한 것은 아닙니다. 관계형 데이터베이스를 예로 들면, **쓰기** 모델은 단순히 테이블일 수 있고 **읽기** 모델은 해당 테이블에 대한 미리 정의된 뷰일 수 있습니다.

물리적으로 분리된 데이터 저장소가 있는 경우, **쓰기 저장소**에서 **읽기 저장소**로 데이터를 복사하는 특별한 프로세스를 구현해야 합니다. 이는 추가 작업이므로, 별도의 데이터 저장소 디자인이 제공하는 이점이 가치 있는지 결정해야 합니다. 더 중요한 것은, 읽는 데이터가 쓰여진 것보다 예전 데이터일 수 있다는 것입니다. 그 말인즉 읽기 저장소가 **결과적 일관성**eventually consistent을 가지며 즉시 일관되지 않는다는 의미입니다. 이는 도메인에 따라서 문제가 되기도 되지 않기도 합니다 (6.5.2절 참조).

읽기와 쓰기를 분리하기로 결정했다면, 특정 도메인에 맞춘 개별 읽기 저장소를 사용할 수 있는 유연성을 갖게 됩니다. 특히, 여러 경계 진 맥락으로부터 집계된 데이터를 포함하는 읽기 저장소를 가질 수 있으며, 이는 보고 및 비즈니스 분석 시스템에 특히 유용합니다.

12.2.3 이벤트 소싱

CQRS는 종종 **이벤트 소싱**[4]과 연관됩니다. 이벤트 소싱 접근법에서는 상태를 단일 객체로 저장하지 않습니다. 대신 상태 변경이 일어날 때마다 상태 변경을 나타내는 이벤트(예: `InvoicePaid`)를 저

---
[4] https://microservices.io/patterns/data/event-sourcing.html

장합니다. 이렇게 하면 이전 상태와 새로운 상태 간의 모든 차이가 캡처되며, 이는 버전 관리 시스템과 유사한 방식입니다. 작업 흐름의 시작 시점에서 현재 상태를 복원하기 위해 이제까지 모든 이벤트를 재생replay합니다. 이 방식은 많은 장점이 있는데, 특히 모든 것이 감사audit 대상인 도메인들을 모델링할 때 잘 맞습니다. '회계사는 지우개를 사용하지 않는다'는 말이 있듯이 말이지요. 이벤트 소싱은 방대한 주제이기 때문에 여기에서 충분히 다룰 수는 없습니다.

12.3 경계 진 맥락마다 독자 데이터 저장소 소유하기

지속에 관한 또 다른 중요한 지침은 각 경계 진 맥락마다 자신만의 데이터 저장소를 소유하라는 것입니다. 풀어 말하자면 다음과 같습니다.

- 경계 진 맥락은 자신의 데이터 저장소와 관련 스키마schema를 소유해야 하며, 다른 경계 진 맥락과 조율 없이 언제든 이를 변경할 수 있어야 합니다.
- 다른 시스템은 경계 진 맥락이 소유한 데이터를 직접 액세스할 수 없습니다. 대신 클라이언트는 경계 진 맥락의 공개 API를 사용하거나 데이터 저장소의 복사본을 사용해야 합니다.

이 지침의 목적은 경계 진 맥락 간의 결합도를 낮추고 각 맥락이 독립적으로 진화하도록 보장하는 것입니다. 만약 시스템 A가 시스템 B의 데이터 저장소에 액세스한다면, 코드베이스가 완전히 독립적이라 하더라도 데이터를 공유하기에 두 시스템은 사실상 결합됩니다.

어느 정도로 '분리isolation'할지는 디자인 요구사항과 운영팀의 요구사항에 따라 달라질 수 있습니다. 한쪽 극단에서는 경계 진 맥락마다 물리적으로 독립된 데이터베이스나 데이터 저장소를 꾸려서 다른 모든 맥락과 완전히 분리하여 배포할 수 있습니다. 반대쪽 극단에서는 모든 맥락의 데이터가 하나의 물리적 데이터베이스에 저장되지만 네임스페이스 등으로 각 맥락의 데이터를 논리적으로 분리할 수 있습니다.

12.3.1 여러 도메인의 데이터를 사용하는 방법

보고 및 비즈니스 분석 시스템의 경우는 어떨까요? 이런 시스템은 경계 진 맥락들의 데이터를 액세스해야 하는데 앞에서 이러한 방식은 좋지 않다고 말했습니다. 해결책은 **리포팅**이나 **비즈니스 인텔리전스**business intelligence, BI를 별도의 도메인으로 취급하여 다른 경계 진 맥락이 소유한 데이터를 리포팅 전용으로 디자인된 별도의 시스템으로 복사하는 것입니다. 이 방식은 추가 작업이 필요하지만 소스 시스템과 리포팅 시스템이 서로 독립적으로 진화해가며 각자 관심사에 최적화되게 합니다. 물론, 이는 새로운 것이 아니며 **온라인 트랜잭션 처리**OLTP[5]와 **온라인 분석 처리**OLAP[6] 시스템 간 구분은 수십 년 전부터 존재해왔습니다.

다른 경계 진 맥락에서 비즈니스 인텔리전스 맥락으로 데이터를 가져오는 방법에는 여러 가지가 있습니다. **순수한** 방법은 다른 시스템에서 발생한 이벤트를 구독하는 것입니다. 예를 들어 주문이 생성될 때마다 관련 이벤트가 생겨서 비즈니스 인텔리전스 맥락은 해당 이벤트를 수신하여 자체 데이터 저장소에 해당 레코드를 삽입할 수 있습니다. 이 방식은 비즈니스 인텔리전스 맥락을 또 다른 도메인으로 취급하기에 별도로 디자인할 필요가 없다는 장점이 있습니다.

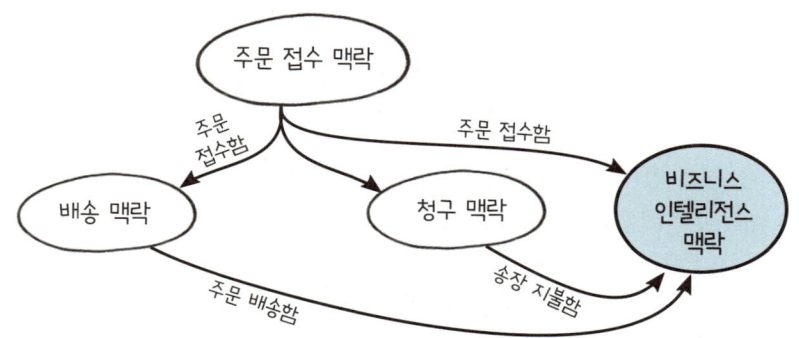

다른 방법은 전통적인 추출, 변환, 적재extract, transform, load, ETL[7] 프로세스로 소스 시스템에서 BI 시스템으로 데이터를 복사하는 것입니다. 이 방법은 초기 구현이 더 쉬울 수 있지만, 소스 시스템이 데이터베이스 스키마를 변경할 때마다 추가적인 유지 보수가 필요할 가능성이 큽니다.

비즈니스 인텔리전스 도메인 내에서는 정형화된 도메인 모델이 거의 필요하지 않습니다. 대신 '큐브cube'라고 알려진 다차원 데이터베이스를 개발하여 다양한 접근 경로와 비정형 질의를 효율적으로 지원하는 것이 더 중요할 것입니다.

운영 데이터를 처리할 때도 유사한 방식을 사용할 수 있습니다. **운영 인텔리전스**operational intelligence를 별도의 도메인으로 취급한 다음, 로그, 메트릭, 기타 데이터의 분석 및 리포팅을 위해 해당 도메인으로 전송합니다.

---

5 https://en.wikipedia.org/wiki/Online_transaction_processing
6 https://en.wikipedia.org/wiki/Online_analytical_processing
7 https://en.wikipedia.org/wiki/Extract,_transform,_load

12.4 문서형 데이터베이스로 작업하기

지금까지는 영속화와 관련한 일반 원칙들을 이야기했습니다. 이제 완전히 방향을 바꿔 구현 예제를 다뤄보겠습니다. 먼저 JSON이나 XML 형식의 반구조적 데이터를 저장하도록 디자인된 이른바 **문서 데이터베이스**document database부터 얘기해봅시다.

문서 데이터베이스에 데이터를 영속시키는 것은 간단합니다. 이전 장(11장)에서 논의한 기법으로 도메인 객체를 DTO로 먼저 변환합니다. 그다음 단계는 데이터베이스의 직렬화 방식과 SDK에 따라 다른데, 특정 형식으로 직렬화하는 책임이 사용자에 있을 수도 있고 SDK가 책임질 수도 있습니다. 후자의 경우 DTO 형태로 SDK의 API를 호출하면, SDK가 직접 적절한 방식으로 직렬화하여 내부 API를 호출합니다.

12.5 관계형 데이터베이스 작업하기

관계형 데이터베이스는 대부분의 코드와는 매우 다른 모델을 가지고 있으며, 이로 인해 다양한 문제들을 야기해왔습니다. 이를 **임피던스 불일치**impedance mismatch라 부릅니다.

함수형 프로그래밍 원칙을 사용해 개발한 데이터 모델은 관계형 데이터베이스와 더 잘 호환하는 경향이 있습니다. 이는 함수형 모델이 데이터와 동작을 혼합하지 않기에 레코드를 저장하고 불러오는 작업이 더 간단하기 때문입니다. 그렇더라도 여전히 해결해야 할 문제가 남아 있습니다. 관계형 데이터베이스 모델과 함수형 모델을 비교해봅시다.

좋은 소식부터 말하자면, 관계형 데이터베이스의 테이블은 함수형 모델의 레코드와 잘 맞습니다. 데이터베이스의 `SELECT`, `WHERE` 등의 집합 지향 연산은 함수형 언어의 `map`, `filter` 등의 리스트 지향 연산과 유사합니다.

따라서 이전 장에서 다룬 직렬화 기법을 활용하여 테이블에 대응하는 레코드 타입을 디자인하고자 합니다.[8] 예를 들어 다음과 같은 도메인 타입이 있다고 해봅시다.

```TypeScript
declare const customerId: unique symbol;
class CustomerId {
```

---

[8] 옮긴이 객체지향 프로그래밍에 익숙한 분이라면 ORM 모델을 떠올릴 수 있습니다. 차이가 있다면 객체가 중심이 아닌 테이블을 기준으로 상응하는 레코드 타입을 만드는 것입니다. ORM을 패러디하면 'relation record mapping'이 되겠네요.

```
  [customerId]!: never;
  constructor(readonly value: number) { }
  ...
}
declare const birthdate: unique symbol;
class Birthdate {
  [birthdate]!: never;
  constructor(readonly value: Date) { }
  ...
}
class Customer {
  constructor(
    readonly customerId: CustomerId,
    readonly name: String50,
    readonly birthdate: O.Option<Birthdate>,
  ) { }
  ...
}
```

Kotlin
```
@JvmInline
value class CustomerId(val value: Int) { ... }

@JvmInline
value class Birthdate (val value: Date) { ... }

class Customer (
    val customerId: CustomerId,
    val name: String50,
    val birthdate: Option<Birthdate>,
) {
  ...
}
```

이에 대응하는 테이블 디자인은 다음과 같이 간단합니다.

```
-- SQL
CREATE TABLE customer (
  customer_id int NOT NULL,
  name VARCHAR(50) NOT NULL,
  birthdate TIMESTAMP(3) NULL,
  CONSTRAINT PK_customer PRIMARY KEY (customer_id)
)
```

관계형 데이터베이스는 문자열이나 정수와 같은 기본 자료형만 저장할 수 있기 때문에, `ProductCode`나 `OrderId`와 같은 도메인 타입을 원시 타입으로 바꿔야 합니다. 더 나쁜 소식은 관계형 테이블이 선택 타입에 적합하지 않다는 것입니다. 이와 관련한 사항을 더 자세히 살펴보겠습니다.

12.5.1 선택 타입을 테이블에 매핑하기

선택 타입을 관계형 데이터베이스에 어떻게 모델링해야 할까요? 선택 타입을 단일 **상속** 계층 구조로 간주하여 객체 계층 구조를 관계형 모델에 매핑할 때 사용하는 몇 가지 접근법을 활용할 수 있습니다.[9]

선택 타입을 매핑하는 데 가장 유용한 두 가지 방식은 다음과 같습니다.

- 모든 경우를 단일 테이블에 저장
- 각 경우에 대해 별도의 테이블 생성

예를 들어 다음의 선택 타입을 포함하는 `Contact` 타입을 데이터베이스에 저장한다고 해봅시다.

```typescript
declare const contactId: unique symbol;
class ContactId {
  [contactId]!: never;
  constructor(readonly value: number) { }
  ...
}

declare const emailAddress: unique symbol;
class EmailAddress implements Wrapper<string, typeof emailAddress> {
  [emailAddress]!: never;
  constructor(readonly value: string) { }
  ...
}

declare const phoneNumber: unique symbol;
class PhoneNumber implements Wrapper<string, typeof phoneNumber> {
  [phoneNumber]!: never;
  constructor(readonly value: string) { }
  ...
}
```

---

[9] http://www.agiledata.org/essays/mappingObjects.html

```
type ContactInfo = EmailAddress | PhoneNumber;

class Contact {
  constructor(
    readonly contactId: ContactId,
    readonly info: ContactInfo,
  ) { }
  ...
}
```

Kotlin
```
sealed interface ContactInfo {
    @JvmInline
    value class EmailAddress (val value: String): ContactInfo

    @JvmInline
    value class PhoneNumber (val value: String): ContactInfo
}

class Contact (
    val contactId: ContactId,
    val info: ContactInfo,
) {
  ...
}
```

모든 경우를 하나의 테이블에 저장하는 첫 번째 방식은 다음과 같습니다. 하나의 테이블에 모든 데이터를 저장하며, (a) 어느 케이스인지 알 수 있는 플래그가 필요하고 (b) 특정 케이스 데이터를 저장하기 위한 `nullable` 칼럼이 필요합니다.

```
-- SQL
CREATE TABLE contact_info (
  -- 공통 데이터
  contact_id int NOT NULL,

  -- 케이스 플래그
  is_email bit NOT NULL,
  is_phone bit NOT NULL,

  -- "Email" 데이터
  email_address VARCHAR(100), -- NULL 가능

  -- "Phone" 데이터
```

```
    phone_number VARCHAR(25), -- NULL 가능

    -- 기본 키 제약 조건
    CONSTRAINT PK_ContactInfo PRIMARY KEY (contact_id)
)
```

여기서는 케이스를 구분하기 위해 `Tag VARCHAR` 필드 대신 비트 플래그를 사용했습니다. 이 방식이 조금 더 간결하고 인덱싱하기 쉽습니다.

각 케이스마다 별도 테이블을 생성하는 두 번째 방식은 선택 타입을 저장하는 주 테이블 외에 각 케이스를 저장하기 위한 자식 테이블들을 추가로 생성합니다. 모든 테이블은 동일한 기본 키를 공유하며, 주 테이블은 ID와 해당 케이스를 나타내는 플래그를 저장하고, 자식 테이블은 케이스별 데이터를 저장합니다. 이 접근법은 더 복잡하지만, 데이터베이스에서 단일 테이블에 넣느라 `nullable`이 되는 방식보다 더 나은 제약 조건을 적용할 수 있습니다.

```
-- SQL
-- 메인 테이블
CREATE TABLE contact_info (
    -- 공통 데이터
    contact_id int NOT NULL,

    -- 케이스 플래그
    is_email bit NOT NULL,
    is_phone bit NOT NULL,

    CONSTRAINT PK_ContactInfo PRIMARY KEY (contact_id)
)

-- "Email" 데이터를 위한 자식 테이블
CREATE TABLE contact_email (
    contact_id int NOT NULL,
    email_address NVARCHAR(100) NOT NULL,
    CONSTRAINT PK_ContactEmail PRIMARY KEY (contact_id)
)

-- "Phone" 데이터를 위한 자식 테이블
CREATE TABLE contact_phone (
    contact_id int NOT NULL,
    phone_number NVARCHAR(25) NOT NULL,
    CONSTRAINT PK_ContactPhone PRIMARY KEY (contact_id)
)
```

이 '다중 테이블' 방식은 각 케이스별 데이터가 매우 크고 서로 공통점이 적으면 유리하지만, 그렇지 않으면 보통 첫 번째 '단일 테이블' 접근법을 사용하는 것이 일반적입니다.

12.5.2 중첩 타입을 테이블에 매핑하기

다른 타입을 포함한 타입은 어떻게 다뤄야 할까요? 일반적인 제언은 다음과 같습니다.

- 내부 타입이 고유 ID를 가진 DDD 엔터티라면 별도의 테이블에 저장
- 내부 타입이 고유 ID가 없는 DDD 값 객체라면 상위 데이터와 나란히 저장

예를 들어 Order의 OrderLine 리스트는 OrderLine이 엔터티로 간주되므로 별도의 테이블에 저장하고 상위 객체에 대한 외래키를 가집니다.

```
-- SQL
CREATE TABLE Order (
  order_id int NOT NULL,
  -- 기타 칼럼들
)

CREATE TABLE OrderLine (
  order_line_id int NOT NULL,
  order_id int NOT NULL,
  -- 기타 칼럼들
)
```

반면 Order에 속한 두 개의 Address는 값 객체이므로 Order 테이블에 모든 Address 칼럼을 직접 포함합니다.

```
-- SQL
CREATE TABLE Order (
  OrderId int NOT NULL,

  -- 배송 주솟값 객체를 인라인으로 포함
  shipping_address1 varchar(50),
  shipping_address2 varchar(50),
  shipping_address_city varchar(50),
  -- 기타 칼럼들

  -- 청구 주솟값 객체를 인라인으로 포함
  billing_address1 varchar(50),
```

```
  billing_address2 varchar(50),
  billing_address_city varchar(50),
  -- 기타 칼럼들
)
```

12.5.3 관계형 데이터베이스에서 읽기

들어가기에 앞서 관계형 데이터베이스를 제어하는 두 가지 방식과 각각의 장단은 무엇인지를 간단히 살펴봅시다.

관계형 데이터베이스는 SQL로 DDL, DML, DCL을 작성하여 제어한다는 것은 모두가 아는 사실입니다. 지금부터 소개할 두 방식의 핵심적인 차이는 SQL을 다루는 방식에 있습니다. 함수형 프로그래밍은 SQL 문을 직접 컨트롤하는 방식을 선호합니다. 반면 객체지향 프로그래밍은 객체를 중심으로 SQL을 추상화하는 **객체-관계 매퍼**object-relation mapper, ORM 방식을 선호합니다.

함수형 프로그래밍은 늘 그렇듯이 예측 가능하고 부수 효과가 적은 스타일을 선호하며 객체 같은 개념이 존재하지 않으므로, 자연스럽게 SQL을 직접 다루는 방식이 잘 맞습니다. 다만, 임의의 잘못된 데이터가 바인딩되거나 결과를 잘못 읽지 않기 위해서는 타입으로 안정화할 필요가 있습니다. 따라서 개발자가 SQL로 작성해둔 쿼리문과 데이터베이스 스키마를 읽어서, 이를 기반으로 질의에 필요한 매개변수의 값들과 호출 결괏값들의 타입을 역으로 생성해주는 라이브러리를 활용합니다.

객체지향 프로그래밍은 SQL이 아닌 객체가 중심입니다. 따라서 엔터티 클래스에 맞춰서 데이터베이스 스키마 DDL을 생성하고 엔터티 객체를 삽입하는 메서드를 호출하면, 이를 DML로 변환하여 질의하는 책임이 ORM에 있습니다. 엔터티 클래스를 수정하면, ORM으로 새 스키마를 생성하여 기존 스키마를 수정하는 마이그레이션 DDL을 생성할 수 있습니다. 이런 큰 장점에는 실제 수행하는 SQL 질의문을 예측하기가 어렵고 디버깅이 쉽지 않으며 성능 부하가 있다는 단점도 따릅니다.

실무에서는 TypeScript, Kotlin 모두 주로 쓰이는 ORM이 있습니다만, 늘 그래왔듯이 TypeScript는 저자의 원서 예시를 존중하는 차원에서 SQL을 직접 작성하고 그에 맞는 입출력 타입과 함수를 생성해주는 PgTyped로 예시를 작성합니다. Kotlin은 기존 ORM의 지나친 추상화, 무거운 런타임, 투명하지 않은 SQL 수행 등의 단점을 극복한 DSL 기반의 가벼운 ORM인 Exposed로 예시를 작성하겠습니다.

특정 `CustomerId`로 단일 고객 데이터를 읽는 상황을 가정해봅시다. PgTyped를 활용한 TypeScript 예시부터 보겠습니다.[10]

가장 먼저 할 일은 `customer.sql` 같은 파일에 데이터베이스에 수행할 쿼리를 작성하는 것입니다.

```sql
-- SQL
/* @name ReadOneCustomer */
SELECT customer_id, name, birthdate FROM customer WHERE customer_id = :customerId!;
```

수행할 질의문 위에 `@name`으로 질의문의 이름을 명기한 주석을 남깁니다. 또한 `customerId`와 같이 반드시 받아야 하는 매개변수는 느낌표로 필수 표시를 해둡시다. 그다음 PgTyped cli를 수행하면 그에 대응하는 `customer.queries.ts` 파일이 다음과 같이 생성됩니다.

```typescript
/** Types generated for queries found in "src/order-taking/queries.sql" */
import { PreparedQuery } from '@pgtyped/runtime';

/** 'ReadOneCustomer' parameters type */
export interface IReadOneCustomerParams {
  customerId: number;
}

/** 'ReadOneCustomer' return type */
export interface IReadOneCustomerResult {
  birthdate: Date | null;
  customer_id: number;
  name: string;
}

/** 'ReadOneCustomer' query type */
export interface IReadOneCustomerQuery {
  params: IReadOneCustomerParams;
  result: IReadOneCustomerResult;
}

const readOneCustomerIR: any = {"usedParamSet":{"customerId":true},"params":[{"name":"customerId","required":false,"transform":{"type":"scalar"},"locs":[{"a":70,"b":80}]}],"statement":"SELECT customer_id, name, birthdate FROM customer WHERE customer_id = :customerId"};
```

---

10 (옮긴이) 예시에서 구체적으로 PgTyped를 어떻게 설정하는지까지는 다루지 않겠습니다. 공식 소개 문서를 참고하기 바랍니다.
https://pgtyped.dev/docs/getting-started

```
/**
 * Query generated from SQL:
 * ```
 * SELECT customer_id, name, birthdate FROM customer WHERE customer_id = :customerId
 * ```
 */
const readOneCustomer = new PreparedQuery<IReadOneCustomerParams,IReadOneCustomerResult>(
readOneCustomerIR);
```

SQL 질의문에 주석으로 남긴 이름을 따라서 해당 질의를 수행하는 함수와 함수의 입출력 타입들이 생성되었습니다. `readOneCustomer` 함수의 시그니처는 다음과 같습니다.

`TypeScript`
```
const readOneCustomer: (params: IReadOneCustomerParams, dbConnection: IDatabaseConnection)
 => Promise<Array<IReadOneCustomerResult>>
```

SQL 질의에 필요한 매개변수와 데이터베이스 커넥션, 그리고 결과 타입과 비동기 효과를 명세하고 있습니다.

Kotlin의 Exposed DSL 예시도 살펴봅시다. Exposed는 PgTyped와 방식이 상당히 다릅니다. PgTyped는 DB의 테이블 스키마에만 의존하여 타입을 생성합니다. 따라서 TypeScript 코드에서 스키마를 선언하는 문법이 없습니다. Exposed는 맨 먼저 테이블 스키마를 다음 예시와 같이 DSL로 정의합니다.

`Kotlin`
```
object CustomerTable: Table("customer") {
    val customerId = integer("customer_id")
    val name = varchar("name",50)
    val birthdate = datetime("birthdate").nullable()
    override val primaryKey = PrimaryKey(customerId)
}
```

정의한 스키마를 데이터베이스에 반영해봅시다. Exposed의 데이터베이스 연산은 항상 `transaction` 블록 안에서 수행합니다. `transaction` 함수는 트랜잭션 인스턴스를 여닫고 람다 표현식에서 트랜잭션을 정의하고 수정할 수 있게 합니다. 앞서 정의한 `Customer` 스키마를 `SchemaUtils`의 `create` 메서드로 전달하면 다음과 같은 DDL을 질의합니다.

```kotlin
val db = Database.connect(
    url = "jdbc:postgresql://localhost:5432/test",
    user = "postgres",
    password = "postgres",
    databaseConfig = DatabaseConfig({
        defaultIsolationLevel = -1
        defaultReadOnly = false
    })
)

transaction(db) {
    SchemaUtils.create(Customer) // 스키마 생성
}

// 요청한 Customer 테이블 생성 DDL
// CREATE TABLE IF NOT EXISTS customer (
//     customer_id INT PRIMARY KEY,
//     "name" VARCHAR(50) NOT NULL,
//     birthdate TIMESTAMP NULL
// );
```

이렇게 스키마를 준비해두면 레코드 읽기는 비교적 간단합니다.

```kotlin
transaction(db) {
    val customerId = ...
    val resIter: Iterable<ResultRow> = CustomerTable
        .select(
            CustomerTable.customerId,
            CustomerTable.name,
            CustomerTable.birthdate,
        ).where(
            CustomerTable.customerId eq customerId
        )
}
```

여기서 Exposed DSL의 개성이 잘 드러나고 있습니다.

전통적인 ORM이 엔터티 클래스에 데커레이터, 애너테이션을 붙여서 스키마를 추론해내는 방식으로 SQL 문법을 **데이터 접근 객체**data access object, DAO로 추상화했다면,[11] Exposed DSL은 엔터티를

---

11 (옮긴이) Exposed는 DSL과 DAO 두 방식을 모두 지원합니다.

거치지 않고 직접 SQL을 다루는 DSL 코드로 스키마를 정의합니다. DML을 질의할 때에도 엔터티 인스턴스에 의존하지 않고 정의 내린 스키마 객체로 DML을 생성하고 필요한 변숫값을 DSL로 바인딩하여 질의하므로 SQL을 직접 다루는 것에 가깝습니다.

반면 PgTyped 방식과 비교해보면 SQL을 직접 다루지는 않습니다. PgTyped는 개발자 스스로가 DDL을 작성하여 DB에 스키마를 미리 반영해둬야 하고, 질의문도 직접 작성해둔 DML을 바탕으로 바인딩에 필요한 객체와 출력 객체의 타입만 추론해줍니다. 반면 Exposed는 어느 데이터베이스 연산도 개발자가 직접 SQL로 작성한 것은 없습니다. Kotlin DSL로 SQL 문을 추상화하여 더 안전하고 편리한 방식으로 SQL을 생성합니다.[12]

다음으로는 11장에서 살펴본 바와 같이 `toDomain` 함수를 만들어야 합니다. 이 함수는 질의해서 받은 결과 타입의 필드를 검증하고 데이터를 조립하여 도메인 모델로 만듭니다. 즉, 데이터베이스를 신뢰할 수 없는 데이터 소스로 취급하여 다른 데이터 소스들과 마찬가지로 데이터를 검증해야 하므로, `toDomain` 함수는 단순히 `Customer`를 반환하는 대신 `Either<..., Customer>`를 반환해야 합니다. 코드는 다음과 같습니다.

```typescript
const toDomain = (res: IReadOneCustomerResult): E.Either<Error, Customer> => pipe(
  E.Do,
  E.bind('customerId', () => CustomerId.create(res.customer_id)),
  E.bind('name', () => String50.create(res.name)),
  E.bind('birthdate', () => res.birthdate ? Birthdate.create(res.birthdate) : E.right(O.none)),
  E.map(scope => new Customer(scope.customerId, scope.name, scope.birthdate)),
);
```

이런 식의 코드는 직렬화에서도 본 적이 있습니다만 하나 주목할 부분이 있습니다.

데이터베이스의 `Birthdate` 칼럼이 `nullable`이므로 PgTyped는 `IReadOneCustomerResult.birthdate` 필드를 `nullable`로 만듭니다. 하지만 do 표기법이 `Either`를 바인딩하고 있으므로 `birthdate`를 바인딩하는 콜백 또한 출력을 `Either<Error, Option<Birthdate>>`로 맞춰야 합니다. 이 경우에 바인딩을 마친 `scope.birthdate` 타입이 `Option<Birthdate>`가 됩니다.

---

12 (옮긴이) TypeScript에도 Exposed와 유사한 라이브러리로 Kysely가 있습니다. PgTyped가 저자의 원서 예시에서 SQL을 다루는 방식과 유사해서 선택했습니다.

이같이 사용자 정의 `toDomain` 함수를 작성하고 모든 `Either`를 처리하는 것은 약간 복잡하지만, 한 번 작성하고 나면 미처 처리하지 못한 오류가 발생하지 않는다는 확신을 가질 수 있습니다.

반대로 데이터베이스에 잘못된 데이터가 절대 포함되지 않을 것이라고 확신한다면, 잘못된 데이터는 패닉으로 처리할 수 있습니다. 이렇게 하면 `toDomain` 함수의 출력이 `Either`로 감싸지 않은 단순한 `Customer`가 됩니다. 코드는 다음과 같습니다.

```TypeScript
const toDomain = (res: IReadOneCustomerResult) => new Customer(
  pipe(res.customer_id, CustomerId.create, E.getOrElse(e => { throw e })),
  pipe(res.name, String50.create, E.getOrElse(e => { throw e })),
  pipe(res.birthdate ? Birthdate.create(res.birthdate) : E.right(O.none), E.getOrElse(e => { throw e })),
);
```

Kotlin 예시는 다음과 같습니다.

```Kotlin
context(_: Raise<InvalidCustomerInfo>)
fun ResultRow.toDomain() = Customer(
    id = CustomerId(this[CustomerTable.customerId]),
    name= String50(this[CustomerTable.name]),
    birthdate = this[CustomerTable.birthdate]?.let { Birthdate(it) },
)
```

`toDomain` 함수가 있으면 데이터베이스를 조회한 결과를 도메인 타입으로 반환하는 코드를 작성할 수 있습니다. 예를 들어 `ReadOneCustomer` 질의를 수행하고 이를 도메인 타입으로 변환하는 `readOneCustomer` 함수는 다음과 같습니다.

```TypeScript
type DbReadError = InvalidRecord | MissingRecord;

const _readOneCustomer = new PreparedQuery<IReadOneCustomerParams, IReadOneCustomerResult>(readOneCustomerIR);

const readOneCustomer = (dbConn: IDatabaseConnection) =>
  async (customerId: number): Promise<E.Either<DbReadError, Customer>> => {
    const records = await _readOneCustomer.run({ customerId }, dbConn);
    switch (records.length) {
```

```
    case 0:
      return E.left(new MissingRecord(`Not found. CustomerId=${customerId}`));
    case 1:
      return pipe(records[0], toDomain, E.mapLeft(e => new InvalidRecord(e.message)));
    default:
      throw new DatabaseError(`Multiple records found for CustomerId=${customerId}`);
  }
}
```

위 코드는 `Customer`를 읽어온 결과를 레코드가 없는 경우, 정확히 하나의 레코드가 있는 경우, 두 개 이상의 레코드가 있는 경우 세 가지로 나누어 처리합니다. 이때 어떤 경우를 도메인의 일부로 처리하고, 어떤 경우를 패닉으로 처리할지 결정해야 합니다. 이 예제에서는 레코드가 없는 경우는 도메인 오류로 처리하고, 두 개 이상의 레코드가 있는 경우는 기대하지 않기에 패닉으로 처리합니다.

이러한 여러 경우를 처리하는 것은 자칫 번거로워 보일 수 있지만, 가능한 오류들을 명시적으로 정하고 코드에 문서화할 수 있다는 장점이 있습니다. 모든 것이 정상적으로 작동할 것이라고 가정하고 나중에 `NullReferenceException`을 경험하는 것과 다릅니다.

물론, 이 코드가 더 깔끔해지도록 '모든 것을 매개변수화'하라는 원칙에 따라, 테이블 이름, ID, 레코드, `toDomain` 변환기 모두 매개변수로 전달받는 `convertSingleDbRecord` 같은 일반적인 함수를 작성할 수도 있습니다.

TypeScript
```
const convertSingleDbRecord = <T, U>(tableName: string, idValue: string, records: Array<T>,
toDomain: (T) => Either<Error, U>) => {
  switch (records.length) {
    case 0: // none found
      return E.left(new MissingRecord(`Not found. Table=${tableName} Id=${idValue}`));
    case 1: // exactly one found
      return toDomain(records[0]);
    default: // more than one found?
      throw new DatabaseError(`Multiple records found for Table=${tableName} Id=${idValue}`);
  }
}
```

이 헬퍼 함수를 활용하면 `readOneCustomer` 코드는 한결 간결해집니다.

```typescript
// TypeScript
const readOneCustomer = (dbConn: IDatabaseConnection) =>
  async (customerId: number): Promise<E.Either<DbReadError, Customer>> => {
    const records = await _readOneCustomer.run({ customerId }, dbConn);
    return convertSingleDbRecord("Customer", customerId, records, toDomain(dbConn));
}
```

Kotlin 예시는 다음과 같습니다.

```kotlin
// Kotlin
sealed class DbReadException(msg: String?): Exception(msg) {
    class InvalidRecord(msg: String?): DbReadException(msg)
    class MissingRecord(msg: String?): DbReadException(msg)
}

context(r: Raise<DbReadException>)
suspend fun readOneCustomer(db: Database, customerId: Int) = transaction(db) {
    val row = try {
        CustomerTable
        .select(CustomerTable.customerId, CustomerTable.name, CustomerTable.birthdate)
        .where(CustomerTable.customerId eq customerId)
        .single()
    } catch(e : NoSuchElementException) {
        r.raise(DbReadException.MissingRecord("Not found. CustomerId=$customerId"))
    }
    withError({ DbReadException.InvalidRecord(it.message) }) {
        row.toDomain()
    }
}
```

12.5.4 관계형 데이터베이스에서 선택 타입 읽기

약간 더 복잡할 수 있지만 같은 방식으로 선택 타입을 읽을 수 있습니다. `Contact` 선택 타입을 단일 `ContactInfo` 테이블에 저장하고 `contactId`로 단일 `ContactInfo` 레코드를 읽는다고 가정합시다. 앞서 했듯이 SQL 쿼리부터 작성합니다.

```sql
-- SQL
/* @name ReadOneContact */
SELECT contact_id,is_email,is_phone,email_address,phone_number
   FROM contact_info
   WHERE contact_id = :contactId!;
```

생성된 타입과 함수는 다음과 같습니다.

```typescript
/**
 * Query generated from SQL:
 * ```
 * SELECT contact_id,is_email,is_phone,email_address,phone_number
 *   FROM contact_info
 *   WHERE contact_id = :contactId
 * ```
 */
export const readOneContact = new PreparedQuery<IReadOneContactParams,IReadOneContactResult>
(readOneContactIR);
```

그다음 `toDomain` 함수를 만들어봅시다. 데이터베이스의 `is_email` 플래그를 확인하여 어떤 타입의 `ContactInfo`를 생성할지 결정하고 각 타입에 맞게 데이터를 조립합니다.

```typescript
const toDomain = (dbConnection: IDatabaseConnection) => async ({
  contact_id,
  email_address,
  is_email,
  phone_number,
}: IReadOneContactResult): Promise<E.Either<Error, Contact>> => pipe(
  E.Do,
  E.bind('contactId', () => ContactId.create(contact_id)),
  E.bind('contactInfo', (): E.Either<Error, ContactInfo> => is_email
    ? pipe(
      email_address,
      E.fromNullable(Error("Email expected to be non null")),
      E.map(i => new EmailAddress(i)),
    )
    : pipe(
      phone_number,
      E.fromNullable(Error("PhoneNumber expected to be non null")),
      E.map(i => new PhoneNumber(i)),
    )
  ),
  E.map(scope => new Contact(scope.contactId, scope.contactInfo)),
)
```

```kotlin
context(r: Raise<InvalidContactInfo>)
fun ResultRow.toDomain() = {
    val contactId = ContactId(this[ContactTable.contactId])
    val contactInfo = if (this[ContactTable.isEmail]) {
        val emailAddress = this[ContactTable.emailAddress]
        r.ensure(emailAddress != null) { InvalidContactInfo.EmptyEmailAddress }
        EmailAddress(emailAddress)
    } else {
        val phoneNumber = this[ContactTable.phoneNumber]
        r.ensure(phoneNumber != null) { InvalidContactInfo.EmptyPhoneNumber }
        PhoneNumber(phoneNumber)
    }
    Contact(contactId, contactInfo)
}
```

데이터베이스의 `EmailAddress` 칼럼이 `nullable`로 설정되어 있으므로, PgTyped가 생성한 레코드의 `email_address`는 `nullable`입니다. 따라서 먼저 `Either.fromNullable`을 사용해 해당 `nullable` 변수를 `Either`로 변환해야 합니다(값이 없을 경우를 대비하기 위해). 그런 다음 `EmailAddress` 타입을 생성하고, 이를 `ContactInfo`의 `Email` 케이스로 타입을 맞춰lift줘야 합니다. 이 코드는 이전의 `Customer` 예제보다 훨씬 더 복잡하지만 예기치 않은 오류가 발생하지 않을 것이라는 강한 확신을 가질 수 있습니다.

앞서와 마찬가지로 `toDomain` 함수를 작성한 후에는 우리가 만들어둔 `convertSingleDbRecord` 헬퍼 함수와 결합하여 사용할 수 있습니다.

```typescript
const readOneContact = (dbConn: IDatabaseConnection) =>
  async (contactId: number): Promise<E.Either<DbReadError, Contact>> => {
    const records = await _readOneContact.run({ contactId }, dbConn);
    return convertSingleDbRecord("ContactInfo", contactId, records, toDomain(dbConn));
  }
```

여기서 볼 수 있듯이, `toDomain` 함수를 작성하는 것이 가장 어려운 부분입니다. 이 작업만 마치면 실제 데이터베이스 접근 코드는 비교적 간단합니다.

이 시점에서 여러분은 'ORM을 쓰면 간단한데 너무 번거롭지 않은가?'라고 생각할 수도 있습니다. 그러나 도메인의 무결성을 보장하고 싶다면 ORM을 쓰면 안 됩니다. 일반적으로 ORM은 이메일 주소와 주문 수량을 검증하거나, 중첩된 선택 타입을 처리하는 등의 작업을 수행하기 어렵습니다.[13] 물론 이러한 데이터베이스 코드를 작성하는 것이 지루할 수 있지만, 작성 절차는 기계적이고 직관적이며 애플리케이션 작성에서 그리 어려운 부분은 아닙니다!

Exposed 예시는 다음과 같습니다.

```kotlin
object ContactTable: Table("contact_info") {
    val contactId = integer("contact_id")
    val isEmail = bool("is_email")
    val isPhone = bool("is_phone")
    val emailAddress = varchar("email_address", 100).nullable()
    val phoneNumber = varchar("phone_number", 25).nullable()
    override val primaryKey = PrimaryKey(contactId)
}

context(r: Raise<DbReadException>)
suspend fun readOneContact(db: Database, contactId: Int) = transaction(db) {
    val row = try {
        ContactTable
            .selectAll()
            .where(ContactTable.contactId eq contactId)
            .single()
    } catch(e: NoSuchElementException) {
        r.raise(DbReadException.MissingRecord("Not found. ContactId=$contactId"})
    }
    withError({ DbReadException.InvalidRecord(it.message) }) {
        row.toDomain()
    }
}
```

12.5.5 관계형 데이터베이스에 쓰기

관계형 데이터베이스에 쓰는 작업은 읽기와 동일한 패턴을 따릅니다. 즉, 도메인 객체를 DTO로 변환한 후 삽입 또는 갱신 명령을 실행합니다.

PgTyped 예시부터 살펴봅시다. 먼저 SQL을 먼저 작성해서 생성한 TypeScript 타입과 함수는 다음과 같습니다.

---

13 (옮긴이) 오늘날 ORM은 데커레이터 패턴 등으로 복잡한 검증을 처리하거나 선택 타입을 다룰 수도 있습니다. 다만 저자가 말하려는 것은 도메인 모델에는 전형적이지 않은 특이한 형태도 있을 수 있는데, 이럴 경우에 도메인을 수정하지 않고 딱 맞게 검증하는 것은 일반화된 ORM 기능으로 한계가 있다는 뜻으로 보입니다.

```sql
-- SQL
/*
  @name InsertContact
  @param contacts -> ((contactId!, isEmail!, isPhone, emailAddress, phoneNumber)...)
*/
INSERT INTO contact_info (contact_id,is_email,is_phone,email_address,phone_number)
VALUES :contacts;
```

```typescript
// TypeScript
/**
 * Query generated from SQL:
 * ```
 * INSERT INTO contact_info (contact_id,is_email,is_phone,email_address,phone_number)
 * VALUES :contacts
 * ```
 */
export const insertContact = new PreparedQuery<IInsertContactParams, IInsertContactResult>
(insertContactIR);
```

그다음 `Contact` 도메인 모델에서 원시 타입들을 추출하여 명령을 수행하는 `writeContacts` 함수를 다음과 같이 작성합니다.

```typescript
// TypeScript
const toRawData = (contact: Contact) => {
  const contactId = contact.contactId.value;
  const { isEmail, isPhone, emailAddress, phoneNumber } = match(contact.info)
    .with(P.instanceOf(EmailAddress), emailAddress => ({
      isEmail: true,
      isPhone: false,
      emailAddress: emailAddress.value,
      phoneNumber: null,
    }))
    .with(P.instanceOf(PhoneNumber), phoneNumber => ({
      isEmail: false,
      isPhone: true,
      emailAddress: null,
      phoneNumber: phoneNumber.value,
    }))
    .exhaustive();
  return {
    contactId,
    isEmail,
    isPhone,
    emailAddress,
```

```
        phoneNumber,
    };
}

const writeContacts = (dbConn: IDatabaseConnection) => async (contacts: readonly Contact[]) =>
    insertContact.run({ contacts: contacts.map(toRawData) }, dbConn); // write to the DBs
```

Exposed 예시는 다음과 같습니다.

```kotlin
data class RawContact (
    val contactId: Int,
    val isEmail: Boolean,
    val isPhone: Boolean,
    val emailAddress: String?,
    val phoneNumber: String?,
)

fun Contact.toRawData(): RawContact = when (this.info) {
    is EmailAddress -> RawContact(
        contactId = this.contactId.value,
        isEmail = true,
        isPhone = false,
        emailAddress = this.info.value,
        phoneNumber = null,
    )
    is PhoneNumber -> RawContact(
        contactId = this.contactId.value,
        isEmail = false,
        isPhone = true,
        emailAddress = null,
        phoneNumber = this.info.value,
    )
}

context(r: Raise<DBExternalException>)
suspend fun Contact.writeContact(db: Database) = transaction(db) {
    val rawData = (this@writeContact).toRawData()
    try {
        ContactTable.insert {
            it[contactId] = rawData.contactId
            it[isEmail] = rawData.isEmail
            it[isPhone] = rawData.isPhone
            it[emailAddress] = rawData.emailAddress
            it[phoneNumber] = rawData.phoneNumber
        }
```

```
    } catch (e: Throwable) {
        r.raise(IOException(e.message ?: "Unknown exception"))
    }
}
```

12.6 트랜잭션

지금까지의 모든 코드는 '단일 집합체 = 단일 트랜잭션'으로 작성했습니다. 하지만 많은 상황에서 여러 작업을 함께 원자적으로 저장해야 하는 경우가 있습니다. 즉, 모두 성공하거나 모두 실패해야 합니다.

일부 데이터 스토어는 API로 **트랜잭션**을 지원합니다. 여러 서비스 호출을 동일 트랜잭션에 등록할 수 있습니다. 이를 위해서는 트랜잭션으로 비즈니스 로직을 감싸야 하며 블록 시작에서 `BEGIN`이, 나가며 `COMMIT`이 자동으로 불려야 합니다. 블록 내에서 예외가 발생하면 트랜잭션을 `ROLLBACK`해야 합니다.

다음은 이를 TypeScript로 구현한 예시입니다.

```typescript
const tx = <A>(pool: Pool, task: (c: PoolClient) => Promise<A>): TE.TaskEither<Error, A> =>
    async () => {
        const client = await pool.connect();
        try {
            await client.query("BEGIN");
            const ret = await task(client);
            await client.query("COMMIT");
            return E.right(ret);
        } catch (e) {
            await client.query("ROLLBACK");
            return E.left(Error(`cause: ${e}`));
        } finally {
            client.release();
        }
    };

tx(pool, async client => {
    // 동일한 트랜잭션 내에서 데이터베이스에 두 번 별도로 호출
    await markAsFullyPaid(client, invoiceId);
    await markPaymentCompleted(client, paymentId);
});
```

TypeScript 예시에서는 트랜잭션을 개발자가 관리하므로 이 `tx`와 같이 헬퍼 함수를 만들었습니다. Exposed는 앞서 말했듯이 트랜잭션 블록으로 해당 기능을 제공하고 있습니다.

```kotlin
transaction(db) {
    // 동일한 트랜잭션 내에서 데이터베이스에 두 번 별도로 호출
    Invoice.markAsFullyPaid(invoiceId)
    Payment.markPaymentCompleted(paymentId)
}
```

어떤 데이터 스토어는 단일 커넥션으로 모든 일을 마쳐야 하는 트랜잭션을 지원합니다. 이 말은 단일 호출로 여러 작업을 수행하도록 합쳐야 한다는 뜻입니다.

```typescript
await markAsFullyPaidAndPaymentCompleted (client, invoiceId, paymentId);
```

```kotlin
markAsFullyPaidAndPaymentCompleted (client, invoiceId, paymentId)
```

때로는 한 번에 수행하려는 작업이 여러 서비스에 걸쳐 트랜잭션을 사용할 수 없는 경우도 있습니다. 그레고르 호페는 <Starbucks Does Not Use Two-Phase Commit>에서 서로 다른 시스템 간의 트랜잭션은 보통의 비즈니스에는 불필요하다고 말합니다. 그 이유는 오버헤드와 조정 비용이 너무 크고 느리기 때문입니다. 대다수 경우는 연산이 잘 수행된다 가정하고 상태의 일관성이 깨진 경우를 감지하기 위한 조정 프로세스와 오류를 수정하는 보상 트랜잭션을 사용합니다.

예를 들어 데이터베이스 업데이트를 롤백하는 보상 트랜잭션의 간단한 데모는 다음과 같습니다. TypeScript 예시에서 `markAsFullyPaid` 등의 함수가 `TaskEither<...>`를 출력한다고 가정하고 작성한 것입니다.

```typescript
tx(pool, pipe(
  markAsFullyPaid(client, invoiceId),
  TE.apSecond(markPaymentCompleted(client, paymentId)),
  TE.orElse(err => unmarkAsFullyPaid(client, invoiceId)),
));
```

apSecond는 앞서 수행한 함수를 잘 수행했다면, 출력값은 무시하고 해당 콜백 함수를 수행하라는 의미입니다. 즉, `markAsFullyPaid`가 실패하면 바로 `Task<Left<…>>`가 올라가고, 성공하면 그 앞의 결과는 무시한 채 `markPaymentCompleted`를 수행하여 그 `TaskEither<…>` 출력을 아래로 내려보내라는 의미입니다. 두 번째 함수에서 오류가 발생했다면, 앞서 수행한 '지불 완료 표시'를 되돌리는 보상 로직을 수행합니다.

이번에는 Kotlin 예시를 살펴봅시다. 입출력 함수들이 `Raise` 콘텍스트를 받는 `suspend` 함수라고 가정한 예시는 다음과 같습니다.

```kotlin
context(_: Raise<IOException>)
fun ... = transaction(db) {
    either {
        Invoice.markAsFullyPaid(invoiceId)
        Payment.markPaymentCompleted(paymentId)
    } .recover {
        Invoice.unmarkAsFullyPaid(invoiceId)
    }
}
```

12.7 마무리

이번 장은 지속에 관한 원칙을 살펴보는 것으로 막을 열었습니다. 그 원칙들은 질의와 명령을 분리하고, 입출력을 경계로 밀어내고, 경계 진 맥락이 자체 데이터 저장소를 소유하도록 보장하는 것이었습니다. 그 뒤에 관계형 데이터베이스와 상호작용하는 저수준 메커니즘을 깊이 있게 살펴보았습니다.

이로써 이 책의 3부를 마무리 지었습니다. 이제 경계 진 맥락 전체를 디자인하고 구현할 모든 도구를 갖추었습니다. 도메인 내부의 순수 타입과 함수(9장), 오류 처리(10장), 맥락 경계에서의 직렬화(11장), 그리고 이 장에서 다룬 상태를 저장하기 위한 데이터베이스가 그 도구들입니다.

하지만 아직 완전히 끝난 것은 아닙니다. 군사 격언에 '아무리 훌륭한 계획이어도 적이 나타난 순간 쓸모가 없어진다'는 말이 있습니다. 새로운 사실을 배우고 디자인을 변경해야 할 때는 어떻게 해야 할까요? 그것이 바로 마지막인 다음 장 주제입니다.

CHAPTER 13

깔끔하게 디자인 발전시키기

우리는 도메인 모델링과 구현을 마쳤습니다. 하지만 개발 이슈가 여기서 끝이 아니라는 것을 모두가 알고 있습니다. 도메인 모델이 처음에는 깨끗하고 우아한 모습이지만, 요구사항이 변해가며 모델이 점점 복잡해지고 여러 하류 맥락이 얽혀서 테스트하기 어려워지는 경우가 많습니다. 따라서 우리의 마지막 도전 과제는 다음과 같습니다. 어떻게 하면 모델을 곤죽big ball of mud으로 만들지 않고 발전시켜나갈 수 있을까요?

도메인 주도 설계는 정적인 일회성 프로세스가 아닙니다. 이는 개발자, 도메인 전문가, 기타 이해관계자 간의 지속적인 협업을 추구합니다. 따라서 요구사항이 변경되면, 단순히 구현을 수정하는 것이 아니라 항상 도메인 모델 재평가부터 시작해야 합니다.

이 장에서는 가능한 여러 요구사항을 살펴보고, 도메인 모델에 미치는 영향을 먼저 분석한 뒤 구현을 변경하겠습니다. 또한, 디자인에서 타입을 많이 드러내면 모델이 변경되어도 코드가 의도치 않게 깨지지 않는다는 점에서 수정 코드의 신뢰성이 매우 높다는 것을 확인할 수 있을 것입니다.

지금부터 네 가지 유형의 변경 사항을 살펴보고자 합니다.

- 작업 흐름에 새로운 단계 추가하기
- 작업 흐름의 입력 변경하기
- 주요 도메인 타입의 정의를 변경하고 시스템 전체에 미치는 영향 확인하기
- 비즈니스 규칙을 준수하도록 전체 작업 흐름 변환하기

13.1 첫 번째 변경: 배송비 추가하기

첫 번째로 배송 및 배달 요금을 계산하는 방법을 추가합니다. 회사가 배송비를 계산하여 고객에게 청구하고 싶다고 가정합시다. 이 새로운 요구사항을 어떻게 녹여낼 수 있을까요? 우선 배송비를 계산하는 함수부터 만들어야 합니다. 캘리포니아에 위치한 이 회사는 인근 주 5달러, 원거리 주 10달러, 다른 나라 20달러로 배송비를 책정하고 있다고 가정해봅시다.

다음은 이를 구현한 첫 번째 예입니다.

```TypeScript
// Calculate the shipping cost for an order
const calculateShippingCost = ({shippingAddress}: ValidatedOrder): number => {
  if (shippingAddress.country === "US") {
    switch(shippingAddress.state) {
      case "CA": case "OR": case "AZ": case "NV":    // local
        return 5.0;
      default:                                        // remote
        return 10.0;
    }
  }
  else {
    return 20.0;                                      // shipping outside USA
  }
}
```

```Kotlin
// Calculate the shipping cost for an order
fun ValidatedOrder.calculateShippingCost(): Double {
    return if (this.shippingAddress.country == "US" ) {
        // shipping inside USA
        when(this.shippingAddress.state) {
            "CA", "OR", "AZ", "NV" -> 5.0 //local
            else -> 10.0 //remote
        }
    } else 20.0     // shipping outside USA
}
```

안타깝게도 이러한 조건문은 특정 조건에 따라 여러 분기로 나뉘어 이해하기 어렵고 유지 관리도 까다롭습니다.

13.1.1 관심사 분리로 비즈니스 로직 단순하게 만들기

이러한 로직을 더 쉽게 유지, 관리하는 방법은 도메인 중심의 분류 작업을 실제 가격 책정 로직에서 분리하는 것입니다.

우선 각 배송 카테고리에 맞는 패턴 집합을 다음과 같이 정의합니다.

```TypeScript
type CostType = "UsLocalState" | "UsRemoteState" | "International";
const costTypeOf = (i: ShippingAddress) => match(i)
  .with({country: "US", state: "CA" | "OR" | "AZ" | "NV"}, () => "UsLocalState")
  .with({country: "US"}, () => "UsRemoteState")
  .otherwise(() => "International");
```

```Kotlin
enum class CostType { UsLocalState, UsRemoteState, International }

fun ShippingAddress.costType(): CostType = when {
    this.country == "US" && (
        this.state == "CA"
        || this.state == "OR"
        || this.state == "AZ"
        || this.state == "NV"
    ) -> CostType.UsLocalState
    this.country == "US" -> CostType.UsRemoteState
    else -> CostType.International
}
```

그다음 배송 계산 로직에서 카테고리를 **패턴 매칭**pattern-match하여 가격을 책정합니다.

```TypeScript
const calculateShippingCost = flow(
  costTypeOf,
  t =>  match(t)
    .with("UsLocalState", () => 5.0)
    .with("UsRemoteState", () => 10.0)
    .with("International", () => 20.0)
    .exhaustive(),
);
```

```Kotlin
fun ShippingAddress.calculateShippingCost() = when(this.costType()) {
```

```
    CostType.UsLocalState -> 5.0
    CostType.UsRemoteState -> 10.0
    CostType.International -> 20.0
}
```

이렇게 분류 작업을 비즈니스 로직에서 분리해내면 코드가 훨씬 더 명확해지고 분류한 타입명이 문서 역할도 합니다. 물론, 분류 패턴을 정의하는 부분은 여전히 복잡하지만, 그 코드는 순전히 분류 작업만 수행할 뿐 비즈니스 로직은 포함하지 않습니다. 새로운 주를 `UsLocalState`에 포함시키는 경우처럼 분류 로직을 변경하더라도 분류 패턴만 수정하고 가격 책정 함수는 영향받지 않습니다. 이는 관심사를 잘 분리한 예시입니다.

13.1.2 작업 흐름에 새 단계 추가하기

다음 작업은 이 배송비 계산을 주문 처리 작업 흐름에 통합하는 것입니다. 한 가지 방법은 기존 가격 책정 단계에 배송비 로직을 추가하는 것입니다. 하지만 이 방법은 기존 코드를 변경하고 더 복잡하게 만들어서 오류를 유발할 가능성이 높아질 수도 있습니다. 기존 코드를 손대지 않고 대신 파이프 합성으로 작업 흐름에 새로운 단계를 추가해 `PricedOrder`를 업데이트해봅시다.

`TypeScript`
```
type AddShippingInfoToOrder = (i: PricedOrder) => PricedOrderWithShippingInfo;
```

`Kotlin`
```
typealias AddShippingInfoToOrder = PricedOrder -> PricedOrderWithShippingInfo
```

이 새로운 작업 흐름 단계는 `PriceOrder` 단계와 `AcknowledgeOrder` 단계 사이에 삽입할 수 있습니다.

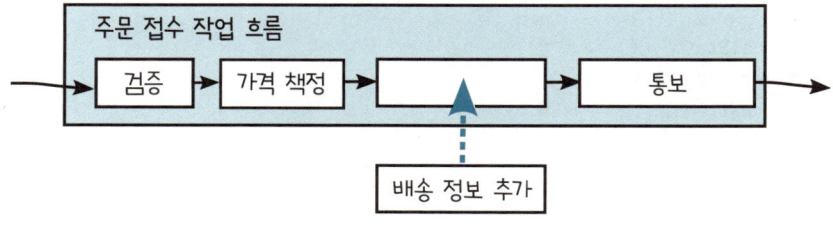

보통 디자인을 발전시켜나가다 보면 다시 들여다볼 세부 사항들을 더 많이 발견하기 일쑤입니다.

아주 간단한 예시를 들어보자면, 고객이 가격뿐만 아니라 배송 방식(예: 페덱스~FedEx~ 또는 UPS)을 알고 싶어 할 수 있습니다. 따라서 이런 추가 정보를 반영한 새로운 타입이 필요합니다.

```typescript
enum ShippingMethod {
  PostalService = "PostalService",
  Fedex24 = "Fedex24",
  Fedex48 = "Fedex48",
  Ups48 = "Ups48",
}
class ShippingInfo {
  constructor(
    readonly shippingMethod : ShippingMethod,
    readonly shippingCost : Price,
  ) { }
}
class PricedOrderWithShippingMethod {
  constructor(
    readonly shippingInfo : ShippingInfo,
    readonly pricedOrder : PricedOrder,
  ) { }
}
```

```kotlin
enum class ShippingMethod {
    PostalService, Fedex24, Fedex48, Ups48
}
data class ShippingInfo (
    val shippingMethod : ShippingMethod,
    val shippingCost : Price,
)
data class PricedOrderWithShippingMethod (
    val shippingInfo : ShippingInfo,
    val pricedOrder : PricedOrder
)
```

이제 새로운 주문 타입인 `PricedOrderWithShippingInfo`를 생성했습니다. 기존 `PricedOrder` 타입에 `ShippingInfo` 필드만 추가하면 될 일을 새로운 타입을 도입하는 것이 과잉 디자인이라고 생각할 수도 있습니다. 그러나 이 방식에는 몇 가지 장점이 있습니다.

- `AcknowledgeOrder` 단계가 `PricedOrderWithShippingInfo`를 입력값으로 받도록 수정하면 파이프라인 단계들의 순서가 꼬이지 않습니다.

- `ShippingInfo`를 `PricedOrder`의 필드로 추가한다면, 배송비를 계산하기 전에는 해당 필드를 어떤 값으로 초기화할지 고민해야 합니다. 기본값으로 초기화하는 것은 잠재적인 오류를 야기할 수 있습니다.

마지막으로 주문 모델 어디에 배송비를 저장하는 것이 좋을까요? 다음처럼 `Order`에 추가하는 것이 좋을까요?

```
type PricedOrder = {
    ...
    ShippingInfo : ShippingInfo
    OrderTotal : Price
}
```

아니면 `OrderLine`의 새로운 타입으로 포함시켜야 할까요?

```
type PricedOrderLine =
    | Product of PricedOrderProductLine
    | ShippingInfo of ShippingInfo
```

두 번째 방식은 주문 총계를 항상 `OrderLine`들의 합계로 계산할 수 있으므로, 새로운 `Order` 필드를 포함하는 로직을 추가하지 않아도 되는 장점이 있습니다. 하지만 실수로 두 개의 `ShippingInfo` 항목을 생성할 수도 있는 데다가 주문을 인쇄할 때 배송비가 뒤섞이지 않도록 주문 항목들의 출력 순서를 올바르게 유지해야 하는 문제가 있습니다. 따라서 `Order`에 배송 정보를 저장하는 첫 번째 방식을 취합시다.

이제 `AddShippingInfoToOrder` 작업 흐름 단계를 완료하기 위한 모든 준비를 마쳤습니다. 남은 작업은 다음 요구사항을 충족하는 함수를 작성하는 것입니다.

- 위에서 정의한 `AddShippingInfoToOrder` 함수 타입을 구현합니다.
- 우리가 디자인한 `calculateShippingCost` 함수를 의존으로 사용합니다.
- 배송비를 `PricedOrder`에 추가하여 `PricedOrderWithShippingInfo`를 생성합니다.

이 모든 요구사항을 타입으로 드러냈으므로 잘못 구현하기는 정말 어렵습니다! 구현 코드는 다음과 같습니다.

```typescript
// TypeScript
type CalculateShippingCost = (i: PricedOrder) => ShippingCost;
type AddShippingInfoToOrder = (dep: CalculateShippingCost) => (i: PricedOrder) =>
PricedOrderWithShippingInfo;

const addShippingInfoToOrder: AddShippingInfoToOrder = (calculateShippingCost) =>
(pricedOrder) => pipe(
    pricedOrder,
    calculateShippingCost,
    (shippingCost) => new ShippingInfo(shippingMethod, shippingCost),
    (shippingInfo) => new PricedOrderWithShippingInfo(
        pricedOrder.OrderId,
        ...
        shippingInfo,
    },
)
```

```kotlin
// Kotlin
fun calculateShippingCost(pricedOrder: PricedOrder): ShippingCost = ...
fun addShippingInfoToOrder( pricedOrder: PricedOrder): PricedOrderWithShippingInfo {
    // create the shipping info
    val shippingInfo = ShippingInfo(
        shippingMethod = ...
        shippingCost = calculateShippingCost(pricedOrder),
    )

    // add it to the order
    return PricedOrderWithShippingInfo (
        orderId = pricedOrder.OrderId,
        ...
        shippingInfo = shippingInfo,
    )
}
```

위 로직을 최상위 작업 흐름에 다음과 같이 끼워 넣습니다.

```typescript
// TypeScript
// set up local versions of the pipeline stages
// using partial application to bake in the dependencies
const addShippingInfo = addShippingInfoToOrder(calculateShippingCost);

// compose the pipeline from the new one-parameter functions
flow(
  unvalidatedOrder,
  validateOrder,
```

13.1 첫 번째 변경: 배송비 추가하기

```
    priceOrder,
    addShippingInfo,
    ...
)
```

```kotlin
unvalidatedOrder
    .validateOrder()
    .priceOrder()
    .addShippingInfo(calculateShippingCost)
    ...
```

13.1.3 파이프라인에 새 단계를 추가한 또 다른 이유

위 예제에서는 요구사항 변경에 따라 파이프라인에 새로운 요소를 추가했습니다. 어떤 종류의 기능을 추가하더라도 이처럼 단계를 추가하거나 제거하는 것이 유용합니다. 각 단계가 서로 분리되어 있고 단계별 타입을 준수하기만 하면 언제나 안전하게 추가하거나 제거할 수 있습니다. 이 방식을 활용할 수 있는 몇 가지 사례는 다음과 같습니다.

- 운영 투명성을 위한 단계를 추가하여 파이프라인 내부에서 무슨 일이 일어나고 있는지 더 쉽게 확인할 수 있습니다. 로깅, 성능 메트릭, 감사 등의 업무를 이 같은 방식으로 쉽게 추가할 수 있습니다.
- 권한 검사를 위한 단계를 추가하여 권한이 없다면 실패 경로로 보내서 나머지 파이프라인을 건너뛸 수 있습니다.
- 컴포지션 루트에서 입력받은 콘텍스트나 설정에 기반하여 동적으로 단계들을 넣고 뺄 수 있습니다.

13.2 두 번째 변경: VIP 고객 지원 추가하기

이번에는 전체 작업 흐름의 입력에 영향을 주는 변경의 예를 살펴보겠습니다. 비즈니스에서 VIP 고객을 지원하게 되었다고 가정해봅시다. VIP 고객은 무료 배송이나 익일 배송 같은 특별한 혜택을 받는 고객입니다. 이 경우는 어떻게 모델링해야 할까요?

주의할 점 한 가지는 '무료 배송' 같은 비즈니스 규칙의 결과를 모델링하고자 주문에 '무료 배송' 플래그를 추가하면 안 된다는 것입니다. 대신 '이 고객은 VIP입니다' 같은 비즈니스 규칙의 입력을 저장하여 해당 입력을 비즈니스 규칙이 처리하도록 해야 합니다. 이렇게 하면 비즈니스 규칙이 변경되더라도(변경될 가능성이 높습니다!) 도메인 모델을 변경하지 않아도 됩니다.

고객의 VIP 여부는 웹사이트에 로그인하면 이미 알고 있다고 가정하므로, 주문 처리 도메인이 VIP 여부를 직접 결정할 필요는 없습니다. 그렇다면 VIP 상태는 어떻게 모델링해야 할까요? `CustomerInfo`에 플래그를 추가하여 다음과 같이 모델링하는 것은 어떨까요?

```TypeScript
class CustomerInfo {
  ...
  readonly isVip : boolean;
  ...
}
```

```Kotlin
class CustomerInfo (
    ...
    val isVip : Boolean,
    ...
)
```

아니면 다음과 같이 고객 상태 중 하나로 모델링해야 할까요?

```TypeScript
type Normal = Wrapper<CustomerInfo, "Normal">;
type Vip = Wrapper<CustomerInfo, "Vip">;
type CustomerStatus = Normal | Vip;

type Order = {
  customerStatus : CustomerStatus
  ...
}
```

```Kotlin
sealed interface CustomerStatus {
    @JvmInline
    value class Normal(val value: CustomerInfo): CustomerStatus

    @JvmInline
    value class Vip(val value: CustomerInfo): CustomerStatus
```

```
}

class Order (
    val customerStatus : CustomerStatus,
    ...
)
```

고객 상태를 `CustomerStatus`로 모델링하는 방식의 단점은 신규 고객과 기존 고객, 멤버십 카드 보유 고객 등과 같이 VIP 상태와 독립적인 다른 고객 상태가 존재할 수 있다는 점입니다. 가장 좋은 접근법은 VIP 상태를 독립적으로 나타내는 선택 타입을 사용하는 것입니다. 이렇게 하면 다른 고객 정보와는 독립적으로 상태를 표현할 수 있습니다.

TypeScript
```
type VipStatus = "Normal" | "Vip";

class Order {
  readonly vipStatus : VipStatus;
  ...
}
```

Kotlin
```
enum class VipStatus { Normal, Vip }

class Order (
  val vipStatus : VipStatus,
  ...
)
```

나중에 다른 종류의 상태가 필요하면 동일한 방식으로 쉽게 추가할 수 있습니다.

TypeScript
```
type LoyaltyCard = Wrapper<LoyaltyCardId, "LoyaltyCardStatus">;
type LoyaltyCardStatus = None | LoyaltyCard;

class Order {
  readonly vipStatus : VipStatus,
  readonly loyaltyCardStatus : LoyaltyCardStatus,
  ...
}
```

```kotlin
sealed interface LoyaltyCardStatus {
    @JvmInline
    value class LoyaltyCard (val value: LoyaltyCardId): LoyaltyCardStatus

    object None: LoyaltyCardStatus
}

class Order (
    val vipStatus : VipStatus,
    val loyaltyStatus : LoyaltyCardStatus,
    ...
)
```

13.2.1 작업 흐름에 새로운 입력 추가하기

`VipStatus` 필드를 사용한다고 가정합시다. 늘 그래왔듯이 도메인 모델부터 업데이트하고 어떤 일이 벌어지는지 따라가보도록 하겠습니다. 먼저 `VipStatus` 타입을 정의하고 이를 `CustomerInfo`의 필드로 추가합니다.

```typescript
type VipStatus = "Normal" | "Vip";

class CustomerInfo {
  readonly vipStatus : VipStatus;
  ...
}
```

```kotlin
enum class VipStatus { Normal, Vip }

class CustomerInfo (
    val vipStatus : VipStatus,
    ...
)
```

이 작업을 수행하면, `CustomerInfo`를 생성하는 코드에서 컴파일러 오류가 발생합니다.

```typescript
// Expected 2 arguments, but got 1.
```

```kotlin
// No value passed for parameter 'VipStatus'
```

이 책의 예시는 TypeScript와 Kotlin 모두 생성자의 매개변수로 클래스의 필드들을 정의해왔습니다. 따라서 생성자를 호출하는 모든 곳에서 새롭게 추가한 필드를 위한 값을 채워야 합니다. 그렇다면 `VipStatus`는 어디에서 가져오는 것일까요? 바로 작업 흐름의 입력인 `UnvalidatedCustomerInfo`에서 가져옵니다. 그러면 `UnvalidatedCustomerInfo`의 `VipStatus`는 어디에서 오는 걸까요? 사용자가 작성하는 주문 양식, 즉 DTO에서 가져옵니다. 따라서 `UnvalidatedCustomerInfo`와 DTO에도 해당 필드를 추가해야 합니다. 여기에서는 단순 문자열로 처리하며, 값이 없을 경우 `null`을 사용합니다.

```typescript
// Domain model
class UnvalidatedCustomerInfo {
    ...
    readonly vipStatus : string;
}

// Dto
class CustomerInfo {
    ...
    readonly vipStatus : string | null = null;
}
```

```kotlin
// Domain model
class UnvalidatedCustomerInfo (
    ...
    val vipStatus : String,
)

// Dto
class CustomerInfo (
    ...
    val vipStatus : String? = null,
)
```

이제 `UnvalidatedCustomerInfo`의 `vipStatus` 필드로 `ValidatedCustomerInfo`를 생성할 수 있습니다.

```typescript
const validateCustomerInfo = (unvalidatedCustomerInfo) => pipe(
    ...
    TE.bind("vipStatus", () => VipStatus.create(unvalidatedCustomerInfo.vipStatus)),
    TE.map(scope => new CustomerInfo(
      ...
      scope.vipStatus,
    )),
);
```

```kotlin
context(_: Raise<...>, ...)
suspend fun validateCustomerInfo: CustomerInfo {
    ...
    // 새로운 필드
    val vipStatus = VipStatus(unvalidatedCustomerInfo.vipStatus)

    return CustomerInfo(
        ...
        vipStatus = vipStatus,
    )
}
```

13.2.2 작업 흐름에 무료 배송 규칙 추가하기

VIP 고객에게 무료 배송을 제공하는 요구사항을 구현하려면, 해당 로직을 작업 흐름 어딘가에 추가해야 합니다. 안정적인 코드를 수정하는 대신에 파이프라인에 새로운 단계를 추가하는 방식을 사용할 수 있습니다. 다음 그림과 같이 새 단계를 파이프라인에 추가합니다.

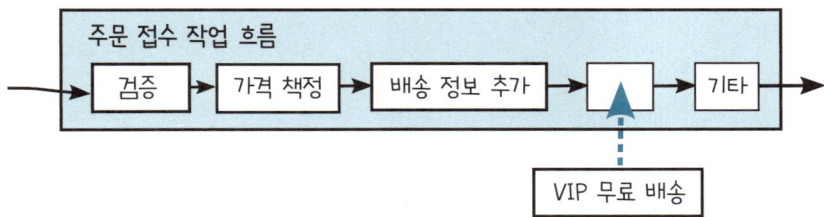

앞서 설명했듯이 먼저 새로운 단계를 나타내는 타입을 정의합니다.

```typescript
type FreeVipShipping =
  (i: PricedOrderWithShippingMethod) => PricedOrderWithShippingMethod;
```

```kotlin
typealias FreeVipShipping =
  (PricedOrderWithShippingMethod) -> PricedOrderWithShippingMethod
```

그다음 해당 타입을 구현하는 작업 흐름 단계를 생성하고 작업 흐름에 삽입합니다. 코드 자체는 이미 익숙할 테니 생략하겠습니다.

13.3 세 번째 변경: 프로모션 코드 지원 추가

다른 시나리오로 넘어가보겠습니다. 영업팀이 프로모션을 진행하고 싶어 하며, 주문 시 프로모션 코드를 제공하면 할인을 받도록 요청했습니다. 영업팀과의 논의 끝에 반영할 새 요구사항은 다음과 같습니다.

- 주문 시 고객이 프로모션 코드를 제공할 수 있다.
- 코드가 있으면 특정 제품의 가격을 할인가로 제공한다.
- 주문서에 프로모션 할인이 적용되었음을 표시한다.

변경 사항은 간단하지만, 마지막 요구사항은 매우 단순해 보여도 도메인 전반에 걸쳐 예상치 못한 강력한 파급 효과를 가져옵니다.

13.3.1 도메인 모델에 프로모션 코드 추가하기

먼저 새 프로모션 코드부터 추가해보겠습니다. 이번에도 도메인 모델을 업데이트하고 그로 인해 발생하는 영향을 살펴보겠습니다. 먼저 프로모션 코드를 위한 타입을 정의하고 주문에 옵셔널 필드로 추가해봅시다.

```typescript
class PromotionCode {
  ...
  constructor( readonly value: string ) { }
}

class ValidatedOrder {
  ...
  promotionCode : Option<PromotionCode>;
}
```

```kotlin
@JvmInline
value class PromotionCode(val value: String)

class ValidatedOrder (
    ...
    val promotionCode : PromotionCode?
)
```

프로모션 코드에 특별히 유효성을 검사할 필요가 없어도 문자열 대신 별도 타입을 사용하는 것이 좋습니다. 이렇게 하면 도메인에서 다른 문자열과 혼용을 막을 수 있습니다. `VipStatus` 때와 마찬가지로 새 필드를 추가하면 일련의 컴파일 오류가 발생합니다. 이번 경우에는 `UnvalidatedOrder`와 DTO에도 `promotionCode`를 추가해야 합니다. 참고로 `ValidatedOrder`에서 이 필드를 명시적으로 선택사항으로 표시했더라도, DTO에서는 `nullable` 문자열로 사용할 수 있습니다. 이 경우에 `null`값으로 해당 필드가 비었음을 나타냅니다.

```typescript
class OrderDto {
  ...
  readonly promotionCode : string | null = null,
  ...
}

class UnvalidatedOrder {
  ...
  readonly promotionCode : string | null,
  ...
}
```

```kotlin
class OrderDto (
    ...
    val promotionCode : String? = null,
    ...
)

class UnvalidatedOrder (
    ...
    val promotionCode : String?,
    ...
)
```

13.3 세 번째 변경: 프로모션 코드 지원 추가

13.3.2 가격 책정 로직 변경하기

프로모션 코드 여부에 따라 가격을 다르게 계산해야 합니다. 이를 도메인에서 어떻게 모델링할 수 있을까요? 이미 가격 계산은 함수 타입으로 모델링해뒀습니다.

```typescript
type GetProductPrice = (i: ProductCode) => Price;
```

```kotlin
typealias GetProductPrice = (ProductCode) -> Price
```

이제 프로모션 코드 여부에 따라 다른 `GetProductPrice` 함수를 제공해야 합니다. 로직은 다음과 같습니다.

- 프로모션 코드가 존재하면, 해당 코드를 적용한 할인가를 반환하는 `GetProductPrice` 함수를 제공한다.
- 프로모션 코드가 존재하지 않으면, 기존의 `GetProductPrice` 함수를 제공한다.

따라서 옵셔널 프로모션 코드에 따라 적절한 `GetProductPrice` 함수를 반환하는 '팩토리' 함수가 필요합니다.

```typescript
type GetPricingFunction = (i: Option<PromotionCode>) => GetProductPrice;
```

```kotlin
typealias GetPricingFunction = (PromotionCode?) -> GetProductPrice
```

옵션 타입을 전달하는 것은 약간 모호하므로 더 명확하게 의미를 드러내는 새로운 타입을 만들어 보겠습니다.

```typescript
type PricingMethod =
  | "Standard"
  | PromotionCode
```

```kotlin
sealed interface PricingMethod {
    object Standard: PricingMethod

    @JvmInline
    value class Promotion(val value: PromotionCode): PricingMethod
}
```

논리적으로는 옵션 타입과 동일하더라도 이 방식이 더 명확하게 도메인을 모델링합니다. 이제 `ValidatedOrder` 타입은 다음과 같습니다.

```typescript
class ValidatedOrder {
  ... // 이전과 동일
  readonly pricingMethod : PricingMethod;
}
```

```kotlin
class ValidatedOrder (
    ... // 이전과 동일
    val pricingMethod : PricingMethod
)
```

`GetPricingFunction`도 다음과 같이 변경됩니다.

```typescript
type GetPricingFunction = (i: PricingMethod) => GetProductPrice;
```

```kotlin
typealias GetPricingFunction = (PricingMethod) -> GetProductPrice
```

기존 디자인에서는 `GetProductPrice` 함수를 작업 흐름의 가격 책정 단계에 의존으로 주입했습니다. 이제는 `GetPricingFunction` 팩토리 함수를 가격 책정 단계의 의존으로 주입해야 합니다.

```typescript
type PriceOrder =
  (dep: GetPricingFunction)    // 새 의존
    => (i: ValidatedOrder)     // 입력
    => PricedOrder;            // 출력
```

```kotlin
typealias PriceOrder = ValidatedOrder.(GetPricingFunction) -> PricedOrder
```

이렇게 도메인 모델을 변경하면 구현 코드 여기저기에서 컴파일 오류가 발생할 것입니다. 그러나 이러한 컴파일 오류는 우리를 도와줍니다! 기존 구현에서 무엇을 수정해야 하는지 안내해줄 것입니다. 이러한 과정이 자칫 지루하게 느껴질 수도 있습니다. 그러나 일단 컴파일 오류를 모두 해결하고 구현을 다시 컴파일하면, 모든 것이 오류 없이 작동한다는 확신을 가질 수 있습니다.

13.3.3 GetPricingFunction 구현하기

`GetPricingFunction`을 어떻게 구현할지 간단히 살펴보겠습니다. `ProductCode` – `Price` 맵이 프로모션 코드에 따라 결정된다고 합시다. 이 경우 구현은 다음과 같습니다.

```typescript
type GetStandardPriceTable =
  // 입력 없음 -> 표준 가격 반환
  () => Map<ProductCode, Price>;

type GetPromotionPriceTable =
  // 프로모션 입력 -> 프로모션 가격 반환
  (i: PromotionCode) => Map<ProductCode, Price>;

const getPricingFunction =
  (standardPrices: GetStandardPriceTable) =>
  (promoPrices: GetPromotionPriceTable) =>
  : GetPricingFunction => {

  // 표준 가격 함수
  const getStandardPrice : GetProductPrice = (productCode) => standardPrices().get(productCode);

  // 프로모션 가격 함수
  const getPromotionPrice = (promoCode: PromotionCode) : GetProductPrice =>
    (productCode) => promoPrices(promoCode).get(productCode) ?? getStandardPrice(productCode);

  // GetPricingFunction에 맞는 함수 반환
  return (i: PricingMethod) => match(i)
    .with("Standard", () => getStandardPrice)
    .with(P.instanceOf(Promotion), ({value: promoCode}) => getPromotionPrice(promoCode))
    .exhaustive();
}
```

```kotlin
typealias GetStandardPriceTable =
    // 입력 없음 -> 표준 가격 반환
    () -> Map<ProductCode, Price>

typealias GetPromotionPriceTable =
    // 프로모션 입력 -> 프로모션 가격 반환
    (PromotionCode) -> Map<ProductCode, Price>

fun getPricingFunction(
    standardPrices: GetStandardPriceTable,
    promoPrices: GetPromotionPriceTable,
) : GetPricingFunction {
    // 표준 가격 함수
    val getStandardPrice : GetProductPrice =  { standardPrices()[it] }

    // 프로모션 가격 함수
    fun getPromotionPrice(promoCode: PromotionCode): GetProductPrice =  {
        val promotionPrices = promoPrices(promoCode)
        return { promotionPrices[it] ?: getStandardPrice(it) }
    }

    // GetPricingFunction에 맞는 함수 반환
    return { pricingMethod ->
        when(pricingMethod) {
            is PricingMethod.Standard -> getStandardPrice
            is PricingMethod.Promotion -> getPromotionPrice(pricingMethod.value)
        }
    }
}
```

위 코드는 비교적 자명하므로 세부적인 설명은 생략하겠습니다. 하지만 여기에서 여러 가지 함수형 프로그래밍 기법을 활용하고 있음을 알 수 있습니다. 타입을 사용해 코드의 정확성을 보장하고(`GetProductPrice`), 도메인 로직을 명확히 하며(`PricingMethod`), 함수를 매개변수로 사용하고(`promoPrices`), 함수를 반환값으로 사용(`GetPricingFunction`)합니다.

13.3.4 주문 항목에 할인 문서화하기

요구사항 중 하나로 '주문에 프로모션 할인 적용 여부가 드러나야 한다'가 있었습니다. 어떻게 해야 할까요? 이 질문에 답변하기 위해서는 하류 맥락에서 프로모션에 대한 정보가 필요한지를 알아야 합니다. 정보가 필요하지 않다면 가장 간단한 방법은 주문 항목 목록에 '주석 항목'을 추가하는 것입니다. 이 주석 항목에는 할인에 대한 간단한 설명만 있으면 되고, 특별한 세부 정보는 필요하지 않습니다.

이 방식은 '주문 항목'의 정의를 변경해야 합니다. 지금까지는 주문 항목은 항상 특정 제품을 참조한다고 가정했습니다. 하지만 이제는 제품을 참조하지 않는 새로운 종류의 주문 항목을 포함해야 합니다. 기존 `PricedOrderLine` 도메인 모델을 선택 타입으로 수정합시다.

```
class CommentLine { constructor(readonly value: string) { } ... }

type PricedOrderLine =
  | PricedOrderProductLine
  | CommentLine;
```

```kotlin
sealed interface PricedOrderLine {
    class Product(...): PricedOrderLine { ... }

    @JvmInline
    value class Comment( val value: String): PricedOrderLine
}
```

`CommentLine` 타입에 대한 특별한 검증은 필요하지 않습니다. 다만, 주석이 너무 길지 않도록 길이만 검증하면 됩니다. 할인 여부를 주석으로 남기는 것보다 더 많은 세부 정보를 추적할 필요가 있다면, 할인 금액과 같은 데이터를 포함하는 `DiscountApplied` 항목을 정의할 수도 있습니다. `CommentLine`은 배송 맥락과 청구 맥락에서 프로모션에 대한 정보를 전혀 알 필요가 없게 하는 장점이 있습니다. 따라서 프로모션 로직이 변경되어도 영향을 받지 않습니다.

이제 `PricedOrderLine`을 선택 타입으로 변경했으므로 제품 가격, 수량 등과 같은 세부 사항을 포함하는 새로운 제품 중심 `PricedOrderProductLine` 타입도 필요합니다. `ValidatedOrderLine`과 `PricedOrderLine`의 디자인이 명백히 달라졌습니다. 이는 도메인 모델링 중에 타입을 세분화하는 것이 좋은 아이디어라는 것을 보여줍니다. 이러한 변경이 필요할 때를 예측할 수 없으며 동일한 타입을 둘 다에 사용했다면 모델을 깔끔하게 유지할 수 없었을 것입니다.[1]

주석 항목을 추가하려면 `priceOrder` 함수를 변경해야 합니다.

---

[1] [옮긴이] 변화를 예측하는 디자인은 필패하고, 변화를 받아들일 여지가 있는 디자인은 어떤 풍파에도 살아남습니다. `ValidatedOrderLine`과 `PricedOrderLine`을 구분한 것이 바로 디자인의 여백입니다. 프로그램 초기에는 아직 도메인 파악도 덜 되고 요구사항도 다양하지 않기에 세분화하지 않았습니다. 이때에는 상태별 모델들이 모두 비슷비슷하게 생겨서 불필요하게 똑같은 모델을 여러 벌 정의하여 변환하는 것으로 보일 수 있습니다. 불필요해 보이는 각 단계별 `OrderLine`들을 단일 `OrderLine`으로 깔끔하게 정리하고 싶은 충동을 참고 여백으로 남겨두면, 세월 속에 발생하는 다양한 변화를 각 타입들이 포용해낼 때 그 가치를 만끽할 수 있습니다.

- 먼저 `GetPricingFunction` '팩토리'에서 가격 함수를 가져옵니다.
- 다음으로 각 항목에 대해 해당 가격 함수로 가격을 설정합니다.
- 마지막으로 프로모션 코드가 사용된 경우 항목 목록에 특별 주석 항목을 추가합니다.

```typescript
const priceOrder : PriceOrder = (getPricingFunction) => ({
  pricingMethod,
  orderLines,
}: ValidatedOrder) => {
  const getProductPrice = getPricingFunction(pricingMethod);
  const productOrderLines = orderLines.map(toPricedOrderLine(getProductPrice));
  const orderLines = match(pricingMethod)
    .with("Standard", () => productOrderLines)
    .with(P.instanceOf(Promotion), ({value: promoCode}) => {
      const commentLine = CommentLine.create(`프로모션 ${ promoCode} 적용됨`);
      return productOrderLines.concat([commentLine]);
    })
    .exhaustive();
  return new PricedOrder(..., orderLines, ...);
}
```

```kotlin
val priceOrder: PriceOrder = { getPricingFunction ->
    val getProductPrice = getPricingFunction(this.pricingMethod)
    val productOrderLines = this.orderLines.map { it.toPricedOrderLine(getProductPrice) }
    val orderLines = when(this.pricingMethod) {
        PricingMethod.Standard -> productOrderLines
        is PricingMethod.Promotion -> productOrderLines + CommentLine("프로모션 $this.
PricingMethod.value 적용됨")
    }
    PricedOrder(... orderLines = orderLines, ...)
}
```

13.3.5 더 복잡한 가격 체계

많은 경우에 판매 프로모션, 바우처, 고객적립 프로그램 등 여러 요소로 가격 체계가 더욱 복잡해질 수 있습니다. 이는 가격 책정이 별도의 경계 진 맥락이 되어야 한다는 신호일 수 있습니다. 경계 진 맥락을 어떻게 올바르게 설정하는지 앞서 논의한 바 있습니다. 경계 진 맥락에 대한 몇 가지 단서는 다음과 같습니다.

- 독특한 어휘: '1+1_BOGOF'[2]과 같은 전문 용어
- 가격을 관리하는 특별한 팀
- 이전 구매, 바우처 사용 등 특정 맥락에만 속하는 데이터
- 자율성

가격이 비즈니스의 중요한 부분이라면 주문 접수, 배송, 청구 도메인과 분리하여 가격 책정 모듈을 독립적으로 진화시키는 것도 중요합니다. 다음은 주문 접수와 밀접하게 관련되어 있으나 논리적으로 분리된 별도의 가격 책정 맥락을 보여주는 다이어그램입니다.

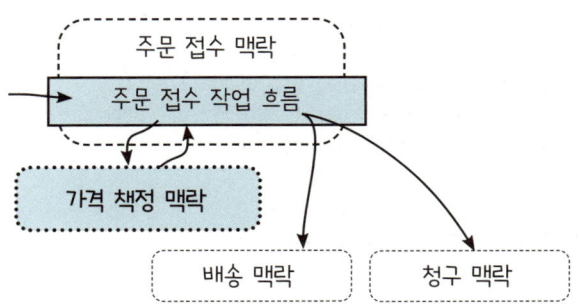

13.3.6 경계 진 맥락 간 계약 수정하기

앞서 새로 도입한 `CommentLine` 항목을 배송 시스템이 알아야 주문서를 올바르게 인쇄할 것입니다. 따라서 하류 맥락으로 전송할 `OrderPlaced` 이벤트도 변경해야 합니다.

이제 주문 접수 맥락과 배송 맥락 간의 계약이 깨졌습니다. 이와 같이 맥락 간 이벤트를 수정하는 방식은 지속 가능한가요? 즉, 주문 접수 도메인에 새로운 개념을 추가할 때마다 이벤트와 DTO를 변경해서 맥락 간 계약을 깨뜨려야 할까요? 물론 이를 바라지 않지만 지금 코드는 경계 진 맥락 간의 결합을 만들었습니다.

앞서 3.3절에서 논의했듯이 이 문제에 대한 좋은 해결책은 **소비자 주도 계약**을 사용하는 것입니다. 이 방식은 하류의 소비자가 필요한 것을 결정하면, 상류의 생산자는 요구한 데이터를 가감 없이 그대로 제공해야 합니다. 이 상황에서 배송 맥락이 실제로 필요한 것을 생각해봅시다. 가격, 배송비, 할인 정보는 필요하지 않습니다. 필요한 것은 제품 목록, 각 제품의 수량, 배송 주소뿐이므로 이를

---

[2] https://en.wikipedia.org/wiki/Buy_one,_get_one_free

포함한 타입을 디자인합시다.

```typescript
class ShippableOrderLine {
  constructor (
    readonly productCode : ProductCode,
    readonly quantity : number,
  ) { }
}
class ShippableOrderPlaced {
  constructor (
    readonly orderId : OrderId,
    readonly shippingAddress : Address,
    readonly shipmentLines : ShippableOrderLine[],
  ) { }
}
```

```kotlin
data class ShippableOrderLine(
    val productCode : ProductCode,
    val quantity : Int,
)
data class ShippableOrderPlaced (
    val orderId : OrderId,
    val shippingAddress : Address,
    val shipmentLines : List<ShippableOrderLine>,
)
```

이것은 원래의 `OrderPlaced` 이벤트 타입보다 훨씬 간단합니다. 그리고 데이터가 더 적기 때문에 주문 접수 도메인이 변경될 때마다 변경될 가능성이 줄어듭니다. 이 새로운 이벤트 타입에 맞게 주문 접수 작업 흐름의 `PlaceOrderEvent` 출력을 재디자인해야 합니다. 다음과 같은 내용을 구현합니다.

- 로그 남기고 고객 서비스 맥락으로 보내는 `AcknowledgmentSent`
- 배송 맥락으로 보내는 `ShippableOrderPlaced`
- 청구 맥락으로 보내는 `BillableOrderPlaced`

```typescript
// TypeScript
type PlaceOrderEvent =
  | ShippableOrderPlaced
  | BillableOrderPlaced
  | OrderAcknowledgmentSent;
```

```kotlin
// Kotlin
sealed interface PlaceOrderEvent {
    data class ShippableOrderPlaced(...): PlaceOrderEvent
    data class BillableOrderPlaced(...): PlaceOrderEvent
    data classOrderAcknowledgmentSent(...): PlaceOrderEvent
}
```

13.3.7 주문 인쇄하기

그렇다면 주문 인쇄는 어떻게 할까요? 주문을 포장해서 배송 준비를 마치면 원본 주문의 사본을 인쇄해서 패키지에 넣습니다. 배송팀이 의도적으로 정보를 노출하지 않았는데 어떻게 주문을 인쇄할 수 있을까요? 핵심은 배송팀은 인쇄만 할 수 있으면 되고 인쇄 내용 속속들이 파악하지 않는다는 것입니다. 즉, 주문 접수 맥락은 배송팀에 PDF나 HTML 문서로 인쇄 내용을 제공할 수 있습니다. `ShippableOrderPlaced` 타입의 바이너리 블롭blob으로 이 문서를 제공하거나, PDF를 공유 저장소에 올려서 배송 맥락이 `OrderId`로 접근하게 할 수도 있습니다.

13.4 네 번째 변경: 영업시간 제약 추가

지금까지 새로운 데이터와 동작을 추가하는 방법을 살펴봤습니다. 이제 작업 흐름 호출 여부를 제약하는 조건을 새로 추가하는 방법을 살펴보겠습니다. 새 비즈니스 규칙은 다음과 같습니다.

- 주문은 영업시간 중에만 접수할 수 있다.

어떤 이유에서인지 비즈니스는 영업시간 동안에만 시스템을 사용할 수 있게끔 설정했습니다. 아마도 새벽 4시에 사이트에 접근하는 사람들은 실제 고객이 아닐 것입니다. 그렇다면 이를 어떻게 구현할 수 있을까요? 이전에 보았던 트릭을 사용할 수 있는데, **어댑터** 함수를 만드는 것입니다. 이 경우 임의의 함수를 입력으로 받아서 영업시간 외에 호출하면, 오류를 발생시키는 '래퍼' 또는 '프록시' 함수를 출력하는 '영업시간 전용' 함수를 만들 것입니다.

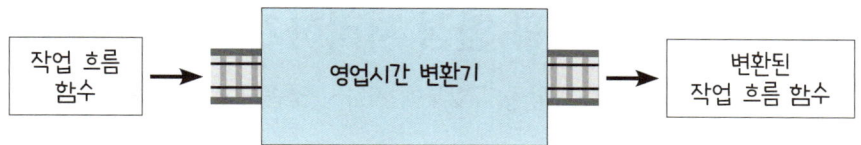

이 변환된 함수는 원래 함수와 동일한 입력과 출력을 가지므로 원래 함수가 사용된 모든 곳에서 사용할 수 있습니다. 변환 함수의 코드는 다음과 같습니다.

```TypeScript
// 영업시간 결정
const isBusinessHour = (hour: number) => 9 <= hour && hour <= 17;

// 변환기
const businessHoursOnly = (getHour) => (onError) => (onSuccess) =>
isBusinessHour(getHour()) ? onSuccess() : onError();
```

```Kotlin
// 영업시간 결정
fun isBusinessHour(hour: Int) = 9 <= hour && hour <= 17

// 변환기
fun businessHoursOnly(
    getHour: ...,
    onError: ...,
    onSuccess: ...,
) = when (isBusinessHour(getHour())) {
    true -> onSuccess()
    false -> onError()
}
```

이 코드가 완전히 일반적이라는 것을 알 수 있습니다.

- `onError` 매개변수는 영업시간 외 경우를 처리합니다.
- `onSuccess` 매개변수는 영업시간 내 경우를 처리합니다.
- 현재 시각은 값을 받는 것이 아니라 `getHour` 함수 매개변수가 결정하므로 쉽게 단위 테스트를 위한 더미 함수를 주입할 수 있습니다.

원래 작업 흐름은 `UnvalidatedOrder`를 받아들이고 오류 타입이 `PlaceOrderError`인 `Either`를 반환합니다. 따라서 전달하는 `onError`도 동일한 타입의 `Either`를 반환해야 하므로 `PlaceOrderError`에 `OutsideBusinessHours` 오류를 포함합시다.

13.5 추가적인 요구사항 변경 처리하기

지금까지 다룬 내용은 가능한 변경 사항들의 일부에 지나지 않습니다. 그 밖의 고려해볼 만한 여타 요구사항 및 대응책을 소개합니다.

- VIP는 국내 배송에 대해서만 무료 배송을 받아야 합니다. 이를 지원하려면 작업 흐름의 `freeVipShipping` 단계의 코드만 변경하면 됩니다. 이러한 작은 단계들로 코드를 구성해두면 너무 복잡해지지 않게 통제하는 데 실제로 큰 도움이 된다는 것이 이제는 명백합니다.
- 고객은 주문을 여러 번에 걸쳐 배송받을 수 있어야 합니다. 해당 작업을 위한 작업 흐름의 새로운 단계가 필요합니다. 도메인 모델링 관점에서 유일한 변경 사항은 작업 흐름의 출력으로 배송 하나가 아닌 배송 목록으로 배송 맥락에 전달한다는 점입니다.
- 고객은 배송 여부, 전액 결제 여부 등의 주문 상태를 확인할 수 있어야 합니다. 이것은 주문 상태에 대한 지식이 여러 맥락에 분산되어 있기 때문에 까다로운 문제입니다. 배송 맥락은 배송 상태를 알고, 청구 맥락은 청구 상태를 알고 있습니다. 가장 좋은 방식은 이러한 고객 질문을 처리하는 '고객 서비스'라는 새로운 경계 진 맥락을 만드는 것입니다. 이 맥락은 다른 맥락의 이벤트를 구독하고 상태를 업데이트할 수 있습니다. 모든 상태 질의는 이 맥락이 전담합니다.

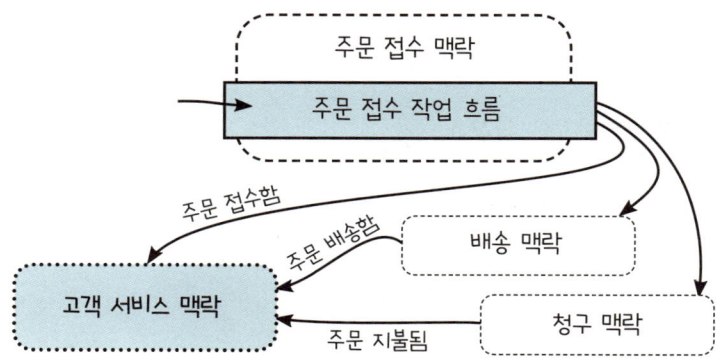

13.6 마무리

이번 장에서는 네 가지 요구사항 변경에 대응하여 디자인을 다듬어왔습니다. 이 과정에서 타입 기반 도메인 모델링과 함수 합성 방식이 갖는 장점을 살펴봤습니다.

타입 기반 디자인 덕분에 도메인 타입에 새로운 필드를 추가했을 때(예: `ValidatedOrder`에 `VipStatus` 추가) 컴파일러 오류가 즉시 발생하여 새로운 필드에 필요한 데이터의 출처를 명확히 밝혀야 했습니다. 어느 타입들을 어떻게 수정할지 안내해주는 대로 수정을 거쳐 모든 컴파일러 오류를 해결했습니다.

프로모션 코드 예시에서 의존을 변경했을 때에도(예: `GetProductPrice`에서 더 복잡한 `GetPricing Function`으로) 컴파일러 오류가 발생했습니다. 이 역시 코드를 수정하고 컴파일러 오류를 해결하고 나서 올바로 구현했다고 확신했습니다.

또한, 작업 흐름의 구성에서 함수 합성의 장점을 확인했습니다. 기존 단계는 그대로 두고 작업 흐름에 새로운 단계를 추가하는 작업이 수월했습니다. 기존 코드 변경이 없다는 것은 버그를 발생시킬 가능성이 적다는 뜻입니다.

마지막으로 '영업시간' 예제에서 함수 타입을 인터페이스 삼아서 전체 함수를 완전히 변경하더라도 기존 코드와의 플러그인 호환성을 유지할 수 있음을 확인했습니다.

13.7 책 마무리

이 책에서는 범위가 넓은 주제를 다뤘습니다. 도메인 맥락 같은 추상적인 개념에서부터 직렬화 포맷과 같은 세부적인 부분까지 살펴봤습니다. 그러나 웹서비스, 보안, 운영 투명성 등 중요한 주제들을 다루지 못했습니다. 그럼에도 불구하고 이 책을 따라오며 여러분이 디자인 문제에 적용해볼 기법과 기술들을 습득했기를 바랍니다.

지금까지 다룬 주요한 실천법들을 다시 정리해보겠습니다.

- 저수준 디자인을 시작하기 전에 개발팀 모두가 도메인에 대해 깊고도 일치된 이해를 가져야 합니다. 이 과정에서 이벤트 스토밍과 공용어를 활용한 의사소통법을 익혔습니다.
- 자율적이고 분리된 경계 진 맥락들로 전체 솔루션을 나누어 각자 진화하게 해야 하며, 각 작업 흐름은 명시적인 입력과 출력을 가진 독립적인 파이프라인이 되어야 합니다.
- 코드 작성 전에, 요구사항을 타입 형태로 도메인의 명사(모델)와 동사(작업 흐름) 모두를 포착해야 합니다. 명사는 거의 항상 대수적 타입 시스템으로, 동사는 함수로 나타냅니다.
- 중요한 제약 조건과 비즈니스 규칙을 가능한 타입 시스템에 녹여내야 합니다. 우리의 모토는 '논리적으로 불가능한 상태를 아예 표현할 수 없게 만들자'입니다.

- 또한, 함수는 순수하고 완전하게 디자인해야 합니다. 즉, 모든 가능한 입력에 대해 예외 없이 모든 가능한 출력을 명시적으로 드러내고, 숨겨진 의존 없이 모든 동작은 완전히 예측 가능해야 합니다.

위의 디자인 과정을 주문 처리 작업 흐름에 적용하여 구현체를 가이드하고 제약해주는 상세한 타입 집합을 만들었습니다. 그 후 구현 과정에서 다음과 같은 중요한 함수형 프로그래밍 기법들을 반복적으로 사용했습니다.

- 더 작은 함수들의 합성만으로 완전한 작업 흐름 만들기
- 함수 본문에서 결정하지 않을 로직이나 의존은 함수 매개변수화
- 의존을 함수에 내장시키고 불필요한 세부 사항을 숨겨주는 부분 적용
- 다른 함수들을 다양한 형태로 변환해주는 어댑터 함수. 특히, 오류를 반환하는 함수들을 쉽게 조합할 수 있게 두 트랙 함수로 변환해주는 `flatMap` 어댑터
- 호환하지 않는 타입 문제를 해결해주는 '타입 맞추기'

이 책을 통해 함수형 프로그래밍과 도메인 모델링이 잘 맞는다는 것을 강조하고 확신시키고자 했습니다. 여러분이 지금까지 배운 내용을 토대로 자신감 있게 자신의 애플리케이션에 적용할 수 있기를 바랍니다.

진솔한 서평을 올려주세요!

이 책 또는 이미 읽은 제이펍의 책이 있다면, 장단점을 잘 보여주는 솔직한 서평을 올려주세요.
매월 최대 5건의 우수 서평을 선별하여 원하는 제이펍 도서를 1권씩 드립니다!

- **서평 이벤트 참여 방법**
  1. 제이펍 책을 읽고 자신의 블로그나 SNS, 각 인터넷 서점 리뷰란에 서평을 올린다.
  2. 서평이 작성된 URL과 함께 review@jpub.kr로 메일을 보내 응모한다.

- **서평 당선자 발표**
  매월 첫째 주 제이펍 홈페이지(www.jpub.kr)에 공지하고, 해당 당선자에게는 메일로 연락을 드립니다.
  단, 서평단에 선정되어 작성한 서평은 응모 대상에서 제외합니다.

독자 여러분의 응원과 채찍질을 받아 더 나은 책을 만들 수 있도록 도와주시기를 바랍니다.

찾아보기

A

aggregate	112
aggregate root	112
Agile	5
algebraic effect handler	281
algebraic type system	61
algebraic type system	69
ambient context	228
annotation	127
anti-corruption layer (ACL)	51
applicative	287
async effect	287

B

bounded context	17, 52, 121, 230, 296, 337
branding	74
business intelligence (BI)	337

C

C4 접근법	45
choice type	68
command	13
command-query responsibility segregation (CQRS)	335
command-query separation	323, 331
composition	66
composition root	231
computation block	275
conformist	50
consistency	121
consumer driven contract	50
context map	19
context parameter	228
core domain	21
currying	187

D

data access object (DAO)	348
data transfer object (DTO)	48, 294
data-oriented design	91
dead-end	269
decorator pattern	182
dependency injection	31, 57, 98, 182, 227, 242
deserialize	293
destructuring	71
discriminated union	69
dispatching	146
do-notation	275
document database	339
domain event	7
domain-driven design (DDD)	xii, 3
do 표기법	275

E

eager evaluation	288
edge case	164
effect	99
entity	100, 103, 109
event storming	8
eventual consistency	138
eventually consistent	336
extension function	194

F

fire-and-forget	273
Free Monad	227

G, H

generic domain	21
higher-order function	183

I

impedance mismatch	339
information hiding	193
integrity	121
IoC 컨테이너	227

L, M

lazy evaluation	288
mental model	5
message queue	11
method chaining	194
mocking	237
Monad	viii, 255, 286
monolithic	46, 47, 251

N, O

non-local control flow	281
object-relation mapper (ORM)	345
OLAP	338
OLTP	338
operational intelligence	338

P

partial application	189
persistence ignorance	30
persistence ignorant	323
persistency	293
phantom type	74
piping	193
product type	67

R, S

Reader Monad	227, 230
repository pattern	330
Saga	176
serialize	293
shared kernel	50
side effect	81
simple type	69, 88
state machine	149
strategy pattern	182
structural equality	102
stub	238
sum type	68
supportive domain	21

T

tagged union	69
total function	189, 248
transformation-oriented programming	142
two-phase commit	137
type narrowing	72

U, V, W

ubiquitous language	22
UUID	104

value object	100, 108
wrapper type	69, 87

ㄱ

값 객체	100, 108
객체	66
객체 프로토타입	301
객체-관계 매퍼(ORM)	345
결과적 일관성	138, 336
경계 진 맥락	17, 52, 121, 230, 296, 337
계산 블록	275
고객	50
고차 함수	183
곱 타입	67
공급자	50
공용어	22
공유 커널	50
관심사 분리	57, 363
구별 유니언	69, 72
구조적 동등	102
구조적 서브타입	74

ㄷ

단순 타입	69, 88
대수적 타입 시스템	61, 69
대수적 효과 처리기	281
데이터 전송 객체(DTO)	48, 294
데이터 접근 객체(DAO)	348
데이터 지향 설계	91
데이터베이스	11, 30
데커레이터 패턴	182
도메인	15
도메인 오류	249
도메인 이벤트	7
도메인 전문가	15, 93
도메인 주도 설계(DDD)	vii, 3
두 단계 커밋	137

디스패칭	146

ㄹ

라우팅	146
래퍼 타입	69, 87
레코드	67
리더 모나드	227, 230
리팩터링	19, 46, 139
리포지터리 패턴	330

ㅁ

마이크로서비스 아키텍처	46
막다른 길	269
매개변수 고정	189
맥락 지도	19, 51
메서드 꼬리물기	194
메시지 큐	11
명령	13
명령 패턴	13
명령-질의 분리	323, 331
명령-질의 책임 분리(CQRS)	335
명목적 서브타입	74
모나드	viii, 255, 286
모나드 법칙	286
모나딕 함수	255
모놀리식	46, 47, 251
모킹	237
무결성	121
문서 데이터베이스	339
문제 공간	17

ㅂ

방어 코드	121
변수	66
변환 지향 프로그래밍	142
보조 도메인	21
부분 적용	189

부수 효과	81
부패 방지 계층(ACL)	51
분해	71
브랜드	87
브랜딩	74
비동기 효과	99, 287
비즈니스 인텔리전스(BI)	337
비즈니스 프로세스	12
비지역적 제어 흐름	281

ㅅ

상류 맥락	20
상속	69, 144, 341
상태 기계	149
상태 전이	146
선택 타입	68
설루션 공간	17
소비자 주도 계약	50, 382
순응	50
스마트 생성자	123
스위치 함수	255
스텝	238
시나리오	12
식별자	109
신뢰 경계	49
실행 후 무시	273

ㅇ

암묵적 콘텍스트	228
애너테이션	127
애자일 개발	5
애플리케이티브	287
양파 아키텍처	56
어댑터	211, 384
에지 케이스	164, 253
엔터티	100, 103, 109
역직렬화	293

역콘웨이 전략	52
영속화	293
영속화 무시	30, 323
온라인 분석 처리	338
온라인 트랜잭션 처리	338
완전 함수	189, 248
운영 인텔리전스	338
원시 타입	64, 87
유스 케이스	12
육각형 아키텍처	56
의존	98
의존 주입	31, 56, 98, 182, 227, 242
이벤트 소싱	336
이벤트 스토밍	8
이중 선로	256
인식 모델	5
인프라	48, 146, 293, 323
인프라 오류	249
일관성	121, 135
일반 도메인	21
임피던스 불일치	339

ㅈ

작업 흐름	12
전략 패턴	182
정보 은닉	193
정체성	100
즉시 평가	288
지연 평가	288
직렬화	293
집합체	112
집합체 루트	112

ㅊ, ㅋ

철로 지향 프로그래밍	256
커링	187
컴포지션 루트	231, 329

콘텍스트 매개변수	228
큐	34, 47, 145, 293
클래스	31, 63
클린 아키텍처	56

ㅌ

타입 시그니처	81, 162, 189, 247, 331
타입 안전성	91
타입 좁히기	72
태그한 유니언	69
트랜잭션	113, 358

ㅍ

파이프	142
파이프라인	142
파이핑	193

패닉	249
패턴 매칭	82, 90, 105, 252, 363
팬텀 타입	74
프리 모나드	227
플래그	129

ㅎ

하류 맥락	20
함수 시그니처	62, 96
합 타입	68
합성	66
핵심 도메인	21
확장 함수	194
효과	99
효과 패턴	viii
후행 람다	66